Irving Wallace
Amy Wallace
David Wallechinsky
Sylvia Wallace

Rowohlts indiskrete Liste

Ehen, Verhältnisse, Amouren
und Affären berühmter
Frauen und Männer

Deutsch von
Gitta Joost, Gustav Kilpper,
Fritz Lahmann und
Brigitte Westermeier

Rowohlt

Die Originalausgabe
erschien 1981 unter dem Titel
«The Intimate Sex Lives of Famous People»
im Verlag Delacorte Press, New York

Die Auswahl und Bearbeitung für die deutsche Ausgabe erfolgte in Zusammenarbeit mit dem Autorenteam der Originalausgabe. Der Rowohlt Verlag dankt ihm besonders für die neuen Beiträge, die eigens für die deutsche Ausgabe recherchiert und geschrieben wurden.

Umschlagentwurf Nikolaus Jungwirth

1.–20. Tausend September 1981
21.–25. Tausend Oktober 1982

Gesamtherstellung Clausen & Bosse, Leck
Printed in Germany
ISBN 3 498 07292 7

Inhalt

Vorspiel

Bühne frei! Vorhang auf!
Schauspieler und Schauspielerinnen

Die göttliche Sarah – Sarah Bernhardt 13
Der Tramp – Charlie Chaplin 16
Ein verlorener Junge – James Dean 21
Ein Opfer der Liebe – Eleonora Duse 24
«Pa» – Clark Gable 28
Das Liebesleben des Captain Bligh – Charles Laughton 32

Aktstudien
Maler

Maler im Paradies – Paul Gauguin 35
Der taube Liebhaber – Francisco de Goya 38
Geheimnisse eines Genies – Leonardo da Vinci 41
Der reiche Bohemien – Pablo Picasso 45
Der Meister des Fleisches – Peter Paul Rubens 49
Die Kaffeekanne – Henri de Toulouse-Lautrec 52

Dichtung und Wahrheit
Klassische Autoren

Das häßliche Entlein – Hans Christian Andersen 57
Der kaffeesüchtige Casanova – Honoré de Balzac 60
Spät erblüht – Fjodor M. Dostojewski 64
Der überschwengliche Satyr – Alexandre Dumas der Ältere 67
Liebhaber auf Distanz – Gustave Flaubert 70
Herr Schönfuß – Johann Wolfgang von Goethe 74
Revolutionär und Träumer – Heinrich Heine 77
Der Frauenrechtler – Henrik Ibsen 80
Sie halfen ihm lieben – sie halfen ihm sterben – Heinrich von Kleist 84
Der unermüdliche Liebhaber – Guy de Maupassant 88

Der Philosoph mit der Peitsche – Donatien-Alphonse-François, Marquis de Sade 91
Die romantische Feministin – George Sand 96
Der reumütige Liebhaber – Leo N. Tolstoi 99
Der keusche Pornograph – Émile Zola 103

Love Stories
Moderne Autoren

Dem Himmel sei Dank für die kleinen Mädchen – Lewis Carroll 107
Chéri – Colette 109
Das verlorene Paradies – Francis Scott Fitzgerald 112
Der skandalumwitterte Moralist – André Gide 116
Die Männlichkeitsfassade – Ernest Hemingway 119
Irlands verlorenes Schaf – James Joyce 123
Der Entfremdete – Franz Kafka 126
Der verlorene Sohn – David Herbert Lawrence 130
Ruf der Wildnis – Jack London 134
Der zerrissene Mann – Thomas Mann 137
Doppelleben – William Somerset Maugham 140
Der Realist – Henry Miller 144
Der letzte Samurai – Yukio Mishima 148
Der Exzentriker – Marcel Proust 151
Königin der Boheme – Franziska Gräfin zu Reventlow 154
St. Nikolaus der Einsamkeit – Rainer Maria Rilke 160
Zwei Frauen – ein Leben – Gertrude Stein 163
Der Mann, der seine Frau liebte – Mark Twain 167
Der Vagabund – Paul Verlaine 171
Die Liebe, die ihren Namen nicht zu nennen wagt – Oscar Wilde 175
Vergeistigte Liebe – Virginia Woolf 181

In den höchsten Tönen
Sänger und Sängerinnen

Die eigenwillige Diva – Maria Callas 185
Adonis in der Opernwelt – Enrico Caruso 189
Are You Experienced? – Jimi Hendrix 190
Opfer des kosmischen Blues – Janis Joplin 194
Der Spatz – Édith Piaf 197
All Shook Up – Elvis Presley 200

Solo, Duo, Trio ... Tutti
Komponisten

Das Geheimnis der unbekannten Geliebten – Ludwig van Beethoven 207
Junggeselle im Zwiespalt – Johannes Brahms 211
Der Unterhalter – Frédéric Chopin 214
Der treulose Charmeur – Claude Debussy 216
Die lebende Klaviatur – Joseph Haydn 219
Der Virtuose – Franz Liszt 221
Das warmherzige Wunderkind – Wolfgang Amadeus Mozart 224
Der Teufelsgeiger – Niccolò Paganini 227
Genius und Wundermädchen – Robert Schumann 230
Das verborgene «Z» – Peter I. Tschaikowski 235
Der siegessichere Komponist – Richard Wagner 237

Blaues Blut und rotes Blut
Herrscher

Der willensschwache Zar – Alexander II. 243
Adel für Liebe – August der Starke 246
Der königliche Lebemann – Eduard VII. 252
Der kunstliebende Kriegsmann – Friedrich der Große 256
Der Ladykiller – Heinrich VIII. 260
Die Liebesstrategin – Katharina II. 265
Sex und Macht – Kleopatra 269
Der Sonnenkönig – Ludwig XIV. 272
Der Vielgeliebte – Ludwig XV. 275
Die tödliche Kaiserin – Valeria Messalina 279
Der kleine Korporal – Napoleon Bonaparte 283
König der Lust – Nero 288

Top Secrets
Politiker des 20. Jahrhunderts

Der Sublimierer – Mohandas Karamtschand Gandhi 293
Der Schürzenjäger – John F. Kennedy 297
Der Genosse – Wladimir I. Lenin 301
Ein Leben gegen die Traditionen – Mao Tse-tung 304

Der Pfahl im Fleisch
Kirchenführer, Theologen, Prediger

Der päpstliche Bulle – Papst Alexander VI. 309
Vom Teufel versucht – Martin Luther 312
Der lüsterne Mönch – Grigori J. Rasputin 315
Der leidenschaftliche Philosoph – Paul Tillich 318

Kopf und Bauch
Philosophen, Psychologen, Wissenschaftler

Von ganzem Herzen monogam – Alfred Adler 323
Der leidenschaftliche Physiker – Albert Einstein 327
Es spielt sich alles im Kopf ab – Sigmund Freud 329
Der Geliebte der Jung-Frauen – Carl Gustav Jung 334
Das Leben eines Hirns – Immanuel Kant 338
Der bürgerliche Kommunist – Karl Marx 341
Der Mann, der alles gestand – Jean-Jacques Rousseau 345
Eine offene «Ehe» – Jean-Paul Sartre 349
Pessimist mit Leidenschaft – Arthur Schopenhauer 353

Kenner, Könner, Liebeskünstler

Der klumpfüßige Libertin – Lord Byron 357
Der beste aller Liebhaber – Giacomo Casanova 361
Blondes Dynamit – Jean Harlow 369
Der lüsterne Journalist – Frank Harris 373
Auge des Tages – Mata Hari 376
Marilyn – Marilyn Monroe 380
Was auch immer Lola möchte ... – Lola Montez 386
Die wilde West – Mae West 390

Cosi fan tutte: So machen's alle

Star der Folies – Josephine Baker 395
«Das hübsche kleine Ding» – Virginia Oldoini, Gräfin di Castiglione 398
Die tanzende Revolutionärin – Isadora Duncan 402
Die gefährlichste Frau der Welt – Emma Goldman 405
Epikureische Lust – Ninon de Lenclos 410
Prominenzensammlerin – Alma Mahler-Werfel 414
Ihrer Zeit voraus – Maria Montessori 417
Traumtänzer – Waclaw Nijinski 420
Liebling der Könige – La Belle Otero 423
Ein Ehebrecher führt Tagebuch – Samuel Pepys 427

Vorspiel

In den letzten Jahren ist eine ungeheure Vielfalt von Büchern über die menschliche Sexualität veröffentlicht worden: medizinische und biologische Untersuchungen, Reports über das Sexualverhalten ganzer Völker, opulente Werke über die Sozialgeschichte der Liebe, Streitschriften für und gegen Homosexualität, Dokumentationen über Triebtäter, Philosophien der sexuellen Emanzipation und vieles andere mehr. In dieser endlosen Reihe klafft nur eine große Lücke. Soweit wir wissen, hat bis jetzt niemand ein umfassendes Buch über das Sexualleben der Berühmten und Prominenten, der Großen und Genialen der Weltgeschichte geschrieben. Diese Lücke wollen wir mit diesem Buch füllen helfen.

Bei unseren Nachforschungen ist uns aufgefallen, daß in den herkömmlichen Biographien berühmter Persönlichkeiten der sexuelle Aspekt oft nur angedeutet oder beschönigt oder gar ganz ausgeklammert wird. Viele Biographen stellen dem Leser unvollständige Menschen vor. Sie verheimlichen und verhüllen, anstatt «auszupacken». Wir halten diese Pietät für unnötig und bedauerlich, gehen uns doch durch sie viele interessante Facetten der faszinierenden Persönlichkeiten verloren – wesentliche Bestandteile ihres Lebens, die nicht zuletzt auch ihr Werk, ihre Handlungen und Entscheidungen beeinflußt haben.

Wir hoffen, daß die Leser dieses Buches – gerade auch jene, die wenig über das Leben der berühmten Gestalten der Vergangenheit wissen – angeregt werden, sich an Hand der zur Verfügung stehenden Biographien ausführlicher mit den Menschen zu beschäftigen, über die wir berichten.

Das erste Problem, dem wir uns beim Schreiben dieses Buches gegenübersahen, war die Überfülle an interessanten Menschen, über die wir hätten berichten können. Um all das, was wir in Erfahrung brachten, in einem Band unterzubringen, waren wir gezwungen, eine repräsentative Auswahl aus den Hauptgebieten menschlichen Strebens und Wirkens zu treffen. Wir einigten uns auf Personen aus der Welt der Malerei, der Musik, der Literatur, des Films, der Wissenschaft, der Religion, der Geschichte und der Politik des 20. Jahrhunderts. Wir widerstanden der Versuchung, Menschen, die gerade wegen ihrer sexuellen «Leistungen» bekannt geworden waren, aufzunehmen. Sicher, einige von ihnen sind auch in diesem Buch vertreten. Doch der bei weitem größte Teil der Berichte schildert die Ehen und Verhältnisse, Amouren und Affären von Persönlichkeiten, die auf Grund ganz und gar andersartiger Leistungen als der Verführungskünste, der Potenz und des Durchhaltevermögens der «Sexidole» berühmt geworden sind.

Die Leser werden sich vielleicht fragen, wie es uns gelungen ist, an die oft verschwiegenen, der privaten und öffentlichen Zensur zum Opfer gefallenen Informationen heranzukommen, die den Reiz dieses Buches ausmachen. In der Tat war die Suche schwierig – aber natürlich auch eine große Herausforderung für uns. Unterstützt von sechzehn Mitarbeitern in den USA und sechs Spezialisten in England, Frankreich, Italien und Spanien, werteten wir alle nur denkbaren Informationsquellen, deren wir habhaft werden konnten, für unseren Zweck aus. Wir stöberten Zeugnisse aus den finstersten Winkeln der Geschichte auf, lasen Hunderte von Biographien, die zwischen 1500 und 1980 veröffentlicht worden sind. Sehr aufschlußreich waren die Autobiographien der Berühmten und die Memoiren ihrer Liebhaber und Liebhaberinnen, ihrer Freunde und Feinde. Noch wertvoller war zumeist die Korrespondenz der betreffenden Personen. Wir haben alte Zeitschriften und Zeitungen auf Mikrofilm studiert. Wir haben monatelang die vergilbten Akten berühmter Prozesse durchstöbert. Tagebücher, Journale, protokollierte Scheidungsklagen und ärztliche Gutachten lieferten uns weitere wertvolle Hinweise. Um Auskünfte über Persönlichkeiten aus dem 20. Jahrhundert zu bekommen, haben wir schließlich ihre ehemaligen Partner, ihre Kinder und Vertrauten interviewt.

Beim Schreiben dieses Buches haben wir versucht, ehrlich und offen zu sein. Zugleich haben wir uns alle Mühe gegeben, die Mannigfaltigkeit sexuellen Verhaltens mit Feingefühl zu behandeln. Wir haben uns bemüht, durch unseren Sprachgebrauch keinen Anstoß zu erregen. Aber wenn wir feststellten, daß die Personen, über die wir berichten, keine Rücksicht auf das moralische Empfinden anderer genommen und ihre sexuellen Gefühle, Begierden und Probleme in einer deutlichen Sprache offen zum Ausdruck gebracht haben, ließen wir sie selbst zu Wort kommen.

Irving Wallace
Amy Wallace
David Wallechinsky
Sylvia Wallace

Bühne frei! Vorhang auf!

Schauspieler und Schauspielerinnen

Die göttliche Sarah

Sarah Bernhardt
22./23. Oktober 1844–26. März 1923

Bedeutung: Sarah Bernhardt, eine der beliebtesten Schauspielerinnen des modernen Theaters, errang internationale Anerkennung durch ihre Auftritte in Victor Hugos *«Ruy Blas»*, Jean Baptiste Racines *«Phèdre»* und in dem Stück *«Die Kameliendame»* von Alexandre Dumas dem Jüngeren. Ihr Spiel zeichnete sich durch die Echtheit ihrer Gefühle und durch ein inneres Feuer aus, das das Publikum zu Beifallsstürmen hinriß und Dichter und Kritiker dazu brachte, Loblieder auf sie zu singen. Ihre Kollegin Ellen Terry bezeichnete sie als «ein Wunder».

Lebensgeschichte: Sarahs Mutter, eine schöne, unverheiratete Putzmacherin, die Kurtisane geworden war, kümmerte sich kaum um sie. Als Kind litt Sarah an Tuberkulose, und man gab ihr nur eine geringe Chance, je das Erwachsenenalter zu erreichen. Mit sechzehn wäre sie gern Nonne geworden, doch der damalige Liebhaber ihrer Mutter, der Duc de Morny, ein Halbbruder Napoleons III., entschied, daß Sarah eine Schauspielausbildung erhalten sollte. Seinem Einfluß war es zu verdanken, daß sie sich zunächst am Conservatoire, der staatlichen Schauspielschule, einschreiben konnte. Zwei Jahre später wechselte sie zur angesehenen Comédie Française über, die sie jedoch schon bald wieder verlassen mußte, weil sie in einem Wutanfall eine andere Schauspielerin geschlagen hatte.

Sarah war unberechenbar in Gefühlsäußerungen, sehr mager und hatte einen Kopf voller widerspenstiger blonder Locken. Ihren größten Triumph erzielte sie im Odéon-Theater in *«Kean»*, einem Stück von Alexandre Dumas dem Älteren. Von der Zeit an verbuchte das «hübsch polierte Skelett» einen Erfolg nach dem anderen. 1880 gründete sie ihre eigene Truppe und ging mit ihren Inszenierungen auf Welttournee. Trotz ihres wachsenden Ruhmes wurde Sarah immer noch vom Lampenfieber geplagt. Ihre Nervosität und die totale emotionelle Verausgabung während der Vorstellung ließen sie oft ohnmächtig zusammenbrechen, nachdem der letzte Vorhang gefallen war. Die unausgeheilte Tuberkulose schwächte sie durch Anfälle, bei denen sie manchmal Blut spuckte. Ihr Körper wirkte zwar zerbrechlich, ihre Willenskraft jedoch war unerschöpflich. Sie brauchte wenig Schlaf, und man sagte von ihr, daß sie Energie für zehn hätte. Selbst als ihr 1915 ein Bein amputiert wurde, hielt sie an ihrem anstrengenden Arbeitspensum fest – bis kurz vor ihrem Tod, der sie im Alter von 78 Jahren in ihrem Pariser Haus ereilte.

Liebe: Die «göttliche Sarah» war bekannt für ihre vielen Affären – man spricht von mehr als tausend. Sie hat einmal von sich selbst gesagt: «Ich war eine der großen Liebenden meines Jahrhunderts.» (Ihre Mutter hatte ursprünglich aus Sarah ebenfalls eine Kurtisane machen wollen, aber das ungestüme und unabhängige Mädchen eignete sich vom Temperament her nicht für diese «lukrative Form von Sklaverei».) Ihre erste Affäre hatte sie im Alter von achtzehn Jahren mit dem Grafen de Kératry, doch der erste Mann, den sie wirklich liebte, war Henri, Prince de Ligne. Von ihm bekam die zwanzigjährige Sarah einen Sohn, Maurice, den viele als die wahre Liebe ihres Lebens bezeichneten. Im Alter zwischen zwanzig und dreißig Jahren pries man sie als *die* Schönheit des Kontinents, und zu ihren ergebenen Bewunderern gehörten der Maler Gustave Doré, Victor Hugo, der Dramatiker Edmond Rostand, Oscar Wilde und Émile Zola. Sie fühlte sich stets zu interessanten und begabten Männern hingezogen, und sie erwartete von ihnen, daß sie ihr in ihren Werken Tribut zollten.

Sarah stürzte sich mit Neugierde und Leidenschaft in ihre Affären, allerdings gab sie sich selbst selten dabei auf. Diese Vorsicht war sicher zum Teil bedingt durch die Umgebung, in der sie aufgewachsen war. Sie erinnerte sich einmal: «Das Haus meiner Mutter war immer voll von Männern, und je öfter ich sie sah, desto weniger mochte ich sie.» Nichtsdestoweniger übte die Schauspielerin eine magnetische Wirkung auf Männer wie auch auf Frauen aus, und sie wurde von Fürsten angebetet.

In einem Pamphlet mit dem Titel *«Die Liebe der Sarah Bernhardt»* wurde sogar behauptet, daß sie alle europäischen Staatsoberhäupter verführt habe. Sogar der Papst soll zu ihren Liebhabern gehört haben. Es gibt Beweise dafür, daß sie «besondere Beziehungen» zu dem Prince of Wales (dem späteren Eduard VII.) unterhielt und auch zu Prince Napoleon, einem Neffen Napoleons I., dem sie durch George Sand vorgestellt worden war. Was die anderen europäischen Fürsten angeht, so steht fest, daß sie, wenn sie auch nicht ihre Betten eroberte, doch ihre Herzen gewonnen hatte. Sie wurde von Kaiser Franz Joseph von Österreich, von König Alfons von Spanien und König Humbert von Italien mit Geschenken überhäuft. König Christian IX. von Dänemark lieh ihr seine Jacht, und der Großherzog Friedrich II. erlaubte ihr, sein Schloß zu benutzen.

Ihre Darstellung von Liebesszenen auf der Bühne waren deshalb so überzeugend, weil ihre männlichen Hauptdarsteller meistens ihre Liebhaber waren. Diese Affären jedoch überdauerten selten die Spielzeit, allerdings blieben die meisten ihrer ehemaligen Liebhaber, nach wie vor verzaubert durch ihren Charme, weiterhin ihre Freunde. An der Spitze dieser Freund-Liebhaber standen die Schauspieler Philippe Garnier, der in *«Théodora»* zusammen mit ihr auftrat, und Pierre Berton, der in *«Fédora»* und Sardous *«La Tosca»* ihr Partner war. Von Berton und ihr sagte man, daß sie genügend Elektrizität erzeugten, «um die Straßen von London zu beleuchten». Vielleicht hatte sie ihren besten Partner in dem großartigen Jean Mounet-Sully gefunden – sowohl in der Liebe wie auch im Theater. Er war einer der begabtesten tragischen Darsteller Frankreichs und stand zusammen mit Sarah in *«Ruy Blas»*, *«Phèdre»* und *«Hernani»* (Hugo) im Scheinwerferlicht. Man sprach von ihr und Sully als «le couple», und das Erscheinen beider Namen auf der Markise am Theatereingang garantierte einen Kassenerfolg.

Noch im Alter pflegte sie Affären mit ihren Partnern zu haben. So begann sie im Alter von 66, während einer Tournee durch die USA, eine Liaison mit Lou Tellegen, einem blonden Herkules holländischer Abstammung, der kein Talent besaß und mindestens 35 Jahre jünger war als sie. In seiner Biographie *«Women Have Been Kind»* gab Tellegen zu, daß die Zeit, die er als Hauptdarsteller zusammen mit Sarah verbracht hatte, «die wunderbarsten vier Jahre meines Lebens» gewesen waren.

Ihre einzige Ehe ging sie 1882 mit dem unerhört gut aussehenden, aber zügellosen Aristides Jacques Damala ein, einem griechischen Diplomaten-Playboy, der elf Jahre jünger war als sie. Damala schien eine Mischung aus Casanova und dem Marquis de Sade zu sein, er zeigte sich ungeniert mit seinen Geliebten und schien ein besonderes Vergnügen daran zu finden, Sarah in aller Öffentlichkeit zu demütigen. Sie trennten sich schon im ersten Ehejahr, doch pflegte Sarah den Morphium- und Kokainsüchtigen während der letzten Monate seines Lebens bis zu seinem Tod 1889 hingebungsvoll.

Eigenarten: Sarah Bernhardt war eine sehr exzentrische Frau, davon zeugt ihr mit Satin ausgeschlagener Rosenholzsarg, über den viel berichtet wurde. Als junges Mädchen hatte Sarah in Erwartung eines frühen Todes ihre Mutter inständig um diesen Sarg gebeten, denn sie fürchtete sich vor einer «häßlichen Totenbahre». Manchmal schlief sie in diesem Sarg, und sie ließ sich mehr als einmal darin fotografieren. Die Schauspielerin Marie Colombier behauptete in ihrem Buch *«Die Memoiren der Sarah Barnum»*, einer kaum verhüllt obszönen Sarah Bernhardt-«Biographie», Sarah hätte von ihren intimen Freunden verlangt, ihr in der engen Kiste Gesellschaft zu leisten. Einige allerdings hätten gezögert, weil sie fürchteten, daß dieses Beerdigungsmobiliar ihr Verlangen töten würde.

Gedanken: Kurz vor dem Ersten Weltkrieg fragte der Schriftsteller Octave Mirbeau Sarah Bernhardt, wann sie die Liebe aufgeben wolle. Sie gab zur Antwort: «Wenn ich meinen letzten Atemzug tue. Ich hoffe, so zu leben, wie ich immer gelebt habe. Die Stärke meiner Energie und Lebenskraft liegt gänzlich darin, daß beide meinem Schicksal als Frau untergeordnet sind.»

*hg**

Der Tramp

Charlie Chaplin

16. April 1889–25. Dezember 1977

Bedeutung: Charles Spencer Chaplin, der König der Stummfilmkomödien, spielte in mehr als achtzig Filmen und errang internationalen Ruhm mit seiner Darstellung eines rührend-komischen kleinen, verwegenen Tramps in Klassikern wie *«The Kid»* (1920), *«Goldrausch»* (1925), *«Lichter der Großstadt»* (1931) und *«Moderne Zeiten»* (1936). 1975 wurde er wegen seiner Verdienste zum Ritter geschlagen.

Lebensgeschichte: Chaplin lernte bereits in jungen Jahren zu singen und zu tanzen, als er seine Mutter Hannah bei ihren Vorstellungen in den Varietés seiner Geburtsstadt London beobachtete. Sein Vater Charles, ein Alkoholiker, verließ die Familie kurz nach Charlies Geburt, und da Hannah oft in Anstalten für Geisteskranke eingeliefert wurde, verbrachte Chaplin seine Kindheit – wenn nicht auf der Straße – in einer Reihe von Waisen- und Armenhäusern. Als Jugendlicher verdiente er sich seinen Lebensunterhalt dadurch, daß er bei einem Barbier die Kunden einschäumte, in

* Die vollständigen Namen der Verfasser der einzelnen Beiträge finden Sie im Mitarbeiterverzeichnis auf Seite 433.

Varietés als Pförtner arbeitete und als Vaudeville-Darsteller kleine Rollen übernahm.

Chaplins Filmkarriere begann im Dezember 1913, als er sich mit der Fred Karno Company, einer englischen Vaudeville-Truppe, auf einer USA-Tournee befand. Er wurde auf der Bühne von dem Produzenten Mack Sennett entdeckt, der ihn für seine Firma Keystone Films unter Vertrag nahm, wo er für 150 Dollar in der Woche in Slapstick-Komödien auftrat.

Das Gehalt des komischen Mannes stieg mit seiner Beliebtheit. So verdiente er in einem Jahr eine Million Dollar mit acht Filmen. Ende 1920 hatte er 69 Filme gemacht, doch seine Produktivität ließ nach, als er anfing, Drehbuch, Regie und Produktion seiner Filme selbst zu kontrollieren. Als launischer Perfektionist machte er manchmal fünfzigmal mehr Aufnahmen, als für die Gesamtlänge des Films nötig waren. *«Der große Diktator»*, der während des Zweiten Weltkriegs gedreht wurde, veranlaßte einige Politiker und Journalisten, Chaplin für einen Linken zu halten, da er in diesem Film ein leidenschaftliches Plädoyer für den Aufbau einer zweiten Front in Europa hielt, um so den Russen zu helfen. Sein *«Monsieur Verdoux»* (1947), den viele Zensoren und Konservative wegen seiner kritischen Aussagen über die zeitgenössische Gesellschaft heftig attackierten, wurde in Memphis bestreikt und verboten und aus vielen Filmtheatern zurückgezogen. 1952 verließ Chaplin die USA, angeblich um ausgedehnte Ferien zu machen. Schon bei seiner Ausreise ahnte er, daß ihm die Wiedereinreise verwehrt werden würde. Genauso geschah es dann auch. Daraufhin bemühte er sich nicht mehr um ein Wiedereinreise-Visum, ließ sich in der Schweiz nieder und ernannte sich selbst zum «Weltbürger». Er kehrte nur noch einmal, nämlich 1972, in die USA zurück (ein Land, das er liebte, wie er immer beteuerte), um einen Ehren-Oscar entgegenzunehmen. 1973 gewann er mit *«Rampenlicht»*, einem Film, der 1952 gedreht worden war, einen weiteren Oscar.

Liebe: Obgleich er von seiner Arbeit besessen war, fand Chaplin die Zeit für «Sex zwischen den Filmen» oder, wie er es kraß ausdrückte, in «der Stunde, wenn ich gelangweilt bin». Wenn er also überhaupt die Zeit fand, zog er junge Mädchen vor. Das Ergebnis waren vier Ehen (drei davon mit Frauen, die achtzehn Jahre alt oder noch jünger waren), elf Kinder und eine lange Liste von Geliebten.

Chaplin, der sich selbst das «achte Weltwunder» nannte und stolz darauf war, daß man ihm in Hollywood ein übergroßes «Anhängsel» nachsagte, konnte nichts mehr genießen als die Aussicht, eine knospende Jungfrau zu verführen. «Die schönste Form menschlichen Lebens», so versicherte er einmal, «ist das ganz junge Mädchen, das gerade zu erblühen beginnt.» Sein erster pubertierender Schützling war die vierzehnjährige Mildred Harris, die Chaplin 1916 unter seine Fittiche nahm. Er versprach ihr eine Filmkarriere, aber schon bald darauf war Mildred schwanger. Charlie war zwar der Meinung, daß sich die Ehe nicht mit seiner Karriere in Einklang bringen ließe, konnte sich aber dem Druck von Mildreds wütender Mutter nicht entziehen, und so wurden die beiden am 23. Oktober 1918 verheiratet. Mildreds Schwangerschaft erwies sich als falscher Alarm. Obgleich er Zuneigung zu ihr empfand, behauptete Chaplin, daß Mildreds Kopf «mit rosa-schleifiger Dummheit vollgestopft» sei. Ungefähr ein Jahr nach ihrer Hochzeit gebar sie einen schwer mißgebildeten Sohn, der nur drei Tage lebte. Als das Kind starb, starb auch die Ehe. Sie wurde 1920 geschieden.

Chaplin liebte es, Starlets, die sich bereits als Stars sahen, zu engagieren, um sie als seine Hauptdarstellerinnen sowohl auf der Leinwand als auch in seinem Bett zu verwenden. Dies geschah auch mit Lita Grey, die 1914, als sie erst sechs Jahre alt war, das erste Mal Chaplins Aufmerksamkeit auf sich zog. Als sie zwölf wurde, sprang Lita in Chaplins Studio unter den aufmerksamen Blicken ihres tyrannischen Regisseurs umher, der sich in Sehnsucht nach ihr verzehrte. Während der nächsten drei Jahre bereitete er sie sorgfältig auf ihr erstes romantisches Abenteuer vor, und 1923, während der Aufnahmen zu *«Goldrausch»*, versuchte er schließlich, sie in ihrem Hotelzimmer zu verführen. «Er küßte meinen Mund und meinen Hals, und seine Finger flogen über meinen erschreckten Körper», schrieb Lita in ihrer Autobiographie. «Sein Körper preßte sich wild gegen meinen, und plötzlich verwandelte sich ein Teil meiner Furcht in Ekel.» Doch während der folgenden Monate verhätschelte und bezauberte er sie. Man sah sie oft in Gesellschaft von Thelma Morgan Converse (später als Lady Furness bekannt), die Chaplin als «Anstandsdame» benutzte, so daß er Lita treffen konnte, ohne das Mißtrauen ihrer Mutter zu erregen. Schließlich entjungferte er Lita auf dem gekachelten Fußboden seines Dampfbades.

Chaplin war sich seines Sex-Appeals sehr wohl bewußt. Als Lita einmal bemerkte, daß er wahrscheinlich jedes von hundert Mädchen in zwei Minuten haben könnte, berichtigte Chaplin sie schnell. «Hundert?» sagte er, «nein, tausend. Aber ich möchte es mit dir treiben, nicht mit ihnen.» Trotz einer ständigen «Sex-Kur» vergingen Monate, bevor Lita ihren ersten Orgasmus erlebte. Ihre ständigen Bitten an Charlie, Verhütungsmittel zu benutzen, verhallten ungehört; er empfand Gummis als «unästhetisch». Es war daher keine Überraschung, als Lita 1924 schwanger wurde. Sie war 16 und er 35 Jahre alt.

Chaplin schauderte, als er von der Schwangerschaft erfuhr, und schlug Lita vor, eine Abtreibung vornehmen zu lassen, was diese energisch ablehnte. Dann bot Chaplin ihr 20000 Dollar an, wenn sie einen anderen Mann heiraten würde, Lita lehnte wiederum ab.

Zuletzt stimmte Chaplin einer Heirat zu, aus Angst vor einer Vaterschaftsklage und einer Klage wegen Verführung Minderjähriger. Doch während der Fahrt von Mexiko nach Los Angeles, nach ihrer Trauung am 24. November 1924, machte Chaplin seiner schwangeren Frau den ungeheuren Vorschlag, durch einen Sprung aus dem fahrenden Zug Selbstmord zu begehen. Trotz seiner Feindseligkeit gegen Lita gelang es Chaplin, Sex von Zuneigung zu trennen, und er behauptete, daß er mit Lita schlafen könne, obgleich er sie verabscheue.

Zwei Jahre und zwei Kinder später reichte Lita die Scheidung ein. Ihre 42 Seiten lange Rechtsklage wurde veröffentlicht und in den Straßen für 25 Cent pro Exemplar verkauft. Sie enthüllte schockierende und intime Details aus ihrer Ehe: Chaplin hatte während ihrer zweijährigen Ehe nicht weniger als fünf Geliebte; er bedrohte sie mehr als einmal mit einer geladenen Pistole; er wollte sich auf eine «Ehe zu dritt» einlassen und äußerte den Wunsch, sie vor einem Publikum zu lieben; und er demütigte sie oft, weil sie sich weigerte, Fellatio zu machen (sie sagte, es sei pervers – er bestand darauf: «Alle verheirateten Leute tun es»).

Das Geheimnis um Chaplins dritte Ehe ist nie gelüftet worden. Die Schauspielerin Paulette Goddard wurde seine Geliebte, als sie zwanzig Jahre alt war. Einige Journalisten behaupten, daß er das Starlet im April 1934 heiratete, als er mit seiner Jacht «Panacea» auf See war. Angeblich bestach er den Skipper später, die verräterische Seite mit der Heiratseintragung aus dem Logbuch des Schiffes zu reißen. Obgleich viele Skeptiker nach wie vor bezweifeln, daß das Paar je heiratete, gab Chaplin 1936 als das Jahr ihrer Heirat an. Paulette spielte zwar für einige Zeit die Stiefmutter für Chaplins Söhne – Charles Jr. und Syd –, aber auch dieses Mal wurde das eheliche Glück durch die vielen Forderungen, die das Filmemachen an ihn stellte, untergraben.

1941 begegnete Chaplin der zweiundzwanzigjährigen Joan Barry, die für Probeaufnahmen in sein Studio kam. Dieses Mal war es Chaplin, der verfolgt wurde, was er zunächst zu genießen schien. Doch dann versuchte er die Affäre schnell zu einem Ende zu bringen – als Joan nämlich anfing, zu jeder beliebigen Zeit in sein Haus zu kommen, unter den Rasensprengern Bäder zu nehmen, Fenster zu zerbrechen und mit Selbstmord zu drohen. Als sie sich schließlich gegen eine Schauspielkarriere entschied, schenkte er ihr glücklich eine Fahrkarte für die Heimreise nach New York. Aber im Mai 1943 kehrte sie nach Los Angeles zurück, brach in sein Haus ein und wurde daraufhin zu dreißig Tagen Gefängnis verurteilt. Zur Zeit ihrer Verhaftung war sie im dritten Monat schwanger. In der Zwischenzeit war Chaplin Oona O'Neill begegnet, der siebzehnjährigen Tochter des berühmten Dramatikers Eugene O'Neill. Während sich Chaplins Söhne noch in friedlichem Wettbewerb um Oonas Gunst bemühten, hatte der Vater längst ihr Herz erobert. Im Juni 1943 wurde sie seine vierte und letzte Frau.

Chaplins Heirat hinderte Joan Barry allerdings nicht daran, ihn mit einer Vaterschaftsklage zu verfolgen. Da Chaplin ihr Geld für die Heimreise gegeben hatte, wurde er aus moralischen Gründen für schuldig erklärt. Als Miss Barrys Kind im Oktober 1943 geboren wurde, bewies ein Bluttest, daß Chaplin nicht der Vater sein konnte. Während des Prozesses bezeichnete der Staatsanwalt Chaplin als «üblen Frauen-Hypnotiseur» und «Lüstling». Als Angeklagter wurde der fünfundfünfzigjährige Schauspieler unter anderem über seine Männlichkeit verhört, und er war gezwungen zuzugeben, daß er sexuell noch ganz potent war. Im April 1944 wurde er freigesprochen; trotzdem mußte er Unterhaltsgeld zahlen.

Von der amerikanischen Presse und von Politikern als «Verführer» und «Linker» verfolgt, ließ er sich mit Oona in Vevey in der Schweiz nieder, wo sie ein häusliches und heiteres Leben führten. «Wenn ich Oona oder ein Mädchen wie sie früher gekannt hätte, hätte ich nie irgendwelche Probleme mit Frauen gehabt. Mein ganzes Leben lang habe ich auf sie gewartet, ohne es überhaupt zu wissen», schrieb er. Als er starb, hatte Chaplin acht weitere Kinder gezeugt – das letzte, als er über siebzig Jahre alt war.

Sexpartner: Chaplin brüstete sich damit, mit prominenten Frauen geschlafen zu haben. Unter seinen Eroberungen waren Clare Sheridan, die Cousine von Winston Curchill, die Schauspielerinnen Mabel Normand, Edna Purviance, Pola Negri und Marion Davies, das Starlet, das eine lang andauernde Beziehung mit William Randolph Hearst hatte; außerdem Peggy Hopkins Joyce, eines der Ziegfeld Girls, das durch fünf Ehen mit Millionären eine der reichsten Frauen der Welt wurde. Man sah sie und Chaplin manchmal nackt im Meer vor der Insel Catalina schwimmen.

Eigenarten: Diese menschliche Sexmaschine, die als Vorspiel zum Sex erotische Passagen aus *«Fanny Hill»* und *«Lady Chatterley»* vorlas, schaffte es, sechs Runden hintereinander zu absolvieren, mit kaum fünf Minuten Pause dazwischen. Außerdem war er ein leidenschaftlicher Voyeur.

Gedanken: «Keine Kunst kann mit einemmal gelernt werden. Und der Liebesakt ist eine subtile Kunst, die Übung erfordert, wenn er wahr und bedeutsam sein soll.»

ak & vs

Ein verlorener Junge

James Dean
8. Februar 1931–30. September 1955

Bedeutung: Wenige Filmschauspieler sind zu ihren Lebzeiten oder nach ihrem Tod so verehrt worden wie James Dean, der schon im Alter von 24 Jahren starb und in nur drei Filmen die Hauptrolle gespielt hat. Diese Filme waren *«Jenseits von Eden»*, *«... denn sie wissen nicht, was sie tun»* und *«Giganten»*. Humphrey Bogart sagte über ihn: «Dean starb genau zur rechten Zeit. Er hinterließ eine Legende. Als Lebender hätte er nie mit dem Bild, das man sich von ihm machte, Schritt halten können.» Andy Warhol nannte ihn einen «Heros, weil er ... der beschädigten, aber wunderbaren Seele unserer Zeit vollendeten Ausdruck lieh». Eine ganze Generation von Teenagern sah sich in Dean wieder, so wie sie sich in keinem anderen Star gesehen hatte. Ein Journalist faßte alle Ansichten zusammen, als er sagte: «Ich dachte, Dean wäre eine Legende, aber ich habe mich getäuscht ... Er ist eine Religion.»

Lebensgeschichte: Deans glückliche, heile Kindheit in Fairmont (Indiana) und später in Los Angeles wurde auf grausame Weise zerstört, als seine Mutter an Krebs starb. Er war gerade neun Jahre alt, als sein Vater ihn zurück nach Indiana schickte, wo er auf einer Farm bei seiner Tante und seinem Onkel Geborgenheit fand. Der blonde, jungenhafte James, der einmal *das* Sex-Symbol seiner Generation werden sollte, sah gut aus, doch war er klein und kurzsichtig, außerdem sprach er stockend. Als er älter wurde, machte er Karriere als Schauspieler und eilte zwischen New York und Hollywood hin und her. Dean hatte eine so starke Persönlichkeit, daß er bei fast jedem, den er traf, einen unvergeßlichen Eindruck hinterließ – und dies oft auch im negativen Sinne. Er schwankte heftig zwischen Clownerien und Späßen einerseits und Überempfindlichkeit, finsterer Ablehnung und Niedergeschlagenheit andererseits. Jimmy stürzte sich mit einer unglaublichen Energie von einer Aktivität in die andere. Er studierte Tanz, spielte Bongos, lernte Bildhauerei, schrieb Gedichte, befaßte sich oberflächlich mit Malerei, las ständig und gewann Trophäen bei Autorennen. Als er dann seine ganze Energie auf seine größte Leidenschaft, die Schauspielerei, konzentrierte, waren die Ergebnisse beachtlich.

Am 30. September 1955 fuhr er mit seinem silbernen, 7000 Dollar teuren Porsche Spyder 550, dessen Karosserie aus Aluminium gefertigt war, zu einem Rennen in Salinas (Kalifornien). Um 5.45 Uhr starb er bei einem Zusammenstoß mit einem Wagen, der von einem gewissen Donald Turnupseed gefahren wurde. Das Ende von Deans Leben war der Anfang eines fanatischen Totenkults. Teenager bezahlten 50 Cent, um einen Augenblick hinter dem Steuer des zertrümmerten Spyder sitzen zu dürfen. Sie kauften unter anderem Papierblättchen, in die angeblich Kaugummis eingewikkelt waren, die Dean gekaut hatte. Das Studio, in dem er zuletzt gearbeitet hatte, erhielt noch drei Jahre nach seinem Tod mehr an ihn als an irgendeinen anderen lebenden Star adressierte Briefe. Eine Zeitschrift, die Deans Worte «von der anderen Seite» anbot, verkaufte 500000 Exemplare. Deans Totenmaske wurde an der Princeton University zusammen mit der Beethovens ausgestellt.

Liebe: Die große Diskussion um James Deans Liebesleben dreht sich vor allem darum, ob er schwul, hetero- oder bisexuell war. Obwohl er sich oberflächlich sexuell mit Frauen und Männern einließ, war er in seinen sexuellen Neigungen irgendwie hin und her gerissen. Ein Freund ging so weit, zu sagen, daß er nicht glaubte, daß Dean Sex genoß, sondern daß er nur bemuttert werden wollte. Ein anderer sagte, daß Dean in seinen Bedürfnissen und Antrieben zutiefst asexuell war, während die Schauspielerei und Autorennen sein ganzer Lebensinhalt waren.

Der schmerzhafte Verlust seiner Mutter scheint in seiner Verhaltensweise etwas von einem kleinen, hilflosen Jungen zurückgelassen zu haben, was sowohl Frauen als auch Männer sehr anziehend fanden. Seine beliebteste Verführungstaktik, die, wie er behauptete, immer wirkte, war es, sich mit seinem Kopf in den Schoß einer Frau zu kuscheln und sich von ihr streicheln zu lassen. «Alle Frauen wollen einen bemuttern. Gib ihnen eine Chance, und bevor du es kapierst, ist die Sache schon gelaufen.»

Mit 21 hatte er entdeckt, daß er bei älteren Frauen den größten Erfolg hatte. Manchmal pflegte er sich mit einem Mädchen nur für ein sexuelles Abenteuer zu treffen, und genausooft traf er ein Mädchen mehrere Male, ohne sich ihr je zu nähern. Auch in diesem Bereich seines Lebens schwankten seine Gefühle zwischen Euphorie und Interesselosigkeit hin und her, und er verhielt sich entsprechend. Wenn er sich um ein Mädchen bemühte, pflegte er es auf eine haarsträubende Motorradfahrt, als eine Art Initiationsritus, mitzunehmen. Oft unternahm er solche Fahrten auch mit seiner engen Freundin Eartha Kitt, die ihn «Jamie» nannte.

Um den Gott des Totenkultes, der von hysterischer Teenager-Verehrung lebte, rankten sich natürlich einige seltsame Gerüchte, die seine Sex-Praktiken betrafen. Das Gerücht, daß er ein Masochist war, der es liebte, mit Zigarettenstummeln gequält zu werden, und deshalb «der menschliche Aschenbecher» genannt wurde, ist absolut unzutreffend. Auch die legendären Pornofotos eines jungen Mannes – angeblich Jimmy –, der nackt auf einem Baum sitzt und eine enorme Erektion hat, können nicht als wirkliche Dean-Fotos angesehen werden.

Die Gerüchte über seine Bisexualität entsprechen wohl der Wahrheit, obgleich sie oft maßlos übertrieben sind. In seinen frühen Hollywood-Tagen, als er noch hungerte, prostituierte er sich wahrscheinlich einige Male, wobei er seine Verabredungen mit Homosexuellen «Essenmarken für eine Gratis-Mahlzeit» nannte. Eine Zeitlang wurde er von Rogers Brackett, einem ehemaligen Hollywood-Produzenten, «ausgehalten», aber das war wahrscheinlich die einzige wirkliche Affäre, die er mit einem Mann hatte. Meistens tat er das, was er mit Männern machte, leidenschaftslos – um der Erfahrung willen, wegen des Geldes oder wegen der Beziehungen, bis er herausfand, daß die Beziehungen zu keinem Erfolg führten. Er sagte einem Freund: «Ich habe meinen Schwanz von fünf der Großen Hollywoods lutschen lassen, und ich finde es ziemlich komisch, denn mehr als alles andere war ich scharf auf irgendeine *kleine* Rolle, wollte irgend etwas *tun*, und die laden mich zu Luxus-Essen ein ...» Als man ihn fragte, ob er schwul sei, erwiderte er: «Nun, ich gehe sicher nicht mit einer Hand auf den Rücken gebunden durchs Leben.»

Sexpartner: Seine erste größere Liebesbeziehung hatte er zu Elizabeth «Dizzy» Sheridan, mit der er eine Weile glücklich in New York lebte. Sie liebten sich sehr und lebten sehr zurückgezogen. Dizzy hat Jimmy als sehr «sanft» in Erinnerung. Doch ihr Glück zerbrach, und er begann mit der dünnen, sensiblen jungen Schauspielerin Barbara Glenn eine Liebesbeziehung, die lange andauern sollte. Er nannte sie liebevoll «mein neurotisches Häufchen Dreck». Nachdem er nach Kalifornien gezogen war, teilte ihm Barbara schließlich mit, daß sie einen anderen Mann heiraten würde. Diese Neuigkeit verdaute Jimmy nur schlecht.

Die große Liebe in Deans Leben war die kleine, ernste italienische Schauspielerin Pier Angeli. Es war Piers Mutter, die sich als größtes Hindernis bei dieser Verbindung erwies. Sie mißbilligte die Beziehung wegen Jimmys Punker-Image und auch deshalb, weil er kein Katholik war. Pier zu Gefallen ließ sich Jimmy regelmäßig die Haare schneiden, trug gelegentlich Anzüge und wollte sogar zum katholischen Glauben übertreten. Pier und Jimmy zogen eine Hochzeit in Erwägung und stritten sich deshalb häufig. Als ein Interviewer Jimmy fragte, ob man «Hochzeitsglocken läuten hören könne», erwiderte er: «Sie meinen mit Miss Pizza? Wissen Sie, ich bin einfach zu neurotisch.» Dean bat sie schließlich doch, ihn zu heiraten, und zwar in New York, wo er eine Fernsehshow machen sollte. Pier sagte, daß es das Herz ihrer Mutter brechen würde, wenn sie mit ihm durchbrenne. Sie blieb allein zurück und gab während Deans Abwesenheit ihre Verlobung mit dem Sänger Vic Damone bekannt. Diese Nachricht brach Jimmy das Herz.

Dean erzählte einem Freund, daß er Pier einige Nächte vor ihrer Hochzeit durchgeprügelt hätte, und es hält sich das Gerücht, daß er während der Trauung auf seinem Motorrad vor der Kirche saß und den Motor mit ohrenbetäubendem Lärm auf Touren brachte. Einige Zeit später besuchte Pier Jimmy, um ihm zu erzählen, daß sie ein Kind erwarte. Er weinte, nachdem sie fort war. Zwei Tage später war er tot.

Pier Angelis Ehe mit Damone war ein Fehlschlag wie auch ihre zweite Ehe. Ihr Leben endete nach einer Überdosis Drogen. Sie war von Jimmys Ausstrahlungskraft wie verzaubert gewesen, verglich ihn und sich mit Romeo und Julia und betonte, daß er der einzige Mann gewesen sei, den sie je geliebt habe. In einem Interview sagte sie: «Ich habe keinen meiner Ehemänner so geliebt, wie ich Jimmy geliebt habe», und sie gestand, daß sie, wenn sie neben ihnen im Bett lag, wünschte, sie wären Dean.

Seine letzte bedeutende Affäre hatte Dean mit der neunzehnjährigen Ursula Andress, die gerade aus der Schweiz nach Amerika «importiert» worden war und als «der weibliche Marlon Brando» angekündigt wurde. Zu Beginn ihrer Freundschaft sagte sie über Dean: «Er ist nett, aber nur ein Junge.» Als ihre Beziehung enger wurde, mußte Dean feststellen, daß sie eines der wenigen Mädchen war, das seine ausgefallenen Späße nicht akzeptierte. Dean lernte sogar Deutsch, «damit Ursula und ich uns besser streiten können». Als sie schließlich seiner Launen überdrüssig war und ihn verließ, war er tief verletzt.

Gedanken: «Meine Mutter starb, als ich neun Jahre alt war. Was erwartet sie von mir? Soll ich nun alles ganz allein machen?»

aw

Ein Opfer der Liebe

Eleonora Duse
3. Oktober 1859–21. April 1924

Bedeutung: In einer Karriere, die nur mit der der legendären Sarah Bernhardt verglichen werden kann, machte sich die Duse einen Namen als eine der größten, vielseitigsten und bedeutendsten Schauspielerinnen in der Geschichte des Theaters.

Lebensgeschichte: Die Geschichte der Duse ist ein klassisches Märchen vom Aufstieg eines Aschenbrödels zur Prinzessin, aus der Anonymität zum Weltruhm. Sie wurde in einem kleinen Hotel in Vigevano (Italien) geboren, als Kind armer umherziehender Schauspieler. Im Laufe des folgenden halben Jahrhunderts begeisterte die winzige dynamische Frau mit dem dunklen Haar und den riesigen Augen auf europäischen und amerikanischen Bühnen das Publikum in vielen Rollen. Ihre Darstellung der Titelrolle in Zolas Drama *«Thérèse Raquin»* und ihre Ausdruckskraft als Ophelia und Elektra, ihre Interpretationen schwieriger Rollen wie zum Beispiel der Nora in Ibsens Schauspiel *«Ein Puppenheim»* machten sie berühmt. Der bekannte Kritiker James Huneker sagte: «Die Kunst der Duse grenzt an das Hellseherische – ihr Schweigen ist schreckenerregend.» Im Gegensatz zu anderen großen Schauspielerinnen ihrer Zeit stellte sie auch alte Frauen dar, als sie selber älter wurde. «Keine Perücken», sagte sie, «die Leute müssen mich mit meinem weißen Haar akzeptieren.» Sie weigerte sich sogar, sich zu schminken.

Enttäuscht von ihrer Karriere als Schauspielerin und beeinträchtigt durch ihre schwächliche Gesundheit, zog sich die Duse 1909 vom Theater zurück. Im Ersten Weltkrieg aber setzte sie all ihre Kraft und viel Geld dafür ein, verwundeten Soldaten und ihren Familien zu helfen. Als ihr Vermögen aufgebraucht war, kehrte sie 1921 zum Theater zurück. 1923 trat sie an der Metropolitan Opera auf, der ersten Station einer Tournee durch die USA, die einem Triumphzug gleichkam. In Pittsburgh im Staate Pennsylvania zog sie sich eine schwere Erkältung zu und starb dort 1924.

Liebe: Als junges Mädchen verlor die Duse ihre Eltern. Nach dem Tod der Mutter schlug eine gefühllose Kollegin vor, daß das junge Mädchen sich selbst verkaufen solle, um die Trauerkleidung bezahlen zu können. Es muß in der Tat für die junge Schauspielerin sehr schwer gewesen sein, allein und ohne Schutz ihre Jungfräulichkeit in der rauhen und rücksichtslosen Welt des italienischen Theaters des 19. Jahrhunderts zu bewahren. Aber sie bewahrte sie, obgleich sie eine leidenschaftliche junge Frau war. Doch als sie sich reif für die Liebe fühlte, hielt sie nach einem intelligenten, erfahrenen Mann von gutem Geschmack Ausschau, einem Mann, der ihr nicht nur etwas über Sex beibringen konnte, sondern auch über Kunst, Literatur und Musik. Martino Cafiero – ein bekannter Schriftsteller, der erheblich älter war als die Duse – war, so entschied sie, der Richtige. In dieser Beziehung vollzog sich zum erstenmal eine Entwicklung, die sich noch oft im Leben der Duse wiederholen sollte: Eine leidenschaftliche Affäre – nicht nur des Herzens und der Sinne, sondern auch des Geistes – begann glücklich, nahm ihren unvermeidlichen Verlauf und endete fast immer mit gebrochenen Herzen und einer Katastrophe.

Der Duse mangelte es nie an Männern, die von ihr fasziniert waren und ihrer dramatischen Sinnlichkeit huldigten. «Ihre Anziehungskraft», sagte der Schauspieler und Produzent Aurélian-Marie Lugné-Poë, «war unvorstellbar, vielleicht aus dem einfachen Grund, weil sie satanisch war.»

Sexpartner: Martino Cafiero war der erste in einer langen, sorgfältig ausgewählten Reihe von geistreichen, gutaussehenden, aufregenden Liebhabern. Ihre Affäre ging zu Ende, als ihr Sohn starb und Cafiero sie verließ. Die Duse heiratete daraufhin ihren Bühnenpartner Tebaldo Checchi, einen besonnenen, nachdenklichen Mann, der sie trösten konnte und ein verständnisvoller, beständiger Partner in dieser ersten (aber mit Sicherheit nicht letzten) Zeit voller Liebesleid im Leben der Duse war.

Sie liebte Checchi auf ihre Art. Er war der einzige Mann, den sie heiratete, und der Vater ihrer Tochter; dennoch fühlte sie sich bald zu einem anderen Schauspieler hingezogen, dem auffallend schönen, romantischen Flavio Andò. Ihre Affäre mit Andò zerstörte ihre Ehe, doch war sie bald selbst des feschen Andò überdrüssig. «Er war schön, aber dumm», lautete ihr Urteilsspruch.

Ihre nächste erwähnenswerte Affäre – von der viele glauben, daß sie die tiefste gefühlsmäßige Erfahrung ihres Lebens war – hatte sie mit Arrigo Boito. Er war Komponist und Romancier, ein Mann mit vielfältigen Neigungen, der Geschmack und Sensibilität besaß und das Herz der Duse für neue Ebenen metaphysischer und sinnlicher Schönheit erschloß. Selbst nachdem ihre Affäre beendet war, hörte ihre Liebe zu ihm nicht auf. Als er 1918 starb, konnte sie tagelang weder schlafen noch essen.

1895 stürmte das dichterische Genie Gabriele d'Annunzio in Rom hinter die Kulissen, warf sich ihr zu Füßen, küßte den Saum ihres Kleides und rief aus: *«O grande amatrice!»* (Er hatte sie Jahre zuvor, als sie noch ein junges Mädchen war, mit dem Vorschlag erschreckt, ihr Geliebter zu werden.) D'Annunzio war die Verkörperung des romantischen Liebhabers, nach der sie sich ihr ganzes Leben lang zu sehnen schien. Das Gerücht ging um, daß d'Annunzio nackt auf seinen Zuchthengst, einen Fuchs, zu springen pflegte, von ihrer Villa zum Meer sprengte und in die Brandung eintauchte. Die Duse pflegte am Strand auf ihn zu warten, mit einem herrlichen Purpurmantel, in den sie ihren Helden einwickelte. Man erzählte sich auch, daß sie seltsame, zusammengebraute Getränke bei Vollmond aus dem Schädel einer Jungfrau tranken. Er hatte, wie ein Zeitgenosse sagte, «den kalten, stählernen Blick eines Mannes, der sein Ziel kennt und es erreichen will, ganz gleich, was es koste, und ohne Rücksicht auf mögliches Leiden». Es war jedoch, wie immer, die Duse, die leiden sollte. Ihr offensichtliches Verlangen nach seelischen Schmerzen verstärkte ihren Ruf als «die Schauspielerin für alle unglücklichen Frauen».

D'Annunzio war ein Künstler-Vampir, der denen, die ihm nahestanden, das Lebensblut aussaugte, um sich inspirieren zu lassen. 1900 wertete er seine leidenschaftliche Affäre mit der Duse in einem Roman aus, den er *«Feuer»* nannte. Seine Beschreibung der Affäre eines gutaussehenden, romantischen jungen Mannes mit einer verblühenden älteren Frau verursachte einen Skandal in der Öffentlichkeit und verletzte die Duse tief. Jahre nach ihrer Affäre trafen sie sich wieder, und d'Annunzio, der unverbesserliche Schmeichler, nahm ihre Hand in seine, blickte ihr in die Augen und murmelte: «Nicht einmal du kannst dir vorstellen, wie sehr ich dich geliebt habe.» Die Duse entgegnete: «Und nun kannst nicht einmal du dir vorstellen, wie sehr ich dich vergessen habe!»

Nach ihrer unseligen Affäre mit d'Annunzio fand die Duse, inzwischen eine Frau mittleren Alters, vorübergehend Trost bei einer dreiundzwanzigjährigen Lesbierin, die ein Stück für sie schrieb und weitere zu schreiben versprach. Als beide die Schriftstellerin Mabel Dodge Luhan in ihrer italienischen Villa besuchten, verbreiteten die Duse und ihr Schützling (die nur als Signorina R. bekannt war) eine derartige Unruhe in ihrem Schlafzimmer, daß Mabels Ehemann aus dem Nachbarzimmer ausziehen mußte, um ruhig schlafen zu können. Die junge Bühnendichterin steckte voller Ideen für neue Stücke, die die Schauspielkunst der Duse besonders zur Geltung bringen sollten, aber sie äußerte Mabel gegenüber das Verlangen, «freigegeben» zu werden, um ihr kreatives Werk vollenden zu können. Mabel wich ihren sexuellen Annäherungen aus und erfuhr später, daß das Mädchen, nachdem sie und die Duse nach London abgereist waren, den Verstand verloren hatte.

Ratschlag: Frauen, die Rat in der Liebe wollten, predigte die Duse Unabhängigkeit. «Arbeite; bitte nie einen Mann um Unterstützung, sondern nur um Liebe; dann wird dein Leben die Bedeutung haben, nach der du suchst.»

rws

«Pa»

Clark Gable
1. Februar 1901–16. November 1960

Bedeutung: Clark Gables Herrschaft als «König von Hollywood» dauerte mehr als dreißig Jahre. Zwischen 1930 und 1960 war er *der* Star in 61 Filmen. Gable, der oft den «männlichen Typ schlechthin» in seinen Filmen verkörperte, wurde eines der größten Sex-Symbole auf der Leinwand. Mit seiner Darstellung eines Reporters in *«Es geschah in einer Nacht»* gewann er einen Oscar, aber den größten Ruhm errang er mit der Rolle des Rhett Butler in *«Vom Winde verweht»*.

Lebensgeschichte: Gable wurde von einer willensstarken, doch nachsichtigen Stiefmutter großgezogen, ohne daß sein Vater, der als Ölbohrer von Ölfeld zu Ölfeld zog, viel in die Erziehung eingegriffen hätte. Die Schule interessierte ihn überhaupt nicht, daher brach er seine High-School-Zeit ab und entschloß sich, nachdem er einige Zeit in einer Reifenfabrik in seinem Heimatstaat Ohio und auf den Ölfeldern von Oklahoma gearbeitet hatte, seinen Traum, Schauspieler zu werden, zu verwirklichen. Die Meinung seines Vaters, daß «Schauspielern etwas für Schwächlinge» sei, konnte Gable nicht daran hindern, als «Mädchen für alles» mit einer reisenden Zeltshow über Land zu ziehen. In Portland (Oregon) schloß er sich einer kleinen Theatertruppe an, bei der er seine erste richtige schauspielerische Ausbildung erhielt. Obgleich ihn das Theater mehr reizte als der Film, versuchte Gable sein Glück als Filmschauspieler in Hollywood, wo er als Statist kümmerlich sein Leben fristete. Wenn auch die leitenden Männer in den Filmateliers viel Zeit brauchten, um Gables schauspielerische Fähigkeiten zu entdecken, so erlagen die Frauen doch schnell seiner sexuellen Anziehungskraft. Endlich erkannte auch MGM Gables Wert. Das Studio ließ seine schlechten, unregelmäßigen Zähne in Ordnung bringen und begann, ihn als Typ des «gutaussehenden Naturburschen» aufzubauen. Selbst als Star blieb Gable äußerst bescheiden. So bestand er darauf, sich seinen Weg durch kreischende Horden von Fans zu bahnen, um Autogramme zu verteilen. Ohne sie, so sagte er, wäre er arbeitslos. Trotz seiner Größe von 1,92 Meter bewegte sich der stets elegant gekleidete Gable durchaus mit Anmut. Geradezu besessen von Sauberkeit, duschte er mehrmals täglich und rasierte sich nicht nur seine Achselhöhlen, sondern auch seine Brust. Er war ein Außenseiter, der die Gesellschaft von Komparsen und Studiotechnikern – Männern, mit denen er trinken, fischen und jagen konnte – der Gesellschaft von Filmstars vorzog. Er ließ nicht zu, daß ihm sein Ruhm zu Kopfe stieg, und murmelte, nachdem er den Oscar gewonnen hatte: «Ich werde immer noch die gleiche Hutgröße tragen.»

Liebe: Daß Frauen Gable liebten und er sie wiederliebte, wird durch Dutzende – vielleicht Hunderte – von Affären bewiesen. Man sagte ihm nach, daß er auf ältere Frauen fixiert sei, und führte als Beweis seine ersten beiden Ehen an. Aber diese Ehen scheinen eher aus «Bequemlichkeitsgründen» denn aus Leidenschaft geschlossen worden zu sein. Gables erste Frau, Josephine Dillon, die seine Schauspiellehrerin und siebzehn Jahre älter war als er, behauptete später, daß sie und Gable keine physische Beziehung hatten, ihre Ehe also nur auf dem Papier bestand. Gable heiratete danach eine reiche sechsundvierzigjährige geschiedene Frau aus Houston, Ria Langham, die ihn zu Beginn seiner Karriere beträchtlich ermutigte und bemutterte. Gable selbst gab seine Vorliebe für ältere Frauen zu und bemerkte einmal: «Die ältere Frau hat mehr gesehen, mehr gehört, und sie weiß mehr als das zimperliche junge Mädchen ... Ich würde immer die ältere Frau vorziehen.»

Doch es blieb nicht allein bei Beziehungen zu älteren Frauen. Während einer seiner ersten Hauptrollen stürzte er sich in eine heiße Affäre mit seiner Partnerin, der berühmten Joan Crawford, die zu der Zeit 27 Jahre alt war. Die Crawford sollte Gable später «animalische» Anziehungskraft zuschreiben. Ihrer Meinung nach gab es keine Schauspielerin, die bei der gemeinsamen Arbeit mit Gable «nicht quälende Anflüge von unglaublich starkem sexuellem Verlangen hatte». Die Crawford und Gable sollten noch viele Jahre lang Freunde bleiben; als man ihnen jedoch im Studio zu verstehen gab, daß sie ihre Romanze beenden sollten, weil sie beide zu jener Zeit mit anderen Partnern verheiratet waren, folgten sie dieser Aufforderung gelassen.

Dann traf er Carole Lombard, die exzentrische Hollywood-Schauspielerin, die die größte Liebe seines Lebens werden sollte. Der ruhige und reservierte Gable fühlte sich auf der Stelle angezogen vom frechen und verrückten Humor der kleinen blonden Schauspielerin. Die beiden legten sich die unpassenden Spitznamen «Ma» und «Pa» zu und wurden unzertrennlich. Die Lombard liebte es, Gable Streiche zu spielen. So legte sie zum Beispiel einmal einen als Geschenk verpackten, gestrickten «Schwanzwärmer» in Gables Garderobe und schrieb dazu: «Laß ihn nicht kalt werden. Bring ihn mir heiß nach Hause.» Respektlos gegenüber seinem Image als «Sex-Idol» sagte sie ihm, daß sie nichts dagegen habe, wenn er auch seinen «Schwanzabdruck», genauso wie seine Fuß- und Handabdrücke, auf dem Boden vor Grauman's Chinese

Theatre hinterlassen wolle. Einmal ließ die Lombard allerdings die Bemerkung fallen: «Ich bete Clark an, aber im Bett ist er eine Niete.»

Ohne große Begeisterung begleitete die Lombard Gable auf seinen Angel- und Jagdausflügen. Sie schliefen im Freien und liebten sich sogar einmal, als sie in einem Hinterhalt lagen, um Enten aufzulauern. Als Gables Scheidung von Ria endgültig wurde, heirateten die beiden in aller Stille in Kingman (Arizona). Nach ihrer Heirat wurde die Lombard sehr viel sanfter, um sich Gables ruhiger Art anzupassen, was einen Freund zu der Bemerkung veranlaßte, daß sie wohl eine andere Person wäre als die, die während einer Pressekonferenz die frivole Bemerkung fallengelassen hatte, daß Gable nicht beschnitten sei. Das einzige, was das Glück von «Hollywoods Lieblingspaar» beeinträchtigte, war die Tatsache, daß sie keine Kinder bekamen. «Sie ließen ständig sein Sperma untersuchen», sagte ein Freund, «und probierten jede Position aus, die auf der Welt bekannt ist. Sie würden es aus einem Fenster hängend gemacht haben, wenn jemand gesagt hätte, daß man so schwanger wird.» Aber ganz gleich, wie sehr Gable die Lombard auch liebte, er war eben nie ein Mann für eine Frau allein, und die Lombard pflegte in regelmäßigen Abständen vor Eifersucht zu explodieren, wenn die Gerüchte über Gables Eskapaden mit seiner jeweiligen Filmpartnerin ihre Toleranzschwelle überschritten.

Als die Lombard bei einem Flugzeugabsturz genau drei Jahre nach ihrer Hochzeit starb, war Gable völlig verzweifelt. «Ma ist weg», sagte er gebrochen zu einigen Freunden, als ihr Körper schließlich gefunden wurde. Bis an sein Lebensende suchte er eine neue Lombard. Nachdem er eine schier endlose Zahl von Geliebten «vernascht» hatte – eine Prominente aus der Palm Beach Society gehörte ebenso zu ihnen wie die Tochter eines Angelplatzbesitzers –, stürzte er sich kühn ohne lange Überlegung in eine Ehe mit Lady Sylvia Ashley. Diese Verbindung ging bald in die Brüche, und Gable soll später gesagt haben, daß er nur betrunken gewesen sein könne, als er ihr einen Heiratsantrag machte. Im Alter von 54 heiratete Gable ein fünftes und letztes Mal; dieses Mal eine ehemalige Schauspielerin, die zehn Jahre jünger war als er und in ihrer äußeren Erscheinung ein Abbild der Lombard zu sein schien. Und Kay Spreckels, eine blonde, zierliche, hübsche Frau, war bereit, sich dem Vorbild anzupassen, das die Lombard geschaffen hatte. Sie und Gable führten ein friedliches, ruhiges Leben auf ihrer Ranch, bis er durch einen Herzanfall nach dem Film *«Nicht gesellschaftsfähig»* starb. Sein einziges Kind, John, wurde fünf Monate nach seinem Tod geboren.

Sexpartner: Gable war nicht festgelegt und oft wahllos in bezug auf die Frauen, mit denen er ins Bett ging. Die Drehbuchautorin Anita Loos schrieb, daß Clark «die alte Vorstellung des frühen amerikanischen Mannes hatte, daß man sich mit jedem Mädchen einlassen müsse, auf das man trifft». Obgleich der König nur mit den Fingern schnippen mußte, um fast jede Frau zu bekommen, die er wollte, zog er es manchmal vor, mit teuren Callgirls ins Bett zu gehen. Als man ihn nach dem Grund für dieses Verhalten fragte, erwiderte Gable: «Weil ich sie dafür bezahlen kann, wieder zu gehen. Die anderen bleiben da, wollen Liebe und mit mir schlafen wie im Kino. Ich will aber nicht der größte Liebhaber der Welt sein.» Er beschränkte sich auch nicht nur auf attraktive Frauen. Als ein Kumpel in der Armee, mit dem er im Zweiten Weltkrieg in Europa stationiert war, Gable fragte, warum er mit einer gewissen «lahmen Ente» ausging, sagte Gable: «Nun, sie ist da.» Gable hatte eine lang anhaltende Liebesbeziehung – sie dauerte länger als ein Jahrzehnt – zu einer schmächtigen, unansehnlichen Hollywood-Schriftstellerin. Dieses Verhältnis war nur einigen wenigen seiner Vertrauten bekannt. Er schlief regelmäßig mit dieser Frau, und sie vertraute einmal ihrer engsten Freundin an: «Wann immer Clark sich auf mich legte und in mich eindrang und anfing, wurde nie viel daraus, und es war nie sehr gut. Aber dann öffnete ich meine Augen, und mir wurde klar, daß dies *der* Clark Gable war – Clark selbst –, erst dann war ich wirklich erregt.»

Gable wußte auch den ständigen Vorrat an Filmpartnerinnen zu nutzen, wobei er sie im Film und auch privat liebte. Einmal, als Gable ein MGM-Reklame-Foto von all den weiblichen Stars des Studios betrachtete, rief er bewundernd aus: «Was für eine wundervolle Ansammlung schöner Frauen, und ich hab jede von ihnen gehabt!» Gables Name wurde mit fast all seinen Partnerinnen in erotische Verbindung gebracht, von Grace Kelly über Ava Gardner bis Jean Harlow, gleichgültig, ob es nun einen Grund für diese Gerüchte gab oder nicht. Der König spielte nicht nur die Rolle eines echten Mannes, er war einer. Mehr als eine Schauspielerin äußerte Worte wie: «Ich glaube, daß jede Frau, die er getroffen hat, in ihn verliebt war.» Marilyn Monroe bekannte, daß sie «überall eine Gänsehaut bekam», als er zufällig ihre Brust berührte. Oder wie Joan Blondell es ausdrückte: «Er wirkte auf alle Frauen, es sei denn, sie waren tot.»

lks

Das Liebesleben des Captain Bligh

Charles Laughton
1. Juli 1899–15. Dezember 1962

Bedeutung: Laughton galt als einer der stärksten und wandlungsfähigsten Charakterdarsteller im englischen wie auch amerikanischen Film und im Theater. 1933 gewann er einen Oscar für seine Darstellung in *«Das Privatleben Heinrichs VIII.»*.

Lebensgeschichte: «Ich habe ein Gesicht wie ein Elefantenhintern», sagte Laughton. Sein Wunsch, trotz seines Schwergewichts und seines wenig attraktiven Aussehens zur Bühne zu gehen, versetzte seine Eltern, ein englisches Hotelbesitzerehepaar, in Erstaunen. Nachdem er im Ersten Weltkrieg als Frontsoldat gedient hatte und fast von einer Gasgranate vergiftet worden wäre, kehrte er nach Hause zurück, um seine Lehrzeit in dem angesehenen Familienunternehmen zu beginnen. Im Alter von 26 überzeugte er seine Eltern schließlich davon, seine Ausbildung an der Royal Academy of Dramatic Art in London finanziell zu unterstützen. Schon nach kurzer Zeit war er ein bekannter und vielgefragter Charakterdarsteller. Dem Kinopublikum ist er vor allem durch seine Hauptrollen bekannt – als König Heinrich VIII., als Captain Bligh in *«Meuterei auf der Bounty»* (1935) und als Sir Wilfrid Robarts in *«Zeugin der Anklage»* (1957) –, die ihm alle Oscar-Nominierungen einbrachten. Laughton starb 1962 in Los Angeles an Knochenkrebs.

Liebe: Laughton schlief in seinem ganzen Leben nur mit einer einzigen Frau – der Schauspielerin Elsa Lanchester, die 33 Jahre lang seine Ehefrau war – und mit zahlreichen, meist namenlosen jungen Männern. Er traf die Lanchester 1927 bei einer Probe. Es war bei ihr keineswegs Liebe auf den ersten Blick, denn «er war dicklich, eigentlich richtig fett und blaß». Aber sie verstanden sich prächtig, konnten miteinander reden, amüsierten sich gegenseitig und hatten beide großes Interesse an Kunst und Blumen. Sie verliebten sich schließlich ineinander, doch sollte ihre Liebe im Laufe der Jahre schmerzlichen Prüfungen unterzogen werden. 1929 heirateten sie.

Die ersten beiden Ehejahre waren glücklich, und es geschah anscheinend nichts, was der jungen Braut hätte andeuten können, daß ihr Mann homosexuell war. Doch dann war Laughton auf Grund eines sehr unangenehmen Streits mit einem Strichjungen, der angeblich nicht für seine Dienste bezahlt worden war, gezwungen, seiner Frau zu gestehen, daß er schon seit langem homosexuelle Verhältnisse, meistens mit gekauften jungen Partnern, hatte. Als sie Laughtons Geständnis hörte, war Elsa wie betäubt. Alles, was sie sagen konnte, war: «Es ist vollkommen in Ordnung! Es macht nichts! Ich habe Verständnis für deine Situation!» Aber es machte etwas. In der folgenden Woche war Elsa wie taub. Dem Biographen Charles Higham erzählte sie später: «Ich nehme an, daß ich meine Ohren verschloß. Ich habe inzwischen erkannt, oder man hat es mir gesagt, daß dies wahrscheinlich eine Art Reaktion auf Neuigkeiten war, die ich auf keinen Fall hören wollte.» Schließlich war sie in der Lage, den Vorfall mit Laughton zu besprechen. «Später fragte ich Charles, was geschehen sei. Und er sagte mir, daß er mit diesem Kerl auf unserem Sofa war. Das einzige, was ich sagen konnte, war: ‹In Ordnung. O. K. Aber laß uns das Sofa loswerden.›» Nach diesem Geständnis begrub Elsa ihren Wunsch nach eigenen Kindern. Immer wieder behauptete sie, Kinder nicht leiden zu können, doch Laughton vermutete, daß sie die Vorstellung nicht ertragen konnte, ein Kind zu bekommen, dessen Vater ein Homosexueller war.

Ihre Ehe blieb bestehen, auch wenn ihr Liebesleben nach kurzer Zeit vollständig zum Erliegen kam. Sie waren einander auch weiterhin zugetan und lebten als enge Vertraute zusammen. Ihre sexuellen Bedürfnisse befriedigten sie beide mit anderen Partnern. So hatte Elsa im Laufe der folgenden Jahre gelegentlich Affären mit anderen Männern, und Laughton nahm seine Suche nach jungen Männern wieder auf – je jünger und, in den meisten Fällen, je anonymer, desto besser. Einmal unterzog sich Laughton für kurze Zeit einer Behandlung, in der Hoffnung, seine sexuelle Neigung ändern zu können, gab aber bald wieder entmutigt auf. Obgleich er immer wieder von Schuldgefühlen und Ängsten vor einem Skandal geplagt wurde (in jenen Jahren war Homosexualität ungesetzlich), war seine Veranlagung nicht zu unterdrücken. Seine Frau hielt zu den meisten seiner hübschen jungen Männer Distanz, aber hin und wieder lernte sie doch einen näher kennen. «War er einem dieser Jünglinge besonders zugetan», sagte sie einmal, «so pflegte ich täglich auf den Markt zu gehen, um zwei Stücke Pfirsichkuchen für sie zu holen. Das machte mir nichts aus. Ich mag selber ganz gern Pfirsichkuchen essen.»

Im Verlauf der Jahre gab es allem Anschein nach nur zwei Männer, die Laughtons Interesse für längere Zeit fesseln konnten. Einer von ihnen war ein schmaler, hübscher junger Schauspieler mit Namen David Roberts, den Laughton 1941 traf. Ihre mehr oder weniger intensive Beziehung sollte über zwanzig Jahre andauern. Bei Laughtons Begräbnis war David Roberts einer der Sargträger. Der andere Geliebte in seinem Leben war Bruce Ashe, ein großes, gutaussehendes Fotomodell, den er 1959 traf. Die beiden unternahmen bis zu Laughtons Tod weite Reisen zusammen.

rws

Aktstudien

Maler

Maler im Paradies

Paul Gauguin
7. Juni 1848–8. Mai 1903

Bedeutung: Gauguin wird allgemein als der bedeutendste nachimpressionistische Maler Frankreichs angesehen. Er wurde, wenn auch postum, wegen seiner meisterhaft kolorierten, höchst eigenwilligen Kunstwerke berühmt, in denen er das naturverbundene Leben der Südseeinsulaner abbildete. Zu seinen bekanntesten Werken gehören *«Tahitianische Eva»*, *«Zwei Frauen von Tahiti»* und das großangelegte Gemälde *«Woher kommen wir? Was sind wir? Wohin gehen wir?»*.

Lebensgeschichte: Gauguin wurde in Paris geboren. Er war zu drei Vierteln Franzose, zu einem Viertel peruanischer Kreole. 1851, als Napoleon III. einen Staatsstreich in Frankreich durchführte, wurde der Dreijährige nach Lima, der Hauptstadt von Peru, gebracht. Nacktheit war in Südamerika etwas Alltägliches, und diese frühe Erfahrung prägte ihn nachhaltig. Sein ganzes Leben lang fühlte er sich unter nackten Frauen wohl. 1855 kehrte Gauguin mit seiner Mutter nach Frankreich zurück. Als Siebzehnjähriger beschloß er, als Seemann die Welt kennenzulernen. Sechs Jahre lang fuhr er zur See, dann wandte er sich dem ehrbareren, aber nicht weniger ungewissen Leben als Börsenmakler zu. Er verdiente eine Zeitlang recht gut, doch während des Pariser Börsenkraches von 1883 gab er diesen Beruf kurz entschlossen auf und widmete sich nun ganz seinem Hobby, der Malerei. Dieser Entschluß ruinierte seine Ehe und verurteilte ihn zu einem Leben in Not und Elend, doch wurde es ihm durch diese Abkehr vom bürgerlichen Leben möglich, einige der schönsten und wertvollsten Gemälde der Kunstgeschichte zu schaffen. Mit seiner lebendigen, primitiven Kunst verstieß Gauguin gegen alle zu seiner Zeit herrschenden Regeln der traditionellen Malerei. Anstatt ein Objekt mit fotografischer Genauigkeit wiederzugeben, versuchte er seine inneren

Bilder auf die Leinwand zu bannen. Bewußt wandte er sich primitiven Kulturen zu und ließ sich von ihnen in seiner künstlerischen Tätigkeit anregen. Der finanzielle Erfolg war freilich gering.

Gauguin war mit vielen Malern seiner Zeit befreundet, darunter Pissarro, Cézanne und van Gogh, und beteiligte sich in den achtziger Jahren an den Ausstellungen der Impressionisten. Ende 1888 lebte und arbeitete er zehn Wochen lang mit van Gogh im «Gelben Haus» in Arles. Aber die Gegensätzlichkeit der beiden Maler trieb Gauguin schließlich nach Paris. Er entfremdete sich in zunehmendem Maße von seiner Frau, ja von der gesamten westlichen Kultur, und nachdem er 1891 dreißig seiner Gemälde hatte verkaufen können, schiffte er sich nach Tahiti ein. Außer einer kurzen Rückkehr nach Europa im Jahre 1893 verbrachte er den Rest seines Lebens auf den Südseeinseln, wo er grandiose Gemälde und Skulpturen schuf. Verbittert und gebrochen starb er auf der Marquesas-Insel Hiva Oa.

Liebe: Von seiner frühen Zeit als junger Seemann bis in seine letzten Monate als sterbender Syphilitiker auf den Marquesas-Inseln führte Gauguin ein überaus aktives sexuelles Leben, obwohl er wegen seiner großen, höckrigen Nase, die ein eckiges Gesicht beherrschte, kaum als schön bezeichnet werden konnte. Seine Heirat mit Mette Sophie Gad, einer großen, blonden dänischen Erzieherin, schien ein Leben in Ehrbarkeit und Behaglichkeit zu versprechen. Aber dann kam Gauguin 1883 eines Tages von der Börse heim und verkündete: «Ich habe meine Kündigung eingereicht. Von jetzt an werde ich jeden Tag malen.» Mette, wie vom Donner gerührt und wütend, hoffte, daß das bei Gauguin nur eine vorübergehende Phase sein werde. Seine angeheirateten Verwandten in Kopenhagen, wo das Paar einige Zeit lebte, spotteten über seine Pläne. Die dadurch verursachten Spannungen und der zunehmende Geldmangel veranlaßten die Gauguins, sich zu trennen. Doch klammerte sich Gauguin auch nach seiner Abreise nach Tahiti noch an die Hoffnung, daß seine Frau und die fünf Kinder ihm eines Tages nachreisen würden. Sie taten es nie.

Nach seiner Ankunft in Tahiti (1891) fand Gauguin künstlerische Anregung und Brüste zum Streicheln im Überfluß. Zunächst kostete er die landesübliche Sitte aus, jede Nacht eine andere eingeborene Frau zu empfangen, doch bald stellte er fest, daß diese Promiskuität seiner Arbeit hinderlich war. Er sehnte sich nach einer eigenen *vahine* (Frau). Also machte er sich auf die Suche. In einem Nachbardorf wurde ihm ein Mädchen vorgestellt, das allen seinen Wünschen entsprach: Tehura, eine Eingeborene, fast noch ein Kind. Gauguin war auf den ersten Blick von ihr bezaubert. Man versicherte ihm, daß sie die Verbindung freiwillig eingehe und frei von Krankheit sei, und so nahm er sie in seine Hütte auf.

Nach einer einwöchigen Probeehe willigte sie ein, auf Dauer bei ihm zu bleiben. Von Tehura, die ihm oft als Modell diente, umsorgt und geliebt, schuf der Künstler viele seiner schönsten Werke. Ihre Furcht vor «Tupapau», dem bösen Geist, inspirierte ihn eines Abends zu dem Bild *«Der Geist der Toten wacht»*.

1893 reiste er nach Frankreich ab und ließ Tehura schwanger zurück. In Paris erneuerte er seine Beziehungen zu einer früheren Geliebten, der einfachen, in sich gekehrten Näherin Juliette Huet. Zur gleichen Zeit begann seine Affäre mit einer dreizehnjährigen Obdachlosen, die «Anna, die Javanerin» genannt wurde, einem Mädchen halb indischer, halb malayischer Abstammung. Die Zeit mit Anna wurde zu einer unheilvollen Episode in seinem Leben. Sie hielt ihn von der Arbeit ab, und als sie gemeinsam in die Bretagne zogen, machte sie sich bei den Einheimischen sofort unbeliebt. Annas überhebliches Wesen und ihre exotische Kleidung erregten bei den Dorfbewohnern Anstoß, und als sie eines Nachmittags einigen Kindern, die sich über sie lustig machten, die Zunge herausstreckte, kam es zu einem Handgemenge, bei dem Gauguin von einer Schar von fünfzehn Fischern bewußtlos geschlagen und getreten wurde. Gauguin hatte sich kaum von diesem Zwischenfall erholt, als Anna ihn verließ – nicht ohne vorher sein Atelier auszuräumen und alle Wertgegenstände, außer den Gemälden, mitgehen zu lassen.

Gauguin kehrte 1895 in der Erwartung nach Tahiti zurück, er könne die Hausgemeinschaft mit Tehura wiederaufnehmen. Aber diese hatte inzwischen einen Insulaner geheiratet. Sie besuchte den Maler zwar – eine Art Willkommensgeschenk – eine Woche lang, doch stellte sie entsetzt fest, daß sein Körper mit syphilitischen Geschwüren bedeckt war, und kehrte zu ihrem Ehemann zurück. Gauguin hatte seine Gefährtin verloren, aber es kamen viele andere, um die Lücke zu füllen. «Mein Bett wurde Nacht für Nacht von jungen, wild gewordenen Rangen bevölkert», beklagte er sich einmal. «Gestern hatte ich drei.» Er hielt Ausschau nach einer «seriösen Frau fürs Haus» und ließ sich eine Weile mit einer hübschen Vierzehnjährigen namens Pahura häuslich nieder, doch trennte er sich bald wieder von ihr, weil sie ihm nicht die gleichen Anregungen zu geben vermochte wie Tehura. Doch schuf er ein Aktgemälde von ihr, *«Te Arii Vahine»* (*«Die Königin der Schönheit»*), das er für «das Beste» hielt, «das ich je gemalt habe».

1901 zog er auf ein zwei Morgen großes Grundstück auf einer der Marquesas-Inseln. Dort baute er eine Hütte, die er mit pornografischen Fotos ausschmückte. In einem Bett, in dessen hölzernes Gestell er eine erotische Szene geschnitzt hatte, schlief er mit praktisch jeder Eingeborenenfrau, die bereit war, über die offenen, eitrigen Geschwüre an seinen Beinen hinwegzusehen. Sobald ein neues Mädchen in seine Hütte trat, tastete er ihren Körper unter ihren Kleidern ab und sagte: «Ich muß dich malen.» Sein Gesundheitszustand verschlechterte sich zunehmend, doch starb er schließlich 1903 an einem Herzanfall.

Gauguins Sohn Émile, den Pahura ihm geboren hatte, war stolz auf seinen berühmten Vater und hoffte sein Leben lang, selbst auch ein bedeutender Maler zu werden. Er starb in Armut im Januar 1980 im Alter von achtzig Jahren.

Gedanken: «In Europa ist der Geschlechtsverkehr eine Folge der Liebe. In Ozeanien ist die Liebe eine Folge des Geschlechtsverkehrs. Was ist richtig? Bei uns gelten Männer und Frauen, die ihren Körper hingeben, als Sünder. Darüber kann man streiten ... Wirkliche Sünde begehen Männer und Frauen, die ihren Körper verkaufen.»

«Frauen wollen frei sein. Das ist ihr gutes Recht. Und es ist ganz gewiß nicht der Mann, der sie daran hindert. An dem Tag, an dem die Ehre einer Frau ihren Sitz nicht mehr unterhalb ihres Nabels hat, wird sie frei sein – und vielleicht auch gesünder.»

wad & ek & aw

Der taube Liebhaber

Francisco de Goya
30. März 1746–16. April 1828

Bedeutung: Goya, der führende spanische Maler seiner Zeit, war produktiv und vielseitig zugleich. Sein Werk war großenteils von einem solchen Realismus, daß es an Karikatur grenzte. Es reichte von offiziellen Porträts vom spanischen Hof bis zu blutrünstigen Kriegs- und Folterszenen und religiösen Themen. Sein bekanntestes Werk, *«Los Caprichos»*, eine Serie von über achtzig Radierungen, ist eine ätzende Satire auf die spanische Gesellschaft. Diese Bilder sind von Hexen mit dämonischen, gräßlich verzerrten Gesichtern, von verängstigten, hilflosen Menschen, die von abscheulichen Kreaturen angegriffen werden, und vielen anderen Ausgeburten der lebhaften Phantasie Goyas bevölkert.

Lebensgeschichte: Goya wuchs in Saragossa auf und entdeckte und entfaltete schon früh seine künstlerische Begabung. Seine Karriere ist außergewöhnlich: Er war der Gestalter der königlichen Gobelins, Mitglied der angesehenen Akademie San Fernando in Madrid, Hofmaler von Karl III. und Karl IV. – bis ihn 1792 im Alter von 46 Jahren eine Krankheit befiel, die beinahe tödlich verlaufen wäre. Wochenlang lag er gelähmt und fast blind darnieder und klagte über Anfälle geistiger Verwirrung und über seltsame Geräusche im Kopf. Die Ärzte glaubten, daß er an Syphilis erkrankt sei. Nach einem Jahr war er wieder gesund, aber von da an stocktaub.

1795 wurde er zum Nachfolger seines Schwagers Francisco Bayeu als «Direktor der Malerei» an der Akademia de San Fernando gewählt, doch zeigte sich bald, daß er wegen seiner Taubheit für diesen Posten nicht geeignet war, und so erhielt er den Titel eines «Ehrendirektors». Trotz der politischen Umwälzungen während und nach der Besetzung Spaniens durch die Franzosen (1808–1814) gelang es Goya, sich auf seinem Posten als Hofmaler zu behaupten. Sogar seine sinnlichen «Maja»-Gemälde wurden auf irgendeine Weise von dem Zorn der Inquisitoren verschont, obwohl sie Anklage wegen obszöner Darstellungen gegen Goya erhoben. Doch 1824 bedrohte eine Razzia, der zahlreiche Liberale zum Opfer fielen, seine Sicherheit und seinen Seelenfrieden in solchem Maße, daß er in Bordeaux Zuflucht suchte, wo er von nun an im selbstgewählten Exil lebte und arbeitete.

Liebe: In seiner Jugend lief sich Goya die Hörner gründlich ab. Als er in Rom Kunst studierte, schlich er sich einmal in ein Kloster ein, um ein Mädchen aus der italienischen Oberschicht, das dort untergebracht war, zu entführen. Er wurde entdeckt und zum Duell gefordert. Goya besiegte seinen Gegner und gewann das Herz des Mädchens. 1773 – Goya hatte sich inzwischen in Madrid niedergelassen – besuchte der Maler seinen Freund Francisco Bayeu, den er auf seinen Reisen kennengelernt hatte und der Hofmaler von König Karl IV. und Königin María Luisa war. Francisco machte Goya mit seiner Schwester Josefa, einer blonden Schönheit, bekannt, die entwaffnend einfach und ehrlich war. Goya war hingerissen von Josefa und setzte all seine Verführungskünste ein. Er hatte Erfolg. Sie war schon im vierten Monat schwanger, als Goya sie am 25. Juli 1775 heiratete. Fünf Monate später wurde ihr erstes Kind, Eusebio, geboren. Er überlebte seine Kinderzeit nicht. Insgesamt gebar Josefa fünf – vielleicht auch sechs – Kinder, aber nur eines erreichte das Erwachsenenalter. Die Ehe war für Goya auch in beruflicher Hinsicht vorteilhaft. Sein Schwager hatte gute Beziehungen zum Hof, und es gelang Bayeu, Goya in der königlichen Gobelinwerkstatt eine ständige Beschäftigung zu verschaffen. Nachdem Goya erst einmal Zugang zu den Damen des Adels gefunden hatte, rückte Josefa in seinem Leben in den Hintergrund.

Die begehrenswerteste der adligen Damen war die zwanzigjährige Herzogin von Alba. Sie war eine eigensinnige, temperamentvolle Frau, die wahllos ihre Gunst verschenkte. Mit dreizehn Jahren war sie von ihren Eltern an den übellaunigen Marquis von Villafranca verheiratet worden. Goya begehrte sie von ihrer ersten Begegnung an, was nicht verwunderlich ist, denn ihre Schönheit war atemberaubend. Ein Zeitgenosse sagte von ihr: «Die Herzogin von Alba hat nicht ein einziges Haar auf dem Kopf, das nicht die Flamme der Begierde entzündet. Es gibt nichts Schöneres auf der Welt ... Wenn sie durch die Straßen reitet, schauen alle aus den Fenstern nach ihr, und sogar die Kinder hören zu spielen auf, um sie zu sehen.»

Goya begegnete ihr zufällig bei irgendeinem gesellschaftlichen Anlaß. Und eines Tages im Sommer 1795 besuchte sie ihn in seinem Atelier und bat ihn um einen ungewöhnlichen Dienst: Er sollte ihr Gesicht durch ein extravagantes Make-up verschönern. Goya schrieb an seinen engen Freund Zapater, daß «sie heimlich zu diesem Zweck in mein Studio gekommen ist. Ich brauche wohl nicht zu betonen, daß mir das mehr Vergnügen macht, als auf Leinwand zu malen. Ich soll ein Porträt von ihr malen.»

Danach sah er die Herzogin von Alba immer häufiger. Es war eine gegenseitige Zuneigung. Schließlich gewährte sie ihm huldvoll – um einen Ausdruck der damaligen Zeit zu gebrauchen – «das Äußerste». Voller Begeisterung über diese Eroberung vertraute er Zapater in einem Brief an: «Endlich weiß ich, was Leben bedeutet.»

Als der Ehemann der Herzogin von Alba 1796 nach einer schweren Krankheit starb, zog sie sich – wie es unter Angehörigen der Oberschicht Sitte war – auf ihr Gut in Sanlúcar de Barrameda in Andalusien zurück, um zu trauern. Sie nahm Goya mit. Die gemeinsame «Trauerzeit» dauerte mehrere Monate. Goya widmete sich ganz der Malerei und der Liebe. Bekleidet und nackt stand die Herzogin ihm Modell. In seinen Gemälden erscheint sie oft schicklich in Schwarz gekleidet, doch an Zeige- und Mittelfinger der rechten Hand trägt sie zwei Ringe mit den Inschriften «Goya» und «Alba». Auch läßt er sie auf einem Bild auf einen in den Sand gekritzelten Satz *«Solo Goya»* («Nur Goya»), deuten. Andere Darstellungen der Gräfin in Sanlúcar sind aufschlußreicher. Es gibt Hunderte von Skizzen, von denen viele sie in völliger Nacktheit zeigen. «Eine davon», schrieb ein Zeitgenosse, «zeigt die schöne Nacktheit der Dame von hinten mit entblößten Hinterbacken, Taille und Hüften.» Die Herzogin erlaubte Goya, die Zeichnungen zu behalten. Auf eine davon schrieb er: «Es ist verrückt, das aufzubewahren, aber jeder hat nun mal seinen eigenen Geschmack.»

Nach Madrid zurückgekehrt, verließ die Herzogin Goya eine Zeitlang wegen einer Liebesaffäre mit einem älteren Mann, dem Generalleutnant Don Antonio Cornel. Verbittert malte Goya drei Bilder von der Herzogin, die ihre Launenhaftigkeit darstellten – eines zeigt sie mit doppeltem Gesicht. Doch 1799 kehrte sie zu Goya zurück und diente ihm als Modell für zwei seiner bekanntesten Gemälde: *«Nackte Maya»* und *«Bekleidete Maya»*. Die bekleidete Version wurde anstandshalber vor die nackte gehängt.

Goyas Aktbild von ihr war, so André Malraux, das erste Ölbild, das «erotisch war, ohne Wollustgefühle zu wecken». Diese beiden Gemälde blieben zunächst im Besitz der Herzogin. Später erbte sie Manuel de Godoy, der Liebhaber der spanischen Königin.

Die Herzogin von Alba starb plötzlich im Juli 1802. Zum Gedenken ihrer Liebe vermachte sie in ihrem Testament Goyas Sohn Javier einen Betrag von 3500 Real jährlich. Zehn Jahre später starb Goyas Frau Josefa. Javier hatte die Tochter eines reichen Händlers geheiratet und besaß eine eigene Wohnung. Goya blieb allein zurück.

Er verließ Madrid und zog nach einem Ort am Ufer des Manzanares. Dort lernte er Leocadia Weiß kennen, eine lebhafte junge Frau, die für ihren Freisinn bekannt war. Zu Beginn ihres Verhältnisses mit Goya war sie noch mit dem Geschäftsmann Isidro Weiß verheiratet, aber schon bald ließ dieser sich von seiner Frau scheiden. Er warf ihr «schlechtes Benehmen und Untreue» vor. Ohne Zweifel schlief Goya – er war mittlerweile 68 – mit Leocadia. 1814 gebar sie ein Mädchen, das sie Rosarito nannte. Goya liebte das kleine Mädchen über alles, ermutigte es zu malen und gab ihm Unterricht, in der vergeblichen Hoffnung, daß in Rosarito ein echtes Talent schlummere.

Als Goya 1824 die Sanktionen der neuen spanischen Regierung befürchten mußte, floh er, begleitet von Leocadia und der kleinen Rosarito, nach Frankreich und ließ sich in Bordeaux nieder, wo er ein kleines Haus mit einem Garten bewohnte. Die hitzige Leocadia stritt oft mit Goya, aber im allgemeinen meinte sie es gut mit ihm und sorgte für ihn. Goya unternahm in seinen letzten Jahren viele Spaziergänge, malte ein wenig und gönnte sich häufig ein Schläfchen. Er starb im Alter von 82 Jahren.

wad & iw

Geheimnisse eines Genies

Leonardo da Vinci
15. April 1452–2. Mai 1519

Bedeutung: Das italienische Genie Leonardo da Vinci, der Inbegriff des Renaissance-Menschen, war Maler, Bildhauer, Architekt, Anatom, Erfinder, Wissenschaftler und Ingenieur. Seine künstlerischen und wissenschaftlichen Leistungen, darunter die *«Mona Lisa»*, das *«Abendmahl»* und seine Untersuchungen auf dem Gebiet der Anatomie, machen deutlich, daß es zu keiner Zeit ein zweites Beispiel für ein so vielseitiges schöpferisches und erfindungsreiches Genie gegeben hat.

Lebensgeschichte: Leonardo wurde unehelich geboren. Sein Vater war ein florentinischer Hausbesitzer und Notar namens Ser Piero da Vinci, seine Mutter ein Bauernmädchen, von dem nur der Vorname, Caterina, bekannt ist. Man zwang seine Mutter, auf ihn zu verzichten, und verheiratete sie kurz darauf mit einem ortsansässigen Handwerker. Leonardo wuchs im Hause seines Vaters wie ein legitimer Sohn auf. Die Familie, zu der ein Onkel, eine Großmutter und die kinderlose Stiefmutter gehörten, umgab ihn mit Liebe und Geborgenheit.

Im Alter von fünfzehn Jahren trat Leonardo als Lehrling in die Werkstatt des berühmten Künstlers Andrea del Verrocchio in Florenz ein. Der junge Leonardo gedieh bestens in der lebhaften künstlerischen und geistigen Gesellschaft dieser Stadt zur Zeit der Renaissance und wurde 1472 als Maler Mitglied der St. Lukas-Gilde von Florenz. In den folgenden zehn Jahren errang Leonardo mit seiner Kunst viel Anerkennung. Gleichzeitig widmete er sich wissenschaftlichen und technischen Studien. 1482 wurde Leonardo von Herzog Ludovico Sforza, der für die nächsten siebzehn Jahre sein Gönner werden sollte, nach Mailand eingeladen. Dort in Mailand blühte der Künstler auf, und sein forschender Geist drang in immer weitere Gebiete vor. Er malte und schuf Skulpturen. Er entwarf militärische Befestigungsanlagen und Kriegsmaschinen und wurde Städteplaner. Er sezierte Tiere, um ihre Organe und Muskeln zu studieren. Und er begann mit der Niederschrift seiner *«Notizbücher»*, die auf mehr als vierzig Bände anwachsen sollten. Sie waren zum Teil mit der linken Hand rückwärts geschrieben, und man konnte sie nur mit Hilfe eines Spiegels lesen.

1499 endete Leonardo da Vincis Mailänder Periode plötzlich, als die Franzosen Mailand einnahmen und seinen Mäzen Ludovico entmachteten. Für die nächsten Jahre zog Leonardo von Florenz nach Rom, wo er dem berüchtigten päpstlichen General Cesare Borgia als höherer Militäringenieur diente. 1503 zog er wieder nach Florenz, wo er Leichen sezierte und dadurch seine anatomischen Kenntnisse erheblich erweiterte. Drei Jahre später kehrte er nach Mailand zurück, wo er von dem französischen Gouverneur der besetzten Stadt mit Freuden aufgenommen wurde. Schließlich lud Franz I. von Frankreich Leonardo da Vinci in sein Land ein, wo er in Cloux, einem Landsitz an der Loire, seinen Wohnsitz nahm. Dort wirkte er als Wissenschaftler und Künstler während der letzten paar Jahre seines Lebens bis zu seinem Tod im Alter von 67 Jahren.

Liebe: Von Leonardo da Vincis Privatleben weiß man wenig Gesichertes. Ja, wenn man sich nur an konkrete Tatsachen hält, könnte man schließen, daß Leonardo ohne jede sexuelle Erfahrung starb. Bei näherer Betrachtung zeigt sich, daß er nicht unerfahren war, sondern eine gehemmte und verschlossene Persönlichkeit, die ihre intimen Beziehungen vor den anderen geheimhielt.

Die Umstände der Geburt Leonardos und der erzwungene Verzicht seiner Mutter hatten offenbar eine furchtbare emotionale Wirkung auf das Kind Leonardo gehabt. Anscheinend haben sich bei ihm hinsichtlich der Beständigkeit von Beziehungen eine tiefe Angst und ein Mißtrauen gegenüber den Frauen entwickelt. Obwohl die Familie seines Vaters ihn mit Liebe umgab, hat Leonardo wohl nie die Einsamkeit und das Gefühl der Verlassenheit überwunden, das ihn überkam, als er seiner Mutter weggenommen wurde. Diese emotionalen Erlebnisse haben dem jugendlichen Leonardo zweifellos eine Abneigung gegen sexuelle Beziehungen zu Frauen eingegeben.

Im April 1476 kam es zu einem Vorfall, der Leonardos Privatleben stark beeinflussen sollte. Ein anonymer Schreiber denunzierte Leonardo in einem Brief an den Magistrat von Florenz, in dem er behauptete, daß Leonardo und vier andere junge Männer sich strafbarer Vergehen, nämlich des Geschlechtsverkehrs mit einem halbwüchsigen homosexuellen Prostituierten namens Jacopo Saltarelli, schuldig gemacht hätten. Leonardo da Vinci mußte vor dem Magistrat erscheinen, der ihn über sein sexuelles Leben, seine Träume und seine Gewohnheiten ausfragte. Leonardo fühlte sich tief gedemütigt, und dieses Gefühl verstärkte sich, als sein schokkierter Vater sich weigerte, ihm zu helfen. Nachdem er das Gespött der Öffentlichkeit über sich hatte ergehen lassen müssen und die Anklage keine Beweise hatte erbringen können, wurde er freigesprochen. Zwei Monate später jedoch wurden die anonymen Beschuldigungen erneut vorgebracht. Noch einmal mußte er sich einem Verhör unterziehen; Leonardo wurde zwar erneut freigelassen, aber die Beschuldigungen blieben bestehen. Anscheinend wurde er nie freigesprochen, doch das Gericht erteilte ihm bedingten Straferlaß. Nach diesen Verhaftungen widmete er sich offenbar immer stärker geistigen und künstlerischen Beschäftigungen. Auch befolgte er nun bei seinen sexuellen Verbindungen eine strikte Politik der Geheimhaltung.

Eine Frage, die nie beantwortet wurde, ist, ob Leonardo wirklich ein Kunde von Jacopo Saltarelli war. In seinen eigenen Schriften läßt Leonardo da Vinci nie etwas über seine sexuellen Neigungen verlauten. Aber Giorgio Vasari, der Künstlerbiograph der Renaissance, spielt auf Leonardos Homosexualität an, und Sigmund Freud verfaßte einen Essay über die psychologische Evidenz, die auf die Homosexualität des großen Künstlers schließen lasse. Ein jüngst entdecktes Manuskript des Renaissance-Schriftstellers Gian Paolo Lomazzo berichtet offen über Leonardos Homosexualität. Demnach ist es durchaus möglich, daß er den Prostituierten besucht hat.

Manche Gelehrte haben Hinweise auf Leonardos Homosexualität in seinen Schriften gefunden. Ein Brief von Leonardo gibt seine Gefühle über den heterosexuellen Geschlechtsverkehr wieder: «Der Geschlechtsakt und die Körperteile, mit denen er ausgeführt wird, sind so schauderhaft, daß die Spezies Mensch ihre Menschenwürde verlieren würde, gäbe es nicht die Schönheit und die Ausschmückungen des Künstlers und die Befreiung des Geistes.» Diese Bemerkung findet eine gewisse Ergänzung in einer Notizbucheintragung Leonardos, einer Bemerkung über den Penis mit der Überschrift *«Über die Rute»*: «Er [der Penis] hält Zwiesprache mit dem menschlichen Geist und hat manchmal einen eigenen Geist. Wenn der menschliche Wille ihn stimulieren will, bleibt er widerspenstig und geht seine eigenen Wege ... Es hat also den Anschein, daß diese Kreatur ein Leben und einen Geist hat, die unabhängig vom Menschen sind. Die Menschen tun zweifellos unrecht, wenn sie sich schämen, ihm einen Namen zu geben oder ihn zu zeigen, und immer etwas bedecken und verbergen, das geschmückt und feierlich zur Schau gestellt werden sollte.» Die Biographen behaupten, daß der Ekel vor dem Geschlechtsverkehr mit Frauen und die Glorifizierung des Penis ein Beweis für Leonardos Homosexualität seien.

Es ist sicher, daß Leonardo intensive Beziehungen zu schönen jungen Knaben hatte. Eine bedeutende Rolle in Leonardos Leben spielte der kraushaarige, zur Zeit der ersten Begegnung zehnjährige Gian Giacomo Caprotti. Dieser Junge mit den auffallend großen Augen und dem Spitznamen Salai («kleiner Teufel») trat als Diener in Leonardos Haushalt ein. Obwohl sich erwies, daß Salai ein Dieb und Lügner war, war Leonardo von ihm entzückt und blieb zwei Jahrzehnte lang sein Kamerad. Manche Biographen deuten an, daß diese Beziehung sexueller Natur war, aber es gibt dafür keinen schlüssigen Beweis. Als Salai älter wurde und Leonardo verließ, nahm dieser einen schönen adligen Jungen namens Giovanni Francesco Melzi auf. Melzi wurde, wie Salai vor ihm, Leonardos ständiger Begleiter und blieb es bis zum Tod des Meisters.

rjf

Der reiche Bohemien

Pablo Picasso
25. Oktober 1881–8. April 1973

Bedeutung: Picasso war zweifellos die originellste, eindrucksvollste und einflußreichste Persönlichkeit der bildenden Künste in den ersten drei Vierteln dieses Jahrhunderts.

Lebensgeschichte: Picasso wurde in Málaga (Andalusien) als Sohn des Malers und Kunstlehrers José Ruiz Blasco geboren. Seine Eltern gaben sich keine große Mühe, ihn zu erziehen, und auch seine künstlerische Ausbildung war höchst mangelhaft, da er seinen Lehrern eindeutig überlegen war. Einer Legende zufolge soll Picassos Vater, als er das künstlerische Genie seines Sohnes erkannte, diesem seine Farben und Pinsel übergeben und von da an nicht mehr selbst gemalt haben. In seinen späten Jugendjahren zog Picasso ins Künstlerviertel von Barcelona und genoß von nun an das Bohème-Leben in vollen Zügen. Auch während seiner häufigen Aufenthalte in Paris, wo ihn die Straßen von Montmartre und die Werke von Toulouse-Lautrec, van Gogh und Cézanne in Begeisterung versetzten, behielt er seinen freizügigen Lebensstil bei. Von Anfang an war er ein außergewöhnlich produktiver Maler. Als Zwanzigjähriger begann er seine Werke mit dem Mädchennamen seiner Mutter – Picasso – zu signieren.

1904 verließ er Barcelona und zog endgültig nach Paris, wo er zusammen mit Georges Braque den Kubismus begründete. «Wenn ich einen Becher malen möchte», sagte Picasso, «will ich Ihnen zeigen, daß er rund ist, aber es kann sein, daß der Rhythmus und die Komposition des Bildes mich zwingen, diese Rundheit als ein Viereck darzustellen.»

Der Ausbruch des Spanischen Bürgerkrieges im Jahre 1936 störte die politische Gleichgültigkeit auf, in der er gelebt hatte. Er wurde ein leidenschaftlicher Loyalist, und die Zerstörung einer kleinen baskischen Stadt durch Hitlers Bomber inspirierte ihn zu dem riesigen Ölgemälde *«Guernica»*, das von vielen als sein Meisterwerk angesehen wird.

Picassos Energie war grenzenlos; da er gewöhnlich ein Spätaufsteher war, traf er erst nachmittags mit seinen Freunden zusammen und arbeitete dann bis tief in die Nacht hinein. Seine kleine Statur – er war nur knapp 160 Zentimeter groß – wurde durch seine intensiv leuchtenden schwarzen Augen und durch sein temperamentvolles Auftreten ausgeglichen. Er wurde innerhalb kurzer Zeit berühmt und brauchte sich schon bald keine materiellen Sorgen mehr zu machen: Mit seiner gewaltigen Produktion – man schätzt sie auf 14000 Ölbilder, 100000 Stiche und Radierungen und 34000 Buchillustrationen – verdiente er jedes Jahr Millionen. Wenn er – was häufig geschah – die Wohnung, das Atelier, die Frauen und Geliebten wechselte, wurden die Gegenstände, die er zurückließ – Souvenirs, Gemälde, Antiquitäten, Plunder, alte Kleider –, sorgfältig aufbewahrt. Als Picasso mit 91 Jahren in seiner am Berghang gelegenen Villa in Mougins in Südfrankreich starb, hinterließ er ein Vermögen von 1,1 Milliarden Dollar.

Liebe: Schönheit und jugendliches Aussehen waren die wichtigsten Eigenschaften, die eine Frau besitzen mußte, um seine Aufmerksamkeit zu erregen. Meistens vor, aber immer nach Beginn einer sexuellen Beziehung wurden seine Frauen und Geliebten seine Modelle, wenn sie auch nicht immer auf seinen Bildern zu erkennen sind.

Fernande Olivier war Picassos Partnerin in seiner frühen Bohème-Zeit in Paris. Sie war eine provozierend sinnliche junge Frau mit grünen Augen und kastanienbraunem Haar. Picasso lernte sie eines Tages in dem heruntergekommenen Mietshaus am Montmartre, in dem beide wohnten, kennen. Sie war vier Monate älter als er, was den Dreiundzwanzigjährigen zu der Bemerkung Freunden gegenüber veranlaßte, sie sei «sehr schön, aber alt». Sie sagte später von ihm, er habe «eine Art von Magnetismus gehabt, dem ich nicht widerstehen konnte», aber Widerstehen war sowieso nicht ihre Stärke. Sie diente ihm gern als Modell, am liebsten liegend, und machte sich nichts daraus, wenn kein Geld für Schuhe vorhanden war und sie daher zwei Monate lang die Wohnung nicht verlassen konnte. Ihre dringendsten Bedürfnisse befriedigte Picasso bisweilen, wenn auch dürftig, und zur Unterhaltung stand ja immer das Bett bereit. Picasso betete Fernande an und war geradezu besessen vor Eifersucht. «Picasso zwang mich, wie eine Einsiedlerin zu leben», sagte sie später.

Seine ruhelose Natur zwang Picasso von Zeit zu Zeit, seine Modelle, die zugleich Quellen der Inspiration für ihn waren, zu wechseln. Marcelle Humbert, die er Éva nannte, war – im Gegensatz zu Fernande – klein und zart. Da ihre Liebesbeziehung in die Zeit von Picassos kubistischer Periode fiel, gibt es von ihr keine Porträts, aber sie lebt weiter in den Worten *ma jolie* (meine Hübsche), die in manchen seiner Gemälde als Inschrift erscheinen (in zwei Werken taucht der Satz *J'aime Éva* [Ich liebe Éva] auf). Sie starb 1915 an Tuberkulose.

1917 ging Picasso mit dem Schriftsteller Jean Cocteau und dem russischen Ballett nach Rom. Dort entwarf er den Vorhang für Sergej Diaghilews neues Ballett *«Parade»*. Als er eines Nachts mit den Tänzern durch die vom Mond beschienenen Straßen Roms spazierte, lernte er Olga Koklowa, die Tochter eines Obersten, kennen. Ihre Abkunft aus einer «guten Familie» und ihr Hautevolee-Geschmack erschienen ihm damals als solide und dauerhafte Werte. Von seinem Bohème-Leben hatte er sich nach dem Tod Évas losgesagt; er war jetzt auf dem Wege, reich und berühmt zu werden. Sein spanisch-bürgerliches Wesen setzte sich in ihm durch – er hatte mehr und mehr das Gefühl, daß es nun Zeit für ihn sei, sich häuslich niederzulassen und eine Familie zu gründen. Er nahm Olga mit nach Spanien, stellte sie seinen Freunden und Verwandten vor, malte sie in einer spanischen Mantilla und heiratete sie schließlich, wobei er und Olga über die übliche Trauungszeremonie hinaus das Hochzeitsritual der russisch-orthodoxen Kirche feierten. Dann richtete er ihr eine luxuriöse Etagenwohnung in Paris ein, zum Erstaunen seiner Freunde mit zwei Einzelbetten in verschiedenen Zimmern, als ob er ein Scheitern der Ehe vorausgeahnt hätte.

Aus der Ehe mit Olga ging Picassos erster Sohn, Paulo, hervor. Seine erste Tochter, Maïa, die 1935 geboren wurde, hatte bereits eine andere Mutter: die großgewachsene, schöne Marie-Thérèse Walter, eine blonde Frau mit blauen Augen, die zugleich Modell und Geliebte Picassos war. Die erste Ehe des Malers steckte zu dieser Zeit bereits in einer tiefen Krise. Olga war immer anspruchsvoller und neurotischer geworden, und Picasso hatte sich, bewußt oder unbewußt, an ihr gerächt, indem er eine Serie von weiblichen Ungeheuern mit verwelkten Brüsten und übertrieben ausgemalten Geschlechtsteilen schuf. Sein eheliches Unglück und die sexuelle Entbehrung führten in seiner Kunst zu deformierten weiblichen Gestalten, und erst als die warmherzige, sanfte Marie-Thérèse erschien, zu der er sich flüchten konnte, die ihn anbetete und ihm sexuelle Erfüllung bot, malte er wieder Frauen mit runden und festen Brüsten und lächelnden Mündern, Figuren, die zwar immer noch entstellt waren, aber doch eine unübersehbare sinnliche Freude ausstrahlten.

Nach der Geburt Maïas wurde seine Beziehung zu Marie-Thérèse komplizierter. Die Elternpflichten störten die Liebe. In dieser Zeit begegnete Picasso der Malerin und Fotografin Dora Maar zum erstenmal in den *Deux Magots*, einem Café am linken Seine-Ufer. Er war sofort von ihren dunklen Augen und ihrem ernsten, nachdenklichen Gesicht gefesselt. Auch stellte er fest, daß sie sehr klug war und daß man anregende Gespräche über Kunst mit ihr führen konnte. Außerdem sprach sie fließend Spanisch. Kurz: Picasso war begeistert. Bald besuchte Dora ihn regelmäßig in seinem Pariser Atelier, und nach kurzer Zeit erschien sie in seinen Gemälden als schöne Frau mit fließendem blauschwarzem Haar. Die Beziehung zu Dora Maar war keineswegs nur intellektueller Natur. Auch in der Liebe inspirierten sie sich gegenseitig. Doch hatte Dora ein genauso ungebändigtes Temperament und litt genauso häufig unter Depressionen wie Picasso, und so war auch diese Affäre nur von kurzer Dauer. Die weinenden Frauen, die auf vielen seiner Bilder zu sehen sind, sind alle nach dem Vorbild Dora Maars gemalt.

In seinen Sechzigerjahren wurde die junge Malerin Françoise Gilot seine Geliebte. Trotz fortgeschrittenen Alters war Picasso – wie ein Freund schrieb – «geradezu besessen von seiner sexuellen Unersättlichkeit». Françoise war zu dieser Zeit Picassos einzige Bettgenossin, doch fand sie bald heraus, daß Olga, Marie-Thérèse und Dora Maar weiterhin wichtige Personen im Leben des Malers waren, von denen er sich nicht zu lösen vermochte. Zur Sommerzeit, die er in Südfrankreich verbrachte, kam Olga angereist, blieb dem Paar wie ein Spürhund auf den Fersen und stieß in aller Öffentlichkeit die wüstesten Verwünschungen gegen die beiden aus. In Paris waren die Donnerstage und Sonntage Besuchen bei Marie-Thérèse und Maïa vorbehalten, und während der Ferien kamen täglich Briefe an, in denen die beiden Papa Picasso ihre Erlebnisse und Unternehmungen – vor allem jene, die viel Geld kosteten – in allen Einzelheiten ausmalten. Picasso bestand darauf, daß Françoise ihn begleitete, wenn er mit der verbitterten Dora Maar, die voller Verachtung für ihn war, eine Verabredung zum Mittagessen getroffen hatte oder sie zu Hause besuchte. Die Frauen seines Lebens zu zwingen, in Verbindung miteinander zu bleiben, gehörte zu den amüsanteren Aspekten im langen Leben Picassos.

Die Beziehung der rund vierzig Jahre jüngeren Françoise Gilot zu Picasso war komplizierter als die ihrer Vorgängerinnen. Immer wenn sie mit ihrer Rolle unzufrieden wurde, verschrieb ihr Picasso Mutterschaft als Heilmittel; so kam er zu seinem Sohn Claude und seiner Tochter Paloma. Mit Picasso zu leben war schwer – zu schwer, wie sich herausstellte; nach sieben Jahren nahm Françoise die Kinder und ging. Picasso war wütend. «Es gibt nichts, was einem Pudel ähnlicher wäre als ein anderer Pudel», sagte er, «und das gilt genauso für Frauen.»

Die letzte Beziehung von einiger Dauer ging Picasso mit Jacqueline Roque, einer jungen geschiedenen Frau, ein, die in sein Leben trat, nachdem Françoise ihn verlassen hatte. Sie war eine Art Sekretärin für ihn und widmete sich in jeder Beziehung seinem Wohlergehen. Als Olga 1955 starb, nahm Picasso die Gelegenheit wahr und heiratete Jacqueline. Die Trauung fand 1961 statt. Jacqueline war nicht so üppig wie Fernande, nicht so zart wie Éva, nicht so anmutig wie Olga, nicht so lieb wie Marie-Thérèse, nicht so intelligent wie Dora Maar und nicht so talentiert wie Françoise. Aber auch ihre Erwartungen schienen geringer zu sein. Sie war jedenfalls loyal, tüchtig, willig – und schön. Alle seine Frauen waren schön, und zu verschiedenen Zeiten – und mit unterschiedlich großer Leidenschaft – hatte Picasso alle geliebt. Aber immer hatte er auch ein wenig Wut und Haß auf diese Frauen verspürt. Pierre Cabanne, ein Kenner von Picassos Leben und Werk, wies auf diese Tatsache hin: «Sexuelle Stimulierung war die grundlegende bewegende Kraft seiner lyrischen Flüge; Begierde war bei ihm Ungestüm, Verstümmelung, Tumult, Empörung, Exzeß.» Eine Passage aus den *«Tagebüchern der Anaïs Nin»* enthält, wie Cabanne meint, den Schlüssel zu Picassos Haltung gegenüber den Frauen: «Alice Paalen, die Frau des surrealistischen Malers Wolfgang Paalen, die Picassos Geliebte war, behauptet dort, daß es zu seinen Vergnügungen gehörte, den Frauen ihren Orgasmus vorzuenthalten. Und Éluard schrieb 1942 nach einer graphologischen Analyse der Handschrift Picassos: ‹Er liebt mit Ungestüm und tötet, was er liebt.›»

Gedanken: «Da Natur und Kunst zwei verschiedene Dinge sind, können sie nicht dasselbe sein ... Akademische Unterweisung in Schönheit ist Trug. Wenn wir eine Frau lieben, werden wir nicht auf die Idee kommen, ihre Beine zu vermessen.»

«Für mich gibt es nur zwei Arten von Frauen – Göttinnen und Fußabtreter.»

ncs

Der Meister des Fleisches

Peter Paul Rubens
28. Juni 1577–30. Mai 1640

Bedeutung: Rubens wurde schon zu Lebzeiten wegen seiner sinnlichen, lebensvollen Darstellungen stattlicher nackter Frauen in religiösen und mythischen Szenen berühmt und reich belohnt. Er war der Begründer des derben, lebhaften flämischen Barockstils. Viele seiner mehr als dreitausend Werke zeigen Frauen, die «aus Milch und Blut» zu bestehen scheinen. Besser als jeder andere Maler wußte er die Farbtönungen des weiblichen Körpers wiederzugeben. Die massigen Gestalten, die er bevorzugte, waren das Schönheitsideal seiner Zeit – und mit ihren fleischigen Höhlungen, Schwellungen, Senkungen und sanften Wölbungen ein dankbares Sujet für den Maler. Schon früh wurde Rubens der Lieblingsmaler von Königen und Fürsten an fast allen europäischen Höfen. Er brachte es damit zu gewaltigem Reichtum.

Lebensgeschichte: Obwohl Rubens Szenen aus bacchantischen Festen und pralle, schwellende Hinterbacken malte, trat er elegant wie ein flämischer Bankier und mit den Manieren eines Diplomaten auf. Die strenge Ordnung, in die er sein Leben faßte, ist möglicherweise eine Folge der skandalumwitterten Wirren seiner Kindheit gewesen. Seine Eltern waren vor den Truppen des spanischen Herzogs Alba geflohen, die Calvinisten, Intellektuelle und Kaufleute der Niederlande mordeten, schändeten und ausplünderten. Die Flüchtlingsfamilie ließ sich in der Nähe von Köln nieder, wo Peter Paul später geboren wurde. Sein Vater Jan Rubens erhielt eine Stelle als Finanz- und Rechtsberater der sechsundzwanzigjährigen Prinzessin Anna von Sachsen, einer blonden Schönheit mit leuchtenden blauen Augen. Ihr Gemahl, Wilhelm von Oranien, hatte sie mehrere Jahre lang auf einem dunklen Schloß zurückgelassen, während er in Flandern gegen die Spanier kämpfte. Es dauerte nicht lange, und Prinzessin Anna und ihr neuer Berater waren in eine Liebesaffäre verwickelt, die schon bald großes öffentliches Aufsehen erregte und schließlich – nachdem Anna schwanger geworden war – mit der Verbannung der Prinzessin und einer Gefängnisstrafe für Jan Rubens endete. Anna gebar ein Mädchen und kehrte bald darauf zu ihrer Familie nach Sachsen zurück, wo sie fünf Jahre später starb. Auch Jan Rubens wurde schließlich aus dem Gefängnis entlassen. Er fand seine Familie in einer sehr niedergeschlagenen Stimmung vor. Sie wurde von den anderen Flüchtlingen und der einheimischen deutschen Bevölkerung gemieden. In dieser traurigen Zeit kam Peter Paul Rubens zur Welt. Er war noch ein Kind, als sein Vater starb. Einige Jahre später kehrte die Mutter mit Peter Paul und seinen Geschwistern in das heimatliche Flandern zurück.

Als Jugendlicher mußte Rubens den Schulunterricht aufgeben, damit seine Mutter die Aussteuer zur Heirat seiner Schwester aufbringen konnte. Er erhielt eine Stellung als Page am Hof der Gräfin de Lalaing. Vielleicht erlernte er dort die höfischen Manieren, aber er litt sehr unter den grausamen Spielen der Gräfin, die zum Beispiel ihre jungen Pagen zwang, sich als Mädchen zu verkleiden und in dieser Aufmachung die weiblichen Gäste zu unterhalten. Schließlich konnte Rubens seine Mutter dazu überreden, ihn wieder zu sich zu nehmen, und auf sein Bitten hin erlaubte sie ihm, Malunterricht zu nehmen.

Sehr rasch übertraf er seine Lehrer und wurde nach und nach zum berühmtesten Maler Europas. Er heiratete zweimal und zeugte acht Kinder, um die er sich viel mehr kümmerte als die meisten Väter seiner Zeit. Er war befreundet mit Papst Paul V., war Gesandter von Maria von Medici und wurde von Karl I. zum Ritter geschlagen. Er sammelte ein so großes Vermögen an, daß man nach seinem Tod fünf Jahre brauchte, um sich einen Überblick über seinen Besitz zu verschaffen. In seinen letzten Jahren litt er schwer an der Gicht. Er starb mit 63 Jahren.

Liebe: Während er in Italien studierte und arbeitete (1600–1608), hatte Rubens viele flüchtige Liebesaffären, meistens mit italienischen Schauspielerinnen und Prostituierten. Die erste Frau, zu der er sich leidenschaftlich hingezogen fühlte, war eine nicht näher bekannte Dame der römischen Aristokratie. Zwar erwiderte sie offenbar seine Gefühle, doch ihre Eltern, die den unbekannten ausländischen Künstler für alles andere als eine «gute Partie» hielten, beendeten die Beziehung rasch. Ein Jahr nachdem Rubens von seinen Reisen zurückgekehrt war, heiratete er als Zweiunddreißigjähriger die achtzehnjährige Isabella Brant. Isabella – sie stammte aus Antwerpen – war ein großes dunkelhaariges Mädchen. Rubens war – im Gegensatz zu den meisten seiner Künstlerkollegen – kein Schürzenjäger. Das Paar hatte drei eigene und zwei Adoptivkinder, die von Rubens' verstorbenem Bruder stammten. Isabella diente ihrem Mann wahrscheinlich als Modell für viele der Madonnen in seinen frühen Arbeiten. Als sie mit 35 starb, klagte Rubens: «Ich habe meine vertrauteste Gefährtin verloren, die mir Grund genug gab, sie stets zu lieben; denn sie hatte keinen der Fehler, mit denen uns das weibliche Geschlecht so häufig enttäuscht. Sie war weder mürrisch noch haltlos, sondern so freundlich, so gut und so reich gesegnet mit allen weiblichen Tugenden, daß jedermann sie liebte.»

Nach Isabellas Tod lernte Rubens die üppige Kaufmannstochter Susanne Fourment kennen, die ihm bei seiner Arbeit an dem berühmten Gemälde *«Der Strohhut»* Modell stand. Es entwickelte sich eine Liebesbeziehung, die viele Jahre andauerte und erst zu Ende ging, als Susanne einen anderen Mann heiratete. Zwei Jahre später heiratete der mittlerweile 53 Jahre alte Rubens Susannes strahlend schöne sechzehnjährige Schwester Helene. Rubens begründete diese Heirat mit den folgenden Worten: «Da ich mich nicht entschließen kann, im Zölibat zu leben ..., habe ich eine junge Frau von ehrbarer, wenn auch mittelständischer Herkunft geheiratet, obwohl mir alle rieten, eine Dame von Hof zu wählen. Aber ich fürchtete nichts so sehr wie eine Frau, die mir und anderen mit Hochmut – jener Geißel der Noblen – begegnen würde. Das war der Grund für mich, ein Mädchen zu wählen, das sich nicht schämt, wenn es mich den Pinsel in die Hand nehmen sieht. Und, um die Wahrheit zu sagen, ich liebte meine Freiheit zu sehr, um sie der Umarmungen einer alten Frau wegen preiszugeben.»

Helene wurde sein Lieblingsmodell, und es war ihm eine Wonne, sie unbekleidet zu malen. Stundenlang posierte sie nackt in Gegenwart der zahllosen Lehrlinge und Helfer, die in Rubens' riesigem Atelier, einer Art Kunstfabrik, beschäftigt waren. Ihr üppiger Körper mit der gesunden, weiß-rosa Hautfarbe ist auf vielen Bildern des Künstlers zu bewundern. Helene ist der Prototyp der «Rubensfrau». In seinen Gemälden wird sie geraubt, geschändet,

Entführern entrissen; man sieht sie tief versunken im Gedenken Gottes und im sinnlichen Spiel. Kenneth Clark schrieb: «Rubens' Frauen sind empfänglich und verschlossen zugleich ..., glücklich, aber keineswegs befangen.»

Auch die Ehe mit Helene verlief glücklich. Sie gebar fünf Kinder, von denen das letzte fast neun Monate nach Rubens' Tod zur Welt kam.

rgp

Die Kaffeekanne

Henri de Toulouse-Lautrec
24. November 1864–9. September 1901

Bedeutung: Toulouse-Lautrec beeinflußte mit seinem naturalistischen Stil viele Maler der nachimpressionistischen Kunstperiode in Frankreich. Zu seinen Lebzeiten hatten ihn die meisten für ein unbedeutendes Talent gehalten, aber nach seinem Tod wurde er weit über die Grenzen Frankreichs hinaus berühmt. Unser heutiges Bild vom Leben in Paris während der «glanzvollen neunziger Jahre» des vorigen Jahrhunderts wird weitgehend von Lautrecs Bildern bestimmt – von den Bordell- und Bohème-Szenen und vor allem von den Darstellungen des Nachtlebens im *Moulin Rouge* und anderen Pariser Cabarets und Kneipen.

Lebensgeschichte: Toulouse-Lautrec war das einzige am Leben gebliebene Kind eines exzentrischen Grafen. Als Kind stürzte er zweimal schwer und brach sich dabei beide Oberschenkelknochen. Er blieb sein Leben lang verkrüppelt, und im Alter von vierzehn Jahren – er war 152 Zentimeter groß – hörte er plötzlich auf zu wachsen. Sein Vater war über diese Mängel sehr enttäuscht, denn er hatte mit einem starken und gesunden Sohn gerechnet, der ihn bei seinen Jagden und Ausschweifungen begleiten sollte. Obwohl Henri häßlich, mißgestaltet und erheblich kleiner war als seine Altersgenossen, war er doch auf Grund seiner Ausstrahlung und seines wachen Verstandes bei den Künstlern, die in den späten achtziger und den neunziger Jahren zur Pariser Gegenkultur gehörten, ein gern gesehener Genosse. Er gehörte bald zum Straßenbild von Montmartre, wurde von den Einwohnern des Viertels freundlich gegrüßt, wenn er, mit einem modischen Kneifer in seinem bärtigen Gesicht, den Bambusstock unternehmungslustig schwingend, mit einer sackartigen Hose und einem überlangen

Mantel bekleidet und mit der unvermeidlichen Melone auf dem Kopf, durch die Gassen stolzierte.

Trotz seiner adligen Herkunft fühlte sich Toulouse-Lautrec am meisten in der Gesellschaft der Ausgestoßenen zu Hause, und er wohnte jahrelang in Bordellen und war Stammgast in Bars, in denen sonst nur Lesbierinnen verkehrten. Sein übermäßiger Alkoholkonsum, die Syphilis und der ungesunde Lebenswandel führten zu einem frühen Tod. Zweieinhalb Monate vor seinem siebenunddreißigsten Geburtstag starb er in den Armen seiner Mutter.

Liebe: Obwohl Toulouse-Lautrec sehr klein war, hatte er ein ungewöhnlich gut entwickeltes Geschlechtsorgan vorzuweisen, einen Penis von einer Dimension, die selbst einem Mann von normaler Größe alle Ehre gemacht hätte. Diese erstaunliche Disproportionalität schien der Maler recht gelassen hinzunehmen; oft verglich er seinen originellen Körperbau mit einer «Kaffeekanne mit großer Tülle».

Toulouse-Lautrec wurde früh in die Welt der Bordelle eingeführt. Weil er mißgestaltet war und ziemlich grotesk aussah, erschien eine standesgemäße Heirat mit einer Adligen undenkbar. Er zog in den Stadtteil Montmartre, als er neunzehn war, und schon bald ging er dort neben dem Malen noch einer zweiten Lieblingsbeschäftigung nach: Nacht für Nacht machte er sich auf Entdeckungsreisen durch das Pariser Nachtleben und entwickelte sich dabei – wie seine Bilder beweisen – schnell zu einem scharfen Beobachter, dem kein Detail dieses exotischen Milieus entging. Auch begann er bald, mit einigen seiner Modelle zu schlafen, vor allem mit Marie Charlet, einer noch nicht zwanzigjährigen Abenteuerin, die nach der ersten gemeinsam mit Toulouse-Lautrec verbrachten Nacht in aller Öffentlichkeit von dem Durchstehvermögen und dem Erfindungsreichtum des Malers schwärmte.

1885 entwickelte sich eine Liebesbeziehung zwischen Toulouse-Lautrec und seinem Modell Suzanne Valadon, der Mutter des Malers Maurice Utrillo, die selbst eine Künstlerin von einiger Bedeutung war. Drei Jahre dauerte diese stürmische Affäre, die erst ein abruptes Ende nahm, als Toulouse-Lautrec erfuhr, daß die Selbstmorddrohungen seiner Geliebten, die er ernst genommen hatte, in Wirklichkeit reine Schauspielerei waren. Nach dem Bruch mit Suzanne Valadon malte Toulouse-Lautrec sechs Studien von Rosa la Rouge, einer rothaarigen Prostituierten, bei der er sich die Syphilis holte.

1891 entwarf er sein erstes Plakat für das *Moulin Rouge*, durch das er über die Grenzen des Montmartre hinaus berühmt wurde. Nach dem Bruch mit einer anderen Geliebten, Berthe La Sourde, begann er, regelmäßig Bordelle zu besuchen, und 1894 zog er in ein Etablissement für die höheren Schichten in der Rue des Moulins. Bordelle wurden von nun an bis an sein Lebensende seine Heimat. Durch dieses enge Zusammenleben mit Prostituierten hatte er die Möglichkeit, seine sexuellen Bedürfnisse jederzeit nach Belieben zu befriedigen und gleichzeitig nackte und halbnackte Frauen in zwangloser Haltung zu beobachten und zu malen. «Das Berufsmodell ist immer wie eine ausgestopfte Eule», sagte er. «Diese Mädchen hier sind lebendig.»

So lebte er tagaus, tagein mit den Prostituierten zusammen. Er spielte Karten mit ihnen, lachte mit ihnen und überraschte sie in ihren Betten. Er teilte die Mahlzeiten mit ihnen und brachte Gebäck und guten Wein mit, um das Menü zu verbessern. Er merkte sich ihre Geburtstage und beschenkte sie. An ihren freien Tagen lud er diese Frauen der Nacht in sein Atelier, in ein Restaurant, in eine Zirkusvorstellung oder ins Theater ein.

Als er der Bordelle müde wurde, verbrachte Toulouse-Lautrec seine Nächte in Lesbierinnen-Bars, vor allem in *La Souris* und *Le Hanneton* am Place Pigalle. Auch hier, wiederum umgeben von Frauen, erfreute er sich bald einer großen Beliebtheit. Er galt als ein Mann, den man jederzeit um Rat fragen konnte.

1897 verliebte sich Toulouse-Lautrec in eine junge Verwandte namens Aline. Eigentlich hatte sie Nonne werden wollen, aber nachdem sie eine Weile in der Abgeschiedenheit eines Klosters gelebt hatte, hatte sie dieses verlassen. Unter ihrem Einfluß gelang es dem Maler eine Zeitlang, ein geordneteres Leben zu führen und den Cocktails (zu deren Popularisierung er beigetragen hatte) zu entsagen. Er wollte sich sogar zu einer Entziehungskur in eine Klinik begeben und trank nur noch Portwein. Doch als ihm Alines Vater verbot, seine Tochter zu besuchen, versackte der Künstler tiefer als je zuvor in der Pariser Unterwelt, verfiel schließlich in ein Delirium tremens und wurde in eine Nervenheilanstalt eingewiesen. Wenige Monate nach seiner Entlassung trank er schon wieder hemmungslos. Am 20. August 1901 traten die ersten Lähmungen bei ihm auf – Symptome, die anzeigten, daß die letzte Phase der Syphilis, die Paralyse, begonnen hatte. Drei Wochen später war er tot.

Eigenarten: Toulouse-Lautrec hatte zuweilen die Angewohnheit, einzelnen Teilen des weiblichen Körpers seine ganze Aufmerksamkeit zu widmen. So hieß es zum Beispiel, daß er die Hand einer Frau eine ganze Stunde lang völlig versunken und selbstvergessen streicheln konnte. Rotes Haar versetzte ihn in Ekstase. Seine Freundin Thadée Natanson erzählte, daß er «wie eine Katze vor Behagen schnurren konnte, wenn er sein Gesicht in den Busen einer Frau tauchte und ihre gewaltigen Brüste um sich schlang wie einen Schal aus menschlichem Fleisch». Es kam auch vor, daß er sich «auf Damenstrümpfe stürzte, die zu Boden gefallen waren, sie zusammenballte und ihren Geruch mit geschlossenen Augen einatmete».

Einmal war Toulouse-Lautrec ganz besessen von der Schauspielerin und Tänzerin Marcelle Lender. Nacht für Nacht, über zwanzigmal, ließ er sich denselben Platz im Parkett reservieren, um sie den Bolero tanzen zu sehen. Als er gefragt wurde, warum er immer wieder komme, antwortete er: «Ich komme einfach, um Marcelle Lenders Rücken zu sehen. Schauen Sie gut hin, so etwas Herrliches haben Sie noch nie gesehen.» Aber von ihrer Nase war er anscheinend genauso beeindruckt. Wie Natanson berichtet, liebte Toulouse-Lautrec den Anblick schön geformter Nasenlöcher, denn wegen seiner geringen Größe waren diese das erste, was er sah, wenn er zum Gesicht einer Frau aufschaute.

Gedanken: «Liebe ist, wenn die Begierde, begehrt zu werden, dich so heftig anfällt, daß du glaubst, daran zu sterben.»

«Der Körper einer Frau, einer herrlichen Frau ... ist nicht zum Pimpern da ... Er ist dafür viel zu schön, oder? Zum Pimpern kann man alles benutzen ... einfach alles, oder?»

dw

Dichtung und Wahrheit

Klassische Autoren

Das häßliche Entlein

Hans Christian Andersen
2. April 1805–4. August 1875

Bedeutung: Andersens einziges Streben war es, ein Dichter zu werden – ein schöpferischer Schriftsteller, der höchstes Ansehen genoß. Zu diesem Zweck schrieb er Gedichte, Theaterstücke, Romane, Reisebücher – und Märchen. Die letzteren waren es – «Kleinigkeiten», wie er sie nannte –, die ihm weltweite Anerkennung brachten. Er schrieb insgesamt 156 Märchen, die in über hundert Sprachen übersetzt worden sind. Zu den beliebtesten gehören: *«Die kleine Seejungfrau», «Die Prinzessin auf der Erbse», «Die Schneekönigin», «Däumelinchen», «Des Kaisers neue Kleider»* und *«Das häßliche Entlein»*.

Lebensgeschichte: Eine seiner Autobiographien (er schrieb drei) beginnt: «Mein Leben ist ein wunderschönes Märchen, reich und glücklich.» Leider waren Andersens siebzig Lebensjahre nicht so idyllisch. Er wurde in Odense (Dänemark) geboren und wuchs in einem Ein-Zimmer-Haus auf, das im Elendsviertel der Stadt lag. Sein Vater, ein Flickschuster, war ein Phantast und starb, als Hans elf Jahre alt war. Seine Großmutter väterlicherseits war eine pathologische Lügnerin, und ihr Mann war in der ganzen Stadt als Irrer verschrien. Der Junge hatte wenig Freunde und verbrachte einen Großteil seiner Zeit allein mit seinem selbstgebastelten Spielzeug.

Um Geld für die Familie zu beschaffen, arbeitete der junge Andersen in einer Tuchfabrik, wo er durch die schlüpfrigen Geschichten und die schmutzigen Witze der Arbeiter oft in Verlegenheit geriet. Da er eine schöne Sopranstimme besaß, liebte er es, bei der Arbeit in der Fabrik zu singen – bis zu dem Tag, an dem die Arbeiter seine Hosen herunterzogen, um zu sehen, ob er ein Mädchen sei. Mit vierzehn Jahren begab sich Hans – wie ein Bettler gekleidet und mit einem kleinen Kleiderbündel in der Hand – nach Kopenhagen, auf der Suche nach einer besseren Zukunft.

Trotz seines tölpelhaften Aussehens war der Junge geschickt, und er fand bald einen Gönner, einen italienischen Opernsänger. Es dauerte nicht lange, und Hans nahm Gesangsstunden und Schauspielunterricht am Königlichen Theater, wo er Jonas Collin traf, den Theaterdirektor, der sein lebenslanger Wohltäter und Ersatzvater werden sollte. Mit siebzehn veröffentlichte er eine Kurzgeschichte. Danach erschien ein Buch, *«Die Fußreise vom Holmens Kanal zur Ostspitze von Amager»*, dem sechs Jahre später ein Roman, *«Der Improvisator»*, folgte. Der Wendepunkt in seiner Karriere trat ein mit dem ersten Heft seiner *«Märchen»*.

Der Ruhm, den er mit diesen Werken erwarb, war für Andersen der Ausgleich für seinen ewigen Kampf mit seinem mäßigen Aussehen, seiner Armut und seinen starken Minderwertigkeitsgefühlen. Er war ein großer, zerbrechlicher Mann mit braunem Haar, kleinen blauen Augen und einer spitzen Nase, die sein Gesicht beherrschte. Seine Arme und Beine waren unverhältnismäßig lang für seinen Körper, und seine Füße waren riesenhaft. Wenn er reiste, pflegten Fremde mit dem Finger auf ihn zu zeigen und «Storch» und «Laternenpfahl» zu rufen.

Einerseits bestach Andersen durch seine Einfachheit, Aufrichtigkeit, Liebenswürdigkeit und seinen Witz, andererseits wirkte er unsympathisch durch seine Eitelkeit und Reizbarkeit, seinen Snobismus und sein absonderliches Verhalten. Seine depressiven Anfälle und seine Neigung zur Hypochondrie resultierten sicherlich aus seinen vielen Phobien. Andersen hatte solche Angst, in einem Feuer zu sterben, daß er auf Reisen immer eine Reisedecke in seinen Koffer packte, mit der er sich in Notfällen schützen wollte. Von der Vorstellung geängstigt, lebendig begraben zu werden, bat er Freunde, eine seiner Arterien aufzuschneiden, bevor er je in einen Sarg gelegt werden sollte. Wenn er krank das Bett hüten mußte, ließ er manchmal einen Zettel auf seinem Nachttisch liegen, auf dem zu lesen war: «Ich sehe nur tot aus.»

Andersen wurde einer der beliebtesten Schriftsteller der Welt und der geehrte Gast der Königshäuser in ganz Europa. Während seiner letzten Jahre lebte er in Kopenhagen – allein in einer Wohnung –, aber er ging fast jeden Abend mit verschiedenen Freunden aus. Er starb an Lungenkrebs.

Liebe: Andersen hatte zwar nie eine sexuelle Erfahrung mit einer Frau oder einem Mann, aber er hatte durchaus normale physische Wünsche. In Neapel schrieb er 1834 in sein Tagebuch: «Gewaltiges Gefühl von sinnlicher Begierde und innerem Kampf .... ich bin immer noch unschuldig, aber mein Blut brennt ... Ich bin halb krank. Glücklich der, der verheiratet ist, oder der verlobt ist, um sich zu verheiraten.»

Sosehr er es auch versuchte, der äußerst emotionale und sentimentale Dichter war nicht in der Lage, irgendeine der Frauen zu erobern, die er als Gefährtinnen auswählte. Er meinte die Gründe für dieses Versagen ganz genau zu kennen: «Da ich häßlich bin und immer arm bleiben werde, wird mich niemand heiraten wollen, denn das ist es, was die Mädchen wollen, wissen Sie das nicht, und sie haben ganz recht. So werde ich mein ganzes Leben allein dastehen müssen, als eine arme Distel, die man anspuckt, weil es zufällig mein Schicksal war, Dornen zu haben.»

Es gab drei Frauen von Bedeutung in Andersens Leben, aber er war völlig unfähig, in auch nur einer von ihnen Leidenschaft zu erwecken. Die erste war Riborg Voigt, die 24 Jahre alte Schwester eines Schulkameraden. Andersen, der nur ein Jahr jünger war als Riborg, war zutiefst beeindruckt von ihrem hübschen Gesicht und ihrer lebhaften Art. Er schrieb ihr ein Gedicht, das so begann: «Du bist mein einziger Gedanke geworden.» Andersen war von einem leidenschaftlichen Verlangen nach Riborg erfüllt, und sie schien seine Zuneigung zu erwidern, trotz der Tatsache, daß sie mit einem Freund aus ihren Kindertagen verlobt war. Wäre Andersen hartnäkkiger und entschlossener gewesen, hätte er ihr Herz sicherlich gewinnen können. Aber er war es nicht, und Riborg wahrte den Anstand, indem sie sich für ihren Verlobten entschied. Als Andersen viele Jahre später starb, fand man einen kleinen Lederbeutel an seinem Hals. In ihm war ein Brief von Riborg – wahrscheinlich ein Abschiedsbrief, den sie ihm geschrieben hatte. Er wurde jedoch sofort verbrannt – ungelesen –, wie Andersen es angeordnet hatte.

Die zweite Frau in seinem Leben war die achtzehnjährige Louise Collin, die Tochter seines Gönners Jonas Collin. Zu Anfang wollte Andersen nur ihr Mitgefühl, das ihm über die Trennung von Riborg hinweghelfen sollte. Mit der Zeit begann er Louises mandelförmige blaue Augen, ihre helle Haut und ihr seidiges blondes Haar wahrzunehmen, und er verliebte sich in sie, doch sie erwiderte seine Gefühle nicht. Um seinen verliebten Briefen ein Ende zu setzen, erzählte Louise Andersen, daß jegliche Korrespondenz von ihm von ihrer älteren, verheirateten Schwester durchgelesen werden mußte (ein zu der Zeit üblicher Brauch). Kurz darauf wurde Louise mit einem jungen Rechtsanwalt verlobt.

Jenny Lind wirbelte 1843 in Andersens Leben. «Die schwedische Nachtigall», die wegen eines Gesangsengagements in Kopenhagen war, war eine große, auffallende Erscheinung mit kastanienbraunem Haar und großen grauen Augen. Andersen überschüttete sie mit Gedichten und Geschenken. 1846 reiste er nach Berlin, in der Hoffnung, den Weihnachtstag mit ihr verbringen zu können. Doch erhielt er keine Einladung und saß daher allein in seinem Hotelzimmer, den Tränen sehr nahe. Jennys einzige Koseworte für Andersen waren «Bruder» und «Freund». Als sie 1852 heiratete, war er am Boden zerstört.

Andersen hatte sehr enge Freundschaften mit drei Männern: mit Edvard Collin (dem Sohn von Jonas Collin), mit Karl Alexander, dem Großherzog von Sachsen-Weimar-Eisenach (den er während einer Reise nach Deutschland 1844 traf) und mit dem dänischen Ballettänzer Harald Scharff. «Liebesbriefe» – besonders an Collin, der eindeutig heterosexuell war – könnten fast andeuten, daß Andersen latent homosexuell war, aber er war nur ein hoffnungsloser Exzentriker, der nach tiefer Zuneigung und Lob hungerte. Sein einziges sexuelles Ventil war die Masturbation, eine Handlung, die in ihm außerordentliche Schuldgefühle hervorrief. Während kurzer Reisen nach Paris zwischen 1860 und 1870 besuchte der alternde Andersen manchmal ein Bordell. Während er dort war, erfreute er sich an höflicher Konversation mit nackten Prostituierten. Wenn eine von ihnen vorschlug, daß er mehr machen sollte als nur zu reden, war er schockiert und angeekelt.

«Das häßliche Entlein», eines von Andersens beliebtesten und bekanntesten Märchen, nahm einen glücklichen Ausgang. Wie es in der Geschichte heißt: «Es tut nichts, daß man im Ententeich geboren ist, wenn man nur in einem Schwanenei gelegen hat.» So verwandelte sich der häßliche, linkische graue Vogel in einen wunderschönen schneeweißen Schwan. Bei Andersen fand diese Umwandlung nie statt.

co

Der kaffeesüchtige Casanova

Honoré de Balzac
20. Mai 1799–18. August 1850

Bedeutung: Balzac, *der* Meister des realistischen Romans in Frankreich, war ein Genie, das von Kaffee, Lust und Ehrgeiz angetrieben wurde. Er schrieb etwa 97 Werke, zu denen das vierundzwanzigbändige Romanopus *«Die menschliche Komödie»* gehört.

Lebensgeschichte: Da seine Mutter wenig Interesse an der Erziehung des kleinen Honoré hatte, verbrachte dieser eine traurige Kindheit in Tours. Seine Mutter schickte ihn fort in ein Internat und gebar kurz darauf ein «Kind der Liebe», das sie ihm offen vorzog. Nachdem er sein Jurastudium an der Sorbonne abgeschlossen hatte und drei Jahre als Rechtsgehilfe gearbeitet hatte, zog sich Balzac 1819 in eine Dachstube zurück und begann seine Laufbahn als Schriftsteller. Es sollte weitere zehn Jahre dauern, bevor er mit dem Roman *«Le dernier Chouan»* bekannt wurde. In der Zwischenzeit arbeitete er als Lohnschreiber, rief ein kurzlebiges Druckunternehmen ins Leben und spekulierte in einem Silberminen-Betrieb auf Sardinien, was ihn in tiefe Schulden trieb. Sein ganzes Leben lang lernte er nicht, mit Geld umzugehen.

Von dem Wunsch beseelt, der Napoleon der Romanciers zu sein – neben seinem Schreibpult stand eine Marmorbüste des verstorbenen Kaisers –, begann Balzac seinen typischen Arbeitstag um Mitternacht. Er pflegte mit einem weißen Mönchsgewand bekleidet zu schreiben und dabei eine Menge von Gänsefedern zu verbrauchen. Pausen machte er nur, um während der sechzehn Stunden intensiver Arbeit mehrere Dutzend Tassen Kaffee zu trinken. Seiner Ansicht nach konnte man ohne Mengen schwarzen Kaffees überhaupt nicht schreiben. Nach Beendigung eines Buches pflegte er in andere Extreme zu fallen: Er aß dann zügellos und unterhielt mehrere Liebesbeziehungen nebeneinander.

Sein Ruf als Romancier, der die Frauen «verstand», vergrößerte sich und ebenso die Zahl seiner Verehrerinnen. Porträts enthüllen, daß er kein besonders attraktiver Mann war; er war etwas über 1,60 Meter groß und schwer übergewichtig. Sein schwarzes Haar triefte vor Pomade, und er wußte nicht einmal maßgeschneiderte Anzüge gut zu tragen. Er hatte schmutzige Fingernägel und bohrte ungeniert in aller Öffentlichkeit in der Nase. Doch kaum fing er an zu sprechen, dann ließ sein Charme alle Äußerlichkeiten vergessen; in Gesprächen sprühte er stets vor Lebenslust und Geist. Er war ein Liebhaber wertloser und nutzloser Antiquitäten, so sammelte er zum Beispiel Spazierstöcke mit Gold-, Silber- und Türkisgriffen. Er behauptete, daß sich das Nacktporträt einer «heimlichen Geliebten» im Innern eines der Griffe befände.

Der geniale Balzac verstand es, in seinen Werken das Wesen des bürgerlichen Lebens einzufangen. Er verwandelte die einfache «Romanze» in eine Aufzeichnung menschlicher Erfahrung. Auf seinem Totenbett soll er gerufen haben: «Laßt Bianchon holen!» – einen Arzt, der in der *«Menschlichen Komödie»* auftritt. Was sein Ende angeht, so unterschied sich Balzac von allen anderen großen Schriftstellern, die sich zu Tode getrunken haben: Er ist wahrscheinlich der einzige, der nicht an Alkohol, sondern an Kaffee gestorben ist.

Liebe: «Eine Frau ist ein gut gedeckter Tisch», bemerkte Balzac einmal, «den man vor und nach dem Mahl mit anderen Augen ansieht.» Auf jeden Fall verschlang Balzac seine Geliebten genauso heißhungrig, wie er sich an einem guten Diner erfreute. Junge Mädchen langweilten ihn. Er zog reife Frauen vor und leitete angeblich jede Affäre mit den Worten ein: «Ich hatte nie eine Mutter. Ich wußte nie, was Mutterliebe ist.»

Trotz seines merkwürdigen Aussehens hatte er keine Schwierigkeiten, willige Frauen zu finden, und er war ein Virtuose darin, seine zahlreichen Affären zu manipulieren. (Es ist überraschend, daß er, in Anbetracht seiner ungeheuren literarischen Produktivität, Zeit für solche Liebeleien hatte.) Einige der 12000 Briefe, die er von Verehrerinnen bekam, enthielten deutliche Anträge, von denen er viele annahm. Er traf mit seinen mitfühlenden Schilderungen vernachlässigter Matronen bei seinen Leserinnen auf einen empfänglichen Nerv. Noel Gerson, ein Biograph, verweist auf Balzacs männliches und experimentierfreudiges Verhalten im Schlafzimmer. Anscheinend hat er im Laufe der Jahre Unterweisungen von vielen Kurtisanen bekommen. «Ohne Unterschiede zu machen, schlief er mit Aristokratinnen, Kurtisanen und Dirnen», schrieb Gerson, «und er entfaltete in seinem Liebesleben den gleichen enormen Abwechslungsreichtum wie in seinen Werken. Seine Sehnsucht nach Romanzen war wie all sein anderes Verlangen unstillbar.» In Anbetracht der Tatsache, daß Treue ihm gleichgültig war, ist es erwähnenswert, daß er auch mindestens zwei sehr zärtliche und anhaltende Herzensaffären hatte.

Sexpartner: Als junger Schriftsteller prahlte Balzac mit seiner Keuschheit, doch mit 23 Jahren wurde er von Laure de Berny, einer fünfundvierzigjährigen Großmutter, in die sexuelle Liebe eingeführt. Madame de Berny war der Protoyp der einsamen älteren Frau, die von jenem innerlichen Feuer erfüllt war, das er so oft in seinem Werk beschrieben hat. Ihre Beziehung dauerte fünfzehn Jahre.

Zu Beginn dieser Affäre fand Balzac auch noch die Zeit, mit einer reichen Witwe, der blonden Herzogin d'Albrantès, ein Verhältnis zu haben. Er traf sie 1825, als sie vierzig war; er war fest entschlossen, diese Frau zu verführen, die auch mit Fürst Metternich geschlafen hatte. Einen unwiderstehlichen «Zauber» übte neben ihrer Person auch ihr Vermögen auf ihn aus. Sie trug dann auch einiges von seinem Schuldenberg ab. Die beiden Leidenschaften, die sein Leben beherrschten, nämlich Frauen und Ruhm, wurden zu einem beträchtlichen Teil durch das Verlangen nach dem Geld, das sie eventuell mit sich bringen konnten, geschürt. Mit dem Alter nahm Balzacs Promiskuität zu, doch verfügte er stets über die Energie, die für sein anstrengendes Doppelleben als Liebhaber und Künstler notwendig war.

1832 holte er sich jedoch eine Abfuhr bei der Marquise Castries, einer der schönsten Aristokratinnen Frankreichs. Sie war vielleicht die erste berühmte Frau, die den Widerwillen, den sie bei seinem Anblick empfand, einfach nicht unterdrücken konnte. Balzac rächte sich, indem er sie in seinem Roman *«La Duchesse de Langeais»* (*«Die Herzogin von Langeais»*) lächerlich machte. Die

Episode ließ ihn verletzt und niedergedrückt zurück, er war 33 Jahre alt, und seine Schulden nahmen zu. Madame de Berny war alt, und er sehnte sich mehr als je zuvor nach einer Beschützerin. Da erhielt er einen Brief aus der Ukraine, der in ihm Neugierde erweckte. Er war mit «Die Fremde» unterzeichnet. Balzac antwortete und erfuhr mehr über die Schreiberin, Evelina Hanska, die mit einem Grafen verheiratet war. Im folgenden Jahr trafen sich Balzac und Evelina heimlich in der Schweiz; sie fanden sich gegenseitig dicker, als sie erhofft hatten, aber das machte nichts. Sie verliebten sich. Jahrelang führten sie eine leidenschaftliche Korrespondenz. Evelina versprach, ihn zu heiraten, wenn ihr älterer Gatte sterben würde. Sie trafen sich gelegentlich in verschiedenen europäischen Städten, um miteinander zu schlafen, was, wie er schrieb, «Honig und Feuer» war. Balzac versagte sich jedoch nicht die Aufmerksamkeiten anderer Frauen, und die ganze Zeit über hatte er zudem ein Verhältnis mit der vierundzwanzigjährigen Marie-Louise du Fresnay, die ihm sogar ein Kind gebar. Sie gab das Kind jedoch als das ihres Gatten aus. Er hatte auch eine zweimonatige Affäre mit der «göttlichen und schönsten» Frau, die er je gesehen hatte, Lady Ellenborough, die für ihre Promiskuität berüchtigt war. Eine andere Affäre – mit Gräfin Sarah Guidoboni-Visconti, die berühmt war wegen ihrer sexuellen Leidenschaft – dauerte fünf Jahre. Sie nannte ihn zärtlich «Bally», bezahlte viele seiner Schulden und gebar ihm ein Kind. Während all dieser Tändeleien hielt Balzac seine Beziehung zu verschiedenen Prostituierten aufrecht, manchmal zu zweien gleichzeitig. 1841 starb Evelina Hanskas Mann, und Balzac, der Probleme mit seinem vom Kaffee angegriffenen Magen hatte, sehnte sich nach einem ruhigen Leben. Aber Evelina, die gerade ein Kind von Balzac erwartete, weigerte sich, ihn zu heiraten. Das Kind wurde tot geboren. Balzac zog daraufhin zu einer anderen Geliebten, Louise Breugnol, denn seine Gesundheit begann nachzulassen. Doch kurz vor seinem Tod hatte Evelina Mitleid mit ihm, und siebzehn Jahre nach ihrem ersten Treffen heirateten sie. Seine Frau schlief im Zimmer nebenan, als Balzac fünf Monate später starb.

Ratschlag: «Es ist einfacher, ein Liebhaber als ein Ehemann zu sein, ebenso wie es schwieriger ist, den ganzen Tag über einen wachen Geist zu demonstrieren als hin und wieder einmal etwas Gescheites zu sagen.»

gam

Spät erblüht

Fjodor M. Dostojewski
30. Oktober 1821–28. Januar 1881

Bedeutung: Besessen vom menschlichen Leiden und der menschlichen Neigung zum Bösen, wurde Dostojewski mit Romanen berühmt, die diese Themen behandelten – besonders *«Schuld und Sühne», «Der Idiot», «Die Dämonen»* und *«Die Brüder Karamasow»*. Er ist heute einer der meistgelesenen Autoren des 19. Jahrhunderts, und ihm wird ein tiefgreifender Einfluß auf die Weltliteratur zugesprochen.

Lebensgeschichte: Dostojewski, ein kleiner, schmächtiger und linkischer Mann, war so nervös, daß sein Gesicht und seine Lippen bei gesellschaftlichen Anlässen zuckten. Hatten ihn in seinen Jugendjahren nur nervöse Krämpfe befallen, so entwickelte sich daraus in seinen Zwanzigerjahren eine schwere Epilepsie. Während eines solchen Anfalls verletzte er sich am rechten Auge, das hinfort ständig geschwollen blieb und seinem Gesicht ein asymmetrisches Aussehen verlieh. Wenn Dostojewski, der in jeder Hinsicht ein leidenschaftlicher Mann war, sich über irgend etwas aufregte, steigerte er sich selbst in Raserei, gestikulierte wild und soll gelegentlich sogar Schaum vor dem Mund gehabt haben.

Persönliche Erlebnisse verstärkten Dostojewskis vornehmliches Interesse an Leiden und Verbrechen. Als er dreizehn war, starb seine Mutter an Schwindsucht, und fünf Jahre später wurde sein trunksüchtiger, habgieriger und wollüstiger Vater von den Leibeigenen bei einem Vergeltungsakt umgebracht. Bald darauf gab Dostojewski seinen Beruf als Militäringenieur auf, um Schriftsteller zu werden. Als er 25 Jahre alt war, wurde sein erster Roman *«Arme Leute»* in der Öffentlichkeit gut aufgenommen. Einige Jahre später wurde er jedoch wegen seiner Teilnahme an einem sozialistischen Zirkel der revolutionären Verschwörung angeklagt und vor ein Exekutionskommando gestellt. Er wurde in letzter Minute begnadigt und statt dessen ins Exil nach Sibirien geschickt. Erst zehn Jahre später konnte er nach St. Petersburg (heute Leningrad) zurückkehren und seine schriftstellerische Arbeit wiederaufnehmen. Es dauerte weitere sieben Jahre, bevor er anfing, seine Hauptwerke zu schreiben. Trotz schwächlicher Gesundheit und einem Leben voller Tragik, gescheiterter Liebesaffären und Armut wurde Dostojewski 59 Jahre alt. Er starb als glücklich verheirateter Mann, nachdem er eine relative Stabilität im schöpferischen und finanziellen Bereich und die Anerkennung erreicht hatte, die seiner Arbeit angemessen war.

Liebe und Sexpartner: Dostojewski, der von seinem Zeitgenossen Turgenjew der «russische Marquis de Sade» genannt wurde, hatte vor seinem vierunddreißigsten Lebensjahr keine bedeutende Affäre und fand nichts, was sexueller Erfüllung gleichkam, bevor er Mitte Vierzig war. Das Fehlen erotischer Erlebnisse zwischen seinem zwanzigsten und dreißigsten Lebensjahr hing wahrscheinlich mit seinem Mangel an Selbstvertrauen wie auch mit mangelnder Gelegenheit zusammen; man glaubt jedoch, daß er mit Prostituierten schlief. Nachdem er in Sibirien von der Zwangsarbeit zum Militärdienst abkommandiert worden war, entwickelte er ein aktiveres Liebesleben. Er flirtete mit mehreren attraktiven jungen Frauen, bevor er ein Verhältnis mit der hübschen Marja Isajewa begann, die bald darauf Witwe wurde und die er später heiratete. Dostojewski wurde von Marjas Leiden (sie war schwindsüchtig, und ihr Mann war Alkoholiker gewesen) ebenso angezogen wie von ihren weiblichen Tugenden. Er hatte während ihrer Hochzeitsreise einen schweren epileptischen Anfall, der ihrem gemeinsamen erotischen Leben den Stempel aufdrückte – sie waren sehr unglücklich (er sagte einmal, daß er sie um so mehr liebte, je mehr sie litten), und keiner von beiden erlangte in der Verbindung irgendeine sexuelle Befriedigung. Marja starb sieben Jahre später, und Dostojewski setzte eine Affäre fort, die er mit Apollinarija Suslowa begonnen hatte. Die stolze, rothaarige, feurige «Polina» war eine emanzipierte Frau, zwanzig Jahre jünger als er, mit einem ungeheuren Intellekt und einer starken Persönlichkeit. Aber nach ihrem ersten gemeinsamen Jahr hielt sie Dostojewski auf Armeslänge und reizte und quälte ihn mehrere Jahre lang, bevor sie die Affäre beendete. (Erst später wurde bekannt, daß sie sadomasochistisch und sexuell kalt war.) Dostojewski, der unter starken sexuellen Spannungen litt, fand ein Ventil im Glücksspiel, und wenn er mit Polina auf Reisen war, steigerte sich seine Leidenschaft zu einem solchen Rausch, daß er ihre Wertsachen zu verpfänden und seine Verwandten um Geld zu bitten pflegte. Seine Spielmanie wurde erst schwächer, als das Glück, das er in seiner zweiten Ehe erfuhr, ihm half, damit aufzuhören.

Nach Polina war Dostojewski entschlossen, eine Frau zu heiraten, mit der er eine Art häuslicher Ordnung aufbauen und versuchen konnte, seine sexuellen Energien zu normalisieren oder zumindest zu stabilisieren. Nach zwei unglücklichen Beziehungen meinte es das Schicksal endlich gut mit dem so lange von Liebesleid Geplagten. Dostojewski war 45, als er seine zwanzigjährige Sekretärin Anna Snitkina heiratete, die ihn anbetete und ihm einmal schrieb, daß sie bereit sei, den Rest ihres Lebens auf Knien vor ihm zu verbringen. Anna war jung und unerfahren, sie nahm keinen Anstoß an der heftigen Leidenschaft und der manchmal auftretenden Gewalttätigkeit ihres Mannes, wenn er mit ihr schlief.

Er konnte vor sexueller Erregung in eine epilepsieartige Raserei verfallen. Später lag er dann manchmal starr wie ein Toter da. Seine erotischen Phantasien waren höchst vielfältig und umfaßten manchmal auch den simulierten oder wirklichen Akt körperlicher Züchtigung. Leider machte Anna die wahrhaft obszönen Details aus Dostojewskis an sie gerichteten Briefen unleserlich. Zur Zeit ihrer Heirat war seine Neigung für gewalttätige und ungewöhnliche Formen des Liebesaktes jedoch allgemein bekannt. Die Briefe zeigen, daß Dostojewski mit Anna ausgiebig die sexuellen Freuden genoß; daß ihn eine fieberhafte physische Sehnsucht zu überkommen pflegte, wenn er sie kurze Zeit nicht sah, und daß er ständig Alpträume hatte, sie sei ihm möglicherweise untreu. (Sie war es nie!) Seine Leidenschaft wurde noch verstärkt durch das Bewußtsein, daß er seine junge, attraktive Frau ebenfalls sexuell befriedigen konnte, und er bat sie oft, offener mit ihm über das Thema zu sprechen. Dostojewskis Liebe und Lust nach Anna nahm während ihrer vierzehn Jahre langen Ehe an Intensität zu, und mit 57 konnte er sagen, daß «[meine] Ekstase und Entzücken unerschöpflich sind».

Eigenarten: Dostojewski war ein Fuß-Fetischist. In seinen Briefen an Anna erwähnt er oft sein Verlangen nach ihren Füßen: «Ich knie vor Dir nieder, und ich küsse Deine lieben Füße unzählige Male. Ich stelle mir dies jede Minute vor, und ich genieße es.» Anna war in bezug auf diese Leidenschaft ein wenig zurückhaltend, und daher bemerkte er mit Nachdruck: «Ich schwöre Dir, daß ich mich danach sehne, jeden Zeh an Deinem Fuß zu küssen, und Du wirst sehen, daß ich mein Ziel erreiche.»

Dostojewski wurde immer wieder von einer stürmischen Leidenschaft zu jungen Mädchen erfaßt. Einem Gerücht zufolge soll Dostojewski tatsächlich Verkehr mit einem kleinen Mädchen gehabt haben (wahrscheinlich eine minderjährige Prostituierte), als ihre Gouvernante sie zu ihm ins Bad brachte. Manche Freunde behaupteten sogar, daß er damit prahlte – aber dafür gab es nie Beweise. Es ist jedoch wahr, daß sowohl in seinen Gesprächen wie auch in seinen Romanen die Phantasievorstellung von einem älteren Mann, der ein junges Mädchen verführt, ständig auftaucht.

jh

Der überschwengliche Satyr

Alexandre Dumas der Ältere
24. Juli 1802–5. Dezember 1870

Bedeutung: Dumas, der produktivste Autor der französischen romantischen Schule, schrieb – manchmal zusammen mit einem anderen Schriftsteller – 91 Schauspiele und Hunderte von Romanen, Reiseberichten, Kochbüchern und Biographien. Er ist vor allem durch seine Romane *«Die drei Musketiere»*, *«Der Graf von Monte Christo»*, *«Das Halsband der Königin»* und *«Der Mann mit der eisernen Maske»* berühmt geworden.

Lebensgeschichte: Dumas' Großeltern väterlicherseits waren ein französischer Adliger und eine Schwarze aus Santo Domingo. Sein Vater, der während der Französischen Revolution General war, starb, als Alexandre drei Jahre alt war. Von ihm erbte er Lebenslust, Furchtlosigkeit und große körperliche Kräfte. Dumas' afrikanische Vorfahren zeigten sich in seinem widerspenstigen Haar und seinem kreolischen Akzent. Als einmal ein Salonlöwe so taktlos war, über die Herkunft des Schriftstellers zu reden, erhielt er die Antwort: «Mein Vater war ein Mulatte, meine Großmutter war eine Negerin, und meine Urgroßeltern waren Affen. Mein Stammbaum beginnt da, wo der Ihrige endet.»

Der junge Dumas erhielt eine nur dürftige Erziehung durch einen Priester in seinem Heimatdorf Villers-Cotterêts, nahe bei Soissons. Mit zwanzig Jahren wurde er dank seiner schönen Handschrift in Paris als Sekretär des Herzogs von Orléans, des späteren Königs Louis-Philippe, eingestellt. Dumas gründete mit Cathérine Labay, einer Schneiderin, die acht Jahre älter war als er, einen Hausstand. Sie gebar ihm 1824 einen Sohn. Alexandre Dumas der Jüngere war dazu bestimmt, wie sein Vater Schriftsteller zu werden.

1829 erzielte Dumas der Ältere seinen ersten großen Erfolg mit dem Drama *«Henri III et sa cour»* (*«Heinrich III. und sein Hof»*), und 1831, als das Drama *«Antoine»* aufgeführt wurde, war er schon der Liebling von Paris und durch sein eigenes Verdienst ein Held à la Byron. Seine Geliebten, seine Extravaganzen und die übermenschlichen Arbeitsgewohnheiten fügten sich zu einem Lebensstil zusammen, der bis zu seinem Tod bestehenbleiben sollte. Dumas verdiente große Summen, aber er gab alles, was er verdiente, auch wieder aus.

Sein Besitz Monte Christo war ein Rummelplatz für verhungernde Künstler, diebische Schauspielerinnen, momentane Spielgefährtinnen und unklassifizierbare Schmarotzer.

Dumas war ein erstklassiger Koch, ein ausgezeichneter Jäger und wurde im Alter sogar ein liebevoller Vater. Er prahlte gern damit, daß er fünfhundert illegitime Kinder gezeugt hätte, aber die Zahl lag wohl näher bei den dreien, die er anerkannte.

Liebe: Dumas war von dem Moment an, als er mit siebzehn Jahren zum erstenmal mit einer Frau schlief, bis zu seinem Tod im Alter von 68 Jahren ein unermüdlicher Satyr. Seine Frauen beschrieben ihn als eine «Naturgewalt». Da er selber unfähig war, treu zu sein, erwartete er dies auch nie von anderen, nicht einmal von seiner Frau. Einmal überraschte er sie mit seinem Freund Roger de Beauvoir in ihrem Schlafzimmer. Es war eine kalte Nacht, und obwohl Dumas gekränkt war, lud er de Beauvoir ein, ihr Bett zu teilen. Beim Morgengrauen blickte Dumas über die schlafende Gestalt seiner Frau und traf auf de Beauvoirs besorgten Blick. «Sollen sich zwei alte Freunde wegen einer Frau streiten, selbst wenn sie eine rechtmäßige Ehefrau ist?» fragte Dumas und schüttelte de Beauvoir die Hand.

In späteren Jahren amüsierte Dumas sich damit, daß er seinen vielen jungen Geliebten lüsterne Epigramme und obszöne Gedichte schenkte, die er geschrieben hatte. Wenn eine Dame Anstoß nahm, machte er ihr klar, daß «alles, was von Papa Dumas kommt, eines Tages einen guten Preis bringen wird».

Eine Besucherin überraschte Dumas einmal, als er sich «der Muße hingab». Sie platzte unangemeldet bei dem Schriftsteller herein und fand seinen beleibten Körper in ein karmesinrotes Trikot gezwängt, während sich drei nackte Mädchen wie Girlanden um seinen Stuhl rankten. Zu Dumas' riesigem Vergnügen drehte sich die Frau um und floh. Die unregelmäßigen Besuche seines Sohnes, der die Lebensart seines Vaters mißbilligte, fand der Maestro allerdings alles andere als komisch, und wann immer der jüngere Dumas angekündigt wurde, pflegte er wie ein Verrückter im Haus umherzulaufen und seine Geliebten in Schränken zu verstekken. Dumas der Jüngere erzählte seinen Freunden, daß sein Vater ein «erwachsenes Kind war, mit dem ich spielen konnte, als ich sehr jung war».

Mit der Zeit kamen Vater und Sohn zu einem guten Einvernehmen. Wie nahe sie sich schließlich kamen, wird deutlich durch ein Gespräch, das sie in Anwesenheit einiger gemeinsamer Freunde führten. «Weißt du, Vater», sagte Dumas der Jüngere, «es ist langweilig, daß du mir immer deine alten Geliebten zum Schlafen gibst und deine neuen Stiefel zum Eintreten!» – «Worüber beklagst du dich?» antwortete sein Vater. «Du solltest es als Ehre ansehen. Es beweist, daß du einen dicken Schwanz und einen schmalen Fuß hast.»

Sexpartner: Dumas glaubte nicht an die Unverletzbarkeit der Ehe, und seine einzige offizielle Ehe war das Ergebnis einer Erpressung. Ida Ferrier – eine kleine, rundliche Schauspielerin, mit der der Schriftsteller eine Affäre hatte – ließ einen Komplicen Dumas' gesamte Schuldscheine kaufen und stellte ihn vor die Wahl zwischen Ehe oder Gefängnis. Der Vicomte de Châteaubriand, der bei ihrer Hochzeit als Zeuge fungierte, soll auf den hängenden Busen der Braut gestarrt und zu einem Gast gesagt haben: «Sehen Sie, mein Freund, alles, was mir heilig ist, bricht zusammen.» Die Ehe selbst brach ungefähr vier Jahre später zusammen, als Ida mit einem italienischen Adligen durchbrannte.

Dumas bevorzugte Schauspielerinnen, und einmal sahen sich drei seiner Geliebten in der peinlichen Situation, zusammen in einem Stück von Dumas zu spielen. Der Verfasser selbst hatte unter den daraus entstehenden Spannungen ziemlich zu leiden. Fanny Gordosa jedoch, eine dunkle, leidenschaftliche Italienerin, war noch anstrengender. Ihr erster Mann war von ihrem enormen sexuellen Appetit so überfordert, daß er sie gezwungen hatte, nasse Tücher um ihren Leib zu tragen, um ihr Verlangen auf diese Weise abzukühlen. Dumas wickelte die Dame aus, aber ihre Angewohnheit, Besucher zu empfangen, während sie auf einem Nachttopf hockte, und die Unsitte, seine anderen Frauen aus dem Haus zu jagen, fand er untragbar. Er schickte Fanny schließlich unter dem Vorwand fort, daß er sie verdächtige, mit ihren Musiklehrern «Duette zu spielen».

Dumas reiste in der Begleitung von Émilie Cordier, die er den «Admiral» nannte, durch Italien. Tagsüber mußte sie sich als junger Matrose verkleiden, womit er allerdings niemanden täuschen konnte. Die List erwies sich erst recht als unbrauchbar, als Émilie schwanger wurde. Der «Admiral» schenkte Dumas schließlich eine Tochter, Micaella, die er innig liebte. Zu seinem großen Kummer weigerte Émilie sich, das Kind durch ihn rechtlich anerkennen zu lassen, und so wurde Micaella, als sie mündig wurde, um ihren rechtmäßigen Anteil an den Tantiemen ihres Vaters gebracht.

Der Schriftsteller hatte eine kurze Affäre mit der Tänzerin Lola Montez, deren spektakuläre Bühnenauftritte die Frauen schokkierten und die Männer entzückten und Lola zum beherrschenden Sex-Symbol ihrer Zeit machten. Sie fügte Dumas in ihre Kette berühmter Männer ein und verbrachte nur eine oder zwei Nächte mit ihm, aber dies mit unerreichter Großartigkeit.

Selbst als Dumas in seinen Sechzigerjahren war, blieb er ein besonders beliebtes Klatschobjekt. Sein letztes Verhältnis hatte er mit Adah Isaacs Menken, einem jüdischen Mädchen aus New Orleans, die in der Welt als die «Nackte Lady» bekannt war. Adahs berühmteste Bühnenrolle verlangte, daß sie auf den Rücken eines

Pferdes gebunden wurde und dabei nur mit einem durchsichtigen Akrobatentrikot bekleidet war. Das Schauspiel beeindruckte sowohl Fesselungsfetischisten wie auch Moral-Kreuzzügler, die von ihrer Darbietung sagten, daß sie «eine Beleidigung der Frauen [sei], deren Geschlecht hierdurch verunglimpft und deren Keuschheit befleckt wird». Unnötig zu sagen, daß sie alles war, was Dumas in einer Frau suchte.

Adah war so etwas wie ein Schriftsteller-Groupie, eine angehende Dichterin, die sich ihrer Freundschaften mit Bret Harte, Mark Twain und anderen Schriftstellern rühmte. Sie brachte Dumas dazu, sich mit ihr fotografieren zu lassen. Das so entstandene Foto, welches die vamphafte Adah, völlig über den alternden Papa Dumas drapiert, zeigt, zirkulierte überall in Paris und tat eine Menge dazu, seinen Prestigeverlust zu beschleunigen. Es war sein letzter großer Skandal. Er starb kurz darauf – ohne Reue, aber von der Furcht gequält, daß seine literarischen Werke wertlos seien.

Ärztliches Gutachten: Es ging das Gerücht um, daß Dumas an den Folgen fortgeschrittener Syphilis gestorben sei, die er sich zur Zeit seiner Affäre mit Lola Montez zugezogen haben soll. Wie viele im Wohlstand lebende Männer seines Jahrhunderts betrachtete der Schriftsteller die Krankheit als eine unglückliche Beigabe zu einem schönen Leben, ein geringfügiges Leiden, das meistens verschwand. Einem seiner Freunde zufolge «setzte [Dumas] seine unregelmäßige Lebensführung fort, bis zu dem Moment, wo die Krankheit sowohl sein Hirn wie auch seine Glieder lähmte».

Gedanken: «Ich brauche mehrere Geliebte. Wenn ich nur eine hätte, wäre sie innerhalb von acht Tagen tot.»

ms

Liebhaber auf Distanz

Gustave Flaubert

12. Dezember 1821–8. Mai 1880

Bedeutung: Gustave Flaubert, «der Romancier der Romanciers», wie Henry James ihn nannte, ist wohl am berühmtesten durch seinen Roman *«Madame Bovary»* geworden, jener umstrittenen Geschichte des Ehebruchs einer Bürgersfrau, was um so erstaunlicher ist, als sie von einem lebenslangen Junggesellen geschrieben wurde.

Lebensgeschichte: «Als ich sehr jung war», schrieb Flaubert einmal, «hatte ich eine vollständige Vorahnung des Lebens. Es war wie der widerliche Küchengeruch, der aus einem Entlüftungsschacht dringt. Man braucht gar nicht zu essen, um zu wissen, daß es einen krank machen wird.» Diese verdrießliche Einschätzung hatte ihren Ursprung zum Teil wohl in seinen Kindheitserlebnissen: wie er seinen Vater gräßliche Operationen durchführen sah und wie dieser mit seiner «naiven, aber kalten» und trotzdem geliebten Mutter umging.

1844 zog die Familie von Rouen nach Croisset, wo Flaubert den größten Teil seines Lebens verbrachte. In diesem Jahr wurde er, «wie davongetragen in einem Flammensturm», von einer mysteriösen Krankheit, wahrscheinlich der Epilepsie, befallen, die ihn auch weiterhin quälte und ihn zwang, aus der Juristenschule auszuscheiden. Der Tod seines Vaters und seiner einundzwanzigjährigen Schwester Caroline im Jahre 1846 ließen ihn und seine Mutter mit der Aufgabe zurück, Carolines kleine Tochter aufzuziehen. In einem Zimmer mit Fenstern zum Garten und zur Seine schrieb er, oft nachts, und folgte seinem Grundsatz: «Leben wie ein Bürger, denken wie ein Gott.»

1856 wurde der Roman *«Madame Bovary»*, den er 1851 begonnen hatte, veröffentlicht und erregte bei der französischen Regierung dermaßen Anstoß, daß sie den Autor, den Verleger und den Drucker wegen Verunglimpfung von Moral und Religion anklagte. Alle drei wurden freigesprochen und das Buch wurde zensiert, aber es kam so in aller Munde, daß es seinen Autor berühmt machte. Von da an verbrachte Flaubert den Winter in Paris, wo er vertraulichen Umgang mit Reichen, Künstlern und Adligen hatte.

Der Tod seiner Mutter im Jahre 1872 erfüllte Flaubert mit großer Trauer. Er ließ sein Dienstmädchen Julie das alte karierte Kleid seiner Mutter tragen, um die Illusion zu haben, daß sie noch da sei. Acht Jahre später starb auch er mit 58 Jahren, wahrscheinlich an einem Schlaganfall. Zu seinen großen Romanen gehören – neben *«Madame Bovary»* – *«Salammbô»*, *«Lehrjahre des Herzens»*, *«November»*, *«Bouvard und Pécuchet»* (unvollendet) und die *«Erinnerungen eines Verrückten»*.

Liebe: Als Gustave elf Jahre alt war, verliebte er sich in ein kleines Mädchen, dem er buchstäblich sein Herz schenken wollte, das sein Vater ihm herausschneiden sollte. Er wollte es ihr dann, so träumte er, in einem Korb schicken, und sie würde es auf ihrem Büfett aufbewahren.

Drei Jahre später ging er am Strand von Trouville spazieren, wo seine Familie den Sommer verbrachte, als er einen roten Mantel zu nahe an der Brandung liegen sah, so daß er ihn in Sicherheit brachte. «Der Stoff war weich und leicht, es war der Mantel einer Frau.»

Als die Besitzerin des Mantels sich bei ihm bedankte, sah er verlegen zu Boden und errötete, doch für den Rest seines Lebens liebte und verehrte er diese Frau. Sie hieß Élisa und gab sich in diesem Sommer als die Frau von Maurice Schlésinger, dem Herausgeber einer Musikzeitschrift, aus, den sie dann später auch heiratete. Als Gustave ihr begegnete, war sie 26 Jahre alt. Er war von ihr so hingerissen, daß er in ein verträumtes Schwärmen über die Meerwassertropfen verfiel, die ihren Körper hinabperlten. Sie ließ ihn zuschauen, wenn sie ihr Baby an ihren weißen Brüsten nährte. Sie war groß, dunkel, und obwohl sie eine unbekümmerte, sehr sinnliche Frau war, blieb sie Schlésinger treu. Obwohl Flaubert sie sein ganzes Leben lang kannte, hat er wahrscheinlich nie mit ihr geschlafen. Er schrieb: «Jeder von uns hat in seinem Herzen ein königliches Zimmer; ich habe das meinige zugemauert, aber es ist nicht zerstört.» Hinter diesen «Mauern» inthronisierte er Élisa, seine unerreichbare Liebe, und widmete sein Leben der Kunst.

In der Zwischenzeit hatte er jedoch Beziehungen zu anderen Frauen. Er vergnügte sich mit Prostituierten und verbrachte die Neujahrsnacht gewöhnlich in einem Bordell im Bett des häßlichsten Mädchens. Auf einer Reise ans Mittelmeer in den Jahren 1849 und 1850, die er mit seinem engen Freund Maxime Du Camp unternahm, verkehrte er mit Tanzmädchen (er bewunderte die wie aus Marmor gemeißelte Schönheit der berühmten Kurtisane Rouchouk Hanem), holte sich die Syphilis und flirtete mit exotischen Mädchen. Als er einmal einen männlichen Tänzer eine Striptease-Nummer vorführen sah, stellte er fest, daß der Tanz zu schön war, um ihn zu erregen, aber er bekam von dem Erlebnis einen Migräneanfall. Er und Du Camp kasperten gern herum und äfften Homosexuelle nach. War Flaubert homosexuell? Wahrscheinlich nicht, obwohl er während seines Lebens mehrere enge männliche Freunde hatte, darunter Louis Bouilhet, die «Hebamme» für einen guten Teil seines Werkes; Alfred Le Poittevin, den Onkel von Guy de Maupassant; Jules Duplan, an den er ordinäre Briefe schrieb; Ernest Chevalier, dem er in einem Brief bekannte: «... ich sehnte mich nach Ihnen mit einem seltsamen Verlangen; denn entfernt voneinander fehlt uns etwas, ist etwas unvollständig.»

Er hatte eine gewisse Neigung zum Sadismus, aber es ist zweifelhaft, ob er jemals eine seiner sadistischen Phantasien ausführte. Er zog es vor, über sie zu schreiben.

Die Frauen fanden Flaubert in seinen jungen Jahren überaus anziehend. Maxime Du Camp beschrieb ihn: «Er war von erhabener Schönheit mit seiner weißen Haut, dem schwachen Rosa auf den Wangen, den weichen, langen Haaren, der hohen Gestalt, den breiten Schultern, dem goldbraunen Vollbart, den großen Augen von der Farbe des Meeres ... er sah aus wie einer jener gallischen Fürsten, die gegen die Römer kämpften.» Als Neunzehnjähriger verliebte er sich heftig in Eulalie Foucauld de Lenglade, eine kreolische Frau, die als Hoteldirektorin in Marseille arbeitete. Sie war eine dunkelhäutige, mütterliche Frau und 35 Jahre alt. Eulalie erwiderte seine Zuneigung, doch verloren sie sich aus den Augen, als sie nach Amerika auswanderte. 1842 dachte er daran, Henriette Collier, eine schöne, aber kranke Engländerin, zu heiraten, doch nahm er von diesem Plan Abstand. Élisa Schlésinger sollte Flauberts einzige echte Liebe bleiben. Die Brüder Goncourt, berühmte Chronisten ihrer Zeit, berichteten in ihrem *Journal*, daß «alle Frauen, die er je besaß, für ihn nicht mehr als Matratzen waren, auf denen er von einer anderen Frau [Élisa] träumte».

Louise Colet, eine blonde Dichterin, war die wichtigste von Gustaves «Matratzen». Sie war zwischen 1846 und 1855 sechs Jahre lang zeitweise seine Geliebte. Die hochbegabte verheiratete Frau, die elf Jahre älter war als er, war eine leidenschaftliche, hitzige Persönlichkeit (einmal stieß sie dem Schriftsteller und Journalisten Alphonse Karr ein Messer in die Schulter; und überhaupt liebte sie es, Szenen zu machen), was Flaubert in Rage brachte, da er nur in einer entspannten Atmosphäre arbeiten konnte. Flaubert schrieb Briefe an sie, Hunderte von Briefen, in denen er immer wieder Verabredungen absagte, sich für ein sexuelles Versagen entschuldigte, romantisch von ihren kleinen braunen Pantoffeln schwärmte, sich erinnerte, wie er sie in den wenigen Stunden ihres Beisammenseins in den Armen gehalten habe, und in denen er sie schließlich im Laufe ihrer Beziehung wegen ihrer Blumenwünsche und ihrer Sehnsucht nach Liebe beschimpfte. Louises ständige Ängste vor einer Schwangerschaft versetzten ihn in Aufregungen, und er war erleichtert, wenn die «englischen Rotröcke» (ihre Periode) wiederkamen. Während eines solchen blinden Alarms schrieb er: «Ich, einen Sohn haben! Nein! – Besser noch, im Rinnstein zu sterben.» (Später bedauerte er jedoch sehr, daß er kinderlos war.) Er versprach Louise eine «kleine Ecke» in seinem Herzen, erlaubte ihr aber nie den Zutritt zu seinem «königlichen Zimmer». Alle ihre Versuche, ihn eifersüchtig zu machen – einschließlich ihrer Affäre mit seinem besten Freund Louis Bouilhet –, schlugen fehl, obwohl er außerordentlich wütend war, als Alfred de Musset sie zu vergewaltigen versuchte. Als die Colet uneingeladen in Croisset erschien, jagte er sie mit Fußtritten hinaus. Nach dem Abbruch ihrer Beziehungen verleumdete sie ihn in ihren Schriften.

Einige seiner platonischen Freunde waren Frauen. Auf George Sands Landsitz tanzte Flaubert einmal den Fandango in der Kleidung einer spanischen Frau; Sand schenkte ihm Liebe und Beistand, und er nannte sie seine angebetete Herrin. Zwanzig Jahre lang führte er einen Briefwechsel mit einer alten Jungfer namens Mlle. Leroyer de Chantepie, die 21 Jahre älter als er war. Mme.

Roger des Genettes schrieb über ihn: «Er wirkt zwar wie ein Polizist, besitzt aber eine Zartheit, die durchaus feminin ist, und ich habe gesehen, wie er sich in Villenauxe zu meinem Fenster hinausbeugte, um eine Blume zu streicheln, die er nicht zu pflücken wagte.» Mit Amélie Bosquet redete er stundenlang über Kunst und Literatur; vielleicht war er der Liebhaber von Juliet Herbert, der englischen Erzieherin seiner Nichte; sein größter Wunsch sei, schrieb er an Léonie Brainne, «die Badewanne zu sein, in der Sie liegen». Sein Herz lag zu Füßen der Schauspielerin Jane de Tourbey («La Dame aux Violettes») wie ein «treuer Hund». Suzanne Lagier, eine andere Schauspielerin, sagte, er sei der Schuttabladeplatz ihres Herzens, dem sie alles anvertraue. Damals war er schon alt, kahl und dick, fast zahnlos und sein Speichel schwarz durch die Behandlung seiner Geschlechtskrankheit mit Quecksilber. Trotzdem fanden ihn die Frauen sympathisch.

Gedanken: «Man darf nicht alles lieben! Das Leben kann man nicht in Zartheitsanwandlungen verbringen. Das ist nur gut, nur köstlich in seltenen und feierlichen Augenblicken.»

«Auch die lieblichste Frau ist auf dem Seziertisch nicht sehr lieblich, wenn die Eingeweide auf ihrer Nase liegen, ein Bein abgehäutet ist und eine halbe erloschene Zigarre zu ihren Füßen liegt.»

ae

Herr Schönfuß

Johann Wolfgang von Goethe
28. August 1749–22. März 1832

Bedeutung: Goethe wurde vor allem durch sein Vers-Drama *«Faust»* berühmt, außerdem schrieb er viele Bände wissenschaftlicher Prosa, war Staatsmann am Hof zu Weimar und leitete ein Theater. Dennoch fand er in den 82 Jahren seines Lebens die Zeit, sich immer und immer wieder zu verlieben, fast jedesmal mit geradezu olympischer Leidenschaft.

Lebensgeschichte: Goethe, erstes Kind und einziger Sohn einer sehr gebildeten Frankfurter Familie, hatte einen hervorragenden Musik- und Kunstunterricht erhalten und beherrschte sechs Sprachen, als er 1765 von zu Hause fortging, um eine Rechtsschule zu besuchen. Der attraktive junge Mann mit der Adlernase und den großen, dunklen Augen trug während seiner Studentenzeit an der Leipziger Universität ein bohèmehaftes Äußeres und Benehmen zur Schau. Dies mag der Grund für die Tatsache gewesen zu sein, daß er von seinen Kommilitonen und Professoren fast einhellig als Wirrkopf angesehen wurde. Diese «einhellige Meinung» war natürlich absolut falsch. Goethe «funktionierte» sein ganzes Leben lang bestens. Seine Fähigkeit, sich im himmlischen Reich der Phantasie zu ergötzen, wurde ausgewogen durch sein starkes Interesse an den Phänomen der irdischen Wirklichkeit. Ein Beispiel: Als während einer Schlacht die Kugeln an ihm vorbeipfiffen, fühlte er seinen Pulsschlag, um die Tätigkeit seines Herzens unter Stresseinfluß zu überprüfen.

Sein Briefroman *«Die Leiden des jungen Werthers»*, mit dem er die Sturm-und-Drang-Zeit einläutete, machte den Selbstmord aus Liebeskummer unter den jungen Leuten in Europa zur Mode und verschaffte ihm einen großen Namen als Romanschriftsteller. Er war der Liebling der Frankfurter Gesellschaft, und der Herzog von Sachsen-Weimar-Eisenach lud ihn 1775 an seinen Hof ein. Nach einigen ausschweifenden Monaten mit dem achtzehnjährigen Herzog vollzog sich ein tiefgreifender Wandel in Goethes Leben: Er wurde zum Geheimen Legationsrat ernannt (er leitete die Kriegs- und Wegebaukommission), und er entwikkelte in seiner neuen, würdevollen Position einen strengen Lebensstil (zum Beispiel gab er das Kaffeetrinken auf und lehnte es ab, eine Perücke zu tragen). Bis zu seinem Tod lebte Goethe, von zwei Reisen nach Italien abgesehen, in Weimar, wo er seine großen Werke schrieb, das Theater leitete und wissenschaftliche Studien betrieb.

Liebe: Goethes Gefühle und seine Dichtung standen in ständiger Wechselwirkung. In seinen Romanen und Dramen spiegelt sich oft der Stand seiner jeweiligen Liebesgefühle wider. Die Spannung zwischen Gegensätzen, die er zum Thema vieler seiner Werke machte, bestimmte auch seine Liebesaffären – er war oft in ungewöhnliche Dreiecksbeziehungen zu zwei ganz und gar verschiedenartigen Frauen (zum Beispiel einer unschuldigen und einer erfahrenen) verwickelt, und seine Romanzen verliefen selten ohne Komplikationen.

Der psychoanalytisch orientierte Biograph K. R. Eissler behauptet, daß Goethe als junger Mann Probleme mit vorzeitiger Ejakulation und erst mit 39 Jahren befriedigenden Geschlechtsverkehr hatte. Dies ist weder bewiesen noch widerlegt worden. Goethe war eine unbeständige, ungehemmte, impulsive Persönlichkeit; der geringfügigste körperliche Kontakt erregte ihn außerordentlich. Ein Kuß konnte ihn in Ekstase versetzen.

Die Frauen, in die Goethe sich verliebte, waren für ihn oft unerreichbar – viele waren verlobt oder mit einem seiner Freunde verheiratet. Charlotte Buff zum Beispiel, die Goethe zu dem Roman *«Die Leiden des jungen Werthers»* inspirierte, war mit seinem Freund Johann Christian Kestner verlobt.

Obgleich er Beziehungen zu gebildeten Damen des Adels hatte, liebte er vor allem tüchtige, hübsche, «naturhafte» Frauen, die aus einer niedrigeren Schicht stammten als er. Das pausbäckige Käthchen Schönkopf, Tochter eines Gastwirts und vielleicht Goethes erste wahre Liebe, war ein typisches Beispiel. Auch die Art ihrer Liebesbeziehung – die abrupten, heftigen Schwankungen der Gefühle – sollte sich noch oft in Goethes Leben wiederholen. Einen Moment lang war er ihr gegenüber gleichgültig, und im nächsten Moment schrieb er einem Freund: «Aber ich liebe sie. Ich glaube, ich nähme Gift aus ihrer Hand ... Wir sind unsere eigenen Teufel, wir treiben uns selbst aus unserem eigenen Eden!»

Seine Leidenschaft für die Pfarrerstochter Friederike Brion bezeichnete er als «Feengarten», und dennoch schrieb er: «Ich ... fühle, daß man um kein Haar glücklicher ist, wenn man erlangt, was man wünschte.» Einige Biographen behaupten, daß er sie nicht nur mit gebrochenem Herzen, sondern auch schwanger zurückließ.

Während seiner Zeit als «Fastnachts Goethe» in der Frankfurter Gesellschaft (für die er eine leichte Verachtung empfand) verlobte er sich mit Lili Schönemann, der sechzehnjährigen Tochter eines Handelsherrn. Nach mehreren dramatischen Trennungen und Versöhnungen wurde die Verlobung 1775 endgültig gelöst, als Goethe nach Weimar ging. Haben sie miteinander geschlafen? Lilis spätere Behauptung, daß sie ihm ihre «moralische Existenz» verdanke, deutet an, daß dem nicht so war, aber es gibt eine verblüffende Eintragung in Goethes autobiographischen Notizen, die folgendermaßen lautet: «Episode mit Lili. Vorspiel. Verführung. Offenbach.»

In Weimar stand Goethe zehn Jahre lang in einer wahrscheinlich ausschließlich platonischen Beziehung zu Charlotte von Stein, einer klugen, gebildeten Frau, die sieben Jahre älter war als er. Sie war verheiratet und hatte acht Kinder. Er sandte ihr mehr als 1500 Briefe und schrieb während dieser Zeit kaum etwas anderes.

Nach seiner Italienreise (1786–1788), während der er die Welt der Klassik und die Sinnlichkeit des Südens entdecken wollte, verliebte er sich in Christiane Vulpius, die in einer Fabrik für künstliche Blumen arbeitete. Sie war untersetzt, schwarzäugig, liebte das Theater, den Tanz, Kleider, Wein und Goethe. Er nannte sie seine «Naturgewalt». Sie zog zu ihm und blieb – zunächst ohne Trauschein – seine Gefährtin bis an ihr Lebensende. «Ich bin verheiratet, nur nicht durch Zeremonie», kommentierte Goethe diese ungewöhnliche Form des Zusammenlebens. Wenn Goethe auf Reisen war, schrieben sie sich zahllose Briefe. In einem dieser Briefe spielten sie auf ein ungeborenes Kind an, das sie «Pfuiteufelchen» nannten, und Christiane wies Goethe darauf hin, daß «Herr

Schönfuß» – dies war ihr Name für den Penis des Dichters – zur Entstehung des «Pfuiteufelchens» wesentlich beigetragen habe. Als sie bereits mehr als fünfzehn Jahre zusammengelebt hatten, bat er sie in einem Brief um ein Paar ihrer «ausgetanzten Schuhe», damit er sie «an sein Herz drücken» könne. 1806 drangen französische Soldaten in ihr Haus ein, und nur dem entschlossenen Eingreifen Christianes ist es zu verdanken, daß Goethe mit dem Leben davonkam. Beeindruckt von ihrem Mut, heiratete er sie: «Ich will meine kleine Freundin, die so viel an mir getan und auch diese Stunden der Prüfung mit mir durchlebte, völlig und bürgerlich anerkennen, als die Meine.» Die Ehe schien jedoch schon bald in ihm Sehnsucht nach anderen Frauen zu erwecken – unter ihnen Wilhelmine («Minnchen») Herzlieb, die ihn in ein wahres «Sonettenfieber» versetzte, und die mit seinem Freund Johann Jakob von Willemer verheiratete Marianne von Willemer, die ihn zu den Liebesgedichten des *«West-östlichen Divan»* inspirierte. Christiane starb 1816. Als Goethe 74 war, verliebte er sich auf einer Badereise in die neunzehnjährige Ulrike von Levetzow. Er steigerte sich in einen derart «leidenschaftlichen Zustand» hinein, daß er um ihre Hand bat. Sie wies ihn ab.

ae

Revolutionär und Träumer

Heinrich Heine
13. Dezember 1797–17. Februar 1856

Bedeutung: Heine ist der berühmteste deutsche Dichter des mittleren 19. Jahrhunderts und vielleicht der größte deutschsprachige Poet der Liebe. Er schrieb Verse, die von bedeutenden Komponisten wie Robert Schumann, Franz Schubert und anderen vertont wurden. Heine, der die letzten 25 Jahre seines Lebens im Pariser Exil verbrachte, war von seinen Gegnern wegen seiner bissigen politischen Aufsätze und literarischen Polemiken gefürchtet. Er gilt als Wegbereiter der politischen antifeudalen und antiklerikalen Literatur der Vormärzzeit.

Lebensgeschichte: Heine wuchs in einer von Toleranz und Liebe geprägten Familienatmosphäre auf. Der kleine, schmale, häufig kränkelnde Junge wurde von seiner Mutter, seinen Schwestern und Tanten verwöhnt. Auch sein Vater, der Düsseldorfer Kaufmann Samson Heine, vergötterte seinen ältesten Sohn Harry, den er nach einem englischen Handelspartner und Freund benannt hatte. Außerhalb der Familie jedoch verspottete man Heine wegen dieses Namens, der so ähnlich klang wie der Ruf des Lumpensammlers, der durch ihre Straßen zog.

Heines wohlhabender Onkel Salomon, ein Hamburger Bankier, richtete dem jungen, verträumten Dichter ein Kommissionsgeschäft ein, das jedoch schon wenige Monate später auf Grund des mangelnden kaufmännischen Talents Harrys bankrott machte. Daraufhin finanzierte ihm der Onkel ein Jura-Studium und zahlte sein Leben lang knurrend seinen Beitrag zum Unterhalt seines Neffen. Denn selbst nachdem Heine sein juristisches Examen 1825 bestanden, seinen Vornamen in Heinrich umgeändert und sich zum Christentum bekehrt hatte, um zum Staatsdienst zugelassen zu werden, zeigte er keine größere Neigung zur Juristerei als zuvor zum Geschäftsleben.

Mit dreißig Jahren veröffentlichte Heine 1827 das *«Buch der Lieder»*, eine Sammlung von Gedichten, die hauptsächlich von unglücklicher Liebe handelten. Durch dieses Bändchen wurde er mit einem Schlag als «deutscher Byron» zu einem berühmten Dichter. Er schuf sich bewußt ein Poeten-Image, ließ die Haare lang wachsen, trug offene Hemdkragen. Nach Erscheinen seiner *«Reisebilder»* (1826–1831), einer Mischung aus Erinnerungen, Reisebeschreibung und gesellschaftskritischem Kommentar, feierte man ihn als den deutschen Voltaire.

Trotz seines literarischen Erfolgs wurde Heine von vielen Seiten wegen seiner jüdischen Abstammung und seiner fortschrittlichen politischen Ansichten angefeindet. 1831 floh er vor dem repressiven politischen Klima und dem Judenhaß in Deutschland nach Paris, wo er bis ans Ende seines Lebens blieb und unter den ausgebürgerten europäischen Intellektuellen – von Karl Marx bis Hans Christian Andersen – zu einem anerkannten Wortführer wurde.

In den Polizeiberichten jener Tage wird Heine als ein «ausgesprochen jüdischer Typus . . . ein verworfenes Subjekt, dessen verseuchter Körper Erschöpfung zeigt», bezeichnet. Dies war eine Anspielung auf eine Geschlechtskrankheit, die Heine sich wahrscheinlich während seiner Studentenzeit zugezogen hatte. Seine größte Liebe hatte seine Gefühle nicht erwidert, und er hatte Trost bei Prostituierten gesucht. (Auf Gerüchte, die besagten, daß seine lädierte Gesundheit auf exzessives Arbeiten zurückzuführen sei, reagierte Heine mit der lapidaren Bemerkung: «Nun, Exzesse waren es schon.») 1848 hatte die Krankheit ihn in einen leibhaftigen Lazarus verwandelt. Gelähmt und fast blind mußte er die letzten acht Jahre seines Lebens im Bett, seiner «Matratzengruft», verbringen. Und noch während sein Körper verfiel, wuchs Heine als Dichter, verfeinerte und destillierte er seine älteren Verse. Sein Grabstein in Montmartre war für Liebende und Dichter ein Heiligtum, bis er von den Nazis zerstört wurde.

Liebe: Sein ganzes Leben hindurch schwankte Heine zwischen zwei Gegensätzen: der unerreichbaren «Madonna», in die er sich ohne Hoffnung auf Erfüllung verliebte, und die einfache Frau, bei der er Trost suchte. Schon als Junge bewunderte er insgeheim die Tochter eines Henkers und spann erotische Phantasien, in denen sie die Nichte einer Hexe und damit – genauso wie er – eine Ausgestoßene wurde.

Heines erste und größte Liebe war seine Cousine Amalie («Molly»), die er zwei Jahre lang aus der Ferne anbetete, inbrünstig ihre Vereinigung herbeisehnend. Er trug eine Locke ihres Haares an einer Halskette. In seiner Phantasie liebte die Angebetete ihn inbrünstig, aber die wirkliche Amalie aus Fleisch und Blut war zurückhaltend, zeigte nur mäßiges Interesse an ihrem Cousin und verschmähte seine schwärmerischen Liebesgedichte. Später übertrug Heine seine vom Schicksal nicht begünstigte Liebe auf Therese, die jüngere Schwester Amalies, die ein wenig mitfühlender war, aber letztendlich genauso unerreichbar blieb. In seinen Versen ließ er seiner an Masochismus grenzenden Selbstquälerei freien Lauf. Um Ausdruck für seine überschäumenden Gefühle ringend, schrieb er: «Mein Herz gleicht ganz dem Meere, hat Sturm und Ebb' und Flut ...»

Die einzige Medizin gegen Frauen ist mehr Frauen – das war wohl später seine Maxime, als er sich bei käuflichen Frauen von Zurückweisung und Erniedrigung erholte. Gleichzeitig flirtete er in renommierten literarischen Salons mit Frauen wie der einflußreichen Rahel Varnhagen von Ense und ihrer schönen Schwägerin Friederike Robert. Auch in Frankreich führte Heine ein Doppelleben in schicken Salons und vulgären Bistros. Immer deutlicher klang aus seinen Versen eine Ironie, die zu einem Charakteristikum seiner Gedichte werden sollte:

> «Glaub' nicht, daß ich mich erschieße,
> Wie schlimm auch die Sachen stehen.
> Das alles, meine Süße,
> Ist mir schon einmal geschehen.»

In den frühen Pariser Jahren befreundete Heine sich mit der Christina Princesse de Belgiojoso, einer adligen italienischen Radikalen, die, gekleidet in schwarze Samtroben, einen Salon leitete, der einer «romantischen Leichenhalle» glich. Die Beziehung begann leidenschaftlich und reifte dann zu einer Freundschaft, in der Christina den Dichter bis zu seinem Tod materiell und moralisch unterstützte. Bei Christina suchte Heine auch Zuflucht vor allzu aufdringlichen Dirnen, doch Liebe empfand er nicht für die Prinzessin. «Ich bin dazu verdammt, nur die Bescheidensten und Dümmsten zu lieben», schrieb er einem Freund.

An erster Stelle der Bescheidenen und Dummen stand Crescentia Eugénie Mirat, ein neunzehnjähriges Bauernmädchen, das nach Paris kam, um in dem Handschuhladen ihrer Tante zu arbeiten. Man munkelt, daß Heine, der von ihren Grübchen, ihrer frischen Haut und naturhaften Kraft angetan war, der Tante 3000 Franc für das Mädchen gab. Aber Mathilde, wie Heine sie nannte, weil ihm der Name Crescentia «in der Kehle weh tat», hielt ihren Verführer fest im Griff. Ihre Beziehung gestaltete sich recht lebhaft, leidenschaftlich bis an den Rand der Erschöpfung, von Eifersuchtsanfällen auf beiden Seiten erschüttert, verschwenderisch in Emotionen und Banknoten. Heine schickte Mathilde zur Schule, wo sie die Namen der ägyptischen Pharaonen auswendig lernte, und verfluchte sie wegen ihrer lautstarken Wutanfälle und unbekümmerten Extravaganzen, aber nach sechs Jahren täglicher Streitereien heiratete er sie. Trotz all ihrer Fehler – sie war schlampig, unachtsam, kindisch, selbstsüchtig und völlig außerstande, ihm eine intellektuell gleichwertige Partnerin zu sein – sorgte Mathilde für den so dringend benötigten Ausgleich in Heines Leben. Sie «gestattet mir nicht, mich in melancholische Träume zu versenken, zu denen ich zu stark neige», erklärte er.

Es hat nicht den Anschein, als sei er Mathilde treu gewesen; zu gern ließ er sich von der Näherin Frisette und anderen Frauen verführen. Später zechte er häufig mit dem ausgewiesenen Sozialisten Ferdinand Lassalle und hatte ein letztes romantisches Abenteuer mit Lassalles Schwester, Friederike Friedland. Und am Ende seines Lebens verliebte er sich auf seinem Krankenlager in eine geheimnisvolle junge Frau, die ihn besuchte, ihm vorlas und in ihm noch einmal sexuelle Wünsche weckte. Sie hieß Élise de Krinitz. Heine verewigte sie als «Mouche», die letzte und hoffnungsloseste Liebe eines «toten Mannes, der nach den lebendigsten Freuden des Lebens dürstet».

cd

Der Frauenrechtler

Henrik Ibsen
20. März 1828–23. Mai 1906

Bedeutung: Ibsen, ein Pionier des modernen europäischen Dramas, erforschte die grundlegendsten gesellschaftlichen und moralischen Themen seiner Zeit. Der Realismus solch umstrittener Werke wie *«Ein Puppenheim», «Gespenster»* und *«Hedda Gabler»* schockierte das Publikum; Ibsens Sicht der vorherrschenden gesellschaftlichen Konventionen brachten ihm den Ruf einer «negativen Stimme in einer negativen Zeit» ein.

Lebensgeschichte: Ibsen war das zweite Kind eines tyrannischen Kaufmanns in Skien, einer kleinen Stadt in Norwegen. Da man ihn für die Frucht einer außerehelichen Beziehung hielt, erlebte er eine einsame Kindheit, aus der er voller Ängste vor vertraulichem Umgang mit anderen hervorging. Mit sechzehn verließ er sein Elternhaus, begann eine Lehre bei einem Apotheker und verbrachte seine gesamte Freizeit mit Lesen, Malen und Gedichteschreiben. Er war ein ungeselliger Mann, der zurückgezogen in Christiania (dem heutigen Oslo) lebte.

Ibsens Karriere als Stückeschreiber begann zufällig, als ihm die Stelle eines «dramatischen Autors» beim norwegischen Theater in Bergen angeboten wurde. Sechs Jahre lang lebte er in bitterer Armut, und seine Werke brachten ihm nur Mißerfolge, aber er lernte während dieser Zeit sein Handwerk. Er beschrieb diese Zeit als «eine tägliche Fehlgeburt». 1856 hatte er endlich Erfolg, als das Theater sein Stück *«Das Fest auf Solhaug»* aufführte. Im selben Jahr traf er auch seine zukünftige Frau, Suzannah Thoresen. Sie war ihm ergeben, und nachdem sie 1858 heirateten, folgte sie ihm in ein siebenundzwanzigjähriges selbstauferlegtes Exil – hauptsächlich in Rom, Dresden und München.

Ibsen war vom Ruhm besessen, aber dieser kam nicht von selbst. Er galt als Dramatiker, dessen ketzerische Ideen über die Religion, die Ehe und das menschliche Verhalten empörend und unmoralisch waren. Als er schließlich im Alter von 63 Jahren nach Norwegen zurückkehrte, hatte er internationalen Ruhm erworben. Nach zwei Schlaganfällen, die ihm seine körperliche Vitalität raubten, starb er mit 78 Jahren. Eine Säule über seinem Grab zeigt das Bild eines Hammers. Henrik Ibsen hatte tatsächlich sein Leben damit verbracht, den Hammer der Wahrheit zu schwingen.

Liebe: Ibsen, der große Exponent des Realismus, hatte so viel Angst vor der Sexualität, daß er seine Genitalien selbst einem Arzt nicht zeigen mochte. Er liebte obszöne Erzählungen, aber er konnte sich nicht überwinden, sie in seinen Werken zu verwenden. Als junger Mann war er wegen seiner Schüchternheit Frauen gegenüber bekannt, aber das hinderte ihn nicht daran, sich während seiner Lehrzeit bei einem Apotheker mit Else Jensdatter einzulassen, einem Dienstmädchen, das zehn Jahre älter war als er. Ibsen war erst achtzehn, als Else ihm einen Sohn gebar.

Als er als junger Mann in Bergen lebte, traf er Rikke Holst, eine Fünfzehnjährige, die er umwarb. Er war so schüchtern, daß sie ihr Verhältnis in Gang bringen mußte, indem sie ihn die Treppen seines Hotels hinaufjagte und ihm mit ihrem Blumenstrauß spielerisch ins Gesicht schlug. Rikkes Vater wies Henrik jedoch ab, und als er den jungen Studenten einmal dabei erwischte, wie er mit seiner Tochter schlief, wurde er «grün vor Wut». Ibsen – nicht sehr heldenhaft – entfloh dem Schauplatz.

Als sich nach dem ersten Erfolg sein Freundeskreis erweiterte, traf Ibsen die Frau, die er heiraten sollte. Suzannah Thoresen war die Tochter eines Geistlichen. Sie hatte knöchellanges, haselnußbraunes Haar, radikale Ansichten und war von großer Vitalität. Ibsen schrieb ihr, daß er ein bedeutender Mann in der Welt der Literatur werden könnte, wenn sie ihr Schicksal mit dem seinen verbände. Sie heirateten 1858. Ibsen nannte Suzannah «meine Katze» und war ihr vollkommen ergeben. Ihren Geliebten in den Kampf zu begleiten und «seine Vision aufflammen zu lassen» war ihrer Ansicht nach das Höchste, was eine Frau tun konnte. Ihr Sohn Sigurd wurde 1859 geboren.

Zeit seines Lebens übten junge Frauen eine große Faszination auf Ibsen aus. Suzannah zufolge warf er manchmal ein Auge auf ihre hübschen Dienstmädchen, aber nur «unter ästhetischem Interesse, so wie man eine Statue oder ein Bild ansieht». Als bekannter Autor unterhielt er freundschaftlichen Verkehr mit verschiedenen jungen Frauen, nachdem er entdeckt hatte, daß Ruhm ein mächtiges Aphrodisiakum war. Aber tatsächlich wollte oder konnte er seine Wünsche nicht in die Tat umsetzen. Junge Frauen verliebten sich in ihn, und er reagierte, indem er seine Heldinnen nach ihnen schuf. Wenn sie seine Leidenschaft entzündeten, so gab er ihr nur in seiner Phantasie Ausdruck.

Ibsen malte sich aus, daß er das schönste Schiff in der Welt kaufen würde, wenn er reich wäre, daß er ein Zigeunerorchester anheuern und mit einigen guten Freunden und «den schönsten jungen Frauen auf der Welt» zu irgendeiner tropischen Insel segeln würde. Seine Sehnsucht nach jungen Mädchen wurde anscheinend nie erfüllt, aber ihre Gesellschaft glich das Gefühl aus, sexuell unzulänglich zu sein. Im Ausland pflegte er mehrere Mädchen in seinem Hotelzimmer zu empfangen, ihnen signierte Fotografien zu schenken und sie zu küssen, aber er hatte Angst, mit ihnen zu schlafen.

Ibsen beschwor nie einen Skandal herauf oder brachte seine Frau in Verlegenheit, aber 1889 zog er eine Scheidung und Wiederverheiratung in Betracht, weil er sich in Emilie Bardach, eine achtzehnjährige Wienerin, verliebt hatte. Mit dieser neuen Liebe, die er seine «Mai-Sonne in einem September-Leben» nannte, wollte er um die Welt reisen. Emilie kehrte nach Wien zurück, und obgleich sie einen zärtlichen Briefwechsel aufrechterhielten, wurde ihr Platz in seinem Herzen von einer anderen jungen Verehrerin, Helene Raff, eingenommen. Auch diese Beziehung war eine Beziehung sublimierter Leidenschaft.

1891, als er 63 war, hatte sich Ibsen gefühlsmäßig der siebenundzwanzigjährigen Hildur Andersen, einer Konzertpianistin, angeschlossen. Er hatte sie bereits kennengelernt, als sie zehn war. Nun, da er sie als Frau kannte, wollte er ständig bei ihr sein. Wann immer seine Frau auf Reisen war, pflegte Ibsen all seine Zeit mit Hildur zu verbringen. Auf einer ausgedehnten Reise erhielt Suzannah einmal einen Brief von ihrer Stiefmutter mit dem Hinweis, daß Ibsen in Hildur verliebt sei und die Scheidung einreichen wolle, um Hildur heiraten zu können. Suzannah schrieb sofort an ihren Mann und wiederholte, was sie von ihrer Stiefmutter gehört hatte. Aufgeregt antwortete Ibsen, daß nichts von dem, was sie gehört habe, wahr sei, daß ihre Stiefmutter «geistig verwirrt» und eine «verdammte alte Sünderin» sei, weil sie versucht habe, Unruhe zu stiften. Damit verschwand Hildur aus Ibsens Leben. Selbst als er ernsthaft krank war und Hildur darum bat, ihn besuchen zu dürfen, erlaubte es Suzannah nicht.

Viele dieser jungen Frauen inspirierten Ibsen zu Charakteren in seinen Stücken. Emilie Bardach war das Vorbild für die Hedda Gabler. Eine andere Frau, die Ibsen kannte, gab ihm die Inspiration zu der Nora in *«Ein Puppenheim»*. Ibsen war entsetzt über den Fall einer jungen Ehefrau, Laura Kieler, die ungerechtfertigterweise von ihrem empörten Mann in ein Asyl für Geisteskranke eingewiesen worden war, nur weil sie sich Geld geliehen und einen Scheck gefälscht hatte. Durch das Schreiben dieser Stücke wurde Ibsen, ohne es eigentlich zu wollen, zum Anwalt der «neuen Frau», die von einem dänischen Kritiker als «selbstbeherrscht und skeptisch» beschrieben wurde.

«Ein Puppenheim» wurde von dem Premierenpublikum als unmoralisch abgelehnt. In Deutschland zwang man Ibsen, das ursprünglich tragische Ende der Erstaufführung durch ein glückliches Ende zu ersetzen. In dem Stück, das die ehelichen Beziehungen eines typisch bürgerlichen Paares, Nora und Torvald Helmer, darstellt, wurde die gesamte Vorstellung von der Ehe als einer heiligen Institution verworfen. Nora ist eine «ideale» Gattin – sie erfüllt ihr «Pflichten» als Ehe- und Hausfrau. Aber sie hat ein kleines Geheimnis vor ihrem Gatten bewahrt. Sie hat sich Geld geliehen, als er zu stolz war, es selbst zu tun. Als er dies herausfindet, verflucht er sie, glaubt, daß sie ihn gedemütigt habe und außerdem unfähig sei, ihre Kinder aufzuziehen. Sie würden nur verheiratet bleiben, um den Schein zu wahren. Als er bald darauf entdeckt, daß es keinen Grund dafür gibt, sich durch Noras Geheimnis gedemütigt zu fühlen, verzeiht er seiner Frau in der Annahme, daß nun alles beim alten bleibe, als sei nichts geschehen. Aber Nora hat sich in dieser Krise verändert. Sie glaubt nicht länger an ihre Rolle als Ehefrau, als sie Torvald sagt: «Aber unser Heim war nichts anderes als eine Spielstube. Zu Hause, bei Papa, wurde ich wie eine kleine Puppe behandelt, hier wie eine große. Und die Kinder wiederum waren meine Puppen ... Ich muß mich selbst zu erziehen

suchen. Dabei kannst du mir nicht helfen. Ich muß mich allein damit befassen. Und darum verlaß ich dich jetzt.»

Gedanken: «Die meisten Leute sterben, ohne je gelebt zu haben. Zu ihrem Glück bemerken sie es nicht.»

co

Sie halfen ihm lieben – sie halfen ihm sterben

Heinrich von Kleist
18. Oktober 1777–21. November 1811

Bedeutung: «Er war einer der größten, kühnsten, höchstgreifenden Dichter deutscher Sprache, ein Dramatiker sondergleichen – überhaupt sondergleichen, auch als Prosaist, als Erzähler –, völlig einmalig, aus aller Hergebrachtheit und Ordnung fallend, radikal in der Hingabe an seine exzentrischen Stoffe bis zur Tollheit» (Thomas Mann). Doch sosehr er darum rang, literarische Anerkennung hat er zu seinen Lebzeiten nirgends gefunden. Ein ganzes Jahrhundert verging, bis sein Genie erkannt und gewürdigt wurde.

Lebensgeschichte: Heinrich von Kleist stammte aus einem sehr alten pommerschen Adelsgeschlecht, aus dem zahllose Offiziere der brandenburg-preußischen Armee hervorgegangen sind. Als Sohn des Stabskapitäns Joachim Friedrich von Kleist und dessen zweiter Frau Juliane Ulrike wurde Heinrich am 18. Oktober 1777 in der kleinen Garnisons- und Universitätsstadt Frankfurt an der Oder geboren. Der Vater hatte schon als junger Mann sein Studium der Armee zuliebe abgebrochen und sich in den Schlachten des Siebenjährigen Krieges ausgezeichnet.

Den ersten Unterricht erhielt Heinrich bei dem Hauslehrer Martine, einem Theologen, der in dem Knaben «einen nicht zu dämpfenden Feuergeist», aber auch «den offensten und fleißigsten Kopf von der Welt» erkannte. Nach dem Tod des Vaters schickte die Familie den Elfjährigen nach Berlin, wo er bei dem Prediger Samuel Catel wohnte, und vier Jahre später auf den Potsdamer Kasernenhof.

Als Gefreiter-Korporal zog Heinrich mit seinem Garderegiment in den Krieg der Alliierten gegen Frankreich. Doch Heinrich war kein überzeugter Soldat. In der preußisch-starren Atmosphäre Potsdams, in die er nach dem Feldzug zurückkehren mußte, schlug seine Abneigung allmählich in Haß um. So reichte er nach

Jahren des quälenden Dienstes auf dem Kasernenhof ein Abschiedsgesuch ein. Im April 1799 entließ ihn der König, wenn auch grollend, aus der Armee.

Noch im selben Jahr schrieb sich Leutnant a. D. von Kleist an der kleinen Heimatuniversität Frankfurt an der Oder ein und belegte dort unter anderem Physik, Mathematik und Philosophie. Doch schon nach drei Semestern gab er das Studium wieder auf, ging auf Reisen und begann zu schreiben. Nach einem erfolglosen Versuch, als Beamter ein «geordnetes Leben» zu führen – seine Familie hatte ihn dazu gedrängt –, reiste Kleist nach Frankreich ab.

In den nun folgenden zehn Jahren (den letzten seines Lebens) trieb sein unruhiger Geist ihn von Ort zu Ort. Es war eine selten unterbrochene Kette von Begegnungen, Ideen, Kämpfen, Verzweiflungen – er machte immer neue Pläne und ließ genauso schnell wieder von ihnen ab. Das sinnenfrohe Leben in Paris widerte den Preußen an. Er floh in die Schweiz und wollte sich dort als Bauer niederlassen, doch gab er diesen Plan rasch auf. Getrieben von seiner inneren Rastlosigkeit, machte er sich wieder auf die Reise – über Jena nach Weimar, Dresden, erneut in die Schweiz, nach Italien und über Paris zurück nach Berlin. Er lebte in ständiger Geldnot und war verschuldet. Nach dem Zusammenbruch Preußens wurde er irrtümlich als Spion festgenommen und zu Festungshaft in Frankreich verurteilt. Nach seiner Entlassung und erfolglosen Versuchen als Buchhändler und Herausgeber einer Zeitschrift war er eine Weile verschollen. Schließlich tauchte er in Berlin auf und gründete dort die Tageszeitung *Berliner Abendblätter*, die sich einer großen Beliebtheit erfreute. Doch Kleist hatte es bald satt, sich mit der Zensurbehörde auseinanderzusetzen. Nach dem Scheitern der *Abendblätter* war ihm die letzte Hoffnung geraubt. Als der König auf seine Bitte, wieder in die Armee aufgenommen zu werden, um in der Schlacht fallen zu dürfen, ausweichend reagierte, erschoß Kleist am 21. November 1811 erst eine Freundin und dann sich selbst.

Liebe: Schön war er nicht, doch die strahlendblauen Augen und der lebendige Geist ließen manches Herz höher schlagen. Sein Liebesleben war so dunkel und verworren wie sein kurzes Dasein. Hat er überhaupt mit einer der Frauen, die er liebte, geschlafen? War er physisch oder psychisch gehindert an einem normalen Sexualleben? Griff er zum Hilfsmittel der Masturbation und machte sich deshalb düstere Vorwürfe, wie manche Textstellen anzudeuten scheinen? War er «gesteigert erotisch mit einer homosexuellen Komponente», wie Psychoanalytiker später diagnostizierten? Schwärmerische Liebesbriefe an männliche Freunde lassen in diese Richtung denken – doch Schwärmerei war ein Ausdruck der

Romantik. Auf jeden Fall waren ihm schöne Mädchen und Frauen nicht gleichgültig – im Gegenteil. Er bedichtete sie, schwärmte in Worten und Briefen von ihnen, betete sie an, liebte sie – und verließ eine nach der anderen.

Da war zunächst und vor allem Ulrike, die wenig ältere Halbschwester, eine Tochter aus der ersten Ehe seines Vaters. «Wärst Du ein Mann oder nicht meine Schwester, ich würde stolz sein, das Schicksal meines ganzen Lebens an das Deinige zu knüpfen», schrieb er ihr. Und sie? Sie liebte ihn als Ideal, kaum als Mann. Ulrike war immer da, wenn er sie brauchte, und er brauchte sie oft. Sie half ihm, beriet ihn und unterstützte ihn finanziell, obwohl sie selbst nur wenig Geld zur Verfügung hatte. Doch von einer Ehe oder Bindung hielt Ulrike nichts. Sie gefiel sich in Männerkleidern, dachte und handelte oft wie ein Mann. «Sie ist ein Wesen, das vom Weibe nichts hat als die Hüften», klagte Kleist. Ganz zum Schluß erst kam es zu Spannungen zwischen den beiden: Erbittert und enttäuscht klagte Ulrike ihn an, als Dichter und als Mensch versagt zu haben. Diese Vorwürfe trafen ihn härter als alle anderen Schicksalsschläge. Doch noch seine letzten Gedanken galten Ulrike. Auch sie konnte den «Geliebten» nicht vergessen. Die Nachricht vom Selbstmord Kleists löste einen schweren Schock in ihr aus, den sie nie verwunden hat. Sie führte ein zurückgezogenes Leben, bis sie 1849 in geistiger Umnachtung starb.

In die Jugendzeit zurück reichte auch Kleists Freundschaft mit der fünfzehn Jahre älteren mütterlichen Marie von Kleist, der unglücklich verheirateten Schwägerin. Marie ist seine «große Liebe» gewesen, die schwärmerisch angebetete, reife, mütterliche Frau, intimste Vertraute vor allem in den letzten Tagen in Berlin. Nach dem Tod des Dichters schrieb Marie an ihren Sohn: «Daß seine letzten Worte, seine letzten Gedanken nur mir waren, mit derselben Glut, wie in der ersten Zeit seiner Liebe, das geht über allen menschlichen Begriff.»

In mehreren Phasen seines Lebens hatte Kleist ernsthafte Heiratspläne und war entschlossen, sich eine bürgerliche Existenz aufzubauen. So verlobte er sich zum Beispiel mit der hübschen Wilhelmine von Zenge, einer in der Nachbarschaft in Frankfurt an der Oder lebenden Generalstochter. Nachts trafen sie sich heimlich in einer Gartenlaube und tauschten glühende Küsse aus. Kleist schwärmte für «das braune Mal in der weichen Mitte ihres rechten Armes» und bat Wilhelmine, «bald, bald seine Frau zu werden, damit die unruhigen Wünsche ihm nicht Geist und Seele trübten». Sie liebte den Wirrkopf auf stille, hausmütterliche Art, doch Bauersfrau in der Schweiz wollte sie nicht werden.

In Weimar verliebte sich Luise, die dreizehnjährige Tochter des Dichters Christoph Martin Wieland, in Kleist, der Gast des Hauses war, doch dieser vermochte die immer heftiger werdende Leidenschaft des Kindes nicht zu erwidern, obwohl der Vater ihn gern als Schwiegersohn akzeptiert hätte. «Mit Tränen» verließ er das Haus, in dem er «mehr als Liebe gefunden» hatte, «als die ganze Welt zusammen aufbringen kann». Luise konnte diesen «unaussprechlichen Menschen» nicht vergessen. Sie heiratete einen anderen und starb ein Jahr darauf bei der Geburt ihres ersten Kindes.

Kleist zog weiter nach Dresden, wo er Henriette und Caroline, die Töchter der Gerichtsratswitwe von Schlieben, kennenlernte. Es war eine arme Familie. Die Mädchen stickten um Lohn und Brot. Mit Caroline unternahm Kleist lange Spaziergänge im Schloßgarten, doch in Wirklichkeit betete er die Schwester Henriette, den hübschen, blonden Krauskopf, an. Einem Zettel von Carolines Hand zufolge war Henriette seine heimliche Braut. Keiner außer den dreien wußte von diesem Bündnis. Für ein intimes Verhältnis jedenfalls spricht, daß Kleist viele Monate in Dresden blieb und zum Abschied ein delikates Geschenk erhielt: ein handgesticktes «Halbhemdchen». Die Abreise scheint eine Flucht vor weiterer Verstrickung gewesen zu sein. Das schlechte Gewissen Kleists klingt aus einem Brief an Henriette: «Verzeihen Sie, wenn ich alle Versprechungen, mit welchen ich in Dresden von Ihnen schied, so gänzlich unerfüllt gelassen habe.» Henriette blieb unverheiratet.

Die letzte Frau in Kleists Leben war Henriette Adolphine Vogel, die Frau des Generalrendanten der kurmärkischen Feuersozietät Ludwig Vogel und Mutter zweier Kinder. Als Kleist sie kennenlernte, war sie 31 Jahre alt. Im Herbst 1811 war Kleist oft bei der Familie Vogel zu Gast und sang mit «Jettchen» Choräle. Die beiden liebten sich, und sie machten kein Geheimnis daraus. Der Gatte war bereit, seine Frau freizugeben. Die drei wußten, daß Henriette unheilbar an Unterleibskrebs erkrankt war und bald qualvoll sterben würde. Eine liebende Umarmung war Henriette nach ärztlicher Aussage auf Grund ihrer Schmerzen zu jener Zeit bereits so gut wie unmöglich. Doch machte sie Kleist ein Angebot, das er bis dahin von keiner Frau erhalten hatte: Sie war bereit, gemeinsam mit ihm zu sterben. Lachend und glücklich, wie im Rausch, bereiteten sie sorgsam die Tat vor. Im Mietwagen fuhren sie hinaus zum Gasthof Stimmings am Wannsee, nahmen getrennte Zimmer, speisten und tranken ausgiebig, schrieben letzte Briefe und Anweisungen, bezahlten die Beerdigung im voraus und gingen gelassen und heiter ans neblige Seeufer. Wenig später wurden die beiden tot aufgefunden. Kleist hatte Henriette in die Brust und dann sich selbst mit einer zweiten Pistole in den Kopf geschossen. «Doppelselbstmord als Liebeserlebnis» haben Psychiater die Tat genannt. War es nur das? Eine Frau hat es klarer gesehen: Rahel Varnhagen von Ense,in deren literarischem Salon

Kleist oft verkehrte, schrieb: «Keiner von denen, die ihn etwa tadeln, hätte ihm zehn Reichsthaler gereicht, Nächte gewidmet, Nachsicht mit ihm gehabt, hätt' er sich ihnen nur ungestört zeigen können. Es ging streng in ihm her, und er war wahrhaft und litt viel.»

jv

Der unermüdliche Liebhaber

Guy de Maupassant
5. August 1850–6. Juli 1893

Bedeutung: Als Autor von rund dreihundert populären Kurzgeschichten (darunter *«Das Haus Tellier», «Auf dem Wasser», «Mademoiselle Fifi»)* und sechs Romanen (unter anderem *«Bel Ami», «Ein Frauenschicksal», «Stark wie der Tod», «Unser Herz», «Pierre und Jean»*) errang er internationale literarische Anerkennung.

Lebensgeschichte: Zwei Ereignisse in Maupassants Jugend, die er nahe bei Dieppe in Frankreich verbrachte, hinterließen tiefe Narben. Eines war die Trennung seiner Eltern, als er elf Jahre alt war. Maupassant, der von seiner energischen, neurotischen Mutter erzogen worden war, betete diese an, haßte seinen Vater, verabscheute alle Ehemänner und blieb Junggeselle. Das andere Ereignis war die Entdeckung, daß er an Syphilis litt, die er entweder geerbt oder sich irgendwo zugezogen hatte. Er behauptete immer, daß er von ihr geheilt sei, was aber nicht der Fall war, denn im Alter zerstörte sie ihn langsam. Während seines Jurastudiums in Paris begann er nebenher zu schreiben. Gustave Flaubert, der Freund seiner Mutter, war dabei sein gestrenger Mentor. Doch dann gab er die Rechtswissenschaft auf und arbeitete zehn Jahre als Regierungsangestellter, hauptsächlich im Marineministerium. Als er dreißig war, rief seine erste veröffentlichte Kurzgeschichte, *«Boule de Suif»* (*«Fettklößchen»*), eine Sensation hervor, und drei Jahre später veröffentlichte er seinen ersten Roman, *«Une Vie»* (*«Ein Leben»*), der von Leo Tolstoi als der beste französische Roman seit Victor Hugos *«Die Elenden»* bezeichnet wurde. Danach wurde Maupassant, der regelmäßig weiterschrieb, reich und berühmt; schließlich besaß er vier Wohnsitze und zwei Jachten. Er war ein kräftiger Mann, der ein Boot an einem einzigen Tag 80 Kilometer weit rudern konnte. Aber die Syphilis bezwang ihn schließlich. Während seines Siechtums litt er unter schweren Halluzinationen. Einmal versuchte er, sich die Kehle durchzuschneiden. Er wurde in eine Pariser Anstalt für Geisteskranke eingeliefert und starb dort im Alter von 42 Jahren.

Liebe: Guy de Maupassant war einer der erstaunlichsten Liebhaber der modernen französischen Geschichte. In einem Vierteljahrhundert regelmäßigen Liebeslebens hatte er angeblich Geschlechtsverkehr mit Tausenden junger Frauen. Es heißt, daß er auf seine sexuellen Heldentaten stolzer war als auf seine Bücher. Er besaß drei Eigenschaften, die ihn zu einem gefragten Liebhaber machten: Die Fähigkeit, bei seinen Paarungen weiter- und weiterzumachen, ohne zum Höhepunkt zu kommen; die Fähigkeit, mehrere Orgasmen hintereinander zu haben, und die Fähigkeit, die meisten Frauen zum Höhepunkt zu führen. Er rechnete seine sinnlichen Erfolge vor allem seiner Intelligenz an. Er sagte einmal: «Die meisten scheinen zu glauben, daß die Menschen aus den niedrigeren Schichten ... bessere Liebhaber seien als die, welche ihre Arbeit im Sitzen ausführen. Ich glaube das nicht ... Es erfordert Intelligenz, einem anderen die größtmögliche Menge an Genuß zu verschaffen.»

Im Alter zwischen zwölf und fünfzehn masturbierte er «gelegentlich». Dann hatte er seine erste Liebschaft. «Als ich etwa sechzehn war, hatte ich ein Mädchen, und das Vergnügen, das sie mir bereitete, heilte mich von der Selbstbefleckung.» Er vergaß nie, wie sich ihre Lenden anfühlten oder wie sie keuchte: «Genug, genug!» Später genoß er es, mit Prostituierten zu verkehren, und auf der Höhe seines Ruhms zog er reiche junge Frauen aus der Gesellschaft vor, wobei die verheirateten und die Jüdinnen am höchsten in seiner Gunst standen.

Maupassant war ein nüchterner Tatsachenmensch, was seine sexuelle Ausdauer anbetraf, und er behauptete, daß mehrere aufeinanderfolgende Sex-Runden ihn nicht erschöpften. «Ich bin nach zwei oder drei Malen genauso müde wie nach zwanzig», sagte er einmal. «Ich habe zwanzig und mehr gezählt. Sie wissen sicher, daß Sie bei zwei oder drei Malen Ihren Samenvorrat erschöpfen, so daß Sie danach ohne weiteren Verlust weitermachen können.» Als Flaubert seine Ausdauer anzweifelte, ließ Maupassant sich von einem Türsteher als Zeugen in ein Pariser Bordell begleiten, und dort «hatte er in einer Stunde sechs Mädchen». Um Bobukin, einen russischen Schriftsteller, der zu Besuch war, zu beeindrukken und zu «verblüffen», nahm Maupassant bei einer anderen Gelegenheit eine Tänzerin aus den Folies-Bergère mit, brachte sie zu einem nahe gelegenen Bordell und hatte mit ihr vor seinem Besucher sechsmal hintereinander Geschlechtsverkehr. Als er mit ihr fertig war, ging er über den Flur und hatte weitere drei Male Verkehr mit einer jungen Prostituierten.

Sexpartner: Wann immer Maupassant eine attraktive Frau sah, begehrte er sie. Bei seinem einzigen Besuch in London, 1889, wurde er von Henry James zum Lunch in ein vornehmes Restaurant eingeladen. Als er am Nebentisch eine schöne Frau bemerkte, bat Maupassant James, «sie für ihn zu holen». James war so entsetzt wie nie zuvor. Die meisten dieser Frauen begehrte Maupassant nur einmal. Aber es gab einige wenige, die er häufig sah. Sie waren alle verheiratet. Die Affäre mit Marie Kann, einer reichen jungen Brünetten, dauerte sogar acht Jahre. Maupassant schrieb ihr 2200 Liebesbriefe. Eine andere seiner langlebigen Affären hatte er mit Blanche Roosevelt Macchetta, die in den USA geboren war, einen Mailänder Adligen heiratete und eine Marchesa wurde. Sie war eine wohlgeformte Rothaarige, die in Covent Garden in London ein kurzes Debüt als Sängerin gab und dann Romane veröffentlichte. Auf Maupassants Landsitz in Étretat ging sie regelmäßig mit ihm ins Bett, und sie gab zu, daß sie mit ihm «ein Maximum an sinnlichem Vergnügen» erlebte. Zur Abwechslung fand Maupassant manchmal Gefallen an extravaganten Frauen. So ließ er sich unter anderem mit Gisèle d'Estoc ein, einer Frau, die kurzgeschorenes Haar und Männerkleidung liebte, nachdem diese ihre Partnerin Emma Bouer, eine Trapezartistin vom Zirkus Medrane, bei einem Streit erstochen hatte. Gisèle teilte des öfteren ihre breithüftigen, lesbischen Damen ebenso wie ihr Haschisch oder Äther mit ihm.

Eigenarten: Einmal machte der Journalist Frank Harris mit Maupassant einen Spaziergang auf dem Land. Harris erinnert sich an folgendes Gespräch, das sie dabei hatten:

«‹Ich glaube, ich stehe ein wenig abseits der üblichen Sexualität›, faßte er [Maupassant] seine Gedanken zusammen, ‹denn ich kann mein Werkzeug zum Stehen bringen, wann immer es mir gefällt.›

‹Wirklich?› rief ich aus, zu erstaunt, um darüber nachdenken zu können.

‹Sehen Sie auf meine Hose›, bemerkte er lachend, und dort, auf der Straße, zeigte er mir, daß er die Wahrheit sprach.»

Gedanken: «Die einzige Frau, die ich wirklich liebe, ist die Unbekannte, die mich in meiner Phantasie verfolgt. Sie muß zutiefst sinnlich sein und dennoch selbstbeherrscht; seelenvoll und dennoch verführerisch: Sie zu finden ist das große Abenteuer des Lebens, und es gibt kein anderes.»

iw

Der Philosoph mit der Peitsche

Donatien-Alphonse-François Marquis de Sade
2. Juni 1740–2. Dezember 1814

Bedeutung: Auf Grund seiner Orgien, in deren Verlauf er junge Frauen peitschte und Analverkehr mit ihnen trieb, wurde Sade durch ein königliches Dekret inhaftiert. Sein Name – aus ihm ist der Begriff «Sadismus» gebildet worden – wurde zu einem Synonym für absolute sexuelle Freiheit – vor allem der Freiheit, Lust durch Zufügen von Schmerz zu gewinnen.

Lebensgeschichte: Nach zwei kurzen Inhaftierungen wegen «zügelloser Ausschweifungen» war der junge und gutaussehende Marquis de Sade, Vizegouverneur von vier königlichen Provinzen, gezwungen, Paris zu verlassen und seinen ausgefallenen Vergnügungen in seinem Erbschloß im Süden Frankreichs nachzugehen. Als fünf Prostituierte aus Marseille Anklage gegen ihn erhoben wegen versuchten Giftmordes und des Versuchs, sie zum Analverkehr zu zwingen, erwirkte seine Schwiegermutter einen *lettre de cachet* (einen königlichen Geheimbefehl, durch den unbegrenzte Haft ohne Prozeß angeordnet wurde), und er wurde 1777 schließlich für zwölfeinhalb Jahre ins Gefängnis geworfen.

Im Gefängnis entwickelte er sich zu einem äußerst produktiven Schriftsteller, der konventionelle Werke wie auch ausschweifende Erotika verfaßte. Die Französische Revolution verhalf ihm zur Freilassung, da die Konstituierende Versammlung die *lettres de cachet* abschaffte. Er war nun der Bürger Sade, Verfasser von Flugschriften, Redner, und, da er von seiner Turmzelle zum historischen Sturm auf die Bastille aufgerufen hatte, eine lebende Legende. Zum Revolutionsrichter während der Schreckensherrschaft befördert, war er nicht in der Lage, die Exekution seiner Schwiegermutter anzuordnen, als er über sie zu richten hatte. Er wurde daraufhin als Gemäßigter gebrandmarkt, entkam nur durch Glück der Guillotine und wandte sich dem Theater zu. 1801 wurde er von den napoleonischen Zensoren verfolgt, angeblich wegen seines erotischen Romans *«Justine»*, doch der wirkliche Grund war, daß er in einem Pamphlet Napoleon und seine Frau Joséphine verunglimpft hatte. Er wurde als gefährlich geisteskrank befunden und beendete sein Leben in einem Irrenhaus in Charenton, wo der Direktor ihm erlaubte, Dramen aufzuführen, in denen er oft die Rolle des Schurken spielte.

Sexualität: Am Abend des 18. Oktober 1763 betrat Jeanne Testard, zwanzig Jahre alt, eine Fächermacherin und Teilzeit-Prostituierte, ein Bordell in Begleitung eines eleganten, jungen Adligen mit kastanienbraunem Haar. Er führte sie zu einem kleinen, inneren Raum, der schwarz ausgeschlagen war. An den Wänden, bemalt mit einer seltsamen Mischung aus religiöser Kunst und Pornographie, hing eine große Peitschensammlung. Er erklärte, daß sie ihn später mit einer davon peitschen sollte und daß sie aussuchen könnte, mit welcher sie gepeitscht werden wolle, und er fragte sie, ob sie in der Zwischenzeit vielleicht ein Klistier wünsche oder ein wenig Analverkehr mit ihm treiben wolle. Sie lehnte beides ab, wurde aber mit vorgehaltener Pistole gezwungen, ein Kruzifix zu zerschmettern.

Zum Nachteil für Sades Opfer war, daß seine Schwiegereltern, die Montreuils, Einfluß bei Hofe hatten. Nach fünfzehn Tagen Gefängnis zeigte Sade sich reuig und wurde entlassen. Die Pariser Polizei warnte Bordellbesitzer, ihm nicht länger Prostituierte für seine privaten Orgien zur Verfügung zu stellen. Daraufhin machte er sich an Amateurinnen heran. So sprach er am Ostersonntag 1786 Rose Keller an, eine Witwe in den Dreißigern, die sich seit kurzer Zeit gezwungen sah, öffentlich zu betteln. Er führte sie höflich zu einem Haus in den Vororten, wies sie an, sich ausziehen und mit dem Gesicht nach unten auf eine Couch zu legen. Dann begann er, sie mit einer Peitsche mit geknoteten Schnüren zu schlagen, wobei er mehrere Male anhielt, um eine weiße Salbe in die blutigen Striemen zu reiben. Ihre Schmerzensschreie und ihr Flehen um Erbarmen schienen ihn nur anzufeuern, bis er mit einem entsetzlichen orgastischen Schrei abbrach.

Die Keller konnte entfliehen und fand Hilfe. Obgleich sie von Sades Familie mit Schweigegeldern bestochen wurde, hatten sich die Behörden der Sache bereits angenommen. Sade wurde als warnendes Beispiel für die vielen anderen sexuell pervertierten Aristokraten ins Gefängnis geworfen. Er sorgte für eine schnelle Freilassung, indem er seine Frau, die geduldige Renée-Pélagie, bei einem ihrer Besuche im Gefängnis aufs neue schwängerte. Auf Bewährung entlassen, wurde ihm befohlen, ruhig auf seinem Landsitz im Süden zu leben. Er ging mit seiner Familie dorthin – und zur Gesellschaft luden sie die lebhafte jüngere Schwester seiner Frau, Anne-Prospère, ein, die kurz darauf in allem, außer dem Namen nach, seine Frau war. In jenem Winter wurde im alten Schloß von La Coste eine private Welt des Vergnügens geschaffen; man führte erotische Schauspiele auf, und der gesamte Haushalt – nicht nur Sades Schwägerin, sondern auch seine Frau – nahm gern an ausgefallenen Ausschweifungen teil. Zu ausgefallen, wie es scheint, denn als Sade ins nahe gelegene Marseille fuhr, um eine Schuld einzutreiben, trug er seinem Diener Latour auf, mehrere junge Frauen für die bis dahin gewalttätigste Orgie zu besorgen.

Vier Hafen-Prostituierte zwischen 18 und 23 wurden von Sade einem komplizierten Ritual unterworfen, bei dem jede abwechselnd geschlagen wurde und ihn schlagen mußte; zwischen den Schlägen wurden ihnen verschiedene Kombinationen von analem und vaginalem Verkehr mit Sade, und, abwechselnd oder gleichzeitig, Latour angeboten. Allen Frauen wurden ständig große Mengen von Bonbons mit Anis-Geschmack gereicht. Am gleichen Abend versuchte Sade, eine ähnliche Orgie mit einer anderen Prostituierten zu feiern. Stunden später erbrachen sie und eines der vorher benutzten Mädchen sich immer wieder; sie hatten eine Überdosis der «Spanischen Fliege» genommen, zu der Zeit ein gebräuchliches Aphrodisiakum. Sade und Latour flohen aus der Stadt, aber sie wurden in Abwesenheit zum Tode verurteilt und «in effigie» (das heißt symbolisch) exekutiert. Später wurde Sade in Sardinien gefangengenommen und eingekerkert, doch gelang es ihm zu entfliehen, und die nächsten Jahre war er ständig auf der Flucht.

Im Mai 1774 schien das *lettre de cachet*, das Madame de Montreuil erwirkt hatte, mit der Thronbesteigung des neuen Königs zu erlöschen. Sade verlor keine Zeit, seine letzte Phantasie in die Wirklichkeit umzusetzen: Er wollte junge Mädchen ins Schloß locken und persönlich ihre sexuelle Erziehung vornehmen. Anne-Prospère hatte ihn inzwischen verlassen, aber seine Frau Renée-Pélagie war in allem seine Verbündete. Mit ihrer Unterstützung stellte er eine erfahrene Kupplerin ein, die fünf fünfzehnjährige Mädchen und einen kleinen Jungen anwarb, angeblich für Dienstarbeiten im Schloß. Es wurden Orgien gefeiert, die wahrscheinlich von Renée-Pélagie geleitet wurden. Die Folge war eine weitere Tragödie: Zwei Mädchen entkamen, von denen eines ärztliche Behandlung brauchte; die Eltern von dreien strebten eine Klage an; die Kupplerin bekam ein Baby von Sade, verließ ihre Stellung und wurde durch einen *lettre de cachet* ins Gefängnis geworfen (Madame de Montreuils Werk) und so zum Schweigen gebracht. Das Baby starb, weil niemand seine Pflege übernahm. Unverzagt fand Sade Ersatz in einem korrupten Mönch aus der Gegend, der ängstlichen Eltern versicherte, daß die «Ausbildung» auf dem Schloß einem Vergleich mit der Erziehung im Kloster standhalte.

In den ersten Monaten des Jahres 1777 kamen Nachrichten aus Paris, daß Sades Mutter im Sterben lag. Obgleich er sich nie um sie gekümmert hatte, brach er sofort auf. Da Freunde ihn vor Madame de Montreuils bösen Absichten gewarnt hatten, liegt die Vermutung nahe, daß er im tiefsten Herzen sogar gefangengenommen werden wollte, und so geschah es dann auch. Im Gefängnis entdeckte Sade zwei anhaltende Quellen sexueller Befriedigung: Masturbation und Literatur. Seine Phantasie-Orgien waren so erfolgreich, daß er sich nie wieder wirklichen Ausschweifungen hinzugeben versuchte. Renée-Pélagie, die ihm seine ganze Gefängniszeit über treu geblieben war, ließ sich bei seiner Entlassung von ihm scheiden. Er trat bald in eine dauerhafte Beziehung zu der jungen Schauspielerin Marie-Constance Renelle, mit der er eine Zeitlang auf einem Heuboden in Versailles lebte. Dort hütete er ihren kleinen Sohn und verdiente einige Sous als Bühnenarbeiter. Sie folgte ihm sogar ins Irrenhaus von Charenton, scheint sich aber nichts daraus gemacht zu haben, als dieser fette, rheumatische, halbblinde alte Mann sich dort seine letzten zwei Jahre mit einer hübschen jungen Frau aus der Wäscherei des Irrenhauses «versüßte».

Sexpartner: Gegen Ende seines Militärdienstes als Kavallerieoffizier mietete der junge Sade eine Frau pro Tag. Sein verkommener Vater war entzückt, als die bürgerliche, aber wohlhabende Familie von Renée-Pélagie de Montreuil sie als passende Braut vorschlug. Die Ehe würde den Jungen zur Ruhe bringen, glaubte er. In der Zwischenzeit hatte sich Sade tatsächlich verliebt, in die Tochter eines Grafen, Laure de Lauris. Sie ließ ihn mit einer wunderschönen Erinnerung und einer Geschlechtskrankheit zurück.

Renée-Pélagie war fromm und frigide, aber Sade machte einen guten Eindruck auf ihre charmante junge Mutter und ihre blonde und reizvolle jüngere Schwester (es ist behauptet worden, daß er darum bat, lieber die Schwester heiraten zu dürfen). Seine erste Verhaftung versetzte der gesamten Familie einen Schock. Madame de Montreuil bemerkte fast mit Erleichterung, daß er nach seiner Freilassung der «guten Sitte» folgte und sich Geliebte hielt. Die erste war Mademoiselle Colette, eine beliebte Schauspielerin an der Comédie-Italienne; es folgten eine andere Schauspielerin, und zwar die dralle Mademoiselle Beauvoisin, die er mit in den Süden nahm und als seine Gattin ausgab; dann eine *poule de luxe* (Luxus-Kurtisane), Mademoiselle Dorville; dann mehrere Ballett-tänzerinnen, von denen eine ausgezeichnete Flagellantin war. Renée-Pélagie ahnte nichts von diesen Affären, aber ihre Mutter, Madame de Montreuil, wußte davon. Was sie nicht wußte, war, daß Sade in einem Vorort von Paris ein abgelegenes «Lusthaus» hatte, wo er regelmäßig bisexuelle Orgien feierte; eine davon, bei der er vier Frauen peitschen ließ und ihnen dann ein Diner servierte, war bald Gesprächsthema Nummer 1 in der Pariser Halbwelt. In dieses Haus brachte er auch Rose Keller. Sie hatte ihn dorthin begleitet, so sagte sie vor Gericht aus, weil sie eine Arbeit für ihn verrichten sollte. Sade bestritt dies.

Wir wissen wenig über die Opfer von Marseille, außer ihren Namen und ihrem Alter: Marietta Borelly (23), Marianette Laugier (20), Rose Coste (20) und Marianne Laverne (18) von der morgendlichen Orgie; und Marguerite Costa (25) von der Orgie, die er abends zu feiern versuchte. Marguerite reichte als erste eine Klage ein, und die vier anderen folgten ihr gemeinsam. Von Latour,

Sades Partner bei der Geschichte, wird gesagt, daß er der Sohn eines Adligen war. Sade pflegte mit ihm sowohl gesellschaftlich als auch sexuell die Rollen zu tauschen und ihn als «Monsieur le Marquis» anzusprechen. Latour und Anne-Prospère, die in La Coste geblieben war, begleiteten Sade, als er über die Grenze nach Italien floh. Renée-Pélagie, eine Frau von so frommem Wesen, daß Sade wahrhaftig hart gearbeitet haben muß, um sie zu korrumpieren, war in der unangenehmen Situation, die Rivalin ihrer Schwester zu sein. Als Sade schließlich im Gefängnis war, wurde sie in aller Unschuld das, was sie immer immer für ihn zu sein versucht hatte: die vollkommene Gattin. Die Affäre mit den fünfzehnjährigen Mädchen ist so geschickt vertuscht worden, daß wir nicht einmal ihre Namen genau kennen. Eine ihrer Nachfolgerinnen war Cathérine Trillet, bekannt als Justine; vom Küchen- zum Lustmädchen Sades befördert, wollte sie ihn unter keinen Umständen verlassen, nicht einmal, als ihr Vater pistolenschwingend auftauchte. Ihre Vorgängerin als Haushaltsfavoritin war Gothon, Renée-Pélagies persönliche Zofe, die nicht aufhörte, Sade zu verehren, und ihm sogar Früchte und Marmelade ins Gefängnis schickte.

Während seiner frühen Gefängnisjahre genoß Sade in Briefen eine platonische Beziehung zu Marie-Dorothée de Rousse, seiner ehemaligen Haushälterin; er hatte immer dazu geneigt, Sex von Freundschaft zu trennen. Nach seiner Freilassung lebte er einige Jahre mit einer vierzigjährigen Witwe, Madame de Fleurieu, aber er verließ sie wegen der einfühlsamen Marie-Constance Renelle, über die er schrieb: «Diese Frau ist ein Engel, der mir vom Himmel geschickt worden ist.» Im Irrenhaus ging sie mit der stillschweigenden Einwilligung des Direktors als Sades uneheliche Tochter durch. Von seiner letzten Geliebten, Madeleine Leclerc, wissen wir, daß sie erst zwölf war, als Sades Augen das erste Mal bei ihrem Anblick aufleuchteten, und daß sie fünfzehn war, als sie seine Geliebte wurde (er war 72); daß ihre Mutter hoffte, daß der Marquis sie als Schauspielerin herausbringen würde; und daß sie ihr Schamhaar rasierte.

Medizinisches Gutachten: Sade behauptete, daß die extreme Dickflüssigkeit seines Spermas die Ejakulation für ihn schmerzhaft machte. Die Diagnose ist nicht klar, aber das Symptom könnte seine Algolagnie (das heißt die Lust beim Empfinden wie auch beim Zufügen von Schmerz) erklären. Seine anale Besessenheit ist eher verblüffend, da er Homosexuelle verabscheute.

jmbe

Die romantische Feministin

George Sand
1. Juli 1804–8. Juni 1876

Bedeutung: Diese französische Feministin, Verfasserin von mehr als neunzig Romanen, darunter *«Lélia»* und *«La Mare au Diable»* (*«Der Teufelssumpf»*), war berüchtigt für ihre Männerkleidung, die Zigarren, die sie rauchte, und die Tatsache, daß sie sich zarte, aber brillante junge Liebhaber nahm und skandalöse Meinungen vertrat.

Lebensgeschichte: Amadine-Aurore-Lucie Dupin wurde von ihrer Großmutter auf dem Landsitz der Familie in Nohant, etwa 240 Kilometer südlich von Paris, großgezogen. Zwei Jahre konventioneller Erziehung in einem Kloster endeten abrupt, als sie nach einer kurzen Zeit als Anführerin der *diables* (bösen Mädchen) plötzlich fromm wurde und davon sprach, Nonne zu werden, worauf ihre deistische Großmutter sie auf der Stelle aus der Schule nahm. Mit siebzehn Jahren erbte Aurore den Landsitz Nohant. Nach einer mißlungenen Ehe, der zwei Kinder entsprossen, lief sie fort nach Paris und begann ihre schriftstellerische Karriere unter dem Pseudonym George Sand. Als ihr erster Roman, *«Indiana»*, im Frühling 1832 veröffentlicht wurde, war er auf Anhieb ein durchschlagender Erfolg. Danach flossen die Romane aus ihrer Feder – die meisten waren erfolgreich, einige werden noch immer als Meisterwerke angesehen. Als eine Verfechterin der Frauenrechte pflegte sie sich selbst als «Spartakus der Frauensklaverei» anzukündigen. Ihre Heldinnen allerdings, die oft in Ehefallen gefangen saßen, gewannen ihre Freiheit fast immer durch zufällige Schicksalswendungen (zum Beispiel den Unfalltod des Gatten). Ein Kritiker äußerte sich einmal so: «Wenn bei George Sand eine Dame ihren Liebhaber wechseln will, ist Gott da, um den Übergang zu erleichtern.» Leider mußte die Sand im wirklichen Leben diesen Übergang meistens selbst schaffen.

Liebe: Interpreten von George Sand haben sie launisch und herzlos genannt, sie zur Bisexuellen und Lesbierin gestempelt; haben Inzest angedeutet (in Anbetracht ihrer ungeheuren Liebe für ihren Sohn Maurice) sowie einen verborgenen mütterlichen Instinkt, der sie offenbar veranlaßte, sich jüngere Liebhaber zuzulegen.

Die zigarrenrauchende Frau, deren Sexualität solch ein Interesse erregte, wurde von Charles Dickens einmal als der «Wochenpflegerin der Queen» ähnlich beschrieben. Sie war klein und von dunkler Hautfarbe, mit plumpen Gesichtszügen und dunklen Augen. Sie hatte ein brüskes Auftreten. Ihre sinnliche Anziehungskraft lag in ihrem Intellekt und ihrer leidenschaftlichen Liebe zum Leben.

Ihre erste sexuelle Begegnung hatte sie wahrscheinlich im Alter von sechzehn oder siebzehn Jahren mit dem Nachbarn Stéphane de Grandsagne. Grandsagne könnte ihre Tochter Solange, die 1828 geboren wurde, gezeugt haben. Mit achtzehn heiratete sie den siebenundzwanzigjährigen Casimir Dudevant, der sich als trunksüchtiger Grobian erwies und sie von Zeit zu Zeit schlug. Obgleich sie ihn – und ihre Kinder – 1831 verließ, wurden sie erst 1836 gesetzlich getrennt.

Ihr Liebesleben begann sich erst in Paris zu entfalten, wo die sexuelle Befreiung in der Luft lag. Ihr erster Pariser Liebhaber, Jules Sandeau, mit dem sie für ein Buch kurzzeitig zusammenarbeitete, war typisch für die Männer, von denen sie sich angezogen fühlte – sieben Jahre jünger als sie, zerbrechlich, blond und künstlerisch. Lange nachdem ihre Affäre vorbei war, beschrieb Sandeau die Sand – immer noch verbittert – als einen «Friedhof». Ein bitterer Ausgang sollte typisch für fast jede ihrer Liebesbeziehungen werden.

Die Sand mußte verliebt sein, um Sexualität genießen zu können. Ein kurzes Experiment im Bett ohne verliebte Gefühle, das sie mit dem Schriftsteller Prosper Mérimée unternahm, war ein Reinfall. Obgleich einige ihrer Liebhaber sie der Frigidität beschuldigten, scheint es, daß sie in Wahrheit wie viele Frauen war: leidenschaftlich, wenn sie durch romantische Gefühle erregt war, gleichgültig, wenn sie es nicht war. Sie sprach davon, Sandeau gebissen, geschlagen und geküßt zu haben. Michel de Bourges, ein verheirateter Liebhaber, den sie trotz seiner glatzköpfigen Häßlichkeit anbetete, habe sie – so gestand sie einmal – dazu gebracht, «vor Verlangen zu zittern».

Wenn sie zurückgestoßen wurde, litt sie – erniedrigte sich sogar. Als sich ihre stürmische Affäre mit dem Dichter und Bühnenschriftsteller Alfred de Musset dem Ende näherte, schrieb sie: «Ich hoffte, daß Du kommen würdest, und habe von elf Uhr morgens bis Mitternacht auf Deinen Besuch gewartet. Welch ein Tag! Jedes Läuten der Türglocke ließ mich hochspringen. Ich habe solches Kopfweh. Ich wünschte, ich wäre tot.» Sie schnitt ihr Haar ab und schickte es ihm.

Mit dem polnischen Komponisten Frédéric Chopin – tuberkulös, aristokratisch und Opiumraucher, der sechs Jahre jünger war als sie – machte die Sand alle Höhen und Tiefen durch. 1838, zu Beginn ihrer Beziehung, verglich sie seine Haltung dem Sex gegenüber mit der einer alten Frau und jammerte: «Kann es jemals Liebe ohne einen einzigen Kuß und Küsse ohne Begierde geben?»

Lange bevor ihre gemeinsamen neun Jahre zu Ende gingen, beklagte er sich, daß sie nicht mit *ihm* schlafen wollte.

Zu ihren anderen Liebhabern gehörten der Graveur Alexandre-Damien Manceau, der – in ruhiger Heiterkeit – von seinem zweiunddreißigsten Lebensjahr an (sie war 45) bis zu seinem Tode, fünfzehn Jahre später, mit ihr zusammen lebte, und der Maler Charles Marchal, 39 Jahre alt, während sie sechzig war, den sie ihr «dickes Baby» nannte.

Der Klatsch sprach ihr noch andere Verbindungen zu. Gustave Planche, ein Literaturkritiker mit nachlässigen Gewohnheiten in bezug auf seine persönliche Hygiene, focht ein Duell aus, um ihre literarische Ehre gegen einen anderen Kritiker zu verteidigen, der den Roman *«Lélia»* angegriffen hatte (der Schuß ging daneben, die Verkaufszahlen von *«Lélia»* kletterten in die Höhe). Es ist nicht sicher, ob sie je sexuell mit ihm verkehrt hat. Genausowenig wie es sicher ist, ob sie Sex mit Frauen hatte, vor allem mit der Schauspielerin Marie Dorval, der sie Briefe schrieb, die heute als erotisch angesehen werden würden, aber unter Freundinnen zu der Zeit üblich waren. Ein Beispiel: «... ob im Theater oder in Ihrem Bett, ich muß einfach kommen und Sie küssen, Madame, oder ich werde etwas Verrücktes tun!»

Sie hatte auch intensive Freundschaften, die nicht sexueller Natur waren – wie die mit Charles-Augustin Sainte-Beuve, Franz Liszt, Alexandre Dumas dem Älteren und Gustave Flaubert.

Gedanken: «... ich hatte keine Schuldgefühle, weil ich immer fühlte, daß meine Untreue vom Schicksal bestimmt war, von einer Suche nach einem Ideal, die mich drängte, das Unvollkommene zugunsten dessen, was der Vollkommenheit näher schien, aufzugeben. Ich habe viele Arten der Liebe gekannt. Ich habe wie ein Künstler geliebt, wie eine Frau, eine Schwester, eine Mutter, eine Nonne, eine Dichterin. Einige Lieben starben an dem Tag, an dem sie geboren wurden, ohne je der Person enthüllt zu werden, die sie erweckt hatte. Einige machten mich zur Märtyrerin und trieben mich zur Verzweiflung. Einige ließen mich jahrelang in einer Art übertriebener Läuterung von allem ausgeschlossen bleiben. Jedesmal war ich völlig aufrichtig.»

ae

Der reumütige Liebhaber

Leo N. Tolstoi
28. August 1828–7. November 1910

Bedeutung: Leo N. Tolstoi, ein Schriftsteller, Sozialreformer und Moralist, ist heute vor allem als der Verfasser der breit angelegten Romane *«Krieg und Frieden»* und *«Anna Karenina»* bekannt. Er schrieb aber auch Kurzgeschichten und theoretische Werke. Tolstoi, der sich seine ganze lange Karriere über allgemeiner Beliebtheit erfreute, zählt zu den bedeutendsten Romanschriftstellern der Weltliteratur.

Lebensgeschichte: Tolstoi, in eine russische Aristokratenfamilie hineingeboren, verlor schon als Kind seine Eltern und wurde von Verwandten großgezogen. Er verließ die Universität von Kasan, um das Gut der Familie zu verwalten, doch dann zog er dem Landleben den gesellschaftlichen Wirbel in Moskau und St. Petersburg vor, wo er ein ausschweifendes Leben führte. Angewidert von seiner eigenen Ziellosigkeit, ging er 1851 in den Kaukasus und trat in die Armee ein. Während er seinen Dienst verrichtete, arbeitete er an seinem ersten Buch, dem halb autobiographischen Roman *«Kindheit»*. Als dieser ein Jahr später veröffentlicht wurde, machte er Tolstoi als Schriftsteller berühmt.

1862, im Alter von 34 Jahren, heiratete Tolstoi die achtzehnjährige Sophia (Sonja) Andrejewna Behrs, die ihm dreizehn Kinder gebar und ihn immer wieder zum Schreiben ermutigte. Obgleich seine Romane und Kurzgeschichten ihn reich und berühmt machten und sein Familienleben relativ glücklich verlief, war Tolstoi mit sich selbst unzufrieden. Während der letzten Arbeitsphasen an *«Anna Karenina»* geriet er in eine moralische und seelische Krise. Er stellte die Frage nach dem Sinn des Lebens, und auf dem Höhepunkt der Krise um 1877 zog er sogar Selbstmord in Erwägung. Seine Qualen hörten auf, als er sich zum Christentum bekannte und entdeckte, daß der Glaube an Gott der Existenz eines Menschen Sinn verleihen und die Menschen in einer Brüderlichkeit universeller Liebe und Gerechtigkeit einigen konnte. Er machte die Bergpredigt zu seinem persönlichen Credo. Um seinen neuen Überzeugungen entsprechend leben zu können, zog Tolstoi Bauernkleidung an, arbeitete als Landarbeiter und versuchte, sich seines Besitztums zu entledigen. Er übertrug sein Vermögen schließlich auf seine Frau und die Kinder und erteilte Sonja die Erlaubnis, seine früheren Bücher zu veröffentlichen. Tolstoi wandte sich von seinem bisherigen literarischen Stil ab und konzentrierte sich nun auf das Schreiben moralistischer Romane und sozialer und religiöser Essays. Seine Lehren zogen viele Anhänger an, die sich «Tolstoianer» nannten.

Zu Tolstois großem Unmut war Sonja nicht gewillt, sich seinem asketischen Lebensstil anzupassen. Der Haushalt war in ständigem Aufruhr, und 1910, im Alter von 82 Jahren, verließ Tolstoi seine Frau endgültig. Für eine Reise jedoch war er weder seelisch noch körperlich stark genug – auf dem kleinen Bahnhof von Astapowo brach er zusammen. Als er sterbend im Haus des Stationsvorstehers lag, durfte Sonja erst an sein Bett treten, als er bewußtlos war. Sieben Tage später war er tot.

Liebe: Tolstoi verlor seine Jungfräulichkeit im Alter von sechzehn Jahren auf eine Weise, die für einen Mann im 19. Jahrhundert als üblich angesehen wurde – bei einer Prostituierten. Später gab er dieses Ereignis so wieder: «Das erste Mal, als meine Brüder mich in ein Bordell zerrten und ich den Akt vollzog, ließ ich mich hinterher am Fußende des Bettes der Frau nieder und weinte.»

Sein ganzes Leben lang stachelten sich Tolstois Reuegefühle und seine sexuellen Wünsche gegenseitig an. «Betrachtet die Gesellschaft der Frauen», so schrieb er in seinem Tagebuch, «als ein notwendiges soziales Übel und meidet sie sooft wie möglich.» Er selbst beachtete jedoch seinen Ratschlag nicht. Wie er später Anton Tschechow gestand, war er «unersättlich». Als er 1849 auf seinem Gut lebte, verführte er eine der Dienerinnen, eine dunkeläugige Jungfrau mit Namen Gassha. «Was bedeutet dies alles?» fragte er sich voller Abscheu. «Ist das, was mir passiert ist, wunderbar oder schrecklich? Bah! Das ist der Lauf der Welt; jeder tut es!» Kurze Zeit darauf nahm er eine neue Beziehung zu einer anderen Dienerin auf. Im Alter von 69 erinnerte er sich: «Dunjaschas Schönheit und Jugend ... ihr kräftiger, fraulicher Körper. Wo ist er? Lange ist es her, nichts als Knochen.» Er hatte auch eine inzestuöse Begierde nach einer weit entfernten Tante, Alexandra Tolstoi. Er bezeichnete sie als «köstlich» und «einzigartig» und träumte sogar davon, sie zu heiraten. «Wo soll man nach der Liebe der anderen und nach Selbstverleugnung suchen, wenn man in sich selbst nichts als Eigenliebe und eigene Befriedigung trägt?» schrieb er ihr. «Es ist mein Streben, von Dir mein ganzes Leben lang korrigiert und verwandelt zu werden, ohne daß ich je völlig korrigiert oder verwandelt würde.» Da er es als Schriftsteller inzwischen zu Erfolg und Wohlstand gebracht hatte, begann Tolstoi sich nach einer Frau umzusehen, obgleich er wegen seines Aussehens nicht sehr viel Zuversicht hatte. (Er hatte eine breite Nase, einen zahnlosen Mund, dicke Lippen und halbgeschlossene Augen.) Nach der Trennung von seiner bäuerlichen Geliebten, Axinja, die er drei Jahre lang gehabt und die ihm einen Sohn geschenkt hatte, entschloß er sich, Sophia (Sonja) Behrs, ein junges, ernsthaftes Mädchen, zu heiraten, die stolz war, die Frau eines berühmten Schriftstellers zu werden. Aber die Ehe war zum Scheitern verurteilt, als er, kurz vor der Hochzeit, Sonja zwang, sein Tagebuch zu lesen, in dem jede seiner sexuellen Taten in aller Deutlichkeit beschrieben war. Er wollte damit bezwecken, daß sie alles über ihn wußte, sie aber interpretierte sein Handeln so, als ob es bedeutete, daß er nur physische Liebe für sie empfände. Ihre erste gemeinsame Nacht war der Zusammenstoß zwischen einem Satyr und einer jungfräulichen Braut. Zwei Wochen nach ihrer Hochzeitsnacht schrieb Sonja, «körperliche Bekundungen sind so abstoßend», und ihr ganzes Eheleben über konnte sie Sex nicht voll genießen. Die Unschuld und Ängstlichkeit seiner Frau stachelten Tolstois Lust nur an. Der Verführer rauher Bauernmädchen wollte das Familienleben ausgiebig genießen. In *«Krieg und Frieden»*, dem ersten seiner Meisterwerke, verherrlichte er die familiäre Harmonie und Stabilität. Obgleich er in seinen Schriften die individuelle Freiheit verteidigte, war er ein Tyrann in seinem eigenen Haus und glaubte, daß eine Frau sich nur dem Glück ihres Gatten zu widmen habe. Sonja tat ihr Bestes, um ihm zu gefallen. Sie überwachte den Haushalt und unterstützte ihn bei seiner schriftstellerischen Arbeit. Sie schrieb *«Krieg und Frieden»* siebenmal ab, bis er mit dem Entwurf zufrieden war. Nach Tolstois religiöser Wandlung begann ihre Ehe unter starken Spannungen zu leiden, da Sonja seinem Lebensstil nicht folgen und seine Überzeugungen nicht teilen wollte.

1889 verblüffte Tolstoi Sonja mit der *«Kreutzersonate»*, einem Werk, in dem er die Leute aufforderte, auf Sex zu verzichten und das Zölibat anzunehmen. Die Ehe, so erklärte er, müsse vermieden werden, da ein Christ sich jeder Form von Sexualität enthalten sollte. Nach dem Erscheinen des Buches fühlte sich Sonja gedemütigt, als sie herausfand, daß sie schwanger war. «Das ist das wirkliche Nachwort zur ‹*Kreutzersonate*›», schrieb sie wütend. Obwohl er versuchte, so gut er es nur konnte, seinen neuen Überzeugungen in bezug auf Sex zu folgen, scheiterte Tolstoi immer wieder. Sein Geschlechtstrieb hielt unvermindert an, wie es aus Sonjas Tagebucheintragungen hervorgeht, in denen sie auf seine Leidenschaft anspielt. Erst im hohen Alter von 82 Jahren konnte er einem Freund gestehen, daß er nicht länger von sexueller Begierde erfaßt würde. Tolstoi schob Sonja die Schuld zu: Sie allein sorge dafür, daß er sie begehre, und ließe ihn in Sünde fallen. Sonja ihrerseits haßte seine moralische Scheinheiligkeit und verabscheute seine ständigen Annäherungsversuche. Die Tatsache, daß er wie eine Ziege roch und seine Füße mit wunden Stellen und Schmutz bedeckt waren, machten ihn in ihren Augen nicht gerade attraktiv. Er beschrieb die Gewissensqual, die ihm die Sexualität bereitete, später Maxim Gorki gegenüber: «Der Mensch kann Erdbeben, Epidemien, fürchterliche Krankheit, jede Form geistiger Qual ertragen; aber die entsetzlichste Tragödie, die sich für ihn abspielen kann, ist und bleibt die Tragödie im Schlafzimmer.»

Sieben Jahre später, nach der ersten Veröffentlichung der *«Kreutzersonate»*, gerieten Tolstoi und Sonja in eine weitere Ehekrise, als Sonja sich in einen langjährigen Familienfreund, den Pianisten und Komponisten Sergej Tanajew, verliebte. Ihre fröhliche Art und die mädchenhaften Aufmerksamkeiten, die sie Tanajew erwies, brachten Tolstoi in Wut. Er nannte die Beziehung ihre «senile Flirterei» und bezeichnete Sonja als «altes Konzert-Weib». Da er sich verletzt und gedemütigt fühlte, war er höchst erleichtert, als ihre unschuldige Leidenschaft ein Jahr später nachzulassen begann.

Tolstoi verlor nach und nach sein Vertrauen zu Sonja, und sie begann zu fühlen, daß er sie als Ehefrau ablehnte, vom sexuellen Aspekt ihrer Beziehung abgesehen. Sie stritten sich immer öfter, wobei ihre Auseinandersetzungen gelegentlich mit Sonjas Drohungen endeten, wegzulaufen und sich selbst zu töten. Trotz Tolstois Schuldgefühlen war der Morgen nach einer Liebesnacht so ungefähr die einzige harmonische Zeit, die sie zusammen genießen konnten. Als sie argwöhnte, daß Tolstoi und sein Lieblingsschüler Tschertkow ein Testament entwarfen, das Tolstois Werke der Öffentlichkeit vermachen sollte, wurde sie hysterisch und beschuldigte ihren einundachtzigjährigen Ehemann, homosexuelle Beziehungen zu Tschertkow zu haben.

Rat: Tolstois Rat hinsichtlich sexueller Lust ist in seinem Tagebuch zusammengefaßt: «Das Beste, was man mit der sexuellen Begierde machen kann, ist (1), sie total in sich selbst zu zerstören; das Zweitbeste ist (2), mit einer Frau zu leben, die einen keuschen Charakter hat und den eigenen Glauben teilt, und mit ihr Kinder aufzuziehen und ihr zu helfen, so wie sie einem hilft; das Nächstschlechtere ist (3), ins Bordell zu gehen, wenn man von der Begierde gequält wird; (4) kurze Beziehungen mit verschiedenen Frauen zu haben und bei keiner zu bleiben; (5) Verkehr mit einem jungen Mädchen zu haben und sie zu verlassen; (6) noch schlechter, Verkehr mit der Ehefrau eines anderen Mannes zu haben; (7) am schlechtesten von allem ist es, mit einer treulosen und unmoralischen Frau zusammenzuleben.»

asm & ll

Der keusche Pornograph

Émile Zola
2. April 1840–29. September 1902

Bedeutung: Der Schriftsteller und Kritiker Zola war Autor des berühmten offenen Briefes mit dem Titel *«J'accuse»*, der Capitaine Alfred Dreyfus verteidigte, einen französischen Juden, der zu Unrecht des Landesverrats beschuldigt worden war. Zolas Romane, vor allem *«Nana»*, schockierten die Franzosen durch Beschreibungen von Sex und Obszönitäten. Zolas Realismus beeinflußte die Entwicklung der westlichen Literatur erheblich.

Lebensgeschichte: Zolas Vater, ein italienischer Ingenieur, starb plötzlich und ließ seine französische Frau und ihren sechsjährigen Sohn ohne einen Sou in Aix en-Provence zurück. Als er sieben war, wurde Zola von einem Diener namens Mustafa sexuell belästigt, und diese Erfahrung war der Grund für seinen lebenslangen Haß auf Homosexuelle. 1858 folgte er seiner Mutter, die ein Jahr zuvor nach Paris gezogen war. In den beiden folgenden Jahren fiel Zola zweimal am Lycée Saint-Louis durch das Abitur.

Während seiner Jugendjahre war Zola ein Romantiker, der Gedichte las und schrieb. Nachdem er durch das Abitur gefallen war und die Arbeitslosigkeit ihn dazu zwang, in einer «läuseverseuchten Pension, die voll von Dieben und Prostituierten war», zu leben, verlor der scheue Poet vom Lande seine Naivität. Die Geschichte, daß er nur deshalb nicht verhungerte, weil er den Spatzen auf dem Dach Fallen stellte und seine Hosen verpfändete, ist ohne Zweifel übertrieben, aber sie läßt Zolas Armut erahnen.

1871 veröffentlichte er den ersten seiner Romane, der die Theorie des Naturalismus veranschaulichte. Dieser Theorie zufolge werden die Handlungen des Menschen von seinem Erbgut und seiner Umgebung bestimmt. Eines seiner «obszönen» (aber am meisten verkauften) Bücher, *«La Terre»* (*«Die Erde»*), provozierte sogar ein «Manifesto» (eine öffentliche Bekanntmachung), in dem die Vermutung geäußert wurde, daß die im Roman beschriebene Entartung durch «eine Krankheit der Lenden» hervorgerufen worden sei, die den Verfasser impotent gemacht habe.

Zola, ein Hypochonder, war außerordentlich nervös und so sensibel, daß ein einziger Nadelstich stechende Schmerzen in seinem ganzen Arm verursachte. Er hatte «feine, bewegliche, erstaunlich ausdrucksvolle» Hände und eine ebenso ausdrucksvolle Nase mit einem ausgeprägten Geruchssinn. Er war kurzsichtig, und er lispelte – hatte aber eine schöne Tenorstimme. Zola war ein kräftiger Mann, etwa 1,63 Meter groß, mit braunem Haar und Bart und einem Gesicht, das stets einen melancholischen Ausdruck trug. Als ein Gourmand brachte er in seinen mittleren Jahren 108 Kilo auf die Waage, doch nach 1887 verlor er sehr viel Gewicht, als er eine Diät befolgte, die ihm wenig Flüssigkeit und den Verzicht auf Wein verordnete.

Liebe: Als Junge war Zola heftig verliebt in Louise Solari, die jüngere Schwester eines Freundes. Aber da er schon mit zwölf Jahren nach Paris zog, erscheint eine erotische Verbindung zweifelhaft. Jahre später war eine Geschichte im Umlauf, derzufolge Zola einem jungen Mädchen mit Namen Jeanne (wahrscheinlich ein Pseudonym für Louise) den Hof gemacht habe, indem er Weintrauben für sie pflückte, da er zu schüchtern war, um sich mit Worten zu erklären. Sie aß so viele, wie sie konnte, dankte ihm dann und ging nach Hause.

Während der Jahre, in denen er in Pariser Vergnügungsvierteln lebte, lernte Zola zweifellos durch das lebhafte Treiben seiner Nachbarn eine Menge über Sex, und er hat sicherlich auch eigene Erfahrungen gemacht. Einige Biographen behaupten, daß er mit einer Prostituierten zusammenlebte, die jedoch den am Hungertuch nagenden Dichter verließ, als ihr ein komfortableres Leben angeboten wurde.

Mit 25 Jahren begann Zola, um Alexandrine Meley zu werben, eine große, auffallende Brünette, die ein Jahr älter war als er und als Näherin arbeitete. Wie sie sich kennenlernten, weiß man nicht. Manche Biographen behaupten, daß sie durch Cézanne, der Alexandrines Geliebter gewesen war, miteinander bekannt gemacht wurden. Einer anderen Version zufolge zog sie Zolas Aufmerksamkeit dadurch auf sich, daß sie hysterisch über den Verlust ihres früheren Liebhabers weinte. In jedem Fall wurde Alexandrine seine Geliebte, und vier Jahre später, im Mai 1870, waren sie verheiratet.

Die Ehe war in sexueller Hinsicht nicht glücklich. Genau fünf Jahre später vertraute Zola Freunden an, daß sie nur alle zehn Tage Verkehr hatten. Selbst diese periodische Leidenschaft war bald verflogen. Zolas unterdrückte Sexualität verschaffte ihm quälerische Schuldgefühle, und sein Konflikt wurde noch schlimmer durch den Glauben, daß Sex ohne Fortpflanzung etwas Verwerfliches sei. Er und Alexandrine hatten nie Kinder, obgleich sich beide verzweifelt nach einer Familie sehnten, und dies trug sicherlich zur Kälte und Zwietracht zwischen den Ehegatten bei.

Zola blieb Alexandrine rein physisch treu, ließ aber seine unterdrückte erotische Leidenschaft in seine Arbeit einfließen und produzierte über zwanzig Bücher, wie zum Beispiel *«Nana»* und *«Der häusliche Herd»*, in denen lebhafte Beschreibungen nackter Menschen und des Geschlechtsverkehrs die Kritiker, wenn nicht Zola selbst erregten. Nach achtzehn Ehejahren, die ihm nur wenig Sex und Liebe boten, war Zola mit 48 Jahren ein dicker, unglücklicher und alter Mann. Er gab zu, daß er «geplagt wurde von dem Wunsch, mit einem sehr jungen Mädchen ins Bett zu gehen, das noch nicht die Pubertät erreicht» hatte.

Von 1887 an änderte sich sein Leben auf unglaubliche Weise. Er begann Gewicht zu verlieren, und im folgenden Jahr traf er Jeanne Rozerot. Sie war gerade zwanzig Jahre alt, groß, dunkeläugig und ziemlich überrascht, daß ein Mann wie Zola von ihr Notiz nahm. Er verliebte sich bald in sie und besorgte ihr eine Wohnung.

Jeanne schenkte Zola zwei Kinder, Dénise und Jacques. Er war ihnen ebenso treu ergeben wie ihrer Mutter, die ihm ein Glück schenkte, das er nie gekannt hatte, und wahrscheinlich überdies ein befriedigendes Geschlechtsleben. Zola war Jeanne gegenüber sehr fürsorglich und liebevoll. Es betrübte ihn, daß sie seinetwegen gezwungen war, wie eine Einsiedlerin zu leben, aber Jeanne scheint zufrieden gewesen zu sein. Sie nannte ihn ihren «Prince Charmant».

Nachdem er jahrelang zwischen den beiden Haushalten laviert hatte, war Zola entsetzt, als ein anonymer Brief Alexandrine über seine Geliebte und die Kinder informierte. Alexandrine bekam Tobsuchtsanfälle und drohte mit Trennung, aber schließlich beruhigte sie sich. Sie lernte die Kinder kennen, und nach Jeannes Tod nahm sie sich ihrer an, gab ihnen vor dem Gesetz Zolas Namen und machte sie zu ihren Erben.

Zolas Affäre mit Jeanne endete, als er durch einen Unfall, eine Kohlenmonoxydvergiftung, starb (Gerüchten zufolge soll es Mord durch politische Feinde gewesen sein).

par

Love Stories

Moderne Autoren

Dem Himmel sei Dank für die kleinen Mädchen

Lewis Carroll
27. Januar 1832–14. Januar 1898

Bedeutung: Der Mathematiker Charles Lutwidge Dodgson, der unter dem Namen Lewis Carroll schrieb, ist der Verfasser der zwei berühmtesten Kindergeschichten der Welt: *«Alice im Wunderland»* und *«Alice hinter den Spiegeln»*.

Lebensgeschichte: Als ältester Sohn einer Familie mit elf Kindern – sieben davon waren Mädchen – zeigte er sich frühzeitig an den drei Gebieten interessiert, die seine Karriere bestimmen sollten: Mathematik, Schreiben und Theologie. Mit achtzehn trat er in das Christ Church College in Oxford ein und blieb dort bis ans Ende seines Lebens. Er war Lehrer für Mathematik und Logik und übte das Amt eines Diakons aus.

Bis weit in seine Sechzigerjahre hinein erfreute er sich einer guten Gesundheit und wurde wegen seines jugendlichen Aussehens beneidet. Er war ein schüchterner Mensch, der stotterte, wenn er sich mit Erwachsenen unterhielt. Im Umgang mit Kindern jedoch strahlte er eine große Sicherheit aus, konnte in ruhigen, klaren Sätzen ohne jeden Sprachfehler mit ihnen reden. Am liebsten hielt er sich in der Gesellschaft kleiner Mädchen auf und hatte große Freude daran, sie auf Ausflüge mitzunehmen, auf denen er sie mit phantasievollen Geschichten unterhielt. Bei einem solchen Ausflug, am 4. Juli 1862, schuf Dodgson, inspiriert von der zehnjährigen Alice Liddell, die Geschichte *«Alice im Wunderland»*. Als sie drei Jahre später veröffentlicht wurde, verhalf sie dem Verfasser zu mehr Ruhm, als es für einen Oxford-Professor angebracht schien.

Liebe und sexuelle Eigenarten: Lewis Carrolls Liebesleben war ein einziger großer Tick, und dieser Tick waren kleine Mädchen. Obgleich er zweifellos jungfräulich starb, hatte er über hundert Freundinnen. Aus kleinen Jungen dagegen machte er sich nichts. In einem Brief schrieb er: «Ich mag Kinder sehr gern (Knaben ausgenommen).»

Zunächst wählte er seine Kameradinnen unter den Kindern seiner Freunde aus, aber später lernte er seine kleinen Freundinnen auch im Zug, am Strand oder auf seinen Spaziergängen kennen. Er wurde ein Connaisseur für kleine Mädchen. Vor allem die jungen Damen aus der Oberschicht zogen ihn an. Ihre hübschen, unschuldigen Gesichter und ihre gertenschlanken Gestalten versetzten ihn in stille Verzückung. Dabei mußten diese Kinder möglichst intelligent und aufgeweckt sein. Er kam mit allen Mädchen gut aus, fand jedoch die Zwölfjährigen körperlich am attraktivsten. Die Pubertät – so Carroll – ruinierte alles, und die allermeisten seiner Freundinnen verschwanden aus seinem Leben, wenn sie dieses Alter erreicht hatten. Gertrude Chataway, eine der wenigen, die auch als Erwachsene Carroll naheblieben, erklärte es so: «Wenn Mädchen erwachsen sind, mögen sie es meistens nicht, daß man sie noch so behandelt, als seien sie zehn Jahre alt. Ich selbst fand diese Gewohnheit an ihm sehr erfrischend.»

Carroll war Amateurfotograf, und seine Objekte waren natürlich vorwiegend kleine Mädchen. Er ließ sie oft in Kostümen posieren, aber sein Lieblingskostüm war, wenn sie überhaupt kein Kostüm anhatten. Offensichtlich führte sein Hobby, nackte vorpubertäre Mädchen zu fotografieren (wenn auch immer mit der Erlaubnis ihrer Mütter), zu einigem bösen Klatsch, denn 1880 gab er es plötzlich auf.

In den späten achtziger Jahren fing er an, Mädchen einzuladen, ihn in seinem Sommerquartier in Eastbourne zu besuchen, und er lockerte jetzt auch ein wenig die Beschränkungen, die er sich hinsichtlich des Alters seiner jungen Gäste auferlegt hatte. Als er 59 war, schrieb Carroll in einem Brief an Gertrude Chataway: «Vor fünf Jahren ... wagte ich es, ein kleines Mädchen von zehn einzuladen, das mir ohne den geringsten Einwand anvertraut wurde. Im folgenden Jahr wohnte eine Zwölfjährige eine Woche lang bei mir. Im Jahr darauf lud ich eine Vierzehnjährige ein, ziemlich sicher, daß dies abgelehnt würde ... Zu meiner Überraschung und Freude schrieb ihre Mutter nur: ‹Irene darf für eine Woche oder vierzehn Tage zu Ihnen kommen ...› Nachdem ich sie zurückgebracht hatte, lud ich kühn eine ältere Schwester von ihr ein, die achtzehn war. Sie kam ganz bereitwillig. Ich hatte seitdem noch eine weitere Achtzehnjährige bei mir und fühle mich nun ziemlich verwegen, was das Alter angeht.»

Gerüchten zufolge soll Lewis Carroll Alice Liddell einen Heiratsantrag gemacht haben, aber es gibt keine Beweise dafür. Es steht jedoch fest, daß Alices Mutter alle Briefe, die Carrol ihrer

Tochter schrieb, voller Wut vernichtet hat. Es ist auch behauptet worden, daß er eine Affäre mit der Schauspielerin Ellen Terry hatte, die er zunächst auf der Bühne bewunderte, als sie acht und er 24 war. Sie waren ihr Leben lang befreundet, aber in ihrer Autobiographie tat sie das Gerede über eine Liebschaft mit Carroll mit dem lapidaren Kommentar ab: «Er mochte mich so, wie er jemanden, der älter als zehn war, mögen konnte.»

Gedanken: Carroll beschäftigte sich oft mit der Frage, bis zu welchem Alter ein Mädchen von ihm geküßt werden dürfe. Er schrieb einer Mutter: «Darf ich sie [Ihre Töchter] küssen? ... Bei Mädchen unter vierzehn halte ich die Frage für unnötig, aber ich nehme an, daß Margery *über* vierzehn ist, und in solchen Fällen bitte ich ... gewöhnlich um die Erlaubnis der Mutter.»

In einem anderen Brief schrieb er: «Würden Sie mir bitte mitteilen, ob Sie mir erlauben, Ihre Töchter einzuladen ... *allein*, zum Tee oder Abendbrot. In manchen Fällen habe ich sie nur *zusammen mit anderen* einladen dürfen ... und ich halte nichts davon, solche Freundschaften fortzuführen. Ich glaube nicht, daß irgend jemand kleine Mädchen in ihrem wirklichen Wesen kennenlernen kann, wenn er nur in Anwesenheit ihrer Mütter oder Schwestern mit ihnen reden darf.»

Rat: «Wenn du dich in deinem Leben auf die Handlungen beschränkst, an denen *niemand* etwas aussetzen kann, dann wirst du nicht viel erreichen.»

dw

Chéri

Colette

28. Januar 1873–3. August 1954

Bedeutung: Sidonie-Gabrielle Claudine Colette, eine der berühmtesten französischen Schriftstellerinnen des frühen 20. Jahrhunderts, schrieb 73 Bücher – Romane, Sachbücher und eine Mischung aus beidem – über die Freuden und Leiden der Liebe. In ihrem Leben wie in ihrer Kunst verlieh sie zweien der in der französischen Literatur immer wieder auftauchenden erotischen Archetypen – dem verführerischen Schulmädchen und der alternden Verführerin – neue Dimensionen.

Lebensgeschichte: Colette wuchs auf dem Land auf, als angebetetes jüngstes Kind einer Mutter, die sie mit allen Mitteln an sich zu binden versuchte, und eines pensionierten Hauptmannes, der sich – wenn auch nur oberflächlich – für Literatur interessierte. Sie war ein ungewöhnliches Kind, ein Wildfang, der nur bei seinem Familiennamen gerufen wurde. Sie besaß einen eigenen abgeschiedenen «Zaubergarten», in dem sie sich oft aufhielt und innige Dialoge mit den Blumen und Tieren führte. Als unschuldiges Mädchen aus der Provinz mit Zöpfen, die bis zu den Waden reichten, heiratete sie mit zwanzig den fünfunddreißigjährigen Schriftsteller Henry Gauthier-Villars, einen Freund der Familie. Von nun an gehörte Colette zum Inventar von «Monsieur Willy», wie er von allen genannt wurde. Er reihte sie in die Schar seiner Geliebten und Ghostwriter ein, mit denen er sich umgab und die er schamlos ausbeutete.

Auf Willys Drängen hin begann Colette Geschichten über die erotischen Abenteuer eines jungen Mädchens zu schreiben. Die vier Claudine-Romane, die zwischen 1900 und 1903 veröffentlicht wurden und sich großer Beliebtheit erfreuten, zogen eine ganze Serie von Claudine-Nachahmungen nach sich. Das frühreife Schulmädchen, unschuldig und doch verführerisch, eine Art hermaphroditischer Lolita, wurde zu einer der bekanntesten literarischen Kultfiguren Frankreichs zu Beginn des 20. Jahrhunderts.

Nachdem Willy die ersten sechs Bücher seiner Frau unter seinem Namen hatte erscheinen lassen, begann Colette, sich gegen diese Literatenknechtschaft aufzulehnen. Als «Colette Willy» (erst ab 1906 publizierte sie ihre Werke unter dem Namen «Colette») präsentierte sie sich der Öffentlichkeit als Autorin sinnlicher Geschichten aus dem Naturreich. (Man sagte, daß sie ein Gemüse so beschreiben konnte, als sei es ein Liebesobjekt.) Sie nahm Unterricht in Pantomime, ließ sich 1906 von Willy scheiden und ging mit sanft erotischen Pantomime-Melodramen auf Tournee. Sie schrieb auch Artikel für die bekannte französische Zeitung *Le Matin*. Der Herausgeber, Henri de Jouvenel, wurde der Vater ihres einzigen Kindes (einer Tochter) und ihr zweiter Ehemann (in genau dieser Reihenfolge). Auch diese Ehe endete mit einer Scheidung. Noch während sie mit Jouvenel verheiratet war, erzielte Colette ihren größten Erfolg mit dem Roman *«Chéri»* (1920), der Sextragödie eines jungen Gigolo und einer alternden Verführerin. 1923 folgte *«Erwachende Herzen»*, eine klassische Erzählung über erste sexuelle Erfahrungen im Jugendalter.

Sie war bereits über 60, als sie den Journalisten Maurice Goudeket kennenlernte, mit dem sie 1935 ihre dritte Ehe einging. Sie war zu dieser Zeit längst eine weltberühmte und trotz ihres Alters unvermindert produktive Schriftstellerin, die noch viele literarische Zukunftspläne zu verwirklichen gedachte. Als Zweiundsiebzigjährige veröffentlichte sie den Roman *«Gigi»* (1945), in dem sie eine Kokotte zur Heldin des Vaterlandes werden ließ.

Liebe: Willy, ihr erster Mann, war ihr ständig untreu. Einmal folgte sie ihm heimlich und erwischte ihn dabei, wie er mit Lotte Kinceler, einer übelriechenden, buckligen Zwergin, herumhurte. Manchmal, schreibt ein Biograph, «brachte er seine Geliebten mit in Colettes Wohnung, wo sie an ihren Sachen herumfingerten und sich Obszönitäten erzählten». Willy versuchte, eine Beziehung zwischen seiner jungen Frau, die sich selbst als «sexuell unvoreingenommen» bezeichnete, und einer seiner Geliebten zu fördern. Zu jener Zeit fühlte sich die Colette wohler, wenn sie mit den jungen homosexuellen Sekretären ihres Mannes zusammen war. Nachdem sie jegliche Illusion über Willy, dessen vorgewölbte Augen und hängende Wangen sie plötzlich an Königin Viktoria erinnerten, verloren hatte, flüchtete sie sich in die recht exhibitionistische Karriere als Pantomime, Komikerin und Varieté-Tänzerin. Auch fand sie Trost in der Gesellschaft der aristokratischen Lesbierin Missy, die ehemalige Marquise de Belbœuf, die von Napoleon abstammte. Mit ihr lebte Colette sechs Jahre lang nach ihrer Trennung von Willy zusammen.

In ihren Dreißigern trat Colette, die mit ihren dunklen Augen, den lockigen Haaren und dem kräftigen katzenhaften Körper eine attraktive Erscheinung war, im verführerischen Schmuck einer Haremsdame im Pantomimen-Theater auf. In einem Stück mußte sie ihre Brüste entblößen, was im Publikum «eine köstlich erregende Sensation» hervorrief. Die Sensation verwandelte sich in einen Skandal, als sie in einem Ballett, in dem «eine Mumie aus zeitlosem Schlaf erwacht, ihre Bandagen löst und, fast nackt, ihre längst vergangenen Lieben tanzt», ihren «Prinzen» feurig umarmt. Dieser Prinz war in Wirklichkeit Missy, die Choreographin des Balletts.

Colette und «Missy» de Belbœuf, die wie ein Mann aussah und sich auch so kleidete, genossen die Freuden ihrer Beziehung, die man zu jener Zeit als «zärtliche Freundschaft» zu bezeichnen pflegte. Colette, die zu den damals berühmten erotischen Tagesbanketten ebenfalls im Smoking erschien und ein Kettchen mit der Inschrift «Ich gehöre Missy» um das Fußgelenk trug, charakterisierte die Liebe ihrer Freundin als mütterlich und besitzergreifend. Sie schrieb über Missy: «Du schenkst mir sinnliche Freuden, wenn du dich über mich beugst, deine Augen voller mütterlicher Besorgnis, deine leidenschaftliche Freundin erforschend, auf der Suche nach dem Kind, das du niemals hattest.» Colette hatte zahlreiche lesbische Liaisons. Eine der interessantesten war das Verhältnis mit Natalie Barney, einer Amerikanerin im Pariser Exil, die für ihren «Freitagssalon» und ihre Affären mit anderen Frauen bekannt war. Einmal schrieb Colette ihr in einem Brief: «Mein Mann küßt Deine Hände, Natalie, und ich den Rest.»

Nachdem Colette in die Welt des Journalismus eingetreten war, begann sie eine stürmische Affäre mit dem aggressiven, männlich-kraftvollen Henry de Jouvenel. (Sie liebte Spitznamen; Jouvenel nannte sie «Sidi, den Pascha».) Als die fast vierzigjährige Colette schwanger wurde, heirateten die beiden. Schon bald geriet die Ehe in eine tiefe Krise. Colette wurde mit der chronischen Untreue ihres Mannes nicht fertig – die Eifersucht, schrieb sie, blühe «wie eine dunkle Gartennelke» –, und Jouvenel beklagte sich seinerseits darüber, daß die Hauptbeschäftigungen seiner Frau «Liebe, Ehebruch und halb-inzestuöse Beziehungen» seien. Über letztere kursierten die phantastischsten Gerüchte, nachdem Colette mit ihrem neunzehnjährigen Stiefsohn, Bertrand de Jouvenel, zu einem Winterurlaub in die Schweiz gefahren war – nach ihrer Trennung von seinem Vater.

Erst im «Herbst meines Frau-Seins» – wie Colette diese Phase ihres Lebens nannte – gelang es ihr, ihr heftiges Bedürfnis nach Unabhängigkeit mit den Ansprüchen in Einklang zu bringen, die aus ihrem Besitzstreben und ihrer Vorliebe für hübsche junge Männer herrührten. Colette war 52, als sie Maurice Goudeket kennenlernte, der bald darauf ihr dritter Ehemann wurde. Ob sie nun von Katzen und Kissen umgeben im Bett schrieb oder im warmen Sonnenschein von St. Tropez lag, sie hatte in Goudeket ständig einen liebevollen Gefährten zur Seite. Diese späte Liebe gab ihr neue kreative Energie und befähigte sie, bis ins hohe Alter hinein aktiv und vital zu bleiben.

Gedanken: Colette weigerte sich, zwischen normaler und abnormer Sexualität zu unterscheiden.

cd

Das verlorene Paradies

Francis Scott Fitzgerald

24. September 1896–21. Dezember 1940

Bedeutung: Fitzgerald war in den zwanziger Jahren, denen er den Namen «Jazz-Zeitalter» gab, ein außerordentlich berühmter und beliebter Schriftsteller. Er galt als Sprecher einer ganzen rebellischen Generation. Diese Beliebtheit hatte zum Ende des Jahrzehnts jedoch nachgelassen, und als er mit 44 Jahren starb, gab es nicht ein einziges Buch von ihm in den Läden zu kaufen. Heute werden seine Romane *«Der große Gatsby»* und *«Zärtlich ist die Nacht»* zu den Klassikern der modernen amerikanischen Literatur gezählt.

Lebensgeschichte: Als Kind und Jugendlicher – er wuchs in St. Paul (Minnesota) auf – hielt sich Francis Scott Key Fitzgerald viel lieber in der Gesellschaft von Mädchen als von Jungen auf. Zwar strengte er sich in der Schulzeit sehr an, als guter Football-Spieler anerkannt zu werden, doch war ihm nichts wichtiger als die Tanzstunde bei Mr. Van Arnum, in denen die frischgebackenen Gentlemen mit einem Taschentuch in ihrer rechten Hand tanzten, um ja nicht die Kleider der jungen Damen am Rücken schmutzig zu machen. Scotts Vater, der wahrlich kein ungehobelter Mensch war, behauptete resigniert seufzend, daß er fünf Dollar dafür geben würde, seinen Sohn ein einziges Mal fluchen zu hören.

Im Gegensatz zu seinem Zeitgenossen Ernest Hemingway fühlte sich Scott nicht angezogen von Blut, Schweiß und Schmutz, von der Schattenseite des Lebens. Seine Geschichten und Romane spielen zumeist in der Welt der Reichen; ihre Intrigen und ihre Dekadenz faszinierten den irisch-katholischen Bürgersohn. Er bemerkte einmal Hemingway gegenüber: «Die Reichen sind anders als du und ich», worauf dieser antwortete: «Ja, sie haben mehr Geld.» Fitzgeralds erster Roman, *«This Side of Paradise»*, hatte die wilde Studentenzeit an der Princeton University zum Thema, einer Hochburg der Besäufnisse und wahllosen Flirts. Das Buch verstieß ganz entschieden gegen die um 1920 herrschenden Moralvorstellungen, galt als ziemlich skandalös und verkaufte sich deshalb gut. Im Alter von 23 war Fitzgerald ein Bestseller-Autor, mit all dem Geld, dem Ruhm und den Möglichkeiten, die mit dieser Position einhergehen. Er heiratete Zelda Sayre, die Tochter eines Richters am Obersten Gericht von Alabama. Ihre Ehe war ein Fest, eine ständige Party, die sich über zehn Jahre hinziehen sollte. Fitzgerald schaffte es nie, den literarischen Erfolg zu wiederholen, der ihm mit seinem Erstlingswerk gelungen war. Obgleich seine folgenden Romane von den Kritikern positiv aufgenommen wurden, erwiesen sie sich als schwer verkäuflich. *«Der große Gatsby»* brachte ihm etwa 1200 Dollar ein – ein Drittel dessen, was *The Saturday Evening Post* ihm für eine Kurzgeschichte zahlte. So schrieb er weiterhin eifrig Kurzgeschichten – zunächst, um für seinen und Zeldas extravaganten Lebensstil aufzukommen, und später, um Zeldas Pflege – sie hatte einen Nervenzusammenbruch erlitten – zu bezahlen. 1937 war Fitzgerald bei Krankenhäusern und Freunden tief verschuldet, und er ging nach Hollywood, um Drehbücher für MGM zu schreiben. Hier verdiente er gut (er schrieb zum Beispiel das Drehbuch für den Film *«Vom Winde verweht»*), doch geriet er oft in Streit mit dem Hollywood-Establishment, was schließlich dazu führte, daß ihm sein Vertrag gekündigt wurde. Er arbeitete an einem Roman über die Filmindustrie, *«The Last Tycoon» («Der letzte Taikun»)*, als er im Alter von 44 an einem Herzanfall starb. Acht Jahre später verbrannte

Zelda bei einem Feuer in dem Heim, in dem sie untergebracht war.

Sexpartner: Fitzgerald war als Oberleutnant der Armee in den Südstaaten stationiert, als er Zelda Sayre bei einer Tanzveranstaltung im Montgomery Country Club kennenlernte. Die auffallend schöne, blonde Siebzehnjährige war von einer Meute hoffnungsvoller junger Männer umgeben, aber Scott war entschlossen, das Rennen zu machen: «Ich war auf der Stelle total verknallt in sie. Sie war das schönste Mädchen, das ich jemals gesehen hatte. Und vom ersten Moment an war mir klar, daß ich sie und keine andere haben mußte.» Fitzgerald erinnerte sich später, daß Zelda in der Zeit ihrer ersten Verliebtheit «sexuell leichtfertig» gewesen sei. Er hatte den Sex bis zur Hochzeitsnacht aufschieben wollen, aber Zelda machte sich über die Konventionen lustig, und so schliefen sie schon ein Jahr vor ihrer Hochzeit miteinander. Wohl auf Grund seiner katholischen Erziehung benutzte der Schriftsteller nur höchst widerwillig Verhütungsmittel, andererseits empfand er – im Gegensatz zu seiner Frau – keinerlei Schuldgefühle wegen der drei Abtreibungen, die Zelda während ihrer Ehe über sich ergehen ließ. Nur ein Kind ging aus ihrer Ehe hervor, ein Mädchen, das sie Scottie nannten.

Scott und Zelda waren außerordentlich eifersüchtig, und es kam nur sehr selten vor, daß einer der beiden allein ausging. Einmal flirtete die Tänzerin Isadora Duncan auf einer Party mit Scott, und Zelda stürzte sich aus Protest eine Treppenflucht hinab. Als Zelda sich von dem gutaussehenden französischen Flieger Édouard Jozan angezogen fühlte, sperrte Fitzgerald sie einen Monat lang in ihrer Villa ein.

Fitzgerald behauptete, daß er Zelda erst untreu geworden sei, nachdem man sie in die Nervenheilanstalt eingeliefert hatte. Im Sommer 1935, als Zelda in der Klinik war, wohnte der Schriftsteller in einem Ferienhotel in Asheville (North Carolina). Dort hatte er eine Affäre mit einer verheirateten Frau namens Rosemary, die zusammen mit ihrer Schwester ihre Ferien im Süden verbrachte. In Asheville lernte er auch die Prostituierte Lottie kennen, die sich an einen Abend erinnerte, an dem Fitzgerald den Fehler machte, sich in ihrer Gegenwart beredt über die Überlegenheit der Weißen auszulassen. «Ich fragte, ob er je mit einer Farbigen ins Bett gegangen sei. Er sah mich mit einem zutiefst beleidigten Blick an – so als ob ich ihn beschuldigt hätte, mit seiner Schwester zu schlafen. Bevor er antwortete, sagte ich ihm auf den Kopf zu, daß er es gemacht hätte – nicht einmal oder zweimal, sondern ein dutzendmal ... Als er sich von dem Schock erholt hatte, verschwand er fluchtartig, als hätte er gerade entdeckt, daß ich leprakrank sei ...»

Fitzgeralds Gefährtin während seiner letzten drei Lebensjahre war Sheilah Graham, eine junge, attraktive, in England geborene Kolumnistin, die in Hollywood lebte. Sie versetzte Scott gleich zu Beginn ihrer Affäre einen Schock, als sie ihm gestand, daß sie vor ihm bereits acht Liebhaber gehabt hatte. Den Aussagen Sheilah Grahams in ihrem Buch *«The Real F. Scott Fitzgerald»* zufolge war dies wahrscheinlich die erste gesunde, unkomplizierte Beziehung des Schriftstellers: «Ich kann mich nicht daran erinnern, ihn während unserer ganzen gemeinsamen Zeit einmal nackt gesehen zu haben. Aber ich war genauso schüchtern wie er – was uns nicht davon abhielt, uns sexuell zu amüsieren. Wir befriedigten uns gegenseitig und konnten danach lange Zeit umarmt liegen und uns an unserer Nähe erfreuen. Es war kein erschöpfendes, wildes Miteinanderschlafen, sondern zärtlich und sanft, ein vollkommen glücklicher Zustand.» Nach Fitzgeralds Tod ging das Gerücht um, daß er seinen Herzanfall erlitten hatte, als er mit Sheilah Graham im Bett lag, was diese jedoch energisch bestritt. Er habe, so berichtete sie, plötzlich einen heftigen Schmerz in der Brust gespürt, als er in einem Sessel saß und Zeitung las. Er versuchte aufzustehen und fiel tot zu Boden.

Eigenarten: Sex war eine von Fitzgeralds Aufwärmübungen zum Schreiben, und er liebte oft so, als ob er einen überaus knappen Termin einhalten müßte. Lottie berichtete einem Freund nach einer gemeinsam mit dem Schriftsteller verbrachten Nacht: «Er war nervös, und ich dachte, daß das vielleicht der Grund dafür war, daß er so schnell machte. Ich fragte ihn, ob er es immer so eilig habe, und er sagte ja. Daher nahm ich es nicht persönlich – so als ob er es nur schnell hinter sich bringen wollte.» Lottie gab Fitzgerald daraufhin ein paar Tips, wofür er ihr sehr dankbar war.

Einige Biographen haben die Vermutung geäußert, daß Fitzgerald latent homosexuell war. Ein Foto von ihm als Transvestit, das für eine College-Zeitung gemacht worden war, veranlaßte ein Varieté, ihm eine Stelle als Frauenimitator anzubieten. Einmal zog er ein Damenkleid an und nahm in dieser Aufmachung mit seinem Freund Gus Schurmeier an einer Tanzveranstaltung der University of Minnesota teil. Aber das war nichts weiter als ein Ulk. Seine Erfahrungen als «Transvestit» waren offensichtlich auf seine College-Jahre beschränkt. (Außerdem ist ein Transvestit, ob er nun ein Spaßvogel oder eine Tunte ist, nicht unbedingt homosexuell veranlagt.)

Fitzgerald war jedoch in einer Beziehung Fetischist, wofür es stichhaltigere Beweise gibt: Er wurde durch Frauenfüße sehr erregt. Die Tatsache, daß Füße für ihn Sex-Objekte waren – was er selbst als «Freudeanischen [*sic!*] Komplex» bezeichnete –, zwang den Schriftsteller zu einer merkwürdigen Gewohnheit: Er war stets darum bemüht, seine eigenen nackten Füße zu bedecken. Am Strand fürchtete er sich davor, sie den Blicken der anderen Badegäste auszusetzen, und hielt sie, alle damit verbundenen Unbequemlichkeiten bereitwillig auf sich nehmend, ständig im Sand versteckt.

Scott schämte sich noch eines anderen Körperteils – seines Penis. Zelda spuckte ihm einmal die Bemerkung vor die Füße, daß er sie oder irgendeine andere Frau nie befriedigen könne, weil es Probleme mit seinen «Ausmaßen» gebe. Dieser Vorwurf zerstörte sein Selbstgefühl in den Grundfesten. In seiner Not konsultierte er Hemingway, der ihm vorschlug, Fitzgeralds in seiner Wertigkeit so resolut herabgesetzten Penis mit dem eigenen zu vergleichen. Die Prüfung führte zu einem positiven Ergebnis. Hemingway erklärte hinterher, daß der Schwanz seines Freundes eine durchaus normale Größe habe, deren er sich nicht zu schämen brauche. Doch Fitzgerald war noch nicht ganz überzeugt. Daraufhin nahm Hemingway ihn mit in den Louvre, wo die beiden eingehend Statuen nackter Männer betrachteten. Doch selbst diese Messungen am klassischen Ideal vermochte Fitzgeralds Selbstachtung nicht wiederherzustellen. Noch Jahre später fragte er die erfahrene Prostituierte Lottie, welche Größenordnung sie seinem Penis im Vergleich mit anderen zumessen würde, woraufhin sie ihm versicherte, daß es die Technik und nicht die Größe sei, auf die es den Frauen ankäme. Diese Auffassung wurde später von Sheilah Graham bestätigt. In einer recht doppelsinnigen Verteidigung der Größe seines Schwanzes schrieb sie: «Wenn ich zwischen einem Esel und einem Eichhörnchen wählen müßte, würde ich mich für das letztere entscheiden.»

Gedanken: «Dies ist eine Männerwelt. Alle weisen Frauen beugen sich der Führung des Mannes.»

mjt

Der skandalumwitterte Moralist

André Gide
22. November 1869–19. Februar 1951

Bedeutung: 1947 wurde Gide, der in Frankreich als größter Schriftsteller seiner Generation gilt, mit dem Nobelpreis geehrt. Er ist durch seine autobiographisch gefärbten Romane, vor allem *«Die Falschmünzer»* und *«Der Immoralist»*, bekannt geworden, in denen er das Leben Homosexueller beschreibt, für eine tolerante, humane Moral eintritt, die jeder vor sich selbst verantworten soll. Er erreichte, daß Homosexualität ein literarisch achtbares Thema wurde.

Lebensgeschichte: Gide wurde in eine wohlhabende, angesehene Pariser Familie geboren, die väterlicherseits von den Hugenotten abstammte. Er verlor seinen Vater, einen Professor der Rechtswissenschaften, bereits im Alter von elf Jahren. Die überängstliche, puritanische Mutter ließ ihrem einzigen Kind keine Bewegungsfreiheit. In der Schule galt er als verschüchterter Trottel. Er wurde von der Schule gewiesen, weil er einmal im Unterricht onanierte. Die in Tränen aufgelöste Mutter brachte Gide zu einem Arzt, der ihm mit Kastration drohte, falls er diese Gewohnheit nicht aufgeben würde. Der neurotische und verängstigte Gide verliebte sich mit dreizehn Jahren in seine fünfzehnjährige Cousine Madeleine Rondeaux, die er seinen «mystischen Magneten» nannte und sein ganzes Leben hindurch anbetete. Er promovierte mit zwanzig Jahren und widmete danach seine Zeit nur noch der Musik, dem Schreiben, Reisen und gesellschaftlichen Fragen. Im Alter von 25 Jahren bezeichnete er sich öffentlich als Päderast: ein Mann, der dem sexuellen Verkehr mit Kindern und Jugendlichen männlichen Geschlechts verfallen ist. Trotzdem heiratete er nach dem Tod seiner Mutter die Cousine Madeleine. (Es kam nie zum ehelichen Geschlechtsverkehr.) Der sinnliche und der geistige Aspekt seiner Persönlichkeit widersprachen einander, strebten in entgegengesetzte Richtungen. Im Schreiben versuchte er, diesen Konflikt zu lösen. Die Offenheit seiner Werke schockierte die Leser und verletzte seine Frau. Die katholische Kirche verurteilte seine Bücher, obwohl er mittlerweile ein anerkannter Schriftsteller war. Eine angemessene Ehrung wurde ihm lange Zeit verweigert. Erst 1947 erhielt er den Nobelpreis für Literatur.

Liebe: Gide litt unter «Madonnenverehrung». Er konnte keinen sexuellen Kontakt mit einer geliebten oder verehrten Person aufnehmen – und Madeleine verehrte er. Sie war gebildet, geistreich, fast heilig und beklagte sich nie über die platonische Verbindung. Sie gab sich mit der geistigen Seite seiner Persönlichkeit zufrieden, solange sie ihr allein gehörte. Mit 47 Jahren verliebte sich Gide jedoch in Marc Allégret, den sechzehnjährigen Sohn seines Trauzeugen. Die flüchtige Affäre entwickelte sich zu einer festen Freundschaft. Zum erstenmal erlebte Gide das Gefühl der Eifersucht, als Marc eines Abends sehr spät von einem Besuch bei Jean Cocteau heimkehrte. Madeleine rächte sich für Gides «geistige Untreue» und verbrannte alle seine an sie gerichteten Briefe. Doch Gide beteuerte, sie sei die einzige Liebe seines Lebens. Sie liebte ihn gleichermaßen bis zu ihrem Tod im Jahre 1938.

Sexualität: Da seine Familie mit sehr harten Mitteln versuchte, Gides Sexualität zu unterdrücken, verschmolzen Sinnlichkeit und Schuldgefühle in seinem Empfinden zu einer Einheit. Die Haltung seiner Mutter suggerierte ihm, daß «gute» Frauen keine sexuellen Gefühle hätten und daß man sich vor Prostituierten fürchten müsse. Homosexuellen Verkehr verglich er einmal mit «einem riesigen Vampir, der sich von Leichen nährt». Weil er fast alle homosexuellen Praktiken widerwärtig fand, ersetzte er nach seiner Entdekkung, daß er ein Päderast war, die einsame Selbstbefriedigung seiner Kindheit durch gegenseitige Masturbation mit jungen Partnern.

Nach dem Tod der Mutter unternahm Gide verzweifelte Versuche, sich eine sexuelle Identität zu schaffen und sich selbst seine Eignung für die Ehe zu beweisen. Doch scheiterten die Versuche, mit Frauen sexuelle Erfüllung zu finden, weiterhin, während Zusammenkünfte mit Jugendlichen männlichen Geschlechts ihn nie enttäuschten. Er fragte einen Arzt um Rat und beichtete ihm seine – wie er es nannte – hoffnungslose Perversion. Der Doktor untersuchte Gide, hörte sich die Erklärung an, er fühle sich nur in den Armen von Knaben sexuell «normal», und gab ihm den optimistischen Rat: «Heiraten Sie. Heiraten Sie ohne Bedenken. Und Sie werden schnell einsehen, daß das alles nur in Ihrer Phantasie existiert.»

Sexpartner: Gide machte im Alter von 23 Jahren seine erste sexuelle Erfahrung mit einem vierzehnjährigen Araber, der vor seinem Hotel in Tunis herumlungerte. Ali bot ihm seine Dienste in den Sanddünen an, und nach kurzem Zögern nahm Gide die Gelegenheit mit Freude wahr. Später versuchte er, sich mit der Hilfe von Mériem, einer noch sehr kindlichen sechzehnjährigen Prostituierten, zu «heilen». Wenn er mit ihr schlief, berichtete er, stellte er sich vor, sie sei sein kleiner Bruder, ein junger Bursche, «schwarz und schlank wie ein Dämon». Die Kur bei Mériem endete, als Gide an Tuberkulose erkrankte und seine Mutter anreiste, um ihn zu pflegen.

Im Jahr darauf traf Gide in Algier auf Oscar Wilde und seinen Geliebten, Lord Alfred Douglas. Eines Abends verkuppelte Wilde Gide mit einem jungen Musiker, Mohammed – und es begann eine Episode, die zu dem erregendsten erotischen Abenteuer in Gides Leben werden sollte. «Nachdem Mohammed mich verlassen hatte, lag ich noch lange vor Freude zitternd in meinem Hotelzimmer. Und obwohl ich schon fünfmal zusammen mit ihm höchsten Genuß erlebt hatte, versetzte ich mich wieder und wieder in diese Ekstase und ließ die Echos bis weit in den Morgen hinein ausklingen.»

In Algier entwickelte sich eine enge Bindung zwischen Gide und dem fünfzehnjährigen Diener Athman, den er seine «schwarze Perle» nannte. Als er seiner Mutter schrieb, er wolle Athman mit nach Paris nehmen, damit er «im Haushalt helfe», wollte Madame Gide nichts davon wissen. Sie stritten sich darüber einen Monat lang, und die Briefe wurden immer erbitterter. Als dann seine Mutter drohte, ihr Dienstmädchen würde die Stellung kündigen, wenn ein «Neger» ins Haus käme, gab Gide nach. Er litt sehr unter der Trennung von dem Jungen, und vier Jahre später reiste er wieder nach Algier, fand Athman und nahm ihn mit nach Paris.

Élizabeth van Rysselberghe, der Tochter eines langjährigen Freundes, machte der sechsundvierzigjährige Gide einen ungewöhnlichen Antrag. Er übergab ihr einen Brief, in dem er sie darum bat, mit ihm ein Kind zu zeugen. Sie erklärte sich einverstanden, und 1923 gebar sie eine Tochter – Cathérine. Gide erklärte öffentlich seine Vaterschaft und wurde noch zu Lebzeiten Großvater.

Eigenarten: Als Junge entdeckte Gide, daß er «von schillernden Farben, schrillen, süßen Klängen» und «Zerstörungsphantasien» sexuell stimuliert wurde. Es versetzte ihn in Erregung, wenn er ein Lieblingsspielzeug zerschlug oder eine Geschichte hörte, in der Porzellan zu Bruch ging. Später übten verkrüppelte, entstellte oder mißgestaltete Kinder, in denen er Teile seines eigenen Wesens wiedererkannte, eine starke Anziehung auf ihn aus.

Gedanken: «Rousseau schrieb seine ‹*Bekenntnisse*›, weil er glaubte, einzigartig zu sein. Ich schrieb die meinen aus genau dem entgegengesetzten Grund, denn ich weiß, daß sich viele in ihnen wiedererkennen werden. – Aber wozu? – Ich glaube, daß alles, was wahr ist, lehrreich sein kann.»

«Es ist besser, für das, was man ist, gehaßt, als für das, was man nicht ist, geliebt zu werden.»

mbt

Die Männlichkeitsfassade

Ernest Hemingway
21. Juli 1899–2. Juli 1961

Bedeutung: Vier Jahrzehnte lang schuf Hemingway Werke, die ihn zu einem der bedeutendsten amerikanischen Schriftsteller machten. Seine eigene, betont männlich-kämpferische Lebenseinstellung kommt in Stil und Inhalt seiner berühmten Romane zum Ausdruck. Viele seiner Hauptwerke, vor allem die Romane *«Fiesta»*, *«In einem andern Land»*, *«Wem die Stunde schlägt»* und die Erzählung *«Der alte Mann und das Meer»*, spiegeln sein abenteuerliches Leben wider und lassen die Gefühle wieder aufflackern, die er bei der Jagd, beim Stierkampf und während seiner Soldatenzeit empfand. Zugleich wurde ihm für seine sprachliche Meisterschaft internationale Anerkennung zuteil. Er erhielt den Pulitzerpreis und auch den Nobelpreis für Literatur.

Lebensgeschichte: Hemingways Leben ist als «permanente Rebellion» gegen seine bürgerliche Herkunft bezeichnet worden. Er war der Sohn eines Arztes und wuchs in einem Vorort Chicagos in einer Familie auf, die von Frauen dominiert wurde – die Mutter, vier Schwestern, das Kindermädchen und die Köchin beherrschten den Haushalt. Seine Mutter ließ ihn einige Jahre lang in Mädchenkleidern herumlaufen und behielt seine ältere Schwester, als diese ins Schulalter kam, noch ungefähr ein Jahr im Haus, so daß die beiden gleichzeitig als Zwillinge eingeschult werden konnten. Mit fünfzehn Jahren riß er von zu Hause aus, kehrte aber zurück, um seine Schulausbildung abzuschließen. Nachdem er am Ersten Weltkrieg als Sanitätswagenfahrer in Italien teilgenommen hatte, ging er als Journalist nach Paris. Dort entwickelte er mit Hilfe von Schriftstellern wie F. Scott Fitzgerald, Ezra Pound und Gertrude Stein seinen knappen Sprachstil und verbuchte seinen ersten Erfolg als Romanschriftsteller. Er liebte und haßte es zugleich, im Rampenlicht zu stehen, und stilisierte sich sehr sorgfältig zu dem zurückgezogenen, harten Mann, der als Boxer, Jäger, Kriegsberichterstatter und Soldat auf der Suche nach Abenteuern durch die Welt zieht. In späteren Jahren genoß er das Leben in seinem Haus auf Kuba, das er 1939 kaufte. Nachdem Fidel Castro 1960 an die Macht gekommen war, zog Hemingway in ein Haus in Ketchum (Idaho), doch der Verlust seines kubanischen Anwesens schmerzte ihn sehr; er wurde von zunehmender Ruhelosigkeit und Niedergeschlagenheit befallen und konnte nicht mehr schreiben. Zwölfmal unterzog er sich in der Mayo-Klinik einer Elektroschocktherapie. Zwei Tage nach einer dieser Behandlungen erschoß er sich in Ketchum mit einem Gewehr.

Sexualität: Um seinem Männlichkeitsideal gerecht zu werden, stilisierte Hemingway sich zum großartigen Liebhaber. Er erzählte Thornton Wilder, als junger Mann in Paris sei sein Sexualtrieb so stark gewesen, daß er dreimal am Tag eine Frau brauchte; außerdem schluckte er ostentativ triebhemmende Mittel, um seine überschäumende Libido zu zügeln. Seine Familie berichtet jedoch, daß er frühestens ein Jahr vor dem Schulabgang zu den ersten Rendezvous gegangen sei. Er fühlte sich mit flüchtigen Bekanntschaften nie so recht wohl im Bett und überspielte sein Unbehagen mit der Prahlerei, er sei «ein Amateur-Lude». Er verglich den Geschlechtsverkehr mit dem Radrennsport – je mehr man übt, desto besser geht's.

Hemingway liebte es, seine Frauen zu beherrschen, denn er glaubte, der Mann müsse auf sexuellem Gebiet die Zügel in der Hand halten. Drei seiner vier Frauen scheinen sich dieser Regel gefügt zu haben. Die Ausnahme bildete seine dritte Frau, Martha Gellhorn, die hinterher meinte, «Papa» Hemingway verfüge über keine erwähnenswerten Eigenschaften, seine Dichtkunst ausgenommen. (Hemingway bezeichnete diese Ehe als seinen «größten Fehler».)

In seinen Briefen berichtete Hemingway von vielen ungewöhnlichen Bettpartnerinnen, einen Harem schwarzer Frauen eingeschlossen, den er sich auf einer Afrika-Safari hielt. Seine marktschreierische Jagd auf Frauen ließ viele Zeitgenossen an seiner Männlichkeit zweifeln. Einige Beobachter, so auch seine ehemalige Mentorin Gertrude Stein, vermuteten, er sei latent homosexuell. Es ist auch eine Episode überliefert, die sich in Spanien ereignete, als Hemingway sich mit seinem Freund Sidney Franklin, dem Matador aus Brooklyn, auf dem Weg zur Stierkampfarena befand. Er entdeckte einen offensichtlich homosexuellen Mann auf der anderen Straßenseite, der «niemandem etwas zuleide tat». Hemingway schnaubte: «Paß mal auf!», schritt über die Straße und schlug den Mann nieder. Er verletzte ihn dabei. Zufrieden grinsend gesellte er sich wieder zu Franklin. Doch es liegen keinerlei Beweise für eine homosexuelle Beziehung vor. Hemingway selbst sagte, er sei nur einmal in seinem Leben von einem Mann angesprochen worden.

Das größte Problem in Hemingways Leben, berichtete Franklin dem Schriftsteller Barnaby Conrad, sei gewesen, «daß er sich ständig Sorgen um seinen ‹Picha› [Penis] machte. Um seine Größe, meine ich.» – «War er klein?» fragte Conrad. Sidney Franklin «hielt feierlich den kleinen Finger seiner linken Hand hoch und deutete mit dem Daumennagel auf den Knöchel», berichtete Conrad. «Dann musterte er ihn noch einmal und schob den Daumennagel korrigierend ein winziges Stückchen höher. ‹Ungefähr wie eine Dreißiger-Patrone›, sagte er.»

Papa Hemingway war sehr konventionell im Bett und liebte Frauen, die es, anstatt Verhütungsmittel zu benutzen, «lieber drauf ankommen ließen». Er verabscheute jede sexuelle Vorkehrung, die sein Besitzdenken störte. Er brachte nicht immer großartige Leistungen zustande und litt auch bisweilen unter stressbedingter Impotenz.

Sexpartner: Hemingway prahlte mit seiner Potenz und behauptete, er sei mit einer riesigen Zahl von Frauen im Bett gewesen, unter ihnen Mata Hari, italienische Gräfinnen, eine griechische Prinzessin und fette Prostituierte aus Michigan, wo er in seiner Jugendzeit so manchen Sommer verbracht hatte. Außerdem behauptete er, mit den abscheulichsten Huren Havannas geschlafen zu haben. In Wirklichkeit waren seine Liebschaften aber sehr viel züchtiger, als er sie darstellte, und seine Haltung gegenüber dem Sex kann man beinahe als prüde bezeichnen. Seine «lieblichsten Träume» wurden von Greta Garbo und seiner Freundin Marlene Dietrich bevölkert. Im harten Alltag bevorzugte er anschmiegsame, kurvenreiche Blondinen und Rotschöpfe. Freunde und Bekannte fanden ihn «puritanisch», und wurde Hemingway von einer Prostituierten angesprochen, so schoß ihm die Röte ins Gesicht. Er ging wohl davon aus, daß nur Liebende sich richtig «lieben» könnten. Nach vier Ehen (in denen er insgesamt drei Söhne zeugte) hielt er die Scheidung von seiner ersten Frau, Hadley Richardson, immer noch für eine «Sünde», die er nie würde wiedergutmachen können. Die ersten Jahre dieser Ehe verliefen fast ideal, doch von dem Moment an, in dem Hemingway der hübschen Schmeichlerin Pauline («Pfife») Pfeiffer begegnete und sich in sie verliebte, war sie dem Untergang geweiht. Pauline wurde seine zweite Frau. Hadley willigte schließlich in die Scheidung ein, doch zuvor zwang sie Hemingway und seiner neuen Geliebten eine harte Bedingung auf: Sie mußten hundert Tage lang getrennt leben.

Auf dem Papier dauerte die zweite Ehe zwölf Jahre, tatsächlich war sie jedoch viel kürzer. Die Beziehung endete auf Grund sexueller Komplikationen: Nachdem Pauline zweimal durch einen Kaiserschnitt entbunden werden mußte und aus Glaubensgründen – sie war Katholikin – Verhütungsmittel ablehnte, blieb nur noch der Coitus interruptus.

In Madrid, wo Hemingway sich seit 1937 aufhielt, um für eine amerikanische Zeitung Reportagen über den Spanischen Bürgerkrieg zu schreiben, lernte er die Journalistin Martha Gellhorn kennen, die 1940 nach der Scheidung von Pauline seine dritte Frau werden sollte. Sie fühlten sich sofort zueinander hingezogen, aber nach der Hochzeit kühlte ihre Leidenschaft merklich ab, und fünf Jahre später, 1945, ließen sie sich bereits wieder scheiden. Dies war Hemingways kürzeste Ehe und in seinen Augen ein unbegreiflicher Fehlgriff. Dem Schriftsteller mißfiel Marthas Unabhängigkeit und ihre spitze Zunge. Er forderte blinde Verehrung und Ergebenheit, die Martha jedoch keinem Mann geben konnte.

Hemingways vierte Frau, Mary Welsh, entsprach dagegen in vieler Hinsicht genau seinen Vorstellungen. Sie war geduldig, voller Bewunderung und schön (und neun Jahre jünger als Hemingway). Er nannte sie seinen «Westentaschen-Rubens». Die Ehe hielt bis ans Ende seines Lebens, was vor allem Mary zu verdanken war, die sein oft schwieriges Verhalten einfach übersah. Hemingway schäkerte während seiner letzten Ehe noch mit verschiedenen anderen Frauen und gab sich keine Mühe, diese Seitensprünge zu verheimlichen.

Als junger Mann bevorzugte er ältere Frauen (Hadley war acht Jahre älter als er). Im gesetzteren Alter hatte er mehr Freude an jüngeren Partnerinnen. Einige dieser Frauen dienten ihm zweifellos als Vorbilder für seine Romanfiguren, so Lady Duff Twysden (Brett Ashley in *«Fiesta»*) und Adriana Ivancich (Renata in *«Über den Fluß und in die Wälder»*), aber keine konnte ihn ganz für sich gewinnen. Er ließ sie nie nahe genug an sich heran – aus Furcht, sie könnten ihn gängeln. «Ich kenne die Weiber», sagte er zu einem Freund, «und Weiber sind ein Kapitel für sich.»

Eigenarten: Hemingway vertrat einige ungewöhnliche Sexualtheorien. Er glaubte, daß jedem Mann eine feste Anzahl Orgasmen für sein Leben zugeteilt wären, die man sich vernünftig einteilen müsse. Eine andere Theorie besagte, daß man so viele Erdbeeren essen könne, wie man wolle, ohne Ausschlag zu bekommen, selbst wenn man dagegen allergisch war – vorausgesetzt, man hatte vorher ausreichend Sex gehabt.

Ansicht: Aus *«Tod am Nachmittag»*: «Wenn sich zwei Leute lieben, kann es kein Happy-End geben, denn einer wird sterben und den anderen einsam zurücklassen.»

jam

Irlands verlorenes Schaf

James Joyce
2. Februar 1882–13. Januar 1941

Bedeutung: Der irische Romanschriftsteller und Dichter war einer der wichtigsten Neuerer der modernen Literatur, unter anderem durch die Stilmittel des inneren Monologs beziehungsweise «Bewußtseinsstroms». Zu seinen bedeutendsten Werken zählen *«Dubliner»*, *«Jugendbildnis»*, *«Ulysses»* und *«Finnegans Wake»*.

Lebensgeschichte: Als der Vater – John Stanislaus Joyce, ein Steuereinnehmer aus Dublin – dem Alkohol verfiel und schließlich seine Stellung verlor, mußte der junge James das exklusive Jesuiten-Kollegium von Clongowes Wood, in das er wenige Monate zuvor eingetreten war, wieder verlassen. Zwei Jahre lang eignete sich der hochbegabte Junge das nötige Wissen selbst an. Mit siebzehn Jahren besuchte er eine weitere jesuitische Bildungseinrichtung – das University College in Dublin. Er trug sich kurzfristig mit dem Gedanken, Priester zu werden, verwarf die Idee dann aber doch, weil er für diesen Beruf das Zölibatsgelöbnis hätte ablegen müssen.

Am 16. Juni 1904 «heiratete» Joyce das halbgebildete Dubliner Zimmermädchen Nora Barnacle, in die er sich wenige Tage zuvor verliebt hatte. Dieses Datum sollte später der Tag aller Geschehnisse im Roman *«Ulysses»* werden. Joyce wollte nicht von «einem Beamten mit einem Bleistift hinterm Ohr oder von einem Priester im Nachthemd» getraut werden. So wurde Nora ohne Hochzeitszeremonie nach britischem Gewohnheitsrecht seine Frau. Im Oktober 1904 kehrten sie der Insel den Rücken, um auf dem Kontinent zu leben. Weil ihre Tochter Lucia großen Wert darauf legte, heirateten sie schließlich doch noch offiziell im Jahre 1931.

In Triest, Zürich und Paris mußte Joyce sich mühsam mit Englischunterricht und Rezensionen über Wasser halten. Bis 1912 reiste das Ehepaar nur selten nach Dublin, weil diese Stadt, wie Joyce meinte, jede seiner künstlerischen Regungen ersticken würde. Nach Jahren der Schinderei – und 25 schmerzhaften Operationen wegen grünem und grauem Star, die ihm zeitweise fast vollständig das Sehvermögen raubten – konnte er endlich einigermaßen behaglich von seinen Büchern leben. In der Gesellschaft von Damen erlaubte sich der schlaksige, bebrillte und schüchterne Joyce keine zweideutige Bemerkung. Doch in seinem Werk war es gerade die freizügige Sprache, die ihm zu Ruhm verhalf, und der Roman *«Ulysses»* wurde im Dezember 1920 – also noch bevor er 1922 in Paris zum erstenmal als Buch erschien – in den USA und in England verboten, weil er, wie es in der Urteilsbegründung heißt, «so obszön, unzüchtig, lasziv, nichtswürdig, anstößig und widerlich ist, daß eine genauere Beschreibung das Gericht beleidigen würde».

Sexualität: Schon als Schüler trieb sich Joyce in dem heruntergekommenen «Nighttown», dem Bordellviertel Dublins, herum und machte dort mit vierzehn Jahren seine ersten sexuellen Erfahrungen. Als junger Mann kehrte er den Prostituierten den Rücken, denn er sehnte sich danach, «mit einer Seele zu kopulieren». Die Seelengefährtin, die er wählte, blieb ein Leben lang an seiner Seite. Er sah sich selbst als schwaches Kind, das Noras mütterliche Disziplin brauchte. Einmal schrieb er ihr: «Ich wäre entzückt, wenn ich jetzt meine Haut unter Deiner Hand brennen fühlen könnte ... Ich wünschte, Du würdest mir einen Klaps geben oder sogar eine Tracht Prügel. Ich wünschte, Du wärest stark, *stark*, Liebste, und hättest einen großen, vollen, stolzen Busen und dikke, runde Schenkel. Ich würde mich gern von Dir auspeitschen lassen, Nora, Liebes!»

Obwohl Nora diesen Wunschvorstellungen nicht im geringsten entsprach – sie hatte eine knabenhafte Gestalt mit kleinen Brüsten – wurde sie mit ihrer Rolle als Herrin ausgezeichnet fertig. Sie nannte Joyce ihren «einfältigen Jim» und bezeichnete ihn gegenüber anderen als «Schwächling». Während Joyce weltweite Anerkennung für seine Werke fand, machte Nora kein Hehl daraus, daß sie seine Geschichten verabscheute. So wurde *«Ulysses»* zwar wegen der feinen psychologischen Kenntnis der weiblichen Seele gelobt, Nora jedoch war der Ansicht, Joyce habe «keine Ahnung von Frauen». Trotzdem blieb Nora ihm ein ganzes Leben lang treu – entgegen Joyces Wunsch, wie sie Freunden anvertraute, der hoffte, sie würde mit anderen Männern ins Bett gehen, «damit er wieder was zu schreiben hat».

Joyce flossen die Worte nur so aus der Feder, wenn er an Nora schrieb. Als er sich 1909 auf einer Geschäftsreise befand, schrieb er ihr lüsterne Briefe voll obszön klingender Zärtlichkeiten und Loblieder auf ihre schmutzige Unterwäsche: «Schon bei den kleinsten Dingen kriege ich einen Ständer – eine hurenhafte Mundbewegung, ein kleiner brauner Fleck hinten auf Deiner weißen Unterhose ... das Gefühl Deiner wollüstigen Lippen, die an mir saugen, die Vorstellung, Dich zwischen Deine rosazipfligen Bubbies zu ficken ...» Als er keine Antwort auf diesen Brief erhielt, schrieb er entschuldigend: «Bist Du beleidigt, Schatz, weil ich so über Deine Unterhosen gesprochen habe? Das ist doch Unsinn, Liebling. Ich weiß, sie sind so fleckenlos wie Dein Herz.» Die Phantasien über Noras Unterhosen und ihren Inhalt ließen Joyces Feder nicht stillstehen. Er war ein waschechter Unterhosenfetischist und trug immer eine Puppenunterhose bei sich. Und wenn der Alkohol ihm Mut einflößte, zog er das winzige Höschen manchmal über seine Finger und ließ es über den Cafétisch tanzen, sehr zur Verblüffung der Zuschauer.

Der Schriftsteller verbrachte viel Zeit in Cafés und Bars und plauderte dort mit Dichtern und Malern. Es wird vermutet, daß Joyce nicht so sehr an einem Ideenaustausch mit geistig Ebenbürtigen interessiert war, sondern den Geschlechtsverkehr mit Nora eindämmen wollte: eine kräftige Dosis Alkohol ist sicherlich auch eine wirksame Variante der Empfängnisverhütung.

Während seiner Zeit als Englischlehrer in Paris verliebte er sich leidenschaftlich in eine seiner Schülerinnen, Amalia Popper, die Tochter eines wohlhabenden jüdischen Geschäftsmannes. Es war eine einseitige Romanze, die Amalias Vater unterband, indem er den Schriftsteller freundlich ermahnte, nicht die Autorität auszunutzen, die er als Lehrer gegenüber seiner Tochter innehabe. Joyce ließ daraufhin von Amalia ab, doch weckte die kurze Romanze in ihm den nagenden Wunsch nach einer dunklen, semitischen Frau.

1919 fand Joyce sein Ideal in der aus Zürich stammenden Marthe Fleischmann. Einem Freund beschrieb er die Umstände, unter denen er Marthe das erste Mal sah: «Sie befand sich in einem gewissen kleinen, aber gut erleuchteten Raum und zog gerade an der Kette.» Durch diese erste ungeschminkte Begegnung hatte Marthe unwissentlich das Herz des koprophilen Joyce erobert, der etwas später in jener Nacht «die kältesten und heißesten Gegenden des Frauenkörpers» erforschte.

Medizinisches Gutachten: Joyce zog sich während seiner frühen Streifzüge durchs Nachtleben eine Syphilis zu, die er selbst durch Verätzen des Schankers behandelte. Zwar verschwanden dadurch die Symptome, nicht aber die Krankheit. Man vermutet, daß sein chronisches Augenleiden aus dieser Zeit herrührt. Er starb jedoch an den Komplikationen, die nach einer Operation am Zwölffingerdarm auftraten.

Gedanken: «Liebe ist eine verdammte Plage, wenn auch noch die Wollust hinzukommt.»

mjt

Der Entfremdete

Franz Kafka
3. Juli 1883–3. Juni 1924

Bedeutung: Franz Kafka, einer der bedeutendsten Pioniere der modernen Literatur, beschrieb in seinen Romanen und Erzählungen die Beklemmung, Angst und Entfremdung, denen das Individuum in der heutigen Gesellschaft unterworfen ist. Die Helden seiner Werke – zu den bekanntesten zählen *«Die Verwandlung», «Das Urteil», «Amerika», «Der Prozeß»* und *«Das Schloß»* – sind Männer, die von einer feindlich gesinnten, gesichtslosen Bürokratie verfolgt werden und keine echte Solidarität unter ihren Mitmenschen finden. In mancherlei Hinsicht spiegelt sich in diesem Handlungsmuster Kafkas eigenes, von vielen qualvollen Erfahrungen mit sich selbst und seiner Umwelt geprägtes Leben wider.

Lebensgeschichte: Der in Prag geborene und aufgewachsene Kafka war der älteste überlebende Sohn einer gutsituierten jüdischen Kaufmannsfamilie. Obwohl seine Mutter aus einer Familie von Mystikern, Intellektuellen und Künstlern stammte, hatte sie Schwierigkeiten, die grüblerische, melancholische Persönlichkeit ihres Sohnes und seine Leidenschaft fürs Schreiben zu verstehen. Auch seinem Vater war der sensible Franz ein Rätsel und die Zielscheibe seines beißenden Spotts. Franz unterwarf sich schließlich dem Willen des Vaters und schlug gegen seine Neigung eine «vernünftige» Juristenlaufbahn ein.

1906 machte Kafka seinen Abschluß an der Prager Universität und wandte sich mit Unbehagen dem Versicherungsgeschäft zu. Die Plackerei der Büroarbeit verlangte nach einem Ausgleich, und er nahm jede Gelegenheit wahr, außerhalb der Stadt zu schwimmen, zu rudern oder zu wandern. Aber diese Zerstreuungen waren nur kurze Unterbrechungen der zermürbenden Routine, die er sich gezwungenermaßen als Lebensinhalt gewählt hatte. Tagsüber arbeitete er für die «Arbeiter-Unfall-Versicherungs-Anstalt», und nachts schrieb er an seinen Erzählungen und Romanen.

1917 erkrankte Kafka an Lungentuberkulose, die er als körperliche Manifestation seiner inneren Zerrissenheit interpretierte: «Die Welt ... und mein Ich zerreißen in unlösbarem Widerstreit meinen Körper.» Das Leiden unterbrach seine Laufbahn als Versicherungsangestellter und zwang ihn, die ihm verbleibenden Jahre in Sanatorien und Kurorten zu verbringen. So paradox es klingt: Diese Situation machte ihm das Leben leichter, da er jetzt in der Lage war, sich ganz auf das Schreiben zu konzentrieren.

Nur ein geringer Teil der Werke Kafkas wurde zu seinen Lebzeiten veröffentlicht. Er vernichtete viele seiner Manuskripte – die genaue Zahl ist nicht bekannt – und bat noch auf dem Sterbebett seinen besten Freund, den bekannten Romancier und Essayisten Max Brod, alle von ihm zurückgelassenen unveröffentlichten Schriften zu verbrennen. Brod erfüllte jedoch Kafkas letzten Wunsch nicht. Im Gegenteil: Er unternahm alles in seiner Macht Stehende, um das Werk seines verstorbenen Freundes bekanntzumachen. In den zwanziger Jahren edierte er die drei Romanfragmente Kafkas, Mitte der dreißiger Jahre veröffentlichte er die erste «Gesammelte Werke»-Ausgabe. Doch erst nach dem Zweiten Weltkrieg wurde die Bedeutung Franz Kafkas einem breiten Leserpublikum bewußt.

Sexualität: Kafka hegte sein Leben lang eine große Ehrfurcht vor der Ehe und dem Familienleben, war jedoch davon überzeugt, daß er nicht dafür geschaffen sei, ein glückliches häusliches Leben zu führen. Sein Vater – so Kafka – hatte seinen Charakter und seinen Willen in solchem Maße verbogen, daß ihn die Vorstellung, mit einer Frau eine Familie zu gründen, völlig einschüchterte. Und doch sehnte er sich nach dem ihm unerreichbar Scheinenden.

Herrmann Kafka erscheint in den Schriften seines Sohnes als gefühlloses Ungeheuer. Die Art und Weise, in der der Vater seinem Sohn sexuelle Aufklärung zuteil werden ließ, bestätigt zweifellos diese Ansicht. Franz war von seinen heranwachsenden Schulfreunden wegen seiner offensichtlichen Ahnungslosigkeit in sexuellen Fragen geneckt worden. Daher begann er, sich mit Hilfe von Büchern die biologischen Grundlagen der Sexualität anzueignen, und versuchte dann, seinen Vater ganz beiläufig über die «Feinheiten» auszuhorchen. Wenig später gingen Kafka, seine Mutter und sein Vater zusammen spazieren. Plötzlich begann dieser, angeregt über die körperliche Liebe zu dozieren. Franz war es peinlich, daß seine Mutter anwesend war, doch weit mehr noch entsetzte ihn die Unterscheidung zwischen tugendhaften Frauen und Huren, die sein Vater ihm nahezubringen versuchte. Seine Mahnung, sich nie mit diesen einzulassen, verunsicherte Franz, der damals anscheinend zu ausgelassenen Phantasien neigte.

Man sagt, daß Kafka seine erste sexuelle «Begegnung» mit seiner französischen Gouvernante hatte, doch hat er diskreterweise immer nur in Andeutungen über dieses «Urerlebnis» gesprochen. Den ersten Geschlechtsverkehr hatte er als Zwanzigjähriger mit einer tschechischen Verkäuferin. Sie verbrachten einen Abend in einer billigen Absteige. Diese Erfahrung bestärkte Kafka in seinem Ekel vor dem Geschlechtsverkehr und in seinem Glauben, daß Sexualität eine von Natur aus schmutzige, nichtswürdige Angelegenheit sei. Trotzdem streunte er seine ganze Studentenzeit hindurch immer wieder durch das Bordellviertel von Prag, genau wie die anderen Heißsporne unter seinen Kommilitonen. Er ekelte sich vor seiner eigenen sexuellen Lust, erkannte aber zugleich auch die Notwendigkeit, ihr hin und wieder nachzugeben: «Mein Körper, der manchmal jahrelang ruhig ist, wurde dann bis zu einem Grad erschüttert, daß dieses Verlangen nach einem kleinen, sehr bestimmten Greuel nicht mehr auszuhalten war ... selbst in dem Besten, das für mich existierte, steckte etwas davon, ein kleiner häßlicher Geruch, etwas Schwefel, etwas Hölle.»

Er stand seinem sexuellen Trieb wie jedem anderen Teil seiner Persönlichkeit feindselig gegenüber. Er beharrte darauf, den Geschlechtsakt als eine Strafe für die Wonnen des vertraulichen Umgangs mit einer Frau anzusehen. Es schauderte ihn, wenn er sich seine Eltern gemeinsam im Bett vorstellte, und er zitterte bei dem Gedanken, selbst die «eheliche Plicht» ausüben zu müssen. Diese Gefühle behinderten ihn natürlich sehr, wenn er um eine Frau warb.

1912 lernte er in Max Brods Haus Felice Bauer kennen, die die erste große Liebe seines Lebens werden sollte und mit der er zweimal insgeheim verlobt war. Franz war zu jener Zeit 29 Jahre alt. In den folgenden fünf Jahren bildete Felice das Zentrum seines Lebens, von dem er sich im ständigen Wechsel angezogen und wieder abgestoßen fühlte. Er verwirrte sie mit einer Flut selbstquälerischer Briefe. Diese ambivalente, heftigen Gefühlsschwankungen unterworfene Romanze beflügelte den Schriftsteller in Kafka, doch seine Unentschlossenheit, in welche Richtung sich ihre Beziehung entwickeln sollte, frustrierte Felice. Schließlich schickte sie ihre Freundin Grete Bloch, um Kafka nach seinen Absichten zu fragen. Mit der Zeit wurde Grete die Vertraute des Schriftstellers, und Felice hegte den Verdacht, daß ihre Gefühle füreinander tiefer waren, als sie zugeben wollten. Das Verhältnis zwischen Franz und Felice kühlte mehr und mehr ab. Doch 1916 verbrachten sie gemeinsam einen zehntägigen Urlaub. Sie wohnten in zwei nebeneinanderliegenden Zimmern und spielten offensichtlich Mann und Frau. Wieder beschlossen sie zu heiraten, doch 1917 – ungefähr zur gleichen Zeit, als seine Tuberkulose erkannt wurde – löste Kafka die Verlobung wieder.

1919 begegnete er während eines Aufenthalts in einer Pension in der Nähe von Prag Julie Wohryzek, der Tochter eines tschechischen Schuhmachers. Sie wurde seine zweite Verlobte. Im Gegensatz zu Felice hatte Julies Familie weder Besitz noch Ansehen, und Kafkas Vater bemerkte mit beißendem Spott, daß sein Sohn wohl besser beraten wäre, wenn er ein Bordell besuchen würde.

Die etwa dreißig Jahre alte Julie war eine unbekümmerte, ungebildete Frohnatur. Kafka sah in ihr die ideale Partnerin für eine zuträgliche, vernünftige Ehe. Doch auch diese Verlobung wurde aufgelöst – angeblich weil das Paar keine Wohnung finden konnte, in Wahrheit jedoch wegen der zwanghaften Befürchtungen, die Franz' Beziehungen zu Frauen stets überschatteten.

1920, als er sich wieder auf einer Erholungskur in Südtirol befand, begann er einer Frau zu schreiben, die ihm geistig ebenbürtig war. Sie hieß Milena Jesenská-Polak, war 24 Jahre alt, verheiratet und keine Jüdin. Sie war eine emanzipierte Frau, Künstlerin und Intellektuelle, die Kafka gebeten hatte, einige seiner Werke ins Tschechische übersetzen zu dürfen. Sie vergötterte Kafka als Schriftsteller und konnte sich in seine seelische Welt einfühlen, denn auch sie hatte unter einem tyrannischen Vater zu leiden gehabt. Kafka bot ihr finanzielle Unterstützung an, wenn sie ihren Ehemann verließe. Vor ihrer endgültigen Entscheidung verbrachten die beiden jedoch vier Tage lang «Probeflitterwochen». Nach ihrer Rückkehr schlug Milena das Angebot aus. Ihr war schnell klargeworden, was es bedeutete, mit einem dem Tod geweihten Asketen zusammenzuleben.

1923 knüpfte Kafka eine Beziehung zu der zweiundzwanzigjährigen Polin Dora Diamant. Dora war in chassidischer Tradition erzogen worden und bestärkte Kafka in seinem wachsenden Interesse am Zionismus. Bald darauf lebten sie zusammen in Berlin, in jenem häuslichen Glück, dem er sein Leben lang ausgewichen war. Dora blieb bis zu seinem Tod im Jahre 1924 bei ihm.

Nachdem Kafka gestorben war, fand Max Brod einen Brief, den Grete Bloch einem Freund geschrieben hatte. Sie behauptete darin, einen Sohn von Kafka geboren zu haben. Anscheinend war Felices Verdacht berechtigt gewesen. Grete schrieb, der Sohn sei 1921, kurz vor seinem siebten Geburtstag, in München gestorben. In seiner Kafka-Biographie kommentiert Brod diese Ironie des Schicksals: «Er wünschte sich nichts sehnlicher als Kinder, keine seiner Fähigkeiten bezweifelte er mehr als die, Vater werden zu können ... Die Erfüllung dieses Wunsches wäre für ihn eine Bestätigung seines Wertes vom höchsten Berufungsgericht gewesen.»

mjt

Der verlorene Sohn

David Herbert Lawrence
11. September 1885–2. April 1930

Bedeutung: David Herbert Lawrence schrieb die freimütigsten Romane seiner Zeit. Viele seiner Bücher wurden wegen der detaillierten Schilderungen sexueller Handlungen verboten. *«Liebende Frauen»* (1920) mußte im Privatdruck erscheinen, und *«Lady Chatterley»* (1928) konnte nur in einer «gereinigten» Fassung veröffentlicht werden, bis ein Gerichtsurteil von 1959 die Wende einleitete und die Veröffentlichung der bisher gesetzwidrigen Passagen über Geschlechtsverkehr erlaubte. Heutzutage fühlen sich nur noch wenige Leser bei Szenen wie der folgenden in ihrem moralischen Empfinden verletzt:

«Einen Augenblick lang war er ruhig in ihr, geschwellt und bebend. Dann, als er begann, sich zu bewegen, im jähen, hilflosen Orgasmus, wellten neue, seltsame Schauer in ihr auf. Wellten wellend, wellend, wie flatterndes Übereinanderzüngeln sanfter Flammen, sanft wie Federn, liefen aus in helleuchtende Spitzen, herrlich, süß, und alles in ihr schmolz, zerfloß.»

Lebensgeschichte: Lawrence wurde von seiner Mutter über alles geliebt. Sie versuchte ihn an sich zu binden, während sie ihren ungehobelten Ehemann, einen Bergarbeiter aus Nottingham, verachtete. Die Frauen verhätschelten den zarten, kränklichen «Bert», der von seinen unterdrückten «tierischen» Gefühlen arg gequält wurde. Einige rohe Fabrikarbeiterinnen bescherten dem Sechzehnjährigen ein schweres sexuelles Trauma, als sie ihn in eine Ecke trieben und ihm drohten, seine Geschlechtsteile zu entblößen. Vor Schreck bekam er eine Lungenentzündung.

«Ich liebte meine Mutter wie ein Liebhaber», gestand Lawrence nach ihrem Tod im Jahre 1910. Tagsüber war er als Lehrer beschäftigt, nachts verarbeitete er seine Mutterbindung in einem frühen Meisterwerk, *«Söhne und Liebhaber»* (1913), einer klassischen Variante der Ödipus-Sage. Er entwickelte eine religionsartige Philosophie, in der die Sexualität Urkraft des Lebens ist, eine Art Rauschmittel, das die Menschen in einen verzückten Zustand der Gnade versetzt.

Lawrence fesselte durch seine persönliche Ausstrahlung eine Reihe wohlhabender adliger Gönnerinnen. Seine äußere Erscheinung wirkte nie besonders männlich, er war dünn und wirkte abgezehrt; sein Gesicht, in dem «Augen intensiv wie blaue Sterne» leuchteten, wurde von wirrem Haar und einem «flammend» roten Bart eingerahmt. Jene Frauen, die sich seiner Sexualmystik verschrieben und sein Nomadenleben subventionierten, nannte er «Einkommen auf zwei Beinen». (In seinen Romanen bedankte sich der Schriftsteller für ihre Ergebenheit und Verehrung mit satirischen Bemerkungen über weibliche «Kulturgeier».) Auf Grund seiner übersteigerten Empfindsamkeit war es ihm unmöglich, in der lauten, hektischen Stadt zu wohnen. Daher durchstreifte er das ländliche England und die Länder Südeuropas. Er bereiste auch Ceylon, Australien, den Südwesten der USA und Mexiko, das er in Reiseberichten schilderte. Von 1928 bis zu seinem Tod – er starb als Vierundvierzigjähriger an Tuberkulose – war er ständig unterwegs. Eine Verehrerin verglich ihn mit Johannes dem Täufer, der wie er «ein einsamer Rufer in der Wüste» gewesen sei.

Liebe: Zwischen der Mutter und Jessie Chambers, seiner ersten Freundin, kam es gleich zu einem erbitterten Ringen. Beide Frauen waren herrschsüchtige Naturen und wollten dem jungen Lawrence – wie er sagte – «die Seele abschwatzen» (Lawrence berichtet davon in *«Söhne und Liebhaber»*). In die «Mysterien des Sex» wurde er schließlich mit 23 von der Apothekersfrau Alice Dax eingeweiht. Sie erzählte, wie sie ihn über einem Gedicht brütend vorgefunden habe. Sie «gab Bert Sex», um seiner Kreativität auf die Sprünge zu helfen. Vielleicht hat sich ihm auch Jessie hingegeben, doch haben sie nie die sexuelle Zaghaftigkeit, die zwischen ihnen bestand, überwinden können. Lawrence verließ Jessie wegen einer anderen Freundin, der sexuell attraktiveren Louie Burrows, die er seit seinem fünfzehnten Lebensjahr kannte. Doch hatte sie für seinen Geschmack eine zu «kirchliche» Einstellung.

Alle drei Frauen hatten guten Grund, Lawrence zu grollen, und doch hinterließ er einen so starken Eindruck, daß Jessie Chambers sich ihr ganzes Leben lang von der Zurückweisung nicht erholte, Alice Dax nie wieder mit einem Mann schlief und Louie Burrows erst nach seinem Tod heiratete.

1912 verliebte sich Lawrence in Frieda Weekly und lief mit ihr davon; Frieda entstammte der adligen Richthofen-Familie und war zur Zeit ihrer Begegnung mit einem Professor verheiratet, bei dem der junge Schriftsteller studiert hatte. Lawrence «weckte eine neue Zärtlichkeit in mir», erklärte die dralle, blonde Frieda, die ihren Ehemann und drei Kinder verließ, um dem mittellosen, sechs Jahre jüngeren Literaten zu folgen und ihn später zu heiraten. «Ich hatte keine Wahl, ich mußte mich fügen.»

Frieda war in der Tat eine schöne «Riesin», das Prachtexemplar einer germanischen Heldenmutter, die ihre ersten sexuellen Erfahrungen mit dem Freud-Schüler Otto Gross gemacht hatte. Doch war sie alles andere als fügsam, und ihre von Haßliebe geprägte Beziehung zu Lawrence war wie ein Schlachtfeld, auf dem sie mit Wonne gegen den Schriftsteller kämpfte und so manchen Sieg errang. Lebensgefährlich war dieser Ehekrieg nicht, doch ging viel wertvolles Porzellan zu Bruch. Lawrence – der Messias der sexuellen Befreiung – lieferte ihr mit seiner Parteinahme für männlichen Chauvinismus ständig neue Anlässe. («Ich gehe davon aus, daß die Frau dem Mann in gewisser Weise den Vortritt lassen muß», sagte er einmal zu der englischen Schriftstellerin Katherine Mansfield. «Männer müssen vorangehen ... und Frauen müssen folgen, ohne Fragen zu stellen.») Er hielt es sogar für richtig, widerspenstige Ehefrauen zu schlagen. Aber Frieda nahm es nun – was körperliche Stärke betraf – jederzeit mit Lawrence auf und widersetzte sich solcher Behandlung. Auch auf sexuellem Gebiet scheinen sie nicht immer miteinander zurechtgekommen zu sein. Es gelinge ihnen nie, gleichzeitig den Orgasmus zu erreichen, gestand Lawrence, der seiner Gattin und *allen* Frauen vorwarf, nur «Sex im Kopf» zu haben. Es ist befremdlich, diese Klage aus dem Munde eines Mannes zu hören, der selbst von diesem Thema besessen war. Aber die Lawrences konnten wohl ihre tiefsten emotionalen Bedürfnisse gegenseitig befriedigen. Frieda, die wie seine Mutter lange weite Röcke, Schürzen und enge Mieder trug, ersetzte dem Schriftsteller die leibliche Mutter, war ihm eine Stütze und ein Hort der Wärme. In einem Gedicht schrieb Lawrence: «Mein Gesicht in ihren Brüsten vergraben, so möchte ich in der Ewigkeit weilen.»

Frieda schäkerte gern mit italienischen Bauern und preußischen Offizieren, während Lawrence, der Sex-Guru der Arbeiterklasse, mit seinen reichen Mäzeninnen beschäftigt war. Zu ihnen gehörten: die exzentrische Lady Ottoline Morrell, die zunächst Lawrences utopische Siedlung Rananim regieren sollte (gegründet auf «die vollständige, leibhaftige Erfüllung aller starken Begierden»), aber statt dessen nach Abkühlung der Beziehung in der Gestalt der finsteren Hermione in *«Liebende Frauen»* entweiht wurde; Cynthia Asquith, eine unerreichbare aristokratische Schönheit, von der erzählt wird, Lawrence habe mit ihr durch seine Bücher und Bilder hindurch geschlafen; und Mabel Dodge Luhan, amerikanische Millionenerbin und Schriftstellerin, die Lawrence eine Ranch in New Mexico schenkte, der es jedoch nicht gelang, «seinen Geist zu verführen». («In mir regte sich der Schoß und wollte ihn umfassen», schrieb Mrs. Luhan, die sich zwar körperlich nicht zu Lawrence hingezogen fühlte, aber doch eine körperliche Vereinigung wünschte, weil «der sicherste Weg zur Seele durch das Fleisch führt.»)

Lawrence war im Grunde genommen ein recht prüder Puritaner. Anzügliche Erzählungen mißfielen ihm, und er fand es unschicklich, am hellichten Tage mit einer Frau zu schlafen. Eine seiner Geliebten behauptete sogar, seine «sexuellen Fähigkeiten» seien «ausschließlich geistiger Natur» gewesen.

«Selbst wenn wir uns sexuell nicht zu unserer vollkommenen Zufriedenheit verhalten können», schrieb er zu *«Lady Chatterley»*, «laßt uns wenigstens total und klar sexuell denken. Dies ist das eigentliche Anliegen des Buches. Ich wünsche mir Männer und Frauen, die uneingeschränkt, vollständig, ehrlich und sauber an Sex denken können.»

Homosexualität: Lawrence zeigte sich schockiert über die Homosexualität unter den britischen Intellektuellen seiner Zeit. Gleichzeitig meinte er: «Ich glaube, ich bin mit einem jungen Bergarbeiter der vollkommenen Liebe bisher am nächsten gekommen. Ich war damals ungefähr sechzehn Jahre alt.» Manchmal, wenn die Beziehungen zu Frauen ihn zu sehr frustrierten, begeisterte er sich für eine Art mystischen Männerbund, eine «Blutsbrüderschaft». Auch der männliche Körper faszinierte ihn. Im Roman *«Liebende Frauen»* stellte er ihn in einer Ringerszene in den Mittelpunkt. Offensichtlich erbte Lawrence mehr von der Mutter als vom Vater; Frauen mögen ihn verehrt haben, Männer fanden ihn jedoch weibisch und witzelten über seine häuslichen Tugenden. Der Messias des Sex war am glücklichsten, wenn er Kartoffeln schälte oder Fußböden schrubbte, bemerkte einmal der Dichter Norman Douglas nicht ohne Bosheit. Lawrences Freund und Biograph Richard Aldington sagte einmal: «Ich schätze, DHL war ungefähr zu 85 Prozent hetero und zu 15 Prozent homo.»

Gedanken: «Ihr müßt nicht glauben, daß ich für den permanenten Sex eintrete. Weit gefehlt. Nichts ekelt mich mehr an als wahlloser Sex bei jeder denkbaren und undenkbaren Gelegenheit.»

cd

Ruf der Wildnis

Jack London
12. Januar 1876–22. November 1916

Bedeutung: Zu Beginn des 20. Jahrhunderts wurde Jack London mit Romanen wie *«Der Ruf der Wildnis»*, *«Der Seewolf»*, *«Wolfsblut»* u. a. zum erfolgreichsten amerikanischen Schriftsteller. Noch heute ist er der meistübersetzte Autor der USA. Auch in der Sowjetunion hat er auf Grund seiner sozialistischen Ansichten großen Anklang gefunden.

Lebensgeschichte: Jack Londons immerwährender Kampf ums Überleben begann schon im Mutterleib. EINE VERLASSENE FRAU: WARUM MRS. CHANEY ZWEIMAL VERSUCHTE, SICH DAS LEBEN ZU NEHMEN, lautete eine Schlagzeile des *San Francisco Chronicle* sieben Monate vor Jacks Geburt. «Vor die Tür gesetzt, weil sie ihr ungeborenes Kind nicht töten wollte – ein Kapitel der Herzlosigkeit und häuslichen Unglücks in der Ehe», hieß es in dem Artikel. Das ungeborene Kind war Jack. Seine verstoßene Mutter hieß Flora Wellman und war *nicht* Mr. Chaneys Gattin. Flora und W. H. Chaney, zwei weltfremde Okkultisten aus San Francisco, hatten in Floras fruchtbaren Tagen miteinander geschlafen, weil Chaney ganz sicher gewesen war, in der fraglichen Zeit nicht zeugungsfähig zu sein. Das uneheliche Kind wollte er jedenfalls nicht haben. Trotz der Publizität und der Aufregung verlief die Geburt normal. Jack wuchs im rauhen Hafenviertel bei seinem Stiefvater John London zu einem selbständigen Jungen heran. Er übernahm den Nachnamen seines Stiefvaters und verließ seine Heimat mit vierzehn Jahren, um sich die Welt anzusehen. Er versteckte sich in Güterzügen (einmal mußte er deswegen einen Monat im Gefängnis verbringen), schürfte in Klondike nach Gold und jagte Seehunde in Sibirien. Zwar betrachtete er Kalifornien als seine Heimat, doch die Abenteuer- und Reiselust trieb ihn immer wieder in die Ferne. Er durchstreifte die Slums von London, segelte über den Südpazifik und war Kriegsberichterstatter im Russisch-Japanischen Krieg. Er schlug die Mahnungen der Ärzte in den Wind, blieb dem Alkohol und seinem gewohnten Lebensstil treu und starb im Alter von vierzig Jahren an einer Überdosis Morphium und Atropin.

Liebe: Als Jugendlicher raubte er die Austernbänke in der San Francisco Bay aus. «Prinz der Austernpiraten» wurde er genannt. Und mit der «Königin der Austernpiraten» – einem Mädchen, das eigentlich Mamie hieß und ihn auf seinen Raubzügen mit der Schaluppe «Razzle Dazzle» begleitete, die Jack sich mit fünfzehn Jahren gekauft hatte – machte er seine ersten sexuellen Erfahrungen. Londons Tochter Joan bezeichnete die Beziehung ihres Vaters zu seinem besten Freund, George Sterling, als latent homosexuell. Jacks Beziehungen zum anderen Geschlecht waren jedoch alles andere als «latent». Freunde nannten ihn «den Hengst», und ein Biograph bezeichnete ihn als «sexuellen Anarchisten». Eine für ihn typische Begebenheit ereignete sich auf einer längeren Eisenbahnreise. Er berichtete, er habe im Zug eine Frau getroffen, mit der er sich drei Tage lang im Bett vergnügte, während der Zug Richtung Osten dampfte und das Dienstmädchen sich um das Kind der Frau kümmerte. Am Bestimmungsort angekommen, nahm er für immer von ihr Abschied – er hatte alles bekommen, was sie zu geben hatte.

London wünschte sich von einer Ehefrau zwei Dinge: einen Sohn und Nachsicht für sein Streunen. Die erste große Liebe seines Lebens, die blasse, zierliche Mabel Applegarth, hätte ihm dazu noch eine diktatorische Schwiegermutter in die Ehe gebracht. Mabel war eines der ersten «anständigen» Mädchen, die London 1890 in Oakland kennenlernte. Sie bewohnte die «Salonetage» der Gesellschaft und nicht wie er den «Keller». Darum strengte er sich mächtig an, ihr soziales Niveau zu erreichen. Doch der Mutter genügte das alles nicht, und nachdem London einige Jahre vergeblich um Mabel geworben hatte, verlosch seine Begeisterung.

Statt dessen heiratete er 1900 eine gute Freundin von Mabel: Elizabeth («Bessie») Maddern, die ihm zwei Töchter gebar. Schon bald kam es zu Streitigkeiten zwischen den beiden. Bessie konnte sich mit der Untreue ihres Mannes nicht abfinden. (London vertrat die Ansicht, es sei eine Vergeudung von Willenskraft, den sexuellen Verlockungen zu widerstehen.) Bessie bezeichnete Anna Strunsky – Jacks langjährige Freundin aus der sozialistischen Bewegung und Koautorin von *«The Kempton-Wace Letters»*, einem fiktiven Briefwechsel über den Liebesmythos – als seine zweite Frau. 1903 trennte sich das Paar. Bessie hätte nie vermutet, daß ihre Nebenbuhlerin in Wirklichkeit Charmian Kittredge war, ihre engste Vertraute während des Zerwürfnisses.

Jack heiratete Charmian 1905 in Chicago, sofort nachdem die Scheidung in Kalifornien ausgesprochen war. Der Staat Illinois, in dem eine Scheidung erst nach einjähriger Wartezeit rechtsgültig wurde, erklärte die Ehe mit Charmian für ungültig. In dem darauf folgenden Aufruhr mußte London eine Vortragsreise abbrechen, weil die Veranstaltungen boykottiert wurden. In vielen Staaten der USA wurden seine Bücher verboten, und ein großer Frauen-Verein verabschiedete eine Resolution, in der College-Football und Jack London mit einem Bann belegt wurden.

Charmian war die Aufregung wert. Sie konnte wie ein Mann

boxen und fechten und liebte weite Reisen. Duch diese Eigenschaften verdiente sie sich die höchste Auszeichnung, die London einer Frau verleihen konnte: «Kumpel-Frau» Aber leider lebten sie nicht wie im Märchen glücklich bis an ihr Lebensende. London konnte die bittere Enttäuschung nicht verwinden, die ihn befiel, als Charmian 1911 ein krankes Mädchen gebar, das nur drei Tage lebte. Er gebärdete sich wie «ein tosender Strudel» und ging auf nächtliche Sauftouren, um seinen Schmerz zu ersticken. Anscheinend sei er unfähig, so redete er sich ein, einen Sohn zu zeugen. Charmian mußte sich nun mehr und mehr auf eine Welt voller «schlankbeiniger potentieller Rivalinnen» einstellen. Sie erfand deshalb ein todernstes Spiel – Freunde nannten es «Schlußmachen» – dessen Regeln zufolge es London nicht erlaubt war, länger als zwei Minuten mit einer Frau allein zu sein. Trotz allem flogen die Frauen weiterhin auf «den verrücktesten Liebhaber, den Gott je geschaffen hat», wie sich der kraushaarige, muskulöse Schriftsteller mit den großen blauen Augen selbst nannte. Die Ehe verkümmerte zu einem bitteren Nebeneinander. In seinen letzten Jahren, als die Nieren schon stark angegriffen waren, begegnete Jack auf Hawaii – depressiv und krank, wie er war – der letzten Liebe seines Lebens. Es erwischte ihn schwer, aber er verriet nie auch nur die kleinste Einzelheit über diese Frau. (George Sterling erzählte Joan London später, daß es diese Affäre gegeben habe – aber kein Wort mehr.) London sah seine Kräfte rapide schwinden und merkte wohl, daß er bald sterben würde; darum wollte er sich auch jetzt nicht mehr von Charmian trennen. Die Londons schliefen während der letzten Ehejahre in verschiedenen Flügeln ihres Hauses in Glen Ellen (Kalifornien). Jack hatte verkündet, er würde jede Frau in seinem Bett willkommen heißen, die ihm den gewünschten Sohn schenken könne. Nach seinem Tod sank Charmian, die in ihrer Angst, ihn an eine andere zu verlieren, kaum noch ein Auge hatte schließen können, in einen anderthalb Tage dauernden Tiefschlaf.

Rat: «Ein Mann sollte die Frauen lieben, und zwar viele.»

dr

Der zerrissene Mann

Thomas Mann
6. Juni 1875–12. August 1955

Bedeutung: 1929 erhielt Thomas Mann den Literatur-Nobelpreis für «*Buddenbrooks*», seinen Erstlingsroman über den Verfall einer Patrizierfamilie, in dem er zahlreiche Erinnerungen aus seiner Kindheit und Jugend in Lübeck verarbeitete. Er schrieb auch stark autobiographische Novellen und philosophische Romane, in denen er die Widersprüche zwischen Bürger- und Künstlertum, Moral und Sinnlichkeit, dem Ästhetischen und dem Erotischen darstellte. Da er sich aus Gewissensgründen nicht zum Staatsdichter der Nationalsozialisten machen lassen wollte, verließ er Deutschland 1933 und lebte bis an sein Lebensende als international geachteter Schriftsteller vor allem in den USA und der Schweiz.

Lebensgeschichte: Seine in Brasilien geborene Mutter, Kind deutscher und portugiesischer Eltern, war dunkel, sinnlich, exotisch. Sein Vater dagegen war ein typischer Norddeutscher aus dem Lübecker Großbürgertum, ein erfolgreicher Kaufmann und geachteter Würdenträger, konservativ und steif. In Thomas Mann und seinen Geschwistern vereinigten sich die sehr unterschiedlichen Charaktereigenschaften der Eltern. Es war eine Verschmelzung, die Genialität und Verzweiflung hervorbrachte: Manns älterer Bruder Heinrich wurde ebenfalls ein hochgeschätzter Schriftsteller, seine Schwestern Carla und Julia dagegen begingen beide Selbstmord. Nur der jüngere Bruder Victor wurde Agronom und Bankkaufmann, doch zeigte auch er – als Verfasser einer lebendigen Chronik der Familie Mann – großes Erzählertalent.

Sein Fühlen, die Vorstellungskraft und Kreativität erbte Mann von seiner Mutter; äußerlich, in Erscheinung und Lebensstil, glich er seinem Vater, der in seiner geregelten bürgerlichen Existenz der Bohème nur mit Verachtung begegnete. Er war stets auf korrektes Aussehen bedacht. Selbst zu einem kurzen Spaziergang mit seinem Hund pflegte er sich eine Krawatte umzubinden und einen Gehrock anzuziehen, und es fiel ihm außerordentlich schwer, selbst seine engsten Freunde mit dem familiären Du anzureden, da er in seinen Gefühlsäußerungen mehr als zurückhaltend war. Wie die Künstler in seinen Büchern schien er das Leben nur nachzuempfinden, aus zweiter Hand als Betrachter und nicht als Beteiligter. Nur seine Werke enthüllen die Tiefe seines Innenlebens, zu dem auch starkes Interesse an abweichender Sexualität gehörte.

Liebe: Kurz vor seinem Tod enthüllte Mann, daß seine erste Liebe ein Schulkamerad namens Armin Martens gewesen war, «und eine zartere, glückseligere, doch auch schmerzlichere Liebe sollte ich mein ganzes Leben nicht wieder finden». Martens diente als Modell für Hans Hansen, den blonden, blauäugigen Freund Tonio Krögers (in der gleichnamigen Novelle aus dem Jahre 1903), der dessen jugendliche Schwärmerei nicht erwidert.

Noch in seinen Mittzwanzigern verliebte sich Mann wie ein Schuljunge in andere Männer. Der Maler Paul Ehrenberg scheint seine Gefühle erwidert zu haben. (Ehrenberg tauchte später in dem Roman *«Doktor Faustus»* in der Gestalt des bisexuellen Musikers Rudi Schwerdtfeger wieder auf.) Das Verhältnis «hat hundert Seiten», schrieb Mann seinem Bruder, «vom Einfachsten bis zu höchster geistiger Erregung. Aber hauptsächlich besteht eine freudige Verwunderung und ein Gleichklang der Gefühle, wie ich es für dieses Leben nicht mehr zu hoffen wagte.»

Mann war 28 Jahre alt, als er die neunzehnjährige Katia Pringsheim, seine zukünftige Frau, kennenlernte. Sie stammte aus einer reichen, gebildeten jüdischen Familie und war zu jener Zeit die erste und einzige Frau, der es gelungen war, einen Studienplatz an der Münchner Universität zu erhalten. Sie erschien ihm, dunkel wie seine Mutter, als kostbare orientalische Prinzessin und um so begehrenswerter, als sie von seinen Aufmerksamkeiten zunächst keine Notiz nahm. («Sehnsucht», schrieb Mann, «ist mein Lieblingswort, mein heiliges Wort, meine Zauberformel, mein Schlüssel zu dem Geheimnis dieser Welt ...») Katia wurde von vielen Männern umworben und hatte anfangs für den jungen Schriftsteller, der einem «magenkranken Rittmeister» ähnelte, wie ihr Bruder witzelte, nicht viel übrig.

Thomas Mann und Katia Pringsheim heirateten 1905, nach einer langen Zeit der Werbung und einer Reihe von Liebesbriefen, die Katia später – gemessen am Temperament ihres Mannes – als «sehr leidenschaftlich» bezeichnete. Es verband sie eine lebenslange kameradschaftliche Beziehung, aus der sechs Kinder hervorgingen, aber es war kein leidenschaftliches Verhältnis. In seinen Tagebüchern lobte Mann die Toleranz und das Verständnis seiner Frau, besonders «wenn sie kein Verlangen in mir erweckt und mein Beischlaf mit ihr mich nicht in die Lage versetzt, ihr Genuß zu bereiten». Denn für Mann, der seine Sexualität in seinen Werken sublimierte, waren die Leidenschaften seiner Phantasie unvergleichlich aufregender als die des Fleisches.

Verbotene Phantasien: Als Ehemann und Vater richtete er es sich in jenen betont bürgerlichen, althergebrachten Lebensformen ein, die er als Schriftsteller so entsetzlich banal fand. Es finden sich tatsächlich nur wenige glückliche heterosexuelle Beziehungen in seinem gesamten Werk. Statt dessen übten die bürgerlichen Tabus Inzest und Homoerotik eine starke Anziehungskraft auf ihn aus.

Kurz nach seiner Hochzeit schrieb Mann die Novelle *«Wälsungenblut»*, in der er die inzestuöse Beziehung zwischen einem reichen, verwöhnten Mann und seiner Zwillingsschwester ausleuchtet. Befreundete Schriftsteller, die das Manuskript lasen, glaubten, daß Mann ein Bild seiner jungen Frau, ihrer wohlhabenden, kultivierten jüdischen Familie und ihrer Beziehung zu ihrem Zwillingsbruder Klaus gezeichnet habe.

In den Münchner Literaturzirkeln blühte der Klatsch über die in der Novelle enthaltenen erotischen und antisemitischen Anspielungen. Es ging das Gerücht um, daß Katias Vater seinen Schwiegersohn mit einem Revolver bedroht hatte und darauf bestand, daß die Novelle nicht veröffentlicht wurde. Erst sechszehn Jahre nach der Niederschrift erschien *«Wälsungenblut»*, und in der Zwischenzeit hatte Mann das Ende der Novelle so verändert, daß die antisemitische Tendenz verschwunden war.

Katia wies in ihrer Autobiographie *«Meine ungeschriebenen Memoiren»* irgendwelche Ähnlichkeiten zwischen ihrer Familie und den Gestalten dieser Novelle zurück.

Mann übertrug die Objekte seiner eigenen homoerotischen Sehnsüchte aus dem Leben in seine Werke *«Tonio Kröger»* und *«Doktor Faustus»*. Aber die ausgeprägteste Darstellung einer zwanghaften homosexuellen Neigung gelang ihm in der Novelle *«Der Tod in Venedig»*. Gustav Aschenbach, ein alternder und geachteter literarischer Ästhet, der stark an Mann selbst erinnert, verfällt der «gottähnlichen Schönheit» des etwa dreizehn Jahre alten Knaben Tadzio, während er Urlaub in Venedig macht. Er verehrt den Jungen aus der Ferne, er verfolgt ihn und beobachtet voll Bewunderung seine verführerische Mimik und Gestik. Trotz zahlreicher Warnungen ignoriert er in seinem Liebestaumel die Anzeichen einer Pest, die die Kanalstadt heimsucht. Er macht sich zu einer grotesken Karikatur des gealterten Liebhabers, färbt sein Haar und bemalt sein Gesicht, um jugendlich und begehrenswert auszusehen. Am Tag der Abfahrt seines Angebeteten, während er das letzte rührende Schauspiel des schönen Knaben am Strand beobachtet, sinkt er tot in seinem Liegestuhl zusammen, ein Opfer der Seuche.

Mann verteidigte die Homosexualität, indem er als Beispiele Michelangelo und den Alten Fritz nannte. «Ich sehe nichts Unnatürliches und viel lehrreiche Bedeutung, viel humane Größe», schrieb er 1920 einem Freund, «in dem Zartgefühl reifer Männlichkeit für lieblichere und feinere Männlichkeit.» Seine Tagebücher zeigen jedoch, daß seine eigene sexuelle Ambivalenz, besonders gegenüber seinem Sohn Klaus, ihn sehr verstörte. Nachdem er den dreizehnjährigen Klaus eines Tages nackt gesehen hatte, schrieb er: «Starker Eindruck von seinem vormännlichen, glänzenden Körper, Erschütterung.» Vielleicht lebte Klaus in demselben Konflikt. Er wurde Schriftsteller wie sein Vater, hatte einen engen Kontakt mit seiner Schwester Erika, heiratete jedoch nie und verübte schließlich Selbstmord wie die Schwestern seines Vaters. Verbittert weigerte sich Thomas Mann, an der Beerdigung seines Sohnes teilzunehmen.

cd

Doppelleben

William Somerset Maugham
25. Januar 1874–16. Dezember 1965

Bedeutung: Maughams Romane *«Der Menschen Hörigkeit», «Silbermond und Kupfermünze», «Auf Messers Schneide»* und andere begründeten seinen Weltruhm und machten ihn zum meistgelesenen britischen Autor seit Charles Dickens. Sehr beliebt sind auch seine Kurzgeschichten, darunter vor allem *«Miss Thompson»*, und seine Theaterstücke.

Lebensgeschichte: Maugham wurde in Frankreich geboren und lernte auch als erste Sprache Französisch, da sein Vater als Notar der britischen Botschaft in Paris arbeitete. Als er acht Jahre alt war, starb seine Mutter an Tuberkulose, und schon zwei Jahre später erlag sein Vater einem Magenkrebs. Den Verlust seiner Mutter konnte er nie verwinden. Der verwaiste Junge wurde nach England geschickt und in die Obhut seines Onkels gegeben, der Pfarrer der kleinen Stadt Whitstable war. Maugham litt unter der fremden, freud- und lieblosen Atmosphäre. Als Schüler der strengen King's School in Canterbury begann er zu stottern. Zur Kräftigung seines schlechten Gesundheitszustandes wurde er nach Deutschland geschickt, und er schrieb sich dort in der Heidelberger Universität ein. Er entdeckte sein Interesse für Literatur und begann, heimlich zu schreiben. Als er zwei Jahre später nach England zurückkehrte, drängte ihn sein Onkel, Medizin zu studieren. Wenig begeistert von dieser Idee, meldete er sich zur Medizinerausbildung am St. Thomas Hospital in London an.

Nach fünf Jahren war er Arzt und sein eigener Herr. Jetzt nutzte er all seine Zeit zum Schreiben. Er verfaßte und veröffentlichte Kurzgeschichten, und als Dreiundzwanzigjähriger schloß er seinen ersten Roman ab, *«Lisa von Lambeth»*. In den folgenden Jahrzehnten schrieb er überwiegend fürs Theater und hatte damit so viel Erfolg, daß 1908 – er war 34 Jahre alt – vier seiner Stücke gleichzeitig an verschiedenen Theatern Londons gespielt wurden. Sieben Jahre später wendete er sich wieder dem Romanschreiben zu und veröffentlichte sein autobiographisches Werk *«Der Menschen Hörigkeit»*, das mittlerweile zu einem Klassiker der modernen englischen Literatur geworden ist.

Maugham war ständig auf Reisen: Er fuhr zu den Südseeinseln, nach China, Indien, Italien, Nordafrika und Mexiko. Im Ersten Weltkrieg arbeitete er als britischer Geheimagent in der Schweiz und in Rußland. 1928 kaufte er einen alten maurischen Landsitz an der französischen Riviera, die Villa Mauresque bei St.-Jean-Cap Ferrat, und wohnte dort den Rest seines Lebens. In seiner Villa bewirtete er seinesgleichen, weltbekannte Persönlichkeiten wie Winston Churchill, H. G. Wells und Noel Coward. Er war ein gepflegter Herr, 1,70 Meter groß, mit dunklem Haar und Oberlippenbärtchen, ein wenig scheu und zurückhaltend. Er besaß die Fähigkeit, seine Gäste trotz seines Stotterns mit überaus fesselnden Geschichten zu unterhalten. Angst vor dem Sterben kannte er nicht. «Der Tod ist – wie Verstopfung – eine der Alltäglichkeiten des menschlichen Daseins», sagte er zu einem Freund. «Warum also sollte man sich davor fürchten?» Er jedenfalls tat es nicht. In seinem zweiundneunzigsten Lebensjahr, schon zeitweise senil, häufig schlecht gelaunt, manchmal euphorisch, starb er an einer Lungenembolie.

Liebe: Maugham war bisexuell. Viele Gerüchte gingen um, in denen behauptet wurde, er sei homosexuell, aber sein ältester Freund, der Autor Beverley Nichols, sagte: «Er war nicht überwiegend homosexuell. Zweifellos hatte er Affären mit Frauen ... Auch in seinen Bewegungen und seinem Verhalten wirkte er in keiner Weise feminin.»

Sexpartner: Während er in Heidelberg studierte, machte er, mit sechzehn Jahren, seine erste sexuelle Erfahrung. Sein Gefährte war der sechsundzwanzigjährige Ellingham Brooks, ein gutaussehender Cambridge-Absolvent, der seine Zeit mit Lesen und Reisen ausfüllte. In London mied Maugham den Umgang mit Homosexuellen, da in England der Beischlaf mit ihnen als kriminelle Handlung geahndet wurde. Nur fünf Jahre zuvor war Oscar Wilde wegen homosexueller Praktiken zu zwei Jahren Gefängnis verurteilt worden. Darum schaute sich der Medizinstudent Maugham lieber nach Frauen um. «An einem Samstagabend», beichtete er, «ging ich zum Piccadilly und fand eine Frau, die bereit war, für ein Pound die Nacht mit mir zu verbringen. Dabei halste ich mir einen Tripper auf ... Dies Mißgeschick schreckte mich jedoch nicht ab, und ich blieb dabei, wann immer ich es mir leisten konnte.» Kurz danach zog Maugham mit seinem Freund, dem Buchhalter Walter Payne, in eine gemeinsame Wohnung. Payne wußte, wo die Mädchen, «kleine Schauspielerinnen, Verkäuferinnen und Büroangestellte», zu finden waren. Sobald Payne eines dieser Mädchen überdrüssig wurde, überließ er es Maugham, der es dann erst zum Essen und danach in sein Bett einlud. «Romantisch war das nicht, keine Liebe, nur Begierde.» In den folgenden zwei Jahrzehnten hatte Maugham eine Reihe sexueller Abenteuer mit bekannten Frauen. Eine von ihnen war die Feministin Violet Hunt, die die Zeitschrift *The Freewoman* herausgab. Maugham war 29 und Violet 41 Jahre alt, als sie ihrem Tagebuch anvertraute, daß sie ihn verführt hatte. Eine andere Geliebte war Sasha Kropotkin, die Tochter des im englischen Exil lebenden russischen Anarchisten Peter Kropotkin.

Doch nur zwei Frauen spielten eine wirklich wichtige Rolle in seinem Leben. Die eine liebte und die andere heiratete er. Ethelwyn Jones – bekannt als Sue Jones und von ihm «Rosie» genannt, weil er dieses Pseudonym für sie in seinem erotisch-satirischen Roman *«Rosie und die Künstler»* benutzt hatte – liebte er. Als Maugham sie kennenlernte, war sie gerade erst 23 Jahre alt. Er fühlte sich sofort zu dem lebenslustigen Mädchen hingezogen. Ethelwyn hatte bereits eine Scheidung hinter sich und sah einer großen Zukunft als Schauspielerin entgegen. Ihr Vater schrieb erfolgreiche Theaterstücke. Nachdem sie einige Male ausgegangen waren, nahm Maugham sie mit nach Hause und schlief mit ihr. Er ahnte, daß sie es auf eine Heirat abgesehen hatte. «Aber ich wollte nicht», schrieb er sehr viel später, «weil ich wußte, daß alle meine Freunde schon mit ihr geschlafen hatten. Das hört sich an, als sei sie so eine Art Dirne gewesen. Das war sie sicher nicht. Sie war ganz und gar nicht lasterhaft. Es traf sich nur so, daß Beischlaf ihr sehr viel Spaß machte, und sie hielt es für selbstverständlich, daß man das Bett miteinander teilte, wenn man vorher zusammen gegessen hatte.» Erst einige Jahre später, als Sue in Chicago auf der Bühne stand, überlegte Maugham sich die Sache noch einmal. Er bemühte sich um sie und machte ihr einen Heiratsantrag. Als sie ihn zurückwies, war er völlig entgeistert. Doch Sue war zu dieser Zeit bereits schwanger und heiratete bald darauf den Sohn des sechsten Earl of Antrim.

Die Frau, die Maugham heiratete, war Syrie Barnardo Wellcome. Ihr Vater, ein deutscher Jude, gründete die Waisenhäuser, die unter dem Namen Barnardo-Heime bekannt wurden. Die junge, hübsche und lebhafte Syrie hatte den amerikanischen Pharma-Giganten Henry Wellcome geheiratet. Die Ehe entpuppte sich als Reinfall. Syrie begann eine Affäre mit einem anderen amerikanischen Großkapitalisten, Gordon Selfridge, dem Inhaber einer Londoner Kaufhauskette. Der verärgerte Wellcome ließ Syrie einen Vertrag unterschreiben, in dem sie in die Trennung der ehelichen Gemeinschaft einwilligte. 1911 lernte Maugham sie kennen. Er schätzte ihre Fröhlichkeit, ihre Intelligenz und ihren Charme. 1913 schliefen sie miteinander. Syrie wünschte sich ein Kind von Maugham und bekam auch eine Tochter, Elizabeth. Wellcome, der Detektive beauftragt hatte, um Genaueres über die Ehebrüche seiner Frau in Erfahrung zu bringen, reichte jetzt die Scheidung ein und nannte Maugham als Mitbeklagten. Syrie unternahm einen Selbstmordversuch, konnte jedoch gerettet werden. Als die Scheidung ausgesprochen war, tat Maugham das seiner Meinung nach einzig Richtige: Er heiratete sie am 26. Mai 1917.

Es war keine gute Ehe. Maugham erwiderte Syries Liebe nicht. Ständig forderte sie ihn auf, mit ihr ins Bett zu gehen, und bald war ihm jede Lust vergangen. In einem Brief an Syrie beschrieb er schonungslos, wie in seinen Augen die Dinge lagen: «Ich habe Dich geheiratet, weil ich glaubte, es sei für Dein Glück und Elizabeths Wohlergehen das beste; aber ich habe Dich nicht geheiratet, weil ich Dich liebte, und das wußtest Du ganz genau.» Sie war ihm zu oberflächlich, ausschließlich an «Kleidern und Möbeln» interessiert. Sie gingen getrennte Wege. Syrie machte sich einen Namen als Innenarchitektin. Doch hatte auch sie allen Grund zur Klage. Schließlich mußte sie ihren Mann an einen Nebenbuhler, einen Homosexuellen, abtreten. 1929 ließ sie sich von Maugham scheiden.

Schon vor seiner Heirat war Maugham während des Ersten Weltkrieges in Frankreich seiner großen Liebe begegnet. Gerald Haxton war in San Francisco geboren, aber in England aufgewachsen. Er überragte Maugham, hatte braune Haare, blaue Augen, ein pockennarbiges Gesicht und sah ein wenig verworfen aus. Vielen Frauen gefiel er; Männern war er zumeist suspekt. Als sie sich kennenlernten, war Haxton 22 und Maugham 40 Jahre alt. Maugham fragte ihn, was er sich vom Leben wünschte. Haxton antwortete: «Spiel und Spaß. Aber ich habe nicht einen Pfennig in der Tasche, und deshalb suche ich jemanden, der für mich sorgt.» Sie gingen in Haxtons Wohnung, entkleideten sich und stiegen ins Bett. Nachdem sie miteinander geschlafen hatten, flüsterte Maugham: «Du brauchst dir um die Zukunft keine Gedanken zu machen, weil ich für dich sorgen werde.» Fast dreißig Jahre lang, bis Haxton an einem Lungenödem starb, hielt Maugham sein Versprechen. Haxton machte sich in Maughams Domizil an der Riviera und auf Reisen als Sekretär nützlich. In all den Jahren hielt Haxton – ein Trinker, Spieler und Lügner – seine seltsame Herrschaft über den Schriftsteller aufrecht. Maugham schätzte ihn als Verwalter und Liebhaber. Besonders auf Reisen zahlte sich Haxtons Fähigkeit, schnell Bekanntschaften zu schließen, aus – er machte Maugham mit den verschiedensten Menschen bekannt, und einige von ihnen benutzte der Schriftsteller als Vorbilder für seine gelungensten Romanfiguren. Außerdem sorgte Haxton für sexuelle Abwechslung und beschaffte Maugham die anmutigsten jungen Männer. In Indochina erlebte Maugham durch Haxtons Vermittlung seine aufregendste Liebesbegegnung mit einem Jungen in einem kleinen Boot. In New York hatte der neunundsechzigjährige Maugham 1943 eine Affäre mit dem siebzehnjährigen Schüler, Dichter und Maugham-Verehrer David Posner. Der Schriftsteller Ted Morgan zitiert in seiner gründlichen Biographie «*Maugham*» einen Brief von Posner, in dem dieser Maughams Liebeskünste beschrieb: «Er war nicht sonderlich kraftvoll und aktiv, aber sehr wollüstig. Er vollzog den Akt meist ziemlich geschäftsmäßig, doch genauso gab es auch Situationen, in denen er stundenlang nur Zärtlichkeiten austauschte ... Frauen lehnte er als Sexpartner rundweg ab ... Er war sehr betroffen, als er mich einmal mit einem Mädchen sah.»

Nach Haxtons Tod nahm Maugham sich einen neuen Sekretär-Freund – Alan Searle, ein lieber, freundlicher junger Mann, der als Fürsorger in einem Krankenhaus gearbeitet und einst eine Affäre mit dem englischen Schriftsteller Lytton Strachey gehabt hatte. Searle vergötterte Maugham, verwöhnte ihn nach Kräften und lobte ihn als den besten Liebhaber, den er je gekannt habe. 1962 erfuhr Maugham, daß seine Tochter Elizabeth ihn für unzurechnungsfähig erklären lassen wollte. Er folgte dem Rat eines französischen Rechtsanwalts, adoptierte Alan Searle und erklärte, daß Elizabeth nicht seine leibliche Tochter sei. Elizabeth schleifte ihren Vater vor ein Gericht in Nizza, legte Beweise für ihre Abstammung vor und ließ die Adoption annullieren.

Die letzten Worte auf seinem Sterbebett richtete Maugham an Searle: «Gib mir deine Hand, ich möchte dir für alles danken, was du für mich getan hast.»

iw

Der Realist

Henry Miller
26. Dezember 1891–7. Juni 1980

Bedeutung: Viele der Romane Millers, die in Frankreich seit den dreißiger Jahren veröffentlicht wurden, waren in den USA wegen ihres obszönen Inhalts jahrzehntelang verboten. Erst 1964 erklärte der Oberste Gerichtshof den Roman «*Wendekreis des Krebses*» zu einem Kunstwerk und hob damit das Publikationsverbot auf.

Weitere bekannte Bücher Millers sind: *«Wendekreis des Steinbocks»*, *«Sexus»*, *«Plexus»*, *«Nexus»*, *«Stille Tage in Clichy»* u. a.

Lebensgeschichte: Henry wuchs mit seiner geistig behinderten Schwester in Brooklyn auf. Der Vater war ein schüchterner, trunksüchtiger Schneider, die Mutter hatte in der Familie das Sagen. Die Kinder erhielten wenig körperliche Zuwendung von ihrem Vater und gar keine von der Mutter. «Ich habe für sie nie so etwas wie Wärme empfunden», erinnerte sich Miller. «Sie hat mich nie in den Arm genommen, nie geküßt.» Als Ausgleich suchte er Trost in den Straßenbanden. Bei einer Steinschlacht tötete er einmal versehentlich einen Jungen. Miller mied das College, obwohl sein Vater genügend Geld zusammengespart hatte, um ihn nach Cornell zu schicken. Er suchte eine andere Art von Bildung und ging mit seiner Geliebten, Pauline Chouteau – «sie hätte meine Mutter sein können» – von zu Hause fort. Er schlug sich mit den verschiedensten Jobs durch, «versuchte alles und jedes, blieb aber nie lange». 1923, er arbeitete gerade als Personalchef bei der Western Union Telegraph Company und hatte Ferien, schrieb er sein erstes Buch. Es wurde nie gedruckt, brachte ihn aber auf den Geschmack.

«Die wichtigste Begegnung meines Lebens», sollte Miller später einmal schreiben, «war mit Emma Goldman in San Diego, Kalifornien. Sie eröffnete mir die ganze Welt europäischer Kultur, gab meinem Leben neuen Schwung und eine neue Richtung.» 1930 siedelte Miller nach Paris um, wo seine Freunde aus der Schriftstellerkolonie ihn mit dem Notwendigsten versorgen mußten, bis sein Roman *«Wendekreis des Krebses»* erschien. Trotz der Entrüstung, mit der viele Kritiker auf dieses Werk reagierten, wurde es gut verkauft und brachte Miller das nötige Geld ein. Er ließ dem *«Wendekreis des Krebses»* einige weitere «anstößige» Romane mit autobiographischen Zügen folgen, die ihn in ganz Europa bekannt machten. (Ihm war es recht, als obszöner Schriftsteller zu gelten, aber er wehrte sich gegen die Unterstellung, er sei ein Pornograph; der erstere habe schließlich, so Miller, einen legitimen Platz in der Kunst, während der andere ein «Schmierfink» sei.) «Mein Ziel beim Schreiben ist es, eine breitere *Realität* zu schaffen», erklärte Miller einmal. «Vor allem bin ich für Vorstellungskraft, Phantasie, für eine Freiheit, von der man heute nicht einmal zu träumen wagt.» Er verbrachte ein Jahr in Griechenland und setzte seine Erlebnisse und Erfahrungen in diesem Land in ein Werk um, das er als sein Lieblingsbuch betrachtete: *«Der Koloß von Maroussi»*. Gezwungenermaßen mußte er im Zweiten Weltkrieg in seine Heimat zurückkehren. Da er nun nicht über seine europäischen Tantiemen verfügen konnte, stand er wieder einmal mit leeren Taschen da und mußte sich eine von Strafgefangenen roh zusammengezimmerte Hütte an der rauhen kalifornischen Küste bei Big Sur mieten. Erst als er Mitte Siebzig war, zog er in das vornehme Viertel Pacific Palisades in Los Angeles, um seinen Kindern und seiner dritten Frau näher sein zu können und den «Literatur-Groupies» zu entfliehen, die in Scharen zu seinem Haus in Big Sur pilgerten. Im letzten Jahrzehnt seines Lebens entwickelte sich Miller noch zu einem beachtlichen Maler, der etwa 150 Aquarelle im Jahr fertigstellte. Er starb mit 88 Jahren an Altersschwäche.

Sexualität: Miller war ein romantischer Rebell im Leben und Schreiben. Fünfmal heiratete er, hatte zahlreiche Geliebte und unzählige Affären, immer auf der Suche nach der «anbetungswürdigen» Frau. Im letzten Schuljahr erlebte er sein erstes sexuelles Abenteuer – mit einer Prostituierten, die sein Portemonnaie stahl und ihm einen Tripper hinterließ. Dann lernte er Pauline Chouteau kennen: Sie gab der sexuellen Unterweisung des jungen Henry den letzten Schliff. Doch irgendwann fand er heraus, daß ihn wenig mit der 25 Jahre älteren Frau verband, und so verließ er sie.

Während seiner Anstellung bei der Western Union erlebte Miller seine sexuelle Hochsaison: «Wir haben damals ganz schön viel gefickt, besonders nachdem sich die Telefongesellschaft entschlossen hatte, Frauen als Boten einzustellen.» Er probierte auch die Freuden, die katholische Frauen zu bieten hatten, und stellte fest: «Ich erinnere mich an eine, die ständig an ihrem Rosenkranz herumfummelte, und, während sie auf Teufel-komm-raus fickte, immer wieder rief: ‹O Mutter Gottes, o Heilige Jungfrau, vergib mir meine Sünden!› ... ‹Mach weiter, Henry, es fühlt sich so gut an ... Möge die Heilige Jungfrau mir vergeben und mich beschützen!›»

Im Gegensatz zu seinem Ruf als Verführer und Sexfanatiker fand Miller sich selbst «ziemlich normal». In seinen umfangreichen Briefen an die Schriftstellerin Anaïs Nin, die er zwischen den Weltkriegen in Paris kennengelernt hatte, erklärte er: «Es ist schon wahr, ich schwimme in einem uferlosen Sexozean, aber die realen Ausflüge sind doch sehr spärlich ... Ich bin immer bereit zur Liebe, immer hungrig nach Liebe. Ich spreche von Liebe, nicht nur von Sex.»

Liebe: Wenn Miller sich unsterblich verliebte, heiratete er meist die betreffende Frau. Das erste Mal wurde er 1917 mit seiner Klavierlehrerin, Beatrice Wickens, getraut, die bald nach der Hochzeit eine Tochter gebar. Beatrice war ziemlich konsterniert durch die Tatsache, daß er bei jedem Familienbesuch mit ihrer Mutter flirtete. Er «flitterwöchnerte», wie er es nannte, «erst mit der Tochter, dann mit der Mutter». Verständlicherweise ergab sich daraus manch böser Streit zwischen den Jungverheirateten, und sie trennten sich eine Weile. Dann begegnete Miller 1923 der Eintänzerin June Smith. Die zwei lagen gerade zusammen im Bett, als

Beatrice in Begleitung zweier Zeugen, die sie für eine Scheidung brauchte, ins Zimmer stürmte. Von Beatrice erlöst, heiratete Miller June. Als es ihm nicht gelingen wollte, seine Geschichten zu verkaufen, schickte er seine Frau in die Büros der Verleger. «Und dann verkauften sie sich natürlich.» Eine Zeitlang war er June völlig ergeben, und sie unterstützte ihn mit dem Geld, das sie von den Männern erschmeichelte, mit denen sie tanzte. Doch war ihre Beziehung ein endloser, nervenaufreibender Wechsel von Krieg und Frieden. June trieb Miller fast in den Freitod, und er flüchtete schließlich nach Paris – ohne sie.

In Frankreich versorgte ihn die verheiratete Anaïs Nin mit Geld und dem Ansporn, den er für seine Arbeit brauchte. Als er sich in sie verliebte, versuchte June verzweifelt, ihre Beziehung zu stören, indem sie Nin lesbischer Neigungen beschuldigte. Als sie sah, daß ihre Aktionen ohne Wirkung blieben, willigte sie schließlich 1934 in eine Scheidung ein. Miller hoffte, Anaïs würde seine nächste Frau werden, aber sie weigerte sich schlichtweg, ihren Ehemann zu verlassen. 1939 reiste er nach Griechenland und später in die USA – allein.

Miller war schon in den Fünfzigern, als er die dritte Frau, die zwanzigjährige Janina Lepska, heiratete. Sie gebar einen Jungen und ein Mädchen. Nachdem «die üblichen sieben Jahre ins Land gegangen waren» (Miller), brach die Ehe auseinander, und sie verließ ihn. Seine vierte Frau – er heiratete sie 1954 – war Eve McClure, die wie Janina mindestens dreißig Jahre jünger war. «Sie lebte in Los Angeles und war einer meiner begeistertsten Fans. Wir schrieben uns ... Eines Tages – ich hatte sie noch nie zuvor gesehen – stand sie vor meiner Tür und sagte: ‹Ich bleibe, wenn du willst.›» Sie blieb neun Jahre, dann ließ sie sich scheiden, um einen Nachbarn zu heiraten.

Das letzte Mal heiratete Miller 1967 – als Fünfundsiebzigjähriger! Die Auserwählte war die zweiunddreißigjährige japanische Sängerin Hiroko Tokuda. Orientalische Frauen hatten ihm schon immer gefallen, da er glaubte, sie würden zur rechten Behandlung ihrer Männer und Liebhaber erzogen. Hoki, wie er seine Frau nannte, lud «fünf liebliche, mandeläugige Schönheiten ein», mit ihnen in ihrem Haus in den Pacific Palisades zu leben. Aber das Leben mit Hoki war einfach zu stürmisch, und so wurde die Ehe zwei Jahre vor Millers Tod geschieden.

Gedanken: «Wie anziehend auch immer ich eine Möse fand – die Person, die dazugehörte, war mir stets wichtiger.»

ak & vs

Der letzte Samurai

Yukio Mishima
14. Januar 1925–25. November 1970

Bedeutung: Die schillernde Figur des produktiven Schriftstellers Yukio Mishima überragt alle Nachkriegsautoren Japans. Er schrieb zahlreiche Theaterstücke, Kurzgeschichten, Romane und Artikel, die ihn in aller Welt bekannt machten. Zu seinen berühmtesten Werken gehören: *«Geständnisse einer Maske»* (Roman, 1949) und *«Der Seemann, der die See verriet»* (Roman, 1963).

Lebensgeschichte: Mishimas Vater war ein kleiner Bürokrat und glühender Verehrer Hitlers und seiner Ideologie. Seine Mutter galt nur als Bürger zweiter Klasse in einem Haushalt, der von ihrer herrschsüchtigen Schwiegermutter regiert wurde. Die alte Frau hielt Mishima bis zu seinem zwölften Lebensjahr fast wie einen Gefangenen in ihrem verdunkelten Krankenzimmer. Er entwikkelte sich zu einem hochintelligenten, schmächtigen und kränklichen jungen Mann, dessen Gedanken um Blut und Schmerzen kreisten.

Er begann schon sehr früh zu schreiben und war mit sechzehn Jahren eine zentrale Figur in der neuen romantischen Richtung der japanischen Literatur. Seinen bürgerlichen Namen, Kimitake Hiraoka, hatte er abgelegt und seinen mittlerweile berühmten Künstlernamen gewählt, um die schriftstellerische Tätigkeit vor seinem kunstfeindlichen Vater zu verbergen. Später sollte der Autor die Schriftzeichen für «Yukio Mishima» in einer Weise schreiben, daß man auch «geheimnisvoller Teufel, vom Tode behext» daraus lesen konnte. Zu Freunden sagte er: «Es ist unheimlich, aber so wird mein Name geschrieben.»

Für den Kriegsdienst wurde er aus gesundheitlichen Gründen nicht für tauglich befunden und arbeitete daher während des Zweiten Weltkrieges in einer Flugzeugwerft. Nach dem Krieg studierte er auf Drängen seines Vaters Jura. Er bekam danach auch gleich eine angesehene Stellung im Finanzministerium, die er jedoch bald wieder kündigte, um sich ganz dem Schreiben zu widmen. 1949 erschien sein meisterhafter autobiographischer Roman *«Geständnisse einer Maske»*, in dem Mishima sich mit dem Thema Homosexualität auseinandersetzt. Das Buch wurde ein großer Erfolg und Mishima ein Autor von internationalem Ruf. Er gab sich gern westlich «cool», weil es ihm Spaß machte, die japanische Öffentlichkeit zu schockieren. Wenn die Leute ihn für einen Verbrecher hielten, war er glücklich. Er genoß dieses Image so sehr, daß er die

Hauptrolle eines «harten Burschen» in einem japanischen Film übernahm.

Seine homosexuelle Veranlagung hielt Mishima nicht davon ab, zu heiraten und zwei Kinder zu zeugen. Ihn faszinierte die in der Jugend vermißte körperliche Betätigung, und deshalb holte er sie jetzt nach. Er betrieb sehr gewissenhaft Bodybuilding und errang den 5. Dan im japanischen Schwertkampf und den 2. Dan in Karate.

Seine zahlreichen westlichen Freunde belustigte er mit Brando- und Bogart-Imitationen. Doch im Innersten blieb er fanatischer japanischer Nationalist und gründete den «Schildbund», eine aus rund hundert jungen Rechtsradikalen bestehende Privatarmee. 1970 führte er vier Mitglieder des «Schildbundes» bei einer selbstmörderischen Aktion gegen das Büro eines Generals der japanischen Streitkräfte in Tokio und nahm den General gefangen. Von einem Balkon aus beschwor Mishima ein Regiment Soldaten, sich wieder auf den Militarismus der Vorkriegszeit und den von ihm bewunderten Kaiserkult zu besinnen. Als die Soldaten ihn auslachten, schlitzte er sich nach dem alten Ritual des Seppuku – oder Harakiri – den Bauch auf und wurde dann mit seinem aus dem 17. Jahrhundert stammenden Schwert von einem seiner Gefolgsleute geköpft, der sich daraufhin selbst tötete.

Sexualität: Als Junge malte er Bilder von edlen, blutüberströmten Rittern. Er war entsetzt, als er erfuhr, daß eines der Bilder, über dem er geträumt hatte, keinen jungen Mann darstellte – wie er gedacht hatte –, sondern Johanna von Orléans. Von dem Tag an haßte er Frauen in Männerkleidung, und als seine Frau einmal in Hosen erschien, schalt er sie deswegen. Mit zwölf Jahren erlebte er seinen ersten Orgasmus, als er ein Bild des gefesselten und von Pfeilen durchbohrten St. Sebastian betrachtete. Ungefähr zur gleichen Zeit verliebte er sich in einen Schulkameraden und entwikkelte dabei eine Leidenschaft für drei Fetische, denen er bis an sein Lebensende frönte: männliche Achselhaare, Schweiß und weiße Handschuhe.

Er onanierte wie besessen und fand in Sadeschen Phantasien von Tod und Kannibalismus Erleichterung. In seiner Jugend versuchte er, Geschmack an der Gesellschaft von Frauen zu finden, und während seines Studiums war er kurzzeitig mit einer Frau befreundet, der er den Namen Sonoko gab. Die Beziehung kühlte bald ab, und sie heiratete einen anderen Mann. Am Tag ihrer Hochzeit betrank sich Mishima gründlich. Als die *«Geständnisse einer Maske»* ihn mit einem Schlag berühmt machten, wurde er ein wenig umgänglicher und bewirtete seine Freunde häufig im *Brunswick*, einem Schwulencafé auf der Ginza in Tokio. Er umgab sich gern mit jungen Draufgängern und durchkämmte auch während eines Aufenthalts in New York die Schwulenbars auf der Suche nach dem idealen weißen Mann. Nach New York unternahm er einen Abstecher nach Rio de Janeiro und verbrachte dort den Monat vor dem Karneval. Nachmittags durchstreifte er die Grünanlagen der Stadt und lud junge Männer zu sich ins Hotel ein. Einem Freund, der ihn fragte, wie er sich denn mit den jungen Leuten verständige, antwortete Mishima, man brauche unter Homosexuellen «keine gemeinsame Sprache». Er fügte hinzu, es könne ihn schon reizen, auch Frauen den Hof zu machen, doch fehle ihm jedes Interesse für «den letzten Akt». Als wolle er seine Worte beweisen, rief Mishima diesen Freund später zu Hilfe, weil er sich nicht allein einer Japanerin erwehren konnte, die ihn in seinem Hotelzimmer verführen wollte.

Von Rio flog der Autor nach Paris, wo er eine enge Freundschaft mit dem Komponisten Toshiro Mayuzumi schloß. Mishima bat Mayuzumi, ihm eine «Päderasten-Bar» zu zeigen, und war dem Komponisten später sehr böse, da der französisch sprechende Mayuzumi die Jungen in der Bar alle um sich geschart hatte.

Frauen fühlten sich von Mishima eher abgestoßen, denn er sah ziemlich seltsam aus. Er war nur 1,58 Meter groß, seine dünnen, unterentwickelten Beine trugen den mächtigen Oberkörper eines Gewichthebers. Ein Bürstenschnitt betonte seinen birnenförmigen Schädel. Eine Zeitschrift veranstaltete eine Umfrage, in der 50 Prozent der weiblichen Leser angaben, eher sterben zu wollen, als die Gattin des berühmten Romanciers zu werden. Die Frau, die ihn dann 1958 heiratete – Yoko Sugiyama –, sah sich der Feindseligkeit seiner Mutter, Shizue, ausgesetzt, die eher mit der Eifersucht einer Geliebten als mit der Fürsorge einer Mutter über ihren Sohn wachte. Selbst in der Öffentlichkeit sprach Mishima auf sehr intime Weise mit seiner Mutter, so daß man sich fragte, wie weit diese Mutter-Sohn-Beziehung eigentlich reiche. Seine hübsche, pausbäckige Frau behandelte Mishima fast wie seinesgleichen und lud sie häufig ein, sich zu seinen Freunden zu gesellen, was der japanischen Tradition widersprach. Sie durfte ihn nur nicht bei der Arbeit stören.

Nachdem Mishima ein berühmter Mann geworden war, verfolgten ihn die, wie er sie nannte, «Literatur-Jungfrauen». Er erzählte gern die Geschichte, wie er einmal fast in den Brüsten einer großen amerikanischen Frau erstickt wäre, die auf einem Botschaftsempfang unbedingt mit ihm tanzen wollte.

Sein größter erotischer Wunsch war es jedoch, auf möglichst blutige und schmerzhafte Weise zu sterben, und irgendwann hörte jeder einmal von ihm, daß das Seppuku «die höchste Form der Masturbation sei». Der Selbstmordgefährte des Schriftstellers war ein fünfundzwanzigjähriger «Soldat» namens Masakatsu Morita, den ein Freund als Mishimas «Verlobten» bezeichnet hatte. Morita war wie der Schriftsteller vom Tod fasziniert und hatte sein Leben in Mishimas Hände gelegt.

Gedanken: «Ich bin darauf versessen, einen Menschen zu töten. Ich will rotes Blut sehen.»

ms

Der Exzentriker

Marcel Proust
10. Juli 1871–18. November 1922

Bedeutung: Der französische Romancier Marcel Proust ist durch seinen mehrbändigen Roman *«Auf der Suche nach der verlorenen Zeit»*, in dem er, mit zahlreichen autobiographischen Elementen versetzt, die Pariser Gesellschaft in der Zeit vor dem Ersten Weltkrieg beschreibt, bekannt geworden.

Lebensgeschichte: Marcels Vater, Adrien Proust, war ein bedeutender Arzt; seine Mutter, Jeanne Weil Proust, war die Tochter eines wohlhabenden jüdischen Aktienmaklers. Doch trotz dieses privilegierten großbürgerlichen Elternhauses wäre Marcel in seinen ersten Lebensmonaten fast an Unterernährung gestorben. Ende 1870 stand Paris unter Belagerung der deutschen Armee, und alle Einwohner – ob arm oder reich – litten gleichermaßen unter dem Mangel an Nahrungsmitteln. Da Jeanne Proust die meiste Zeit ihrer Schwangerschaft selbst schwer unterernährt war, kam Marcel schwach und kränklich auf die Welt. Sein ganzes Leben lang litt Proust unter den verschiedensten Krankheiten: Asthma, Heuschnupfen, Erkältungen, Allergien, Verstopfung, Bronchitis, Fieber, Schlaflosigkeit, Urämie – und schließlich zog er sich eine Lungenentzündung zu, der er im Alter von 51 Jahren erlag.

Proust war klein und schmal, mit feinen Gesichtszügen, pechschwarzem Haar und großen, feuchtglänzenden Augen. Er wurde von seinen Schulkameraden am Lycée Condorcet häufig wegen seiner femininen Art verspottet. Er wünschte sich sehnlichst, von den anderen Jungen akzeptiert zu werden, und warb um ihre Freundschaft, indem er in Sonetten ihre Schönheit pries. Den empfindsamen Marcel erschreckte und verwirrte es, daß er meistens zurückgestoßen wurde.

Als junger Erwachsener beschloß Proust, sich Zugang zur Hautevolee zu verschaffen. Für einen Jugendlichen aus der Mittelschicht und von jüdischer Herkunft war ein solcher sozialer Aufstieg ein ehrgeiziges Ziel, doch lag es nicht jenseits seiner Möglichkeiten. Um es zu erreichen, war er bereit, zahlreiche Listen anzuwenden und sich bis zur Selbstverleugnung anzubiedern. So mußte er zum Beispiel die runzligen Füße der alten Prinzessin Mathilde, einer Nichte Napoleon Bonapartes, küssen, und er umschmeichelte schamlos den hochnäsigen Grafen Robert de Montesquieu, der daraufhin Prousts Vorwärtskommen auf der sozialen Leiter unterstützte. Als Marcel jedoch auf dem Gipfel angekommen war, beraubte ihn die Oberflächlichkeit des Umgangs in der oberen Gesellschaftsschicht sehr rasch seiner Illusionen.

1906 zog Proust sich aus den Salons der Elite zurück und führte von da an in seiner kleinen Pariser Wohnung das Leben eines Einsiedlers. Als sich sein Gesundheitszustand allmählich verschlechterte, versuchte er sich mit einem Konglomerat seltsamer Heilmethoden, darunter auch Eiskremdiät und kaltes Bier, Linderung zu verschaffen. Wenn er schlafen ging, streifte er sich weiße Handschuhe über und behielt seine Tageskleidung an. Seine Fenster waren ständig geschlossen – er wollte keine fremden Düfte in seine Wohnung eindringen lassen. Proust war allergisch gegen ungewohnte Gerüche und laute Geräusche. Wenn er sich in einem Hotel einquartierte, mietete er auch die Räume über, unter und zu beiden Seiten seines Zimmers, um sich so einer absoluten Ruhe zu versichern. In einem mit Kork ausgeschlagenen Arbeitszimmer feilte er dreizehn Jahre lang mit peinlicher Genauigkeit an seinem Roman, und selbst auf seinem Sterbebett konnte er sich seinem Perfektionismus nicht entziehen: Noch in seinen letzten Tagen versuchte er, Passagen seines Werks, die ihm unvollkommen erschienen, zu verbessern.

Sexualität: Vor 1906 gab Proust niemals öffentlich zu, ein Homosexueller zu sein, obwohl seine Rendezvous mit Männern ein offenes Geheimnis unter den Klatschmäulern seines Alters waren. 1897 äußerte der Kolumnist Jean Lorrain in seiner Besprechung eines Bandes mit Gedichten und Geschichten Prousts Zweifel an der Männlichkeit eines Dichters, der in einem so blumigen Stil schrieb. Der beleidigte Autor forderte Lorrain zu einem Pistolenduell, in dem zwar Schüsse fielen, aber keiner getroffen wurde. Nichtsdestoweniger hatte Proust seine Ehre verteidigt und damit auch seinen gesellschaftlichen Status erhöht.

In Wirklichkeit war er nicht homosexuell, sondern bisexuell. Proust sah sich durchaus in der Lage, auch sexuelle Beziehungen zu Frauen einzugehen. Er erfreute sich eines befriedigenden und lang währenden Verhältnisses mit der Schauspielerin Louisa de Mornand. Proust schrieb ihr einmal: «Ich brenne darauf, Dich auf beide Wangen zu küssen, und selbst auf Deinen wunderschönen Nacken, wenn Du es mir erlaubst – wenn ich Dich sehe, erzähle ich Dir, welchen Körperteil von Dir ich hier als erstes geschrieben und dann wieder ausgestrichen habe.» In einem anderen Brief benutzte er das Wort «Knopf» (gemeint ist die Klitoris) in einem geschickten Wortspiel, in dem er ihren Körper beschrieb. Sein Briefwechsel mit ihr zeigt ganz deutlich, daß sie mehr als eine platonische Freundschaft verband. Da Louisa aber auch die Geliebte eines guten Freundes von Proust war, ließ er die Beziehung aus Rücksicht auf diesen Dritten nicht zu eng werden.

Proust bevorzugte offenbar die Frauen und Verlobten seiner Freunde oder verheiratete Frauen, die viel älter waren als er. Sorgfältig vermied er jedes Techtelmechtel mit einer ungebundenen Frau seines Alters.

In seinen Verhältnissen zu Männern tendierte er sehr viel stärker zu tiefer emotionaler Bindung. Im Alter von 21 Jahren nahm er sich seinen ersten männlichen Geliebten, einen Musiker namens Reynaldo Hahn. Während der Zeit, die er mit Reynaldo verbrachte, zeigte sich zum erstenmal das Muster, nach dem seine weiteren Beziehungen zu Männern ablaufen sollten: Zuerst versuchte er, sie an sich zu binden, doch mit der Zeit schwand sein sexuelles Interesse, und seine Werbungen wurden allmählich weniger hartnäckig. Nach zwei Jahren beendeten er und Reynaldo ihre Affäre, blieben aber ihr Leben lang Freunde.

Eine weitere ernsthafte Beziehung bestand zu Lucien Daudet, der sechzehn Jahre alt war, als Proust sich in ihn verliebte. Lucien war ein «waschechter» Homosexueller, der mit Frauen nichts im Sinn hatte. Sein Verhalten und Aussehen war ausgesprochen feminin, was den jungen Proust besonders anzog. Später jedoch fand er mehr Gefallen an einem männlicheren Typ, für den Alfred Agostinelli, die große Liebe in Prousts Leben, ein Beispiel ist.

Während eines Aufenthaltes in Cabourg stellte Proust Agostinelli vorübergehend als Chauffeur ein. Doch zu jener Zeit fiel Proust dieser junge Arbeiter noch nicht auf. Einige Jahre danach reiste Agostinelli nach Paris, wo er seinen früheren Arbeitgeber aufsuchte und um eine Anstellung bat. Proust machte ihn zu seinem Sekretär und verliebte sich sehr schnell in ihn. Agostinelli ließ sich zwar bereitwillig auf Prousts sexuelle Vorstöße ein, war aber kein Homosexueller. Er mochte die Frauen sehr viel lieber und hatte sogar eine Lebensgefährtin, Anna. Eine Zeitlang teilte er sich mit Anna Prousts Wohnung, doch der Schriftsteller fand das Mädchen ungehobelt und gewöhnlich und haßte sie zutiefst. Schließlich war sie eine ernsthafte Konkurrentin im Kampf um Agostinellis Zuneigung. Doch derweil war der Gegenstand ihrer Liebe beiden untreu – stets mit anderen Frauen. Agostinellis Promiskuität bereitete dem blindlings eifersüchtigen Proust große seelische Qualen. Er überschüttete seinen Diener geradezu mit Liebe, die dieser gnädig entgegennahm und zum Teil auch erwiderte. Aber manchmal mußte Agostinelli dem aufreibenden Verhältnis entfliehen – und war es sein Freiheitsbedürfnis, das ihn veranlaßte, fliegen zu lernen. Auf einem seiner ersten Alleinflüge stürzte er, einige hundert Meter vom Ufer entfernt, ins Meer und ertrank, bevor ihn ein Rettungsboot erreichen konnte.

Eigenarten: Mit Prousts Unterstützung eröffnete Albert Le Cuziat, der homosexuelle Lakai des Prinzen Constantin Radziwill, ein Männerbordell, zu dem der Schriftsteller einige Möbel beisteuerte. Le Cuziat gewährte Proust das Privileg, von einem verborgenen Platz aus den sexuellen Aktivitäten von Freunden wie Robert de Montesquieu zuzuschauen. Besondere Freude machte Proust der Anblick einer herzhaften Auspeitschung.

Und in Le Cuziats Bordell fühlte Proust sich auch frei genug, um einer weiteren bizarren erotischen Freizeitbeschäftigung zu frönen: zuzusehen, wie Ratten langsam mit Hutnadeln zu Tode gefoltert wurden.

mjt

Königin der Bohème

Franziska Gräfin zu Reventlow
18. Mai 1871–21. Juli 1918

Bedeutung: Fanny Reventlow, aus uraltem Adelsgeschlecht, befreite sich radikal von den Fesseln ihrer etikettestolzen Familie und verwandelte sich in die schillernde Bohemienne im Schwabing der Jahrhundertwende, das sie «Wahnmoching» taufte und geistreich-sarkastisch beschrieb. Sie gehörte zu den ersten Frauen, die sich mit Schreiben durchbrachten, und gilt als eine der eindrucksvollsten Autorinnen ihrer Zeit. Ihre spielerisch-elegante, satirisch-witzige Prosa findet heute wieder Beachtung: Der autobiographische Jugendroman *«Ellen Olestjerne»*, der Schwabing-Roman *«Herrn Dames Aufzeichnungen»*, die Persiflage auf die Psychoanalyse in *«Der Geldkomplex»*, der ironische Briefroman *«Von Paul zu Pedro»*, die liebenswürdige Novellensammlung *«Das Logierhaus zur schwankenden Weltkugel»*, aber auch die kämpferischen Aufsätze zur Frauenemanzipation und Mädchenerziehung und nicht zuletzt die umfangreichen Tagebücher und Briefe. «Sie war ein Mensch, der wußte, was Freiheit bedeutet, ein Mensch ohne Vorurteile, ohne traditionelle Fesseln, ohne Befangenheit vor der Philistrosität der Umwelt» (Erich Mühsam).

Lebensgeschichte: Franziska zu Reventlow, korrekt: Fanny Diane Wilhelmine Sophie Adrienne Auguste Comtesse zu Reventlow, wurde im Stadtschloß zu Husum geboren. Der Vater, Ludwig Graf zu Reventlow, war seit der Besetzung Schleswig-Holsteins durch die Preußen (1864) Landrat des Kreises Husum. Die Mutter, Emilie Anna Luise, war eine geborene Reichsgräfin zu Rantzau. Bruder Ludwig war 1905 bis 1906 Reichstagsabgeordneter, Lieblingsbruder Carl preußischer Major, Bruder Ernst politischer Schriftsteller und Reichstagsabgeordneter in den Jahren 1924 bis 1943. Schwester Agnes wurde Stiftsdame im Kloster Preetz. Franziskas Beziehung zum steif-konservativen Vater war vage, neutral bis ablehnend. Die schöne Mutter jedoch, von Franziska zunächst leidenschaftlich geliebt, scheint ihr Kind gehaßt zu haben. Sie behandelte es zeitlebens kalt, hart, ohne Gefühl. Sie hat nie begriffen, was in der jungen Seele vorging. Dieser Mangel an Mutterliebe hat das Leben der Tochter geprägt.

Franziska wurde zunächst von Hauslehrern unterrichtet, als Fünfzehnjährige aber, wegen ständiger Aufsässigkeit, in eine Erziehungsanstalt speziell für Adelstöchter gesteckt, wo man sie jedoch bald wieder hinauswarf. Dann zog die Familie nach Lübeck, und Fanny besuchte, zu Hause streng bewacht, das dortige Lehrerinnenseminar. Heimlich trat sie dem «Ibsenklub» bei, wo die «freigeistige» Literatur jener Zeit gelesen und diskutiert wurde: Zola, Tolstoi, Bebel, Lassalle, Turgenjew und Ibsens Dramen, in denen Franziska ihre eigene Situation wiedererkannte und sich in ihrer Auflehnung gegen Elternhaus und Gesellschaft bestätigt fühlte. Am Tag ihrer Mündigkeit floh sie, mit bestandenem Examen und geliehenem Geld, nach Wandsbek. Die Eltern sagten sich von ihr los – sie war nun mittellos und ganz auf sich allein gestellt.

Im Wandsbeker Ibsenklub lernte sie den Gerichtsassessor Walter Lübke kennen. Die beiden verlobten sich. Kurze Zeit später schickte Lübke sie nach München, wo sie Malstunden nehmen sollte. Sofort tauchte sie in das Bohème-Leben des Malerdorfes Schwabing ein. In den Cafés und Ateliers, auf Ausstellungen und Faschingsfesten traf sie mit Malern und Literaten zusammen, mit Berühmten und Unbekannten, mit Genies und Epigonen. 1893 eilte sie an das Sterbebett des Vaters nach Lübeck, wurde aber von der Mutter barsch vertrieben. Bald darauf heiratete sie Walter Lübke, spielte eine Weile die brave Hausfrau und floh wieder nach München. Die Ehe wurde geschieden – wegen fortgesetzter Untreue der angehenden Malerin. 1897 wurde ihr Sohn Rolf («Bubi») geboren. Der Name seines Vaters ist bis heute unbekannt geblieben. Franziska ernährte sich und das heißgeliebte Kind mehr schlecht als recht durch Übersetzungen französischer Romane, mit Witzen und Skizzen für Zeitschriften, mit Prostitution. Sie versuchte sich vergeblich als Masseuse, als Aktmodell, als Fälscherin altbayerischer Glasmalerei, als Milchhändlerin, Versicherungsagentin und Schauspielerin. Ständig mußte sie die Wohnung wechseln, ihre Sachen verpfänden und die Gerichtsvollzieher beruhigen. Wenn einmal zufällig Geld da war, begab sie sich mit Freunden und dem Kind auf Reisen. Sie litt an Unterernährung und zahllosen Krankheiten, überstand schwere Operationen und eine Zwillingsfehlgeburt. Widerwillig und nur der Not gehorchend, begann sie um 1900 zu schreiben und hatte mit ihren Arbeiten in den letzten Lebensjahren auch etwas Erfolg. 1910 floh sie vor ihren Gläubigern nach Ascona, schloß für viel Geld eine Scheinehe, befreite ihren Sohn aus dem deutschen Wehrdienst und starb schließlich während einer Operation in einem Krankenhaus in Muralto bei Locarno. Kurz zuvor hatte die Gräfin geschrieben: «Die beste Vorsorge für das Alter ist, daß man sich nichts entgehen läßt, was Freude macht. Dann wird man später die nötige Müdigkeit haben, und kein Bedauern, daß die Zeit um ist.»

Liebe: Fanny Reventlow galt im amüsantesten, verrücktesten Dorf der Welt, dem Schwabing der Jahrhundertwende, als Meisterin der Episodenliebe, der Liaison, der Amoureske. Sie war «klein, zierlich, elastisch, ungeschminkt, viel pariserischer als die echten Pariserinnen mit Rouge, ein bißchen schnodderig, sehr geistreich, ein bißchen sentimental», schwärmte Balder Olden, einer ihrer Bewunderer. Sie wirkte auf bestimmte Männer wie ein Magnet. In der Liebe war sie auf Abenteuer aus und auf Genuß. Sie war bekannt für ihre sexuelle Freizügigkeit. Von einem Mann begehrt zu werden, meinte sie, sei nie eine Beleidigung für eine Frau – auch dann nicht, wenn er lediglich, ohne jedes Liebesgefühl, mit ihr schlafen wolle. In den Cafés der Münchner Innenstadt suchte sie den Kontakt zu Lebemännern, machte auch gelegentlich diskrete Hausbesuche, um sich etwas Geld zu verdienen.

In der *Tip-Top-Bar* lernte sie zum Beispiel einen Schriftsteller kennen, der – wie er sagte – «das Leben studieren» wollte. Sie erklärte sich gern bereit, ihm dabei zu helfen – und wieder hatte sie hundert Mark verdient. «Himmlischer Gott», notiert sie, «ist das angenehm!» – Nein, Franziska hatte keine moralischen Bedenken gegen das Sichverkaufen, weder bei anderen noch bei sich selbst. Nur die Bedingungen mußten angenehm und annehmbar sein. Über ihre Erfahrungen auf dem Gebiet der Gelegenheitsprostitution reflektierte sie oft in ihren Tagebüchern: «Wenn man auf diesem Weg Karriere machen will, muß man vor allem eiserne Nerven und eiserne Ausdauer haben. Und, wie beim Theater, möglichst früh anfangen, damit die Schattenseiten des Metiers zur Gewohnheit werden.» Das könnte auch heute geschrieben worden sein. Ein richtiger Profi war sie eben nicht. «Sobald ich etwas Nützliches in amore inszenieren will, kommt etwas anderes, worin ich mich verliebe.» – Immer schrie es in ihr nach Liebe, nach «Fliegen»-Können. Der ewige Hunger trieb sie von Mann zu Mann. Oft notierte sie drei erotische Begegnungen an einem Tag. Viele blieben flüchtige namenlose Schemen. Viele auch haften mit ihren Kosenamen im Gedächtnis der Briefe und Tagebücher: Rolf und Rodi, Adam und Carlo, Such und Hesselfranz, Bel ami, Päule und der Cœurbube. Poeten und Literaten, Gelehrte und Anwälte, Kunstgewerbler und Reiter, Lebemänner und Salonschurken, Begleitdoggen und Afrikareisende waren ihre Geliebten. Aber Geschmack und Stil mußte jeder haben – in dieser Hinsicht war Franziska ganz Gräfin.

Ohne je das Pornographische zu streifen, hat die «Heidnische Madonna» von früher Jugend an protokolliert, wie das war mit ihr und der Liebe und den Männern. Ein paar Typen nur kann man herausgreifen aus der Masse, Typen, die fordernd, formend, beglückend und beglückt mit der Autorin intim wurden. Da ist der Typ «Fremder Herr», der nachts zu ihr durchs Fenster steigt und nur bis zum Frühstück bleibt, «Monsieur», manchmal auch «Bel ami» genannt: der schwarzhaarige Bart- und Monokelträger Dr. Alfred Friess, der oft im schicken Tennisdress bei ihr erschien – eine dubiose Gestalt, seines Zeichens Rechtsanwalt in kriminellen Sachen und selbst wohl auch das Kriminelle streifend. Dieser Herr und er allein hatte einen Schlüssel zu Franziskas Wohnung. Bisweilen verschwand er für viele Wochen, um dann plötzlich nachts wieder an ihrem Bett zu stehen. Franziska liebte diesen Menschen mit einer «rasenden, niederdrückenden, hoffnungslosen und doch so furchtbar seligen Leidenschaft». Sie klagte: «Meine Sinnlichkeit war stark in Anspruch genommen, aber das andere konnte alles nicht zur Entwicklung kommen, weil er nicht wollte.» Die Beziehung scheint eine Haßliebe mit einem Schuß Masochismus gewesen zu sein. Oft versuchte Franziska, der Qual ein Ende zu machen, «dachte, ich hole mir morgen eine Reitpeitsche, und wenn Du wiederkommst, schlage ich Dich ins Gesicht!». Aber sie war dem fremden Herrn sexuell hörig. Nach Jahren nächtlicher Umarmungen verschwand der dubiose Monsieur aus ihrem Leben ebenso leise und mysteriös, wie er gekommen war.

Noch während der «Bel ami»-Zeit betrat unter anderem «Adam» die Bühne der Reventlowschen Episodenliebe – Adam, der blonde Paläontologe und Privatgelehrte Albrecht Hentschel, extrem männlich, ungeheuer maskulin, wenig charmant, Pistolenschütze, Pferdebändiger, Kavallerist. Sobald er etwas Geld hatte, streute er es nach allen Seiten aus. Er starb später an einer schweren Kriegsverletzung. Um 1900 begleitete sie den Geliebten, zusammen mit Sohn Bubi, nach Samos, wo Adam irgendwelche Ausgrabungen machte. Klima und Umwelt von Samos vermochten die

Stürme in ihrer Seele für eine Weile zu beruhigen, aber der Gelehrte hatte kein Glück mit der seelisch verwöhnten Frau. Bald schon klagte sie in ihrem Tagebuch: «Er weiß mich nicht anzufassen, trifft immer auf meine Fühlhörner und versteht nicht, warum ich sie einziehe.» Auch in sexueller Hinsicht stimmten sie nicht überein: «Er will so viel, und ich bin in keinem zum Geben fähigen Stadium. Es kommt mir vor, als ob ich mir eine Blöße gebe, wenn ohne alles. Wenn man bereit ist, es gerne will, und es geht nicht, dann soll man es nicht forcieren.» Nach mehreren vergeblichen Versuchen der beiden, die immer deutlicher zutage tretende Entfremdung zu überwinden, fuhr Franziska schließlich mit ihrem Kind über Italien zurück nach München. Adam war ein wirklicher Freund, aber: «Fliegen können wir miteinander nicht.»

In München fand sie jemanden, mit dem sie «fliegen» konnte: Ludwig Klages, der später als Kulturkritiker und Begründer der Charakterkunde bekannt wurde. Damals war Klages noch ein armer Chemie-Student, der sich mit graphologischen Gutachten über Wasser hielt. Der hochgewachsene, schöne blonde Jüngling mit dem scharfen Intellekt bezauberte Franziska. Doch dabei blieb es nicht. Klages bewunderte ihre Sinnlichkeit, ihre Selbstbejahung, ihre moralische Unbedenklichkeit. Er war es, der ihr den Namen «Heidnische Madonna» gab, womit er die glückliche Vereinigung von Hetärentum und Mutterschaft auf den Begriff bringen wollte. Zwar führten die beiden nächtelang hochintellektuelle Gespräche, doch wollte Franziska es dabei nicht belassen: «Du könntest manchmal denken», schrieb sie ihm, «daß gerade Du mein Begehren nicht wachriefest, aber das ist nicht wahr, es ist allertiefste Wollust, die ich in unseren Stunden empfinde, nicht gütiges Gewähren!» Klages verfiel der Sinnlichkeit dieser schönen Frau gänzlich. Bei ihm klingt das – reichlich skurril – so: «Die Springflut einer Liebesleidenschaft, welche alle Schranken meines Menschentums niederriß, Gefühle des Suchens und Sehnens für immer zerstäubte und bis hinein in den Urgranit für die kosmische Funkensaat die nie mehr verharschende Furche zog.» Franziska erklärte ihm immer wieder, daß bei ihr alles steht und fällt mit dem Erotischen – daß sie sich nur normal und daseinsberechtigt fühle, wenn Erotik ihr Leben erfülle. Doch sie warnte den Freund auch vor allzu großen Hoffnungen: «Man kann mir Geliebter sein nur auf Augenblicke, Beständigkeit kenne ich nicht, nur Wollust, Verlangen oder Versagen.» Klages hatte sie schnell durchschaut: «Sie war zweifellos aus Erfahrung bekannt mit allen Künsten der Liebe, ließ aber nie etwas durchblicken. Und übrigens kann nicht verschwiegen werden, ihre Sehnsucht nach sinnlichem Rausch war größer als ihre Fähigkeit dazu.» Ludwig Klages, der Psychologe, war von allen Männern der einflußreichste im gehetzten Dasein der Gräfin. Wenn er etwas erübrigen konnte, steckte er ihr ein

wenig Geld zu oder die begehrten Zigaretten. Ironisch stufte Fanny ihn als einen Liebhaber vom «Typ Retter» ein: «Der Retter will kein Philister sein – Gott bewahre. Er verwirft auch die illegitimen Liebesfreuden an sich durchaus nicht, faßt sie aber viel zu ernst auf und sucht ihnen eine ethische Weihe zu verleihen. Trotz der schlagendsten Gegenbeweise hält er an dem Dogma von der monogamen Veranlagung der Frau fest.» Gräßlich fand sie die Angewohnheit des Retters, immer «armes Kind» zu sagen und ihr die Haare aus der Stirn streichen zu wollen. Klages erinnert sich traurig: «Vom Manne verträgt sie nicht die geringste Zärtlichkeit. Sie bebt zurück, wenn der Liebste zärtlich ihre Hand streichelt, verabscheut es, über die Haare gestrichen zu werden usw. Und das war für mich peinigend bis zum äußersten.» Als es schließlich zum Bruch kam, suchte sie den Freund in seiner Wohnung auf, um sich auszusprechen. Im Muff verbarg sie einen geladenen Revolver. Klages ahnte nicht, in welcher Gefahr er schwebte. Doch Franziska schoß nicht – sie hatte sich die Auseinandersetzung wohl handgreiflicher vorgestellt. Auch nach der Trennung riß die Beziehung zu Klages nicht ganz ab. Er war der gewissenhafte Amtsvormund ihres geliebten Sohnes Bubi, und er war es auch, der Fanny Reventlow zur geachteten Schriftstellerin machte, denn er inspirierte sie zu ihrem Erstlingsroman *«Ellen Olestjerne»*, beriet sie während der Niederschrift und korrigierte das Manuskript.
Nachdem die sexuelle Beziehung zu Klages auseinandergebrochen war, führte Franziska um 1903 eine fröhliche «Ehe zu dritt» – eine Zeitlang zur Zufriedenheit aller Beteiligten. Ihre Partner waren der polnische Bohème-Baron Bogdan von Suchocki, zärtlich «Such» genannt, und der Schriftsteller Franz Hessel, «Hesselfranz» gerufen, der die Idylle finanzierte. Die Affären mit Adam, Monsieur, Klages und anderen laufen nebenher weiter. Die drei erwarben eine Wohnung mit Atelier, weil Franziska, trotz mangelnder Begabung, unbedingt wieder malen wollte. Als griechische Knaben verkleidet, mit schwarzen Trikots und weiß beschnürten Beinen stürzten sie sich in den Fasching; Franziska liebäugelte mit Frank Wedekind, Such schlug sich mit einem Mann, der ihr zu nahe getreten war. Dann zogen sie alle fröhlich ins Bohème-Café Leopold. Doch zwei Ehemänner waren ihr wohl auf die Dauer lästig. Schon bald nach dem Einzug klagte sie: «Mon Dieu, ich werd's doch nicht aushalten. Lebenskommunismus ist mir doch unmöglich.» Trotzdem unternahmen sie im Herbst 1904 gemeinsam eine große Radtour durch Ober- und Mittelitalien: Franziska, Sohn Bubi, Hesselfranz und Such. Franziska war schwanger und redete auf der Fahrt viel über ihr zukünftiges Leben, in dem sie für zwei Kinder zu sorgen haben würde. Doch dann kam es in einer gespenstisch-leeren Strandpension zu einer schmerzhaften Zwillingsfehlgeburt. Keine Hebamme half und kein Arzt. Nur die bei-

den «Ehemänner» und Bubi versuchten ihr Bestes. Ein Mädchen kam tot zur Welt. Das andere, Sibylle genannt, starb am nächsten Tag. «Am Abend dann noch all die entsetzlichen Leute um das Totenzeugnis und Begraben. Das war wie mitten aus einer grotesken, halb unheimlichen Geschichte, so daß man schließlich in nervöses Lachen geriet...» Die Ehe zu dritt löste sich ohne Drama auf. Die Reventlow ging weiter auf ihrer Suche nach dem Eros, von Mann zu Mann. Hat sie jemals wirklich geliebt? Unter Liebe versteht sie eine «seriöse Dauersache». «Aber Sie dürfen mir diesen Begriff nicht zu optimistisch auffassen. Dauersache ist alles, was, sagen wir, monatelang dauert, seriöse Dauersache, wenn es vier Monate sind; über ein Jahr, dann wird es schon Verhängnis mit einem Stich ins Ewige.»

jv

St. Nikolaus der Einsamkeit

Rainer Maria Rilke
4. Dezember 1875–29. Dezember 1926

Bedeutung: Rilke begeisterte mit seiner empfindsamen Lyrik und seinen meisterhaft geschliffenen Versen Menschen in aller Welt. Seine bekanntesten Werke sind *«Duineser Elegien»*, *«Die Sonette an Orpheus»* und das Prosawerk *«Die Aufzeichnungen des Malte Laurids Brigge»*.

Lebensgeschichte: Rilke wurde in Prag geboren und von seiner recht unausgeglichenen Mutter sechs Jahre lang wie ein Mädchen behandelt. Später schickte sein Vater ihn auf eine Militäroberrealschule, die er jedoch wegen seiner schlechten gesundheitlichen Verfassung bald wieder verlassen mußte. Er brach auch die Handelsschulausbildung in Linz und das Studium an der Prager Universität ab. Seinen ersten Gedichtband veröffentlichte Rilke mit neunzehn Jahren. Er beschloß, sich von nun an ganz dem Schreiben zu widmen. Sein Leben lang bereiste er Europa, wobei die Verse ihm unablässig aus der Feder flossen. Er besuchte auch Nordafrika und Ägypten. Rußland – er lernte dort Tolstoi kennen – bezeichnete er als seine geistige Heimat. Doch in Paris war das Leben interessanter. Eine Zeitlang arbeitete er als Sekretär des Bildhauers Auguste Rodin. Dann nahm der europäische Adel ihn unter seine Fittiche und quartierte ihn in verschiedenen Villen und Schlössern ein. Die Prinzessin Marie von Thurn und Taxis-Hohenlohe wurde 1909 seine lebenslange Förderin und Beschützerin. In ihr fand Rilke die ersehnte Mutterfigur, der er sein Herz ausschütten konnte. Während des Ersten Weltkriegs diente er kurzfristig als Schreiber in der österreichischen Armee. Intellektuelle und künstlerische Frauen fühlten sich stets zu dem anmutigen Rilke hingezogen, obgleich er keineswegs ein Adonis war. Selbst Prinzessin Marie beschrieb ihn, mit seinem langen Kopf, der großen Nase, dem fliehenden, gespaltenen Kinn und dem traurigen Schnurrbart, als «häßlich, klein, kümmerlich». Rilke suchte die Gesellschaft von Frauen, doch floh er sofort, wenn er die Abgeschiedenheit, in der er lebte, und seine Arbeit gefährdet sah. Er war Nudist, liebäugelte mit dem Okkultismus und glaubte an natürliche Heilmethoden. Bilder von jungfräulichen Mädchen, von Tod und Rosen durchziehen seine Dichtung. Der «St. Nikolaus der Einsamkeit», wie ihn der Dichter W. H. Auden nannte, starb in der Nähe von Montreux in der Schweiz.

Liebe: «Ich kann nicht gut lieben, denn ich liebte meine Mutter nicht», bekannte Rilke einmal. Bei anderen Gelegenheiten klagte er über das Leiden und die Verzweiflung, die ihm seine erotischen Beziehungen verursacht hätten. Da ihm Sex wenig Freude machte, nahm er Frauen gegenüber zumeist die Rolle des guten Freundes ein. Aber es gab Ausnahmen.

Als er mit sechzehn Jahren die Handelsschule in Linz besuchte, hatte er eine Affäre mit einer um einige Jahre älteren Lehrerin, mit der er schließlich davonlief. Als Siebzehnjähriger verlobte er sich mit Valerie von David-Rhonfeld, einer vielversprechenden Künstlerin, die ein Jahr älter war als er. Nach drei Jahren, in denen Rilke ihr etwa 130 Liebesbriefe geschrieben hatte, löste er die Verlobung wieder auf.

1897 lernte er die bekannte Schriftstellerin Lou Andreas-Salomé, die Tochter eines russischen Generals, kennen. Zwar war sie verheiratet und dreizehn Jahre älter als Rilke, doch tat das der Liebe keinen Abbruch. Rilkes Tagebuch enthält Hinweise darauf, daß sie sogar ein Kind von ihm bekam. Rilke, Lou und ihr Ehemann fuhren gemeinsam nach Rußland, und kurze Zeit später reisten die beiden Liebenden noch einmal dorthin und gaben sich diesmal als Cousin und Cousine aus. Es war die ausdauerndste Beziehung Rilkes zu einer Frau – neben der rein geistigen Freundschaft zur Prinzessin Marie. Auch nach ihrer offiziellen Trennung besuchten und schrieben sie sich weiterhin. Lou, die gewohnt war, psychoanalytisch zu denken, schrieb Jahre später, daß die größte unter den «vielen Ängsten» Rilkes die mädchenhafte Furcht vor seinem Penis war. Sie erwähnte Rilkes sexuelle Infantilität und enthüllte, daß die Erektion für ihn auf Grund einer Verwachsung sehr schmerzhaft gewesen sei. Sie deutete seine Ängste auch als «deplacierte, verdeckte Schuldgefühle wegen seines Masturbierens».

Rilke heiratete 1901 die Bildhauerin Clara Westhoff. Noch im selben Jahr wurde ihre Tochter Ruth geboren. Aber schon bald darauf gingen die Rilkes getrennte Wege, ohne sich deswegen offiziell scheiden zu lassen.

1914 hatte Rilke eine Liaison mit der Pianistin Magda von Hattingberg, die sich jedoch gegen eine Heirat entschied, weil sie der Auffassung war, daß sie ihn nicht einfach wie einen Mann lieben könne. «Für mich ist er die Stimme Gottes, die unsterbliche Seele», sagte sie. Im darauffolgenden Jahr wurde die außergewöhnliche Malerin Lou («Lulu») Albert-Lasard in München seine Geliebte. Im Winter 1918 schrieb Rilke leidenschaftliche Briefe an die Lyrikerin Claire Studer (später Claire Goll), mit der ihn eine «kurze, ekstatische Blüte körperlicher Liebe» verband. Dann lernte er die siebzehnjährige Marthe Hennebert kennen, eine rührende, verwahrloste Pariserin. Acht Jahre lang war er ihr ein väterlicher Liebhaber. Und in der Schweiz hatte er 1921 eine Liaison mit der russischen Malerin Baladine Klossowska.

Rilke war noch mit vielen anderen Frauen – unter ihnen die Dichterin Regina Ullmann und die Gräfin Franziska zu Reventlow – befreundet, doch spielte in diesen Beziehungen die Sexualität keine oder nur eine geringe Rolle. Seine letzte Liebe war eine junge ägyptische Schönheit, Nimet Eloui Bey, die Rilke kurz vor seinem Tod traf. Man sagt, daß er sich den Finger verletzte, als er Rosen für sie pflückte. Die Wunde entzündete sich, und während der Behandlung entdeckten die Ärzte zufällig, daß er an Leukämie litt. Einige Wochen später war Rilke tot.

Gedanken: Unter den erst nach seinem Tod veröffentlichten Schriften befinden sich sieben Gedichte, in denen Rilke den menschlichen Phallus verherrlicht und den sexuellen Akt in religiösen Bildern darstellt. Die Essenz unserer irdischen Herrlichkeit, so Rilke, sei unser «lieblicher» Sex, den das Christentum immer zu unterdrücken versucht habe. «Warum raubten sie unserer Geschlechtlichkeit die Heimat?» klagte Rilke. Prinzessin Marie gestand er: «Jede Liebe ist eine Anstrengung für mich, eine schwierige Aufgabe ...»

Aus den «Phallischen Gedichten»: Das vierte einer Serie von sieben Gedichten wurde im Oktober 1915 geschrieben:

«Schwindende, du kennst die Türme nicht.
Doch nun sollst du einen Turm gewahren
mit dem wunderbaren
Raum in dir. Verschließ dein Angesicht.
Aufgerichtet hast du ihn
ahnungslos mit Blick und Wink und Wendung.
Plötzlich starrt er von Vollendung,
und ich, Seliger, darf ihn beziehn.

Ach wie bin ich eng darin.
Schmeichle mir, zur Kuppel auszutreten:
um in deine weichen Nächte hin
mit dem Schwung schoßblendender Raketen
mehr Gefühl zu schleudern, als ich bin.»

rjr

Zwei Frauen – ein Leben

Gertrude Stein
3. Februar 1874–27. Juli 1946

Bedeutung: Gertrude Stein richtete sich mit ihrer Geliebten Alice B. Toklas in ihrer Wahlheimat, Paris, ein und blieb dort bis zu ihrem Tod. In ihrem Geburtsland, den USA, galt sie wegen ihres avantgardistischen Schreibstils und ihrer merkwürdig männlichen Erscheinung als exzentrische Person. Ihr Pariser Domizil wurde in den Jahren zwischen den beiden Weltkriegen Treffpunkt der amerikanischen Schriftsteller.

Lebensgeschichte: Geboren wurde sie in Allegheny (Pennsylvania), ihre frühe Kindheit verbrachte sie jedoch in Paris und Wien, bis die recht wohlhabende Familie sich in Oakland (Kalifornien) niederließ. Über diesen Ort schrieb sie: «Die Sache mit Oakland ist die: Kommt man dort an, ist niemand dort dort.» Kritiker vermuten, daß der frühe Kontakt mit drei Sprachen ihren eigentümlichen Stil beeinflußte – sie benutzte Wörter wie Laute, losgelöst von ihrer allgemeinen Bedeutung.

Ihre verschüchterte Mutter starb an Krebs, als Gertrude Stein vierzehn Jahre alt war, und ihr tyrannischer Vater zwang sie, Medizin zu studieren. Drei Jahre später starb auch er, doch hatte er lange genug gelebt, um die Gefühle seiner Tochter Männern gegenüber nachhaltig negativ zu beeinflussen. Später schrieb sie einmal: «Väter sind deprimierend.»

Am Radcliffe College studierte sie bei William James Psychologie. Sein Pragmatismus – die Lehre, Ereignisse der Gegenwart zu verstehen, ohne sie auf Erfahrungen aus der Vergangenheit zu beziehen – wurde später zu einem grundlegenden Prinzip ihrer Dichtung. Danach besuchte sie die Johns Hopkins Medical School und fiel vier Jahre darauf durch die Prüfung, weil ihre erste lesbische Liebschaft sie zur gleichen Zeit in große seelische Schwierigkeiten stürzte. In dem ach so moralischen Amerika fiel es ihr nicht leicht, ihre ungewöhnlichen sexuellen Regungen zu akzeptieren.

Sie reiste nach Paris und lebte von dem Geld, das ihre Eltern hinterlassen hatten. Ihr Bruder Leo, ein Kunstkritiker, wohnte bei ihr. Die zwei begannen, kubistische Bilder zu sammeln, die zu der Zeit brandneu und sehr gewagt waren. Maler wie Picasso, Matisse und Braque befreundeten sich mit den Geschwistern und besuchten sie regelmäßig. Gertrude Stein schrieb in dieser Zeit drei Bücher: «*Q. E. D.*», einen befreienden Bericht über das Ringen mit ihrer lesbischen Veranlagung, der 1903 beendet, aber erst 1950 verlegt wurde, die Erzählungen «*Drei Leben*», die 1909 mit großem Erfolg veröffentlicht wurden, und den Roman «*The Making of Americans*», der zwischen 1903 und 1911 entstand, aber erst 1925 erschien. Leo zog nach einem Streit mit seiner Schwester aus der gemeinsamen Wohnung, und Alice B. Toklas zog ein. Sie wurde für die nächsten 38 Jahre Gertrude Steins Beraterin, Beschützerin und Geliebte.

Mit ihrem literarischen Erfolg wuchs auch die Zahl der Künstler, die sie in ihrer Wohnung besuchten, unter ihnen F. Scott Fitzgerald, Sherwood Anderson und Ernest Hemingway. Mit ihrem kurzen Männerhaarschnitt, ihrem stämmigen Körper und dem lauten Lachen erweckte sie nicht den Eindruck, eine derartig mächtige Persönlichkeit in der Pariser Künstlerszene zu sein, die mit der harmlosesten Bemerkung einen Ruf begründen oder zerstören konnte. Ihr bekanntestes Werk ist ihre 1933 veröffentlichte Autobiographie mit dem irreführenden Titel: «*Autobiographie von Alice B. Toklas*». Stein starb 1946 und vermachte ihren ganzen Besitz ihrer Freundin Alice, die bis 1961 ihre Kunstsammlung verwaltete. Dann wurde sie von Steins Familie beschlagnahmt und auf einer Auktion für sechs Millionen Dollar verkauft.

Liebe: Es bereitete Gertrude Stein große Schwierigkeiten, ihre lesbische Neigung während ihrer ersten Affäre mit der Kommilitonin May Bookstaver zu akzeptieren. May hatte eine leidenschaftliche Natur und suchte sich neue Romanzen, während Gertrude Stein allein mit ihren ungewöhnlichen erotischen Gefühlen fertig werden mußte, die sehr im Widerspruch zu ihrer Erziehung standen. Erst viel später, als sie Alice B. Toklas begegnete und «heiratete», gelang es ihr, ein positives Verhältnis zu ihrer Vorliebe für Frauen zu entwickeln: «Langsam begreife ich, daß jede Form der Liebe interessant und nicht unangenehm für mich ist.»

Gertrude Stein führte in Paris einen Salon, in dem Pablo Picasso und andere, später berühmt gewordene Maler ein und aus gingen, als Alice B. Toklas im Herbst 1907 in ihr Leben trat. Die in San Francisco aufgewachsene, sehr gebildete Schriftstellerin befand sich auf einer Europareise. Sie erhielt eine Einladung, sich die Kunstsammlung in Steins Wohnung anzusehen, und machte ihr schon bald ihre Aufwartung. Sie war schmal und schüchtern, Stein dagegen eine sehr korpulente Erscheinung (bald sollte sie über 90 Kilo wiegen). Mabel Dodge Luhan beschrieb, wie die beiden Frauen aussahen, als sie sich kennenlernten: die dreißigjährige Toklas «war schmächtig und dunkel, ihre wunderschönen grauen Augen wurden von schwarzen Wimpern umrahmt – wie unter einer schweren Last bog sich ihre jüdische Nase, fielen die Lider über die Augen, zogen sich die Winkel ihres roten Mundes nach unten, und selbst die Ohrläppchen, die unter ihrem schwarzen, eingeschlagenen hebräischen Haar hervorkamen, wurden durch ihre schweren orientalischen Ohrringe hinabgezogen». Und über die dreiunddreißigjährige Stein schrieb sie: «Gertrude Stein war gewaltig. Auf ihren Knochen türmten sich die Pfunde – nicht wogendes, sondern festes, schweres Fett. Sie war irgendwie in Cord oder Samt gewickelt, ihr krauses Haar trug sie zurückgekämmt und hinter ihrem lustigen, intelligenten Gesicht festgesteckt.»

Für beide war es Liebe auf den ersten Blick. Alice wiederholte ihre Besuche, und schließlich schlug Stein ihr vor, ganz einzuziehen. Toklas las für eines von Steins Büchern Korrektur und tippte tausend Manuskriptseiten für ein zweites. Nach und nach – meinte Mabel Dodge Luhan – wurde Toklas Steins «Mädchen für alles ... immer umsorgte sie jemanden ... die perfekte Botin ... so unauffällig, daß jeder sie nur als stilles, malerisches Objekt im Hintergrund wahrnahm». Aber Leo, Steins Bruder, dachte anders darüber, und er klagte Mabel Dodge Luhan seinen Kummer: «Es hatte ihn schon immer aufgeregt, wenn er mit ansehen mußte, wie ein Schwächerer einen Stärkeren versklavte, und er glaubte, dies sei auch hier der Fall. Alice machte sich unentbehrlich ... Und Gertrude werde dadurch hilflos und närrisch, immer weniger bereit, selbst etwas zu erledigen, meinte Leo; er habe, sagte er, auf dieselbe Art Bäume durch Schlingpflanzen zugrunde gehen sehen.»

Aber diese Beziehung war mehr, denn die beiden Frauen liebten sich gegenseitig. Stein machte Toklas einen Vorschlag: «Sorge für mich», drängte sie. «Ich sorge für dich auf jede nur mögliche Weise ... Sei zärtlich zu mir und beschütz mich vor Gefahren ... Letzten Endes gehören wir ins selbe Bett.» Alice Toklas war einverstanden, und so begann eine eheähnliche Beziehung zwischen den beiden: Stein verdiente das Geld für den Lebensunterhalt, und Toklas kümmerte sich um das Haus und die Rechnungen und sorgte für einen reibungslosen Ablauf des Alltags ihrer Gefährtin.

Gertrude Stein war auch mit Männern befreundet, wobei jeder sexuelle Kontakt ausgeschlossen war. So hatte sie zu Hemingway – trotz ihrer Kritik an seiner übertriebenen Männlichkeit – ein sehr enges Verhältnis. Sie rügte ihn einmal, weil er Vorurteile gegenüber Lesbierinnen hegte: «Davon verstehen Sie wirklich nichts, Hemingway. Sie kennen berüchtigte Verbrecher und kranke Leute und böse Leute. Wesentlich ist, daß der Geschlechtsverkehr der männlichen Homosexuellen häßlich und abstoßend ist und sie sich hinterher selbst nicht leiden können. Sie trinken und schlucken Drogen, um dies Gefühl zu betäuben; trotzdem finden sie den Akt widerlich und wechseln ständig ihre Partner und können nicht wirklich glücklich sein. Bei Frauen ist es umgekehrt. Sie tun nichts, was sie widerlich finden, und nichts, was abstoßend ist, und hinterher sind sie glücklich und können glücklich miteinander leben.» Hemingway sagte über Stein: «Ich wollte sie immer ficken, und sie wußte es.»

Je älter sie wurde, um so deutlicher äußerte Stein ihre Abscheu vor der Heterosexualität: «Männer und Frauen zusammen, das ist ziemlich entsetzlich ...» Stein und Toklas lebten sehr zufrieden miteinander und – ihre lesbische Liebe ausgenommen – fast konventionell. Beide waren treu und liebevoll; wenn sie allein waren, fanden sie Kosenamen füreinander – Toklas war «Pussy» und Stein «Lovely». Doch fehlte die Leidenschaft keinesfalls in ihrer Beziehung, was in Steins Gedicht «Schwellender Schoß» deutlich wird, einem langen Loblied auf die lesbische Liebe, das sie Toklas 1917 schickte. «Kaiser» und «Milchkuh» stehen im folgenden Zitat für «Orgasmus».

«Küß meine Lippen. Sie tat es.
Küß meine Lippen noch einmal sie tat es.
Küß meine Lippen wieder und wieder und wieder noch einmal sie tat es ...
Ich laß mich klebrig küssen ...
Ich sage schwellender Schoß und dann sage ich schwellender Schoß und Kaiser.
Ich sage schwellender Schoß sanft und Kaiser sanft. Ich sage schwellender Schoß wieder und Kaiser wieder ... Ich sage schwellender Schoß Kaiser und Milchkuh kommt raus. Ich sage schwellender Schoß und Kaiser und Milchkuh kommt raus.
Kannst Du mich verstehen?»

Ja, sie könne, antwortete Alice.

Stein litt an Krebs und wollte sich 1946 operieren lassen. Kurz bevor sie in den Operationssaal gerollt werden sollte, wandte sie sich an Toklas und sagte: «Wie lautet die Antwort?» Toklas antwortete nicht. Stein nickte und sagte: «Also: Wie lautet die Frage?» Dies waren die letzten Worte an ihre Geliebte. Gertrude Stein starb noch unter Narkose in derselben Nacht. Sie starb mit der Überzeugung, ein Genie zu sein – eines der drei Genies, die sie gekannt hatte; die anderen beiden waren Pablo Picasso und Alfred North Whitehead. Einmal erwähnte sie noch einen anderen: «Einstein war der schöpferische philosophische Geist dieses Jahrhunderts, und ich bin der schöpferische literarische Geist dieses Jahrhunderts geworden.»

Alice B. Toklas lebte noch weitere 21 Jahre traurig und einsam ohne ihre Freundin. In ihrem neunundachtzigsten Lebensjahr sagte sie ganz ohne Pathos zu einem Freund: «Sie fehlt mir, sie fehlt mir immer noch so sehr.»

mw & hg

Der Mann, der seine Frau liebte

Mark Twain
30. November 1835–21. April 1910

Bedeutung: Mark Twain ist einer der bekanntesten amerikanischen Romanciers und Satiriker. Er schrieb die unsterblichen Klassiker *«Tom Sawyers Abenteuer», «Huckleberry Finns Abenteuer»* und *«Ein Yankee aus Connecticut an König Artus' Hof»*.

Lebensgeschichte: Samuel Langhorne Clemens wurde in Florida (Missouri) geboren. Sein Künstlername, «Mark Twain», war der Ruf der Mississippischiffer beim Ausloten der Wassertiefe.

Er begann seine Laufbahn als Journalist und wandte sich erst später der Literatur zu. Er war ein hochbegabter Schriftsteller, doch paßte er sich meist beim Schreiben dem gesellschaftlich Geduldeten an, beendete viele seiner Werke – oft gerade jene, die ihm am besten gefielen – nicht und machte auch keinen Versuch, sie zu veröffentlichen. Er verdiente mit seinen schriftstellerischen Arbeiten – wie auch mit seinen Vortragsreisen – viel Geld, doch wiederholt verlor er bei unglücklichen Spekulationen riesige Summen.

Liebe: Mark Twains Liebesleben wurde von einer einzigen Person bestimmt – Olivia («Livy») Langdon, die er 1870 heiratete. Er hatte zwar Freundinnen gehabt, bevor er ihr begegnete, doch wahrscheinlich ist, daß er bei seiner Heirat – er war bereits 34 Jahre alt – noch keinen sexuellen Kontakt zu einer anderen Frau gehabt hatte. Livys Bruder zeigte ihm nur ein Bild von ihr, und schon hatte er sich in sie verliebt. Sie stammte aus einer sehr angesehenen Familie, und Twain hatte – trotz seiner klaren finanziellen Verhältnisse – seine liebe Not, ihre Eltern zu überzeugen, daß er ihrer Tochter würdig sei. Aber er schaffte es. Sie schenkte ihm nicht nur drei Töchter, sondern machte es sich auch zur Aufgabe, ihn zu bessern. Sie erklärte allen seinen schlechten Gewohnheiten den Krieg: dem Tabak (er rauchte seit seinem achten Lebensjahr), dem Alkohol, dem Kartenspiel und seinem allseits bekannten, ununterdrückbaren Fluchen. Er war ihr schwererziehbares Kind, und sie nannte ihn dementsprechend «Jüngling». Mark Twain erzählte einem Freund: «Nach meiner Hochzeit redigierte sie alles, was ich schrieb. Aber dabei blieb es nicht: Sie redigierte nicht nur meine Bücher – sie redigierte mich!» Und er fügte hinzu: «Wenn sie Socken unanständig fände, ich würde sofort aufhören, sie zu tragen.»

Mark Twain liebte Livy abgöttisch. Er kritisierte sie nie, denn für ihn war sie das Nonplusultra weiblicher Vollkommenheit. Zwar machte es ihm einen Riesenspaß, sie zu necken und ihr Streiche zu spielen, doch letztendlich gehorchte er ihr. Seit einem Sturz auf dem Eis in ihrer Jugend war Livy teilweise behindert und gab ihrem Mann so Gelegenheit, sie nach Herzenslust zu pflegen und zu verwöhnen. Seine Liebe währte bis zu ihrem Tod im Jahre 1904. Mark Twain litt entsetzlich unter dem Verlust – er fand nie wieder zu seiner alten Fröhlichkeit zurück und hatte keine Freude daran, ohne Livy weiterzuleben.

Sexualität: Es wird vermutet, daß Mark Twain mit fünzig Jahren überwiegend impotent gewesen ist, denn in vielen seiner unbekannteren Schriften sind entsprechende Andeutungen enthalten. Völlig offen hat er sich jedoch nie dazu geäußert. In seinen Memoiren meinte er, die Wahrheit über sich würde er durchaus erzählen, aber nicht die sexuelle, denn das hätte Rousseau schließlich schon in seinen *«Bekenntnissen»* getan. Höchstwahrscheinlich hat Mark Twain ausschließlich mit seiner Frau geschlafen. Zwar hat seine langjährige Privatsekretärin Isabel Lyon nach dem Tod seiner Frau sehr deutlich ihr Interesse an einer Verbindung mit ihm gezeigt, doch er konnte die Frau nicht leiden. Einem Freund schrieb er: «Ich könnte mit Miss Lyon nicht ins Bett gehen. Dann lieber gleich mit einer Wachspuppe.» Er erklärte, sie sei «eine alte, alte, vertrocknete Jungfer, und ich sehne mich nach anderen Dingen».

Eigenarten: Es ist schon überraschend, daß der große Mark Twain seinen Spaß daran hatte, obszöne Gedichte, Balladen und Essays zu verfassen. Er ließ sie privat in sehr kleinen Auflagen drucken, wenn er sie überhaupt drucken ließ. Er klagte: «Zartgefühl – ein trauriges, trauriges, falsches Zartgefühl – raubt der Literatur zwei ihrer schönsten Besitztümer: Erzählungen für die ganze Familie und anrüchige Geschichten.» Das berühmteste seiner obszönen Werke ist *«1601»*. In diesem ausgelassenen Essay vergnügen sich Königin Elisabeth I., Sir Walter Raleigh und andere bekannte Größen der Zeit mit lüsternen Erzählungen und anzüglichen Späßen. Mark Twain schickte seinem Busenfreund, Pastor Joseph Twitchell, eine Kopie, und für beide war es ein großer Spaß, sich mit dieser Schrift an ihren Lieblingsplatz in einem Wald zurückzuziehen und beim gegenseitigen Vorlesen herzhaft zu lachen.

Ein Gedicht Twains beginnt: «Verstopfung, oh, Verstopfung», und eine Ansprache, die er vor einem Herrenklub hielt, hatte die Überschrift: *«Einige Bemerkungen über die Kunst des Onanierens»*. *«Der Riesendorsch»* heißt ein Lied und eine Rede, die er für einen anderen Herrenklub, «The Mammoth Cods» (Die Riesendorsche), schrieb, dessen Mitglieder ihre Zeit mit Dorschangeln, Trinken und Feiern verbrachten. («Cod» heißt nicht nur «Dorsch», sondern ist daneben ein altmodischer Ausdruck für «Penis».) Einige Zeilen aus dem Lied: «Von allen Tieren / die der liebe Herrgott schuf / spielt nur der Mensch / aus Absicht und voll Freud' / mit seinem Riesendorsch.» Mark Twain meinte, dies sei ein Kirchenlied, und stellte sich vor, wie «Hunderte niedlicher und argloser Kinder» es in der Sonntagsschule singen würden. «Mir ist nicht klar, worin der Nutzen eines besonders großen Penis liegen soll», schrieb er in dem Dorsch-Essay. «Was vermögen sie schon mehr als die kleineren? ... Auf diesem Gebiet sollte man – wie sonst auch – mehr auf Qualität als auf Quantität achten. Es ist das eindringende, nicht das spaltende Instrument, das von Nutzen ist.

Ich kann nicht sagen, ob ich so etwas wie einen ‹Dorsch› besitze. Ich weiß, zu meiner Person gehört eine Röhre, die sehr bequem überflüssige Feuchtigkeit aus meinem Körper befördert; und das ist auch der einzige Nutzen, der mir bisher auffiel – außer dem natürlichen der Zeugung. Man möge mich darob nicht verurteilen, denn wäre es nicht schade, würde ein Mann meiner Qualität ohne Nachkommen bleiben? Was die Freuden angeht, von denen Männer von Welt erzählen ... ich habe sie nie erfahren und bin darob nicht traurig. Ich erinnere mich nur an ein – vielleicht – angenehmes Gefühl, aber es war so kurz und flüchtig, daß es die Wiederholung nicht lohnte.»

Gleichermaßen aufschlußreich ist der folgende Auszug aus *«Briefe von der Erde»*: «Vom siebten Lebensjahr an bis zu ihrem Tod aus Altersschwäche ist eine Frau bereit und *leistungsfähig*. So leistungsfähig wie ein Kerzenhalter, die Kerze zu tragen. Nacht für Nacht leistungsfähig und Tag für Tag leistungsfähig. Außerdem *wünscht* sie die Kerze – verlangt nach ihr, sehnt sich nach ihr, trachtet nach ihr – wie Gottes Gesetz es ihrem Herzen befiehlt.

Aber der Mann ist nur für kurze Zeit leistungsfähig, und auch nur in dem beschränkten Maß, das man dem Wort im Falle *seines* Geschlechtes beimessen kann. Seine Leistungsfähigkeit beginnt mit dem sechzehnten oder siebzehnten Lebensjahr und währt 35 Jahre. Wenn er fünfzig ist, werden seine Leistungen schlechter, die Pausen immer länger und die Befriedigung für beide Teile mäßig; wohingegen seine Urgroßmutter so gut wie neu ist. Ihre Einrichtung ist noch völlig intakt. Ihr Kerzenhalter ist so fest wie eh und je, wohingegen seine Kerze mit zunehmendem Alter weicher und schwächer wird, bis sie schließlich nicht mehr stehen kann und trauernd zur Ruhe gebettet wird, in der Hoffnung einer glücklichen Wiederauferstehung, die doch nie eintrifft.»

Der Schriftsteller rechnet dann noch aus, daß ein Mann den Liebesakt fünfzig Jahre lang hundertmal pro Jahr schafft, eine Frau dagegen in der Lage ist, 3000 Liebesakte im Jahr zu vollziehen, und das ihr ganzes Leben lang. Das macht im Durchschnitt zehn Liebesakte am Tag für eine Frau. Die Lebensgesamtsumme des Mannes (Mark Twains Rechenkünsten zufolge) liegt bei 5000 «Erfrischungen», die der Frau bei 150000. Aus diesem Grund schlug Twain vor, ein Mann solle ein Fünfzigstel Anteil an einer Frau erhalten, während den Frauen ein ganzer Männerharem zustünde.

Der Schriftsteller frönte noch einem anderen «Laster». Im Alter faszinierten ihn kleine Mädchen immer mehr. Sein Interesse trug eindeutig erotische Züge. Er versammelte die jungen Damen in einem eigenen Klub: Einzeln hieß jede «Engelfisch» (und erhielt ein «Engelfischabzeichen»), und alle zusammen waren «Das Aquarium». Das Durchschnittsalter eines Engelfisches betrug dreizehn Jahre, und selten wurde ein Mädchen aufgenommen, das älter als sechszehn war. Wenn ein Engelfisch in das Alter kam, in dem die Gesellschaft junger Männer interessant wird, hatte Mark Twain arg mit seiner Eifersucht zu kämpfen. Seine Sekretärin schrieb: «An einem unbekannten Ort sieht er sich als erstes nach kleinen Mädchen um», und «er ist weg wie der Blitz, wenn er ein neues Paar schlanker Beinchen auftauchen sieht; und wenn das kleine Mädchen dann auch noch eine riesige Schleife im Haar trägt, schwebt er vollends im siebten Himmel.»

Gedanken: «Liebe scheint so flüchtig, doch ist ihr Wachstum das langsamste von allen. Weder Mann noch Frau kennt die vollkommene Liebe, bevor sie nicht ein Vierteljahrhundert verheiratet sind.» Während Livys tödlicher Krankheit schrieb er in sein Notizbuch: «Männer und Frauen – Eheleute eingeschlossen – bleiben sich fremd. Jeder hat seine Gebiete, in die der andere nicht eindringen und die er nicht verstehen kann. Sie wirken wie Grenzen.»

aw

Der Vagabund

Paul Verlaine
30. April 1844 – 8. Januar 1896

Bedeutung: Als einer der großen französischen Schriftsteller des 19. Jahrhunderts sprengte Verlaine die Grenzen, die der französischen Dichtkunst hinsichtlich der Rhythmik und des Versmaßes auferlegt waren. Fast genauso berühmt ist er für sein Vagabundenleben und seine bisexuellen Liebesaffären geworden, darunter die mit dem Dichter Arthur Rimbaud.

Lebensgeschichte: Verlaines Vater war Offizier. Seine Mutter, eine einfache Frau, bewahrte die Fetusse ihrer drei totgeborenen Kinder in Glasbehältern auf und wachte eifersüchtig über ihr einziges lebendes Kind. Sein ganzes Leben hindurch sollte Verlaine das verhätschelte Muttersöhnchen bleiben – schwach, unselbständig, anspruchsvoll und gleichzeitig unterwürfig, sexuell ambivalent.

Ihn «überkam die Sinnlichkeit», als er zwölf oder dreizehn Jahre alt war, erinnerte sich Verlaine, aber sein schlampig wirkendes häßliches Aussehen erweckte eher Antipathie als Zuneigung. Sein Gesicht war breit und flach, mit schmalen, schrägstehenden Augen unter buschigen Brauen. Kinder neckten ihn, und ein Lehrer meinte, er sehe aus wie ein degenerierter Verbrecher.

Die jüngeren Kameraden in der Schule gefielen Verlaine, und er schloß «innige» Freundschaften. Einer seiner Freunde war Lucien Viotti, ein hübscher Jugendlicher mit einem «außerordentlich gut gebauten Körper». Mit ungefähr siebzehn Jahren war Verlaine schon Stammkunde bei verschiedenen Huren, mit denen er inbrünstig die Freuden und Qualen der Wollust erforschte. Gleichzeitig stellte er mit beeindruckenden Trinkleistungen seinen Hang zum Alkohol unter Beweis. Seine besondere Vorliebe galt dem giftgrünen Absinth. Nach dieser ausgedehnten Periode der Ausschweifungen lernte er 1870 ein junges Mädchen kennen, das in seinen Augen die Verkörperung der unbefleckten Jungfräulichkeit war. Noch im selben Jahr heiratete er sie.

Eine Zeitlang arbeitete er als Beamter, doch brach bald darauf der Deutsch-Französische Krieg aus, und die Ankunft Arthur Rimbauds in Paris machte ein für allemal jeden Ansatz bürgerlicher Achtbarkeit in Verlaines Leben zunichte. Die Affäre mit Rimbaud dauerte zwei Jahre: Dann mußte er eine achtzehnmonatige Gefängnisstrafe absitzen, die er sich durch einen tätlichen Angriff auf Rimbaud eingehandelt hatte. Während der Haft suchte der Dichter Trost in der Religion.

Nachdem er aus dem Gefängnis entlassen worden war, begann er, von einer sexuellen Beziehung zur anderen zu vagabundieren. Es waren zumeist komplizierte, konfliktgeladene Affären, in denen Verlaine hin und her gerissen wurde zwischen Gewalt und Reue, Besonnenheit und Ausschweifung, Streit und Versöhnung – und sozusagen als Nebenprodukt entstanden dabei – die Substanz seiner Erfahrungen – seine Gedichte. Das zweite sichere Zentrum seines Lebens war – neben der Dichtkunst – die Haßliebe zu seiner Mutter, die häufig in offenen Kampf ausbrach.

Nachdem seine Mutter 1886 gestorben war, verliebte sich Verlaine, das erste Mal seit seiner Heirat, wieder in ein weibliches Wesen. Gesundheitlich ging es bergab mit ihm (zu seinen zahlreichen Leiden gehörten eine Leberzirrhose, Herzbeschwerden und ein «schlimmes Bein», das möglicherweise eine Folge der Syphilis im dritten Stadium war), so daß er die Hälfte der letzten Jahre vor seinem Tod relativ behaglich in Krankenhäusern verbrachte, wo der berühmte Dichter wie ein Baby umsorgt wurde. Bevor er an einer Lungenentzündung starb, hatte man ihn noch zum «Dichterfürsten», zum größten lebenden französischen Dichter, ernannt.

Mathilde: Verlaine verliebte sich auf den ersten Blick in die sittsame sechzehnjährige Mathilde Mauté, die eine seiner Bewunderinnen war. Da sie ihn schon in Literaturzirkeln gesehen hatte, konnte sie sein Aussehen nicht mehr erschrecken. Außerdem sei der verliebte Verlaine so glücklich gewesen, schrieb sie später, daß «er nicht mehr häßlich wirkte und ich an das Märchen ‹Die Schöne und das Ungeheuer› denken mußte, in dem die Liebe das Ungeheuer in einen schönen Märchenprinzen verwandelt».

In ihrer zehnmonatigen Verlobungszeit blieb Verlaine bewundernswert anhänglich und keusch; er schrieb platte Gedichte, in denen er die Liebe romantisierte. In der Ehe entpuppte sich die «Schöne» als eitle, eingebildete Bourgeoise, und der «Märchenprinz» wurde wieder zum Ungeheuer. Er begann auch wieder zu trinken, und seine zwei Seelen tobten sich aus: Seine Sanftheit konnte im Nu in lärmendes, brutales Verhalten umschlagen. Einmal versuchte er, das Haar seiner Frau anzuzünden, und in einem Wutanfall schleuderte er seinen kleinen Sohn gegen die Wand. Seine Flucht mit dem siebzehnjährigen Rimbaud beendete diese Periode. Nach einem gescheiterten Versuch, ihren vom rechten Weg abgekommenen Ehemann wieder an den heimischen Herd zu lokken, ließ sich Mathilde von Verlaine scheiden. Vom ersten Treffen bis zur endgültigen Trennung waren nur drei Jahre vergangen.

Rimbaud: Er war das böse Knaben-Genie der französischen Dichtkunst, ein schöner, frühreifer Jüngling, der überraschend eigenwillige Verse veröffentlichte, in denen er Vokalen Farben und leblosen Dingen Gefühle zuschrieb. Auch war er – allem Anschein nach – ein unerträglicher Rowdy, der rücksichtslos bösartig war und Freude daran hatte, andere zu quälen. Seine Sucht, jede Art der Liebe, des Leidens und des Wahnsinns zu erforschen, um zur dichterischen «Wahrheit» vorzudringen, machten ihn zur leichten sexuellen Beute für Verlaine.

Nachdem Rimbaud einige seiner Gedichte und einen Empfehlungsbrief vorausgeschickt hatte, traf er verdreckt und ohne einen Pfennig in der Tasche in Paris ein. Verlaine brachte ihn bei seinen Schwiegereltern unter, wo er damals selbst wohnte, und danach bei verschiedenen Freunden. (Mit einem von ihnen, einem homosexuellen Musiker, rauchte er seine erste Haschischpfeife.) Tag und Nacht gingen die beiden Dichter auf Zechtour und provozierten die Öffentlichkeit mit ihrer offen zur Schau gestellten Liebe. Waren sie unter sich, erlebte Verlaine mit Rimbaud «Herkulesnächte» und die berauschende «Tigerliebe».

Rimbaud war der eindeutig dominierende Partner. Verlaine, der sich selbst als Liebe und Schutz suchenden «Femininen» sah, ließ sich von dem «jungen Casanova», der in sich eine so unwiderstehliche Mischung aus Schönheit, Genie und Gewalt vereinte, um den Finger wickeln. Ohne Anlaß, nur um seine Macht auszuprobieren, brachte er Verlaine Messerschnitte bei und ärgerte ihn, indem er über seinen bürgerlichen Ehestand lästerte.

Im Juli 1872 machten sich die beiden auf und davon, offensichtlich mit finanzieller Unterstützung von Verlaines Mutter, die auf Mathilde eifersüchtig war. «Es ist ein Alptraum hier», schrieb Verlaine aus Brüssel an seine Frau. «Irgendwann komme ich zurück.» Als er sich wieder erholt hatte, lud er sie ein, sich zu ihnen zu gesellen: «Rimbaud würde sich freuen, Dich bei uns zu haben.» Die Eskapade dauerte fast ein Jahr. Es war eine Zeit, die Verlaine nie vergessen sollte, eine Zeit «intensivsten Lebens, bis an die Grenzen des Daseins». Sie erkundeten die ländlichen Gegenden Belgiens und setzten dann nach England über. Sie wohnten in billigen Hotels und Pensionen. Mit Französischunterricht versuchten sie sich über Wasser zu halten, nahmen dann aber doch lieber das Geld von Verlaines weichherziger Mutter. Die Freundschaft ihres Sohnes mit Rimbaud hatte sie ihren eigenen Schätzungen zufolge mittlerweile 30000 Franc gekostet.

Für Verlaine war es eine sehr schöpferische Periode. Dem bürgerlichen Käfig entronnen, schrieb er seine *«Romanzen ohne Worte»*. Aber es war auch eine Zeit ständiger Streitereien und Beschimpfungen, in denen Rimbaud seinem Selbstekel und seiner an Haß grenzenden Abneigung gegen seine Abhängigkeit von Verlaine freien Lauf ließ. Als er es nicht länger ertragen konnte, brach Verlaine im Juli 1873 plötzlich nach Brüssel auf. Er schickte Verwandten und Freunden Briefe, in denen er mit Selbstmord drohte – und wartete darauf, daß ihn jemand rettete. Seine Mutter war als erste zur Stelle, gefolgt von dem verstockten Rimbaud. Betrunken und wehrlos seinem Gefühlschaos ausgeliefert, richtete Verlaine seine Pistole – die Waffe, mit der er sich hatte umbringen wollen – auf Rimbaud und schoß ihm ins Handgelenk. In dieser bedrohlichen Situation und aus Angst vor einem erneuten Angriff rief Rimbaud die Polizei, die Verlaine festnahm. Im Verlauf der Ermittlungen gegen den Dichter traten seine sexuellen Neigungen immer deutlicher zutage. Die medizinische Untersuchung ließ auf homosexuellen Verkehr schließen. Verlaine wurde wegen versuchten Totschlags zu zwei Jahren Gefängnis verurteilt.

Nach seiner Entlassung im Januar 1875 – ihm waren sechs Monate wegen guter Führung erlassen worden – suchte er Rimbaud auf. Der wehrte seine Annäherungsversuche brutal ab, indem er ihn zusammenschlug und am Straßenrand liegen ließ. Rimbaud kehrte der Dichtkunst bald darauf den Rücken, verbrachte die letzten Jahre seines kurzen Lebens als bezahlter Abenteurer und starb 1891 an Krebs. Verlaine, der nie nachtragend war, erinnerte sich gern an ihre gemeinsame Zeit. Er hatte seine Möglichkeiten voll ausgeschöpft – geistig, emotional und körperlich – und dabei so viel Lust empfunden, daß er die Grenze zum Schmerz schon fast wieder überschritten hatte.

Ersatzgeliebte: In den restlichen Jahren seines Lebens schwankte Verlaine zwischen dämonischen Liebhabern und Mutterfiguren hin und her. Als er 1879 in einer ländlichen Schule unterrichtete, verliebte er sich in einen seiner Schüler, den neunzehnjährigen gutaussehenden Bauernsohn Lucien Létinois, dessen Unverschämtheit und Opportunismus ihn an Rimbaud erinnerte. Lucien ließ sich die überschwengliche Zuneigung und die finanzielle Unterstützung des fünfunddreißigjährigen Dichters gern gefallen, doch hinter seinem Rücken erzählte er allen, daß es ihm lieber gewesen wäre, wenn sie sich nie getroffen hätten.

Verlaine klammerte sich an die sentimentale Vorstellung, Lucien sei sein Adoptivsohn. Er nahm ihn mit nach London, bezahlte seine Ausgaben und verdiente derweil das Geld in einer Privatschule in Hampshire. Als der Dichter hörte, daß Lucien sich in ein britisches Mädchen verliebt hatte, gab er seine Stellung sofort auf und eilte nach London, um Lucien vor dem Schlimmsten zu bewahren. Danach kaufte Verlaine ein Bauernhaus in Frankreich und ließ den Hof von Luciens Familie bewirtschaften. Diese ländlich-romantische Unternehmung endete im Bankrott. Als Lucien zur Armee ging, gesellte Verlaine sich zu seiner Truppe und verfaßte alberne Verse über den «stattlichen Soldaten, hoch aufgerichtet sein Roß lenkend». Doch scheint Verlaine, geläutert durch seine im Gefängnis gewonnene Religiosität, vor einer sexuellen Verführung seines «Sohnes» zurückgeschreckt zu sein. Als Lucien 1883 an Typhus starb, ließ der Dichter ihn in einem Sarg beerdigen, der in jungfräulich weißes Tuch gehüllt war. Dann versuchte er, Lucien in einer Zeit besinnungslosen Vagabundierens und homosexueller Kontakte zu vergessen.

In dieser Zeit lernte er noch den jungen Pariser Künstler und Schriftsteller F. A. Cazals kennen, der eine Zeitlang platonischer Freund, Erbe und fixe Idee des Dichters wurde. Seine letzten Jahre jedoch verbrachte Verlaine – befreit durch den Tod seiner Mutter – mit zwei alternden Prostituierten. Philomène Boudin und Eugénie Krantz waren zwei Schlampen die seine pubertäre Sehnsucht nach verderbtem Sex befriedigten und seinen Masochismus mit physischer und verbaler Mißhandlung belebten. Auch raffgierig waren die zwei, und sie drängten ihn, Gedichte zu schreiben, die sie in den Verlegerbüros gegen Bargeld eintauschten. Unter dem Einfluß von Absinth und Besenstiel verfaßt, zeigen diese Gedichte, daß Verlaines Gedanken sich hauptsächlich um Schenkel, Brüste und Hinterteile drehten.

Verlaines Mätresse Philomène hatte einen Zuhälter angeschleppt, der den Schutz, den er den Prostituierten gegen bare Münze gewährte, auch auf den Dichter ausdehnte, während Eugénie, die sich schon halb aufs Altenteil zurückgezogen hatte, Beständigkeit in sein Leben brachte. Eugénie war auch bei ihm, als er starb, und überwachte seine Beerdigung in Witwenkleidung. Mit den Einnahmen ihres lebhaften Handels mit gefälschten literarischen Andenken trank auch sie sich bald darauf zu Tode.

cd

Die Liebe, die ihren Namen nicht zu nennen wagt

Oscar Wilde
16. Oktober 1854–30. November 1900

Bedeutung: Wilde ist wohl der bekannteste Homosexuelle der westlichen Hemisphäre. Er gehört zu den Autoren, über die am meisten geschrieben wurde, und war einer der scharfsinnigsten Köpfe aller Zeiten. Er schrieb mehrere Theaterstücke, darunter *«Bunbury»*, einen Roman, *«Das Bildnis des Dorian Gray»*, außerdem zahlreiche Gedichte, Essays, Geschichten und Märchen.

Lebensgeschichte: Wilde wurde in Dublin geboren. Seine Eltern waren sehr exzentrische Persönlichkeiten. Seine Mutter hatte sich so sehr eine Tochter gewünscht, daß sie, als ihr zweiter Sohn, Oscar Fingal O'Flaherty Wills Wilde, geboren wurde, diesen wie ein Mädchen kleidete. In seiner Jugend war Oscar groß, fast schon zu groß, trotzdem auf eine gewisse Art anmutig und ohne Frage eine auffallende Erscheinung, allein schon durch seine elegante, modische Kleidung. Er verließ Dublin, um in Oxford zu studieren, und entwickelte dort seinen einzigartigen Stil im Auftreten, in Kleidung und Witz, der später zum Erkennungszeichen der Anhänger des «Aesthetic Movement» werden sollte. Nachdem Wilde Oxford verlassen hatte, baute er seine Theorie des «art for art's sake» (Kunst um der Kunst willen) weiter aus. Schon nach kurzer Zeit war er das «Lieblingskind» der Londoner Gesellschaft. Jeder versuchte, seine Sinnlichkeit ausstrahlenden Samtanzüge und seine geistreichen Aphorismen zu kopieren. Oscar war der umschwärmte Mittelpunkt jeder Party. Ein Zeitgenosse schrieb: «Er war – ohne Einschränkung – der brillanteste Erzähler, der mir je begegnet ist ... Keiner konnte ihn übertrumpfen, alles verblaßte in seiner Gegenwart.»

Wilde verdiente sein Geld mit Kunstkritiken und Buchbesprechungen für Damenzeitschriften und andere Journale, und er hielt Vorträge in England und den USA. Mit der Zeit wagte er sich an Theaterstücke und wurde Englands erfolgreichster Komödienautor. Er war extravagant, freigebig, schockierend und, vor allen Dingen, glücklich. Heutzutage erscheint die Geschichte seines gesellschaftlichen Untergangs unglaublich. Sie bleibt eine der größten Tragödien unserer Zeit.

Sexualität: Als junger Mann war Wilde – trotz seiner Manierismen – eindeutig heterosexuell. Ihn schockierte die Vorstellung gleichgeschlechtlicher Liebe sogar ein wenig. Seine erste Liebe war Florrie Balcombe, der er mit 21 Jahren begegnete. Sie bereitete ihm auch den ersten Liebeskummer, als sie sich für Bram Stoker entschied, der später den berühmten Schauerroman *«Dracula»* schrieb. Einige Jahre danach umwarb Wilde ohne Erfolg die bekannte verheiratete Schauspielerin Lillie Langtry. Er gewann schließlich ihre Freundschaft – ebenso wie die der französischen Schauspielerin Sarah Bernhardt.

Seine jugendlichen Affären ließen ihm noch genug Zeit, gelegentlich eine Prostituierte zu besuchen. An einem Abend verließ er seinen Freund Robert Sherard augenzwinkernd mit der Bemerkung, daß «Priap rufe», und besorgte sich eine Hure der gehobenen Klasse. Als er Sherard am nächsten Morgen begegnete, sagte Wilde: «Was sind wir doch für Tiere, Robert!» Sherard äußerte seine Besorgnis, Wilde könne beraubt worden sein, worauf Wilde antwortete: «Man gibt ihnen alles, was man in den Taschen hat.»

1881 lernte Oscar die hübsche, freundliche Constance Lloyd kennen, der er leidenschaftliche, poetische Briefe schrieb. 1884 heiratete er sie. Ihre Flitterwochen verlebten sie in Paris, und am Morgen nach der Hochzeitsnacht erzählte Wilde Sherard so detailliert von seinen sexuellen Erlebnissen mit Constance, daß es dem Freund schon peinlich wurde. Und tatsächlich brannte das Feuer dieser Liebe auch in den nächsten Jahren unvermindert weiter. Sie bekamen zwei Söhne, Cyril und Vyvyan. Oscar vergötterte seine Kinder, doch war er nicht so recht für das häusliche Leben geschaffen.

Es ist nicht geklärt, wie es dazu kam, daß Wilde mehr und mehr seiner homosexuellen Neigung nachgab. Möglich ist, daß er sich in Oxford bei einer Prostituierten die Syphilis zuzog. Die Krankheit wurde damals mit Quecksilber bekämpft. (Dies hatte eine starke Verfärbung der Zähne zur Folge, die bei Wilde eindeutig vorhanden war.) Bevor Wilde Constance einen Antrag machte, hatte er sich vom Arzt die Versicherung geben lassen, daß seine Geschlechtskrankheit verheilt war. Zwei Jahre später entdeckte er, daß die latenten Spirochäten wieder aktiv geworden waren. Deshalb konnte er nicht mehr mit Constance schlafen und begann, sich nach Jungen umzusehen.

Robert Ross, ein lebhafter, gebildeter junger Mann, rühmte sich, Oscars «erster Knabe» gewesen zu sein, als er 17 und Wilde 32 Jahre alt war. Er blieb sein Leben lang ein Verehrer Wildes. Doch erst 1891 begegnete Wilde der großen Liebe seines Lebens: dem schönen zweiundzwanzigjährigen Lord Alfred Douglas, der von seiner Familie und seinen Freunden «Bosie» genannt wurde. Sie gefielen einander sofort – Bosie war jung (sechzehn Jahre jünger als Wilde), ein Dichter, aus angesehenem Elternhaus, ausgesprochen gut aussehend – und leidenschaftlich, impulsiv und stolz. Kurz gesagt: Er besaß alles, was Wilde bewunderte. Und für Bosie war es ein tolles Erlebnis, von Londons berühmtestem Dramatiker und geistreichstem Menschen umworben zu werden. Die beiden Unzertrennlichen liebten den Luxus und feierten ihre Freundschaft mit täglichen Diners in den besten Restaurants Englands. Selbst Constance mochte Bosie.

Bosie berichtete später in seinen Bekenntnissen, daß er den sexuellen Aspekt ihrer Beziehung so klein wie möglich gehalten habe. Sechs Monate lang ließ er sich auf nichts ein, und als er dann nachgab, erlaubte er nicht mehr als oralen Sex. Bosie beteuerte, daß analer Verkehr nie stattgefunden habe, sondern daß «Wilde sich wie ein älterer Schüler gegenüber einem jüngeren verhielt». (Bosie hatte schon vor seinem Zusammentreffen mit Wilde Beziehungen zu Frauen und Männern gehabt.) Seine Zurückhaltung hing vielleicht damit zusammen, daß auch er Jüngere bevorzugte. In den Berichten über ihre Reise nach Algier wird diese Vorliebe besonders deutlich. Durch Zufall wohnte in ihrem Hotel in der kleinen Stadt Blidah ein Bekannter Wildes – der jüngere Schriftsteller André Gide. Gide kämpfte seit fünf Jahren gegen seine Homosexualität an, und als er merkte, daß Wilde und Bosie im selben Hotel abgestiegen waren, wollte er zunächst abreisen. Als Bosie einen gemeinsamen Abend vorbereitete, nahm er Gide beiseite und sagte: «Ich hoffe, Sie sind wie ich. Ich verabscheue Frauen. Ich mag nur Knaben. Da Sie heute abend mit uns ausgehen, ist es, glaube ich, besser, wenn Sie jetzt sagen, wie es um Sie steht.» Ein nervöser Gide begleitete die beiden auf einer Runde durch die Casbah und landete schließlich in einem Bordell-Badehaus für Homosexuelle, wo Männer zu den Klängen exotischer Musik miteinander tanzten. Unbekümmert stellte Wilde ihm eine Frage, die Gides Schicksal besiegelte: «Lieber, möchtest du den kleinen Musikanten?» Gide konnte nicht widerstehen – und damit hatte er den jahrelangen Kampf gegen seine Neigung verloren. Als sich die Ferien dem Ende näherten, schmiedete Bosie Pläne, mit einem arabischen Jungen davonzulaufen. Er hatte sich in ihn verliebt und ihn seiner Familie abgekauft. Doch bevor Bosie seinen Plan verwirklichen konnte, verliebte sich sein neuer Freund in eine Frau.

In London wurden Wilde und Lord Douglas einem wohlwollenden Herrn und nebenberuflichen Kuppler, Alfred Taylor, vorgestellt. Er liebte es, Damenkleidung zu tragen und Räucherstäbchen in seiner spärlich beleuchteten Wohnung abzubrennen. Er beschaffte Wilde eine Reihe junger Männer – arbeitslose Angestellte, Diener und Zeitungsjungen –, die bereit waren, ihre Dienste zu verkaufen. Sie wurden von Wilde in die besten Restaurants Londons eingeladen, wo sie speisten, Champagner tranken und kostbare Geschenke erhielten. Wilde prahlte – so berichtete der Künstler Aubrey Beardsley –, er habe fünf Botenjungen in einer Nacht gehabt: «Ich küßte jeden Teil ihrer Körper; und alle waren sie dreckig, aber gerade das gefiel mir.»

Es kursierten zwar Gerüchte um Wilde und Bosie, doch wäre wahrscheinlich alles ohne Aufsehen weitergelaufen, hätte es nicht noch Bosies Vater gegeben. Der achte Marquis von Queensberry war ein kleiner, ungehobelter, völlig überdrehter Sportsmann – er hat die Queensberry-Boxregeln verfaßt –, der schon jahrelang die fragwürdige Freundschaft seines Sohnes mit Wilde mißtrauisch beobachtet hatte. Zunächst reagierte er seine Wut noch in beleidigenden Briefen an seinen Sohn ab, doch schließlich konnte er seine Haßgefühle gegen Wilde nicht mehr unterdrücken und schickte ihm jene berühmt gewordene Karte, auf der stand: «Für Oscar Wilde, der den Somdomiten [*sic!*] spielt.» Wilde geriet in Zorn – zu lange hatte er die Belästigungen des Marquis schon ertragen – und ließ sich zu einer unüberlegten Handlung hinreißen: Ermuntert von Bosie, erhob er Anklage wegen Verleumdung, nachdem er seinem Anwalt versichert hatte, daß die Anschuldigungen des Marquis völlig aus der Luft gegriffen seien. Aber zum großen Erstaunen der Staatsanwaltschaft hatte Queensberry den Fall gut vorbereitet. Mit Hilfe eines Teams von Privatdetektiven und bezahlter Informanten hatte er von vielen der jungen Männer, die Wilde durch Taylor kennengelernt hatte, Aussagen erhalten. Als klar wurde, daß diese Männer aussagen würden, ließ die Staatsanwaltschaft die Klage fallen, und der Marquis wurde freigesprochen. Oscars Freunde beschworen ihn, ins Ausland zu gehen, solange er noch die Möglichkeit dazu hatte; selbst seine Frau hoffte, er würde fliehen – aber er wollte nicht. Innerhalb eines Monats war Wilde verhaftet. Queensberry hatte ihn wegen grober Unzucht mit verschiedenen jungen Männern angezeigt. Auch der Kuppler Taylor war festgesetzt worden, weil er sich geweigert hatte, gegen Wilde auszusagen.

Im zweiten Prozeß, einem der aufsehenerregendsten in der englischen Geschichte, verteidigte sich Wilde sehr überlegt und scharfsinnig, doch alle seine Anstrengungen waren umsonst. Einer der Jungen bezeugte: «Wilde bat mich, mir vorzustellen, ich sei eine Frau und er mein Geliebter ... Ich saß meist auf seinem Schoß, während er mit meinem Geschlecht spielte, so wie ein Mann sich mit einem Mädchen vergnügt ... Er bat mich zwei- oder dreimal, ‹ihn› in meinen Mund zu nehmen, aber das habe ich nicht gestattet», und so weiter. Die Zimmermädchen der Hotels sagten aus, verdächtige Flecken auf den Bettlaken entdeckt zu haben, was natürlich als ein sehr unsicheres Indiz angesehen wurde. Mehr und mehr Beweise wurden zutage gefördert, die belegten, daß der Schriftsteller gegenseitige Masturbation und Fellatio, mit Wilde als aktivem Partner, bevorzugt hatte. (Einem Freund erzählte er, daß ihn diese Art des Verkehrs inspiriere.) Für Analverkehr konnten keine eindeutigen Beweise erbracht werden.

Wilde mußte sogar seine veröffentlichten Schriften, zum Beispiel den Roman *«Das Bildnis des Dorian Gray»*, und seine privaten Briefe verteidigen, von denen behauptet wurde, daß sie homosexuelle Anspielungen enthielten. In diesem Zusammenhang hielt er seine berühmte Rede über *«Die Liebe, die ihren Namen nicht zu nennen wagt»* (eine Zeile aus einem Gedicht von Bosie), die so ergreifend war, daß die anwesenden Zuschauer spontan Beifall klatschten. Am Ende konnten die Geschworenen zu keiner Entscheidung kommen, und ein dritter Prozeß wurde angesetzt. Zwischen den Verhandlungen weigerte sich Wilde wiederum zu fliehen. Der Ausgang des dritten Prozesses war düster: Sowohl Wilde als auch Taylor erhielten die Höchststrafe – zwei Jahre Zwangsarbeit.

Damals waren die Haftbedingungen in England äußerst grausam, und die entsetzlichen, demütigenden Erfahrungen, die Wilde im Zuchthaus machen mußte, trieben ihn an den Rand des Wahnsinns. Er schrieb lange, bittere Anklagen an Bosie (unter dem Titel *«De Profundis»* erstmals 1905 veröffentlicht), in denen er ihm seinen Ruin anlastete. Trotz allem hielt Bosie zu ihm (im Gegensatz zu Wildes meisten Freunden) und schrieb: «Obwohl er im Gefängnis sitzt, ist er immer noch Gericht, Geschworener und Richter meines Lebens.»

Nach seiner Entlassung versteckte sich der gebrochene Wilde unter dem Namen Sebastian Melmoth in Frankreich und Italien. Constance Wilde, Bosies Familie und zahlreiche Freunde versuchten, Wilde und Bosie zu trennen, doch ihre Freundschaft und Liebe hielt allem stand. Wilde verbrachte die meiste Zeit seiner letzten drei Lebensjahre mit Bosie, und beide nahmen ihre alten Gewohnheiten wieder auf.

Während Wilde in Frankreich lebte, willigte er in einen «Heilungsversuch» ein. Der Dichter Ernest Dowson nahm ihn mit in ein Bordell, in der Hoffnung, Wilde möge «einen zuträglicheren Geschmack» entwickeln. Hinterher bemerkte Wilde: «Das war das erste Mal seit zehn Jahren – und es wird auch das letzte Mal gewesen sein. Es war wie kaltes Hammelfleisch.» Aber er bat Dowson, es in England zu erzählen – «es wird meinen guten Ruf wiederherstellen».

Gedanken: Beim Versuch, dem Gericht die «Liebe, die ihren Namen nicht zu nennen wagt», zu erklären, sagte Wilde: «Sie ist schön, sie ist zart, sie ist die edelste Form der Zuneigung. An ihr ist nichts Unnatürliches. Sie ist geistiger Natur, und häufig finden sich in ihr ein älterer und ein jüngerer Mann zusammen, wobei der ältere den Geist beiträgt und der jüngere die ganze Freude, Hoffnung und den Glanz des vor ihm liegenden Lebens. Daß es so sein kann, versteht die Welt nicht. Die Welt macht sich darüber lustig, und manchmal stellt sie jemanden an den Pranger deswegen.»

aw

Vergeistigte Liebe

Virginia Woolf
25. Januar 1882–28. März 1941

Bedeutung: Virginia Woolf gehört, gemeinsam mit Proust und Joyce, zu den Pionieren der modernen Weltliteratur. Von 1905 bis 1920 versammelte sie im Bloomsbury-Zirkel die intellektuelle Avantgarde Englands.

Lebensgeschichte: Virginia Woolf erbte die Schönheit ihrer Mutter (Julia Duckworth) und die Intelligenz ihres Vaters (Sir Leslie Stephen war eine der führenden literarischen Persönlichkeiten Englands). Ihre schmale, hochgewachsene Figur wirkte elegant und zerbrechlich, die tiefliegenden Augen betonten ihre klassische, vergeistigte Schönheit. Das Schreiben war bereits in der Kindheit ihre große Leidenschaft und blieb es bis an ihr Lebensende. Es war schwer, Kontakt zu ihr zu finden, da sie ständig in einer anderen Welt zu leben schien. Bedrohlich wurde diese Tatsache aber erst durch periodisch ausbrechende Psychosen – sie hörte Stimmen und hatte Halluzinationen –, die sie zwangen, sich monatelang aus dem gesellschaftlichen Leben zurückzuziehen. Sie überstand vier schwere Zusammenbrüche, und jeder neue Roman erhöhte die Gefahr eines weiteren. Im Kreis der Freunde ihres Bruders aus Cambridge – später Bloomsbury-Zirkel genannt – faszinierte sie im Alter von 25 Jahren mit ihrem Esprit und ihrer Phantasie. Sie wurde umschwärmt, heiratete aber erst mit dreißig Jahren. Im darauffolgenden Jahr beendete sie ihren ersten Roman und fiel in ihre schwerste, zwei Jahre dauernde Psychose. Danach ging es ihr lange Zeit verhältnismäßig gut, sie konnte viel arbeiten und veröffentlichte ungefähr jedes zweite Jahr mindestens ein Buch. Schon ihr erstes Buch fand Beachtung, und mit den Jahren steigerten sich die Verkaufsziffern zu Bestsellererfolgen. Auf dem Höhepunkt des Zweiten Weltkriegs – sie hatte gerade wieder einen Roman beendet – fühlte sie, daß ein erneuter Zusammenbruch nahte. Es war ihr unerträglich, noch einmal den Wahnsinn zu durchleben, darum füllte sie ihre Taschen mit Steinen und ertränkte sich im Ouse. Sie war 59 Jahre alt.

Liebe: Ihre beiden Halbbrüder, Gerald und George Duckworth, übernahmen Virginias unglückliche Einführung in die Sexualität. Als sie sechs Jahre alt war, stellte sie der zwanzigjährige Gerald auf einen Sims und erforschte mit seiner Hand ihre Genitalien – ein Ereignis, das sie niemals vergessen konnte. Ihr Bruder George hatte später – sie war schon ein junges Mädchen – die Angewohnheit, nachts zu ihr ins Bett zu kriechen, sie zu umarmen, zu küssen und am ganzen Körper zu streicheln, was sie bis zu ihrem zweiundzwanzigsten Lebensjahr in erstarrtem Schweigen über sich ergehen ließ.

Diese Erfahrungen haben sicher dazu beigetragen, daß Virginia zwar mit Männern flirtete, sich aber nur in Frauen verlieben konnte. Als junges Mädchen verehrte sie Madge Vaughan, eine schöne, dunkle, romantische Frau, die Virginias literarischen Geschmack teilte. Ihre enge Freundschaft zerbrach, als Madge heiratete. Einige Jahre später begann Virginia einen leidenschaftlichen Briefwechsel mit einer alten Bekannten ihrer Familie, der siebenunddreißigjährigen Violet Dickinson. Virginias Briefe sind ganz im Stil eines Liebenden verfaßt, der an seine – auch im körperlichen Sinne – Geliebte schreibt. «Meine Violet» oder «Meine Frau», heißt es in der Anrede, und die Briefe enden mit «Dein Liebhaber». Sie waren voller Zärtlichkeiten, Verlangen und Sehnsucht und Gefühlen wie: «Ich hoffe, Du fühlst, wie meine Arme Dich umschlingen, wenn Du in der Nacht aufwachst.» Auffällig ist, daß das körperlich-sexuelle Element völlig fehlte – ein Charakteristikum, das auch bei fast allen folgenden Beziehungen Virginias festzustellen ist. Die zehn Jahre währende Freundschaft zu Violet blieb auf einer rein emotionalen Ebene. Lytton Strachey, den Virginias Neffe, Quentin Bell, als «Erzpäderasten von Bloomsbury» bezeichnete, machte Virginia 1909 einen Heiratsantrag. Sie wußte sehr gut, daß er homosexuell war, gab aber trotzdem ihr Jawort. Wahrscheinlich schätzte sie seinen Witz und seinen großartigen Intellekt. Doch schon am nächsten Tag zog Strachey seinen Antrag zurück. «Ich hatte solche Angst, sie könnte mich küssen», begründete er seinen Rückzieher. Ihre Freundschaft litt nicht darunter, und es war Strachey, der den politischen Aktivisten und Schriftsteller Leonard Woolf anspornte, Virginia den Hof zu machen.

Virginia heiratete Woolf, der auch zum Bloomsbury-Zirkel gehörte, und entdeckte, daß sie frigide war. «Mir kommt der Höhepunkt gewaltig überbewertet vor», sagte sie. Kurz nach den Flitterwochen beendete sie den sexuellen Kontakt zu ihrem Mann. Trotzdem waren sie 28 Jahre lang ein glücklich verheiratetes Paar, weil sie viele andere gemeinsame Interessen hatten. Virginia liebte Leonard mehr als je einen Menschen zuvor, ausgenommen vielleicht ihre Schwester Vanessa, die sie jedoch um ihre unkomplizierte Fraulichkeit beneidete. (Über sich selbst sagte Virginia einmal, sie sei «weder das eine noch das andere, weder Mann noch Frau».) So führte sie ein Leben, in dem Sexualität keine, das Schreiben dagegen eine um so größere Rolle spielte. Zuerst sehnte sie sich noch nach aufwühlenden Gefühlen und Mutterschaft, wie Vanessa sie so vollkommen verkörperte, später faßte sie jedoch den Entschluß: «Ich kann nicht umhin, mütterlichen Gefühlen gegenüber ein leichtes Mißtrauen und gewisse Zweifel zu empfinden. Ich verabscheue eingefleischte Instinkte – besonders in menschlichen Beziehungen.» Und in der Tat blieb sie ihren jugendlichen Ansichten über Sexualität und Leidenschaft treu: «Diese verschwommene, traumartige Welt [des Schreibens], ohne Liebe oder Schmerz oder Leidenschaft oder Sex – das ist die Welt, die mir wirklich etwas bedeutet und die ich interessant finde.»

Trotzdem hatte sie ihre Affären. Die dreißigjährige lesbische Schriftstellerin Vita Sackville-West, die einem alten Adelsgeschlecht entstammte, verliebte sich in die zehn Jahre jüngere Virginia, und ihre Zuneigung wurde bald erwidert. Ihre Liebe zu Virginia währte fünf Jahre, und ein dutzendmal schliefen sie auch miteinander. Dies war die einzige körperliche lesbische Beziehung Virginias und zugleich ihre dauerhafteste sexuelle Verbindung überhaupt. Bemerkenswerterweise lösten die sexuellen Erlebnisse in dieser Beziehung keinen Schock, keine Schuldgefühle oder ein besonderes Stimmungshoch in ihr aus. Auch Leonard litt nicht, denn seine Ehe war ja nicht gefährdet. Vita beschrieb einem Freund Virginias Verhältnis zur Sexualität: «Man kommt gar nicht auf den Gedanken, diese Dinge mit ihr in Verbindung zu bringen. Allein die Idee ist schon fast widersinnig und unanständig.» Und Virginia schrieb an Vita: «Es ist schon großartig, ein solcher Eunuch wie ich zu sein.»

Alle ihre sexuellen Energien flossen in ihre Schriften. Während ihrer Liebe und der sich entwickelnden engen Freundschaft zu Vita schrieb sie ihre besten Romane: *«Mrs. Dalloway», «Die Fahrt zum Leuchtturm», «Orlando»* (eine Phantasie-Biographie über Vita, die Vitas Ehemann, Harold Nicolson, als «den längsten und bezauberndsten Liebesbrief der Geschichte» bezeichnete) und *«Die Wellen»*. Nachdem ihre Beziehung sich zu lösen begann, verliebte sich die Komponistin Ethyl Smith in Virginia. Ihre Bemühungen blieben jedoch größtenteils erfolglos. Virginia schrieb vor ihrem Freitod noch zwei weitere Romane. In ihrem Abschiedsbrief an Leonard heißt es: «Ich glaube nicht, daß es noch zwei Menschen gibt, die so glücklich waren wie wir.»

Gedanken: «Es ist tödlich, ausschließlich Mann oder Frau zu sein, man muß frau-männlich oder mann-weiblich sein.»

jh

In den höchsten Tönen

Sänger und Sängerinnen

Die eigenwillige Diva

Maria Callas
3. Dezember 1923–16. September 1977

Bedeutung: Maria Callas gehört zu den herausragenden Sopranistinnen dieses Jahrhunderts. Über ein Jahrzehnt lang blieb sie in ihrer Kunst unerreicht. Sie liebte es, immer neue Rollen einzustudieren, und erarbeitete sich so mit der Zeit ein außergewöhnlich vielseitiges Repertoire.

Lebensgeschichte: Maria wurde kurze Zeit nach der Übersiedlung ihrer Eltern, des griechischen Ehepaars Georges und Evangelia Kalogeropoulos, in Manhattan geboren. Ihr Vater änderte den unaussprechlichen Familiennamen kurzerhand in «Callas» um, als er eine Drogerie eröffnete. Die Eltern waren bitter enttäuscht, als sie erfuhren, daß das Neugeborene ein Mädchen war. Sie hatten bereits eine Tochter – Jackie –, und es war ihr sehnlichster Wunsch gewesen, einen Jungen zur Welt zu bringen, der in ihren Plänen an die Stelle eines früh verstorbenen Sohnes treten sollte. Maria hatte ständig das Gefühl, nicht erwünscht zu sein.

Wahrscheinlich war sie *wirklich* nicht erwünscht. Dieses dicke, kurzsichtige, schüchterne Kind war bei allen unbeliebt. Schon zu Beginn der Wirtschaftskrise, 1929, mußte der Vater seine Drogerie schließen. Trotz der finanziellen Sorgen der Familie bemühte sich die Mutter, die die musikalische Begabung von Jackie und Maria erkannt hatte, um eine Gesangsausbildung der beiden. Dank ihrer Förderung gelangten die jungen Sängerinnen schon bald zu ansehnlichem Ruhm. Als Maria dreizehn Jahre alt war, kehrte die Mutter mit den Töchtern nach Griechenland zurück.

Während des Zweiten Weltkriegs lernten die Frauen italienische Offiziere kennen, die in Griechenland stationiert waren. Maria erfreute sie manchmal mit italienischen Opernarien. Als Gegenleistung brachten ihr die begeisterten Offiziere Italienisch bei. In dieser Zeit erhielt sie auch Unterricht in klassischem Gesang bei der bekannten Sopranistin Elvira de Hidalgo. Nach langen Lehrjahren gelang ihr schließlich 1947 der Durchbruch mit ihrem triumphalen Auftritt in *«La Gioconda»* in Verona. Die fünfziger Jahre hindurch blieb der Erfolg ihr treu.

Liebe: Obwohl Maria Callas ein international gefeierter und begehrter Opernstar war, haben nur zwei Männer in ihrem Leben eine Rolle gespielt. Als sie 1947 in Verona auftrat, begegnete ihr Giovanni Battista Meneghini, ein dreißig Jahre älterer italienischer Industrieller und Opernmäzen. Maria war zu dieser Zeit mit ihren 200 Pfund eine ausgesprochen korpulente Erscheinung, doch ließ sich Meneghini von ihrer Leibesfülle nicht abschrecken. Es war auf beiden Seiten Liebe auf den ersten Blick. Maria sagte später einmal: «Ich wußte, das war er, fünf Minuten nachdem ich ihn das erste Mal gesehen hatte ... Wäre es Meneghinis Wunsch gewesen, hätte ich meine Karriere ohne Bedauern aufgegeben, denn im Leben einer Frau zählt die Liebe mehr als der künstlerische Erfolg.» Beide Familien sträubten sich gegen die geplante Heirat. Meneghinis Familie befürchtete, daß diese nun auch noch private Bindung an die Opernwelt den Sohn zu sehr von den geschäftlichen Verpflichtungen ablenken würde. Und Marias Mutter war entsetzt über den Altersunterschied und den Wunsch der Tochter, einen Mann zu heiraten, der nicht Grieche war. Doch die beiden blieben bei ihrem Entschluß und heirateten ohne Beisein von Verwandten am 21. April 1949 in Verona. Sofort nach der Hochzeit ernannte Maria Meneghini zu ihrem Manager. Sie mußte sich einer gründlichen Schlankheitskur unterziehen und lernte, sich geschmackvoll zu kleiden. Ihr Debüt an der Mailänder Scala (1950) machte sie in der ganzen Welt berühmt. Meneghini wollte keine Kinder haben, um die Karriere seiner Frau nicht zu gefährden, und Maria schien mit dieser Haltung ihres Mannes einverstanden zu sein. Sie galten in der Öffentlichkeit als harmonisches, glückliches Paar – bis sie im Sommer 1959 an jener verhängnisvollen Kreuzfahrt der «Christina», einer Jacht des griechischen Reeders und Millionärs Aristoteles Onassis, teilnahmen.

An Bord befanden sich außer den Meneghinis Onassis und seine Frau Tina sowie Sir Winston und Lady Churchill. Auf der zweieinhalbwöchigen Reise plagte Maria ihren Mann unablässig mit ihrem leicht und häufig aufflammenden Jähzorn. Gleichzeitig befreundete sie sich mit Onassis. Oft unternahmen die beiden kleine Abstecher zu den Mittelmeerhäfen und vergnügten sich dort ohne die übrigen Gäste. Am Ende der Kreuzfahrt waren nicht nur die Meneghinis, sondern auch das Ehepaar Onassis unrettbar zerstritten.

Maria Callas und Meneghini trennten sich einen Monat später.

Er behauptete: «Die Callas ist mein Werk, und zum Dank fällt sie mir in den Rücken.» Die Kommentare, die Maria vor Journalisten abgab, zeigten ihre Gefühlsschwankungen. Manchmal reagierte sie auf Fragen mit schroffen Äußerungen wie: «Er kann mir gestohlen bleiben», bei anderen Gelegenheiten wiederum brachte sie ihre tiefe Betroffenheit zum Ausdruck: «Das Scheitern meiner Ehe zeigt das Ausmaß meines Versagens.» Auch Tina Onassis ließ sich von ihrem Mann scheiden, doch gab sie als Mitbeklagte nicht Maria Callas, sondern Jeanne Rhinelander an, eine Angehörige der Rivieraprominenz, mit der Onassis schon vor längerer Zeit ein Verhältnis gehabt hatte.

Maria Callas hatte Onassis schon als kleines Mädchen kennengelernt; er war der Onkel einer ihrer Schulfreundinnen. Obwohl sie ihn ihren «besten Freund» nannte, waren die beiden schon bald für ihren heftigen und häufigen Zank bekannt. Onassis bewunderte ihr Talent, schlief aber ein, wenn sie sang. Ohne Zweifel liebten sie sich. Nachdem Maria Callas 1966 geschieden war, erwogen die beiden, eine Ehe einzugehen, aber zwei Jahre später heiratete Onassis statt dessen Jacqueline Kennedy. Vor der Hochzeit attakkierte ihn die wütende Callas: «Jetzt, wo du begriffen hast, daß du die Präsidentschaft der Vereinigten Staaten weder kaufen, stehlen noch durch Wahlen gewinnen kannst, willst du wenigstens eine Präsidentenwitwe in deine Sammlung einreihen.» Sie beruhigte sich später und nahm die Freundschaft mit Onassis wieder auf. Ein Reporter machte einen Schnappschuß von den beiden, wie sie sich gerade unter einem Sonnenschirm küßten, und wenige Tage später verursachte das Foto in der Presse großen Wirbel. Maria Callas beurteilte ihre Beziehung zu Onassis später einmal folgendermaßen: «Wir waren zum Scheitern verurteilt, aber wie reich waren wir dabei ...»

Ihre letzten Lebensjahre verbrachte die Callas sehr einsam. Sie hatte ihre Karriere mehr oder weniger aufgegeben und auch die Versöhnung mit Meneghini abgelehnt, die er ihr nach dem Tod von Onassis, 1975, angeboten hatte. Sie starb im September 1977 als legendärer Opernstar, der das Publikum noch immer faszinierte.

alg

Adonis in der Opernwelt

Enrico Caruso
25. Februar 1873–2. August 1921

Bedeutung: Bisher ist es wohl keinem Opernsänger gelungen, Enrico Carusos internationalen Ruhm zu übertreffen. Er begeisterte die Zuhörer mit einem ausdrucksvollen, lyrischen Tenor, mit seiner kräftigen und zugleich gefühlvollen Stimme. Es wird ihm nachgesagt, daß er der erste Sänger gewesen ist, der die Vorteile der Schallplattenaufnahme erkannte – als eine Möglichkeit, seine Stimme der Nachwelt zu erhalten und dabei auch noch viel Geld zu verdienen.

Lebensgeschichte: Caruso, der in den Elendsvierteln Neapels in einer Familie mit 21 Kindern aufwuchs, konnte der Armut mit Hilfe seiner Stimme entfliehen. Schon früh – er sang noch im Kirchenchor – nutzte er sein Talent, indem er – gegen Entgelt – junge Freier beim Ständchensingen vor dem Fenster der Geliebten vertrat. Große italienische Sänger förderten ihn, und bald war er bereits über die Grenzen Italiens hinaus bekannt, vor allem in England und in Amerika. Da er hohe Summen für seine Auftritte verlangte, konnte er sich ein Leben im Überfluß leisten, und er gab ein Vermögen aus, um sich und seine Lieben mit Luxus zu umgeben. Er genoß das Leben in vollen Zügen. Er rauchte täglich zwei Packungen ägyptischer Zigaretten, was ein erhebliches Risiko für einen Sänger ist (gleichzeitig versuchte er, seinen Kehlkopf mit Umschlägen aus Sardellenfilets zu schützen). Als er älter wurde, litt er unter den verschiedensten Erkrankungen, doch sang er weiter, bis er einer Rippenfellentzündung erlag.

Liebe: Caruso war klein, aber kräftig gebaut, so daß er aussah wie ein kleines Faß. Sein gepflegtes Oberlippenbärtchen unterstrich sein etwas komisch wirkendes Äußeres. Er verzauberte die Frauen mit seiner herrlichen Stimme. Zu Beginn seiner Karriere verlobte er sich mit der Tochter eines Impresarios. Er löste die Verlobung im letzten Moment und flüchtete mit einer Ballettänzerin, der ehemaligen Geliebten eines schon älteren Opernregisseurs, in eine leidenschaftliche, aber kurze Liebschaft.

Caruso fühlte sich besonders zu reiferen Frauen hingezogen. So verliebte er sich eines Tages in Ada Giachetti, eine zehn Jahre ältere, reizvolle Opernsängerin. Sie erwiderte seine stürmische Liebe und opferte ihre eigene Karriere, um ausschließlich für ihn dazusein. Caruso seinerseits schlug die vielen Anträge aus, die er von seinen weiblichen Bewunderern erhielt. Dennoch machten seine ständigen kleinen Flirts Ada Giachetti fast wahnsinnig vor Eifersucht. Das unverheiratete Paar bekam zwei Söhne, und ihre Liebe, unterbrochen durch zahlreiche Trennungen und Streitigkeiten wegen vermeintlicher Untreue auf beiden Seiten, dauerte elf Jahre.

Ada Giachetti lieferte Caruso schließlich einen ernsthaften Grund zur Eifersucht: Sie verließ ihn zusammen mit ihrem jungen Chauffeur. Caruso erlitt einen Nervenzusammenbruch, der ihn fast seine Karriere gekostet hätte. Um sich zu rächen, stürzte er sich in eine kurze, turbulente Affäre mit Adas jüngerer Schwester. Als er merkte, daß diese Taktik keinen Erfolg hatte, verzettelte er sich in vielen oberflächlichen Romanzen mit Verehrerinnen, die seinen Bühneneingang belagerten. Ada Giachetti verklagte Caruso daraufhin. Er habe, so behauptete sie, ihre Juwelen gestohlen. Sie einigten sich ohne Gerichtsverhandlung. Caruso verpflichtete sich ihr gegenüber zu monatlichen Unterhaltszahlungen.

Caruso sagte einmal: «Ich bin ein großer Sänger, weil ich Junggeselle geblieben bin. Niemand kann singen, ohne zu lächeln. Und mir würde das Lächeln sicher vergehen, wenn ich verheiratet wäre.» Und es gelang ihm jahrelang immer wieder, die Ehe geschickt zu umgehen.

Doch 1918 – er war bereits 45 Jahre alt – gab er völlig unerwartet sein Junggesellendasein auf. Die Auserwählte war Dorothy Benjamin, eine stille, etwas steife Frau, die zwanzig Jahre jünger war als er. Sie stammte aus einer der alten Familien Neuenglands. Sie hielt nicht viel von Musik, fand Opern «laut und unnatürlich». Sie wurde auf der Stelle von ihrem Vater enterbt. Die Freunde des leidenschaftlichen Sängers waren der festen Überzeugung, daß sie seiner stürmischen Liebe nicht gewachsen sein würde. Doch die beiden bekamen eine Tochter und blieben einander treu. Caruso, den das Ende seiner Beziehung zu Ada mißtrauisch gemacht hatte, mästete Dorothy regelrecht, um zu verhindern, daß sich ein anderer Mann in sie verliebte.

Eigenarten: 1906 wurde Caruso in New York im Zoo des Central Park festgenommen, weil er angeblich einer fremden Frau in den Hintern gekniffen hatte. Und da er eine berühmte Persönlichkeit war, machte dieser Vorfall Schlagzeilen und wurde zum «Affenhaus-Skandal» – wie er später ironisch genannt wurde – aufgebauscht. In zahlreichen wortgewaltigen Artikeln wurde Caruso als «perverser Italiener» beschimpft. Er habe, so behaupteten die Verfasser, unschuldigen amerikanischen Frauen nachgestellt.

Eine pathetisch in weiße Schleier gehüllte anonyme Zeugin sagte im Prozeß aus, daß Caruso sie in der Metropolitan Opera unsittlich berührt habe. Ein Hilfspolizist behauptete, dies sei nicht das erste Vergehen des Sängers, es existiere bereits eine Akte über seine unsittlichen Belästigungen. Das angebliche Opfer, die dreißigjährige, aus der Bronx stammende Hannah Graham, verweigerte die Aussage. Man verurteilte Caruso zu einer Geldstrafe – trotz der äußerst zweifelhaften Indizien und der Tatsache, daß der Polizist, der ihn verhaftet hatte, schon häufig wegen falscher Beschuldigungen aufgefallen war. Außerdem hatte er an der Hochzeit von Hannah Graham als Trauzeuge teilgenommen.

Caruso nahm an, daß er einer Intrige seiner Feinde aus der Opernwelt zum Opfer gefallen war, die sein Ansehen beim amerikanischen Publikum untergraben sollte. Freunde des Sängers sagten zu seiner Verteidigung, daß er damals gerade von einer Tournee durch Südamerika zurückgekehrt war, wo es unter den Vornehmen als eine Art Sport angesehen würde, eine Frau in der Öffentlichkeit zu kneifen. Wahrscheinlich habe Caruso, so meinten sie, einfach vergessen, wo er sich befand.

Voller Sorge, daß der «Affenhaus-Skandal» seine Karriere beenden könnte, versteckte sich Caruso vor der geifernden Presse. Als er dann endlich wieder auf der Bühne stand, wurde er von den begeisterten Opernliebhabern mit tosendem Beifall empfangen. Seine Stimme war dem Publikum wichtiger als seine kleinen Schwächen.

rsf

Are You Experienced?

Jimi Hendrix
27. November 1942–18. September 1970

Bedeutung: Jimi Hendrix wurde als bester Rockgitarrist aller Zeiten gefeiert. *Life* nannte ihn «einen Halbgott des Rock», *The New York Times* «den schwarzen Elvis» und John Lennon «den Rattenfänger des Rock». Zu seinen zahlreichen Hits gehören *«Hey Joe», «Purple Haze»* und *«The Wind Cries Mary»*. Seine erfolgreichsten Alben waren *«Are You Experienced?»* und *«Electric Ladyland»*. Sie zählen zu den Klassikern des progressiven Rock.

Lebensgeschichte: Hendrix' Gitarrenspiel war höchst eigenwillig. Er entlockte seinem Instrument völlig neuartige Klänge. Seine Bühnenauftritte sind kaum zu beschreiben, man muß sie gesehen haben. In verrückter, exotischer Kleidung kroch, zuckte und schlängelte er über die Bühne. Die Verstärker waren bis zur ohrenbetäubenden Lautstärke aufgedreht. Er spielte die Gitarre mit den

Zähnen, der Zunge, dem Ellbogen, am liebsten aber offensichtlich mit dem Unterleib. Der ganze Auftritt erinnerte durch seine unglaubliche Dynamik und Hendrix' Bewegungen und Gesten an wilde Orgasmen. Partnerin war seine «Electric Lady», die er mit Hüftstößen bedrängte, zwischen seinen Beinen rieb, bis sie am Ende schließlich in einem heftigen Ausbruch von Liebe und Zorn des Musikers in die Brüche ging. Beim Monterey Pop Festival im Juni 1967 sorgte er für großes Aufsehen, als er nach einem besonders explosiven Auftritt seine Gitarre mit Feuerzeugbenzin übergoß, anzündete und dann wie ein Besessener vor dem brennenden Instrument kniete. Nach einer Weile ödeten ihn solche Shows jedoch an, und es wurde ihm wichtiger, mit seinen musikalischen Fähigkeiten Anerkennung zu finden.

Bei seinen Auftritten war Jimi Hendrix entfesselt. Doch wenn er nicht auf der Bühne stand, wußte man nie, in was für einer Stimmung er gerade war. Manchmal benahm er sich so höflich und wohlerzogen, daß man ihn getrost seinen Eltern hätte vorstellen können (mal von seiner äußeren Erscheinung abgesehen), dann wieder war er wütend und destruktiv. Er blieb der große Unbekannte. Jeder beschreibt ihn anders. Manchmal wirkte er sehr verletzlich, schüchtern und unbeholfen, dann wieder redegewandt und gesellig. Menschen, die ihn gut kannten, versichern, daß es unmöglich war, sein Vertrauen zu gewinnen; andere wiederum denken wehmütig an die tiefe und enge Freundschaft, die sie mit Hendrix verband. Aber wer kannte ihn wirklich? Vielleicht war Jimi Hendrix über sich selbst genauso verwirrt wie seine Umwelt. Es passierte immer wieder, daß er vor Wut heulte, seine Freundinnen verprügelte und Möbel zertrümmerte, um danach völlig verstört um Verzeihung zu bitten. Seine Liedtexte spiegeln dieses Spektrum seiner Emotionen. Es reichte von kosmischen Ahnungen (*«Purple Haze all in my brain / Lately things don't seem the same / Somethin's happenin', and I don't know why / 'scuse me, while I kiss the sky»*) bis zu ganz und gar irdischen Gefühlen (*«Are you experienced? Have you ever been experienced? Well I have»*).

Vielleicht ist seine Herkunft eine Erklärung für diese Zerrissenheit. Der Vater war ein gemütlicher, schwarzer Gärtner aus Seattle, die Mutter eine dem Alkohol verfallene Indianerin, die Stiefmutter Japanerin. Seine Hautfarbe stellte jedoch keine große Behinderung in seinem Leben dar, er wählte sich Freunde und Geliebte unter allen Rassen und Nationalitäten. Schon früh lernte er, Gitarre zu spielen, trat in die Armee ein, ging zu den Fallschirmspringern, wurde verwundet und daraufhin entlassen. Dann begann seine Wanderzeit als Gitarrist bei den Isley Brothers, bei B. B. King, Sam Cooke, Wilson Pickett, Ike und Tina Turner, King Curtis, James Brown, Little Richard und anderen Größen des Rock, Soul und Blues.

1966 wurde er in New York von dem früheren ANIMALS-Bassist Chas Chandler entdeckt. Chandler nahm ihn mit nach England, brachte ihn mit Noel Redding und Mitch Mitchell, zwei englischen Musikern, zusammen. Die drei gründeten die JIMI HENDRIX EXPERIENCE, Chandler wurde ihr Manager. Sie eroberten England im Sturm, in Amerika jedoch schockierten sie als Vorgruppe der artigen MONKEES die Teenyboppers und deren Mütter. Die EXPERIENCE wurde reklamewirksam von Chandler aus der Tournee zurückgezogen. In der Rockzeitschrift *Rolling Stone* wurde Hendrix nach den spektakulären Auftritten in den USA als «der erste schwarze Musiker» gefeiert, «der es mit dem weißen Rock 'n' Roll aufgenommen und ihn übertroffen hat».

Zuerst kam Hendrix mit dem Erfolg ganz gut zurecht, aber mit der Zeit erschöpften und deprimierten ihn die geschäftlichen und juristischen Probleme, die anstrengenden Tourneen und das Auseinanderbrechen der Band. Viele haben behauptet, daß Hendrix dem Rauschgift verfallen war. Ausprobiert hatte er jedenfalls alles – LSD, Speed, Alkohol – und hin und wieder schnupfte er auch ein wenig Heroin. Die Umstände seines erschütternden und plötzlichen Todes mit 27 Jahren schienen die Gerüchte zu bestätigen. Aber er war *nicht* süchtig. Er hatte zu viele Schlaftabletten geschluckt und erstickte, als er sich im Schlaf erbrach. Manche bezeichneten es als Selbstmord, aber sicher war es nicht mehr und nicht weniger ein Unfall als Janis Joplins tragischer Drogentod drei Wochen zuvor.

Jimi Hendrix' Tod erschütterte die Rockwelt – ein Genie war gestorben.

Sexualität: Hendrix liebte die Frauen, sein unersättlicher Hunger auf Sex ist zur Legende geworden. Und da er daraus kein Hehl machte, gleichzeitig auf exotische Weise attraktiv wirkte und sehr berühmt war, konnte er sich häufig mit mehreren Frauen zugleich auf sein Zimmer zurückziehen. Frauen umschwärmten ihn wie die Bienen den Honig – und er hatte einiges zu bieten. Ein Mädchen sagte staunend, daß sein Glied «wahrhaftig fast so groß wie seine Gitarre» gewesen sei. Auf jeden Fall galt Hendrix – gerade auch bei weißen Frauen – als eines der größten Sexidole der sechziger Jahre.

Jimi Hendrix war nie schüchtern. Obwohl ihn seine magere Brust und die langen Arme und Beine störten, schlief er schon mit zwölf Jahren das erste Mal mit einer Frau. Mit fünfzehn flog er von der Schule, weil er mit einem Mädchen während des Unterrichts Händchen gehalten hatte. Als sein Lehrer ihn zur Rede stellte, fauchte Hendrix ihn an: «Was ist los? Sind Sie eifersüchtig?»

Hendrix' große Beliebtheit bei den Groupies und die Art und Weise, wie er sie in das Leben der Band als Helferinnen integrierte (er nannte sie «Band-Aids» – «Band-Gehilfen»), ermöglichte ihm eines Tages eine ungewöhnliche Erfahrung. Um im Wettbewerb bestehen zu können, hatten sich zwei pummlige Teenager aus Chicago etwas Besonderes ausgedacht. Sie nannten sich die «Plaster Caster» (Gipsgießer) und fertigten lebensgroße Gipsabdrücke berühmter Penisse an. Eines der Mädchen hatte die Aufgabe, für die nötige Größe und Härte zu sorgen – doch wenn ihr dies auch meistens ohne Schwierigkeiten gelang, so hatten die Stars doch häufig Mühe, ihre Erektion im nassen Gips zu halten. Für Jimi Hendrix war das kein Problem. Eine der beiden Gipsgießerinnen urteilte hinterher: «Er hatte wohl den größten Schwanz, den ich je gesehen habe! ... Er blieb die volle Minute hindurch steif. Aber sein Haar hatte sich verklebt, und er saß fünfzehn Minuten lang fest. Er trug es mit Fassung – ist nicht in Panik geraten ... es machte ihm sogar Spaß, und als der Abdruck trocken war, hat er ihn noch gepimpert. Aber als Grund für sein Festsitzen leuchtet mir eher ein, daß er nicht wieder schlaff wurde!»

Sexpartner: Trotz seiner wild wechselnden Geschlechtsbeziehungen hatte Hendrix einige feste Freundschaften. Wer die größte Liebe seines Lebens war, ist unter den Frauen immer noch nicht entschieden. Sicher ist nur, daß die Gitarre, seine «Electric Lady», über allen und allem stand. Vielleicht war Kathy Etchingham seine größte Liebe. Sie war eine schöne rothaarige Frau, mit der er – abgesehen von einigen kleinen Unterbrechungen – über drei Jahre lang in London zusammenlebte. Sie sagte, daß Hendrix «Frauen brauchte wie andere Leute Zigaretten», und daß er Kinder in Schweden, Amerika und Deutschland hatte. Meistens konnte sie seine Untreue ertragen. Aber es kam doch vor, daß die beiden eifersüchtig aufeinander waren und sich stritten. Bei einer dieser Gelegenheiten brach Hendrix ihr mit dem Fuß die Nase. Sie rächte sich, indem sie ihm mit einer Bratpfanne auf den Kopf schlug, während er schlief. Einmal wurde sie von vier eifersüchtigen Groupies überfallen und übel zugerichtet. Als Kathy später heiratete, war ihr Mann einverstanden, daß sie auch weiterhin gelegentlich mit Hendrix schlief.

Es gab noch andere Frauen, mit denen Hendrix ernsthaftere Beziehungen einging. Manchmal lebte er eine Weile mit ihnen zusammen, doch er war nie monogam. «Wenn ich zu lange bei einem Menschen bleibe», sagte er, «fühle ich zu sehr die Verpflichtung und nicht mehr die Freude.»

Eine lang dauernde, ungewöhnliche Freundschaft verband ihn mit dem Groupie Devon Wilson. Sie war schwarz, groß, sinnlich, selbstbewußt, klug und gerissen. (Sie glich Hendrix.) Sie interessierte sich nur für Sex und Heroin – mit letzterem war Hendrix überhaupt nicht einverstanden. Als Teenager hatte sie als Prostituierte gearbeitet. Eines Tages hatte sie der Rock-Komponist Quincy Jones aufgelesen, und binnen kurzer Zeit war sie zur Königin der Groupies aufgestiegen. Jahrelang war sie Hendrix' Geliebte, Kupplerin, Sekretärin, beschaffte ihm Drogen, war Mädchen für alles. Er dankte es ihr mit seiner Freundschaft, einem Gehalt, Sex, seiner Art Liebe und einer bevorzugten Stellung unter ihresgleichen. Er schrieb ein Lied über sie, halb erotisch, halb ironisch: *«Dolly Dagger»* (eine Anspielung auf ihre lose Beziehung zu Mick Jagger, auf den Hendrix ein wenig eifersüchtig war), in dem er ihre Liebeskünste rühmt: *«... her love's so heavy / Gonna make you stagger.»*

Unerwidert blieb seine Leidenschaft für die Sängerin Marianne Faithfull, die damals mit Mick Jagger befreundet war. Nach dem Auftritt in einem Londoner Club setzte er sich zwischen die beiden. Hendrix' Biograph David Henderson berichtet, daß Jimi Mick den Rücken zukehrte und Marianne ins Ohr flüsterte, «er wolle sofort mit ihr ficken, und sie solle Mick, den alten Wichser, sitzenlassen und mit ihm kommen». Marianne Faithfull widerstand der Versuchung.

Vor einem Konzert lernte Hendrix Monika Dannemann kennen, eine großgewachsene deutsche Schlittschuhlehrerin, und er spielte und sang den ganzen Abend allein für sie, die vor ihm unter Tausenden von Fans saß. Natürlich war sie begeistert, ließ ihn aber noch eine Weile zappeln. Sie war total verliebt in Hendrix, und er wurde ihr erster Geliebter. Sie behauptete, sie würden heiraten, was Freunde bezweifelten. In der Nacht, in der Hendrix starb, war sie bei ihm.

Gedanken: «... es hat Spaß gemacht. Ich wußte nicht, daß es Wut war, bis man es mir gesagt hat – all die Zerstörung. Vielleicht sollte jeder einen Ort haben, um seine Hemmungen loszuwerden. Für mich ist die Bühne dieser Ort.»

aw

Opfer des kosmischen Blues

Janis Joplin
19. Januar 1943 – 4. Oktober 1970

Bedeutung: Der whiskygetränkte, kratzige Bluesgesang von Janis Joplin erinnerte deutlich an ihre Vorbilder Bessie Smith und Billie Holiday. Sie wurde bekannt durch ihre eigenwillige Interpretation des klassischen Blues *«Ball and Chain»* und nahm während ihrer kurzen Karriere als Rock- und Bluessängerin vier Langspielplatten auf, die alle zu großen Verkaufserfolgen wurden: *«Big Brother and the Holding Company», «Cheap Thrills», «I Got Dem Ol' Kozmic Blues Again Mama!»* und *«Pearl»*.

Lebensgeschichte: Sie wurde in eine kleinbürgerliche Familie in der spießigen texanischen Kleinstadt Port Arthur geboren. Mit ihrem Hang zur Kunst eckte sie dort schon früh an. Sie las und malte gern, aber weder das eine noch das andere stand bei ihren Schulkameraden hoch im Kurs. Ihr Beatnik-Habitus, ihr Übergewicht und eine schwere Akne trugen ihr den bösen Spitznamen «Pig Face» (Schweinsgesicht) ein. Im College wurde sie zum «häßlichsten Mann des Campus» nominiert. So entwickelte sie Selbstschutzmechanismen, die sie bis ans Ende ihres Lebens beibehielt – sie wurde die trinkfreudige, vor nichts zurückschreckende, gutgelaunte «Mama». Um endlich irgendwo dazuzugehören, fuhr sie oft in die Hafenstädte von Louisiana, um das Honky-Tonk-Leben kennenzulernen. Dort entdeckte sie den Blues. Umsonst oder für einen Drink sang sie im Stil von Bessie Smith in den Cafés und Kneipen um Port Arthur.

Als Sängerin von BIG BROTHER AND THE HOLDING COMPANY, einer Rockgruppe aus San Francisco, schaffte sie den Absprung. Ihr sensationeller Auftritt während des ersten Monterey Pop Festivals (im Film *«Monterey Pop»* festgehalten) und die zweite Langspielplatte von BIG BROTHER, *«Cheap Thrills»*, machten sie schlagartig zu einer weltberühmten Sängerin und zu einer der bekanntesten Kultfiguren der Rockszene. Sie war eine notorische Drogen- und Alkoholkonsumentin und bekannte sich öffentlich dazu. (Die Hersteller des Whiskeys «Southern Comfort» forderte sie auf, ihr als Dank für all die kostenlose Werbung einen Pelzmantel zu schenken.) Ihr Draufgängertum wurde von den Fans gefeiert und von den Veranstaltern gefürchtet. Doch auf der Höhe ihres Ruhms vertraute sie ihren Freunden oft wehmütig an, ihre wahre Sehnsucht sei ein ruhiges Familienleben: «Gib mir nur einen Mann, der abends zu Hause ist, bei dem ich sicher sein kann, wenn er um neun Uhr morgens abhaut, kommt er abends um sechs zurück. Zu mir und nur zu mir; ich würde gern den ganzen Scheiß mit zwei Garagen und zwei Fernsehern in Kauf nehmen.» Als Freunde sie baten, mit den harten Drogen aufzuhören, antwortete sie: «Machen wir uns nichts vor, die Dreißig werde ich nicht erleben.» 1970, während der Aufnahmen zu ihrem vierten Album, kehrte sie eines Abends ins Landmark Hotel in Hollywood zurück und spritzte sich ungewöhnlich reines Heroin direkt in die Vene. Einer ihrer Mitarbeiter fand die Siebenundzwanzigjährige am nächsten Morgen tot in ihrem Bett.

Sexualität: Janis Joplin war auf der Suche nach dem ungebundenen Leben, von dem sie seit der Schulzeit träumte. Doch der erste Ausflug der Achtzehnjährigen nach San Francisco stand unter einem ungünstigen Stern. Sie zog zu einem Mann, der bald genug von ihr hatte und sie aus der Wohnung warf. Sie folgte ihm bei einem Spaziergang auf einen der Hügel von San Francisco, klammerte sich an seine Knie und bettelte, er möge sie nicht verlassen. Er kümmerte sich jedoch nicht darum und schleifte Janis einfach hinter sich her, bis sie ihn losließ. Es war für sie eine einschneidende Erfahrung. Sie raffte sich auf, rief ihm wütend hinterher: «O. K., Daddy, scheiß doch der Hund drauf!» und beschloß, nie wieder um Liebe zu bitten. Nun stand sie da, pleite, allein, ausgelaugt durch Methedrine. Sie versuchte, sich für fünf Dollar pro Nummer zu verkaufen, und war am Boden zerstört, als die Freier sie entweder auslachten oder schlicht übersahen. Schließlich kehrte sie nach Port Arthur zurück, um ihre Wunden zu lecken. Über diese Zeit sagte sie: «Ich hätte alles mögliche gefickt, alles mitgemacht ... wirklich. Ich hätte es genommen, gelutscht, geleckt, geraucht, geschossen, geschluckt, geliebt ...»

1966 fuhr sie ein zweites Mal Richtung San Francisco, diesmal mit einem Abgesandten von BIG BROTHER, der mit ihr geschlafen hatte, um sie als Sängerin für die Gruppe zu gewinnen. Später machte es ihr Spaß, den Leuten zu erzählen, wie sie «zum Mitglied von BIG BROTHER gefickt» wurde. Die ständigen drastischen Bemerkungen über ihr Intimleben waren schon bald ein fast selbstverständlicher Bestandteil ihres Auftretens in der Öffentlichkeit. Janis' Interesse richtete sich zwar vor allem auf Männer, sie hatte aber auch ihre Freude an gleichgeschlechtlichem Sex. Manchmal vergnügten sie und eine Freundin sich gemeinsam mit einem Mann, den sie nach Bedarf auflasen. Sie umwarb ihre potentiellen Partner auf sehr eigenwillige Weise und schlug sie häufig mit ihrer direkten Art in die Flucht: «Wir gehen am besten gleich in die Garderobe und legen los.» Für diese flüchtigen Kontakte bevorzugte sie hübsche sechzehn-, siebzehnjährige Männer.

Ihre Auftritte wirkten auf Männer genauso erotisierend wie die von Jimi Hendrix und Mick Jagger auf Frauen. Doch die Furcht vor dem Spott, den sie in der Schule hatte erleiden müssen, saß noch immer so tief in ihr, daß sie mit der starken sexuellen Ausstrahlung, die sie während ihrer Auftritte hatte, nicht richtig umgehen konnte. Sie gestand oft ein, daß sie sich für zu häßlich halte, um Männer anzulocken, und klagte: «Ich bin ein großer Star und schaffe es nicht mal, gevögelt zu werden.» Tatsächlich wurde sie aber sehr häufig gevögelt, selten jedoch mehr als einige Male von derselben Person. Nach einer langen Eisenbahnfahrt maulte sie, es wären 365 Männer im Zug gewesen, und sie hätte nur mit 65 geschlafen. Manchmal täuschte sie aus Angst vor Ablehnung einen Orgasmus vor, überzeugt, daß es *ihr* Fehler sei, wenn sie keinen erlebte. Bei anderen Gelegenheiten verlangte sie ununterbrochen Sex von ihren völlig erschöpften Partnern. Niemals jedoch ließ sie Zufallsbekanntschaften enger werden, denn sie fürchtete, finanziell ausgenommen zu werden.

Für Janis Joplin waren oberflächlicher Sex und eine tiefe Beziehung zwei grundverschiedene Dinge. Einmal überlegte sie sogar, einen ihrer Geliebten zu heiraten. Ernsthaft verliebt war sie in den Sänger und Komponisten Kris Kristofferson. Unglücklicherweise entwickelte sich eine Dreiecksromanze, als eine ihrer weiblichen Geliebten sich zur selben Zeit ebenfalls in ihn verliebte. Ihre Beziehung zu dem Sänger Country Joe McDonald, der in ihr eine «hübsche» und «sehr feminine Frau» sah, hielt vier Monate.

Gedanken: «Ihr sollt zu meiner Musik nicht randalieren. Ihr sollt zu meiner Musik ficken!»

«Auf der Bühne schlafe ich mit 25000 Leuten, dann gehe ich allein nach Hause.»

mjt

Der Spatz

Édith Piaf
19. Dezember 1915–11. Oktober 1963

Bedeutung: Ihre französischen Landsleute verehrten die Piaf, weil ihr Gesang die Liebe so treffend beschrieb. Aus tiefster Armut stieg sie als Cabaret-Sängerin zu Weltruhm auf. *«La vie en rose»*, *«Les trois cloches»* und *«Non, je ne regrette rien»* sind nur einige ihrer vielen hundert Lieder über den Schmerz und die Freuden der Liebe.

Lebensgeschichte: Édith Giovanna Gassion wurde in einem Pariser Armenviertel auf dem Bürgersteig geboren. Weder ihre Mutter noch ihr Vater, ein Akrobat, kümmerten sich um sie. So wuchsen Édith und ihre Halbschwester Momone im Bordell ihrer Großmutter auf. Die jüngere Momone war Édiths beste Freundin, ihr vertraute sie ihr Leben lang. Entdeckt wurde die Piaf von Louis Leplée, ihrem ersten Impresario. Er holte sie für sein Cabaret von der Straße und änderte auch ihren Namen. In seinen Augen glich sie einem Spatzen, und so gab er ihr einfach das entsprechende Wort – *piaf* – aus dem Umgangsfranzösisch als Künstlernamen. Sie hatte eine gewaltige, klangvolle, aufregende Stimme, mit der sie ihre Zuhörer oft zu Tränen rührte. Als der bekannte Chansonnier Maurice Chevalier sie singen hörte, rief er aus: *«Cette môme; elle en a dans le ventre!»* (Die Kleine hat es in sich!)

Die Piaf war mager und nur etwa 1,50 Meter groß. Dadurch wirkte sie unscheinbar und zerbrechlich. Aber aus ihren Augen strahlte eine tiefe Sehnsucht nach Leben und Liebe. «Ich habe Hängebrüste», sagte sie über sich, «und einen kleinen, flachen Hintern ... aber ich kriege die Männer trotzdem!»

Jahrelang trank sie übermäßig. Diese Gewohnheit und der Drogenmißbrauch, mehrere Autounfälle und großer seelischer Stress führten dazu, daß sie mit 48 Jahren starb. Tausende erwiesen ihr in Paris beim Begräbnis die letzte Ehre, und eine Generation später schmückten noch immer Verehrer ihr Grab auf dem Friedhof Père-Lachaise mit Blumen.

Sexualität: Die sexuellen Aktivitäten der Piaf waren erstaunlich. Sie hatte schon vor ihrem fünfzehnten Geburtstag mit vielen Männern geschlafen und konnte sich an den ersten nicht mehr erinnern. Doch war sie in jeden unsterblich verliebt. Sie verdiente zwar sehr viel Geld auf ihren Tourneen durch Europa und Amerika, verschenkte das meiste davon aber wieder: Sie kleidete ihre Liebhaber ein und gewährte ihren Freunden – wie Charles Aznavour – und ihren Geliebten großzügig finanzielle Unterstützung. Als die Piaf starb, war von dem vielen Geld, das sie verdient hatte, nichts mehr übrig.

Sie fühlte sich zu den verschiedensten Männern hingezogen und unterteilte ihre Liebschaften scherzhaft in Gruppen: «die Stricher», «die Matrosen», «die Loddel», «die Zufälle», «die Professoren» und «die Fabrik» (wozu sie jene Männer zählte – zum Beispiel Yves Montand –, deren Talent sie entdeckte und förderte). «Um die Leute kennenzulernen, muß man mit ihnen ins Bett gehen», sagte sie. «Über einen Mann weiß man nach einer mit ihm im Bett verbrachten Nacht mehr als nach monatelanger Konversation. Im Schlafzimmer müssen sie Farbe bekennen!»

Sexpartner: Unter welchen Umständen auch immer, Édith Piaf erfreute sich an unzähligen Liebhabern. In ihrer frühen Zeit als Straßensängerin konnte sie sich nur ein Hotelzimmer mit einem Bett leisten. Ein junger Geliebter hatte nichts dagegen, das Bett mit Édith und Momone zu teilen. «Édith besaß eine tiefe Unschuld», sagte Momone, «die durch nichts verdorben werden konnte. Drei in einem Bett mag natürlich nicht ganz in Ordnung sein, aber mit siebzehn und so arm wie wir waren, kann Liebe so schön sein, so sanft und leise. Mich beruhigte es, und ich schlief wie ein Baby.»

Trotz ihrer vielen Männer gab es im Leben Édiths nur eine

wahre Liebe: Marcel Cerdan, ein schüchterner, muskulöser, anmutiger arabisch-französischer Berufsboxer. Er war verheiratet und hatte drei Söhne. Der «Bomber aus Marokko», wie er genannt wurde, errang am 21. September 1948 im Madison Square Garden den Meistertitel im Mittelgewicht im Kampf gegen Tony Zale. Auch als Cerdan für den Rückkampf gegen Zale trainierte, konnte die Piaf nicht ohne ihn sein. Um den Schein zu wahren, mietete sie ein Zimmer im Waldorf Astoria, aber Momone bewohnte es. Cerdan schmuggelte sie im Kofferraum seines Wagens ins Trainingslager und versteckte sie in einer schäbigen, nach Schweiß und Massageöl stinkenden Baracke. Dort traf Cerdan sich mit ihr in den Pausen seines zermürbenden Trainings. Einmal konnten sie einen erholsamen Nachmittag an frischer Luft verbringen. Ein Freund kam und warnte sie, es seien Reporter im Anmarsch. Glücklicherweise befand sich ein großer Weidenkorb in der Nähe. Cerdan stopfte die Piaf hinein und konnte sich gerade noch auf den Deckel setzen, bevor die Reporter ihn entdeckten. Die folgenden drei Stunden beantwortete er, ohne sich zu rühren, ihre Fragen. Als die Piaf laut aufstöhnte, weil sie so entsetzlich eingezwängt war, knurrte Cerdan einen marokkanischen Fluch und gab dem Korb einen Fußtritt, um sie zum Schweigen zu bringen.

Ein Jahr später hielt die Piaf sich in New York auf, als Cerdan sich auf einer Boxtournee durch Europa befand. Sie vermißte ihn schrecklich und überredete ihn, sie zu besuchen. Sie bestand darauf, daß er mit dem Flugzeug und nicht mit dem Schiff reiste. Das Flugzeug stürzte über den Azoren ab. Cerdan gehörte zu den Todesopfern. Momone mußte ihre Schwester betäuben lassen, um sie am Selbstmord zu hindern.

Zu den anderen Liebhabern der Piaf gehörten die Schauspieler John Garfield, Eddie Constantine und Yves Montand (einer der wenigen, denen sie treu war). Sie entdeckte Garfield, als er in Paris auf der Bühne stand. Wochenlang ging sie jeden Abend in das Theater, in dem er spielte – so hatte dieser «schöne Kerl» sie verzaubert. Irgendwann verbrachten sie auch eine gemeinsame Nacht. Doch als Garfield sich schließlich, Monate später, ernsthaft um die Piaf bemühte, war ihr Interesse schon verflogen.

Édith erklärte des öfteren, daß sie gegen die Ehe eingestellt sei – trotzdem heiratete sie zweimal. 1952 wurde sie mit dem Sänger Jacques Pills getraut. Sie ließen sich fünf Jahre später wieder scheiden. In ihrem letzten Lebensjahr heiratete sie Theo Sarapo. Der sechsundzwanzigjährige Friseur und Sänger verehrte sie tief und wiegte sie noch stundenlang nach ihrem Tod in seinen Armen.

Eigenarten: Besonders Männer mit blauen Augen zogen die Piaf unwiderstehlich an, was jedoch keineswegs bedeutete, daß andere

Männer keine Chance bei ihr hatten. Sie verliebte sich immer gleich auf den ersten Blick. Ihr Verlangen nach Liebe hielt sie so in Spannung, daß ihre Hände im Schlaf zu Fäusten geballt waren. Die Liebe ergriff sie total. Momone erzählte: «Sie drehte durch. Sie verzehrte sich, sie war eifersüchtig und versuchte, die Männer an sich zu binden ... sie brüllte, sie schloß ihre Männer ein. Sie war anspruchsvoll, sie war unerträglich; die Männer ohrfeigten Édith, und sie betrog sie.»

Wenn ihr Geliebter aus adligem Haus war, reizte es sie besonders, ihn so lange zu provozieren, bis er sich vergaß. Über Paul Meurisse sagte sie: «Er ist ein Eisberg ... ein Benimmbuch ... ich werde ihn seine gute Erziehung vergessen lassen. Er wird mir noch eine langen, du wirst es sehen. Ich werde schon noch meine Ohrfeige von ihm kriegen.»

Gedanken: Édith Piaf stellte die Liebe über alles andere. Ihre Lieder und ihr Leben zeigen ihre Sehnsucht und den Schmerz des Verlusts. Sie sagte zu ihrer Schwester: «Ich kann ohne Mann nicht leben, Momone. Es ist schlimmer als ein Tag ohne Sonnenschein. Man kann ohne Sonnenschein auskommen, es gibt ja noch die Elektrizität. Aber ein Haus ohne ein herumliegendes Hemd, ohne ein paar Socken, über die man stolpert, oder einen Schlips ... ist wie das Haus einer Witwe – es macht mich kaputt!»

bj & kp

All Shook Up

Elvis Presley
8. Januar 1935–16. August 1977

Bedeutung: Selbst am Himmel der Größten erstrahlt Elvis' Stern in besonderem Glanz. Sein Ruhm umfaßt weit mehr als nur seine Bedeutung als Sexsymbol und «Vater des Rock 'n' Roll». Für Millionen Fans in aller Welt ist er ein Idol gewesen, sein Leben war der Wirklichkeit gewordene Mythos des Millionärs, der als Tellerwäscher begann. Rockkritiker Dave Marsh schrieb: «... natürlich war er kein Heiliger oder Guru. Aber falls man überhaupt von einem Menschen sagen kann, er hätte die Welt verändert, dann sicherlich auch von Elvis Presley ... Seine Musik war das befreiendste Ereignis unseres Zeitalters ...»

Lebensgeschichte: Elvis Presley wurde in eine bettelarme Familie in Mississippi geboren. Mit elf Jahren bekam er eine Gitarre, weil seine Eltern das Fahrrad, das er sich gewünscht hatte, nicht bezahlen konnten und hofften, ihn so von der Straße fernzuhalten. Elvis wollte nicht wie die anderen sein und hat von Kindheit an zwei gegensätzliche Rollen gelebt und kultiviert: die des Rebellen und die des «braven Jungen». Einerseits trug er Koteletten, schreiend schwarz-rosa Kleidung und verehrte James Dean. Auf der anderen Seite war er sehr religiös (und blieb es auch). Regelmäßig besuchte er mit seinen Eltern die Kirche. Nach der High-School arbeitete er als Lastwagenfahrer. Dann nahm er seine erste Platte auf. Sie war ein Geburtstagsgeschenk für seine Mutter, und er mußte vier Dollar dafür bezahlen. Sam Phillips von der Plattenfirma Sun Records hatte oft gesagt: «Wenn ich nur einen weißen Mann finden könnte, der wie ein Schwarzer singt und fühlt, ich würde Milliarden verdienen.» Als er Elvis singen hörte, wußte er sofort, daß sein Traum in Erfüllung gegangen war.

So begann Elvis' einzigartiger Aufstieg. Seine vor Sex knisternden, spektakulären Auftritte, die gekräuselten Lippen, der Schlafzimmerblick und die virile Sinnlichkeit seiner kreisenden Hüften sind schon unzählige Male beschrieben worden. Seine Bühnenauftritte versetzten Frauen jeden Alters in einen Zustand, den man nur noch als Erotomanie, als sexuelle Massenverzückung, bezeichnen kann. Die Autoren des Buches *«Elvis: Portrait of a Friend»* drückten es so aus: «Seine Zuneigung zu Frauen war offen und ehrlich; für ihn gab es keine Spielchen, nur klare, aufrichtige Sympathie zwischen einem Jungen und Millionen Mädchen.» 1955 unterzeichnete Elvis Presley seinen Vertrag mit dem Schallplattenkonzern RCA; der schlaue «Colonel» Tom Parker war inzwischen sein Manager geworden. Elvis kaufte seinen ersten Cadillac – rosafarben – für seine Eltern.

Presleys skandalöse Auftritte entsetzten die Welt: Hedda Hopper sah in ihm «eine Gefahr für junge Mädchen». (Später korrigierte sie diese Meinung und tanzte Twist mit ihm auf einer Hollywood-Party.) Er bekam Spitznamen wie «Elvis the Pelvis» (Elvis, das Becken) und «Sir Swivel Hips» (Sir Drehhüfte); völlig entsetzt war er jedoch, als man ihn von unzähligen Kanzeln herab verdammte. Der bekannte Prediger Billy Graham zum Beispiel schwor, daß er seine Tochter niemals in Elvis' Nähe kommen lassen würde. Elvis begriff diese Reaktionen nicht; schließlich hatte er in der Kirche das Singen gelernt. Gospel- und Revivallieder waren der Nährboden seiner Musik. Zutiefst verletzt verteidigte er sich: «Ich hatte nie im Sinn, Teenagern zu schaden. Wenn ich singe, fährt es mir in die Beine. Muß ich stillstehen, ist auch mein Gefühl tot.» Seiner Mutter erklärte er: «Ich fühle mich beim Singen nicht sexy. Wenn das so wäre, hätte man mich schon lange als Sittenstrolch in irgendeine Anstalt gesperrt.» 1955 untersagte ihm die Polizei von Florida, sich beim Singen zu bewegen. 1956 hatte er seine erste Million verdient. 1957 kaufte er für sich und seine Eltern die Villa «Graceland», ein pompöses Gebäude mit 23 Zimmern, in Memphis. Mit dreißig Jahren war er der höchstbezahlte Sänger der gesamten Musikgeschichte. Sein Vermögen überstieg noch zu Lebzeiten die Milliardengrenze. Bei einem Fernsehauftritt in der Ed Sullivan Show (bei dem die Kameraleute streng darauf achten mußten, daß nur sein Gesicht und sein Oberkörper auf dem Bildschirm erschienen) erlebten ihn 54 Millionen Amerikaner und stuften ihn in der Fernsehbewertung höher ein als Präsident Eisenhower.

Zwischen 1961 und 1967 trat er nicht öffentlich auf. Nachdem er 1960 seinen zweijährigen Wehrdienst in Deutschland absolviert hatte, versuchte er sich als Schauspieler in einer Reihe unglaublich kitschiger Hollywood-Filme. Weihnachten 1968 kehrte er mit einer Live-Sondersendung des Fernsehens zur Musikszene zurück. Es folgten weitere Auftritte. Doch die Verkörperung des «American Dream», die er für Millionen Menschen darstellte, hatte auch andere Seiten: So flog er mit seinem gesamten Mitarbeiterstab Tausende von Meilen, um ein Sandwich mit Erdnußbutter und Marmelade zu essen; er lebte nachts (Elvis Presley konnte nie ausgehen, die Fans hätten ihn zerrissen); wenn ihn die Wut packte, zerschoß er seine Fernsehgeräte. Er engagierte bis zu fünfzehn rauhe Südstaatler und nannte sie «Memphis Mafia». Sie waren die Leibwächter, Diener und Hofnarren des «King». Die kleinste Unannehmlichkeit konnte beim «King» die schrecklichsten Zornausbrüche auslösen. Die Villa «Graceland» verwandelte sich allmählich in ein düsteres Gefängnis, und Presleys Leben wurde von Tag zu Tag exzentrischer.

Sein Medikamentenkonsum – einer seiner Angestellten nannte ihn «wandelnde Apotheke» – hatte in der Armee mit Dexedrin begonnen. Später schluckte er Aufputsch- und Beruhigungsmittel und bekämpfte den geringsten Schmerz mit Pillen und Spritzen. In seinen letzten Jahren lebte er in einem ständigen Drogennebel. Sein Männlichkeitswahn entwickelte sich auf typische Weise: er liebte Schußwaffen, Motorräder, Orden, Uniformen und Polizeiausrüstung. Seine Gesundheit hatte sehr gelitten, und er hatte einen aufgeschwemmten, teigigen Körper. Die Fans hatten schwere Identifikationsprobleme zu bewältigen – schließlich durfte doch der Glanz ihres Idols nicht verblassen! Als einzelner Mann verkörperte Presley den Aufstieg und Fall eines Reiches. Im Alter von 42 Jahren fand man ihn in «Graceland» tot in seinem Badezimmer. Er hatte einen schweren Herzanfall erlitten. Er starb vermutlich nicht an einer Tablettenvergiftung, obgleich man bei einer Blutuntersuchung Spuren von zehn verschiedenen Medikamenten fand. Elvis Presleys Tod löste in aller Welt eine Massenhysterie aus. Mädchen behaupteten, sie hätten mit seinem Geist geschlafen. Der Rasen von «Graceland» war mit ohnmächtigen Frauen übersät, die in einer Welt ohne Elvis nicht mehr leben wollten. Millionen Fans wurden von tiefem Schmerz ergriffen. Sie trauerten nicht nur um ihr Idol, sondern ebenso um ihre eigene Jugend, die nun, ebenso wie er, endgültig der Vergangenheit angehörte. Sie schworen, Elvis nie zu vergessen. Der König ist tot, lang lebe der König!

Liebe: Viele Biographen sind sich absolut sicher, daß Presleys größte Liebe seine Mutter Gladys war. Sie lebte nur für ihren Sohn und hatte ihm immer wieder gesagt, daß er trotz seiner Armut genausoviel wert sei wie jeder andere. Als sie 1958 starb, fiel Presley in tiefe Trauer.

Neben seiner Mutter hatte er in seinem Leben noch eine zweite große Liebe: Während er in Deutschland als Soldat stationiert war, lernte er Priscilla Beaulieu, die hübsche, kleine vierzehnjährige Tochter eines Offiziers der US-Armee kennen. «Cilla», wie er sie nannte, war sehr feminin, unverdorben und bemerkenswert erwachsen für ihr Alter – sie paßte hervorragend auf das Podest, das Elvis für die von ihm verehrten Frauen bereithielt. Er rang ihrem Vater die Erlaubnis ab, sie mit nach «Graceland» zu nehmen. Sie richtete sich in ihrem neuen Zuhause ein. Presley sorgte für ihre Ausbildung. Er schickte sie zunächst auf eine katholische Schule und dann auf ein Mädchenpensionat. Vor ihrer Ankunft hatte Elvis seiner Stiefmutter – sein Vater hatte inzwischen wieder geheiratet – schon ein Bild von ihr gezeigt mit der Bemerkung: «Ich bin bisher mit mindestens tausend Frauen ins Bett gegangen. Aber die hier ist genau die Richtige.»

Den Berichten seines Sekretärs zufolge nahm er sofort die intime Beziehung zu dem fünfzehnjährigen Mädchen auf. (Priscilla erwähnte ihren vorehelichen Verkehr Jahre später sehr diskret in einem Interview mit der Frauenzeitschrift *Ladies' Home Journal*.) Presley brauchte auf nichts zu verzichten. Nach Hollywood, wo er laufend Affären hatte, durfte Priscilla ihn normalerweise nicht begleiten. Die Liste der Stars, mit denen Presley in Verbindung gebracht wurde, ist schlechterdings endlos. Aber Elvis verkehrte nicht nur mit Berühmtheiten. So behauptet zum Beispiel Virginia Sullivan, eine Kartenverkäuferin in einem Kino, vierzehn Jahre lang – von 1953 bis 1967 – seine Geliebte gewesen zu sein. Sie verbrachten viele gemeinsame Stunden mit «angenehmem Sex», wie sie sich ausdrückte.

Presley heiratete Priscilla 1967. Sie war mittlerweile 21 Jahre alt. Genau neun Monate später brachte sie ihre Tochter Lisa Marie zur Welt. Anfänglich lief alles gut, doch konnten die vielen Belastungen, denen das Paar ausgesetzt war, auf die Dauer nicht ohne Wirkung bleiben. Priscilla konnte es bald nicht mehr ertragen, schon jeden Morgen beim Frühstück die Gesichter der «Memphis Mafia» zu sehen; sie hatte es satt, in «Graceland» zu hocken und ihren Ehemann nur alle paar Wochen zu Gesicht zu bekommen. Außerdem trieb er sich immer noch in fremden Betten herum – die «Memphis Mafia» mußte alles abschirmen. Das Schlimmste war jedoch, daß sie selbst zu Hause keine Privatsphäre hatten und Presleys Stab sogar im Urlaub mit von der Partie war.

Nach fünf Jahren Ehe erklärte Priscilla, sie habe sich in Mike Stone, ihren Karate-Lehrer, verliebt und beabsichtige, Elvis zu verlassen. Er war am Boden zerstört, denn er verlor seinen kostbarsten Besitz. 1972 trennten sich die beiden, 1973 wurde die Scheidung ausgesprochen, und Priscilla erhielt zwei Millionen Dollar Abfindung.

Die Trennung verlief ohne Streit – und doch war Elvis tief getroffen. Er suchte seine Wunden mit Pillen, ständig wechselnden Frauen, Arbeit und Essen zu heilen. Die wichtigste Frau nach Priscilla war Linda Thompson, die große, gertenschlanke «Miss Tennessee 1972». Sie sah aus wie ein Fotomodell und war dem «King» völlig ergeben. Und Elvis hatte wieder eine Jungfrau gefunden, eine freundliche, gutgelaunte Südstaatenschönheit. Sie zog zu ihm nach «Graceland», und ihre Beziehung hielt mehrere Jahre. Als Elvis wieder anfing, mit anderen Frauen zu schlafen, und Linda dazu einlud, ging ihre Freundschaft in die Brüche.

In seinem letzten Lebensjahr verliebte sich Elvis in die neunzehnjährige Ginger Alden, eine weitere preisgekrönte Schönheit. Er schenkte ihr den üblichen Cadillac und einen Ring für 85000 Dollar. Sie war in seiner letzten Nacht bei ihm.

Sexualität: Wahrscheinlich hat Presley nicht übertrieben, als er seiner Stiefmutter erzählte, er habe mit über tausend Frauen geschlafen. Und das war, *bevor* er Priscilla heiratete. Zu Beginn seiner Karriere war er schüchtern und mehr daran interessiert, seiner Mutter zu imponieren, als sich mit Sex zu beschäftigen. Aber er kam bald auf den Geschmack. In welchen Städten der Welt er auch immer auftrat, die Frauen rissen sich darum, eine Nacht mit dem «King» zu verbringen. Elvis hatte die freie Auswahl. Zwischen zwanzig und dreißig, als er noch gut in Form war, hatte er regelmäßig zwei bis drei Frauen am Tag. Gegen Ende seines Lebens dämpften die Medikamente seine Triebe, und manchmal beklagten sich frustrierte Frauen nach einem enttäuschenden Erlebnis mit ihm bei der «Memphis Mafia». Den Leibwächtern war es jedoch strikt untersagt, mit Frauen anzubändeln, für die Presley sich eventuell noch interessieren könnte, wohingegen er sich durchaus in die Liebesbeziehungen seiner Mafia einmischen durfte.

Der Biographie *«Elvis: What Happened»* zufolge – sie war von drei ehemaligen Leibwächtern geschrieben worden – hatte Presley einige ausgeprägte Vorlieben: Er machte sich nichts aus großen

Brüsten und zog wohlgeformte Beine und Hinterteile vor. Er liebte zarte, feminine Frauen («girl-type girls»), und große Füße schlugen ihn in die Flucht. Er verabscheute Homosexuelle, und seine ganze Sinnlichkeit ging flöten, wenn er erfuhr, daß die Frau, mit der er gerade ein Verhältnis hatte, verheiratet war oder Kinder hatte. Außerdem war er ein leidenschaftlicher Voyeur – in seinem Schlafzimmer war ein einseitig durchsichtiger Spiegel angebracht, so daß er die Liebesspiele anderer Paare beobachten konnte; seine Zimmerdecke war verspiegelt, und er hatte eine Kamera und ein Videogerät in seinem Schlafzimmer installiert, mit denen er seine Beischlafleistungen filmen konnte.

In *«Elvis: What Happened»* wird noch eine andere Eigenart des Sängers erwähnt: Er pflegte einige seiner Geliebten mit Schlaftabletten zu betäuben und auf sein Bett zu legen. Dann ging er in einen Nebenraum, um zwei ausgesucht schönen Prostituierten beim Liebesspiel zuzuschauen. Hatte dieser Anblick ihn genügend aufgeheizt, «sprintete er in sein Schlafzimmer und trieb es mit dem Mädchen».

Alles in allem liebte er die Frauen jung und unerfahren – weil er so weniger Gefahr lief, mit anderen Männern verglichen oder gar abgewiesen zu werden. Der «King» war – bei all seiner Pracht und Herrlichkeit – überaus unsicher.

aw

Solo, Duo, Trio ... Tutti

Komponisten

Das Geheimnis der unbekannten Geliebten

Ludwig van Beethoven
16. Dezember 1770–26. März 1827

Bedeutung: Ludwig van Beethoven, der womöglich größte Komponist aller Zeiten, wurde von dem rationalen Geist der Aufklärung genauso beeinflußt wie von der Gefühlsbetontheit der Romantik, was seiner Musik nur förderlich sein konnte. Sein Genie verwandelte alle musikalischen Inspirationen in Meisterwerke.

Lebensgeschichte: Beethoven stammte aus einer Musikerfamilie. Er hatte noch zwei jüngere Brüder. Seine anderen Geschwister waren früh gestorben. Als Kind faszinierte es ihn, den Griff einer Eisenklappe zu drehen, weil er das Geräusch liebte, das er dadurch erzeugte. Er war ein nachdenklicher Junge. Als man ihn einmal fragte, warum er nicht reagiere, wenn man ihn anspreche, antwortete er: «Ich habe mich gerade mit einem so schönen, tiefen Gedanken beschäftigt, in dem ich nicht gestört werden wollte.» Mit sieben Jahren gab er seine ersten Klavierkonzerte, und mit dreizehn verdiente er 150 Gulden im Jahr als Organist.

1792 verließ er seine Geburtsstadt Bonn und zog nach Wien, wo er bei Joseph Haydn, den er als Vorbild verehrte, Unterricht nahm und gleichzeitig selbst als Klavierlehrer arbeitete. Zu Beginn seiner Zwanzigerjahre veröffentlichte er seine ersten größeren Kompositionen. Er fand schnell die Anerkennung und finanzielle Unterstützung verschiedener Mäzene und hatte schon bald zahlreiche Freunde und Anhänger. Zu ihnen gehörte Nikolaus Zmeskall von Domanovicz, der ihn überall vorstellte, eifrig Memorabilien des Komponisten sammelte und seine Gänsekiele anspitzte. Beethoven komponierte für Zmeskall, der wie er selbst Brillenträger war, ein Stück für Viola und Cello, *«Duett mit Obligato für zwei Brillen»*.

Haydn sagte zu ihm: «Sie machen auf mich den Eindruck eines Mannes mit mehreren Köpfen, mehreren Herzen und mehreren

Seelen.» Das war eine zutreffende Beschreibung, denn in Beethoven schienen sich mehrere Persönlichkeiten vereinigt zu haben. Als er zum Beispiel seine erhabene Fünfte Symphonie komponierte, führte er gleichzeitig einen kleinlichen Rachefeldzug gegen einige «üble Handelsleute». Er war jähzornig und freigebig, in seinen Geschäften nicht immer ehrbar, manchmal glücklich und manchmal verzweifelt. Er liebte Kalauer und konnte herzhaft lachen. Und er war schlampig, mit zottligen und ungewaschenen Haaren, seine Manuskripte häuften sich in den Ecken, er badete, indem er sich eimerweise Wasser über den Kopf schüttete, kochte gräßlich schmeckende Gerichte für seine Freunde, wobei er eine blaue Schürze trug, und wanderte im Sommer in Unterhosen durch die Wälder.

Als er 28 Jahre alt war, machten sich die ersten Anzeichen einer Schwerhörigkeit bemerkbar, die in den folgenden Jahren stetig zunahm. Er behandelte sein Leiden, das ihn sehr quälte, mit Watte, die er in eine gelbe Flüssigkeit tauchte und in die Ohren steckte. 1816 war er bereits so taub geworden, daß sich die Leute, die mit ihm sprechen wollten, nur noch schriftlich verständlich machen konnten. Beethoven trug zu diesem Zweck stets ein «Konversationsbuch», wie er es nannte, bei sich, in das seine Gesprächspartner ihre Fragen und Antworten schreiben mußten. Als das Publikum ihm nach der Uraufführung seiner Neunten Symphonie tosenden Beifall spendete, nahm er dies überhaupt nicht wahr, bis ihn ein Sänger, der neben ihm auf der Bühne stand, am Ärmel zupfte und darauf aufmerksam machte. Nun erst wandte er sich den Zuhörern zu, sah ihre Begeisterung und verbeugte sich, voller Freude über die Wirkung seiner Musik.

Liebe: Hätte Beethoven sich vorgenommen, seine Biographen vorsätzlich in die Irre zu führen und zu verwirren, es hätte ihm nicht besser gelingen können. Die Hinweise in seinen Papieren und die Erinnerungen seiner Freunde reichen aus, um eine ganze Armee von Gelehrten mit detektivischem Spürsinn jahrelang damit zu beschäftigen, die Tatsachen seines Liebeslebens auszukundschaften.

Blieb er unberührt? Vage Bemerkungen seiner Freunde deuten darauf hin, daß dies wohl nicht der Fall war; allerdings blieb er sein Leben lang Junggeselle. Der Biograph Karl Holz schreibt, daß Beethoven «die elenden Bedürfnisse» des Körpers bedauerte. Der Beethoven-Experte Franz Gerhard Wegeler behauptet, daß der Komponist häufig Eroberungen machte, die selbst «für manchen Adonis» schwierig, wenn nicht gar unmöglich gewesen wären. Und ein Adonis war Beethoven nicht: Er war klein, hatte einen großen Kopf, das Kinn eines Nußknackers und auffallend unreine Haut. Die Sängerin Magdalene Willmann schlug 1795 einen Heiratsantrag, den der Komponist ihr machte, aus, weil er – so ihr Bruder – «so häßlich und halb verrückt» war. Ein Maler, der Beethoven porträtiert hatte, berichtete später, daß er sich durch seinen «dämonischen, knöchernen» Gesichtsausdruck abgestoßen gefühlt habe.

Und er war prüde. Er weigerte sich, mit Männern und Frauen umzugehen, denen Ehebruch nachgesagt wurde, und ohrfeigte einmal eine Kellnerin, die von einigen seiner Freunde angestachelt worden war, ihn zu verführen. «Hüte Dich vor der ganzen Sippschaft der losen Frauen», schrieb er seinem Bruder Johann und meinte damit unter anderem auch Johanns Frau Therese, eine «tölpelhafte, fette Frau», die Johann, wie Beethoven seinem Bruder später mitteilte, betrog, wenn er krank war.

Und wie es für die Prüden nur allzuoft charakteristisch ist, beherrschte er meisterlich das verstohlene Umherschielen. Der Biograph Ferdinand Ries schreibt, daß «er gern Frauen beguckte, vor allem hübsche, junge Gesichter; und meistens, wenn er an einem bezaubernden Mädchen auf der Straße vorbeiging, drehte er sich um, blickte sie scharf durch seine Brillengläser hindurch an und lachte oder schnitt Grimassen, wenn er sah, daß ich ihn beobachtet hatte».

Gewöhnlich waren es gutaussehende, intelligente und musikalisch begabte Frauen aus gutem Hause, die ihn interessierten. Mehrmals verliebte er sich in ehemalige Klavierschülerinnen.

Am Tag nach Beethovens Tod fanden drei seiner Freunde einen zehnseitigen Brief in einer Schublade, den er an seine «Unsterbliche Geliebte» gerichtet und mit ihrer Feder geschrieben hatte. Er verströmte seine Gefühle, beschrieb eine unglückselige Kutschfahrt, erzählte von seiner Liebe und beklagte die Tatsache, daß sie nicht «vollständig vereint» gewesen seien. Der Brief war vom 6. und 7. Juli datiert. Das Jahr? Die Gelehrten sind nicht sicher, die Hinweise im Brief deuten auf 1812, als er möglicherweise in Teplitz weilte, während die unbekannte Angebetete sich in Karlsbad aufhielt. Es wurden Polizeiberichte durchforstet, verschiedene Einzelheiten, zum Beispiel das Wasserzeichen des Papiers, analysiert und alle Hinweise, die der Brief enthält, verfolgt, doch ist es niemandem gelungen, die «Unsterbliche Geliebte» zu identifizieren. Anwärterinnen auf den Titel gab es natürlich viele.

Viele von ihnen hatten seine Heiratsanträge abgelehnt: Gräfin Giulietta Guicciardi, um 1800 seine Klavierschülerin, war ein reizender, koketter Lockenkopf, aber ihr Vater verweigerte seine Zustimmung. Gräfin Josephine von Brunsvik, eine Witwe mit vier Kindern, «eroberte ihn», doch schon bald ließ ihr Interesse nach. Er schrieb ihr wehmütig: «So inniglich wie ich Dich liebe, liebst Du mich nicht.» Sie sagte nein. (Ein Porträt ihrer Schwester Therese, einer religiösen Fanatikerin, die unter einer schweren Rückgratverkrümmung litt, lag auch in der Schublade, in der man den Brief an die «Unsterbliche Geliebte» fand. Zwar hatte Beethoven eine Romanze mit ihr, es ist aber unwahrscheinlich, daß sie die Gesuchte ist.) Die berüchtigte und bezaubernde Dichterin Bettina Brentano wollte die Muse eines großen Mannes sein, und Beethoven war einer der Männer, die sie in Betracht zog. Im Alter behauptete sie, daß Beethoven sie geliebt habe und sie heiraten wollte – doch sie hatte sich für den Romantiker Achim von Arnim entschieden. Der neununddreißigjährige Beethoven begegnete Therese von Malfatti, der unmündigen Tochter seines Arztes. Er verliebte sich so sehr in sie, daß er sich alle Mühe gab, ansehnlich zu wirken, und borgte sich zu diesem Zweck sogar einen Spiegel von Zmeskall, aber auch dieser Heiratsantrag wurde abgelehnt.

Vielleicht war die «Unsterbliche Geliebte» eine verheiratete Frau: Dorothea von Ertmann zum Beispiel, mit der er fast zwanzig Jahre lang befreundet war. Sie lernten sich in einem Musikgeschäft kennen, wo sie gerade eine seiner Sonaten auf einem Klavier zu spielen versuchte. Die interessanteste Frau in Beethovens Leben war jedoch Anna Maria Erdödy, eine ungarische Gräfin mit einer dunklen Vergangenheit und einer Lebensführung, die zu bösesten Gerüchten Anlaß gab. Viele Jahre lang konnte man Beethoven immer wieder in ihrer Nähe finden, und für einige Zeit lebte er sogar in ihrer Wohnung. Sie hatte immer wieder mit der Polizei zu tun – ihr Sohn starb unter verdächtigen Umständen, ihre Tochter unternahm einen Selbstmordversuch, und sie «besetzte» mit dreihundert Bauern das Landgut ihres Onkels.

War die «Unsterbliche Geliebte» eine dieser beiden? Vielleicht – aber es gab auch noch andere. Eine Frau, Fanny Giannatasio del Rio, liebte Beethoven leidenschaftlich, aber sie war ihm nicht schön genug. Sie sagte: «Er hat nie häßlich auf mich gewirkt, und nun beginne ich sogar, ihn attraktiv zu finden ...»

Hatte Beethoven die Syphilis? Viele Mediziner sind dieser Frage nachgegangen, ohne zu einer endgültigen Antwort zu kommen.

Nach dem Tod seines Bruders Kaspar Karl (1815) kam es zwischen dessen Frau Johanna und Beethoven zu einem schweren Zerwürfnis. Der Komponist entriß der verwitweten Schwägerin, die er haßte und als «bestialische Mutter» und «Königin der Nacht» bezeichnete, durch einen Gerichtsbeschluß den neunjährigen Sohn Karl, seinen Neffen. Karl, der fortan bei Beethoven lebte, zeigte nur durchschnittliche Begabungen, obwohl der Komponist sich sehr um seine Ausbildung bemühte. Entwickelte Beethoven eine homosexuelle Neigung gegenüber seinem Neffen? Ein Brief, den er Karl schrieb, rückt ihre Beziehung ins rechte Licht: «Zieh Unterhosen an, falls Dich nach dem Baden friert. Hat der Schneider Dich schon aufgesucht? Mein Sohn, gehab Dich wohl!

Zu Deinem Nutzen würde ich sogar Dein Hosenknopf sein. L. v. B.» War es Liebe? Ja, aber wohl mehr die erdrückende elterliche Fürsorglichkeit. *Ver*liebt war Beethoven wohl kaum. 1826 versuchte Karl sich in der Nähe einer alten Ruine zu töten, was seinem Onkel großen Schmerz bereitete.

Wurde Beethoven geliebt? Ganz eindeutig ja – von seinen Freunden, von einigen Frauen (zumindest zeitweise) und von Musikliebhabern auf der ganzen Welt.

Gedanken: «Sinnliche Freude ohne die Vereinigung der Seelen ist bestialisch und wird immer bestialisch bleiben; danach fühlt man nicht die Spur eines edlen Gefühls, sondern nur Reue.»

ae

Junggeselle im Zwiespalt

Johannes Brahms
7. Mai 1833–3. April 1897

Bedeutung: Gemeinsam mit Bach und Beethoven gehört Brahms zu den «drei großen B» der deutschen klassischen Musik. Seine instrumentalen Werke und Lieder zählen zu den bedeutendsten Kompositionen des späten 19. Jahrhunderts.

Lebensgeschichte: Brahms wuchs in großer Armut in einem Bordellviertel in Hamburg auf. Diese Umstände seiner Kindheit prägten seine Persönlichkeit und seine Gefühlswelt. In jungen Jahren spielte er in Kneipen Klavier, um seinen Lebensunterhalt zu verdienen. Dirnen und ihre Freier waren sein Publikum. Brahms' Vater, ein schüchterner Orchestermusiker, hatte eine behinderte, siebzehn Jahre ältere Frau geheiratet, die sehr häuslich war. Ihre ganze Liebe galt ihrem jungen Sohn Johannes. Erst der Tod der Mutter löste diese ungewöhnlich enge Bindung und erweckte in ihm den Wunsch zu heiraten.

Dazu sollte es jedoch nicht kommen. Unschlüssig schwankte er zwischen der Verteidigung seines Junggesellendaseins und Heiratsplänen. Er war ein unendlich einfühlsamer Mann, der immer, wenn es ihm möglich war, junge Musiker unterstützte. Andererseits konnte er aber auch leicht in Zorn geraten, und seine Taktlosigkeit und die ungeschliffenen Umgangsformen erschwerten jede Beziehung. Er liebte ausschweifende Feiern, bei denen reichlich Bier floß und Lieder gesungen wurden. Seine Musik spiegelt jedoch eher die schwermütige Seite seiner Seele. Als er eine Zeitlang in Wien als Dirigent tätig war, standen nur ernste Stücke auf seinem Programm, so daß man über ihn witzelte: «Wenn Brahms lustig ist, läßt er ‹*Das Grab ist meine Freude*› singen.»

Anfänglich fanden seine Konzerte kein großes Echo. Nach der ersten Konzerttournee, im Alter von zwanzig Jahren, traf er in Düsseldorf den Komponisten Robert Schumann, der von Brahms' Musik so beeindruckt war, daß er sie zur Veröffentlichung empfahl. Er schrieb auch in einer Musikzeitschrift über Brahms. Dieser Artikel erregte großes Interesse und machte den jungen Komponisten in ganz Europa bekannt und berühmt. Brahms ließ sich schließlich in Wien nieder und komponierte dort seine vier Symphonien und das berühmte *«Deutsche Requiem»*.

Liebe: Als Liebhaber lebte Brahms im Zwiespalt – er verliebte sich in viele ehrbare Frauen (ausschließlich Sängerinnen und Musikerinnen), schlief aber nur mit Prostituierten. Vielleicht war Clara Schumann, die reizende und schöne Gattin Robert Schumanns, eine Ausnahme. Ihr stand Brahms zur Seite, als Schumann einen Nervenzusammenbruch erlitt und in eine Anstalt für Geisteskranke gebracht werden mußte. Sie beeindruckte ihn als Mutterfigur, war ihm eine Freundin, und als ausgezeichnete Pianistin beriet sie ihn in musikalischen Fragen. Seinen Briefen kann man entnehmen, daß seine Gefühle für Clara rasch an Tiefe gewannen. Anfänglich redete er sie mit «Verehrte Frau Schumann!» an, doch schon bald begann er seine Briefe mit Anreden wie «Anbetungswürdigstes Wesen». Während des Krankenhausaufenthaltes von Schumann litt Brahms so unter dem Konflikt zwischen seiner Freundschaft zu Schumann und seiner Leidenschaft für dessen Frau, daß er nur selten Konzerte gab. Die Stimmung eines in dieser Zeit entstandenen Quartetts beschrieb er als die «eines Mannes, der sich im nächsten Augenblick erschießen wird, weil ihm sonst nichts zu tun bleibt». Als Schumann nach zwei Jahren in der Anstalt starb, scheuten sich Brahms und Clara, ihre romantische Beziehung fortzusetzen. Doch sie blieben enge Freunde, und Brahms veröffentlichte selten etwas ohne Claras Zustimmung.

Brahms' weitere Affären verliefen ähnlich. Mindestens siebenmal – er konnte einer anmutigen Gestalt oder einer schönen Stimme nicht widerstehen – blieb eine große Liebe unerfüllt, denn jedesmal machte er sich aus dem Staub, bevor es zu einem Heiratsversprechen kam. Die Angebeteten tauchten dann oft in seiner Musik auf. Nach seiner Romanze mit Agathe von Siebold, einer temperamentvollen Sängerin mit schwarzglänzendem Haar, komponierte er ein Sextett, in dem er ihren Namen mit dem Lauf «A-G-A-D-H-E» im ersten Satz verewigte. Auch in Schumanns Tochter Julie verliebte er sich leidenschaftlich. Als sie sich mit einem

Grafen verlobte, überreichte ihr der unglückliche Brahms seine berühmte Rhapsodie Opus 53, ein Werk für Altsolo und Chor, das seinem Gefühl des Verlassenseins starken Ausdruck verleiht und das als *sein* Hochzeitslied gilt.

Er blieb jedoch allein. Ein befreundeter Junggeselle bemerkte einmal: «Nicht einmal seinem besten Freund würde Brahms den Grund anvertrauen, warum er nie heiratete.» Vielleicht trug er zu schwer an den Wunden seiner Liebe zu Clara Schumann, vielleicht war die Beziehung zu seiner Mutter zu eng gewesen. Sicherlich hatte auch der Umgang mit den «leichten Mädchen» Hamburgs seine Spuren hinterlassen. Manchmal erging er sich in Beschimpfungen gegen die Frauen im allgemeinen, und als er einem Freund dieses Verhalten zu erklären versuchte, berichtete er ihm von seinen frühen Begegnungen mit den Dirnen: «Um die Männer noch mehr aufzureizen, waren diese Frauen halb nackt. Mich nahmen sie in den Tanzpausen auf den Schoß, küßten und streichelten und erregten mich. Das war mein erster Eindruck von Frauenliebe. Und du erwartest von *mir*, daß ich sie wie du verehre!» Den Prostituierten war er trotzdem immer ein höflicher, bemühter, wenn auch ein wenig unbeholfener Liebhaber. Seine Bissigkeit bekamen eher die Frauen der gehobenen Gesellschaft zu spüren. Brahms konnte es nicht leiden, wenn die Frau, die er umwarb, die Initiative ergriff. Einmal fragte ihn eine Frau kokett, ob sie nicht einer berühmten Schönheit ähnlich sei, und Brahms knurrte: «Ich kann Sie beide einfach nicht auseinanderhalten. Sitze ich neben einer von Ihnen, wünsche ich jedesmal, es wäre die andere!»

Zwar sehnte er sich nach häuslichem Glück und klagte oft bitter darüber, den schönsten Teil des Lebens versäumt zu haben, doch hielt sein Verliebtsein auch im Alter immer nur so lange, bis die Romanze sein Junggesellendasein zu gefährden drohte. Doch seine Gefühle lebten fort in der ernsten, schwermütigen Musik, die für ihn so typisch ist.

Gedanken: «Für die Ehe hege ich die gleichen Gefühle wie für die Oper: Hätte ich eine Oper komponiert, und sie wäre meinethalben durchgefallen, ich hätte bestimmt eine zweite geschrieben. Aber ich kann mich weder zu einer ersten Oper noch zu einer ersten Ehe durchringen.»

jh

Der Unterhalter

Frédéric Chopin

1. April 1810–17. Oktober 1849

Bedeutung: Chopins Virtuosität am Klavier versetzte seine Zuhörer in Staunen. Er beschritt neue Wege und entwickelte einen Stil, der dem Piano einen verträumten Klang gab. Unsterblichen Ruhm erntete er auch als Komponist bittersüßer, scheinbar einfacher, kurzer Klavierwerke, es war die erste Musik aus Polen, die in aller Welt gespielt werden sollte.

Lebensgeschichte: Chopin war ein musikalisches Wunderkind, gab bereits mit sieben Jahren sein erstes Konzert und wurde schon als Jüngling in seiner Heimatstadt Warschau gefeiert. Zu jener Zeit galt Polen in bezug auf die Musik als tiefste Provinz, und Chopins Vater, ein in Frankreich geborener Lehrer, hatte nur wenig Vermögen. Aus diesen Gründen verließ der junge Chopin 1830 Polen für immer, um sein Glück als reisender Pianist zu versuchen. Große Konzerte konnte er jedoch wegen seiner schwachen Gesundheit nicht geben. Er ließ sich in Paris nieder, wo er seinen Lebensunterhalt dadurch bestritt, daß er Frauen reicher Männer Klavierunterricht erteilte und seine Kompositionen mit viel Erfolg verkaufte. Außerdem gab er kleine Konzerte für die Gesellschaft. Auf Grund seiner schauspielerischen Begabung wurde er bald zum Mittelpunkt der eleganten Feste. Diese gesellschaftlichen Verpflichtungen schwächten ihn sehr, und er erkrankte an Tuberkulose. Die Februarrevolution von 1848 trieb seine Schüler aus Paris und zwang ihn, trotz fortschreitender Krankheit in den prächtigen Herrenhäusern Englands und Schottlands gegen Entgelt zu spielen. Als er nach Paris zurückkehrte, war seine Gesundheit völlig ruiniert, und er starb nach einigen qualvollen Monaten.

Liebe: Die meisten Frauen waren von dem romantischen Aussehen Chopins genauso angetan wie von seiner Musik. Auch Chopin fühlte sich zu den Frauen hingezogen, jedoch nicht sexuell; ihre zarte Bewunderung erinnerte ihn an seine Mutter und seine Schwestern. Als Jüngling bedrängte er seinen Freund Titus Wojciechowski mit schwärmerischen Liebesbriefen. Er wollte unbedingt die Lippen des widerstrebenden Titus küssen. «Ich sehne mich nach Deinem Mund», schrieb Chopin an den Freund. In Gegenwart von Mädchen war er eher scheu. Als er sich ernsthaft in eine Mitschülerin, Konstanze Gladkowska, verliebte, konnte er sich ihr noch nicht einmal in einem Brief erklären. Konstanze heiratete bald darauf einen anderen Mann und war erstaunt, als sie viele Jahre später erfuhr, was sie Chopin bedeutet hatte.

Die Versuchungen der Stadt Paris reizten Chopin nicht. Es gibt jedoch Hinweise, daß er sich bei einer Frau namens Teresa eine Geschlechtskrankheit zugezogen hat. Möglicherweise verstärkte das seine Abneigung gegen die Sexualität. Erotische Liebesbriefe, die nach seinem Tod entdeckt wurden, nährten Gerüchte, er habe eine Affäre mit einer seiner ersten Schülerinnen, der musikbegabten und erotisch freizügigen Gräfin Delphine Potocka, unterhalten. «Ich würde gern wieder einmal etwas in Dein kleines Loch in Des-Dur [eine schwarze Klaviertaste zwischen zwei weißen] plumpsen lassen», soll er in einem dieser Briefe geschrieben haben, von denen allerdings nur Fotokopien existieren. Es ist aber durchaus möglich, daß diese Papiere von ihrer «Entdeckerin», Pauline Czernicka, die 1949 Selbstmord beging, gefälscht worden sind.

Chopin hätte gern eine eigene Familie gehabt. 1836 machte er Maria Wodzińska, der schönen und musikalisch gebildeten Tochter eines Grafen, einen Heiratsantrag. Maria willigte ein, ihre Mutter bestand jedoch darauf, die Verlobung geheimzuhalten, weil sie der schlechte Gesundheitszustand Chopins sehr beunruhigte. Chopin ignorierte die Bitten der Gräfin, sich mehr zu schonen, und bald versiegten Marias Briefe. Mag es Unlust oder Unvermögen gewesen sein, Chopin wehrte sich jedenfalls nicht gegen diese Zurückweisung und begrub alle Hoffnung auf eine Heirat.

In dieser Gemütsverfassung begegnete er der emanzipierten George Sand (Amandine Aurore Dupin), die ihn bewunderte und verfolgte. Chopin fühlte sich anfangs nicht zu ihr hingezogen. Einem Freund sagte er: «Was ist die Sand bloß für eine abstoßende Frau. Ist sie tatsächlich eine Frau? Ich bin sehr geneigt, es zu bezweifeln!» Schließlich gab er ihrem Drängen nach. Allerdings scheint sie bereits im ersten oder zweiten Jahr ihrer neunjährigen Freundschaft die sexuelle Beziehung zu Chopin abgebrochen zu haben, trotz seiner Klagen, die Enthaltsamkeit würde ihn umbringen. Ihrer Meinung nach entwickelte er im Schlafzimmer den Schwung einer Leiche, das Liebesspiel interessierte ihn nicht. Da sie schon zwei Kinder aufziehen mußte, war sie durchaus bereit, Chopin als drittes anzunehmen. Chopin fühlte sich in seiner «Halbtagsfamilie» wohl und hatte seine besondere Freude an der kleinen Tochter Solange. Als sie älter wurde, flirtete sie mit ihm und nannte ihn «Kein-Sex-Chopin». George Sand verheiratete sie während Chopins Abwesenheit mit einem obskuren Bildhauer, der für seine erotischen Akte bekannt war. Chopin war entsetzt. In einem heftigen Streit zwischen George Sand und dem Bildhauer brachte Solange – eine passionierte Lügnerin – Chopin dazu, sich gegen ihre Mutter zu stellen, die sich daraufhin von ihm trennte. Seine Gefühle für Solange blieben väterlich.

Die letzte Frau, die ernsthaft versuchte, ihn zu erobern, war seine wohlhabende Schülerin und Retterin aus finanzieller Not Jane Stirling. Als aber Gerüchte über eine bevorstehende Heirat umgingen, sagte Chopin: «Man könnte mich ebensogut gleich mit dem Tod verheiraten.» Chopin träumte in seiner Musik von einer Liebe, die das Leben ihm vorenthielt. Jane Stirling verstand ihn: «Er hatte so erhabene Vorstellungen davon, wie eine Frau sein sollte.»

jmbe

Der treulose Charmeur

Claude Debussy
22. August 1862–25. April 1918

Bedeutung: Viele kennen ihn als den Komponisten der Werke *«Claire de Lune»*, *«L'après-midi d'un faune»* und seiner einzigen vollendeten Oper, *«Pelléas et Mélisande»*. Er war ein großer, schöpferischer Komponist, und seine Ideen übten eine nachhaltige Wirkung auf die Musik des 20. Jahrhunderts aus. Daneben schrieb er auch Theaterstücke und Kritiken.

Lebensgeschichte: Debussy war hoch begabt und äußerst gefühlsbetont. Was Frauen und teure Verrücktheiten anging, so ließ er seinen Launen freien Lauf, doch zum Glücklichsein hatte er wenig Talent. Er wurde in Saint-Germain-en-Laye als Sohn eines armen Porzellanhändlers geboren. Mit zehn Jahren kam er ans Pariser Konservatorium und studierte dort elf Jahre lang. 1884 gewann er mit seiner Kantate *«L'enfant prodigue»* den begehrten Rom-Preis, der es Musikern ermöglichte, drei Jahre lang ungestört in der Villa Medici in Rom zu arbeiten.

Seine bäuerlichen Manieren und sein Desinteresse machten ihn bei Lehrern und Mitschülern unbeliebt, die wenigen Freunde fand er unter den progressiven Malern und Dichtern seiner Zeit. Nie hatte er Geld, nie sah er sich auch nur eine Aufführung seiner Oper an, selbst die bescheidene Anerkennung, die er als Fünfzigjähriger noch erhielt, lehnte er ab. (Er haßte es, Berufsmusiker genannt zu werden.) Nach jahrelanger Behandlung und großen Schmerzen starb er im Alter von 55 Jahren an Darmkrebs.

Liebe: Viele Frauen wurden von seiner Genialität und seiner schwermütigen, grüblerischen Persönlichkeit gefesselt; zwei Ehefrauen und eine Geliebte verehrten ihn über alles; in zwei Fällen sahen die verlassenen Frauen ihren einzigen Ausweg im Selbstmord.

Noch als Student des Pariser Konservatoriums nahm der siebzehnjährige Debussy in den Sommerferien eine Stellung bei der russischen Millionärin Nadeschda Filaretowna von Meck an, die auch Tschaikowskis Protektorin war. Debussy war als Klavierlehrer für die Kinder, als Begleiter und Vorspieler angestellt. Im dritten Sommer bat Debussy Frau von Meck um die Hand ihrer Tochter und Erbin, Sonia. Diese wies ihn mit der Begründung ab, er sei als Musiker kein geeigneter Gatte für eine Erbin, und entließ ihn dann für immer. Gedemütigt kehrte Debussy nach Paris zurück.

Sexuelle Beziehungen jedoch blieben ihm nicht versagt. In seiner nächsten Anstellung spielte er für eine Amateursängerin, deren Ehemann nur vermuten konnte, was in den Privaträumen, in denen geprobt wurde, vorging. Während Debussy für Frau Vasnier arbeitete, erhielt er den Rom-Preis, schob die Abreise aber immer wieder hinaus, weil er die angenehme Stellung bei den Vasniers nicht aufgeben wollte. Da Vasnier die Affäre seiner Frau mit dem einundzwanzigjährigen Musiker ahnte, überzeugte er Debussy, diese einzigartige Chance nicht ungenutzt verstreichen zu lassen. Debussy haßte die Villa Medici und kehrte schon ein Jahr vor Ablauf des dreijährigen Stipendiums zurück. Aber in Paris wurde die Affäre mit Frau Vasnier freundlich und bestimmt als vergangen abgetan.

Was Debussy in den nächsten zwei Jahren tat, ist der Geschichtsschreibung verlorengegangen, weil er wie ein Bohèmien lebte. Er verbrachte viel Zeit in Cafés mit Schriftstellern wie Marcel Proust und dem avantgardistischen Pianisten Erik Satie. Er hatte keinen festen Wohnsitz, bis er zu der schönen, blonden, jungen Gabrielle Dupont zog. «Gabi», wie er sie nannte, arbeitete in den verschiedensten Stellungen, um ihn in den zehn Jahren, die ihre Verbindung dauern sollte, zu versorgen. Debussy war ihr ständig untreu, sie aber blieb sogar bei ihm, als er sich mit der Sängerin und Interpretin seiner Lieder, Thérèse Roger, verlobte. Thérèse aber löste diese Verlobung, als sie während eines gemeinsamen Gastspiels in Brüssel erfuhr, daß Debussy sich eine Nacht lang mit einer anderen Frau amüsiert hatte.

Gabis Geduld war bemerkenswert, aber selbst sie hatte Grenzen. Ihre Verbindung mit Debussy endete schließlich einige Zeit nach einer heftigen Auseinandersetzung wegen eines Zettels, den sie in seiner Manteltasche fand und der ihr eine weitere Affäre verriet. Gabrielle versuchte, sich zu erschießen, verletzte sich aber nicht lebensgefährlich. Nach ihrer Entlassung aus dem Krankenhaus lebte sie noch einige Monate bei Debussy. Er tat so, als sei nichts vorgefallen. Dann befreundete sich Gabrielle mit Rosalie «Lily» Texier, einer jungen, einfachen, schwarzhaarigen Schönheit, die Schneiderin in einem kleinen Pariser Laden war. Die beiden trafen sich oft in Cafés. Ihre Freundschaft jedoch wurde durch Gabis Komponistenfreund empfindlich gestört, der sich ständig über Lilys Aussprache lustig machte. Doch aus Spott wurden bald Komplimente, und Gabi war abgemeldet. Debussy und Lily heirateten im Oktober 1899. Sie begannen ihre Ehe buchstäblich ohne einen Sou, sogar an ihrem Hochzeitstag mußte Debussy Klavierstunden geben, um das Essen bezahlen zu können. Lily war Debussy vollständig ergeben, aber Jugend, Hingabe und Schönheit reichten nicht aus, ihn an sich zu binden. Nach vier Jahren Ehe begann Debussy ein Verhältnis mit Emma Bardac, einer Amateursängerin und Ehefrau eines reichen Bankiers. Am 14. Juli 1904 kehrte der Komponist von seinem Morgenspaziergang nicht mehr nach Hause zurück. Wochen später erfuhr Lily von Freunden, daß Emma ihren Mann verlassen hatte und mit Debussy zusammen lebte. Am 13. Oktober schoß sich Lily in ihrer Verzweiflung in die Brust und den Unterleib. Gewarnt durch einen dramatischen Abschiedsbrief, kam Debussy gerade rechtzeitig zurück, um sie ins Krankenhaus zu bringen. Lily erholte sich ohne seine Hilfe von ihren Wunden, die Kugel jedoch verblieb für den Rest ihres Lebens in der Brust.

Die Scheidung von Lily wurde am 2. August 1904 ausgesprochen, und Emma gebar im Herbst 1905 eine uneheliche Tochter. (Sie wurde Claude-Emma getauft, aber «Chou-Chou» genannt.) Nach ihrer Scheidung im Januar 1908 heiratete Emma Debussy. Ihre Ehe war glücklich, obwohl böse Zungen behaupteten, Debussy hätte sie wegen ihres Geldes geheiratet. Emma war weder jung noch schön, aber sie war klug und gebildet, und sie sorgte für Debussy, als er alt und krank wurde.

Debussy starb 1918 in Paris, während die Stadt von deutschen Kanonen bombardiert wurde. Im folgenden Jahr verlor Emma ihre Tochter durch Diphtherie. Gabrielle verbrachte den Rest ihres Lebens als Geliebte eines Adligen im Luxus. Und 1927, neun Jahre nach Debussys Tod, besuchte Lily jeden Vortrag, den der Biograph Leon Vallas über das Leben Claude Debussys hielt, um die Genialität des Mannes zu verstehen, den sie noch immer liebte.

jm

Die lebende Klaviatur

Joseph Haydn
31. März 1732–31. Mai 1809

Bedeutung: Der österreichische Komponist Haydn erlangte in der Musikgeschichte als Vater der Symphonie und des Streichquartetts seine größte Bedeutung. Er hatte eine unermüdliche Schaffenskraft und komponierte über 118 Symphonien, 83 Quartette, fünfzehn Messen, mindestens zwölf Opern und unzählige kleinere Werke. Sein beliebtestes Musikstück ist das Oratorium *«Die Schöpfung»* und sein bekanntestes die Melodie der bundesdeutschen Nationalhymne.

Lebensgeschichte: Haydn stammte aus bescheidenen Verhältnissen. Er war der Sohn eines Stellmachers und verlebte seine frühe Kindheit in einem winzigen niederösterreichischen Dorf mit strohgedeckten Häusern. Abends saß er oft auf dem Schoß seines Vaters und sang zu den Klängen einer selbstgebauten Harfe. Als er fünf Jahre alt wurde, schickte man ihn ins nahe gelegene Hainburg, wo er bei seinem Vetter, einem Chorleiter, wohnte und zum Musiker ausgebildet wurde. Drei Jahre später sang Haydn im Chor der St. Stephans-Kathedrale in Wien. Selbst in jenen kargen Jahren blieb Haydn ein fröhliches Kind, das neben der Musik immer Zeit für Streiche hatte. Gemeinsam mit einigen Freunden gab er ein kurzes Gastspiel in der Straßenmusik. Er wies jedem seinen Platz entlang einer Brücke an, verteilte die Noten und gab das Startzeichen. Doch statt süßer Harmonien brach ein ohrenbetäubender Lärm aus, denn Haydn hatte heimlich völlig unterschiedliche Noten verteilt.

Noch unter dem Eindruck der Zeit in Hainburg, wo es «Prügel reichlicher als Brot» gab, opferte Haydn seine Freiheit der finanziellen Sicherheit einer Stellung als Musikdirektor der adligen Esterházys, denen er dreißig Jahre dienen sollte. Der bis in die Einzelheiten gehende Vertrag griff sogar in den persönlichen Bereich ein; so sollte er «von vulgärem Verhalten während des Essens, Trinkens und der Conversation Abstand nehmen». Das fiel ihm allerdings nicht sehr schwer. Er war ein freundlicher, praktisch denkender Mann, der das Althergebrachte liebte und seine weiße, gepuderte Perücke selbst dann noch trug, als sie der Mode längst nicht mehr entsprach. Seine Musiker verehrten ihn. Schon als Fünfunddreißigjähriger wurde er von jung und alt liebevoll «Papa» Haydn genannt. Die Musik war sein Leben. Als seine Kräfte mit den Jahren nachließen und er nicht mehr in der Lage war zu komponieren, beschwerte er sich lächelnd bei einem Freund: «Im Grunde bin ich eine lebende Klaviatur.»

Liebe: Haydn war ein Spätentwickler. Zwar lebte er als junger Mann mitten in den berüchtigten Wiener Boheme-Kreisen, kam jedoch allem Anschein nach in dieser Zeit mit keiner einzigen Frau in näheren Kontakt. Die völlige Unbedarftheit des jungen Komponisten zeigte sich deutlich in einer kleinen Begebenheit, die sich ereignete, als er eine junge Gräfin am Flügel begleitete. Als die Dame sich vorbeugte, um die Noten besser sehen zu können, verrutschte ihr Brusttuch und enthüllte ihre Brüste. «Es war das erste Mal, daß mir ein solcher Anblick zuteil wurde», erzählte der junge Musiker ganz aufgeregt einem Freund. «Ich war sehr verlegen, mein Spiel brach ab, und meine Finger lagen erstarrt auf den Tasten.» Nicht nur, daß er schüchtern war und ihm die Erfahrung fehlte, wie man eine Frau erobert, auch sein Aussehen war nicht geeignet, sein Selbstbewußtsein zu stärken. Die stämmigen Beine trugen einen ziemlich kurzen Körper. Seine Gesichtshaut war dunkel und übersät mit Windpockennarben. Die große, gekrümmte Nase wurde durch eine seltsame Hautwucherung verunziert. Haydn fand sich häßlich und merkte häufig an, daß die schönen Frauen, die sich für ihn interessierten, «bestimmt nicht durch meine Schönheit in Versuchung geraten».

Als Haydn sich schließlich doch verliebte, wählte er die Tochter eines Perückenmachers, die aber seine Liebe nicht erwiderte und es vorzog, ins Kloster zu gehen. Der Vater beschwatzte den enttäuschten Musiker, die Schwester zu heiraten. Die Ehe war von Anfang an eine Katastrophe. Die zänkische und eifersüchtige Anna Maria Keller zeigte ihre Verachtung für den Beruf ihres Mannes deutlich – seine Manuskripte benutzte sie zum Auslegen der Kuchenbleche oder als Lockenwickler. Haydn sprach es selbst einmal aus: «Sie hat keine Qualitäten, ihr ist es gleichgültig, ob ihr Mann Schuster oder Künstler ist.» Verschlimmert wurde die Lage noch durch die Tatsache, daß die Ehe kinderlos blieb. Haydn verteidigte sein Interesse an fremden Frauen einmal, indem er darauf hinwies, daß seine Frau «keine Kinder bekommen konnte, daher war ich empfänglicher für die Verlockungen fremder Betten».

So lebte Haydn offensichtlich als «verheirateter Junggeselle». Er hielt seiner Frau trotzdem – im Geiste jedenfalls – zwanzig lange Ehejahre die Treue. Dann erlag der Komponist dem verlockenden Charme einer italienischen Opernsängerin, die gleichfalls unglücklich verheiratet war. Die dunklen Augen und die zarte Figur der neunzehnjährigen Luigia Polzelli konnten einem Mann schon eher den Kopf verdrehen als ihr ziemlich mittelmäßiger Mezzosopran, doch Haydn liebte sie viele Jahre hindurch inniglich. Er versprach sogar, sie zu heiraten, falls sie freikämen. Manchmal erwähnte er – nach dem Tod ihres Mannes – in etwas morbider Weise dies Versprechen: «Vielleicht wird jene Zeit kommen, welche wir uns so oft herbeigewünscht haben, daß vier Augen sich schließen würden. Zwei haben sich geschlossen, aber die anderen zwei ... nun, wie Gott will.» Als aber Anna Maria dann tatsächlich starb, war das Feuer, das die beiden einmal verband, schon fast erloschen. Vielleicht hatte Luigia zu hohe finanzielle Zuwendungen verlangt, vielleicht entsprachen die Damen, die er bei seinem ersten England-Besuch kennenlernte, mehr seinem gebildeten, künstlerischen Geschmack als seine italienische Geliebte. Doch bis an sein Lebensende sandte der gewissenhafte Haydn Luigia weiterhin Briefe und – Geld. Einem Gerücht zufolge ist Haydn der Vater von Luigias zweitem Sohn; der Komponist äußerte sich dazu nie, sondern behandelte beide Söhne Luigias mit gleicher Zuneigung.

Noch zu Lebzeiten seiner Frau unterhielt Haydn eine tiefgehende Beziehung zu einer englischen Witwe; doch ist es sehr unwahrscheinlich, daß diese Freundschaft über das Geistige hinausging. Sie führten eine lebhafte, offene Korrespondenz; so schrieb Rebecca Schroeter in einem ihrer Briefe liebevoll: «Mit jedem Tag meines Lebens schätze ich Sie mehr.» Madame Schroeter «war, ob sie gleich schon sechzig Jahre zählte, noch eine schöne und liebenswürdige Frau», erklärte Haydn, «die ich, wenn ich damals ledig gewesen wäre, sehr leicht geheiratet hätte». Warum dieser Briefwechsel plötzlich endete, ist nicht bekannt.

Haydn flirtete sehr gern, hob die Frauen dabei auf ein Podest, um sie zu bewundern und ihnen zu schmeicheln, hielt aber immer gebührenden Abstand. Die Leidenschaft spielte tatsächlich keine große Rolle in seinem Leben, und es wurde gemunkelt, er habe sich deswegen der Oper – einer der erotischsten Kunstformen – zugewandt, um das Fehlen einer leidenschaftlichen und dauernden Liebe auszugleichen.

lks

Der Virtuose

Franz Liszt
22. Oktober 1811–31. August 1886

Bedeutung: Franz Liszt wurde als bester Klaviervirtuose seiner Zeit berühmt. Er revolutionierte den Vortragsstil und bemühte sich sein Leben lang um die Förderung der Musik in Europa.

Lebensgeschichte: Der ungarische Graf Esterházy, bei dem Liszts Vater Verwalter war, erkannte das Wunderkind in Liszt. Der europäische Adel, für den er bis ans Ende seines Lebens spielen sollte, war von den Fähigkeiten des Jungen beeindruckt und finanzierte seine musikalische Ausbildung. Als anerkannt größter Pianist seiner Zeit führte er ein aufregendes Leben. Er reiste bis nach Portugal, in die Türkei, Rußland, und sein Ruhm verbreitete sich immer weiter. Auf dem Höhepunkt seiner Laufbahn übernahm er 1848 die Leitung des Weimarer Theaters. In den folgenden dreizehn Jahren belebte er die europäische Musik nicht allein mit seinen Konzerten und Operninszenierungen, sondern auch durch die Förderung junger Musiker wie Richard Wagner.

Nach Weimar lebte und arbeitete er acht Jahre in Rom und wurde dort Abbé der katholischen Kirche (was ihn unter anderem berechtigte, das Ritual des Exorzismus zu vollziehen). Danach pendelte er siebzehn Jahre lang zwischen Rom, Weimar und Budapest und spielte, dirigierte und unterrichtete. Er wurde dabei so wohlhabend, daß er kein Geld mehr verdienen mußte und so seine ganze Kraft der Gründung von Fonds zur Förderung junger Musiker widmen konnte. Die Reisen, die er für seine Schützlinge unternahm, waren sehr beschwerlich und im Alter einfach zu anstrengend. Er starb 1886 in Bayreuth an einer Lungenentzündung.

Liszt forderte stets den ihm gebührenden Respekt vom adligen Publikum, das gewöhnt war, Musiker als eine besondere Art Hausdiener zu betrachten. Ziel seiner Forderung war es, den Künstlern ein höheres Ansehen zu verschaffen. Zum Beispiel weigerte er sich, für Isabella II. zu spielen, da die spanische Hofetikette ein persönliches Treffen nicht zuließ. Bei einer anderen Gelegenheit unterbrach er sich mitten im Spiel und blieb mit geneigtem Kopf und über den Tasten schwebenden Händen reglos sitzen, bis Zar Nikolaus I. von Rußland seine Privatunterhaltung beendete. Sein Spiel war so mitreißend, daß er sich diese Allüren leisten konnte. Sein weißes Haar wehte, wenn er zielstrebig die Bühne betrat, die Hirschlederhandschuhe von den Händen zog und sie wirkungsvoll auf den Boden warf. Dann schlug er mit Schwung seine Rockschöße zurück, nahm Platz und beugte sich mit zusammengepreßten Lippen und leuchtenden Augen über die Tasten.

Liebe: Wie heute die Rockstars, so war auch Liszt von weiblichen Bewunderern umlagert. Regelmäßig endeten seine Konzerte in einem Tumult, der durch die Andenkenjagd seiner Verehrerinnen verursacht wurde. Sogar das Polster des Stuhls, auf dem sein wertes Hinterteil sich niedergelassen hatte, wurde nicht verschont. Er hatte zahlreiche Geliebte, besonders unter jenen Adelsfrauen, die seine Zuhörerinnen und Schülerinnen waren.

Als man den Siebzehnjährigen mit dem Hinweis auf den Standesunterschied zwang, eine zarte Romanze mit einer seiner aristokratischen Schülerinnen, Caroline de Saint-Cricq, abzubrechen, flüchtete er sich in seinem Liebeskummer in intensivstes Klavierstudium und entwickelte dabei die außergewöhnlichen Fähigkeiten, für die er später gefeiert werden sollte. Seine erste ernsthafte Beziehung verband ihn mit der Gräfin Adèle de la Prunarede. Doch beendete er das Verhältnis abrupt, als er von einem weiteren Liebhaber der Gräfin erfuhr. Sehr viel länger hielt seine Verbindung mit der Gräfin Marie d'Agoult, die Mann und Kinder in Paris verließ, um Liszt in die Schweiz zu folgen. Die Gräfin gebar ihm drei Kinder. (Ihre Tochter Cosima wurde später Richard Wagners Frau.) 1839 trennte sich das Paar. Liszt hatte das Interesse an Marie verloren und sich mit der Geliebten Frédéric Chopins, George Sand, angefreundet. Diese zigarrenrauchende Verfasserin offenherziger Romane setzte sich gern unter das Piano, wenn Liszt spielte. Die Gräfin d'Agoult forderte George Sand einmal zum Duell, als Waffen benutzten sie ihre Fingernägel. Liszt schloß sich derweil in eine Kammer ein und erschien erst wieder, als die Damen sich beruhigt hatten.

Schon bald danach hörte man Liszts Namen in Verbindung mit Lola Montez, einer heißblütigen und wohlproportionierten Tänzerin. Jeder kannte ihren Namen, seit sie auf einem Empfang König Ludwigs I. von Bayern ihre Brüste entblößt hatte. Doch auch diese stürmische Affäre begann Liszt zu langweilen. Er verließ die Montez, als sie ein Nickerchen in ihrem Hotelzimmer machte, jedoch nicht ohne ausreichend Geld für die Möbel zu hinterlassen, die sie, wie er wußte, im Zorn zertrümmern würde. Die ganze europäische Musikwelt interessierte sich für Liszts erotische Eskapaden. Im bunten Reigen seiner Geliebten fand sich die exzentrische italienische Prinzessin Christina Belgiojoso, die einen ihrer verstorbenen Geliebten präparieren ließ und in einem Schrank verwahrte; die feurige russische Baronin Olga von Meyendorff, die man «die schwarze Katze» nannte, denn sie bevorzugte enge schwarze Kleidung; die junge Gräfin Olga Janina, eine unbändige Natur, die Liszt vergiften und erschießen wollte, als er sie verließ, und die berühmte Kurtisane Marie Duplessis, die Alexandre Dumas zu seiner *«Kameliendame»* inspirierte.

Seine Liebe zur Prinzessin Carolyne von Sayn-Wittgenstein überdauerte seine Zeit in Weimar und Rom. Diese polnische Adlige, eine Intellektuelle, verließ ihren russischen Ehemann und all ihre Güter, um sich Liszt in Weimar anzuschließen. Stundenlang konnte sie – einen Turban auf dem Kopf und eine Wasserpfeife rauchend – auf einem Bärenfell liegen und Liszt beim Klavierspielen zuhören. Liszt hoffte auf eine Heirat mit der Prinzessin und fuhr aus diesem Grund nach Rom, um die Zustimmung des Papstes für die Scheidung der Prinzessin zu erhalten. Ihr Ehemann verfügte jedoch über Beziehungen, die Liszts Mission zum Scheitern brachten. In den langen Jahren hatten sich Liszts Gefühle für Carolyne doch merklich abgekühlt, und er war erleichtert, als die Scheidung abgelehnt wurde. So ging auch diese längste Beziehung seines Lebens zu Ende.

Selbst im hohen Alter hatte Liszt noch seine Freude an sexuellen Eroberungen. Oft kam es vor, daß er der Großvater seiner Geliebten hätte sein können. Doch betonte er, daß er niemals eine «Jungfrau verführt» habe, da seine Achtung vor ihrer Unschuld zu groß gewesen sei. Zwar lebte er in ständiger Angst vor Impotenz – und er verwendete eine Vielzahl von Mitteln, um das drohende Unheil aufzuhalten –, doch seine Zeitgenossen schlug er in der Zahl der Geliebten um Längen. Liszts Kommentar dazu: «Ich hätte gern noch ein größeres Stück Kuchen abbekommen.»

jz

Das warmherzige Wunderkind

Wolfgang Amadeus Mozart
27. Januar 1756–5. Dezember 1791

Bedeutung: Nach menschlicher Vorstellung ist Mozart das Genie schlechthin. Er war nicht nur ein unübertroffener Techniker, sondern verfügte auch über eine schier unerschöpfliche Schaffenskraft und meisterte jede herkömmliche Musikform. Er komponierte über sechshundert Werke: Choräle, Kammermusiken, Symphonien, Sonaten, Konzerte und Opern. *«Don Giovanni»*, *«Die Zauberflöte»*, *«Die Hochzeit des Figaro»* übertreffen nach Meinung der Kritiker jede andere Oper an Klarheit und Perfektion.

Lebensgeschichte: Das wunderbarste aller Wunderkinder wurde in Salzburg, Österreich, geboren. Sein gestrenger, aber liebevoller Vater Leopold, selbst ein guter Komponist und Geiger, gab Wolfgang vom vierten Lebensjahr an Musikunterricht. Schon ein Jahr später hatte Wolfgang sein erstes Musikstück komponiert, und mit sechs Jahren verblüffte er den gesamten europäischen Adel auf der ersten von vielen anstrengenden Tourneen, die er mit seiner begabten Schwester unternahm. Er beherrschte Violine, Orgel und Cembalo. Alle Welt überschüttete ihn mit Lobeshymnen, er aber blieb weiterhin ein ganz natürliches, freundliches Kind.

Sein Leben als Erwachsener steht in schroffem Gegensatz zu seinen Jugendjahren. Mozart, ein Mann von kleiner und unscheinbarer Gestalt, konnte das Interesse der adligen und kirchlichen Geldgeber als ausgereifter, ernst zu nehmender Komponist nicht fesseln. Nie hatte er eine feste Anstellung, die ihm genug einbrachte, um sich in Ruhe größeren Kompositionen widmen zu können. Kostbare Zeit ging mit langweiligem Musikunterricht und Auftragsarbeiten belangloser Unterhaltungsmusik verloren. Sein ganzes Leben bestand aus einem aussichtslosen Kampf mit eifersüchtigen Rivalen, Krankheit und Armut. Er und seine Frau Constanze lebten ständig über ihre Verhältnisse. Das Geld zerrann ihnen zwischen den Fingern, nicht zuletzt deswegen, weil sie sehr freigebig waren und das Vergnügen liebten.

Schon mit 35 Jahren starb Mozart an einem Nierenleiden, das er sich durch Überarbeitung und Unterernährung zugezogen hatte. Er hatte beim Schneider, beim Apotheker, beim Tapezierer und bei seinen Freunden Schulden. Im Wettlauf mit dem Tod versuchte er vergeblich, sein großartiges *«Requiem»* fertigzustellen. Ein schweres Unwetter hinderte seine Frau und seine Freunde, dem Sarg zum Grab zu folgen. Erst siebzehn Jahre später erfuhr Constanze, daß Mozarts sterbliche Überreste in ein Massengrab geworfen worden waren.

Liebe: Da ihn die Frauen als Kind unablässig verwöhnt hatten, war er schon frühzeitig auf sie aufmerksam geworden. Er schrieb einmal an seinen Vater: «Die Natur meldet sich bei mir genauso heftig wie bei jedem anderen Mann auch, vielleicht sogar noch heftiger als bei den großen, starken Kerlen.» Er liebte den Flirt und meinte einmal, wenn er jedes Mädchen, mit dem er geflirtet hatte, auch hätte heiraten müssen, wäre er inzwischen hundertfacher Ehemann. Seiner Lieblingskusine Maria Anna Thekla Mozart schrieb er mit 21 Jahren im Scherz sehr schlüpfrige Briefe.

Als er während einer Tournee in Mannheim Station machte und bei der Musikerfamilie Weber wohnte, verliebte er sich zum erstenmal ernstlich. Die sechzehnjährige Aloysia Weber, ein liebliches Mädchen, das zur Opernsängerin ausgebildet wurde, hatte seine Zuneigung gewonnen. Von ihrer kupplerischen Mutter ermutigt, flirtete sie mit Mozart, der sie anhimmelte. Stundenlang spielten und sangen die beiden zusammen. Wolfgangs Vater befahl ihm, unverzüglich die Tournee fortzusetzen, als er von dieser Liebschaft erfuhr. Seiner Meinung nach stand die Familie Weber mit ihren lockeren Sitten unter dem gesellschaftlichen Niveau der Mozarts. Einige Monate später kehrte Mozart nach Mannheim zurück, nur um die bittere Erfahrung machen zu müssen, daß Aloysia, die mittlerweile dem Ensemble der Münchner Oper angehörte, nichts mehr von ihm wissen wollte. Ihr Zusammentreffen war so unerfreulich, daß Mozart sich ans Klavier setzen und einige obszöne Lieder spielen mußte, um seinen Schmerz zu verbergen. Lange nach Mozarts Tod wurde Aloysia gefragt, warum die Beziehung damals abgekühlt sei. Sie antwortete: «Ich war zu dumm. Ich dachte nur bei mir, wie *klein* ist er doch.»

Später, mit 25 Jahren, übertrug Mozart seine Zuneigung auf Aloysias jüngere Schwester, die ungebildete, unmusikalische Constanze. In den Briefen an seinen Vater beschrieb er sie als einfach, aber herzensgut und mit wunderbaren hausfraulichen Fähigkeiten ausgestattet. Diesmal wandte Mutter Weber ihre ganze List auf, um Mozart in der Familie zu halten. Sie verbreitete das Gerücht, Mozart würde sich Constanze gegenüber Freiheiten erlauben; Mozart gegenüber äußerte sie, die Leute würden über ihre Tochter reden, und sie fürchtete nun um deren guten Ruf. Die hinterlistige Mutter stellte Mozart ein Ultimatum: Entweder brach er mit Constanze oder unterzeichnete ein Heiratsversprechen, das ihn im Falle eines Vertragsbruchs 300 Gulden im Jahr kosten sollte. Wolfgang dachte nicht daran, Constanze aufzugeben, und diese bewies ihr (angeblich) gutes Herz, indem sie den Heiratsvertrag sofort zerriß. Er war 26 Jahre alt und sie 19, als die Hochzeit stattfand. Leopold Mozart schickte einen Tag später grollend seine Zustimmung, allerdings hat er Constanze nie akzeptiert.

Die neun Ehejahre verliefen in äußerster Harmonie: Die Mozarts paßten in jeder Hinsicht gut zueinander. Constanze war eine sorglose, verständnisvolle und anspruchslose Frau, meist war sie schwanger und kränklich – nur zwei ihrer sechs Kinder überlebten. Einmal überraschte ein Besucher das Paar, als sie gerade eng umschlungen durchs Wohnzimmer tanzten. Sie hatten kein Geld mehr, um Brennholz zu kaufen, und wärmten sich auf diese Weise.

Mozarts Tod machte Constanze fast wahnsinnig vor Schmerz. Sie beglich später mit äußerster Genauigkeit all seine Schulden. Sie heiratete dann ein zweites Mal, und zwar den dänischen Diplomaten Georg Nikolaus von Nissen, einen ihrer Mieter, und folgte ihm nach Kopenhagen. Dort schrieb sie mit Hilfe Nissens, die erste Mozart-Biographie. Constanze überlebte Mozart um fünfzig Jahre.

Mozart werden viele außereheliche Affären nachgesagt, doch nachweisen läßt sich keine. Er war kein Don Juan, wie der Held seiner Oper *«Don Giovanni»* (als er und sein Librettist Lorenzo da Ponte ein lebendes Vorbild für diese Rolle brauchten, baten sie Casanova um Rat). Sein anstrengender Arbeitsrhythmus ließ nicht viel Zeit für Liebeleien. Bis an sein Lebensende schrieb er seiner Frau fast jeden Tag, wenn er auf Reisen war, und aus seinen Briefen sprach warmherzige Liebe: «Adieu, meine Liebste, meine einzige Geliebte! Strecke Deine Hände in die Luft – 2999½ Küsse fliegen von mir zu Dir und hoffen, von Dir gefangen zu werden.» Nach seinen Briefen zu schließen, war Mozart ein vorbildlicher, ja idealer Ehemann. Ein anderer Grund, sich von außerehelichen Beziehungen fernzuhalten, war, nach seinen eigenen Worten, die Angst vor einer Geschlechtserkrankung.

Eigenarten: In seiner Jugend schrieb Mozart einige Briefe an seine Mutter und seine Lieblingskusine Maria, die darauf hindeuten, daß er unter einem Anflug von Koprophagie oder Kotfetischismus litt. In einem Brief an Maria schrieb er: «Oh, mein Arsch brennt wie Feuer! ... Vielleicht will irgendein Dreck heraus? ... Was ist das? ... Ist es die Möglichkeit ... ihr Götter! ... Kann ich meinen Ohren trauen? Ja, tatsächlich, es ist wahr – welch melancholisch langgezogener Ton! ... Ich scheiße Dir auf die Nase, und es läuft Dir das Kinn herab ... Liebst Du mich noch?» Doch sobald er sich für die Weber-Schwestern zu interessieren begann, versiegten seine analen Anspielungen.

Gedanken: «Ein Junggeselle kennt in meinen Augen nur das halbe Leben.»

hg

Der Teufelsgeiger

Niccolò Paganini
27. Oktober 1782–27. Mai 1840

Bedeutung: Paganini war der berühmteste Geiger des 19. Jahrhunderts. Der italienische Virtuose komponierte relativ wenig und unterrichtete noch weniger, aus Angst, seine musikalischen Geheimnisse möglichen Rivalen zu verraten. (Viele seiner Werke sind erst nach seinem Tod veröffentlicht worden.) Seit seinem neunten Lebensjahr verblüffte er sein Publikum in ganz Europa mit seinem originellen Fingersatz, der schließlich dem Violinspiel völlig neue Wege eröffnete. Er liebte theatralische Auftritte, bei denen er ein oder zwei Saiten reißen ließ und auf den restlichen weiterspielte. Nach nur einmaligem Hören konnte er jede Komposition nachspielen.

Lebensgeschichte: Mit der Unterstützung seines Vaters, der in seiner Freizeit ebenfalls Geige spielte, nahm er Unterricht und hatte in kurzer Zeit alle verfügbaren Lehrer Genuas überflügelt. Seine wöchentlichen Auftritte in der Kirche zwangen ihn, ständig neue Werke einzuüben – eine harte Schulung, für die der Geiger ewig dankbar blieb. Nachdem er in seiner Jugend so unermüdlich geübt hatte, verzichtete er als Erwachsener darauf, seine Geige in die Hand zu nehmen, außer für eine Probe, ein Konzert oder um sie zu stimmen. «Ich habe genug für meine Kunst getan», sagte er, «es ist höchste Zeit, daß ich mich ausruhe.»

Paganinis Leidenschaft für Glücksspiel und Frauen konnte nichts daran ändern, daß er nicht nur in Italien, sondern in ganz Europa verehrt wurde. In Wien waren die Schaufenster voll mit den verschiedensten Waren, angefangen von Gehstöcken bis hin zu Schnupftabakdosen, die alle mit seinem Porträt geschmückt waren. In der Regel besuchte die königliche Familie des jeweiligen Landes jedes seiner Konzerte, und er wurde von seinen Verehrerinnen umschwärmt wie ein Rockstar von den Groupies.

Er stand im Ruf, ein ausschweifendes Leben zu führen. Seine äußere Erscheinung – bleiches, wächsernes Gesicht und lange, dunkle, strähnige Haare – heizte die Gerüchteküche an. Außerdem trug er ständig einen weiten Umhang, selbst im Sommer, denn er fürchtete sich sehr vor einer Erkältung. Paganini war sein ganzes Leben lang kränklich und starb schließlich an einem Kehlkopfleiden. Man erzählte sich von ihm, daß er einen Pakt mit dem Teufel geschlossen habe und auch wegen Mordes im Gefängnis gesessen hatte. Eine Folge dieser Gerüchte war, daß seine Bestattung in geweihtem Boden um fünf Jahre verzögert wurde.

Liebe: Paganini hatte die Vierzig schon überschritten, bevor ihn an einer Frau etwas anderes zu interessieren begann als nur große Brüste, schmale Taillen und schlanke Fesseln. Er sprach zwar oft davon, daß er heiraten wolle, doch blieb ihm die friedliche Häuslichkeit versagt.

Sein Leben bestand aus einem bizarren Muster, gebildet von Konzerttourneen, erotischen Abenteuern und schwindender Gesundheit. Nachdem er einige Konzerte gegeben hatte, zog er sich zurück, meist mit einer Frau, um die Gesundheit von Körper und Seele wiederherzustellen. Seine erste Zuflucht fand er bei einer toskanischen Dame von hoher Geburt, die sich um die Jahrhundertwende in ihn verliebte und ihn sofort auf ihr Landhaus entführte. Sie konnte ihn überreden, mit ihr Gitarre zu spielen. So entstanden aus dieser frühen Romanze eine Reihe Sonaten und Quartette für Gitarre.

Als ihn Elise Bonaparte Baciocchi – Napoleons Schwester, die Prinzessin von Lucca – 1805 zum Musikdirektor von Piombino ernannte, vermutete man, daß er nicht nur an seiner Geige herumfingerte. Viel Zeit verbrachte er auch bei einer unbekannten Dame (die Hofdame gewesen sein soll), von der erzählt wurde, daß sie wesentlich schöner gewesen war als die kapriziöse und etwas reizlose Prinzessin.

Wenn Elise sich nach dem Essen zu dem notwendigen Schönheitsschlaf niederlegte, entwischte Paganini durch eine Seitentür des Palastes, um sich mit seiner heimlichen Geliebten zu treffen. 1813 verließ er den Hof, um sich nur noch den Konzerten zu widmen.

So bewundernswert Paganini auch seine Geige streichen konnte, bei den Frauen hatte er weniger Fingerspitzengefühl. Nur seine erste Liebe Eleanor Lucca konnte nicht klagen, sie wurde als einziges Nichtmitglied seiner Familie im Testament bedacht. Am schlimmsten erging es der siebzehnjährigen Angelina Cavanna, der Paganini 1808 in Genua begegnete. Sie war die Tochter eines Schneiders und bestand auf einem Trauschein, bevor sie Paganini in ihr Schlafzimmer ließ. Paganini ging scheinbar darauf ein und brachte sie dazu, mit ihm in eine kleine italienische Stadt zu reisen, wo sie angeblich verheiratet werden sollten. Es kam nicht zu der Heirat, und als sie schwanger wurde, ließ Paganini sie im Stich. (Das Kind wurde tot geboren.) Später wurde er von Angelinas Vater angezeigt und ins Gefängnis geworfen. In seiner Verteidigungsrede behauptete Paganini, das Mädchen habe schon vorher «sehr freizügig» gelebt und sei ihm freiwillig gefolgt. Paganinis dauerhafteste Beziehung bestand zu der Tänzerin Antonia Bianchi. Das stürmische Verhältnis begann 1815 und endete dreizehn Jahre später, als ihre Eifersucht immer gewalttätiger wurde. Er zahlte ihr 2000 Escudos, damit sie auf ihren Sohn Achille verzichtete und ihn in Frieden ließ.

Allein der Anblick einer schönen Frau brachte ihn auf abwegige Gedanken, und er setzte alles in Bewegung, sie für sich zu gewinnen, immer den Sex als Ziel fest vor Augen. Einmal gab er sich sogar als Frauenarzt aus, als er sich auf dem Weg zu einer Verabredung in einem Gebäude verlaufen hatte und zufällig einer Frau über den Weg lief. Selbst als er älter wurde, konnte er noch die Leidenschaft in den Frauen entfachen. Sie liebten ihn wegen seiner Musik und seiner eindrucksvollen Konzerte. Eine deutsche Baronin verließ seinetwegen ihren Ehemann. «Nachdem sie mich gehört, gesehen und mit mir gesprochen hatte», schrieb er einem Freund, «verliebte sie sich so sehr in mich, daß es um ihre Seelenruhe geschehen ist. Sie wird sterben, wenn ich sie nicht erhöre.» Doch Paganini wies die schöne Baronin ab, die sich daraufhin in ein Kloster zurückzog und dort Jahrzehnte später allein und vergessen starb. Einsamkeit lernte der Virtuose nicht kennen, doch wahre Harmonie fand er nur in seiner Musik.

Gedanken: Seinem rechtlichen, finanziellen und gesellschaftlichen Berater Luigi Guglielmo Germi schrieb Paganini in einem Brief:

«Ich denke, Sie werden meinem Entschluß, alle Frauen, die ich je gekannt habe, dem Teufel zu überlassen, zustimmen, denn sie waren nur zu meinem Schaden.»

mo & ek

Genius und Wundermädchen

Robert Schumann
8. Juni 1810–29. Juli 1856

Bedeutung: «Robert Schumann [war] der edelste und substantiellste aller deutschen Romantiker, der Entdecker neuer Werte, der bei aller Begrenztheit der Umwelt weltoffene Geist ...» (Wilhelm Furtwängler). Als Komponist widmete sich Schumann nahezu allen Musikarten: Symphonie, Oper, Oratorium, Kammermusik. Er entdeckte die Poesie des Klaviers. In seinem einzigen Klavierkonzert sehen Kritiker die «ganze deutsche Romantik in ihrem idealistischen Höhenflug». Der andere Gipfel seines Schaffens sind die Lieder, in denen Stimme und Klavier verschmelzen. Als Publizist und Musikkritiker machte er seine *Neue Zeitschrift für Musik* zu einem publizistischen Kampfplatz der romantischen Musiktheorien, führte er Chopin, Mendelssohn und vor allem Brahms in die deutsche Musikwelt ein. Kurz: Robert Schumann war der unendlich fleißige und rätselhaft fruchtbare Hauptvertreter der deutschen musikalischen Hochromantik, ihr wichtigster Theoretiker und kühnster Gestalter.

Lebensgeschichte: Robert war der jüngste und von allen Geschwistern verwöhnteste und am meisten geliebte Sohn eines Zwickauer Verlegers und Buchhändlers, der sich als Autor finsterer Schauerromane versuchte. Schon als Kind erhielt Robert Musikunterricht, und als Neunjähriger spielte er seine ersten eigenen Melodien auf dem Klavier. Neben der Musik faszinierte ihn die Literatur, und er konnte sich lange Zeit nicht entscheiden: Sollte er Dichter werden oder Musiker? Schon als Kind wurde er von Gesichten gequält, glaubte sich von Doppelgängern verfolgt und fürchtete oft, den Verstand zu verlieren. Er führte tapfer Tagebuch, um die Ängste loszuwerden. Mit sechzehn verlor er den geliebten Vater und verfiel in tiefe Schwermut. Dann entdeckte er die Schriften Jean Pauls, die für ihn zum größten literarischen Erlebnis wurden und ihn ein Leben lang prägen sollten. Als Gymnasiast gründete er mit anderen Schülern Literaturzirkel. Die Mutter hielt jedoch nicht viel von den literarischen Aktivitäten ihres Sohnes. Sie träumte von einer Richterkarriere und überredete den Gehorsamen zum Jurastudium. So begann Robert zu studieren – zunächst in Leipzig, dann in Heidelberg. Doch musizierte er auch weiterhin, und 1830 entschloß er sich, seiner Doppelexistenz zwischen Jura und Musik ein Ende zu machen, und bat die Mutter, ihn bei dem berühmten Musikpädagogen Friedrich Wieck in Leipzig als Klavierschüler anzumelden. Die Mutter gab schweren Herzens nach, und Robert zog zu Wieck in die Wohnung. Doch den Traum vom gefeierten Klaviervirtuosen mußte er bald aufgeben, nachdem er sich mittels einer selbstgebastelten Trainingsapparatur den Ringfinger gelähmt hatte. Ein halbes Jahr lang nahm er Stunden in der Kompositionslehre und stürzte sich Anfang Zwanzig ganz aufs Komponieren. Mit 24 gründete er, zusammen mit ein paar Gleichgesinnten, die *Neue Zeitschrift für Musik*, in der er mit spitzer Feder leidenschaftlich gegen die «Philister» seiner Zeit – wie Rossini, Herz, Hünten, Thalberg und Hummel – kämpfte, die das offizielle Musikleben beherrschten. Nach vergeblichen Versuchen, sich in Wien und Berlin niederzulassen, wurde Schumann mit 33 Lehrer am Leipziger Konservatorium und 1850 Musikdirektor in Düsseldorf. Doch seine Gehörhalluzinationen, Sprachschwierigkeiten und Visionen quälten ihn bald schon so heftig, daß er sich an der Schwelle des Wahnsinns stehen und gezwungen sah, die Stellung aufzugeben. In Wahn oder Verzweiflung stürzte er sich in den Rhein, wurde gerettet und in die kleine Heilanstalt von Endenich bei Bonn eingewiesen, wo er noch zwei Jahre bis zu seinem qualvollen Tod dahindämmerte.

Eine umfangreiche Fachliteratur beschäftigt sich mit Schumanns Leben und Leiden. Er war «psychotisch krank». Über die Ursachen dieser Krankheit jedoch gehen die Meinungen noch heute auseinander. Da wird von «Paralyse nach vorausgegangener Zyklophrenie», aber auch von «Schizophrenie» gesprochen. Die Krankengeschichte aus Endenich ist rätselhafterweise verschwunden. Wahrscheinlich handelte es sich von 1850 an um eine Paralyse oder eine Hirnlues. Die enorme Steigerung der Schumannschen Produktion zwischen 1845 und 1850 könnte, wie bei Nietzsche, ausgelöst worden sein durch den pathoiden Reiz des luetischen Giftes. Doch eindeutige Beweise liegen nicht vor.

Liebe: Roberts Anfänge in der Liebe verlieren sich im dunklen. In Teplitz verliebte sich der Tertianer in eine Nanny, deren Familienname nicht überliefert ist. Doch scheiterte die Beziehung bald, weil Nanny, die «engherzige Seele», abfällige Bemerkungen über Roberts literarischen Gott Jean Paul zu machen wagte. Ab 1828 erfahren wir etwas mehr. Da reiste der Achtzehnjährige nach Leipzig, um das verhaßte Jura zu studieren, und besuchte immer wieder die befreundete Arztfamilie Carus. Schon bald verfiel er in schwärmerische Jünglingsliebe zur älteren, schönen Hausfrau Agnes Carus, die Jean Paul und die Musik so liebte wie er. Sie wurde für Robert zur «unnahbar heiligen Liebe», die ihn zu einigen frühen Kompositionen inspirierte: «... der holländischen Maid [Agnes] gab ich einen leisen schönen Kuß und als ich nach Hause kam, setzt' ich mich ans Klavier und mir war's, als kämen lauter Blumen und Götter aus den Fingern hervor – das war der Gedanke C F G C» (die ersten Takte des Impromptus Opus 5).

Bei Carus lernte er schließlich auch die Liebe seines Lebens kennen. Eines Abends hörte er dort ein kleines hübsches, dunkelhaariges Mädchen mit seltsam schrägen Augen perfekt Klavier spielen. Es war Clara Josephine Wieck, die hochbegabte Tochter des Klavierhändlers und Musikpädagogen Friedrich Wieck – eben desselben, bei dem Robert Unterricht nahm. Clara war gerade neun Jahre alt, als Robert sie das erste Mal sah – ein Kind, ein artiges Wunderkind ohne Mutter, denn der Vater hatte sich schon vor Jahren von ihr scheiden lassen und bestimmte nun allein – mit Liebe, vor allem aber mit Härte bis zur Fühllosigkeit – über das Leben, Denken und Fühlen seiner Tochter. Er war in ärmlichen Verhältnissen aufgewachsen. Seine Tochter – das war sein größter Wunsch – sollte einmal reich sein, ein Star, größte Klaviervirtuosin ihrer Zeit. Mit fünf – sie konnte kaum richtig sprechen – ließ er Clara schon viele Stunden am Tag üben. Zur Ertüchtigung mußte sie turnen, anstatt mit Puppen zu spielen. Robert, der kurze Zeit nach dem ersten Treffen zu den Wiecks zog, wurde bald Claras inniger Freund. Denn niemand konnte für sie so herrliche Rätsel und düstere Spukgeschichten erfinden wie er.

Während Robert noch seine Etüden übte, ging Vater Wieck bereits mit Clara auf Tourneen durch Deutschland und Europa, ließ sie spielen vor Prinzen und Prominenzen. Die beiden sahen sich selten, doch ganz leise bahnte sich da etwas an zwischen Kind-Jungfrau und blauäugigem Genius. Clara wenigstens schien damals ziemlich sicher gewesen zu sein, daß der Robert einmal ihr Mann werden müßte. Als der sich jedoch einen Kuß wünschte, vertröstete die Kleine ihn auf später. Hin und wieder schrieben sie sich, förmlich mit «Herr» und «Sie».

Robert schwankte hin und her zwischen überschäumendem Glauben an sein Talent und abgrundtiefer Verzweiflung am Unvermögen. Er komponierte, trank Unmengen bayerischen Bieres und rauchte schwere Zigarren zur Anregung. Getrieben von der ständigen Angst, den Verstand zu verlieren, vertraute er sich einem Arzt an. Der stellte die falsche Diagnose und riet ihm augenzwinkernd: «Medizin hülfe hier nichts; suchen Sie sich eine Frau, die curirt Sie gleich.» Robert leuchtete das ein. Clara kam jedoch nicht in Frage; sie war noch fast ein Kind und kümmerte sich kaum um Robert und seine Probleme. Da erschien ihm jedoch eine Fee in Gestalt der gutherzigen, dümmlichen Gutsbesitzerstochter Ernestine von Fricken, die vom adligen Vater bei Wieck abgeliefert worden war, um Klavierstunden zu nehmen. Ernestine war drei Jahre älter als Clara und recht hübsch. Die Mädchen freundeten sich an. So ahnte Ernestine zwar etwas von der stillen Liebe zwischen Robert und Clara, ließ sich aber die drängenden Werbungen des Jünglings gern gefallen. Robert: «Die wird dich retten!» Es fand eine heimliche Verlobung mit Ring statt. Clara erfuhr bald von dieser «Treulosigkeit» und verliebte sich daraufhin trotzig in einen Cellisten, der sich gar nicht erklären konnte, wie er zu seinem Glück kam. Und doch weinte sie nach Roberts kühler Begrüßung zu Hause: «Ach, ich liebe doch keinen so wie den, und er hat mich nicht einmal angesehen!»

Das wiederum brachte Robert aus der Fassung und zur Besinnung. Nun auf einmal erblickte er in der kindlichen Virtuosin die «reife Frau» und in ihren Augen «den unheimlich tiefen Strahl von Liebe». Er gestand ihr: «Du bist meine älteste Liebe – Ernestine mußte kommen, damit wir vereint würden.» Robert war kein Heuchler. Er nahm Ernestine gegenüber sein Wort zurück, und sie ließ ihn gehen, freundschaftlich, ohne ihre Enttäuschung zu zeigen. So ging das Intermezzo zu Ende – wohl auch, weil sie ihm verschwiegen hatte, daß sie arm und außerdem noch illegitim war. Nach der Auflösung der Verlobung diente sie als Postillon d'amour für die Frischverliebten, die es nun endlich zum ersten Kuß brachten: Clara war sechzehn, als Robert ihr seine Liebe gestand und sie küßte. Clara: «Vor meinen Augen wurde es schwarz. Das Licht, das Dir leuchten sollte, hielt ich kaum.» Vierzehn Tage später folgte schon (!) der zweite Kuß. Danach ging Clara wieder auf Konzertreise. Sie schrieben sich lange, zärtliche Briefe. Da brach die Katastrophe über die Liebe herein in Gestalt des herrschsüchtigen Vaters, der etwas anderes mit der begabten Tochter vorhatte: «Ehe ich zwei solche Künstler zusammen bürgerlich und häuslich unglücklich und beschränkt sehe, opfere ich lieber meine Tochter!» Er schrieb wütende Briefe, schrie, tobte, drohte Robert zu erschießen, konfiszierte die Liebespost, untersagte jedes Treffen. Robert war zutiefst getroffen und erschüttert, denn noch liebte und verehrte er Vater Wieck. Er konnte nicht einsehen, daß er etwas verbrochen haben sollte, konnte nicht verstehen, daß der Vater sich geprellt sah um die Früchte des Ruhms, um das viele Geld, das er mit seinem «Meisterstück» Clara, mit dem Produkt seiner Musikpädagogik, noch zu verdienen gedachte.

Clara litt sehr unter der Härte ihres Vaters, doch zog sie gehorsam mit ihm weiter durch die Konzertsäle. Und so begann eine große, quälende, innige, bewegende und trotz des großen zeitlichen Abstands überaus moderne Liebes- und Leidensgeschichte. Kein Filmautor kann sich ausdenken, was da über Jahre hinweg protokolliert, seziert, verhüllt und enthüllt worden ist in einem Strom von Notizen, Briefen, Zetteln und Melodien. Dieses Seufzen, Jubeln, Betteln, Anklagen, Verzeihen, Zweifeln, Weinen und Lieben in Sätzen und Worten ist Zeile für Zeile *das* Intime im Werden und Dasein zweier Menschen, die sich herzlich lieben, sich einander gehörend fühlen, nichts wollen als miteinander glücklich sein.

Doch Vater Wieck beharrte auf seinem Standpunkt, bediente sich niedrigster Klagen und Verleumdungen, ging vor Gericht und zog den Prozeß durch alle Instanzen. Trotz aller Ängste vor Spionen, die im Auftrag des Vaters arbeiteten, brachten es die Liebenden fertig, flüchtiges Glück zu genießen. Kein Hausflur auf dem Wege in die Vorstadt sei von ihnen verschont worden, scherzte Schumann später. Erst im Sommer 1840, zwölf Jahre nach ihrer ersten Begegnung, gab der Alte endlich auf. Das Paar erhielt die gerichtliche Heiratserlaubnis. Schnell fanden sie eine kleine Mietwohnung. Clara war überanstrengt, müde, glücklich und nur traurig, weil sie keine Aussteuer mitbringen konnte. So wenig war geblieben von dem, was die Tourneen eingebracht hatten. Schweren Herzens gab Clara nach der Heirat zunächst die Virtuosenlaufbahn auf, wurde stille Gefährtin des Komponisten und Mutter von sechs Kindern. Doch hin und wieder trieb es sie wieder hinaus in die große Welt der Musik, und sie wurde als große Künstlerin gefeiert. Robert fühlte sich unglücklich in seiner Rolle als Prinzgemahl, vor allem, wenn jemand den noch Unbekannten fragte, ob auch er musikalisch sei. Doch wenn Clara zu Hause war, fühlte er sich glücklich und verwandelte seine Liebe in Musik. Gleich im ersten Jahr der hart erkämpften Ehe schrieb er drei Symphonien, über hundert Lieder und ein großes Klavierkonzert. Nichts hat das Glück dieser Liebesehe getrübt. Es endete erst mit Roberts qualvollem Tod in der stillen Anstalt. «Er lächelte mich an», notierte Clara kurz vor seinem Tod, «und schlang mit großer Anstrengung, denn er konnte seine Glieder nicht mehr regen, seinen Arm um mich ... um alle Schätze gäbe ich diese Umarmung nicht wieder hin.» Clara hat ihren Mann um vierzig Jahre überlebt.

jv

Das verborgene «Z»

Peter Iljitsch Tschaikowski
7. Mai 1840–6. November 1893

Bedeutung: Tschaikowskis Werk hat im Lauf der Zeit immer mehr Liebhaber gewonnen. Die Ballette *«Schwanensee», «Der Nußknacker»* und *«Dornröschen»* sowie seine Sechste Symphonie, *«Pathétique»* genannt, gehören heute zu den populärsten klassischen Musikstücken.

Lebensgeschichte: Sein ganzes Leben lang litt Tschaikowski darunter, daß er zwar kräftig und gut aussah, aber ein äußerst anfälliges Nervenkostüm besaß. Die erste tiefe seelische Wunde verursachte seine Gouvernante Fanny Dürbach, als sie 1848 ihre Stellung kündigte. Und dies war nur die erste einer Serie schmerzhafter Trennungen von Muttergestalten, die er durchleben mußte. Seine Mutter starb an Cholera, als er vierzehn Jahre alt war. Ihren Tod konnte er nie verwinden, und noch 25 Jahre danach mußte er tagelang hemmungslos weinen, als ihm zufällig ein Bündel mit Briefen seiner Mutter in die Hände fiel.

Nach vier unerfreulichen Jahren als Beamter in der Justizbehörde in Petersburg widmete er sich ab 1863 nur noch der Musik. Er lehrte am Moskauer Musikkonservatorium, tauchte sogar ins Nachtleben ein und machte sich dabei als lustiger junger Mann, der wunderschöne Melodien auf dem Klavier improvisieren konnte, einen Namen. Doch auch diese Zeit war von Depressionen überschattet. Als er das erste Mal eins seiner eigenen Werke dirigierte, wurde er von einem beklemmenden Angstgefühl verfolgt – er hatte die fixe Idee, sein Kopf müsse abfallen, wenn er ihn nicht absolut still hielte. Erst nach zehn Jahren wagte er es wieder, in der Öffentlichkeit zu dirigieren. 1866 erlitt er eines Nachts beim Komponieren schreckliche nervöse Anfälle, er wurde von Halluzinationen verfolgt. Danach traute er sich nicht mehr, nachts zu arbeiten.

Liebe: Immer wenn in Tschaikowskis Tagebüchern der Buchstabe *Z* auftaucht, umschreibt er damit seine Homosexualität, die ihm wie eine trübe Strömung seines Seelenlebens erschien (in Briefen an seinen homosexuellen Bruder Modest nannte er seine Neigung häufig nur *Das*). «Heute quält mich *Z* außergewöhnlich heftig», heißt es in einer Tagebucheintragung. Oder: «Litt stark, nicht so sehr unter dem Gefühl von *Z*, sondern stärker wegen der Tatsache, daß es in mir existiert.» Es ist nie bekannt geworden, wer zu seinen männlichen Geliebten gehörte, da er diese Beziehungen aus Angst vor Entdeckung äußerst geheimhielt. Wahrscheinlich ist, daß er Wladimir Schilowsky liebte. Er war sein Lieblingsschüler am Konservatorium und begleitete ihn häufig – meist heimlich – auf seinen Reisen. Er widmete ihm auch zwei seiner frühen Klavierwerke. Ein weiterer Freund mag Wladimir (Bobik) Dawidow, sein Neffe, gewesen sein, über den in seinem Tagebuch zu lesen ist: «Oh, wie vollkommen Bobik ist!» und «Ich mag gar nicht an die Abreise denken. Bobik wird wohl der Grund dafür sein.» Havelock Ellis nannte die Sechste Symphonie, die Tschaikowski Dawidow gewidmet hatte, «die homosexuelle Tragödie».

Mit Frauen konnte Tschaikowski keine intimen Beziehungen eingehen, da seine selbstquälerische Homosexualität und der frühe Verlust von Fanny und seiner Mutter ihm die notwendige Selbstsicherheit geraubt hatten. Fast gelang es ihm mit der französischen Opernsängerin Désirée Artôt, die er 1868 während ihrer Tournee durch Rußland kennenlernte. Sie hatte ihn völlig bezaubert, und sie verlobten sich. Doch die Besorgnis seiner Freunde, Désirée könne Tschaikowski in den Schatten stellen, weckte seine eigenen Ängste, und er verschob die Hochzeit. Désirée Artôt setzte ihre Tournee fort und heiratete fast unmittelbar darauf einen spanischen Bariton. Tschaikowski war am Boden zerstört.

1877 heiratete er Antonina Iwanowna Miljubkowa, eine seiner Schülerinnen am Konservatorium. Antonina hatte ihm in Briefen ihre unendliche Liebe offenbart und war bereit, ihn trotz seiner homosexuellen Neigungen zu heiraten. Sie war ohne Zweifel sehr dumm und litt unter Wahnvorstellungen. Ständig fühlte sie sich von männlichen Verführern bedroht, von den Werken ihres Mannes kannte sie kein einziges. Tschaikowski heiratete sie aus Mitleid, denn sie erinnerte ihn an Tatjana, die tragische Figur aus Puschkins Erzählung *«Eugen Onegin»* (in den Jahren 1877–1878 schrieb er nach dieser Geschichte eine gleichnamige Oper). Drei Monate nach der Hochzeit konnte er ihre Gesellschaft schon nicht mehr ertragen, und er verbrachte sein ganzes Leben mit Versuchen, dieser Verpflichtung zu entkommen. In der Hoffnung, sich eine tödliche Lungenentzündung zuzuziehen, watete er in einer Oktobernacht bis zur Brust in das eiskalte Wasser der Moskwa. Er gestand Ehebrüche, die er nie begangen hatte, um eine Scheidung zu erzwingen. Aber Antonina ließ sich nicht erweichen. Selbst an Mord dachte er. 1881 entdeckte er schließlich einen ihrer Ehebrüche, scheute sich aber zu diesem Zeitpunkt, die Scheidung noch einzureichen, denn er fürchtete, sie würde seine Geheimnisse ausplaudern. In den folgenden Jahren verwirrte sich Antoninas Geist immer stärker. Sie ließ sich mit verschiedenen Männern ein und gebar auch noch einige Kinder. Tschaikowski sorgte trotzdem bis zu seinem Tod 1893 sehr zuverlässig für sie. Drei Jahre darauf wurde sie in eine Irrenanstalt gebracht, wo sie 1917 starb.

Seine Ehe war sehr seltsam, aber nicht weniger bizarr verlief seine Beziehung zu Nadeschda Filaterowna von Meck. Sie war reich, neun Jahre älter als Tschaikowski und so musikbegeistert, daß sie ständig einen Pianisten (unter ihnen auch Debussy) als Hauslehrer beschäftigte. Sie liebte Tschaikowskis Musik und unterstützte ihn vierzehn Jahre lang. Sie kannten sich nur aus Briefen, die drei dicke Bände mit häufig sehr persönlichen Themen füllen. Selbst als er in einer ihrer Wohnungen in Italien lebte und sie sich nur knapp einen Kilometer weiter in einer Villa aufhielt, begegneten sie sich nicht. 1890 beendete sie aus unbekannten Gründen abrupt jegliche Verbindung zu Tschaikowski. Als er drei Jahre später todkrank in Petersburg darniederlag, phantasierte er ein wenig und wiederholte beständig ihren Namen, sehr «vorwurfsvoll» und «zornig», wie sein Bruder anmerkte.

Gedanken: Nadeschda Filaterowna von Meck antwortete er auf die Frage, ob er jemals die Liebe erlebt habe: «Hätten Sie Ihre Frage anders gestellt und gefragt, ob ich jemals in der Liebe vollkommen glücklich gewesen sei, hätte ich ‹nein› antworten müssen, ‹nein› und abermals ‹nein› ... Hätten Sie aber gefragt, ob ich die ganze Macht und unaussprechliche Sehnsucht der Liebe erfahren habe, müßte ich Ja! Ja! Ja! antworten. Immer und immer wieder habe ich versucht, den Schmerz und den Rausch der Liebe in meiner Musik einzufangen.»

dr

Der siegessichere Komponist

Richard Wagner
22. Mai 1813–13. Februar 1883

Bedeutung: Wagner ist einer der umstrittensten und gleichzeitig bekanntesten Tondichter überhaupt. Der Kampf um die korrekte Einordnung Wagners erfaßte nicht nur die Musikwelt, sondern beschäftigte genauso – vielleicht sogar mehr – Politiker und Philosophen. Alle seine Werke werden noch in den Opernhäusern der Welt aufgeführt. Er liebte die Welt der Sagen und krönte sein Werk mit dem monumentalen, vierteiligen Heldenepos *«Ring des Nibelungen»*.

Lebensgeschichte: Wagner war eine beeindruckende Erscheinung. Traf er auf fremde Menschen, hielt er sich reserviert zurück und musterte sie mit seinen leuchtendblauen Augen. Sein Kopf war mächtig, mit strengen Gesichtszügen. Er hatte in seiner Kindheit keine besondere Musikerziehung genossen, er konnte lediglich recht früh die Notenschrift lesen. Seine Libretti schrieb er später selbst, denn auch als Schriftsteller und Dichter zeigte er Talent. So gehören seine Opern zu den wenigen, bei denen auch der Text wichtig ist. Die Kehrseite seiner vielseitigen Begabung war, daß ihn keine Aufführung seiner Werke zufriedenstellte, denn es gab einfach keinen Musiker oder Sänger, der so gut dirigieren, schauspielern oder singen konnte wie der Meister selbst.

Wagner war sich seiner Fähigkeiten wohl bewußt und litt nicht unter falscher Bescheidenheit. Regelmäßig erfreute er seine Freunde mit lebhaften Lesungen seiner Gedichte, und dies – verbunden durch endlose, leidenschaftliche Reden – führte dazu, daß er immer im Mittelpunkt der Aufmerksamkeit stand. Eines Abends, als seine Gäste ruhig miteinander plauderten, fühlte er sich dadurch so irritiert, daß er schrie, bis sich alle Augen wieder auf ihn richteten.

Er war der festen Überzeugung, daß es zur Pflicht seiner Mitmenschen gehörte, ihn wegen seiner Genialität mit allem Luxus zu versorgen. «Die Welt soll mir geben, was ich brauche. Ist es unbillig, den kleinen Luxus, den ich liebe, zu fordern, wo ich doch Tausenden, der ganzen Welt Freude verschaffe?»

Sein Lebensstil verschlang Unsummen, die von Freunden, Bewunderern, Gönnern und seinem Dirigentengehalt aufgebracht wurden. Er brauchte eine Umgebung, die seinen Sinnen schmeichelte. Keine kantigen Gegenstände, wie Bücher, kein Lärm oder gewöhnliche Gerüche durften ihn an das alltägliche Leben erinnern. Die Räume waren mit vielfarbigem Satin und mit Seide in den Hauptfarben Rot und Violett dekoriert. Dicke Teppiche bedeckten die Böden, exotische Düfte durchzogen die Zimmer, in die nur gedämpftes Tageslicht drang. Seine Bekleidung war entsprechend luxuriös. Er liebte Spitzenhemden, Satinhosen, pelzgefütterte Pantoletten und Morgenröcke aus Satin und Seide. Seine Lieblingsfarben waren Rosa und Gelb.

Wagners Vorliebe für erlesene Dinge, gepaart mit einer unglücklichen Hand für Finanzen, führte zu chronischer Verschuldung. Eine Nacht verbrachte er im Schuldturm, aus zwei Städten mußte er vor seiner Verhaftung fliehen. (Einmal war er gezwungen, mit Frau und Hund die russische Grenze zu überschreiten; hätte man sie entdeckt, wären sie erschossen worden.)

In späteren Jahren entwickelte Wagner starke antisemitische Ansichten, die seine Familie und Gönner manchmal in arge Verlegenheit brachten. Doch war das meist wohl bloßes Gerede, denn zum Beispiel zeichneten drei Juden für seine letzte Inszenierung – *«Parsifal»* im Jahre 1882 – verantwortlich.

Liebe: Schon als Junge fand der Komponist Gefallen an Frauen. Berührte er die Kleider seiner Schwester, so stieg Erregung in ihm auf. Als er dreizehn Jahre alt war, übernachtete er bei einer befreundeten Familie und hatte seine Freude daran, «so zu tun, als sei ich zu müde, um noch auf eigenen Beinen ins Bett zu gelangen. So mußten die Mädchen mich ins Bett tragen.» Wagner haßte es, allein zu sein, und suchte ständig weibliche Gesellschaft. Er war überzeugt, daß Frauen ihm und seiner Kunst ein viel tieferes Verständnis entgegenbrachten als Männer. Diese Zuneigung zum anderen Geschlecht verteilte er auf viele Frauen, selbst die Ehe konnte seine Suche nach «einer Liebe, deren Vertrauen und Hingabe keine Grenzen kennt», nicht beenden. Er träumte von einer Frau, die ihn unerschütterlich liebte und bereit war, sich völlig aufsaugen zu lassen. Dabei spielte es keine Rolle, ob sie Intellektuelle oder Dienstmädchen, alt oder jung war. Eine freundliche junge Frau, die eine Zeitlang seinen Haushalt führte und seine Geliebte war, trug Wagner zuliebe beim Putzen und Kochen rosa Hosen.

Eine Beziehung, die sich wie ein Lauffeuer herumsprach, verband ihn jedoch nicht mit einer Frau, sondern mit dem achtzehnjährigen Ludwig II., König von Bayern. (Wagner ließ sich erst beim Boten des Königs verleugnen, denn er fürchtete einen weiteren Gläubiger.) Der eindeutig homosexuelle König verehrte Wagners Musik und versorgte den Komponisten mit allem, was er brauchte. Ludwig war völlig vernarrt in den älteren Mann und nannte ihn in seinen Briefen «glühend Geliebter» und «Engel meiner Seele». Wagner berichtete, daß sie entweder stundenlang in ernsthafte Gespräche vertieft waren oder von Gefühlen überwältigt schwiegen. Das Ausmaß seiner eigenen Verliebtheit zeigt sich in Briefen: «Kann es gelingen, mich ganz von den Frauen loszusagen? Unter tiefen Seufzern gestehe ich, daß es schon fast mein Wunsch ist! ... Er bedeutet mir jetzt alles: Welt, Frau und Kind!» Doch letztendlich genügte ihm der König allein nicht, denn Cosima von Bülow (seine spätere Frau) lebte schon bei ihm. Das königliche Verhältnis endete nach eineinhalb Jahren. Die Ratgeber des Monarchen meinten, Wagner übe einen «ungesunden Einfluß» auf den König aus.

Sexpartner: 1836 heiratete Wagner Christiane Wilhelmine «Minna» Planer, sie war 27, er 23 Jahre alt. Schon zwei Jahre lang hatte er als Kapellmeister der örtlichen Theatertruppe seine schöne, ernste Hauptdarstellerin heftig umworben, doch sie hatte seine Anträge immer wieder abgelehnt. Zu Beginn dieser Ehe gab es wohl schöne Momente, die folgenden 25 Jahre bestanden aber größtenteils aus Streit, Eifersucht, geistigen und emotionalen Widersprüchen und Zerwürfnissen. In den ersten mageren Jahren hielt Minna fest zu Wagner. Doch schrumpfte der Schuldenberg selbst nach vielen Jahren nicht, auch war Wagner nicht bereit, die Höhenflüge seiner Phantasie zu bremsen. So verhärtete sich allmählich ihre Seele. Außerdem erwartete Wagner von ihr, daß sie sich mit Hausarbeit zufriedengab, während er seiner Arbeit und seinen außerehelichen Liebschaften nachging. Und als Minna 1847 37 Jahre alt wurde, versuchte er ihr einzureden, daß sie nun für Sex zu alt und gebrechlich geworden sei. Er schrieb: «Wie schön ist doch eine junge Leidenschaft, besonders wenn man sie mit einer so *alten* Liebe wie der unsrigen vergleicht.» Es dauerte aber noch elf Jahre, bis Minna ihm endlich zustimmte – ihre Herzbeschwerden hatten sich durch die Aufdeckung der Affäre ihres Ehemannes mit Mathilde Wesendonk verschlimmert.

Im April 1848 begegnete Wagner der schönen einundzwanzigjährigen Engländerin Jessie Laussot, deren Ehemann den Komponisten finanziell unterstützte. Jessies wacher Geist erfreute Wagner, und bald schon schmiedeten sie Fluchtpläne. Ihr Ziel war Griechenland. Der Ehemann entdeckte den Plan noch rechtzeitig, nahm seine Frau und zog sich aufs Land zurück, nicht ohne vorher Wagner mit dem Schießeisen zu drohen. Als Wagner ihnen trotzdem folgte, hetzte er die Polizei auf ihn. Diese nahm ein abgelaufenes Visum zum Anlaß, den Verfolger aus Frankreich auszuweisen. Wagner fühlte sich von Jessie verraten, wäre es doch ihre Pflicht gewesen, allen Widrigkeiten zum Trotz an seine Seite zu eilen.

Einige Jahre später, Wagner hatte die Vierzig überschritten, verliebte er sich noch einmal in die Frau eines Gönners, Mathilde Wesendonk. Diese Liebe inspirierte ihn zu der Oper *«Tristan und Isolde»*. Sie war seine Muse, und er beteuerte, ihre Beziehung stünde auf einer außerirdischen Ebene, auf der Körperliches ohne Belang sei. Selbstverständlich erklärte er auch: «Sie ist und bleibt meine erste und einzige Liebe», und hob hervor, daß diese Liebe sein wertvollster Besitz sei.

Mathilde, eine offene, sehr ehrliche Frau, zog ihren Gatten ins Vertrauen. Er willigte ein, Wagner weiterhin finanziell zu unterstützen, ihm ein Haus neben ihrem eigenen einzurichten, die sexuelle Beziehung zu seiner Frau aufzugeben und ein freundliches Verhältnis zu dem Komponisten zu wahren. Regelmäßig durchquerte Wagner die angrenzenden Gärten, um sich mit Mathilde zu unterhalten, außerdem trugen Dienstboten Botschaften und Briefe hin und her. Minna Wagner fiel einer dieser Briefe in die Hände, und nachdem sie ihn gelesen hatte, war sie sicher, daß die neue Freundschaft ihres Gatten durchaus nicht platonisch war. Voller Zorn stellte sie erst ihren Gatten und dann Mathilde zur Rede. Mathilde war entsetzt, daß Wagner seine Frau angelogen und dann noch nicht einmal beruhigt hatte. Ihre Gefühle für ihn kühlten ab, und sie kehrte ins Bett ihres Ehemannes zurück. Minna zog aus, und abgesehen von einigen kurzen Unterbrechungen, lebten die Wagners nicht mehr zusammen.

Als Wagner fünfzig Jahre alt wurde, verliebte er sich in die fünfundzwanzigjährige Cosima von Bülow, die er schon zehn Jahre kannte. Sie war die Tochter seines Freundes Franz Liszt und der Gräfin Marie d'Agoult und die Ehefrau seines Lieblingsschülers und besten Freundes Hans von Bülow. Fünf Jahre zuvor hatte er eine Affäre mit ihrer schöneren Schwester Blandine gehabt, aber seine wahre Liebe sollte Cosima werden.

Auf ihrer Hochzeitsreise fuhren die Bülows nach Zürich und besuchten Wagner im «Asyl», dem Landhaus von Mathilde Wesendonk, der derzeitigen Geliebten des Komponisten. Auch Ehefrau Minna lebte noch bei ihm. So waren, als Mathilde auch noch zu Besuch kam, die drei Frauen – Minna, Mathilde und Cosima –, die Wagner liebte, unter einem Dach versammelt.

Anfänglich unterhielten Wagner, Hans von Bülow und Cosima eine sehr offene Dreierbeziehung, doch schließlich entschied sich Cosima für Wagner, verließ ihren Mann und nahm die beiden Töchter, die sie Wagner geboren hatte, mit sich. Nachdem Minna gestorben war und Bülow eine Scheidung wegen Untreue erwirkt hatte, heirateten Wagner und Cosima im Jahr 1870. Sie entpuppte sich als die Frau, die auch im täglichen Leben mit dem Genie zurechtkam. Wagners Haushalt und er selbst waren bei ihr in besten Händen.

Wagner starb nach einem Herzanfall in Cosimas Armen. Sie umklammerte ihn noch 24 Stunden nach seinem Tod, schnitt dann ihr langes Haar ab und legte es auf seine Brust. So wurde er begraben.

Gedanken: «Seele, Charakter, Begabung – schlechterdings alles trocknet aus, wenn man nicht immer neue und außergewöhnliche und dabei sehr leidenschaftliche Beziehungen eingeht.»

par

Blaues Blut und rotes Blut

Herrscher

Der willensschwache Zar

Alexander II.
29. April 1818–13. März 1881

Bedeutung: Alexander II., der wegen des kaiserlichen Manifestes, durch das 1861 die Leibeigenschaft aufgehoben wurde, der «Zar-Befreier» genannt wurde, war im Vergleich zu seinen tyrannischen, autokratischen Vorgängern tatsächlich ein liberaler Herrscher. Aber die zahlreichen Reformen, die er während seiner Regierungszeit durchführte, entsprangen eher der Notwendigkeit, eine wachsende revolutionäre Unruhe zu besänftigen, als humanitären Absichten.

Lebensgeschichte: Aleksandr Nikolajewitsch, wie er auf russisch hieß, war der älteste Sohn des Zaren Nikolaus I. Trotz seiner berühmten Herkunft – Katharina die Große war seine Urgroßmutter – war Alexander träge, willensschwach und nur mäßig begabt. Aber er war attraktiv: «... groß mit einer schönen Figur, einem angenehmen Gesichtsausdruck ... schönen blauen Augen ... einem hübschen Mund ... gutmütig, natürlich und fröhlich» – so beschrieb ihn Königin Viktoria von England.

Nach seines Vaters Tod im Jahr 1855 bestieg Alexander im Alter von 36 Jahren den Thron. Während seiner sechsundzwanzigjährigen Regierungszeit war der Zar äußerst abhängig von weiblicher Führung und wandte sich oft ratsuchend an seine Frau, seine Tante oder seine Mätressen. Ohne einen umfassenden Plan oder eine genaue Vorstellung zu haben, führte er bedeutende soziale Veränderungen durch. Weil sich diese modernen Reformen oft nicht mit feudalistischer Politik vereinbaren ließen, wurde Alexander von links und von rechts angefeindet. 1879 wollte das Zentrale Exekutivkomitee der terroristischen Organisation *Narodnaja Wolja* (Der Volkswille) seine Unterdrückung der Radikalen nicht mehr dulden und beschloß, ihn zu ermorden. So lebte Alexander in ständiger Angst vor Attentaten, aber wie ein Hellseher vorausgesagt hatte, überlebte er sieben solcher Versuche, bevor ihn die Bombe eines Terroristen tötete.

Liebe: Alexander ließ in der Jugend seiner launenhaften Natur freien Lauf, aber in den späteren Lebensjahren bewies er, daß er auch beständig sein konnte. Mit zwanzig wurde er auf eine große Rundreise durch Europa geschickt, die vor allem als Abkühlung einer Liebesaffäre mit Olga Kalinowskaja, einer jungen und schönen polnischen Bürgerlichen, die den Rang einer Hofdame am kaiserlichen Hof innehatte, dienen sollte. Auf dieser Reise begegnete er der Prinzessin Maria von Hessen-Darmstadt und war sicher, in ihr die vollkommene Braut gefunden zu haben. Seine Eltern erhoben Einspruch, weil ihre königliche Geburt in Zweifel stand, aber Alexander blieb bei seinem Entschluß und wollte lieber auf den Thron als auf Maria verzichten.

Während die Vorbereitungen für ihre Hochzeit in Rußland getroffen wurden, reiste Alexander weiter nach England, wo er seine Cousine Viktoria besuchte. Sie war zwanzig und gerade erst seit einem Jahr Königin. Die beiden jungen Hoheiten fanden einander äußerst sympathisch und entdeckten gemeinsame geistige Interessen. Ein paar idyllische Frühlingstage lang schwelgten die beiden in ihrer Verliebtheit. Sie unterhielten sich herzlich und vertraut, tanzten und dinierten und beobachteten, wie ihre Höflinge bestürzt auf ihre Liebelei reagierten. Aus politischen Gründen war eine Verbindung zwischen ihnen unmöglich, wie sie gut wußten, und Alexander reiste mit dem Versprechen ab, sie nie zu vergessen.

Nach weiteren Schwierigkeiten, wobei Alexander drohte, die Verbindung mit Olga wiederaufzunehmen, wurden er und die siebzehnjährige Prinzessin Maria 1841 getraut. In den folgenden Jahren wurden ihnen acht Kinder geboren. Marias Schönheit welkte rasch dahin, überdies wurde sie ganz von ihrem Interesse für die russisch-orthodoxe Kirche in Anspruch genommen. Alexander wurde ihrer langsam überdrüssig. 1848 gebar ihm Olga Kalinowskaja, zu der er erneut Beziehungen hatte, einen Sohn. Ein paar Jahre später wandte sich sein Interesse anderen Hofdamen zu. Er fand Gefallen an Prinzessin Alexandra Dolgoruki, einer Hofdame seiner Frau. Diese junge «Tigerin» war aber – bei aller Koketterie gegenüber Alexander – ihrer Herrin treu ergeben. Maria und die Prinzessin verbündeten sich in der Absicht, Alexander zu sozialen Reformen zu ermutigen.

Obwohl die meisten Affären des Zaren kurzlebig waren, wurde er 1862 das Opfer einer großen Leidenschaft, die bis zu seinem Todestag andauern sollte. Er erlag dem Charme der mit Prinzessin Alexandra entfernt verwandten sechzehnjährigen Katharina Dolgoruki. Katharina war blühend, liebreizend und aufregend schön. Alexander liebte sie so sehr, daß er Jahre warten konnte, bevor ihre Verbindung vollzogen wurde. Er machte ihr den Hof, wurde gleichzeitig ihr vertrauter Freund und glühender Verehrer, und

1866, als sie knapp über zwanzig war, schlief er endlich, selbst zitternd, mit der vor Angst bebenden jungen Frau.

An drei oder vier Tagen in der Woche kam nun Katharina heimlich in ein Zimmer im Erdgeschoß des Winterpalastes in St. Petersburg, für das sie einen Schlüssel hatte. Ihre Zusammenkünfte blieben aber schließlich doch nicht geheim, und die Angelegenheit beschwor einen nationalen Skandal herauf. Ein Mitglied der königlichen Familie nannte Katharina eine «ränkevolle Abenteurerin», und sogar im Volk galt sie als «Flittchen».

Alexander erklärte Katharina zu seiner «Frau vor Gott» und blieb ihr treu ergeben. Mit der Glut eines liebestrunkenen Jünglings verbrachte er seine freien Stunden mit der Abfassung von Liebesbriefen in französischer Sprache, von denen er manchmal mehrere am Tag schrieb. 1872 gebar Katharina ihm das erste ihrer vier Kinder. 1878 fürchtete er für die Sicherheit seiner zweiten Familie und ließ Katharina in den Winterpalast übersiedeln, in Gemächer direkt über denen der schwerkranken Maria, die an Tuberkulose litt. Maria mußte mit anhören, wie Katharinas und Alexanders Kinder spielten, und klagte über die Kränkung, die man ihr dadurch zufügte. Sie starb 1880. Alexander wartete das vorgeschriebene Minimum von vierzig Trauertagen ab, bevor er Katharina am 18. Juli heimlich heiratete.

Der Unwille gegenüber Katharina wuchs nach ihrer Heirat nur noch weiter an. Daß ihre Kinder im Palast leben durften, war eine Beleidigung für die von Maria geborenen Erben des Zaren, und als Alexander vor Erschöpfung krank wurde, argwöhnte der Arzt, daß seine «sexuellen Exzesse» die Kraft aufzehrten, die er für die Staatsangelegenheiten gebraucht hätte.

Die Briefe, die Alexander und Katharina wechselten, spiegeln eine zarte, aber doch ungestüme Leidenschaft wider, die auch nach fünfzehn Jahren ungetrübt blieb. Katharinas Briefe erinnern an Augenblicke, «in denen wir uns aneinanderpreßten wie Katzen und bis an den Rand des Wahnsinns in Ekstase verfielen». Er schrieb: «Ich bin noch ganz gesättigt von unseren rasenden ‹Bingerles› [ein Wort, mit dem sie gern ihre sexuelle Vereinigung beschrieben] vor kurzem. Es war so gut, daß ich laut aufschreien möchte ...»

Sie schliefen gern auf einer mit grobem blauem Tuch bedeckten harten Liege miteinander, die sie häufig in ihrer Korrespondenz erwähnten. Auch an seinem Todestag hatte er sie in einem Augenblick feuriger Begierde «grob» auf der blauen Liege genommen. Als sie ihn das nächste Mal wiedersah, wurde er gerade in den Palast hineingetragen. Sein Körper war zerfetzt von einer auf der Straße nach ihm geworfenen Bombe. Bei seinem Begräbnis legte sie eine ihrer langen Haarlocken in den Sarg, und als sie Rußland verließ, um nach Paris zu reisen, nahm sie einen seiner zerschmetterten Finger als Andenken mit.

Eigenarten: Alexander hatte eine private Sammlung von Erotika. Zu seinen Lieblingsstücken gehörten Aktzeichnungen in Bleistift, die er von Katharina angefertigt hatte.

ak & kp

Adel für Liebe

August der Starke
12. Mai 1670–1. Februar 1733

Bedeutung: Erbfolge machte ihn, als Friedrich August I., zum Kurfürsten von Sachsen; Ehrgeiz machte ihn, als August II., zum König von Polen. 39 Jahre hat er regiert – das Paradebeispiel eines Barockfürsten des absolutistisch-merkantilistischen Zeitalters. Bewundert, belächelt, gescholten, ragt der Wettiner durch die Zeiten. Wenig fehlte ihm am wirklichen Genie – ein Politiker, der sein kleines Kursachsen ausdehnen wollte zur osteuropäischen Großmacht, der den Nordischen Krieg auslöste und verlor und nicht wenig dazu beitrug, Rußland den Zugang zur Ostsee zu öffnen. Als Kriegsherr glücklos, formte er seine Söldnerhaufen zum modernen Berufsheer. Als Regent reformierte er Finanzverwaltung, Justiz und Handwerk. Als Innenpolitiker förderte er Handel und Industrie, schuf er die exportorientierte Meißner Porzellanmanufaktur. Unter August dem Starken blühte die kleine Residenzstadt Dresden auf zum «Elbflorenz», zur europäischen Kunstmetropole. Unter seiner Regentschaft schrieben Leibniz und Gottsched, komponierte Bach.

Lebensgeschichte: In «seinem» Dresden ist Friedrich August aus dem uralten Fürstengeschlecht der Wettiner am 12. Mai 1670 auf die Welt gekommen. Sein Vater war der soldatisch-kriegerische Kurfürst Johann Georg III. von Sachsen (1647–1691), seine Mutter die pietistisch-fromme Tochter des Dänenkönigs Friedrich III., Anna-Sophia. Ihr ähnelte Augusts älterer Bruder, Kurprinz Johann Georg, während August ganz dem Vater glich. Traditionsgemäß wurden die Prinzen von Hauslehrern erzogen und erlernten ein Handwerk: August beschäftigte sich mit Elfenbeinschnitzerei. Als Jüngling bereits spielte er mit seinen legendären Körperkräften: zerbrach Hufeisen, rollte Silberteller wie Papier zusammen und warf Kampfstiere aufs Kreuz. Mit siebzehn ging er in großer Begleitung auf «Kavalierstour» durch Europa. Auf dieser Reise sind seine Bauleidenschaft und seine religiöse Toleranz geweckt worden.

Nach kurzer Regierungszeit starb 1691 unerwartet der Vater. Bruder Johann Georg wurde Kurfürst, erlag aber schon drei Jahre später einem «zermürbenden» Liebesabenteuer. So mußte August ohne Erfahrung in Regierungsgeschäften mit 24 Jahren den Thron besteigen. Kurz zuvor hatte er Christiane Eberhardine geheiratet, die zweiundzwanzigjährige Tochter des Markgrafen von Bayreuth – eine politische Verbindung zwischen Kursachsen und Brandenburg. Mit ihrer pietistisch-stillen Frömmigkeit, ihrer Abneigung gegen Pomp und Intrigen paßte die Kurfürstin nicht zu dem barocken Kraftmenschen. Pflichtschuldig gebar sie 1696 den Thronfolger, Kurprinz Friedrich August, und zog sich bald darauf auf Schloß Pretzsch bei Torgau zurück, wo sie 1727 vereinsamt starb. Kurz nach Augusts Regierungsantritt wurde der polnische Thron vakant. August bewarb sich gegen starke internationale Konkurrenz, trat zum Katholizismus – der traditionellen Konfession der polnischen Herrscher – über, beschaffte Abermillionen Bestechungsgelder und wurde schließlich mit Unterstützung Kaiser Leopolds I. gewählt und am 15. September 1697 in Krakau als August II. zum König in Polen gekrönt. Nun regierte er ein Reich, das sich von der Ostsee bis zum Schwarzen Meer erstreckte, hatte Zugang zu den polnischen Rohstoffen, kontrollierte den Transithandel zwischen dem Orient und Westeuropa. Doch er hatte zu hoch gepokert. Der Kampf um Livland verwickelte ihn in den Nordischen Krieg – mit Rußland und Dänemark gegen Karl XII. von Schweden. Karl hatte die besseren Truppen, besetzte Polen und Sachsen und zwang August 1706 zum Verzicht auf die polnische Krone. Sechs Jahre später, nach der Niederlage der Schweden bei Poltawa, gewann er sie zurück. Doch nun war Rußland die neue Großmacht an der Ostsee.

August zog Bilanz aus seinen Verlusten und Lehren. Gegen den Widerstand der Stände (die Steuererhöhungen fürchteten) gestaltete er allmählich und wohlüberlegt seine Militärmacht in ein stehendes, staatlich finanziertes 30000-Mann-Heer um. Er entwarf die Uniformen und die «Dienst- und Exerzierreglements». In einem pompösen Mammutmanöver führte er das Ergebnis 1730 in Zeithain vor. Wichtigste Gäste waren der Preußenkönig Friedrich Wilhelm I. mit Kronprinz und Gefolge. Das Ganze war eine großangelegte Werbeaktion. Der Preußenkönig sollte August helfen, die polnische Krone zu sichern durch den Erwerb von Schlesien und Böhmen, der Brücke zwischen Sachsen und Polen. Der Plan zerschlug sich.

Seine Großmachtträume mußte der Kurfürst/König fortan begraben, nicht jedoch seine Leidenschaft für Kunst und Bau. Handwerker erhielten Aufträge über Aufträge von ihm. Künstler, Architekten und Zeichner wurden ins Land geholt, allen voran der Oberlandbaumeister Matthäus Daniel Pöppelmann, Erbauer des

Dresdner Zwingers, und der große Bildhauer Balthasar Permoser. Überall in Dresden, in Sachsen und in Polen wurde um- und neugebaut: Stadtteile, Gärten, Parks, Theater, Kirchen, Palais, Residenzen. August, der Katholik, förderte den protestantischen Kirchenbau, macht Vorschläge zur Architektur der weltberühmten Dresdner Frauenkirche, deren Bau er initiierte. Im Gegensatz zum Preußenkönig sorgte August für den Ausbau der Fernstraßen. Unter seinen Fittichen wuchsen die Sammlungen, die Dresden als Kunststadt bekannt machten: Das Grüne Gewölbe, die Dresdner Gemäldegalerie, die Kupferstichsammlung, die Antikensammlung, die Landesbibliothek. Als leidenschaftlicher Porzellansammler erkannte er sofort den Wert jener Erfindung, die der junge «Goldmacher» Johann Friedrich Böttger ihm 1709 vorführte: Porzellan aus landeseigener Kaolinerde. Schon ein Jahr später wurde die erste Porzellanmanufaktur auf der Albrechtsburg bei Meißen gegründet.

1711 spielte August noch einmal mit in der hohen Politik. Nach dem Tod Kaiser Josephs I. bis zur Wahl Kaiser Karls VI. war er ein halbes Jahr lang Reichsvikar. Mit 63 Jahren starb August an hochgradiger Zuckerkrankheit in Warschau. Der Leichnam wurde in Krakau beigesetzt, der Krönungsstadt. Das Herz aber, eingeschlossen in einer silbernen Kapsel, überführte man in die Gruft der Katholischen Hofkirche zu Dresden. So hatte es der Kurfürst und König gewollt.

Liebe: Er war ein unermüdlicher, ein großzügiger und selbstbewußter Liebhaber. Jeder der unendlich vielen Frauen, die er ins fürstliche Bett holte, gab er das Gefühl, die einzig Geliebte zu sein. Und er hat sie alle reich beschenkt. Nicht alle Damen ließen sich willig und leicht erobern. Als sich Prinz August zum Beispiel 1688 während seiner zweijährigen Kavalierstour mit großem Gefolge in Madrid aufhielt – er sah dort zum erstenmal einen Stierkampf (und köpfte als aktiver Teilnehmer einen Stier mit dem Hirschfänger) – wurde ihm im Kabinett der spanischen Königin deren junge Hofdame, die Marquise von Manzera, vorgestellt. Er verliebte sich sofort in sie. Leider hatte sie einen höchst eifersüchtigen Mann und eine strenge Mutter. Mit Intimus Graf Vitzthum heckte der Prinz eine ebenso abenteuerliche wie verrückte Eroberungsstrategie aus. Mit viel Geld wurden ein korrupter Bettelmönch und das der Marquise blind ergebene Kammerfräulein Lora bestochen, mit Bitten und Briefen auf die ängstliche Marquise einzuwirken, bis diese endlich seufzend und Böses ahnend einwilligte, den verliebten Prinzen auf «ein Viertelstündchen» in ihrem Kabinett zu empfangen. Um Mitternacht schlich dieser durch geheime Gänge ins Liebesgemach, während Graf Vitzthum Schmiere stand. Drei Stunden lang liebten sie sich und verabredeten das nächste Treffen. Das ging so nächtelang weiter. Doch der Marquis Manzera litt unter Schlaflosigkeit, und so konnte es nicht ausbleiben, daß er den Seitensprüngen seiner Gemahlin auf die Schliche kam. Er engagierte eine Mörderbande, die dem Prinzen auflauerte. Im harten Gefecht wurde dieser verwundet, konnte aber fliehen. Wutschnaubend drang der Marquis ins Kabinett der treulosen Ehefrau, erstach die arme Lora und zwang seine Frau, Gift zu trinken. Beide Frauen starben, und der Marquis regte sich so auf, daß er in schweres Fieber fiel und ebenfalls den Geist aufgab. Wieder genesen, aber tieftraurig reiste August weiter nach Venedig, neuen Abenteuern entgegen. Noch auf dem Sterbebett soll August geseufzt haben, keine hätte er je so geliebt wie die Marquise von Manzera. Und dazwischen lagen immerhin mehr als ein Dutzend sehr verschiedener, immer heftig geliebter Frauen.

Das Zeitalter des Barock ist ja das Zeitalter der Mätressen, jener prunkhaften, kostspieligen Frauen, die, verheiratet oder nicht, für ein paar Monate oder Jahre die eigene Schönheit zusammen mit erlesenem Schmuck und kostbaren Gewändern zum Ruhm ihres Herrn spazierentragen, ein wenig mitmischen in der Politik, illegitime Kinder gebären und dann abgefunden, verheiratet werden. Viele Adlige, die aus eigenen Mitteln nicht leben konnten, opferten ihre Frauen oder Töchter dem Vergnügen des Königs, um sich seine Gunst zu erhalten, und waren gern bereit, gegen entsprechende Vergütung ein verlassenes Fürstenliebchen zur Gattin zu nehmen. Wie viele Mätressen August der Starke hatte, läßt sich kaum noch feststellen. Kurz nach seinem Regierungsantritt war Mademoiselle von Kessel, Hoffräulein der Kurfürstin-Mutter, die Auserwählte. Unter den wachsamen Augen seiner Mutter und seiner Gattin Eberhardine machte August der Kessel den Hof, schrieb glühende Liebes-Billette, schenkte ihr Geld, Stoffe, Diamanten. Sie trafen und liebten sich in einem versteckten Kabinett. Unklugerweise trug die Dame ihren neuen Schmuck in der Öffentlichkeit. Kurfürstin-Mutter und Eberhardine schlugen Krach, wollten die Arme gar ins Zuchthaus stecken. August tobte, mußte aber um des lieben Friedens willen nachgeben. Das Fräulein von Kessel wurde an den Feldmarschall von Haugwitz verheiratet, und damit war die Affäre beendet.

August tröstete sich schnell mit Aurora, der Gräfin von Königsmark – Schwester jenes berüchtigten Grafen Philipp von Königsmark, der wegen seiner heimlichen Liaison mit der Celleschen Herzogstochter Sophie Dorothea ermordet und verscharrt wurde. Aurora, noch in Trauerkleidern, war bezaubernd. Sie sprach vier Sprachen, schrieb Gedichte und hatte trotz ihrer vielen Vorzüge mit 26 noch keinen Mann gefunden. Sie mochte den starken August sehr, ließ ihn aber ziemlich lange werben, bis sie endlich nachgab. Dann lockte August Aurora nach Moritzburg aufs Schloß.

Ungestört von Mutter und Gattin feierten sie vierzehn Tage lang Bacchanale, die Damen verkleidet als Amazonen und Nymphen, August als Pan mit der Flöte. Nach den Tänzen genoß August «mit guter Weil die süßesten Entzückungen mit der Mademoiselle, welche ihm die kräftigsten und wesentlichsten Zeichen ihrer Zärtlichkeit schenkte». Zurück in Dresden, gewann Aurora sogar das Herz der Kurfürstin-Mutter, und auch Eberhardine war kaum eifersüchtig. 1696 gebar Aurora, heimlich in Goslar, einen Sohn. August erkannte ihn an, verlieh ihm den Titel «Graf von Sachsen» und sorgte für seine Erziehung. Als Herzog von Kurland und Marschall von Frankreich sollte Sohn Moritz später zu hohen Ehren kommen.

Kurz nach Moritz' Geburt – Aurora war inzwischen reichlich abgefunden worden und hatte sich in das Damenstift zu Quedlinburg zurückgezogen – begegnete August am kaiserlichen Hof zu Wien der Gräfin Esterle. Sie gab ihm zu verstehen, daß sie wohl zu haben, aber teuer sei. Kostbares Geschmeide wechselte den Besitzer. Eines Nachts jedoch erwischte Ehemann Graf von Esterle seine Gattin mit August im Bett. August zückte den Degen – der Graf flüchtete. August schaffte die Geliebte per Kutsche auf den neutralen Boden seiner Gesandtschaft, und der gehörnte Ehemann mußte seine Frau freigeben, auf alle Rechte verzichten und schweigen. Fortan war Gräfin Esterle die Mätresse Augusts des Starken. Sie begleitete ihn zur glanzvollen Krönung nach Krakau, intrigierte und verschleuderte das Geld. Sie überspannte den Bogen. August ertappte sie mit einem Liebhaber und warf sie kurzerhand hinaus. Mit einem Kästchen Juwelen im Gepäck verließ die Favoritin traurig das Land.

Nach einer Liaison mit einer türkischen Sklavin, die August einen Sohn gebar, verliebte er sich in die Frau des polnischen Kronoberkammerherrn Fürst Lubomirski. Sie konnte den Werbungen und den reichlichen Geschenken des Kurfürsten nicht widerstehen. Auf Antrag des Fürsten Lubomirski trennte der Papst die Ehe. Die Lubomirska folgte August nun als seine neue Mätresse nach Dresden und wurde bald darauf zur «Fürstin von Teschen» erhoben. Die Leidenschaft war groß, und bald wurde ein weiterer Sohn geboren – Johann Georg, dem August den Titel «Chevalier de Saxe» verlieh. Er sollte später bis zum Generalfeldmarschall aufsteigen. Die Fürstin Teschen wurde nach der Geburt ehrenvoll an den Grafen Friedrich Ludwig von Württemberg verheiratet.

Zu dieser Zeit hatte August bereits die nächste Geliebte ausgewählt: Anna Constanze von Brockdorf, die noch schönere, noch witzigere Gattin des Freiherrn von Hoym. August veranlaßte ihre Scheidung und ernannte sie zur Gräfin Cosel. Neun Jahre konnte sie sich als Mätresse halten. Ihre Intrigen, ihr Hochmut und ihre maßlose Geldgier haben sie weltberühmt gemacht. Ihr baute Architekt Pöppelmann das Taschenberg-Palais, ihr gehörte der alte Herrensitz Pillnitz. Sogar die Ehe mußte August ihr versprechen (die Kurfürstin war inzwischen gestorben). Lange ließ sich August von der verführerischen, pfeiferauchenden Cosel blind beherrschen. Als er dann doch Schluß machte (längst mit etwas Neuem beschäftigt), verlangte sie 2000 Taler für den Rücktritt als Mätresse und drohte mit einem öffentlichen Skandal wegen des Eheversprechens. Doch hatte sie ihre Macht zu hoch eingeschätzt. Die Lage am Hof wurde für sie unhaltbar, sie floh nach Berlin. Aus Furcht, sie könne dort Staatsgeheimnisse verraten, ließ August die Cosel in Preußen verhaften und ausliefern. Als Staatsverbrecherin wurde sie auf das Schloß Stolpen verbannt, wo sie ein halbes Jahrhundert lang bis zu ihrem Tod (1765) bleiben mußte.

Noch während der Ära Cosel genoß der ewig jugendhafte König ein heimliches Abenteuer mit der polnischen Weinhändlerstochter Henriette Duval, die ihn, als Junge verkleidet, nachts besuchte. Ein Zeitgenosse berichtete: «Der König erhielt den Sieg über ihre Keuschheit: wiewol er auf Seiten der Henriette nicht wenig Thränen kostete: Denn mehr zarte und bewegliche Seuffzer hat kaum jemals eine sterbende Jungfernschafft hören lassen ...»

Der ausbrechende Krieg gegen Karl XII. von Schweden machte der Romanze allzuschnell ein Ende. Bald darauf begegnete August der Gräfin Dönhoff, Tochter des Oberhofmarschalls Graf Bielinski. Herr von Dönhoff wurde zur Scheidung «bewogen», die Gräfin eilte nach Dresden und tröstete den König über den Verrat der Cosel hinweg. Das muß sie vorzüglich gekonnt haben, obwohl sie als nicht besonders intelligent geschildert wird. August zelebrierte die tollsten Feste für die neue Favoritin. Der Preuße Michael von Loen hat ein solches Bacchanal beschrieben: «Am 12. Mai 1718, dem Geburtstage des Königs, gab die Gräfin Dönhoff ein Fest in ihrem Garten. Alle dazu eingeladenen Damen erschienen als Schäferinnen in weißen, mit Blumen ausgeschmückten Kleidern, um dem König bei Tafel aufzuwarten; sie hatten Kränze aufgesetzt und trugen Stäbe in den Händen. Eine jede erhielt einen ihr durch das Los zugefallenen Kavalier; das Los trug eine jede auf der Brust angeheftet. Darauf begab sich die ganze Gesellschaft in ein von Laubwerk erbautes Sommerhaus. Der ganze Garten war beleuchtet und hatte in den beiden Ecken zwei Kabinette zu stillen Vergnügungen ... Am Ende großes Besäufnis, der König, wacker in diesem Punkte, allen voraus. Übel erging es den geladenen polnischen Magnaten. Einige sahen so blaß aus wie der Tod; ihre Köpfe wackelten auf den Schultern, und ihre Füße taten ungewisse Tritte. Sie taumelten demungeachtet voller Ehrerbietung vor dem König herum. Der Hauptspaß, den sich der König erdacht hatte, war aber der, daß die Unglücklichen durch Garden am Austreten gehindert wurden, so daß der Überfluß über die goldstrotzenden Kleider sich ergoß und donnernd in die Hosen ging.»

Drei Jahre lang teilte die Dönhoff das königliche Bett, dann hatte sie ausgedient und wurde standesgemäß an den Fürsten Georg Ignaz Lubomirski verheiratet. Weiter drehte sich der Reigen fürstlicher Liebschaften. Da war die zarte Tänzerin Dupart aus Holland, das blutjunge Fräulein von Dieskau, die schönere Mademoiselle von Osterhausen und viele andere mehr. Böse Zungen sagen dem starken August sogar den Inzest nach. Henriette Duval hatte ihm eine Tochter geboren, die er zur Gräfin Orczelska ernannte. Mit dieser Tochter soll August ein Verhältnis gehabt haben. Fachhistoriker jedoch bezeichnen diese Behauptung als Hofklatsch und erklären, die Gräfin habe August von allen legitimierten Kindern am ähnlichsten gesehen, so daß der alternde und kränkliche Vater besondere Zuneigung zu ihr empfunden habe.

jv

Der königliche Lebemann

Eduard VII.

9. November 1841–6. Mai 1910

Bedeutung: Albert Eduard, der 1901 den Thron bestieg, war einer der beliebtesten Könige Großbritanniens. Eduards persönlicher diplomatischer Stil trug erheblich dazu bei, daß die *Entente cordiale*, ein Abkommen zwischen Großbritannien und Frankreich über engere diplomatische Zusammenarbeit, zustande kam, und verschaffte ihm den Beinamen «Eduard der Friedensbringer».

Lebensgeschichte: «Bertie», wie Eduard, der älteste Sohn von Königin Viktoria und dem Prinzgemahl Albert, genannt wurde, hatte eine freudlose und einsame Kindheit. Seine Eltern wollten ihn zu einem Muster an Tugend erziehen und hielten ihn daher von anderen Kindern fern. Viktoria wünschte sich, daß ihr Sohn so gut werden würde wie ihr «geliebter Albert», obwohl sie überzeugt war, daß niemand so «groß, gut und fehlerlos» sein könnte wie der Prinzgemahl. Und Bertie gab sich alle Mühe zu beweisen, daß sie damit recht hatte. Mit aller Kraft lehnte er sich gegen den strengen Moralkodex seiner Eltern auf. Für die Unterweisungen in den sittlichen Grundsätzen des Verhaltens durch seine Erzieher hatte er nur taube Ohren, und seines Vaters Aufzeichnungen über Anstandsregeln ignorierte er. Er sah seinen Lebenszweck darin, Vergnügungen jeder Art zu genießen. Er gewöhnte sich das Zigarrenrauchen an, bevor er zwanzig Jahre alt war. Getrieben von einer unersättlichen Freßlust, nahm er täglich mehrere Mahlzeiten zu sich, die manchmal aus je zwölf Gängen bestanden. Auf Kleidung legte er einen solchen Wert – er war pedantisch bis zum letzten Knopf –, daß sogar der Tee im Gesellschaftsanzug eingenommen werden mußte.

Bertie machte häufig «Junggesellenreisen» (auch noch nach seiner Heirat mit der dänischen Prinzessin Alexandra), die jedes Jahr mehrere Monate dauerten und auf denen er Abstecher nach Paris, Bad Homburg und an die Riviera unternahm oder auf seinen Landsitzen auf die Jagd ging. Er war gewöhnlich von seinen aristokratischen Freunden aus der «Marlborough House Clique», einem Vorläufer des Jet-sets, umgeben, die mit ihm Baccarat spielten oder bei den Pferderennen in Ascot und Epsom wetteten. Berties Pferde gewannen sogar dreimal das Derby.

Wegen seines Lebensstils wollte Viktoria ihrem Sohn keinerlei Regierungsverantwortlichkeit überlassen. Er war daher nur der offizielle Gastgeber und Reiseführer für auswärtige Würdenträger und Viktorias Stellvertreter bei öffentlichen Anlässen. Als seine «ewige Mutter» 1901 endlich starb, gab er den Namen Albert auf und wurde im folgenden Jahr als Eduard VII. gekrönt. Er war zu diesem Zeitpunkt sechzig Jahre alt.

Liebe: Bertie wurde vierzig Jahre nach seines Vaters Tod König. Viktoria behauptete, daß er die eigentliche Ursache für den Tod ihres geliebten Mannes war: Während Bertie in der englischen Armee in Irland diente – er war neunzehn Jahre alt –, machte er seine erste sexuelle Erfahrung mit einer Frau, als Offizierskameraden die Schauspielerin Nellie Clifden in sein Bett schmuggelten. Kurz nachdem er von seines Sohnes «Sündenfall» gehört hatte, starb Albert. Man beschloß, daß Bertie sofort heiraten müsse, damit er keinen weiteren Versuchungen ausgesetzt sei.

Viktoria wählte Prinzessin Alexandra als Braut ihres Sohnes, und er akzeptierte die Wahl. Die schöne, noch nicht zwanzig Jahre alte Prinzessin und der untersetzte, hübsche Prince of Wales heirateten 1863. In den folgenden Jahren gebar Alexandra fünf Kinder, und unter dem «Schutzschild» seiner Ehe vergnügte Bertie sich vierzig Jahre lang nach Herzenslust mit seinen diversen Geliebten. Trotz der Seitensprünge ihres Mannes glaubte Alix – wie Alexandra von Freunden und der Familie genannt wurde –, daß er sie am meisten liebte, und gestand: «Wenn er ein Cowboy wäre, würde ich ihn genauso lieben.» In gewissem Sinn *war* er wirklich ein Cowboy – er drückte sein Brandzeichen auf Frauen in ganz Europa. Als Prinz und König unternahm er häufig Reisen in deutsche Kurorte, wo er sich an Dampfbädern, Klistieren und Sex ergötzte. Seine bevorzugten «Wasserlöcher» aber lagen in Paris. Die französische Polizei notierte Eduards Kommen und Gehen in Hotels und intimen Restaurants, wo er die Gesellschaft von Schauspielerinnen, Kurtisanen und Damen des Adels genoß. Bei einem Diner in Paris wurde einmal eine riesige, mit einem Deckel verschlossene Servierschüssel vor den Prinzen gestellt. Als der Deckel abgehoben wurde, entdeckte Bertie zu seiner freudigen Überraschung, daß ihm die berühmt-berüchtigte, schöne Cora Pearl, nur mit einem Petersiliesträußchen und einer Perlenkette bekleidet, dargereicht wurde. Giulia Barucci, die sich selbst «die größte Hure der Welt» nannte, ließ ihr Kleid zu Boden fallen, als sie Bertie zum erstenmal begegnete. Er war entzückt, doch als ihre Begleitung sie wegen ihres Verhaltens schalt, erwiderte sie, daß sie «ihm nur das Beste, was ich habe – und das umsonst» gezeigt habe. Er hatte eine Liebesaffäre mit dem Bühnenstar Hortense Schneider, der Cancan-Tänzerin Louise Weber, genannt La Goulue (Die Gierige), aus dem *Moulin Rouge*, der Schauspielerin Sarah Bernhardt und der Kurtisane La Belle Otero.

Nicht alle Geliebten des Königs waren bekannte Persönlichkeiten. Oft trieb er sich im *La Chabanais*, einem Pariser Bordell, herum, wo der Stuhl, auf dem er mit seiner «Dame des Abends» saß, zu einem Schaustück für den Besitzer des Etablissements wurde. Es heißt, daß sich König Eduard, als er etwas zu rundlich geworden war, um die Freuden im Bett genießen zu können, in diesem Stuhl rekelte und von einer jungen Frau fellatiert wurde. (Der Verleger des *Playboy*-Magazins, Hugh Hefner, ist der stolze Eigentümer des angeblich echten Stuhls.) Obwohl Bertie zu Korpulenz neigte, war er doch nach allgemeiner Ansicht sehr mannesstark, denn er besaß große sexuelle Kraft und Ausdauer. Keine Frau gab ihm je schlechte Noten; er war ein «sehr vollkommener, sanfter Liebhaber», sagte seine Mätresse Daisy Brooke, Gräfin von Warwick.

Wie der Herzog von Cambridge berichtet, entwickelte Bertie in späteren Jahren eine besondere Vorliebe für junge Mädchen. Drei junge Frauen, mit denen er eine Liebschaft unterhielt, kannte man als «H. R. H. Virgin Band». Noch mehr reizten ihn allerdings verheiratete Schönheiten. Ihre Männer gehörten im allgemeinen zum inneren Kreis seiner Freunde, und in ihrer Pflichteifrigkeit duldeten sie es sogar, daß Bertie ihnen die «Hörner aufsetzte». Sein Stundenplan bestand gewöhnlich darin, daß er am Nachmittag die Wohnung einer Dame besuchte, während ihr Ehemann abwesend war, danach am Abend mit seiner derzeitigen «offiziellen» Mätresse zusammen war und schließlich häufig in der Nacht noch seine neueste Geliebte aus dem Kreis der Schauspielerinnen traf. Die «Marlborough House Clique» war normalerweise ziemlich diskret, doch mindestens einmal kam es zu einem häßlichen Skandal. Als

Lady Harriet Mordaunt ein blindes Kind zur Welt brachte, glaubte sie an einen Fluch Gottes und bekannte ihrem Mann, daß sie «Unrechtes getan» habe, «mit dem Prinzen von Wales und anderen, und noch dazu am hellen Tag». Bertie mußte vor Gericht schwören, daß er nicht der Liebhaber der Dame gewesen sei.

Berties mehrjährige Affäre mit dem Berufsmodell Lillie Langtry kühlte sich erst ernstlich ab, als die Skandalblätter Gerüchte verbreiteten, daß ihr Mann sich von ihr scheiden lassen und den Prinzen als Mitbeklagten nennen wollte. Seine fünfjährige Liaison mit der «Jersey Lily» begann 1877 und war von ganz besonderer Art. Sie war unabhängig, nie unterwürfig und unterschied sich von Alix darin, daß sie pünktlich war. (Weil Alexandra immer zu spät kam, ließ Bertie, der ein Pünktlichkeitsfanatiker war, die königlichen Uhren um eine halbe Stunde vorstellen.) Sogar Alix gewann Lillie lieb und sprach in begeisterten Tönen von ihr. Die Prinzessin war nur selten auf die anderen Frauen ihres Mannes eifersüchtig, weil sie sicher war, daß sie keine Bedrohungen ihrer Ehe darstellten. Allerdings konnte sie sich an eine von ihnen überhaupt nicht gewöhnen: Es war die amerikanische Schauspielerin Miss Chamberlain, die sie verächtlich «Miss Chamberpots» (Miss Nachttopf) nannte.

In den späten achtziger Jahren des 19. Jahrhunderts verliebte sich Bertie unsterblich in Daisy Brooke, Gräfin von Warwick, eine verführerische Schönheit, die zwanzig Jahre jünger war als er. Ihre Beziehung bekümmerte Alexandra mehr als jede andere seiner Liebeleien zuvor. Bertie und Daisy tauschten Ringe aus, und er nannte sie «sein kleines Daisy-Frauchen». Die beiden lernten sich kennen, als sie ihn in einer persönlichen Angelegenheit um Hilfe bat – ihr derzeitiger Liebhaber nämlich hatte die Frechheit besessen, seine eigene Frau zu schwängern. Daisy war eine launenhafte Frau, die eine solche «Untreue» nicht ertragen konnte, aber sie selbst hielt nichts davon ab, sogar den Prinzen von Wales in ihr Bett zu locken. Ihr Verhältnis dauerte fast sieben Jahre, doch wurden seine Besuche allmählich seltener, als sie sich erdreistete, ihn trotz ihres eigenen Reichtums und ihres gesellschaftlichen Ranges wegen der wirtschaftlichen Ausbeutung der unteren Schichten zurechtzuweisen.

Des Königs letzte Mätresse war Alice Keppel, eine Bürgerliche, die dreißig Jahre jünger als Eduard war. Während Eduards zwölfjähriger Romanze mit ihr, akzeptierten sowohl Mr. Keppel als auch Alexandra in vollem Umfang Alice Keppels Rolle als zweite Frau Berties. Alice sprach häufig in Schloß Windsor vor, wo sie eine gute Freundin von Alexandra wurde, und Eduard kam oft in die Wohnung der Keppels und spielte mit deren beiden Töchtern. Alice Keppel war es auch, die von Alexandra als erste benachrichtigt wurde, als Bertie im Sterben lag. Der König starb im Alter von 69 Jahren an Bronchitis. Alices Tochter Sonja berichtete später über «kingy's» Besuche und erinnerte sich an das Spiel, das sie mit ihm spielten: Sie ließen zwei mit Butter beschmierte Toastscheiben, die gebutterte Seite nach unten, die Hosen des Königs hinunterrutschen und wetteten um einen Penny, welche der beiden Toastscheiben zuerst auf dem Boden ankäme. Man hatte Bertie, wie Premierminister Gladstone schrieb, «allzu lange im Stadium der Kindheit zurückgehalten».

rjf & vs

Der kunstliebende Kriegsmann

Friedrich der Große
24. Januar 1712–17. August 1786

Bedeutung: König Friedrich II. von Preußen war im 18. Jahrhundert, dem Zeitalter der Vernunft, der hervorragendste Monarch, ein «aufgeklärter Despot». Er fand allgemein Anerkennung wegen seiner genialen Kriegsführung und seiner militärischen Triumphe, seiner Förderung der Künste und der religiösen Toleranz. Friedrichs Hauptverdienst war die Umwandlung eines wenig bedeutenden mittleren Staatsgebildes in den Staat, der später an der Spitze des vereinigten Deutschlands stehen sollte. Wegen seiner großen Leistungen – besonders auf dem Schlachtfeld – wird er auch Friedrich der Große genannt.

Lebensgeschichte: Friedrichs Kindheit war recht traurig. Sein Vater, der tyrannische König Friedrich Wilhelm I., bestimmte, daß sein Erbe zum Soldaten erzogen werden sollte, was bedeutete, daß Dichtkunst, bildende Kunst und Philosophie von seiner Erziehung ausgeschlossen wurden. Aber der Junge schätzte jene verbotenen Künste; er wurde später ein ausgezeichneter Komponist und Flötist. Sein Vater war fest entschlossen, diese «weibischen» Interessen auszurotten, und es folgten Jahre, in denen der Kronprinz in den schärfsten persönlichen Gegensatz zu seinem Vater geriet. Friedrich Wilhelm behielt immer die Oberhand, und seine strenge Erziehung schloß sogar körperliche Züchtigung des Sohnes vor der Öffentlichkeit ein. Gelegentlich wurde der junge Friedrich gezwungen, die Stiefel seines Vaters zu küssen. Kaum jemand trauerte, als der König 1740 starb und Friedrich II. im Alter von 28 Jahren die Thronfolge antrat.

Das erste Jahr der Regierung von Friedrich war typisch für seine gespaltene Persönlichkeit. Als durch und durch aufgeklärter Monarch lud er sogleich Dutzende von Künstlern nach Berlin ein, verkündete Pressefreiheit und verfaßte sogar eine Abhandlung, *«Antimachiavell»*, über die Pflichten eines Monarchen. Im gleichen Jahr jedoch fiel er in das benachbarte Schlesien ein – es war der erste von vielen Kriegen, die einen guten Teil seiner Regierungszeit ausfüllten.

Es ist eine Ironie des Schicksals, daß Friedrich im Alter seinem Vater glich. Hatte er als junger Mann Seidengewänder getragen, so bekleidete er sich nun mit einer abgetragenen, von Schnupftabak befleckten Armee-Uniform. Er neigte zur Völlerei (allerdings erreichte er nie den Taillenumfang seines Vaters), andererseits war er so geizig, daß er nicht einmal Kerzen in die Zimmer seiner Gäste stellen ließ. Gewöhnlich schlief der König von Preußen, gekleidet in ein formloses blaues Gewand und mit seinem Dreispitz auf dem Kopf, auf einem dreckigen Armeebett, das er sich mit wenigstens einem seiner geliebten Hunde teilte.

Nach 46 Jahren einer erfolgreichen Herrschaft starb der Alte Fritz, nach mühseligem, qualvollem Dahinsiechen. Nach einem Schlaganfall traten die Symptome der Wassersucht auf, Koliken, Atembeklemmungen und Hustenanfälle raubten ihm den Schlaf.

Liebe: Als Junge von neun Jahren schrieb Friedrich: «In dieser, unserer Welt darf man nicht zu heftig lieben.» Was diesen schmerzlichen Ausbruch auslöste, weiß man nicht, aber Friedrichs späteres Leben rechtfertigte diese Warnung. Mit achtzehn Jahren zum Beispiel plante Friedrich, damals Offizier in der Armee, mit einigen Freunden, insgeheim Preußen zu verlassen und in das für den Geist aufgeschlossenere England zu fliehen. Sein Vater entdeckte den Plan und ließ seinen Sohn und einen Mitschuldigen verhaften. Sie wurden wegen Desertion angeklagt und verurteilt; der Freund, Hans Hermann von Katte, von dem der König glaubte, er sei der Liebhaber seines Sohnes, weil er dessen «unmännliche» Interessen teilte, wurde vor Friedrichs Augen enthauptet. Friedrich wurde in Küstrin eingekerkert.

Das grausame Vorgehen des Vaters hatte die erwünschte Wirkung – Friedrich brach zusammen und versprach, jeden Wunsch Friedrich Wilhelms zu erfüllen. Und sein Vater wünschte, daß er Elisabeth Christine, die Tochter eines unbedeutenden preußischen Adligen, heirate. Obwohl der Prinz keineswegs begeistert war, gehorchte er den Wünschen seines Vaters, allerdings klagte er in einem Brief: «Ja, ich liebe die Liebe als solche, aber ... ich möchte sie [die Frauen] nur genießen, ich verachte sie hinterher.»

Und über Elisabeth Christine sagte er: «Sie ist weder hübsch noch häßlich, nicht dumm, aber ungebildet, schüchtern und linkisch in der Gesellschaft.» Doch später gestand er seiner Schwester Wilhelmine: «Ich hasse sie gar nicht so sehr, wie ich es vorgebe. Ich zeige nur heftige Abneigung, damit der König meinen Gehorsam zu schätzen weiß.» Die Vermählung wurde auf den 12. Juni 1733 festgesetzt.

Nach Berichten von Dr. Johann Ritter von Zimmermann, der den König in seinen letzten Lebensmonaten betreute, litt Friedrich zur Zeit seiner Verlobung an einer Geschlechtskrankheit, «gonorrhoea maligna» (Gonorrhoe und Syphilis wurden zu Friedrichs Zeiten für ein und dieselbe Krankheit gehalten; Friedrichs Symptome und die Art der Behandlung lassen aber auf Syphilis schließen). Da Friedrich fürchtete, diese «ekelhafte Krankheit» auf seine Braut zu übertragen, konsultierte er einen «Quacksalber», der für eine schnelle Behandlung sorgte. Friedrich heiratete Elisabeth und «schlief während der ersten sechs Monate jede Nacht mit ihr». Manche Biographen behaupteten, daß die Ehe körperlich nie vollzogen wurde, aber Friedrich pries Elisabeths «wundervollen Körper» und schrieb: «In der Nacht entrichten wir der Venus unseren Tribut.» Friedrich Wilhelm erwartete voller Ungeduld einen Enkel – er sandte den Flitterwöchnern sogar ein mit grünem Samt bezogenes Bett, in der Hoffnung, den Prozeß zu beschleunigen. Friedrich äußerte sich in bezug auf diesen Wunsch Seiner Majestät mit folgenden Worten: «Ich bin Ihnen sehr verpflichtet für die Wünsche, die Sie mir für meine Fortpflanzung aussprechen, und wenn ich dieselbe Bestimmung habe wie die Hirsche – die gegenwärtig in der Brunstzeit sind –, so könnte jetzt in neun Monaten geschehen, was Sie mir wünschen.» Der Erfolg blieb zwar aus, dafür war aber Friedrichs Achtung vor seiner Frau gestiegen: «Ich wäre der verachtungswürdigste Mann, wenn ich meine Frau nicht aufrichtig achtete, denn sie ist ein sanftes Geschöpf und nur darauf bedacht, mir gefällig zu sein.»

Sechs Monate nach der Hochzeit, so berichtet Zimmermann, «brach die Geschlechtskrankheit wieder aus, allerdings mit doppelter Heftigkeit. Die Ursache der Krankheit des Königs wurde zwar sorgfältig verschwiegen, aber sie wurde so gefährlich – es bestand die Gefahr eines Gangräns –, daß nur ein ‹grausamer› Schnitt das Leben Friedrichs retten konnte». Diese «teilweise Entmannung» zwang Friedrich, sich gegen seine Neigung und seinen Willen von seiner geliebten Prinzessin zu trennen, indem er eine Abneigung, deren Ursache angeblich die erzwungene Heirat war, vorschob. Friedrich benahm sich Elisabeth gegenüber sehr höflich, doch sah er sie nur noch selten. Elisabeth liebte ihn aufrichtig und betete darum, daß er zu ihr zurückfinden möge. Kurz nach dem Tode seines Vaters bezogen Friedrich und seine Gemahlin getrennte Gemächer. Nach seiner Rückkehr aus dem Siebenjährigen Krieg begrüßte er sie kalt mit den Worten: «Madame sind korpulenter geworden.» Ihre Ehe wurde allerdings nie geschieden.

Besucher von Friedrichs Schlössern betonten oft den vorherrschend männlichen Charakter seines Hofes, und es gab reichlich Gerüchte über die Homosexualität des preußischen Königs. Sicher verbanden Friedrich intime Bande mit manchen Männern – zum Beispiel mit seinem Freund Charles Étienne Jordan, an den er 1745 schrieb: «Ich liebe Dich von ganzem Herzen.» Und einem neugierigen Neffen riet Friedrich in einem Brief, «griechische Vergnügungen» (Liebe zwischen Männern, speziell analen Geschlechtsverkehr) zu meiden, weil er aus «persönlicher Erfahrung» bezeugen könne, daß das nicht «angenehm» sei. Voltaire, französischer Philosoph und häufiger Gast an Friedrichs Hof, heizte die Gerüchteküche an, indem er über Friedrichs Homosexualität schrieb. So berichtete er nach einem ernsthaften Streit, der dann ihre Freundschaft auch beendete, über jeweils zwei oder drei Günstlinge aus des Königs «Sammlung» von jungen Kadetten, Leutnants und Pagen, die jeden Morgen zum Frühstück in des Königs Schlafzimmer beordert wurden. Friedrich pflegte dann ein Taschentuch in Richtung des Mannes zu werfen, der zurückbleiben sollte. Voltaire behauptete, daß der König bei diesen Vergnügungen befriedigt werden mußte, ohne selbst aktiv zu sein. Friedrich selbst sprach oft geringschätzig über die Frauen. Einmal, als sich Friedrich über den biblischen König Salomo äußerte, meinte er, daß Salomo seinen Harem von tausend Frauen ungenügend gefunden habe, während er, Friedrich, «nur eine» (Elisabeth Christine) habe – «und das ist zuviel für mich».

Dr. Zimmermann kommt zu dem Schluß, daß Friedrich nicht der Homosexualität beschuldigt werden könnte, aber immer wieder versucht habe, die Welt davon zu überzeugen, um den wirklichen Grund, «die Verstümmelung», zu verheimlichen. Seine Angst, daß man ihn für unfähig hielte, alle «Gefühle und Empfindungen der Liebe» nachzuvollziehen, begleitete ihn bis ins Grab – er hinterließ eine Anordnung, daß er nach seinem Tode nicht entkleidet werden wolle.

Frauen spielten in seinem Leben aber doch eine Rolle, und aller Wahrscheinlichkeit nach genoß er sowohl homosexuelle als auch heterosexuelle Freuden. Friedrich hat in seiner Jugend trotz der Interventionen seines Vaters eine Reihe von Liebschaften mit Mädchen gehabt. 1728 besuchten Friedrich und sein Vater den Kurfürsten von Sachsen, der eine seiner beiden schönen Mätressen nackt präsentierte, um den König angenehm anzuregen. Der König war zwar schockiert, aber der sechzehnjährige Prinz verstand offensichtlich die Andeutung. In ihren Memoiren behauptete seine Schwester Wilhelmine, daß Friedrich mit der Tänzerin Formera sein erstes Liebeserlebnis hatte. Auch mit einem Mädchen namens Dorothea Ritter soll der Kronprinz ein Verhältnis gehabt haben. Die sechzehnjährige Dorothea, Tochter eines Kantors, entging nicht dem Zorn Friedrich Wilhelms. Sie liebte wie Friedrich die Musik, und sie musizierten zusammen in ihrem Vaterhaus. Obwohl ein Armeearzt ihre Jungfräulichkeit bestätigte, ließ Friedrich Wilhelm sie auspeitschen und zu lebenslänglicher Zwangsarbeit in den Hanfspinnereien von Spandau verurteilen. «Aber die Grausamkeit, mit der sein Vater gegen das schöne Mädchen, die angebliche Geliebte seines Sohnes, vorging, verhinderte, daß dieser die wirkliche Liebe kennenlernte, beraubte ihn des himmlischen Gefühls und trieb ihn zu dem, was man unmöglich Liebe nennen kann, trieb ihn in die Arme von Freudenmädchen», schrieb Dr. Zimmermann.

Gedanken: «Ich meine, daß ein Mann, der sich von einer Frau beherrschen läßt, der größte Einfaltspinsel der Welt ist und unwürdig, den Ehrennamen eines Mannes zu tragen.»

rm & ls

Der Ladykiller

Heinrich VIII.
28. Juni 1491–28. Januar 1547

Bedeutung: Heinrich VIII. wurde 1509 zum König von England gekrönt und regierte bis 1547. Seine Regierungszeit war dramatisch und einzigartig in der britischen Geschichte; er heiratete nacheinander sechs Frauen, und von vieren seiner Ehefrauen trennte er sich entweder durch Scheidung oder durch ihre Hinrichtung. Die Scheidung von seiner ersten Frau erforderte die Loslösung der englischen Kirche von Rom, wodurch die Reformation beschleunigt und der Lauf der Weltgeschichte verändert wurde.

Lebensgeschichte: Heinrich Tudor, der zweite Sohn von Heinrich VII., war eine prachtvolle Erscheinung. Er war 1,80 Meter groß, schön und von kraftvollem Körperbau, aber äußerst gewalttätig. Als Jüngling war er die Verkörperung des Renaissancemenschen, der sich nicht nur beim Tennisspiel und bei Turnieren, sondern auch in der Musik, der Kunst, Philosophie und anderen gelehrten Beschäftigungen auszeichnete. Ausländische Gesandte wetteiferten mit einheimischen Lobrednern darin, sein kastanienbraunes

Haar, seinen goldenen Bart, seine «überaus hervorragenden Waden» zu preisen. Er liebte Tanz und Feste, Prunk und schöne Kleider. Sir Thomas More sagte von ihm, er sei «gebildeter als jeder englische Monarch vor ihm». «Er ist von den Musen geküßt worden», schrieb er, «und er ist dazu ein Philosoph – was können wir von einem solchen König nicht alles erwarten!»

Heinrich war aber auch selbstgerecht, eigensinnig und launisch. Während der ersten zwanzig Jahre seiner Regierung leerte er die königlichen Schatzkammern, um die Ausgaben des Hofes und seine Kriege zu finanzieren. (Er füllte sie überreichlich wieder auf, als er die religiösen Bande zu Rom zerschnitt und die Schätze der Klöster beschlagnahmte.) Gegen Ende seines Lebens bildeten sich syphilitische Geschwüre an seinen Beinen, so daß er keinerlei körperliche Tätigkeiten mehr ausüben konnte. Der König, der vier und mehr Pferde an einem Tag zuschanden reiten konnte und als der stärkste Athlet des Landes galt, wurde ein korpulenter, einem Schwein ähnlicher Mann, der hinkte und seine Beine, auf die er so stolz gewesen war, ständig bandagieren mußte. Dieses Leiden und wiederholte Enttäuschungen in der Liebe machten aus Heinrich einen jähzornigen und unberechenbaren Monarchen. Geschwächt von einer ganzen Anzahl von Krankheiten – einschließlich Malaria und Alkoholismus –, starb er im Alter von 55 Jahren. Trotz seiner Mißerfolge hinterließ er das Königreich England mächtiger und geeinter, als es je gewesen war, und in der Erinnerung lebt er als einer seiner größten Herrscher fort.

Liebe: Mit zwölf Jahren wurde Heinrich mit Katharina von Aragon, der achtzehnjährigen Witwe seines Bruders Arthur, verlobt. (Sie waren nur sechs Monate verheiratet gewesen, als Arthur starb.) Aber Heinrich heiratete Katharina erst nach der Thronbesteigung, die zwei Monate vor seinem achtzehnten Geburtstag stattfand. Seine ersten sexuellen Erfahrungen machte er bei Bauernmädchen, als er sechzehn war. Sechs Wochen nach seiner Krönung ehelichte Heinrich Katharina, die ein weißes Hochzeitskleid trug, um der Welt zu zeigen, daß sie trotz der kurzen Ehe mit Arthur noch Jungfrau war und damit würdig, Heinrichs Gemahlin zu werden.

In ihrer Jugend war Katharina sehr schön. Sie war die Tochter von König Ferdinand von Aragon, ein zierliches und graziöses Mädchen, das den Tanz liebte und für seine Kleidung kräftige, helle Farben wählte. Sie war Heinrich auch geistig gewachsen. Sie lehrte ihn Spanisch und entschloß sich, selbst Englisch zu lernen. Heinrich liebte sie mit der Glut der ersten Liebe. Er verwob ihre Initialen mit den seinigen im königlichen Monogramm, trug ihre Farben bei Turnieren, und wenn irgend etwas passierte, lief er zu ihr, weil «die Königin das hören muß» oder «weil dies der Königin gefallen wird».

Aber bald begann für Katharina ein sorgenreiches Leben. Ihr erstes Kind, ein Mädchen, wurde tot geboren; dann starb ein Sohn kurz nach der Geburt. Heinrich trauerte, besonders um den Sohn, aber er gab sich große Mühe, seine Frau zu trösten. Ein zweiter Sohn war eine Totgeburt; ein dritter wurde zu früh geboren und starb. Schließlich gebar Katharina ein gesundes Baby, ihre Tochter Maria, die später die Königin Maria Tudor wurde. Heinrich war zwar über das Geschlecht des Kindes enttäuscht, freute sich aber so sehr, endlich Vater zu sein, daß er sagte: «Wenn es auch diesmal eine Tochter ist, so werden doch durch Gottes Gnade die Söhne folgen.» Aber in den nächsten drei Jahren hatte Katharina zwei weitere Fehlgeburten und noch eine Totgeburt. Vom 35. Lebensjahr an hörten die Schwangerschaften ganz auf.

So viele Geburten gingen an Katharinas äußerer Erscheinung nicht spurlos vorüber; sie wurde dick, und ihr Gesicht bekam einen trägen Ausdruck. Heinrich dagegen war mit seinen 25 Jahren in der Blüte seiner Jahre und hatte eine Liebschaft mit der siebzehnjährigen Elisabeth Blount, einer von Katharinas Hofdamen, angefangen. Heinrich war von dieser jungen Geliebten ganz hingerissen, und England war nie so friedlich wie während seiner Liaison mit «Bessie». Sechs Monate nach Katharinas letztem Kind gebar Elisabeth einen Jungen, der Henry Fitzroy getauft und in halbköniglicher Zurückgezogenheit als Herzog von Richmond aufgezogen wurde. Er starb 1536.

Nachdem Heinrichs Liebe zu Elisabeth erloschen war, begann er eine Affäre mit Maria Boleyn, der Tochter von Sir Thomas Boleyn und Lady Elisabeth Howard. Die achtzehnjährige Maria war gerade vom französischen Hof zurückgekehrt, wo sie alles verloren hatte außer ihrem liebesbedürftigen Herzen. Zwei Jahre später kam auch ihre fünfzehnjährige Schwester Anna von diesem Hof zurück und wurde Hofdame von Katharina. Während Heinrich in den nächsten vier Jahren mit Maria schlief, schenkte Anna ihre Liebe einem jungen Höfling namens Sir Henry Percy, der vom Hof verbannt wurde, als der König sich in Anna vernarrte. Anna war gerade neunzehn Jahre alt geworden, als Heinrich sich seiner Liebe zu ihr bewußt wurde.

Anna Boleyn war nicht schön, aber bezaubernd. Sie war klein, mit langem dunklem Haar und glühenden Augen und hatte angeblich drei Brüste. Das Leben am französischen Hof hatte Anna anspruchsvoll und weltklug gemacht, und der Gram über die Trennung von Sir Henry Percy hatte ihr Selbstbewußtsein gestärkt. Außerdem hatte sie aus dem Beispiel ihrer Schwester gelernt. Sie weigerte sich, Heinrichs Mätresse zu werden, und änderte damit den Lauf der Geschichte. Heinrich entschied, daß seine Ehe geschieden werden müsse.

Selbstgerecht, wie Heinrich war, konnte er nicht zugeben, daß er seine alte, verbrauchte Ehefrau durch eine neue ersetzen wollte. Statt dessen zitierte er die Bibel: «Wenn ein Mann seines Bruders Frau nimmt, ist das Unzucht; er hat seines Bruders Blöße aufgedeckt; sie sollen kinderlos bleiben.» Er erklärte Katharina, daß sie in den vergangenen zwanzig Jahren in Sünde gelebt hätten. Katharina, die Heinrich liebte, beschwor, daß sie Jungfrau gewesen sei, als sie ihn heiratete, und wollte einer Scheidung nicht zustimmen. Heinrich wartete ohne Erfolg darauf, daß der Papst seiner Scheidung zustimmte. Diese sollte die Legitimität seiner weiteren Nachkommenschaft in den Augen des englischen Volkes garantieren. «Des Königs großer Fall», wie man die Angelegenheit nannte, schleppte sich sechs Jahre lang hin. Während dieser Zeit hielt Anna sich Heinrich vom Leibe.

Schließlich vollzog Heinrich die Loslösung der englischen Kirche vom römischen Katholizismus und machte sich zum gleichzeitigen Herrn von Kirche und Staat. Er heiratete Anna Boleyn, die schließlich doch seine Mätresse geworden und schwanger war. Das englische Volk wollte Anna nicht als Königin anerkennen und blieb Katharina gegenüber loyal. Es begann eine Herrschaft des Schreckens, in der jeder, der sich Heinrichs Ehe oder seiner gleichzeitigen Herrschaft über Kirche und Staat widersetzte, gefoltert und verbrannt, gevierteilt oder zu Tode verbrüht wurde.

Als Heinrichs Frau offenbarte Anna allmählich ihre tyrannische Natur. Heinrich gab ihr bald den Rat, «die Zügel der Vernunft anzulegen». Anna gebar als erstes Kind eine Tochter, und Heinrich war bitter enttäuscht. Wenn schon seine erste Frau keine gute «Zuchtstute» war, so war Anna anscheinend keine bessere. Nach drei Fehlgeburten und später einem totgeborenen Sohn hatte Heinrich genug von ihr. Fünf Männer, darunter ihr Bruder, wurden angeklagt, sexuell mit der Königin verkehrt zu haben (sie waren in Wirklichkeit alle unschuldig), und alle fünf wurden zusammen mit Anna zum Richtblock geführt. Anna wollte sich die Augen nicht verbinden lassen, und der Scharfrichter fand diese Augen so entwaffnend, daß jemand sie ablenken mußte, während er die Schuhe ablegte und leise neben sie trat, um ihr den Kopf abzuhauen.

Schon seit einiger Zeit hatte Heinrich ein Auge auf Johanna Seymour, eine von Annas Hofdamen, geworfen. Johanna war so schlicht und zurückhaltend, wie Anna temperamentvoll gewesen war. Sie war einfach, lieblich und gutmütig, und ihre unterwürfige Art gefiel Heinrich nach Annas Herrschernatur sehr. Sie heirateten, und Johanna gebar einen Jungen, den späteren Eduard VI., aber sie starb kurz nach der Geburt. Heinrich war vor Schmerz wie von Sinnen. Von den vier Frauen, die er überlebte, war Johanna die einzige, um derentwillen er Trauerkleidung trug.

Nach ein paar Jahren wünschte sich Heinrich die deutschen protestantischen Fürsten als Verbündete und hielt Ausschau nach einer deutschen Braut. Die Wahl fiel auf Anna von Cleve. Holbein malte ein schmeichelhaftes Porträt von ihr, und Cromwell, Heinrichs persönlicher Berater, empfahl sie nachdrücklich. Als Anna, von Deutschland kommend, eintraf, war Heinrich so begierig nach Liebe, daß er sich, mit Geschenken beladen, auf den Weg machte, um die Ankunft ihres Schiffes zu erleben. Als er diese Anna sah, fühlte er sich sofort von ihrem Aussehen abgestoßen. Sie war groß, sprach ein rauhes Deutsch, und ihr Gesicht war blatternarbig. Sie schlossen zwar die Ehe, vollzogen aber wurde sie nie. Als Heinrich Anna ersuchte, auf ihren Titel zu verzichten, stimmte sie ohne Zögern zu, denn sie war erleichtert darüber, daß sie nicht geköpft werden würde.

Inzwischen hatte sich Heinrich abermals mit einer weiteren Hofdame eingelassen. Katharina Howard war die schönste von Heinrichs Frauen. Mit achtzehn war sie hübsch, schlank, fröhlich und leichtfüßig, und ihr helles Lachen belebte oft die Hallen des Schlosses. Als ihr Onkel ihr mitteilte, daß sie Heinrich heiraten müsse, protestierte sie und beteuerte, daß sie Thomas Culpeper liebe, der zufällig des Königs Lieblingshöfling war. Ihr Onkel überzeugte sie jedoch davon, daß ihre persönlichen Wünsche keine Rolle spielten. Über ihr Schicksal war bereits entschieden, und außerdem war sie das ihrer Familie schuldig.

Heinrich spürte, daß er zum erstenmal richtig liebte. Mit fünfzig Jahren erlebte er einen Nachsommer, und seine Begierde auf Katharina war unersättlich. Er liebkoste sie in der Öffentlichkeit mehr als alle seine anderen Frauen – ja er mußte sie ständig anfassen. Katharina war seine «Rose ohne Dorn». Er tat sein Bestes, um ihr ein galanter Bräutigam zu sein.

Katharina bemühte sich, Heinrich zu gefallen. Sie mied Culpeper, so gut sie konnte, während der arme Tom als Günstling des Königs an dessen Bett gerufen wurde, wenn dieser nicht mit Katharina zusammen war, und von Heinrich alle Freuden, die er mit dieser jungen, blühenden Frau erlebt hatte, in quälendem Detail hören mußte. Aber bald kamen Gerüchte über Katharina in Umlauf. Heinrichs Erzbischof fand heraus, daß sie als junges Mädchen ziemlich ungebärdig gewesen war und sich sexuell mit einem Jungen eingelassen hatte, der ihr nächtliche Besuche in ihrem Internat abstattete. Zunächst lachte Heinrich darüber. Aber als der Hof dann noch mit Beweisen aufwartete, alterte er zusehends vor den Augen seiner Umgebung. Zum erstenmal weinte Heinrich in aller Öffentlichkeit. In seinem verzweifelten Bemühen, Katharinas voreheliche Torheiten zu übersehen, verlängerte er ihr Leben. Aber als herauskam, daß sie damals gleichzeitig ein Liebesverhältnis mit Thomas Culpeper gehabt hatte, geriet er in große Wut. Katharina, ihr früherer Liebhaber und Culpeper wurden hingerichtet. Am Richtblock rief sie aus: «Ich sterbe als Königin. Aber ich würde lieber als Frau von Thomas Culpeper sterben.» Sie wurde neben ihrer Cousine Anna Boleyn begraben.

Nach seinem letzten romantischen Liebeserlebnis war Heinrich ein alter, gebrochener Mann. Er hatte sich Katharina ganz hingegeben und mußte erfahren, daß sie ihm nie Zutritt zu ihrem Herzen gestattet hatte; auch war sie die einzige seiner Frauen, die vor ihm einen anderen Liebhaber gehabt hatte. Anderthalb Jahre später jedoch lächelte ihm das Glück noch einmal in Gestalt einer weiteren Katharina. Katharina Parr hatte eine lange, gebogene Nase, einen kurzen Hals, einen ansehnlichen Körper und einen wohlgeformten, sogar feurigen Mund. Mit 31 Jahren war sie schon zweimal verwitwet. Sie war gebildet, anmutig und taktvoll. Als Heinrich ihr 1543 einen Heiratsantrag machte, war sie entsetzt und meinte, daß es doch wohl besser für sie sei, nur seine Mätresse zu sein. Aber bald hatte sie Mitleid mit dem alternden Monarchen, und aus dem Mitleid wurde warme Zuneigung. Sie war ihm in seinen alten Tagen eine geduldige Krankenpflegerin, denn Heinrich war korpulent geworden und bedurfte ständiger Pflege. Ihre Ehe währte drei Jahre lang, bevor Heinrich seinen vielen Krankheiten erlag. Obwohl er seine letzte Katharina sehr geliebt hatte, wünschte er, neben Johanna Seymour begraben zu werden, «der Frau, die starb, um mir einen Sohn zu schenken».

jh

Die Liebesstrategin

Katharina II.
2. Mai 1729–17. November 1796

Bedeutung: Katharina die Große, eine deutsche Prinzessin mit französischer Erziehung, regierte das weite russische Reich 34 Jahre lang autokratisch.

Lebensgeschichte: Als Sechzehnjährige wurde Katharina mit ihrem siebzehn Jahre alten Vetter Peter, dem Neffen und Erben der regierenden russischen Zarin Elisabeth, verheiratet. Der Hof erwartete von ihr die Geburt vieler Kinder. (Elisabeth war selbst kinderlos.) Doch Peter war verrückt, impotent und unfruchtbar. Katharina dachte zunächst an Selbstmord, suchte aber dann Zuflucht bei vielseitiger Lektüre und unternahm lange, anstrengende Ritte. Nach fast zehn Jahren Ehe gebar sie schließlich einen Sohn –

der Vater war wahrscheinlich ihr erster Liebhaber Saltykow, ein junger russischer Adliger. Da Peter zusehends verrückter und unpopulärer wurde, wurden auch Katharinas Chancen, die Regierungsgeschäfte zu übernehmen, immer geringer; hinzu kam, daß Peter drohte, sich von ihr scheiden zu lassen. Aus dieser Situation heraus entschloß sie sich zu einem Staatsstreich. Im Juni 1762 – Peter war eben erst sechs Monate Zar und gerade abwesend, da er einen unsinnigen Krieg gegen Dänemark plante – zog sich Katharina eine Leutnantsuniform an, ritt an der Spitze einer Abteilung der kaiserlichen Garde nach St. Petersburg, der damaligen Hauptstadt Rußlands, und ernannte sich selbst zur Zarin. Sie ließ Peter, den diese Nachricht bestürzte, alsbald verhaften und ermorden. Katharinas engste Mitverschwörer waren ihr Liebhaber Graf Grigorij Orlow und seine beiden Brüder, alle drei Offiziere der Gardekavallerie. Im Laufe ihrer langen Regierungszeit brach sie die Macht des Klerus, schlug einen Aufstand nieder, zwang den ukrainischen Bauern die Leibeigenschaft auf und vergrößerte das Gebiet Rußlands um mehr als 500000 Quadratkilometer – auf Kosten von 95 Prozent der Bevölkerung, die das Land bewirtschaftete.

Liebe: Katharina war vor der Heirat zwar unberührt, dennoch sehr sinnlich gewesen; nachts masturbierte sie mit einem Kissen zwischen den Beinen. Für ihren Bräutigam Peter indessen war das Bett ein Ort, wo man mit Spielzeug spielte. Mit 23 Jahren war sie noch immer Jungfrau.

In einer stürmischen Nacht auf einer Ostseeinsel zog sich Katharinas Hofdame, wahrscheinlich auf Befehl der Zarin, zurück und ließ sie allein mit Saltykow, einem erfahrenen Verführer. Er hatte ihr große Wonnen versprochen, und sie wurde nicht enttäuscht. Auch für Zarin Elisabeth erfüllte sich der Wunsch nach einem Erben, denn nach zwei Fehlgeburten wurde Katharina wieder schwanger, und man zwang sie, sich zu schonen. Kaum war jedoch ihr Sohn Paul geboren, wurde er ihr entrissen und der Obhut der Zarin übergeben. Katharina lag ohne Pflege in einem zugigen Raum, während das russische Volk das Ereignis feierte. Ihr zweites Kind, offiziell ebenfalls von Peter gezeugt, war ein Mädchen, das bald starb, nachdem der wirkliche Vater, ein junger polnischer Adliger, der beim britischen Gesandten beschäftigt war, in Ungnade gefallen war und ausgewiesen wurde. Als Peter von der Schwangerschaft seiner Frau erfuhr, soll er gemurmelt haben: «Ich weiß nicht, wie es kommt, daß meine Frau schwanger wird.»

Katharinas weitere drei Kinder, alles Knaben, hatten Orlow zum Vater. Sie wurden in aller Heimlichkeit geboren, nachdem Katharina durch ihre Reifröcke alle Schwangerschaften erfolgreich verborgen hatte. Die erste Geburt fand noch zu Peters Lebzeiten statt. Um Peter vom Palast wegzulocken, als die Wehen begannen, veranlaßte Katharina einen treuen Diener, sein eigenes Haus niederzubrennen. Peter fühlte sich nämlich von jedem Brand magisch angezogen. Die anderen beiden Kinder, die zunächst in den Wohnungen von Dienern aufgezogen wurden, durften erst in das Kinderzimmer des Hofes, als sie in einem Alter waren, wo niemand mehr genau wissen konnte, wem sie gehörten. Diese Vorkehrungen waren notwendig, weil Katharina, die die Dynastie der Romanows bedroht sah, sich geweigert hatte, Grigorij zu heiraten. Er rächte sich dadurch, daß er die Damen des Hofes zu seinen Haremsdamen machte. Trotzdem blieb Katharina ihm vierzehn Jahre lang treu und warf ihn erst hinaus, als er seine dreizehnjährige Cousine verführte.

Katharina war jetzt 43 Jahre alt. Ihr dichtes braunes Haar, die ausdrucksvollen blauen Augen und der kleine, sinnliche Mund hatten nichts von ihrem Reiz eingebüßt, während ihre Figur üppiger als in der Jugend war. Einer ihrer Schützlinge und Anhänger von Anfang an, ein Kavallerieoffizier namens Grigorij Potemkin, hatte sie schon seiner Loyalität versichert, sich dann aber in ein Kloster zurückgezogen (er war einst zum Priester ausgebildet worden). Potemkin war schlau genug, erst ins weltliche Leben zurückzukehren, nachdem Katharina ihm versprochen hatte, ihn zu ihrem «persönlichen Generaladjutanten» (das heißt zum offiziellen Günstling) zu ernennen und den Vorgänger zu entlassen. Zwei Jahre lang waren die Zarin und ihr fünfunddreißigjähriger Liebhaber in eine leidenschaftliche Affäre verwickelt. Es war ein ständiger Wechsel zwischen Streit und Versöhnung. Als die sexuelle Leidenschaft allmählich erlosch, überzeugte Potemkin, der zwar Katharina, aber keineswegs seinen Einfluß am Hof aufgeben wollte, die Zarin, daß sie ihre Günstlinge genauso leicht ersetzen konnte wie irgendeinen anderen Diener. Er sei bereit, fügte er hinzu, sie persönlich für Katharina auszuwählen.

Erstaunlicherweise funktionierte das System sehr gut, bis Katharina sechzig war. Ein ausgewählter Günstling wurde zunächst von Katharinas Leibarzt auf Anzeichen einer Geschlechtskrankheit untersucht. Wurde er als gesund befunden, mußte er sich einer weiteren medizinischen Prüfung unterziehen – es wurde nämlich seine Manneskraft von einer für diesen Zweck bestellten Hofdame getestet. Der nächste Schritt, wenn es soweit kam, war seine Einquartierung in die speziellen Favoritengemächer, die direkt unter den von Katharina bewohnten Räumen lagen und mit ihnen durch eine Geheimtreppe verbunden waren. Dort fand er ein bedeutendes Geldgeschenk. Wiederholte «Pflichterfüllungen» bei der Zarin brachten weitere Belohnungen und Ehren ein; seine Hauptaufgabe war es jedoch, ihr Generaladjutant und «Kaiser der Nacht» zu sein. Bei der Entlassung aus dem Dienst variierte die

Abfindung zwischen zusätzlichen Geldbeträgen bis zu einem kompletten Gutshof mit viertausend Leibeigenen. Auf diese Weise «verbrauchte» Katharina in sechzehn Jahren dreizehn Männer und sehr viele Staatsgelder. Als sie schließlich sechzig Jahre alt geworden war, erlag sie den Verlockungen des zweiundzwanzigjährigen Platon Zubow, eines Offiziers der Gardekavallerie, den Potemkin ablehnte, weil er zu ehrgeizig war. Zubow war bis zu ihrem Tod im Alter von 67 Jahren das Hauptziel ihres sexuellen Interesses. Entgegen einem immer wieder aufkommenden Gerücht, sie sei während des Versuchs, mit einem Hengst Geschlechtsverkehr zu haben, gestorben, erlag Katharina nach zweitägigem Krankenlager den Folgen eines schweren Schlaganfalls.

Sexpartner: Peters Impotenz scheint die Folge einer Mißbildung seines Penis gewesen zu sein, die durch eine Operation hätte behoben werden können. Einer Überlieferung zufolge sollen Saltykow und seine Freunde Peter, nachdem sie ihn betrunken gemacht hatten, dazu überredet haben, sich einer entsprechenden Operation zu unterziehen, um als Urheber von Katharinas Schwangerschaften gelten zu können. Aber wir wissen nicht, ob Peter jemals Geschlechtsverkehr mit ihr hatte, obwohl er sich Mätressen hielt. Der polnische Graf Stanislaus Poniatowski, Katharinas zweiter Liebhaber, wurde festgenommen, als er ihren Sommersitz verkleidet verließ. Als Peter ihn beschuldigte, mit Katharina geschlafen zu haben, bestritt er dies empört, woraufhin Peter sie aus dem Bett zerrte. Später zwang er die Liebenden, zu ihm und seiner Mätresse zum Abendessen zu kommen. 1764 ließ Katharina Poniatowski als Stanislaus II. zum König von Polen ausrufen. Als er jedoch die polnischen Nationalisten nicht unter Kontrolle bringen konnte, annektierte sie einen Teil des Landes und überließ den Rest Preußen und Österreich. Allem Anschein nach hatte Stanislaus Katharina wirklich geliebt.

Grigorij Orlow, ein Koloß mit einem Kindergesicht, leistete enorm viel, wenn er in körperlicher Gefahr war, versagte aber als Hofmann. Er wurde für Katharina politisch gesehen eine Belastung, nachdem er wichtige Friedensverhandlungen mit den Türken schlecht geführt hatte. Zudem hatten seine sexuellen Heldentaten ein Ausmaß erreicht, daß Katharina sie nicht mehr ertragen konnte. Er starb in geistiger Umnachtung, gequält von Peters Geist, obwohl sein Bruder Alexej den Mord an Peter geplant hatte. Über Alexej Wasiltschikow, Grigorijs liebenswürdigen Ersatz, schrieb Katharina an Potemkin: «Wenn dieser Narr noch ein weiteres Jahr bei mir geblieben wäre und du nicht gekommen wärst ..., hätte ich mich höchstwahrscheinlich an ihn gewöhnt.» Potemkin war ein dickbäuchiger, scheinheiliger, einäugiger Grobian, der in der Sauna des Palastes gewaltige mitternächtliche Imbisse verschlang, nachdem er mit Katharina im Dampf herumgetollt war. Vielleicht waren Katharina und er heimlich verheiratet, sie nannte ihn jedenfalls in ihren Briefen «Gemahl». (Sie gab ihm auch Namen wie «meine marmorne Schönheit», «coq d'or» und «Wolfsvogel».)

Über die von Potemkin ausgewählten Nachfolger ist nur wenig zu sagen. Sie waren alle hübsche Gardeoffiziere in den Zwanzigern. Keine dieser Beziehungen war von Dauer. Der sanfte Alexander Lanskoj, Katharinas Lieblingsfavorit, starb an Diphtherie, nachdem er seine Gesundheit durch Aphrodisiaka ruiniert hatte. Iwan Rimski-Korsakow – der Großvater des Komponisten – benahm sich unwürdig, indem er zu der «Manneskraftprüferin», der Gräfin Bruce, zu weiteren «Prüfungen» zurückkehrte. Die Gräfin wurde daraufhin durch eine ältere Dame ersetzt. Alexander Dmitriew-Mamonow durfte von seinem Posten zurücktreten, um eine hochschwangere Hofdame zu heiraten. Katharina schmollte drei Tage lang, machte ihnen dann aber ein großzügiges Hochzeitsgeschenk. Die meisten Favoriten der Zarin konnten sich in ihrem späteren Leben erfolgreicher Karrieren erfreuen.

Gedanken: Katharina schrieb in ihren Memoiren: «Ich war attraktiv. Das ist schon der halbe Weg zur Versuchung, und in derartigen Fällen tut dann die Natur des Menschen den Rest. Versuchen und versucht zu werden ist so ziemlich dasselbe.» Ihr Lieblingstoast war: «Gott, erfülle uns unsere Wünsche, und erfülle sie rasch.»

jh

Sex und Macht

Kleopatra
69–30 v. Chr.

Bedeutung: Kleopatra, die letzte Königin von Ägypten, wurde für die Nachwelt zur Verkörperung von Dekadenz, Verschlagenheit und exotischer Schönheit. Zwanzig Jahre lang war sie in der großen Politik des Mittelmeerraums die beherrschende Figur, und sie wußte ihre persönlichen Reize zum Nutzen ihres politischen Ehrgeizes einzusetzen.

Lebensgeschichte: Kleopatra war griechisch-mazedonischer Abstammung, denn Ptolemäus, einer der Generäle Alexanders des Großen, der nach dessen Tod über Ägypten herrschte, war ihr Ahnherr. Sie war eine intelligente, vielseitig interessierte Frau. So machte sie sich als erstes Mitglied der Herrscherfamilie die Mühe, die ägyptische Sprache zu erlernen. Der Überlieferung zufolge sprach sie auch andere Sprachen fließend. Sie wurde sowohl in der griechischen als auch in der ägyptischen Tradition erzogen und war an Bildung manchen der größten römischen Staatsmänner überlegen. Mit ihrer langen, gebogenen Nase und dem großen Mund war Kleopatra nicht eigentlich schön, aber ihr Körper war schlank und wohlproportioniert, außerdem beherrschte sie die Kunst der Kosmetik meisterhaft. Sie bezauberte durch ihr höfliches Benehmen, die Eleganz ihrer Bewegungen und durch ihr Temperament. Ihre weiche, melodische Stimme erinnerte an den Klang einer Leier.

Liebe: Die Geschichtsschreiber berichten, daß Kleopatra wochenlang nächtliche Orgien veranstaltete, bei denen die Teilnehmer sich verschiedensten Ausschweifungen hingaben. Die wollüstige Atmosphäre in ihrem Palast während ihrer Liebesaffäre mit dem römischen Feldherrn Mark Anton zeigt, wie sie auf seine allgemein bekannte Vorliebe für obszöne Späße und sexuell aufreizende Gespräche einging. Um ihn zu unterhalten, hielt sie an ihrem Hof einen Künstler, der obszöne Tänze aufführte. Kleopatra und Mark Anton besuchten die Vergnügungsorte vor den Toren Alexandrias und gründeten einen Klub, die «Einzigartigen» genannt, wo die Gäste an anstößigen Theaterszenen teilnahmen. Ein römischer Gast zum Beispiel spielte den Meeresgott Glaukus und tanzte, den nackten Körper blau angemalt, auf den Knien rutschend vor ihnen. Diese Orgien waren der Anlaß für unzählige Skandalgeschichten über Kleopatras Sexleben. Gerüchten zufolge soll sie wahllos fellatiert haben; die Griechen nannten sie Meriochane, was bedeuten soll, daß «sie sich zehntausend Männern weit öffnete». Es heißt, daß sie in einer einzigen Nacht hundert römische Adlige fellatiert habe. In den Augen ihrer Feinde war sie eine Dirne. König Herodes von Judäa behauptete sogar, sie hätte versucht, ihn zu verführen. Seine Behauptung ist sicherlich nicht wahr, denn Kleopatra durfte sich keinesfalls die Gunst ihres Liebhabers Mark Anton, der zudem ein mächtiger politischer Verbündeter war, verscherzen.

Sexpartner: Da in Ägypten die Heirat zwischen königlichen Geschwistern Sitte war, ehelichte Kleopatra nacheinander zwei jüngere Brüder: zuerst im Jahre 51 v. Chr. Ptolemäus XII., als sie gerade achtzehn Jahre alt war, und kurz nach seinem Tod im Jahre 47 den zwölf Jahre alten Ptolemäus XIII. Ein körperlicher Vollzug dieser Ehen fand nicht statt, denn sie wurden nur geschlossen, weil Kleopatra einen männlichen Mitregenten brauchte, um als Königin herrschen zu können.

Einigen Quellen zufolge machte Kleopatra schon im Alter von

zwölf Jahren erste sexuelle Erfahrungen, es ist aber durchaus möglich, daß sie erst neun Jahre später ihren ersten Liebhaber hatte, nämlich Julius Cäsar, den zweiundfünfzigjährigen Diktator Roms. Im Verlauf eines Machtkampfes zwischen ihr und ihren Geschwistern floh die einundzwanzigjährige Königin zu Cäsar in seinen Palast in Alexandria. Angeblich soll sie, in einem Teppich oder Bettlaken versteckt, an den Wächtern vorbeigeschmuggelt worden sein. Der notorische Frauenfreund erlag alsbald ihren Verführungskünsten, und so begann ihre Liebesaffäre mit Cäsar. Mit Hilfe ihres Geliebten konnte sie ihre politische Position festigen. Obgleich Cäsar schon verheiratet war, soll er mit Kleopatra nach ägyptischem Ritus vermählt worden sein. Er brachte sie und ihren gemeinsamen Sohn Cäsarion kurz darauf nach Rom, wo er ihr eines seiner Häuser zur Verfügung stellte. Öffentlich bekannte er sich zu Kleopatra, als er eine Statue von ihr im Tempel der Venus aufstellen ließ. Daß er eine Ausländerin zur Gottheit erhob, erregte den Unwillen der Römer. Da Cäsar keinen legitimen Sohn hatte, fürchteten die Römer, daß Cäsarion, der «Ägypter», Cäsars Nachfolger werden würde, und ihr Groll gegen die Königin wuchs. In den zotigen Liedern der Soldaten Cäsars wurde sie eine Hure genannt.

Nach der Ermordung Cäsars durch seine politischen Gegner kehrte Kleopatra nach Ägypten zurück, wo sie erfuhr, daß Mark Anton in Rom die Macht übernommen hatte. Er war ein Mann von kantiger Schönheit und muskulöser Statur, mit breiter Stirn und Adlernase, und er hatte – wie Cäsar – eine Schwäche für das andere Geschlecht. Kleopatra war fest entschlossen, ihn zu verführen, und segelte aus diesem Grund in einer üppigen Barke mit purpurnen Segeln, silbernen Rudern und einem Achterdeck aus Gold nach Tarsus. Musik von Lauten und Flöten kündigte die Ankunft der Königin an, die als Venus gekleidet und von Dienern im Kostüm von Kupidos und Grazien umgeben war. Mehrere Tage lang gab sie üppige Bankette und beschenkte den biederen Kriegsherrn und seine Offiziere mit reichen Gaben. Als der Machtkampf mit Octavian, einem Neffen Cäsars, Mark Anton zur Rückkehr nach Rom zwang, hatte sie Zwillinge von ihm empfangen. Einige Jahre später verließ Mark Anton seine Frau Octavia – die Schwester Octavians – und kehrte zu Kleopatra zurück. Der Bruch mit Octavian führte zu einem zweijährigen Krieg, der seinen Höhepunkt in Mark Antons und Kleopatras Niederlage bei Aktium hatte.

Als Octavians Streitkräfte in Ägypten einmarschierten, floh Kleopatra in ihr Mausoleum und schloß sich dort mit drei Dienern ein. Als Antonius die Nachricht erhielt, daß sie Selbstmord begangen habe, erdolchte er sich vor Schmerz. Tödlich verwundet erfuhr er, daß sie noch am Leben war. Er ließ sich in ihr Mausoleum bringen und starb dort in ihren Armen. Kleopatra wurde bald darauf von Octavian gefangengenommen, und zum erstenmal versagten ihre Verführungskünste. Sie nahm sich das Leben, als sie hörte, daß sie bei Octavians Rückkehr nach Rom als Gefangene in seinem Triumphzug durch die Straßen geführt werden sollte.

lab

Der Sonnenkönig

Ludwig XIV.
5. September 1638–1. September 1715

Bedeutung: Ludwig XIV., der wegen des Glanzes seiner Regierungszeit «der Sonnenkönig» genannt wurde, beherrschte auf der Höhe seiner Macht alle Lebensbereiche Frankreichs. Er war Mäzen von Künstlern, Schriftstellern und Wissenschaftlern und führte seine Heere zu Siegen über die anderen großen Nationen Europas. Obwohl er eine der großartigsten Zivilisationen der Geschichte begründete, ließ er sein Land am Ende verarmt zurück, und seine politischen und religiösen Verfolgungen führten schließlich zur Französischen Revolution.

Lebensgeschichte: Ob Ludwig sich selbst für einen «Gott auf Erden» hielt oder nicht, ist nicht bekannt; von seinen Untertanen jedenfalls verlangte er Anbetung und Ergebenheit. Er besteuerte das französische Volk erbarmungslos, um das prunkvolle Leben an seinem Hof bestreiten zu können. Überdies brachte er Frankreich mit dem Bau des unvergleichlichen Lustschlosses in Versailles an den Rand des Bankrotts.

Die Monarchie, die Ludwig von seinem Vater erbte, wurde von aufrührerischen Adligen schwer bedrängt. Sie führten im Verlauf von vierzig Jahren elf Bürgerkriege gegen den Thron. Ludwig XIV. gelang es, die französischen Adligen unter die Kontrolle des Königs zu bringen, indem er ihnen Stellungen am Hofe anbot. Dort verführte er sie mit Wein, Frauen und Geld. Sein weitverzweigtes Protektionssystem bezog sich über die Grenzen der Politik hinaus auch auf die Hofdamen, von denen schätzungsweise nie weniger als dreihundert bereitstanden, um dem König die Aufwartung zu machen. Er zögerte nicht, die Frauen, die an seinen Liebesspielen teilnahmen, mit Reichtümern und Ehren zu überhäufen.

Obwohl Ludwigs Gesicht durch Pocken, die er als Kind gehabt hatte, zernarbt war, war er ein kraftvoller und geistreicher Charmeur und ein unermüdlicher Liebhaber. Er war zweimal verheiratet und hatte daneben unzählige Verhältnisse sowohl mit Frauen des Adels als auch mit Hofbediensteten. Zu allen war er großzügig, kümmerte sich nicht um den Skandal, den er erregte, und belohnte sie mit Schmuck, Gütern und Titeln. Seine Frauen waren ihm gleichermaßen Vertraute wie Geliebte, und er erklärte seine vielen unehelich geborenen Kinder für legitim. Hin und her gerissen zwischen seiner ausschweifenden Natur und dem ständigen Drängen seiner religiösen Ratgeber, für seine Sünden Buße zu tun, war Ludwig in seiner Verurteilung der Sünden anderer oft ebenso streng, wie er gleichgültig gegen seine eigenen war. 1674 befahl er, allen Dirnen, die den in und um Versailles stationierten Soldaten zu Diensten waren, Nasen und Ohren abzuschneiden.

Liebe: Zwar erhielt er seine sexuellen Weihen mit sechzehn Jahren durch eine Näherin des Hofes, die sich ihm nackt in die Arme warf, aber seine erste wirkliche Liebe war Maria Mancini, eine Nichte seines engsten politischen Ratgebers, Kardinal Jules Mazarin. Ihre Herzensaffäre dauerte zwei Jahre, bis er sie auf Drängen Mazarins und seiner Mutter vom Hof wegschickte. Um Frieden zwischen Frankreich und Spanien zu stiften, heiratete Ludwig Maria Theresia von Österreich, die Tochter des spanischen Königs.

Königin Maria Theresia war eine unscheinbare, wenn nicht gar häßliche Frau, tief religiös, aber durchaus entschlossen, ihre «Pflicht» gegenüber ihrem Ehemann zu erfüllen – mindestens zweimal im Monat –, auch wenn das bedeutete, daß sie ihre Gemächer mit seinen Mätressen teilen mußte. Sie gebar Ludwig sechs Kinder, von denen allerdings nur eines, der Dauphin, die Kindheit überlebte. Nur ein einziges Mal gefährdete ein Skandal beinahe ihr Eheleben: Eine Rivalin in der Gunst Ludwigs, Madame de Montespan, behauptete nämlich, daß Maria Theresia ein schwarzes Kind geboren hätte, nachdem ihr ein afrikanischer Herrscher einen schwarzen Zwerg geschenkt hatte. Die Königin rechtfertigte sich, indem sie sagte, daß der Zwerg sie während einer Schwangerschaft erschreckt hätte – was zur Folge gehabt hätte, daß das Kind schwarz geboren wurde. Im allgemeinen duldete die Königin Ludwigs viele Eskapaden, aber eines Nachts geriet sie außer sich, als der König nicht in ihr Zimmer zurückkehrte. Sie ließ den ganzen Palast nach ihm durchsuchen, und jede Frau in Versailles wurde verhört, um herauszufinden, ob sie den König in ihrem Bett hatte. Maria Theresia starb in einem Kloster, in dem sie den größten Teil ihrer späteren Jahre verbrachte.

Ludwig, von dem Voltaire sagte, «er liebe die Frauen, und das beruhe auf Gegenseitigkeit», führte seinen Hof wie ein Fest ohne Ende. Er war umgeben von schmeichlerischen Hofleuten vom Aufwachen am Morgen bis zum Abend, wenn er sich zurückzog (und sich des Labyrinths von Geheimgängen in Versailles bediente, um eine seiner derzeitigen Mätressen zu besuchen). Ludwig bestimmte jede Einzelheit der ständigen Folge von Jagden, Tänzen und königlichen Festmählern, die seinen Hof zum Zentrum der europäischen Kultur machten. Ein Beobachter des Treibens am Hofe schrieb: «Man muß einige Nachsicht mit diesem Fürsten haben, wenn er zu Fall kommen sollte, denn er ist umgeben von vielen weiblichen Teufeln, die ihn alle verführen wollen!» Und die Frauen wurden bei ihren Liebeleien, die beträchtlich zur Erhöhung ihres Ansehens beitrugen, «noch von ihren Familien, Vätern, Müttern und sogar von ihren Ehemännern ermutigt».

Während er noch ein Verhältnis mit der Frau seines homosexuellen Bruders hatte, verliebte sich Ludwig in eine ihrer Hofdamen, Madame Louise de la Vallière, die zuerst heimlich, dann offiziell seine Mätresse wurde. Der Platz im Herzen des Königs wurde Madame de la Vallière, einer zarten, schlichten Frau, von einer ihrer engsten Freundinnen, Madame de Montespan, der Frau des Fürsten von Monaco, geraubt. Die Marquise de Montespan war eine geistreiche und sinnliche Schönheit, die ihren Einfluß als Ludwigs Mätresse dazu ausnutzte, das gesellige Leben im Palast jahrelang zu dirigieren.

Da sie die Liebe des Königs und den Zutritt zu seinem Schlafzimmer durch Verrat errungen hatte, war sich Madame de Montespan darüber klar, daß es Eifersuchtskomplotte von seiten anderer Hofdamen gegen sie geben würde. Ihr Bestreben, sich Ludwigs Liebe zu bewahren, führte zu der berühmtesten Skandalgeschichte jener Zeit, «dem Giftmischerprozeß».

In ihrer Angst, die Gunst des Königs zu verlieren, versuchte Madame de Montespan zunächst, sich die Liebe des Königs mit Liebestränken und Amuletten zu erhalten. Als sie an deren Wirksamkeit zu zweifeln begann, nahm sie Zuflucht zu schwarzen Messen, die ein wahnsinniger Priester zelebrierte. Während dieser geheimen Zeremonien lag sie nackt auf einem Altar (das Gesicht und die Brüste mit Rücksicht auf ihren Rang bedeckt), während Priester psalmodierten und ihren Körper streichelten. Es wurde sogar behauptet, daß sie an der Opferung von Kindern teilgenommen habe, deren Herzen und Eingeweide verbrannt, pulverisiert und Liebestränken beigegeben wurden, die man unter das Essen des Königs mischte.

Schließlich wurde Madame de Montespan beschuldigt, ihre Nebenbuhlerinnen vergiften zu wollen. Außerdem warf man ihr vor, aus wahnsinniger Eifersucht geplant zu haben, den König selbst zu vergiften, und zwar getrieben von der Idee, daß, wenn sie ihn schon nicht haben könnte, dann auch keine andere es dürfe. Ludwig bekannte sich nie öffentlich zu diesen Beschuldigungen, aber er verwehrte ihr sein Bett und verbannte sie vom Hof, nachdem er sie allerdings mit großen Besitztümern als Andenken an ihre Beziehung ausgestattet hatte.

Es gab nun zahlreiche kurzlebige Romanzen, bevor Ludwig von Madame de Maintenon in Bann gezogen wurde, der Witwe des Satirikers Paul Scarron und früheren Erzieherin der Kinder des Königs. Sie war eine tief religiöse Frau und verabscheute die sexuellen Ansprüche ihres verkrüppelten Ehemanns (da er teilweise gelähmt war, mußte er die Ehe oral vollziehen). Zunächst wies sie Ludwigs Werbungen und sein Verlangen, seine Mätresse zu werden, ab.

Da sie nach Ludwigs Tod alle Liebesbriefe verbrannte, kann man nur Vermutungen darüber anstellen, ob sie miteinander schliefen, bevor sie heimlich heirateten, als sie 48 und er 45 Jahre alt war. (Man hat sogar vermutet, daß sie im anatomischen Sinn Jungfrau war, als sie heirateten.) Ihre morganatische Ehezeremonie, bei der der König ihr seine linke Hand an Stelle der rechten gab, berechtigte diese Frau von einfacher Herkunft, die Frau des Königs zu sein, wenn auch ohne die Rechte und Erbschaftsansprüche einer Königin.

Madame de Maintenon, die von Natur frigid und von Ludwigs außerehelichen Affären abgestoßen gewesen sein soll, gab sich große Mühe, den König zu bessern und seine Seele zu retten, während sie andererseits ihres Ehemanns amouröse Natur zu befriedigen suchte. «Stellen Sie sich», sagte sie, «die Sklaverei vor, einen Mann amüsieren zu müssen, der sich gar nicht amüsieren kann.»

Aber die «Bauernkönigin» tat, was sie konnte, und teilte mit dem König das Bett, bis er fünf Tage vor seinem 78. Geburtstag an einem Gangrän, einem brandigen Geschwür, starb. Als echter Lüstling blieb Ludwig XIV. rüstig und kraftvoll bis zum Ende – ein Sonnenkönig im Bett und außerhalb.

rsf

Der Vielgeliebte

Ludwig XV.
10. Februar 1710–10. Mai 1774

Bedeutung: Ludwig, der von seinem fünften Lebensjahr bis zu seinem Tod im Alter von 64 Jahren König von Frankreich war, war ein ziemlich passiver Herrscher, unter dem die Monarchie eine ganze Anzahl von Mißerfolgen hinnehmen mußte, wie zum Beispiel den Verlust ihrer nordamerikanischen Kolonien an England und die Verwicklung in mehrere zermürbende Kriege. Diese Mißerfolge und die Mißwirtschaft im Lande ebneten den Weg für die Revolution, in deren Wirren sein Nachfolger Ludwig XVI. gestürzt wurde. Als Ludwig jung war, gab ihm sein Volk zärtlich den Beinamen «der Vielgeliebte». In seiner späteren Regierungszeit wurde er jedoch durch sein skandalöses Privatleben sehr unpopulär. Die Beachtung, die ihm heute noch zuteil wird, verdankt er mehr seinen Liebesaffären als seinen Leistungen und Erfolgen.

Lebensgeschichte: Da Ludwig den Thron schon als Kind bestieg, übten in seinen ersten Regierungsjahren ein Regent und Minister die Herrschaft über Frankreich aus. Als Junge widmete sich Ludwig daher der Jagd und dem regelmäßigen Kirchgang; diese liebgewordenen Gewohnheiten behielt er sein ganzes Leben hindurch bei. Es gab aber offizielle Anlässe, wo der königliche Knabe vor seinen Untertanen erscheinen mußte, die sich jubelnd an ihn herandrängten. Solche Auftritte erschreckten den jungen Ludwig zutiefst und hatten zur Folge, daß er sich in späteren Jahren immer vor Menschenmengen fürchtete und äußerst schüchtern und zurückhaltend im Umgang mit Fremden war.

1723 erlangte Ludwig nach dem geltenden französischen Recht die Volljährigkeit. Zwei Jahre später heiratete er auf Geheiß seines Premierministers, des Herzogs von Bourbon, Maria Leszczyńska, die Tochter des entthronten Königs Stanislaus von Polen. Obschon er nun erwachsen war, übernahm Ludwig noch nicht die vollen Pflichten des Thrones. Erst nach dem Tod von André Hercule de Fleury, der dem Herzog von Bourbon als Premierminister gefolgt war, bestand Ludwig 1743 darauf, die volle Macht zu übernehmen. Allerdings zog er stets das angenehme Leben den Regierungsgeschäften vor, insbesondere seine Liebesaffären. Seine Mätressen, und sie waren zahlreich, mischten sich oft in die Staatsangelegenheiten ein. Der Marquise de Vintimille zum Beispiel wird die Schuld an Frankreichs Beteiligung am Österreichischen Erbfolgekrieg (1740–1748) zugeschrieben.

Liebe: Ludwig war ein auffallend schöner Mann mit einem sinnlichen Gesicht und einem wohlgebauten Körper. Mit fünfzehn Jahren war seine sexuelle Reife offenkundig. Da er seine fünf Jahre alte Verlobte, die spanische Infantin, verabscheute, verlobte ihn sein Premierminister mit der dreiundzwanzigjährigen Maria Leszczyńska. Während die Vorbereitungen für die bevorstehende Hochzeit getroffen wurden, machten sich Ludwigs Erzieher Gedanken darüber, wie man ihn am besten in die Kunst der Liebe einführen könnte. Sie beschlossen, an den Wänden seines Arbeitszimmers Bilder mit sexuellen Akten aufzuhängen. Erste praktische Erfahrungen machte Ludwig bei Madame de Falari, in deren Bett er seine Jungfräulichkeit verlor. Mag man von Ludwigs Intelligenz sonst auch wenig halten, das Thema Sex lernte er gründlich: In der Hochzeitsnacht liebte Ludwig seine Frau siebenmal.

Maria schenkte Ludwig pflichtbewußt zehn Kinder (von denen nur sieben das Kindesalter überlebten), aber ihre Begeisterung für Sex ließ nach, da sie sich von seinem mächtigen Appetit überfordert fühlte. Sie klagte einmal, sie sei immer «im Bett, schwanger oder werde zu Bett gebracht». Daher zog sie sich immer stärker in einen Kreis enger Vertrauter zurück, wo sie sich darüber beschwerte, daß der König nachts zu ihr komme und nach Champagner stinke. Doch auch Ludwig begann sich mit seiner Frau zu langweilen.

Maria und Ludwig blieben zwar bis zu Marias Tod im Jahr 1768 verheiratet, doch endete ihr Liebesleben bereits 1738. Nach einer Fehlgeburt verbot der Arzt Maria weiteren sexuellen Verkehr. Sie verwehrte infolgedessen Ludwig den Zutritt zu ihrem Schlafgemach. Als Reaktion darauf gab dieser seine Liebesbeziehung zu Madame de Mailly, einer der fünf Schwestern de Nesle, öffentlich bekannt. Aber schon nach einigen Monaten hatte sich Ludwigs launenhafte Liebe der Marquise de Vintimille, einer anderen Schwester, zugewandt. Diese Affäre endete, als die Marquise bei der Geburt seines Kindes starb. Ludwig hofierte nun die dritte Schwester de Nesle, die ungewöhnlich schöne Madame de Châteauroux. Doch auch sie starb, kurz nachdem sie von einem Krankenlager aufgestanden war, um Ludwigs Ruf Folge zu leisten. Mit der jüngsten Schwester amüsierte sich Ludwig kurz und verheiratete sie zum Dank mit einem Herzog. Nur eine der Schwestern entging Ludwigs Nachstellungen. Ihr Mann weigerte sich, sie mit dem König zu teilen.

1745 nahm sich Ludwig Jeanne Poisson, die spätere Marquise de Pompadour, zur Mätresse. Man kann wohl sagen, daß sie die zentrale Figur in seinem Leben wurde. Die Pompadour, eine gebildete und charmante Frau (sogar Maria hatte sie gern und sagte: «Wenn schon eine Mätresse, dann lieber diese als eine andere»), hatte schon lange davon geträumt, zur königlichen Familie zu gehören. Als sie nämlich ein Kind von neun Jahren war, hatte ein Hellseher sie mit der Vorhersage entzückt, daß sie eines Tages die Mätresse des Königs sein werde. Nachdem es ihr gelungen war, auf einem Ball Ludwigs Aufmerksamkeit auf sich zu lenken, wurde sie seine «offizielle Mätresse». Ihr Mann stimmte nur widerwillig einer Trennung von ihr zu. Die Pompadour teilte mit dem König nicht nur das Bett, sondern auch die Staatsgeheimnisse und die Reichtümer der Staatskasse. Ihre Liebe zum Luxus und ihre Einmischung in die Politik riefen nicht nur den Groll des Volkes, sondern oft auch den des Königs hervor. Ludwig nannte sie die «köstlichste Frau Frankreichs», und sie versuchte tapfer, die unermüdlichen sexuellen Begierden des Königs zu befriedigen. Sie nahm

Aphrodisiaka und hielt eine Diät ein, die ihre Leidenschaft stärken sollte – ein Menü aus Vanille, Trüffeln und Sellerie. Es nützte alles nichts. Wie sie selbst zugab, war sie «von Natur aus sehr kalt». Als 1751 ihre Gesundheit durch eine Lungeninfektion geschwächt wurde, beendete sie ihre sexuellen Beziehungen zu Ludwig. Nicht nach dem Körper des Königs stand ihr Sinn – «es ist sein Herz», sagte sie. Dieser Wunsch wurde ihr erfüllt. Die Pompadour blieb bis zu ihrem Tod 1764 Ludwigs engste Vertraute und lebte in Gemächern, die mit den seinigen durch eine Treppe verbunden waren.

Nach dem Ende der intimen Beziehungen zur Pompadour hielt sich der mannesstarke König eine ganze Reihe von Geliebten – oft junge Prostituierte. Im Hirschpark, einem versteckten Refugium mit vier Zimmern in Versailles, befriedigte ihn eine ganze Parade von Mätressen. Sehr wenige von ihnen wußten, daß ihr Liebhaber der König war. Man sagte ihnen, es sei ein reicher Pole. Fast immer wohnten Mädchen dort; wenige blieben lang, und neue Geliebte zogen ein, um die älteren, deren Reize verblichen waren, zu ersetzen. Nur Luise O'Morphi, ein früheres Modell des Malers Boucher, konnte sich länger im Hirschpark halten. In seinen Memoiren behauptet Casanova, er habe sie dem König zugeführt. Aber sie kann Ludwig auch von seinem eigenen Kuppler, dem Kammerdiener Lebel, gebracht worden sein. Die fünfzehnjährige Schönheit eroberte sogleich des Königs Herz. Aber auch diese Beziehung kühlte sich nach einigen Jahren und einem oder zwei Kindern ab, als die O'Morphi den König indiskreterweise nach der Pompadour fragte. «Wie sind denn jetzt Ihre Beziehungen zu dem ‹köstlichen alten Mädchen›?» fragte sie. Auf diese Kühnheit hin mußte die O'Morphi sogleich ihre Koffer packen. Der König arrangierte aber immerhin für sie eine Heirat mit einem unbedeutenden Adligen.

Im Jahr 1768 nahm sich Ludwig als letzte namhafte Mätresse die wollüstige Gräfin Dubarry. Die Dubarry soll die Tochter eines Mönchs und – wie der Pariser Klatsch behauptete – einer früheren Prostituierten gewesen sein. Ihre Affäre mit Ludwig empörte die Franzosen, doch Ludwigs Liebe zu ihr war durch nichts zu erschüttern. Als Kardinal Richelieu ihn fragte, warum er sie sich halte, erwiderte Ludwig: «Sie läßt mich vergessen, daß ich bald sechzig bin.» Die Dubarry blieb bei Ludwig, bis er an Pocken starb.

Gedanken: Als er einen Höfling nach den Vorzügen einer Dame, die dieser ihm zugeführt hatte, ausforschte, wollte er wissen, ob sie «einen schönen Busen» habe. Der Hofbeamte mußte gestehen, darauf nicht geachtet zu haben. «Du bist ein Dummkopf!» schalt Ludwig den Mann. «Das ist doch das erste, wonach man bei einer Frau schaut.»

rsf

Die tödliche Kaiserin

Valeria Messalina
ca. 22–48 n. Chr.

Bedeutung: Messalina, die berüchtigt war wegen ihrer sexuellen Exzesse und brutalen Racheakte gegenüber ihren Gegnern, war die dritte Gemahlin des römischen Kaisers Claudius (10 v. Chr.–54 n. Chr.).

Lebensgeschichte: Die Geschichte des Römischen Reiches im ersten Jahrhundert n. Chr. liest sich wegen ihres verwickelten Netzes von Familienmorden, Leidenschaften und Verschwörungen wie ein antikes Schauerdrama. In diesem Drama hatte Messalina die Rolle einer bösartigen Frau inne. Ihr Vater, Messala Barbatus, war Senator und ein Frauenfeind, ihre Mutter, Domitia Lepida, eine lüsterne Frau, die wahllos mit Schauspielern und Gladiatoren schlief. Von beiden Eltern her war Messalina mit Kaiser Augustus verwandt.

Fast alles, was wir über sie wissen, kommt aus voreingenommenen Quellen, von römischen Schriftstellern, die eine oder zwei Generationen nach ihr in einer puritanischeren Zeit lebten und die Verderbtheit früherer Epochen beklagten. Aber vieles von dem, was sie berichten, ist vermutlich im wesentlichen wahr. Messalina war ein träges, zügelloses Mädchen ohne Tugend, das nicht einmal sehr gut aussah. Sie hatte einen flachen Kopf mit krausem gelblichem Haar, ein rotes Gesicht und große, tiefliegende Augen. Ihr Mund war klein und an den Mundwinkeln nach unten gebogen.

Im Jahre 39 oder 40 heiratete die sehr junge Messalina ihren 48 Jahre alten Vetter Claudius, der einige Jahre vorher von seinem abscheulichen und wahnsinnigen Neffen, dem Kaiser Caligula, zum Konsul ernannt worden war. Claudius war nicht der Traum eines Mädchens. Er war alt. Seine körperlichen Mängel waren nicht zu übersehen – ein Stottern, ein watschelnder Gang, ein zitternder Kopf. Seine Mutter Antonia nannte ihn «ein kleines Monstrum, einen Mann, an dem Mutter Natur zu arbeiten begonnen, ihn dann aber weggeworfen hatte». Doch sein Geist war völlig rege. Er war ein hervorragender Gelehrter, schrieb mehrere geschichtliche Werke, eine Selbstbiographie, ein Buch über das Spielen und eine Studie über das römische Alphabet. Trotz seiner Gelehrsamkeit war er die Zielscheibe des Gespötts und sogar fester Gegenstände: Es ist bekannt, daß die Teilnehmer an Gastmählern Dattelkerne und Oliven nach ihm warfen; vor Gericht schleuderte ein wütender Prozeßgegner einen Griffel und einige Schreibtafeln nach ihm, was ihm eine tiefe Wunde am Kopf beibrachte; und als das Getreide einmal knapp war, warf der Pöbel schimmlige Brotkrusten auf ihn.

Obwohl Claudius Messalina blind und maßlos liebte, erwiderte sie seine Liebe nicht, sondern lockte ihn mit Liebesversprechen, um ihre Ziele zu erreichen. Sie hatten zwei Kinder – Octavia und Britannicus.

Im Jahre 41 wurde Caligula ermordet, und Claudius, den ein Prätorianer zitternd hinter einem Vorhang gefunden hatte, wurde an seiner Stelle zum Kaiser ernannt. Messalina «spielte mit Staatsangelegenheiten, um ihre Gelüste zu befriedigen». Bei Empfängen im Palast führte sie mit ihrem Mann den Vorsitz und übte große Macht aus. Um ihre kleinen Sünden zu finanzieren, verkaufte sie Ämter, Empfehlungen und Verträge. Als eine Verschwörung gegen Claudius' Leben aufgedeckt wurde, stellten sie und seine Freigelassenen eine Liste vermeintlicher Verräter auf, und zwar von Männern, die sie los sein wollten. Einige kauften sich von der Liste frei, aber andere wurden ins Gefängnis geworfen, gemartert oder getötet.

Als Claudius im Jahre 41 Caligulas Schwestern Julia Livilla und Agrippina die Jüngere aus der Verbannung zurückrief, beschuldigte Messalina Julia des Ehebruchs mit dem verehrungswürdigen Philosophen Seneca, der Claudius moralische Ratschläge gab und Messalinas sexuelle Freiheit bedrohte. Claudius glaubte dieser Anschuldigung. Julia starb im Gefängnis, und Seneca wurde nach Korsika verbannt.

Einer der größten Fehler Messalinas war es, den Tod des Freigelassenen Polybius veranlaßt zu haben. Dieser war ein Freund Senecas und Claudius' Bibliothekar sowie ein Freund von Agrippina. Durch Polybius' Hinrichtung erschreckt, wandten sich Claudius' übrige Freigelassene gegen Messalina und planten nun heimlich ihren Untergang.

Liebe: Tacitus schrieb über sie: «Ihre Liebesaffären langweilten sie, da sie nie auf Widerstand stieß.» Das ist nicht ganz richtig. Aber diejenigen, die den Mut hatten, ihr entgegenzutreten, bezahlten einen hohen Preis dafür. Als Appius Silanus, der Ehemann ihrer Mutter, ihre Annäherungsversuche zurückwies, schmiedeten sie und Narcissus, ein Gefolgsmann Claudius', ein sorgfältig ausgearbeitetes Komplott gegen ihn, worin auch Träume von einem Angriff auf Claudius, die Silanus gehabt haben soll, eine Rolle spielten. Da Claudius an Traumdeutung und Wahrsagerei glaubte, ließ er Silanus töten.

Claudius war bekanntermaßen ein Weiberheld, aber im Gegensatz zu anderen römischen Kaisern seiner Zeit neigte er nicht zu sexuellen Perversionen. Er liebte das Essen und den Wein und war oft so betrunken, daß seine Gefolgsleute ihm im Schlaf die Kehle mit einer Feder kitzeln konnten, um ihn zum Erbrechen zu bringen. Messalina überließ ihm ihre Mägde, um ihn mit sexuellen Vergnügungen zu trösten, während sie an wilden Festen und Gelagen teilnahm.

Im Jahre 43 unternahm Claudius einen Kriegszug, um Britannien für das Römische Reich zu erobern. Während er fort war, feierte Messalina zügellose Orgien. Einer Quelle zufolge ließ sie ein Schlafzimmer des Palastes als Bordellzimmer herrichten, hängte das Schild der Prostituierten Lycisca über die Tür und bot sich, die vergoldeten Brustwarzen entblößt, zu einem bestimmten Preis allen dar, die kamen. Sie arrangierte auch einen Wettkampf mit einer berühmten Prostituierten, um zu sehen, wer von beiden innerhalb 24 Stunden mit der größten Zahl von Männern Geschlechtsverkehr haben könnte. Messalina gewann mit 25 Sexpartnern. «Erschöpft, aber unbefriedigt», berichtet Plinius der Jüngere, «mit besudelten Wangen und beschmutzt vom Ruß der Lampen, trug sie alle Bordellgerüche mit sich zurück in die kaiserlichen Kissen.» Sie trieb es mit Dieben und Verbrechern genauso wie mit Senatoren und anderen Patriziern. Sie zwang Adlige und ihre Frauen, an ihren Orgien teilzunehmen. Weigerten sie sich, so ließ sie sie töten. Machten sie mit, so wurden sie oft mit Ehren überhäuft. Einmal tanzte sie sogar nackt auf einer hölzernen Plattform auf einem öffentlichen Platz.

Als Claudius siegreich aus Britannien heimkehrte, begleitete sie seinen Triumphzug in einem prunkvollen Wagen und nahm teil an seinem Ruhm. Er war völlig blind für alle ihre Fehler.

Sie verzehrte sich vor Leidenschaft zu dem wahrscheinlich homosexuellen Schauspieler Mnester, der einer von Caligulas Buhlen gewesen sein soll. Als er sich ihren sexuellen Forderungen nicht unterwerfen wollte, beklagte sie sich bei Claudius, daß Mnester ungehorsam sei, obwohl sie nicht sagte, warum. Claudius befahl ihm zu tun, was sie von ihm verlangte. Messalina zwang Mnester zu sexuellen Akten, indem sie ihn peitschte, außerdem ließ sie Münzen aus der Zeit der Herrschaft von Caligula einschmelzen, um eine Statue von ihm errichten zu lassen.

Mnester hatte ein intimes Verhältnis mit Poppäa Sabina, die «an Schönheit alle Frauen ihrer Zeit überragte». Blind vor Eifersucht, schlug Messalina zwei Fliegen mit einer Klappe. Sie beschuldigte den Patrizier Decimus Valerius Asiaticus des Verrats, des Ehebruchs mit Poppäa und widernatürlicher Laster. Asiaticus wurde gezwungen, sich das Leben zu nehmen, und auch Poppäa tötete sich selbst. Auf diese Weise brachte Messalina die lukullischen Gärten von Asiaticus an sich, nach denen sie getrachtet hatte, und hatte sich gleichzeitig eines gehaßten Rivalen entledigt.

Aber wie bereits angedeutet, machte sie den Fehler, den Freigelassenen Polybius töten zu lassen, und im Jahr 48 ereilte sie das Schicksal. Da sie versessen war auf den reichen und ansehnlichen Aristokraten Gaius Silius, hatte sie diesen dazu überredet, sich von seiner Frau scheiden zu lassen. Sie besuchte ihn dann in aller Öffentlichkeit und schenkte ihm Juwelen und Sklaven aus dem Palast. Ihre blinde Verliebtheit bot die Gelegenheit, auf die Claudius' Gefolgsmann Narcissus seit langem gewartet hatte. Mit Agrippina, so eine Version der Geschichte, heckte er einen Plan aus, nach dem Claudius, geängstigt durch ein Omen, das den Tod von Messalinas «Ehemann» innerhalb eines Jahres voraussagte, einen Ehevertrag unterzeichnen sollte, der Messalina an Silius abtrat. Claudius war über diese Lösung glücklich, da er glaubte, die Ehe zwischen Messalina und Silius würde nur zum Schein geschlossen. Darauf begab er sich in das zwanzig Kilometer entfernte Ostia, wo er den Bau des Hafens überwachte. Messalina und Silius wurden verheiratet – viel zu auffällig – und dann mit einem Bacchanal gefeiert. Messalina schwang mit offenem Haar unter einem Efeukranz den Thyrsusstab (des Bacchus) und führte einen Tanz von Frauen, die in Felle von Rehkälbern gekleidet waren, um Weinfässer herum an. Silius und sie schliefen in aller Öffentlichkeit miteinander auf einem Bett im Garten. Einer ihrer früheren Liebhaber, der Arzt Vettius Valens, kletterte auf einen Baum und sagte lachend, als er gefragt wurde, was er sehe, «einen furchtbaren Sturm über Ostia». Claudius war auf dem Heimweg, nachdem ihm Narcissus gesteckt hatte, daß der Ehevertrag viel zu ernst genommen worden sei, und er nun befürchtete, daß Silius ihm den Thron streitig machen würde.

Irgendwo auf der Straße von Ostia nach Rom traf Messalina in Begleitung von Vibidia, der Oberin der vestalischen Jungfrauen, und ihren Kindern, die Claudius vergötterte, auf die kaiserlichen Wagen und flehte um ihr Leben. Aber Narcissus verlas Claudius eine Liste von Messalinas Liebhabern, und der kaiserliche Zug setzte seine Fahrt fort.

Claudius befahl die Hinrichtung aller ihrer Liebhaber. Silius wurde getötet, genauso wie Mnester – trotz der Schrammen und Narben, die er vorzeigen konnte – und der junge Soldat Traulus Montanus, der bezeugte, daß «er von Messalina in ihre Arme beordert worden sei, ohne selbst das geringste dazu getan zu haben und daß er nach einer Nacht weggejagt worden sei – so groß war die Leichtfertigkeit, mit der ihre Leidenschaften entbrannten und wieder erloschen». Und es waren noch Dutzende mehr. Messalina geliebt zu haben, auch unter Zwang, hatte sich als todbringend erwiesen.

Von seiner sentimentalen Liebe zu Messalina überwältigt, zögerte Claudius ihre Tötung hinaus und sagte, er wolle am nächsten

Tag ihre Rechtfertigung anhören. Da Narcissus aber nichts riskieren wollte, schickte er seine Männer zu ihr mit dem Auftrag, sie umzubringen. Sie fanden Messalina in einer von Lampen erhellten Laube in den lukullischen Gärten, wo sie zu Füßen ihrer Mutter schluchzte, die sie dazu überreden wollte, sich selbst den Tod zu geben. Als die Soldaten sich näherten, versuchte sie vergeblich, sich mit einem Dolch zu erstechen. Ein Tribun stieß ihr aus Mitleid das Schwert durchs Herz. Ihre Kinder fanden sie tot, von Blut überströmt. Sie war 25 Jahre alt.

Claudius erwähnte sie später nur einmal, als er bei Tisch fragte: «Warum kommt die Kaiserin nicht zu Tisch?» Nach einem Jahr heiratete er seine zweiunddreißigjährige Nichte, die machthungrige Agrippina, die darauf bestand, daß er ihren Sohn, den sie von einem anderen Mann hatte, adoptierte. Dieser Sohn wurde der berüchtigte Kaiser Nero. Claudius starb mit 63 Jahren, vielleicht vergiftet von Agrippina. Seneca, der aus dem Exil zurückkam, verspottete ihn und seine Vergöttlichung mit einer Satire *«Die Kürbiswerdung des Gottes Claudius»*. Was Messalina angeht, so waren alle Spuren von ihr – Statuen und Inschriften – schon lange beseitigt worden.

ae

Der kleine Korporal

Napoleon Bonaparte
15. August 1769–5. Mai 1821

Bedeutung: 1804 wurde Bonaparte Frankreichs erster Kaiser und krönte damit seine Triumphe auf den Schlachtfeldern Europas. Die Führer der Französischen Revolution hatten seinen Aufstieg zur Macht zur rechten Zeit politisch unterstützt. Seine Herrschaft führte zur Geburt der modernen französischen Nation: Seine bedeutenden Reformen in der Rechtsprechung, der Verwaltung und der Gesellschaft prägen Frankreich bis auf den heutigen Tag.

Lebensgeschichte: Als verhältnismäßig unbedeutender Artillerieoffizier zeichnete sich Napoleon am Anfang seiner militärischen Karriere dadurch aus, daß er 1793 den britischen Truppen, die die französischen Royalisten unterstützten, Toulon wegnahm. Dieser Sieg brachte ihm den Rang eines Brigadegenerals ein. 1795 wurde er nach Paris gerufen, wo er durch die rücksichtslose Unterdrükkung der aufrührerischen Menge die neue Republik rettete. Man übertrug ihm das Oberkommando über die französischen Heere in

Italien. Dort machten ihn seine glänzenden Siege in den Schlachten gegen die Österreicher zum Nationalhelden. Als Bonaparte 1799 nach seinem ägyptischen Feldzug heimlich nach Paris zurückkehrte, nutzte er die internen Zwistigkeiten des Regierungsdirektoriums mit Hilfe des Abbé Sieyès zu einem Staatsstreich aus. Das Konsulat wurde geschaffen, und Napoleon wurde im Alter von dreißig Jahren als erster Konsul Herr über Frankreich. Er errichtete eine durch eine Verfassung getarnte Militärdiktatur, die ihm die uneingeschränkte politische Macht sicherte. Während der darauf folgenden Napoleonischen Kriege brachte er ganz Kontinentaleuropa unter seine Herrschaft. Seine Anstrengungen, den Import britischer Waren zu boykottieren, riefen den Aufruhr Spaniens hervor, dem sich andere Nationen anschlossen. Der in einer Katastrophe endende russische Feldzug (1812) und die vernichtende Niederlage bei Leipzig (1813) zwangen ihn zur Abdankung und führten ihn in die Verbannung nach Elba. Doch kehrte Bonaparte bald wieder nach Frankreich zurück und riß die Herrschaft noch einmal an sich im Krieg der «hundert Tage», aber sein Versuch, den französischen Thron zu erhalten, endete mit seiner Niederlage gegen Wellington bei Waterloo (1815). Für den Rest seines Lebens wurde er auf die (britische) Insel St. Helena verbannt.

Liebe: Während seiner zwei offiziellen Ehen hatte Napoleon ein Dutzend namentlich bekannter Mätressen. Weitere zwanzig sollen sein Bett geteilt haben, bevor er in die Verbannung geschickt wurde. Nach eigenen Angaben verlor Napoleon seine Jungfräulichkeit im Alter von achtzehn Jahren an eine Prostituierte, die er auf einem Pariser Boulevard auflas. Dieses rein kommerzielle Erlebnis half dem späteren Kaiser wenig, seine Schüchternheit gegenüber Frauen zu überwinden. Da er gern geheiratet hätte, bemühte er sich um seine erste wirkliche Liebe, nämlich seine Schwägerin Eugénie Désirée Clary. Er hoffte, daß ihm sein Bruder Joseph, der Eugénies ältere Schwester geheiratet hatte, den Weg ebnen würde, aber Joseph hatte keinen Erfolg. Napoleon zog daraufhin seinen Heiratsantrag abrupt zurück, wahrscheinlich weil er fürchtete, bei der jungen Schönheit, die einmal Schwedens Königin werden sollte, impotent zu sein. Danach umwarb er reifere Frauen und machte mindestens fünf Damen Heiratsanträge. Zwei waren so alt, daß sie seine Großmutter beziehungsweise Mutter hätten sein können: Mademoiselle de Montansier (sechzig Jahre alt) und Madame Permon (vierzig Jahre). Beide waren schockiert, als sie erkannten, daß er es wirklich ernst meinte.

Seine verbissene Suche nach einer passenden Frau fand schließlich ein Ende, als Graf Paul Barras, der seine kostspielige und nicht mehr ganz junge kreolische Mätresse Joséphine de Beauharnais loszuwerden suchte, eine Begegnung zwischen den beiden arrangierte. Im Vertrauen auf die Versicherung des Grafen, daß die Verbindung bedeutende finanzielle und gesellschaftliche Vorteile haben werde, heiratete Napoleon die «Achtundzwanzigjährige». (Sie unterschlug auf der Heiratsurkunde vier Jahre, und er machte sich zwei Jahre älter, um den Unterschied zwischen ihnen geringer erscheinen zu lassen.) Ihre Hochzeitsnacht brachte eine unerwartete Überraschung: Mitten im stürmischen Liebesakt schrie der Bräutigam plötzlich auf, als Joséphines Mops Fortuné sich einmischte. Der Hund war auf das Bett gesprungen, da er glaubte, seine Herrin sei in Gefahr, und hatte *le petit général* in die linke Wade gebissen. Zwei Tage danach beendete der verwundete Krieger die Flitterwochen und reiste nach Italien ab. Die unersättliche Joséphine, die selten allein schlief, nützte die Gelegenheit, um ihre Verhältnisse mit früheren Liebhabern wiederaufzunehmen.

Verärgert durch Joséphines ständige Untreue – ein Zeitgenosse sagte einmal spöttisch, die Kaiserin scheine zu glauben, «daß die weitsichtige Natur ihr das nötige Kleingeld zur Bezahlung ihrer Rechnungen unter den Nabel gelegt habe» –, nahm sich Napoleon während des ägyptischen Feldzuges von 1798 Pauline Fourès als neue Mätresse. Er war hingerissen von der zwanzigjährigen Blondine, die ihre knabenhafte Gestalt in Männerkleidung verborgen hatte, um bei ihrem Ehemann, einem Offizier, sein zu können. Der betrogene Leutnant wurde listigerweise mit Depeschen nach Paris gesandt, und Pauline zog in ein Haus in der Nähe von Napoleons Hauptquartier in Kairo um. Man gab ihr Spitznamen wie «Unsere liebe Frau aus dem Orient» und «Madame la Générale», und sie steigerte die Leidenschaft des Generals, indem sie Federhüte, goldbesetzte Jacken und hautenge, lange weiße Hosen trug, die seine fetischistische Vorliebe für Hinterbacken fast zur Raserei trieb. (Als Kenner und Liebhaber von Popos und Hinterbacken hatte er einmal Joséphines Hinterteil liebevoll als «den hübschesten kleinen Hintern, den man sich vorstellen kann», bezeichnet.) Die allgemein bekanntgewordene Affäre wurde von den Briten durchkreuzt, die das Schiff, mit dem Leutnant Fourès reiste, kaperten und ihn gehässigerweise auf ägyptischen Boden zurückbrachten, wo er dann die Rolle des wütenden Ehemannes spielte.

Für gelegentliche Eskapaden diente Napoleon sein langjähriger Adjutant und Vertrauter Geraud Duroc als Kuppler. Die Übernachtungsgäste wurden in ein Schlafzimmer neben Napoleons Arbeitszimmer in den Tuilerien gebracht. Duroc ließ die Mädchen heimlich herein und befahl ihnen, sich auszuziehen und unter die Bettdecke zu schlüpfen, um für sofortigen Sex bereit zu sein, sobald Bonapartes Arbeitstag vorüber war. Einige Verhältnisse von längerer Dauer, wie zum Beispiel mit den Hofdamen Elénore Denuelle und Marie Antoinette Dúchatel, wurden von Mitgliedern der Familie Napoleons bewußt arrangiert. Die Familie war bereit, jede Mätresse zu fördern, nur um den Nachweis zu erbringen, daß die verhaßte Joséphine unfruchtbar war. Mit der Denuelle hatten sie Erfolg: 1806 gebar sie einen Sohn, Léon, und Napoleon bekannte sich stolz zur Vaterschaft. Obwohl Bonaparte es vorzog, seine Liebschaften geheimzuhalten, kam die Affäre mit Mademoiselle George (eigentlich Marguerite Weymer, später wegen einer gewaltigen Gewichtszunahme «Der Walfisch» genannt) plötzlich zu seiner großen Verlegenheit an die Öffentlichkeit. Es tauchte ein erotisches Buch mit Illustrationen auf, die seine Mätresse anschaulich in homosexuellen Akten mit ihrer lesbischen Liebhaberin Raucort zeigte.

Napoleons Lieblingspartnerin, Maria Walewska, war ein unerbetenes «Geschenk» ihrer polnischen Landsleute, die um Frankreichs Hilfe zur Erlangung der Unabhängigkeit ihrer Heimat warben. Die Liaison hatte einen unerfreulichen Anfang. Als man die zarte junge Gräfin in Napoleons Privatwohnung in Warschau brachte, wurde sie ohnmächtig, als er sich ihr, sexuell erregt, näherte. Napoleon ließ sich nicht abschrecken und vergewaltigte sie. Als sie das Bewußtsein wiedererlangt hatte, vergab sie ihm schnell, und ihre Affäre dauerte über drei Jahre. Ihr stiller Charme und ihre Ergebenheit beeindruckten den Kaiser, und Maria ging als die einzige Frau, die von Napoleon wirklich geliebt worden war, in die Geschichte ein. 1810 gebar sie ihm den zweiten Sohn, Alexander, womit noch einmal bewiesen war, daß er keineswegs impotent war.

Inzwischen wurde aber das Problem, legale Nachkommen zu haben, immer dringlicher. Nachdem seine stürmische Ehe mit Joséphine nicht zu dem sehnlich erwünschten Erben geführt hatte, annullierte Napoleon diese Ehe im Jahre 1809. Aus politischen Erwägungen wählte er als zweite Frau Marie Luise von Österreich, eine achtzehnjährige Jungfrau, die in ihrer Kindheit so behütet wurde, daß man ihr sogar alle männlichen Tiere fernhielt. Nachdem der nachkommenlose Kaiser wie ein Bauer, der eine preisgekrönte Zuchtstute sucht, ihre fruchtbaren Vorfahren durchgemustert hatte, kam er zu dem Schluß, daß «sie den Schoß hatte, den er heiraten wollte». Marie Luise machte ihrer guten «Rasse» Ehre und schenkte Napoleon ein Jahr nach ihrer Heirat im Jahre 1810 einen Sohn. Seine beiden Ehefrauen überschüttete er, wenn er auf Feldzügen fern von ihnen war, mit Tausenden von Liebesbriefen mit so leidenschaftlichen Worten, daß sie unecht klingen. Die flammende Prosa schloß oft mit Ausrufen wie «Ich küsse Deine Brüste und weiter hinunter, viel weiter hinunter!» oder «Ich küsse den kleinen schwarzen Wald ...»

Napoleon tolerierte nicht nur die Homosexualität bei seinen Untergebenen; er weigerte sich auch, Strafgesetze gegen ihre Ausübung zu erlassen. Seine Gewohnheit, seine Soldaten auf intime Weise zu streicheln und ihnen die Nase zu zwicken oder sie an den Ohren zu ziehen, deutet darauf hin, daß er selbst homosexuell war. Adjutanten wurden oft auf Grund ihrer Jugend und ihres femininen Verhaltens ausgesucht. Einem gab Napoleon selbst den Spitznamen «Fräulein Sainte Croix». Ein anderer, der Baron Gaspard Gourgard, war sechs Jahre lang der persönliche Bursche des Kaisers. Gourgard war fürchterlich eifersüchtig auf jeden, der sich mit unziemlicher Aufmerksamkeit «Ihrer Majestät» näherte, mit welchem Kosenamen er den Herrn nannte, dem er diente. Nachdem Napoleon 42 Jahre alt geworden war, spielte freilich sein wirkliches Geschlecht keine Rolle mehr. Er wurde impotent und rechtfertigte damit Joséphines spöttische Beschuldigung aus früheren Jahren, daß *«Bon-a-parte est Bon-à-rien»*, was soviel bedeutet wie «Bonaparte taugt zu nichts».

Medizinisches Gutachten: Napoleons allgemein bekannter Verlust seiner sexuellen Potenz und der ausgesprochen zitronengelbe Farbton seiner Haut in seinen letzten Lebensjahren deuten auf eine fortschreitende lebensgefährliche Funktionsstörung seiner innersekretorischen Drüsen. Die medizinische Untersuchung und die Autopsie, die von Dr. Antommarchi im Beisein mehrerer englischer Ärzte vorgenommen wurde, lieferte weitere Beweise, daß die Funktion der Hypophyse, der Schilddrüse, der Nebennieren und der Keimdrüsen rasch nachließen und die Organe von Tumoren befallen waren. Als hauptsächliche Ursachen für seine lebenslänglichen Verdauungsstörungen und für das schmerzhafte Wasserlassen wurden ein sehr großes Magengeschwür und starke Kalziumablagerungen im Harnsystem festgestellt. Die Behinderung der Harnwege war wahrscheinlich schuld an dem Brennen beim Urinieren, über das er klagte. Das Magengeschwür erwies sich als bösartig, obwohl sich anderswo im Körper noch keine Metastasen gebildet hatten. Napoleons Penis war auf zweieinhalb Zentimeter geschrumpft, und beide Hoden waren winzig. Es war kaum noch Körperhaar vorhanden, und die Scham hatte ein weibliches Aussehen. Veränderungen im Drüsensystem hatten zu sanft gerundeten Brüsten geführt, um die ihn manche Frau beneidet hätte, und hatten Hände und Füße auf eine ungewöhnlich kleine Größe reduziert. Napoleon war, wie im Autopsiebericht zu lesen ist, nur 155 Zentimeter groß. Wahrscheinlich hatte die verheerende Wirkung seiner vielen Leiden auch Einfluß auf sein Wachstum gehabt.

wk

König der Lust

Nero

15. Dezember 37–9. Juni 68

Bedeutung: Nero, der letzte Herrscher der julisch-claudischen Dynastie, wurde mit sechzehn Jahren römischer Kaiser. Am besten bekannt ist er durch die apokryphe Erzählung, daß er musiziert habe, während Rom brannte, und durch seine Verfolgung der Christen, die er, um den Verdacht von sich abzulenken, der Brandstiftung bezichtigte. Berüchtigt war er zudem wegen seiner sexuellen Virtuosität, die von Inzest bis zur Bisexualität reichte, und wegen der hohen Sterblichkeitsrate seiner Geliebten. Dank der Berichte der römischen Historiker Suetonius, Tacitus und Dio wurde der Name Nero, der eigentlich «tapfer und stark» bedeutet, gleichbedeutend mit Grausamkeit und Begierde.

Lebensgeschichte: «Es ist ausgeschlossen, daß ein guter Mensch der Verbindung zwischen mir und dieser Frau entspringen kann», bemerkte Neros Vater, der sadistische und brutale Gnäus Domitius Ahenobarbus, der starb, als sein Sohn drei Jahre alt war. «Diese Frau» war die ehrgeizige und intrigante Agrippina die Jüngere, die, nachdem sie als Kind von ihrem geistesgestörten Bruder Caligula geschändet worden war, gelernt hatte, ihren Körper als Waffe im Kampf um die Macht einzusetzen.

Nero wuchs unter der Herrschaft von Frauen auf; in dieser Welt der Intrigen sehnte er sich nach Liebe. Seine Mutter Agrippina wurde verbannt, als Nero zwei Jahre alt war, während er der Obhut von einer Tante und zwei Hauslehrern (der eine war ein Barbier, der andere ein Tänzer) übergeben wurde. Als Agrippina nach Rom zurückkehrte und Kaiser Claudius heiratete, ernannte sie den Philosophen Seneca zum Lehrer ihres Sohnes. Sie faßte den Plan, die Macht dadurch an sich zu reißen, daß sie den sechzehnjährigen Nero mit Claudius' Tochter Octavia, die noch ein Kind und widerwillig war, verheiratete.

Den jungen Nero konnte man als schön bezeichnen, wenngleich er etwas weichlich und schwach war. Sein Haar war rotblond, seine Größe durchschnittlich. Nach Suetonius, der sich auf zeitgenössischen Klatsch stützte, hatte Nero einen «pickeligen und übelriechenden» Körper, Spinnenbeine und einen vorstehenden Bauch. Er war kurzsichtig und benutzte einen großen Smaragd als Monokel. Entgegen der Sitte liebte er gürtellose Tuniken, die als weibisch galten, und die gewellte Haartracht eines «ordinären Wagenlenkers». Seine Liebe galt der Musik und der Schauspielkunst, das traditionelle römische Studium der Redekunst dagegen lehnte er ab.

In den ersten Jahren regierte Nero korrekt und gewissenhaft unter der Anleitung seiner Ratgeber Seneca und Burrus. Er sorgte für Getreide und öffentliche Spiele – die sprichwörtlichen *panem et circenses* (Brot und Zirkusspiele) –, womit er sich das Wohlwollen der Massen sicherte. Er ließ auch wild ausschweifende sexuelle Schauspiele, wie zum Beispiel das «Wasserfest», aufführen, in dem ein Palast auf einem See schwamm, der von nackten Tänzern und hochgeborenen Prostituierten gesäumt war. Ein anderer bevorzugter Zeitvertreib war, nachts verkleidet die Straßen zu durchstreifen und so die Stadt Rom zur Bühne seines außergewöhnlichen sexuellen Psychodramas zu machen.

Inzest und Mord: Nero fürchtete und bewunderte seine Mutter und unterwarf sich ihr nur grollend. Ihre Beziehung blieb unbeeinträchtigt durch seine Ehe mit Octavia, die wegen Neros Abneigung gegen seine tugendhafte Braut wahrscheinlich nie vollzogen wurde. Aber als er sich dann in eine schöne Freigelassene namens Acte verliebte und drohte, abzudanken und sich mit ihr davonzumachen, tobte Agrippina vor Eifersucht und Wut. Dann jedoch versuchte sie ihn durch Verführung von seinem Plan abzubringen. Tacitus berichtet, wie Acte Nero vor den «wollüstigen Küssen» seiner Mutter rettete, während Suetonius von Szenen inzestuöser Leidenschaft schreibt.

Da aber die Verführungsversuche Agrippinas Macht über ihren Sohn nicht wiederherstellen konnten, bedrohte sie ihn durch eine Verschwörung mit Britannicus, dem Sohn Claudius', der in der Erbfolge hinter Nero kam. Nero ließ den Jungen vergiften und fand einen Ersatz für Agrippina in einer Frau, die ihr ähnlich sah. Er schuf schließlich klare Verhältnisse, indem er seine Mutter ermorden ließ. (Erfundene spätere Berichte beschreiben Nero, wie er zum Abschied Agrippinas Brüste geküßt habe oder sie sogar aufgeschnitten und sich in ihren Leib geschmiegt haben soll.) Nero wurde weiterhin von den Sagen über den inzestuösen Ödipus und den muttermörderischen Orestes verfolgt, aber die Ausschaltung von Agrippina befreite ihn nun von den letzten Zwängen der Konvention. Von nun an widmete er sich in zunehmendem Maße der Befriedigung seiner sexuellen Verirrungen und seiner künstlerischen Ambitionen.

Bisexualität: Zu Neros Zeiten war es für junge römische Adlige nicht ungewöhnlich, sich mit männlichen Konkubinen vor der Ehe zu vergnügen. Seneca, der selbst Gefallen an «reiferen Knaben» hatte, hat vielleicht seinen Schüler dazu ermutigt. Auch Otho, einer von Neros Kameraden bei den nächtlichen Orgien, soll den

Kaiser in die Knabenliebe eingeführt haben. Nach Tacitus war Neros Tanzlehrer Paris ein «Partner bei schamlosen Akten», wie auch der unglückliche Britannicus, der mißbraucht wurde, bevor er ermordet wurde.

Otho, der sich die Körperhaare auszupfte und die Fußsohlen parfümierte, führte Nero seine schöne Frau Poppäa Sabina zu. Die eitle und äußerst ehrgeizige Poppäa, eine römische Venus mit blondem Haar, wußte sehr genau, wie man die Neigungen des Kaisers ausnützen konnte. Sie war berühmt für ihre neuen, raffinierten Methoden der Schönheitspflege: Sie trocknete sich, nachdem sie in Milch gebadet hatte, mit Schwanendaunen und strich ihre Zunge mit einem Elfenbeinstäbchen, um sie weich und samtig zu machen.

Nero trennte sich auf Poppäas Drängen hin von Octavia, verbannte sie und ließ sie schließlich ermorden. Doch seine Ehe mit Poppäa stand unter einem schlechten Stern. Genau neun Monate nachdem sie Kaiserin geworden war, gebar Poppäa eine Tochter, die als kleines Kind starb. Poppäa selbst starb während einer zweiten Schwangerschaft, nachdem sie, wie es heißt, von Nero in einem Wutanfall einen Fußtritt in den Magen bekommen hatte. Bald nach Poppäas Tod nahm Nero Statilia Messalina als dritte Gemahlin und tröstete sich außerdem mit einem Knaben, der Poppäa ähnlich sah.

Obwohl Nero seine schöne Frau sehr liebte, setzte er seine homosexuellen Abenteuer auch während seiner Ehe mit Poppäa fort. In einer rituellen Heiratszeremonie mit seinem mannesstarken Mundschenk Pythagoras spielte Nero öffentlich die Rolle der Jungfrau, die defloriert wurde, ganz naturgetreu mit Schmerzensschreien. Bei einem hübschen jungen Eunuchen namens Sporus, dem er Poppäas Kleider anzog, spielte er die dominierende Rolle, überschüttete ihn öffentlich mit Liebesbezeigungen und heiratete auch ihn schließlich in einer rituellen Zeremonie. Nero hatte somit gleichzeitig zwei Bettgenossen, wie Dio bemerkt: «Pythagoras spielte die Rolle des Ehemanns für ihn und Sporus die der Ehefrau.»

Bestialität und Wahnsinn: Nero schätzte Kämpfe zwischen wilden Tieren, manchmal hüllte er sich in Tierfelle und ging Berichten Dios zufolge auf die Geschlechtsteile nackter Jungen und Mädchen los, die an Pfähle gebunden waren. «Er bemühte sich sehr», fügt Suetonius hinzu, «eines gewissen Ägypters habhaft zu werden – einer Art Unhold, der rohes Fleisch aß ... Er brüstete sich damit, daß kein Herrscher vor ihm je eine solche Macht gehabt habe.»

Nach dem Brand, der Rom im Jahr 64 zerstörte, machte Nero die Christen zu Sündenböcken und befahl, sie in Tierfelle zu kleiden und von wilden Tieren zerfleischen zu lassen oder aber sie als lebende Fackeln bei nächtlichen «Lichterfesten» aufzustellen. Er baute auch sein «Goldenes Haus», eine mit 125 Morgen unvorstellbar große Palastanlage (die später von Vespasian zerstört wurde), in der es mit Perlen verzierte Zimmer für Liebesnächte und eine vierzig Meter hohe Statue von ihm als Apollo gab. In einem weiteren Ausbruch von Größenwahn verkündete er Griechenlands Unabhängigkeit. In zunehmendem Maße wurde er von seiner Leidenschaft für das Theaterspiel in Anspruch genommen, unter anderem schaffte er sich eine Claque von fünftausend stattlichen jungen Männern an, die seinen Auftritten applaudieren mußte (sein Gesang soll passabel gewesen sein, seine Schauspielerei dagegen fürchterlich).

Als im Jahr 68 in Gallien ein Aufstand ausbrach, schlug Nero vor, die Aufrührer mit Musik, Tränen und einer Eskorte von als Amazonen gekleideten Konkubinen zu besänftigen. Verlassen von seinen Wachen, dem Senat und dem Hofstaat, beging er Selbstmord, um nicht zu Tode geprügelt zu werden. Im Sterben soll er ausgerufen haben: «Was für ein Verlust werde ich für die Kunst sein!» Er war 32 Jahre alt.

cd

Top Secrets

Politiker des 20. Jahrhunderts

Der Sublimierer

Mohandas Karamtschand Gandhi
2. Oktober 1869–30. Januar 1948

Bedeutung: Er zählt mit Jesus Christus und Buddha zu den großen religiösen Lehrern und Propheten, die die geistige Kraft besaßen, das Leben ihrer Anhänger zu verwandeln. Mit seiner Lehre des gewaltlosen Widerstands führte er Indien in die Unabhängigkeit und beeinflußte überdies die großen nationalistischen Revolutionen des 20. Jahrhunderts.

Lebensgeschichte: Er war das jüngste, schmächtigste Kind und der Liebling des Premierministers des kleinen Fürstentums Porbandar im Westen Indiens und seiner vierten Frau. Der Junge war ein Einzelgänger, scheu, sanftmütig und mit seiner großen Nase und den abstehenden Ohren nicht gerade hübsch. Zwischen ihm und seinen Eltern bestand eine enge Beziehung, ganz besonders fühlte er sich seiner tief religiösen Mutter verbunden.

Die Wendepunkte in seiner Kindheit waren seine Heirat im Alter von dreizehn Jahren nach hinduistischer Tradition und der Tod seines Vaters drei Jahre später – in einer Zeit, in der Gandhi seine schwangere junge Frau sexuell stark bedrängte. Sein Leben lang litt er seitdem unter sexuellen Schuldgefühlen, die mit der Zeit in politischer Aktivität sublimiert wurden.

Mit achtzehn Jahren, nachdem er ein Gelübde abgelegt hatte, weder Alkohol noch Fleisch, noch Frauen anzurühren – reiste er allein nach England, um drei Jahre lang Jura zu studieren. Diese Zeit prägte den jungen Inder nachhaltig. Ernstliche Schwierigkeiten bereitete ihm die englische vegetarische Küche, durch die er seinen gesunden Appetit nicht stillen konnte. Aber trotz vieler Versuchungen – hauptsächlich von seiten der Hauswirtinnen mittleren Alters, die gern seine Bedürfnisse befriedigt hätten – brach er sein Gelübde nicht; er verfiel lediglich für kurze Zeit der Neigung, sich modisch zu kleiden.

Gandhis Selbstvertrauen wuchs während der 21 Jahre, die er von 1893 an in Südafrika als Anwalt einer mohammedanischen Firma verbrachte. Infolge seiner Proteste gegen die rassische Diskriminierung der Inder wurde er zum Führer dieser Volksgruppe. Er fing an, mit Naturheilverfahren und neuen Formen des Zusammenlebens zu experimentieren. Im Alter von 37 Jahren legte er das hinduistische Gelübde des *brahmacarya*, das heißt: der Keuschheit, ab, um frei zu sein für ein Leben als politischer und religiöser Führer.

Gandhi nannte seine politische Philosophie *satyagraha*, eine Verbindung von Wahrheit und Stärke, was als «passiver Widerstand» oder «militante Gewaltlosigkeit» übersetzt wird. Durch Kampagnen «zivilen Ungehorsams» und symbolische Protestdemonstrationen und später durch spektakuläre Fastenaktionen in aller Öffentlichkeit bekämpfte er Macht durch Recht und erwiderte Böses mit Gutem, womit er die Starken zwang, die Kraft der Schwachen anzuerkennen.

1915 kehrte Gandhi nach Indien zurück, um das Problem des Kolonialismus anzugehen. Er lehnte alle westlichen Einflüsse ab und führte in seinen Ashrams einen einfachen, kargen Lebensstil. Er machte das Spinnrad zum Symbol traditioneller Selbstgenügsamkeit und ersetzte dadurch importiertes Gewebe durch selbstgesponnenes Tuch. Er plante und organisierte eine Reihe von symbolischen Konfrontationen mit den Engländern, die 1947 in der Unabhängigkeit Indiens gipfelten. Bald darauf wurde er, während er sich bemühte, Frieden zwischen Hindus und Mohammedanern zu stiften, durch einen hinduistischen Fanatiker ermordet.

Mit seinem kleinen, schmächtigen Körper – nackt außer einem Lendentuch und einer metallgeränderten Brille – stellte sich Gandhi den Schlüsselthemen seiner Zeit: Tradition und Modernisierung, Kolonialismus und Nationalismus, Identität und Glaube. Das einzige Problem, das er nie lösen konnte und das ihn bis ins hohe Alter quälte, war die Sexualität.

Kinderheirat: Heirat im Alter von dreizehn – so erinnert sich Gandhi – bedeutet zunächst nur den Erwerb eines «fremden Mädchens, mit dem man spielen konnte». Es bedeutete auch (wenn man von der traditionellen Autorität des hinduistischen Ehemannes ausgeht) daß er diktieren kann, wann und wo seine Braut spielen darf. Aber Kasturbai Makanji, die ebenfalls dreizehn Jahre alt war, war hartnäckig und willensstark; sie verbrachte fast die Hälfte ihrer ersten zwei Ehejahre im Hause ihrer Eltern. Sie war nur gehorsam, wenn es um Sex ging.

Für Gandhi, der von der Frau seines Bruders «Nachhilfestunden» bekommen hatte, bedeutete die Ehe den Anfang einer Zeit wollüstiger sexueller Genußsucht. Da er ständig von erotischen

Begierden getrieben wurde, litt seine Schularbeit. Kasturbai blieb Analphabetin («wollüstige Liebe ließ keine Zeit zum Lernen»), und Gandhi mußte künftig intellektuelle Kameradschaft anderswo suchen.

Sex war für Gandhi immer eine Quelle von Schuldgefühlen und Konflikten, wie sie durch die Umstände bei seines Vaters Tod klar zutage traten. Er teilte das hinduistische Interesse an Verdauung und Ausscheidung und die Verehrung des Samens als der grundlegenden Lebenskraft, deren Verlust Körper und Geist schwächt. Die Keuschheit ist bei älteren Hindus nichts Ungewöhnliches. Aber für Gandhi, der in der Mitte seiner Dreißigerjahre sexuell leicht erregbar war, bedeutete sie einen heftigen Kampf mit sich selbst.

Ein Zusammentreffen von mehreren Umständen gab den Ausschlag für Gandhis endgültigen Entschluß, dem Sex zu entsagen. Enthaltsamkeit ist die einzige moralisch annehmbare Form der Geburtenkontrolle, so glaubte er, und nach fünf Söhnen wünschte er keine weiteren Kinder mehr. Er wollte seine ganze Energie für ein Leben als Diener Indiens erhalten. Wie der Psychologe Erik Erikson aufzeigte, besteht auch die Möglichkeit, daß ihn die rassische Unterdrückung in Südafrika an den sexuellen Chauvinismus in seiner Ehe erinnerte.

In Gandhis Denken gibt es eine Parallele zwischen sexueller und politischer Ausbeutung. Er schrieb, daß seine Philosophie des passiven Widerstandes von der unbeugsamen Kasturbai inspiriert worden sei: «Ihr entschlossener Widerstand gegen meinen Willen ... ließ mich vor Scham über mich selbst erröten und kurierte mich von meiner Dummheit, zu glauben, ich sei dazu geboren, sie zu beherrschen.» Die Keuschheit war einfach eine Form der Gewaltlosigkeit zwischen den Geschlechtern. Aber bis zu ihrem Tod 1944, während sie und Gandhi wegen zivilen Ungehorsams zusammen im Gefängnis saßen, bewahrte sich Kasturbai ein instinktives Mißtrauen gegenüber den Frauen, die ihren Mann umgaben. Denn obwohl das traditionelle Hindu-Gelübde vom keusch lebenden Mann verlangt, daß er das andere Geschlecht vollständig meidet, war Gandhi bis ans Ende seines Lebens ständig mit der Versuchung konfrontiert.

Gandhis Frauen: Er war ein großer Schwerenöter, der die Frauen bewunderte, schrieb William Shirer. Außerdem waren sie für seine Bewegung sehr nützlich. Beginnend mit der siebzehnjährigen Sonja Schlesin, hatte er eine lange Liste von Sekretärinnen und Pflegerinnen, die ihm mit großer Hingabe und sklavischem Gehorsam dienten. Im Laufe der Jahre übernahmen diese Frauen neben dem Schreiben von Diktaten die Pflichten, ihn zu massieren, zu baden und sogar mit ihm zu schlafen.

Einige von Gandhis Frauen waren selbst berühmt, wie zum Beispiel Sarojini Naidu, «die Nachtigall von Indien», eine Dichterin, die aus einer reichen, weltoffenen Brahmanenfamilie stammte. Sie wurde eine der hingebungsvollsten Anhängerinnen Gandhis, die sich einer großen persönlichen Zuneigung des Mahatma («große Seele») erfreuen durfte, den sie «unsere Mickymaus» nannte. («Man wird nie erfahren, wieviel es uns kostet, diesen Heiligen, diesen wundervollen alten Mann in Armut zu belassen», scherzte sie.)

Gandhis Anziehungskraft war so groß, daß Frauen aus aller Welt kamen. Madeleine Slade, eine dreiunddreißigjährige Engländerin, Tochter eines Admirals und frühere Bewunderin von Beethoven, kam 1925, um sich Gandhi zu Füßen zu werfen. «Du sollst meine Tochter sein», begrüßte er sie. Aber Mirabehn, wie sie umgetauft wurde, war verliebt und wünschte mehr. Gandhi gab ihr einfach den Rat, ihre Liebe im Dienst zu sublimieren, anstatt sie an ihn zu vergeuden. Wie William Shirer bemerkte, verblieb ein besonderes Band der Sympathie zwischen den beiden, während der Biograph Louis Fischer ihre Beziehung als «eines der bemerkenswerten platonischen Verhältnisse» unseres Zeitalters bezeichnete.

Gandhis Mädchen: Der Kampf, sexuell rein zu bleiben, schrieb er, war, «wie auf einer Schwertschneide zu gehen». Er wurde weiterhin von nächtlichen Samenergüssen gequält, die er bis in seine späten Sechzigerjahre als eine Art Sühne öffentlich bekannte. Aufsehen erregte zudem die Tatsache, daß er mit nackten jungen Mädchen schlief, um warm zu bleiben und «seine Entschlossenheit auf die Probe zu stellen».

Er hatte nachts «Fieberschauer» gehabt, so daß er junge Mädchen seines inneren Kreises – alles Jungfrauen oder junge Bräute – bat, ihn mit ihren Körpern zu wärmen. Für Sushila Nayar, die mit fünfzehn in den Ashram kam und dann Gandhis Ärztin, Masseuse, Sekretärin und Bettgefährtin wurde, war das nichts anderes, als wenn sie bei ihrer Mutter schliefe. Aber für manche andere Frau war es ein recht zwiespältiges Erlebnis. Abha Gandhi, die Frau eines Großneffen, die als Sechzehnjährige die Bettgefährtin des Mahatma wurde, sollte sogar ihre Kleider ablegen. Ihr Mann war darüber so entsetzt, daß er anbot, selbst den alten Mann zu wärmen. Gandhi lehnte das Angebot mit dem Hinweis ab, daß er Abha nicht nur wegen der Wärme, sondern auch wegen des *brahmacarya*-Experiments brauche.

Einige der Mädchen Gandhis waren eifersüchtig aufeinander und voller Angst, seine Gunst zu verlieren. Manu Gandhi war eine entfernte Cousine, die seit ihrer Kindheit von Kasturbai erzogen worden war; sie badete und rasierte den Mahatma und schlief von ihrem neunzehnten Lebensjahr an mit ihm zusammen. Wenn er ausging, stützte er sich auf sie und Abha, seine «Spazierstöcke».

Wenn er fastete, überwachte Manu seine Körperfunktionen und verabreichte ihm Klistiere. «Sie war glücklich, daß sie ihm dienen durfte, und war stolz auf ihren besonderen Platz in seiner Zuneigung», schrieb Gandhis Biograph Robert Payne über Manu.

«Je stärker sie sich bemühten, sich zurückzuhalten und ihre sexuellen Triebe zu unterdrücken», sagte Gandhis Schülerin Raihana Tyabji über die Frauen in seiner Umgebung, «desto heftiger wurde ihr sexuelles Verlangen.» Ironischerweise schalt Gandhi einmal Raihana, die auch in Keuschheit lebte und eine Heilkundige war, weil sie nackt mit einem ihrer Patienten schlief. Es war eben so, daß der Mahatma nicht nur in politischen Dingen, sondern auch in sexuellen einfach seine eigenen Regeln aufstellte.

cd

Der Schürzenjäger

John F. Kennedy
29. Mai 1917–22. November 1963

Bedeutung: John F. Kennedy, einer der charismatischsten Politiker der USA, war Amerikas jüngster in die Spitze der Exekutive gewählter Mann und der erste Katholik, der Präsident wurde. Kennedy wurde in Dallas im Staat Texas von einem Mörder erschossen, als sich seine erste Amtsperiode gerade ihrem Ende näherte. Seine Amtszeit bezeichnete man später als «die tausend Tage von Camelot».

Lebensgeschichte: Im Schoß des reichen und fest zusammenhaltenden irischen Kennedy-Clans geboren, wurde dem Mann, der 42 Jahre später Präsident werden sollte, schon von Geburt an ein ausgeprägtes Konkurrenzdenken beigebracht, das noch von einem strengen Vater geschürt wurde, der unter seinen vier Söhnen keinen «Zweitbesten» dulden wollte. Jack Kennedy lernte sehr leicht, da er ein unglaubliches Gedächtnis hatte, und beendete sein Studium an der Harvard-University mit dem Prädikat «cum laude». Sein ganzes Leben lang quälte ihn sein schwacher Rükken, außerdem litt er an der Addisonschen Krankheit (einer Erkrankung der Nebennieren). Aber obwohl er «mindestens die Hälfte seiner Tage von heftigen körperlichen Schmerzen geplagt wurde», wollte Kennedy nicht die Rolle eines Invaliden spielen und führte ein aktives Leben, segelte, schwamm und trieb anderen Sport. Er liebte es, salopp gekleidet zu sein, schätzte Slippers ohne Socken und alte Tennispullover. Trotz seiner Größe von 1,83

Meter und seines Gewichts von 85 Kilo bewegte er sich mit einer gewissen Eleganz, und als er Präsident wurde, legte er sogar großen Wert auf eine gute Erscheinung. Der kühle, grauäugige Demokrat lachte gern über sich selbst und erzählte mit Vergnügen, wie ihm sein Vater während eines Wahlkampfs folgendes Telegramm sandte: «Lieber Jack, kaufe keine Stimme mehr als unbedingt nötig. Ich habe nicht die geringste Lust, einen Erdrutsch zu finanzieren.» Als Senator von Massachusetts besiegte Kennedy im Präsidentschaftswahlkampf 1960 Richard Nixon nur knapp. Zu einem Teil beruhte seine Anziehungskraft sicherlich auf seinem Geschick, großartig klingende Ideale zu formulieren; ein berühmtes Beispiel dafür ist sein Ausspruch: «Frage nicht, was dein Land für dich tun kann, sondern was du für dein Land tun kannst.» Einerseits war Kennedy ein ernsthafter Politiker, der seine Fehler ohne Zögern eingestand und zum Beispiel die volle Verantwortung für das Fiasko in der Schweinebucht übernahm. Andererseits konnte er eine heitere, unbekümmerte Haltung an den Tag legen, die einen seiner Mitarbeiter einmal zu der Bemerkung veranlaßte: «Diese Regierung tut für Sex dasselbe, was die vorige für Golf tat.»

Liebe: Kennedy brüstete sich gern damit, ein Sexualathlet zu sein, und seine Popularität bei den Frauen war außerordentlich groß. Er betrachtete den Sex als ein natürliches Bedürfnis und bemerkte einmal ohne Zögern zu dem britischen Premierminister Harold Macmillan, daß er starke Kopfschmerzen bekommen würde, wenn er zu lange eine Frau entbehren müßte. Einer seiner engsten Freunde im Senat, George Smathers, sagte von seinem Kollegen, er habe «die aktivste Libido, die ich je bei einem Mann erlebt habe».

Als Siebzehnjähriger hatte Kennedy sein erstes sexuelles Erlebnis mit einer Mitschülerin. Bemerkenswerterweise fand diese Begegnung in einem Bordell in Harlem statt. Während seiner College-Zeit entwickelte sich sein Ruf als Playboy weiter. So kam er einmal in Schwierigkeiten, als er ein Mädchen auf seinem Zimmer hatte, was verboten war. Danach ließ er sich auf eine riskante Beziehung zu einer Frau ein, die seine Karriere bei der Marine stark gefährdete. Als er in Washington stationiert war, spann sich eine Freundschaft mit der dänischen Journalistin Inga Arvad an, der er den Kosenamen Inga-Binga gab, die aber in gewissen Spionageabwehrkreisen für eine Nazi-Spionin gehalten wurde. Nach einer kalten Dusche von seiten einiger Regierungsbeamter stürzte sich Kennedy mit Eifer auf weitere Eroberungen.

Während seiner Jahre im Kongreß hatte Kennedy den Spitznamen «Der fröhliche Junggeselle» und war selten verlegen um eine weibliche Begleitung, wenn auch bei einigen Frauen von Georgetown das Wort die Runde machte, daß der Senator im Bett eine Enttäuschung sei und außerdem die unangenehme Eigenschaft habe, dabei die Uhr im Auge zu behalten. Ja, der frühere Senator Smathers meinte, daß Kennedy «hinsichtlich der Zeit, die er mit einer Frau verbrachte, ein miserabler Liebhaber war. Ihm ging es mehr um die Quantität als um die Qualität.» Andere Bekannte deuteten an, daß Kennedy fast mehr Vergnügen an der Werbung und Eroberung gehabt habe als am Vollzug selbst. Kennedy selbst sagte einmal zu einem Reporter: «Ich habe nie genug von einem Mädchen, bevor ich es nicht auf drei verschiedene Arten mit ihr getrieben habe.»

Laut Smathers war «niemand vor Jack sicher – weder deine Frau noch deine Mutter, noch deine Schwester». Während ihrer Senatorenzeit hatten Kennedy und Smathers zusammen eine Zweitwohnung, wo sie sich ihren heimlichen Affären hingeben konnten. Als Smathers einmal in den Senat abgerufen wurde, blieb Kennedy mit ihren beiden Partnerinnen zurück. Nach seiner Rückkehr ertappte Smathers den ehrgeizigen Senator dabei, wie er die beiden Mädchen durch die Wohnung jagte. Zwei Mädchen auf einmal zu haben war für Kennedy der «liebste Zeitvertreib», sagte Smathers.

Als Kennedy mit Mitte Dreißig schließlich zu der Einsicht kam, daß er eine Ehefrau brauchte, suchte er weit ab von den wollüstigen Filmsternchen und den Modellen, von denen er sich normalerweise angezogen fühlte, und wählte Jacqueline Bouvier. Jackie war «ein nervöses Vollblut» und kam aus einer untadeligen Familie; die auf elegante Weise attraktive Jackie war die ideale Ehefrau für einen Präsidentschaftskandidaten. Für Kennedy bedeutete die Ehe jedoch nicht Monogamie, und auf dem Wahlfeldzug war die Gelegenheit für Liebschaften sehr günstig. Kennedy war von einer kühlen Gleichgültigkeit gegenüber jeder Aufregung, die seine Seitensprünge verursachen könnten. Einige Jahre später, als seine Mitarbeiter wütend über ein Bild waren, das Kennedy am Strand von Florida neben einer nackten, molligen Brünetten liegend zeigte, lächelte der damalige Kandidat für einen Senatorenposten nur und sagte: «Ja, ich erinnere mich an sie. Sie war großartig!» Als ein anderes Mal die Hauswirtin Senator Kennedy fotografierte, wie er die Wohnung seiner einundzwanzigjährigen Sekretärin verließ, mit der er gerade ein Verhältnis hatte, nahm er den Zwischenfall überhaupt nicht zur Kenntnis.

Kennedy ließ sich auch durch nichts von seinen Gewohnheiten abbringen. Er schwamm gern nackt im Schwimmbecken des Weißen Hauses, aber noch lieber war er dabei in Begleitung von gutaussehenden Schönheiten, die ebensowenig angezogen waren wie er. Manche Frauen wurden, wie verlautete, heimlich ins Weiße Haus hinein- und wieder herausgeschmuggelt, wenn Jackie abwesend war. Zwei Sekretärinnen, die von den Agenten des Geheimdienstes «Fiddle» und «Faddle» genannt wurden, gehörten Kennedys «Stab für persönliche Wünsche» an.

Daß Jackie von der Untreue ihres Mannes wußte, scheint ziemlich sicher zu sein, und man erzählt, daß Kennedys Vater ihr eine Million Dollar angeboten habe, damit sie sich nicht von seinem zügellosen Sohn am Vorabend des Präsidentschaftswahlkampfes scheiden lasse. Freunde sagten, daß Jackie oft angesichts der Affären ihres Mannes beide Augen zugedrückt habe; als sie jedoch einmal in einem Kissenbezug einen Damenslip entdeckte, bemerkte sie mit eisiger Miene: «Mach mal bitte ausfindig, wem der gehört. Es ist nicht meine Größe.» Aber trotz aller Seitensprünge Kennedys haben die beiden häufig miteinander geschlafen. So hatte die Dienerschaft des Weißen Hauses die strikte Order, sie nicht zu stören, wenn sie sich am Nachmittag, während des Mittagsschlafes ihrer Kinder, in ihr Schlafzimmer zurückzogen.

Sexpartner: Solange Kennedy am Leben war, war sein sexuelles Leben ein Tabu für die Weltpresse. Aber zwölf Jahre nach seinem Tod, als die USA sich in einer Nach-Watergate-Stimmung befanden, erschienen von überall her Frauen und berichteten, wie sie mit dem ermordeten Präsidenten die «Freuden des Fleisches» genossen hätten. Kennedys Geschmack hinsichtlich der Frauen durchlief die ganze Skala von Filmstars über Damen der Gesellschaft bis zu kleinen Sekretärinnen und Stewardessen. Die Stripperin Blaze Starr behauptete, 1960 zwanzig Minuten mit Kennedy in einem begehbaren Wandschrank in der Suite eines Hotels in New Orleans verbracht zu haben, während ihr Verlobter, Gouverneur Earl Long, im benachbarten Raum eine Party gegeben hätte. In dem Wandschrank fand Kennedy sogar die Zeit, Blaze zu erzählen, wie Präsident Harding in einem Wandschrank des Weißen Hauses dasselbe mit Nan Britton getrieben habe. Die geschiedene Malerin Mary Pinchot Meyer sagte, sie hätte 1962 eine sexuelle Affäre mit Kennedy gehabt. Sie rauchten Marihuana im Weißen Haus, und er schrieb ihr Liebesbriefe. Sie führte ein Tagebuch über diese Affäre; dieses verschwand jedoch, nachdem sie im Oktober 1964 ermordet worden war.

Die Affäre, über die am meisten geredet wurde, hatte Kennedy mit einer dunkelhaarigen Schönheit, gegen die später Ermittlungen angestellt wurden, weil sie enge Verbindungen zur Mafia hatte. Judith Campbell Exner lernte Kennedy kennen, bevor er Präsident wurde, aber sie erhielt ihre Beziehungen zu ihm noch während der ersten Zeit im Weißen Haus aufrecht. Kennedy war großzügig und wollte ihr unbedingt einen Pelzmantel kaufen, wie Judith Exner sagte, aber im Schlafzimmer hätte seine Großzügigkeit aufgehört. Am liebsten lag er beim Liebesakt auf dem Rücken; ein Grund für diese Vorliebe waren sicherlich seine Rückenschmerzen, andererseits aber erweckte diese Position den Eindruck, als ob «die Frau nur dazu da sei, den Mann zu befriedigen». Kennedy wollte sie eines Nachts zu einer *ménage à trois* überreden. Eine große, schlanke Frau wartete bereits im Schlafzimmer auf sie. Aber Judith lehnte ab, obwohl er zu ihr sagte: «Ich kenne dich, ich weiß, daß du dein Vergnügen daran haben wirst.»

Zum Teil beruhte Kennedys Anziehungskraft auf seinem Humor. So sagte eine frühere Geliebte, daß sie Kennedy mochte, «nicht weil er groß im Bett war, obwohl er auch nicht schlecht war, sondern weil er so viel Sinn für Spaß und Humor hatte». Das kam Kennedy zustatten, als er einmal – es kam höchst selten vor – auf hartnäckigen Widerstand stieß. Nachdem er vergeblich versucht hatte, die Historikerin und Pulitzer-Preisträgerin Dr. Margaret Louise Coit zu verführen, fragte sie ihn: «Machen Sie das so bei allen Frauen, die Ihnen begegnen?» – «O Gott, nein», erwiderte er, «dazu habe ich nicht die Kraft.»

Der Name des jungen Präsidenten wurde in Verbindung mit vielen Filmstars und Hollywood-Schauspielerinnen genannt, unter ihnen Gene Tierney und Jayne Mansfield. Aber seine berühmteste Liaison war die mit der Sexgöttin Marilyn Monroe. Sie, die bei einer Party zu Kennedys 45. Geburtstag in Madison Square Garden mit ihrer Flüsterstimme einen sexgeladenen Geburtstagsglückwunsch sang, wurde dem Vernehmen nach 1961, als ihr Verhältnis begann, in Kennedys Flugzeug hineingeschmuggelt.

Trotz seiner vielen Liebesabenteuer blieb Kennedy bis zu einem gewissen Grad reserviert, und es kam selten zu einer emotionalen Bindung mit seinen Geliebten. Wie er selbst ohne weiteres zugab, verlor er sich nie in seinen leidenschaftlichen Affären und bekannte: «Ich bin nicht der Typ des tragischen Liebhabers.»

lks

Der Genosse

Wladimir Iljitsch Lenin
22. April 1870–21. Januar 1924

Bedeutung: Als erster Führer des Sowjetstaats von November 1917 bis zu seinem Tode gehört Lenin zu den einflußreichsten politischen Figuren des 20. Jahrhunderts.

Lebensgeschichte: Wladimir Iljitsch Uljanow, zum Teil deutscher Lutheraner, kalmückischer Buddhist, Großrusse und vielleicht deutscher Jude, war das dritte von sechs Kindern eines Schulinspektors in Simbirsk (jetzt Uljanowsk) an der Wolga. Im Mai 1887 wurde sein geliebter älterer Bruder Alexander, Mitglied der revolutionären Organisation *Narodnaja Wolja*, wegen eines Komplotts zur Ermordung des Zaren Alexander III. gehängt. Sieben Monate danach wurde der junge Wladimir zum erstenmal verhaftet, weil er an einer Studentendemonstration in Kasan teilgenommen hatte.

Lange vor 1901, dem Jahr, in dem er seinen berühmten Decknamen annahm, hatte sich der kleine, untersetzte marxistische Theoretiker mit den mongolischen Schlitzaugen einem lebenslangen Dienst für die Revolution verschrieben. 1895 kam er zum erstenmal ins Gefängnis und leitete dann in den nächsten 22 Jahren die Bolschewiken von seinem Exil in Sibirien, der Schweiz, Deutschland, Frankreich, England und Polen aus. Als sich die Bauern im März 1917 spontan gegen die Romanows erhoben, erkannte Lenin in dem innenpolitischen Chaos, das nun folgte, seine Chance. Es gab mehrere revolutionäre Parteien, die um die Macht im nachzaristischen Rußland kämpften, aber im November (in der sogenannten Oktoberrevolution) stürzte Lenin den Sozialisten Kerenski und übernahm die Führung.

Lenins sechsjährige Herrschaft war eine Zeit der Unruhe und des politischen Kampfes, und als er nach mehreren Schlaganfällen im Sterben lag, fürchtete er, sowohl seine Prinzipien als auch die Arbeiter, die er repräsentieren wollte, verraten zu haben. Er befürchtete auch, daß sein Vermächtnis noch schlimmer sein würde: In dem letzten Memorandum, das er diktierte, dem sogenannten *Testament*, forderte er die Absetzung Stalins als Generalsekretär der Partei; ein Jahr später war er tot. Die unmittelbare Todesursache war ein Bluterguß im Gehirn. Trotzki und andere Revolutionäre vermuteten allerdings, daß er auf Stalins Befehl vergiftet worden sei.

Liebe: Die Revolution war Lenins ganzes Leben, und es überrascht kaum, daß drei der Frauen, die er liebte, aufs engste mit der Revolution verbunden waren und daß eine vierte ihn gerade aus diesem Grund verließ. Über seine kurze Affäre mit Apollinaria Jakubowa im Jahre 1895 ist wenig bekannt. Sie half ihm bei der Organisation seiner illegalen Aktivitäten und verteilte Flugblätter; man muß annehmen, daß er ihr einen Heiratsantrag machte, aber abgewiesen wurde. 1894 lernte Lenin Nadeschda Konstantinowa Krupskaja kennen. Sie war ein Jahr älter als er, attraktiv, aber ein ernstes Mädchen mit schwarzem, straff zurückgekämmtem Haar. Sie war bereits aktive Marxistin. Lenin wurde 1897 nach Sibirien verbannt, und im folgenden Jahr, als auch Krupskaja zu drei Jahren Verbannung verurteilt wurde, erbat sie die Erlaubnis, diese Zeit mit ihrem Verlobten – Lenin – verbringen zu dürfen. Die Regierung erfüllte die Bitte unter der Bedingung, daß das Paar sofort heiratete, was es am 22. Juli 1898 auch tat.

Einige Wissenschaftler vermuten, daß ihre Heirat im Grunde

eine politische Zweckmäßigkeit war, aber Krupskaja und Lenin paßten wunderbar zueinander: Sie war glücklich darüber, der Revolution dienen zu können, die er personifizierte, und er hatte in ihr eine sich freiwillig unterordnende Genossin, die gleichzeitig Sekretärin, Köchin, Haushaltshilfe und Parteifunktionärin war. Ihre Ehe dauerte bis zu seinem Tod. Danach blieb Krupskaja in der gemeinsamen Vierzimmerwohnung im Kreml wohnen, bis sie am 27. Februar 1939 im Alter von siebzig Jahren starb.

Als Lenin 1905 unter dem Namen William Frey in St. Petersburg (heute Leningrad) lebte, traf er Elisabeth de K. Sie war hübsch, klug, abenteuerlustig, besaß ein eigenes Vermögen und war soeben geschieden. Bei ihrer dritten Begegnung sagte «Frey» zu ihr, daß er gern konspirative Zusammenkünfte in ihrer eleganten Wohnung abhalten würde. Sie willigte ein, und an manchen Abenden gab es nur zwei Teilnehmer an diesen Zusammenkünften.

Obwohl ihre Affäre mit Unterbrechungen neun Jahre dauerte, war es unmöglich, eine Übereinstimmung ihrer verschiedenen Welten zu finden. «Es ist ganz klar», sagte er einmal zu ihr, «daß du niemals eine Sozialistin abgeben wirst.» – «Und du», erwiderte sie, «wirst immer nur ein Sozialist sein.»

Elisabeth d'Herbenville Armand – bekannt unter dem Namen Inès Armand – sprach französisch, deutsch, englisch und russisch. Verschiedenen Berichten zufolge hatte die 31 Jahre alte Elisabeth, als sie Lenin im Frühjahr 1910 in Paris begegnete, bereits mit ihren fünf Kindern ihren reichen jungen Ehemann verlassen, um mit ihrem Schwager zusammenzuleben, und diesen wieder verlassen, um mit der Feministin Ellen Key zusammenzuarbeiten, sodann Key nach der Lektüre von Lenins *«Was tun?»* verlassen, um sich einer radikalen Tätigkeit zuzuwenden; sie war verhaftet, ins Gefängnis geworfen und verbannt worden und aus der Verbannung entflohen. Sie war bald Lenin so ergeben wie seiner Sache.

Trotz der Liebesbeziehung zwischen Lenin und Inès fand die Krupskaja ebenfalls Gefallen an der munteren Gesellschaft der jüngeren Frau, und sie wanderten, reisten und lebten manchmal sogar zu dritt zusammen. Seit der Zeit ihrer ersten Bekanntschaft mit Lenin war Inès mit ihm und seiner Frau für die revolutionäre Bewegung tätig, bis sie 1920 an Cholera starb. Bei ihrem Begräbnis war Lenin in einem Zustand so tiefer Betroffenheit und Trauer, daß seine Freunde ihn nicht anzusprechen wagten.

wah

Ein Leben gegen die Traditionen

Mao Tse-tung

26. Dezember 1893–9. September 1976

Bedeutung: Mao, der leitende Architekt des modernen China, stieg aus dem Bauerntum auf und regierte 25 Jahre lang ein Viertel der Weltbevölkerung. Er hinterließ eine Reihe politischer Schriften, die ihn zu einem der führenden marxistischen Theoretiker gemacht haben.

Lebensgeschichte: Der in dem Dorf Shaoshan in der Provinz Hunan geborene Mao war der älteste Sohn eines wohlhabenden Bauern. Nachdem er 1918 die Hochschule von Hunan absolviert hatte, ging er nach Peking, wo er sich während seines Studiums intensiv mit Marxismus beschäftigte. Drei Jahre später wurde er einer der Gründer der chinesischen kommunistischen Partei. Mao richtete seine Aufmerksamkeit auf die Bauern und organisierte sie zu einer Armee, die in der Taktik der Guerilla-Kriegführung ausgebildet wurde. 1934 hatten Tschiang Kai-scheks rivalisierende Kuomintang-Streitkräfte die rote Bauernarmee eingekreist. Um zu entkommen, führte Mao seine 100000 Anhänger auf einem durch Hunger, Kampf, Krankheit und Tod gekennzeichneten 10000 Kilometer langen Rückzug in ein sicheres Gebiet im Nordwesten Chinas. Als der «Lange Marsch» ein Jahr später beendet war, hatten nur 5000 die Reise überlebt. Mao ging als mächtigster Mann aus den internen Machtkämpfen in der Partei hervor, besiegte 1949 Tschiang und gründete die chinesische Volksrepublik.

Der Erfolg Maos als hervorragendster Führer in Chinas langem revolutionären Kampf kann zu einem großen Teil seiner unerschütterlichen Identifikation mit den Massen zugerechnet werden. Obwohl ihn das harte Leben, in das er hineingeboren worden war, abstieß, behielt er viele bäuerliche Gewohnheiten bei und brachte die Unzufriedenheit und die Sehnsüchte seines Volkes immer wieder zum Ausdruck. Nebenbei studierte er die chinesischen Klassiker, war ein unermüdlicher Leser und ein brillanter Redner und Schriftsteller. Trotz seiner Bildung blieb er in Äußerlichkeiten immer ein wenig unkultiviert. Er kümmerte sich nicht um sein Aussehen, es war ihm gleichgültig, was er aß, er rauchte, bis seine Zähne schwarz wurden, sprach offen über die Tätigkeit seines Darmes und ließ sogar einmal an einem heißen Tag in Gegenwart von Europäern seine Hose fallen, um sich abzukühlen. Aber er verwandelte diese Eigenarten in Stärken. Er härtete sich gegen Mühsal und Entbehrungen ab, war weitgehend unempfindlich gegenüber persönlicher Kritik und hatte immer einen ausgeprägten Sinn für Humor. Er war wahrscheinlich einer der am wenigsten egoistischen großen Führer in der Weltgeschichte.

Liebe: Nach seinem eigenen Zeugnis war er ein etwas introvertierter Junge. Hin und wieder übte er sexuelle Abstinenz, während er sich auf politische Probleme konzentrierte. Doch war er ein Mann mit normalen sexuellen Bedürfnissen, der Schönheit, Weiblichkeit und Klugheit bei seinen Frauen schätzte. Seine erste Beziehung zu einem weiblichen Wesen war recht eigenartig und hat stark zur Ausformung seines politischen Denkens beigetragen. Im Alter von vierzehn Jahren hatte er mit seinem Müßiggang und seiner träumerischen Hingabe an romantische Literatur seinen gestrengen Vater verärgert. Um den Jungen aus seiner Trägheit aufzurütteln, arrangierte Maos Vater für ihn eine Heirat mit einem älteren Mädchen. Obwohl Mao entsetzt war, ließ er die traditionellen Heiratszeremonien über sich ergehen (vielleicht das einzige Mal bei seinen vier Ehen), weigerte sich dann allerdings, mit seiner Braut zusammenzuleben. Später behauptete er, sie nie berührt zu haben. Dieser Akt der Rebellion war der Anfang seines lebenslänglichen Kampfes gegen die chinesischen Traditionen.

Ein Jahrzehnt sprunghaft betriebener Studien und aller möglichen Beschäftigungen folgte, bis sich Mao in Peking zu ernsthafter journalistischer Arbeit niederließ und seine revolutionäre Tätigkeit aufnahm. Über sein frühes Leben sagte er: «Ich hatte kein Interesse an Frauen», dennoch scheint er ein paar romantische Beziehungen gehabt zu haben. Allerdings hatte er wohl noch mit keiner Frau geschlafen, bis er Yang Kai-hui, eine schöne Revolutionärin, traf. Nach Edgar Snow, einem amerikanischen Journalisten, der in den späten dreißiger Jahren Mao ausgiebig interviewte, gingen Mao und Yang eine «Probeehe» ein, bevor sie etwa 1921 ihre Bindung durch eine Heirat legalisierten, deren genaues Datum niemandem der Erinnerung wert schien. Indem sie einander frei wählten, mißachteten sie die Tradition. In den Augen ihrer radikalen Altersgenossen waren sie das ideale revolutionäre Paar. Während der Kämpfe gegen Tschiang Kai-scheks Kuomintang-Streitkräfte im Jahre 1927 ließ Mao seine Frau Yang und seine Kinder zu ihrer Sicherheit in Tschangsa zurück. Drei Jahre später nahm die Kuomintang Yang dort gefangen und ließ sie öffentlich hinrichten, weil sie sich weigerte, sich von Mao loszusagen, der damals schon einer der wichtigsten kommunistischen Führer war. Viele andere Mitglieder von Maos Familie wurden in den folgenden zwanzig Jahren getötet, und er verlor die Spur der meisten seiner Kinder (deren Anzahl nicht bekannt ist) in den Wirren jener Zeiten.

Obwohl Yang sich nie von Mao abgewandt hatte, lebte er zu der Zeit ihres Todes schon mit einer anderen schönen Genossin zusammen – mit Ho Tzu-tschen, einem Mädchen, das halb so alt war wie er. Sie heirateten bald nach Yangs Tod. Ho wurde zum Mühlstein in Maos Privatleben: Als der Lange Marsch 1934 begann, hatte sie zwei Kinder und ging mit dem dritten schwanger. Sie wurde schwer verwundet, und die Strapazen des Marsches zerstörten ihr seelisches Gleichgewicht. Zwischen Mao und Ho wuchs eine heftige Abneigung, und sie wurden 1937 geschieden. Daß Mao eine invalide Veteranin des Langen Marsches verließ, entfremdete ihn vielen seiner Anhänger. Ho wurde zu psychiatrischer Behandlung nach Moskau geschickt, aber ihr Zustand verschlimmerte sich nur. Schließlich wurde sie in einer Nervenklinik in Shanghai untergebracht.

Bevor Mao endgültig mit Ho brach, flirtete er mit mehreren, vermutlich sehr leichtlebigen Frauen. Lily Wu, eine anmutige Schauspielerin und Übersetzerin, fesselte ihn und wurde von Ho beschuldigt, ihr Maos Liebe genommen zu haben. 1938 schockierte er die Spitze der chinesischen kommunistischen Partei, indem er sich mit einer Filmschauspielerin einließ, deren Ruf zweifelhaft und deren Einsatz für die Revolution suspekt war. Das war Lang Ping (Blauer Apfel), die ihren Namen bald in Tschiang Tsching (Grüner Fluß) änderte. Sie war eine arme, ehrgeizige Schauspielerin, die sogar mit den Regisseuren von Shanghai ins Bett gegangen sein soll, um bessere Rollen zu bekommen. Das Gerücht ging um, daß sie die Geliebte von Tschang Keng, einem Direktor und Funktionär der kommunistischen Partei, und die Frau von Tang Na, einem Schauspieler und Filmkritiker, gewesen sei. Als sie Tang Na den Laufpaß gab und ihre beiden Kinder bei ihm ließ, drohte dieser, sich das Leben zu nehmen. Die Presse machte aus der Affäre eine Sensation, schob die Schuld auf Tschiang Tsching und machte sie zur Zielscheibe boshaften Geredes. Nachdem sie Mao 1939 geheiratet hatte, wurde sie Hausfrau und trat nicht mehr öffentlich auf – eine Rolle, die ihr von den Parteiführern aufgezwungen worden sein soll. Tschiang Tsching enthüllte später etwas von ihrer Beziehung zu Mao in dem berühmten Epigramm: «Im Anfang ist Sex angenehm, aber was auf lange Sicht das Interesse wachhält, ist Macht.» Tschiang Tschings Streben nach Macht begann während der sechziger Jahre, als sie als die treibende Kraft hinter der Kulturrevolution wieder auf der Bildfläche erschien. Was Mao in dieser Zeit für sie empfand, wird ein großes Rätsel bleiben. In den siebziger Jahren war Mao ihr eindeutig entfremdet (sie mußte sogar einen schriftlichen Antrag stellen, wenn sie ihn sprechen wollte). Ob er ihr Streben nach politischer Macht überhaupt je unterstützte, weiß man nicht. Nach Maos Tod folgte Tschiang Tschings Sturz schnell. 1981 wurde sie der konterrevolutionären Umtriebe, derer man sie angeklagt hatte, für schuldig befunden und zum Tode verurteilt. Das Urteil wurde für zwei Jahre ausgesetzt.

Mao und die Befreiung der Frau: Paradoxerweise war Mao, der auf die eine oder andere Weise vier Frauen verließ, immer ein Kreuzfahrer gegen die Unterdrückung der Frau. Die Essenz von Maos Anschauungen über die Befreiung der Frau war, daß das «doppelte Maß» abgeschafft werden müßte, damit die Frau dieselbe Freiheit bekomme, wie sie der Mann genieße.

Gedanken: In einem seiner Gedichte nennt Mao seine zweite Frau Yang Kai-hui eine stolze Frau. Als ein Freund wissen wollte, warum er sie stolz nannte, erwiderte Mao: «Einer Frau wurde wegen der Revolution der Kopf abgehauen. Darf man darauf nicht stolz sein?»

rkr

Der Pfahl im Fleisch

Kirchenführer, Theologen, Prediger

Der päpstliche Bulle

Papst Alexander VI.
1. Januar 1431–18. August 1503

Bedeutung: Der korrupte, weltlichen Interessen zugewandte und habgierige Papst Alexander VI. trug erheblich zum Prestigeverlust der katholischen Kirche bei und bereitete den Weg für die protestantische Reformation.

Lebensgeschichte: Rodrigo, Sproß des mächtigen spanischen Adelsgeschlechts der Borgias, war der Protegé seines Onkels Alonso de Borgia, des Bischofs von Valencia. Onkel Alonso beaufsichtigte die Erziehung Rodrigos, und nachdem er Papst Calixtus III. geworden war, verschaffte er seinem fünfundzwanzigjährigen Neffen Zugang zum Kardinalskollegium. Der junge Rodrigo genoß auf so überschwengliche Weise das aufwendige Leben, das Reichtum und Macht ihm ermöglichten, daß er schon bald die Kirche in Verruf und seinen Onkel in Verlegenheit brachte – was gar nicht so einfach gewesen sein dürfte in jener Zeit, in der Ausschweifungen zum Alltagsleben gehörten. Rodrigo selbst ließ sich nie durch irgend etwas in Verlegenheit bringen, am wenigsten durch die riesige Zahl von Kindern – die meisten unehelich –, die er während seines Aufstiegs in der Kirchenhierarchie zeugte. Nie wird man ein auch nur annähernd vollständiges Namensverzeichnis seiner Nachkommenschaft zusammenstellen können.

Rodrigos Papsttum als Alexander VI. – er hatte es sich für eine hohe Summe erkauft – begann 1492. Einmal im Amt, begannen er und sein Sohn Cesare einen Feldzug, dessen wesentliche Bestandteile diplomatische Winkelzüge, Meuchelmorde, strategische Verheiratungen und Verrat waren, und brachten auf diese Weise das ganze nördliche Italien unter die Kontrolle der Borgias. Rodrigo und Cesare vertrieben die mächtigen Orsini- und

Colonna-Familien und wehrten die Reformbewegung des Dominikanermönchs Girolamo Savonarola ab, den sie 1498 als Häretiker auf dem Scheiterhaufen verbrennen ließen.

Zahlreichen Gerüchten zufolge haben die Borgias mit Vorliebe Gift als Hilfsmittel zur Erreichung ihrer politischen Ziele verwendet, und Rodrigos Tochter Lucrezia ist im Laufe der Zeit in den Ruf gekommen, geradezu Spezialistin auf diesem Gebiet gewesen zu sein. In Wirklichkeit gibt es jedoch keinerlei Beweise für diese Behauptung. Lucrezias Aufgabe war es vielmehr, jeden zu heiraten, den Rodrigo ihr vorschrieb, ob er nun ihrem Geschmack entsprach oder nicht. Gift benutzten die Borgias jedoch nur sparsam. Sie zogen statt dessen das direkte, unkomplizierte Erwürgen oder Erschlagen vor, das gedungene Mörder für sie erledigten.

Obgleich das Intrigieren Rodrigo in Fleisch und Blut übergegangen war, wurde er gelegentlich von Anwandlungen der Reue heimgesucht. Doch waren diese gewöhnlich nur von kurzer Dauer. Die Versuchungen, die großer Reichtum hervorbringt, waren zu groß, und er erlag ihnen immer wieder. Der größte Teil der Reichtümer, die Rodrigo anhäufte, stammte aus seinen Bemühungen, die katholische Kirche in eine Art Warenhaus umzuwandeln. Er gehörte zu den ersten, die einen florierenden Handel mit religiösen Gegenständen und Vergünstigungen betrieb. Besonders teuer war die Garantie, daß man in den Himmel komme. Für 24000 Goldstücke verkaufte Rodrigo einmal mit Hilfe eines Bischofs und eines Sekretärs einem Edelmann die Erlaubnis, mit seiner Schwester Inzest zu treiben.

Rodrigo war ein großer Förderer der Künste. Er überredete Michelangelo, den Wiederaufbau des Petersdomes zu leiten, und er unterstützte viele andere Künstler der Renaissance bei Unternehmungen, die seiner Herrschaft Glanz verleihen sollten. Gegen Ende seines Lebens wurde jedoch im Volk gemunkelt, daß er einen Pakt mit dem Teufel geschlossen hatte, ein Verdacht, der durch die Art seines Todes nicht gerade entkräftet wurde. Rodrigo wurde nach einem Festmahl krank und starb kurz darauf. Sofort nach Eintritt des Todes begann sein Körper sich aufzublähen und schwarz zu verfärben – als ob seine ganze Verderbtheit noch einmal sinnbildlich vor Augen geführt werden sollte.

Sexualität: Als junger Kardinal tat Rodrigo sein Bestes, um mit der Männlichkeit des Bullen auf dem Wappen der Borgia-Familie zu wetteifern. Es heißt, daß er ein gutaussehender Jüngling gewesen sei, groß und kräftig, mit durchdringenden Schlafzimmeraugen. Seine Zeitgenossen nannten ihn einen unwiderstehlichen Eroberer. Doch welche Frau hätte es auch gewagt haben sollen, Widerstand zu leisten? Eine seiner Geliebten, Giulia Farnese, war sechzehn und bereits verheiratet, als er mit ihr schlief. Die Römer nannten sie sarkastisch die «Braut Christi». Eine andere Frau, Vannozza dei Cattanei, gebar Rodrigo vier (einige sagen fünf) Kinder, bevor er Papst wurde. Drei davon – Lucrezia, Cesare und Giovanni – folgten dem Vorbild ihres Vaters. Lucrezia hat sich wahrscheinlich, neben vielen anderen, auch Rodrigo und Cesare hingegeben, und bis auf den heutigen Tag streiten sich Historiker darüber, ob ihr Kind ein Abkömmling ihres Vaters oder ihres Bruders war. Wahrscheinlich hätte sie diese Frage nicht einmal selbst beantworten können. Und schließlich waren solche Vaterschaftsfragen angesichts der sexuellen Ausschweifungen, denen sich die Familienmitglieder ständig hingaben, eine ganz und gar belanglose Nebensächlichkeit.

Als Rodrigo 29 Jahre alt war, wurde er von Papst Pius II. getadelt, weil er in der Kardinalsrobe zu einer Orgie erschienen war, doch wird er sie nicht lange anbehalten haben, denn er pflegte sich auf solchen Festen rasch, gemeinsam mit den anderen Gästen, der hinderlichen Kleidung zu entledigen. Eine besondere Freude hatte er daran, Bacchanale zu veranstalten, bei denen zahlreiche nackte junge Tänzerinnen im heiratsfähigen Alter auftraten.

Es war nicht ungewöhnlich für ihn, das feierliche Hochamt zu stören. Während einer Messe schleppte er kichernde Frauen hinauf zum Altar, und bei einem anderen Anlaß trat er nachlässig auf die heilige Hostie. Er pflegte unter jedem Vorwand Feiern zu veranstalten und lärmende Meuten von Prostituierten in die päpstlichen Gemächer zu bringen. Während seiner Gelage wurden im Schnitt 25 Prostituierte pro Nacht zur Unterhaltung des Papstes bereitgestellt. Diskretion war nie eine von Rodrigos Stärken, und er schockierte die Gläubigen auf seinen Reisen, die er oft in Begleitung spärlich bekleideter Tanzmädchen antrat.

Eines der Festessen des Papstes hat sein Zeremonienmeister Johannes Burchard, der Bischof von Ostia, in seinem *«Diarium Romanum»* beschrieben: «... fünfzig angesehene Huren – nicht gewöhnliche, sondern jene, die man Kurtisanen nennt – waren beim Abendessen [im Vatikan] anwesend ... und nach dem Abendessen tanzten sie dort mit den Dienern und anderen, zuerst in ihren Kleidern und dann nackt ... Kandelaber mit brennenden Kerzen wurden auf den Boden gestellt, und Haselnüsse wurden ausgestreut, und die nackten Kurtisanen krochen auf dem Boden umher und sammelten sie auf, wobei sie sich zwischen den Kandelabern hindurchwanden ... Und dann gaben sich alle, die in der Halle waren, ihren fleischlichen Begierden hin ...» Der Papst, Cesare und Lucrezia verliehen den Männern Preise, die am meisten mit den Prostituierten kopulierten.

Am Vorabend zu einer der zahlreichen Hochzeiten Lucrezias veranstaltete Rodrigo für seine Tochter eine eindrucksvolle Vorführung, mit der er sie, wie er sagte, in die Geheimnisse des Lebens einführen wollte. Die Leibwache des Papstes beschaffte mehrere Stuten, die vorbeiziehenden Kaufleuten gehörten. Die Stuten wurden zusammen mit einigen Hengsten des Pontifex auf das päpstliche Grundstück gebracht. Während die Hengste miteinander um die Stuten kämpften, standen der Papst und Lucrezia auf einem Balkon und lachten lauthals.

Im Gegensatz zu einem seiner Vorgänger, Sixtus IV., war Rodrigo heterosexuell. Doch ging das Gerücht um, daß Rodrigo und Cesare den schönsten jungen Mann Italiens einsperrten und vergewaltigten. Es fehlt allerdings der Beweis. Das angebliche Opfer wurde mit einem Stein um den Hals im Tiber gefunden. Die vorhandenen Zeugnisse lassen darauf schließen, daß Rodrigo Frauen bevorzugte. Zusätzlich zu der Armee von Kurtisanen, die ständig zu seiner Verfügung stand, hielt er sich einen privaten Harem, und seine Söhne Giovanni und Cesare wetteiferten miteinander um die Gunst des Papstes, indem sie ihm exotische Schönheiten für seine Sammlung schickten. Einmal übertraf Giovanni seinen Bruder mit einem Bravourstück, als er eine spanische Schönheit aufspürte, die Rodrigo vollends in Ekstase versetzte. Cesare, eifersüchtig auf seines Bruders weltlichen Ruhm, ließ Giovanni erstechen und in den Tiber werfen. Der Mord an seinem Lieblingssohn bereitete dem Papst so viel Kummer, daß er sich kurzzeitig besserte. Aber diese Besserung war nicht mehr als eine Atempause, und er verfiel bald darauf wieder in seinen dekadenten Lebenswandel.

mjt

Vom Teufel versucht

Martin Luther
10. November 1483–18. Februar 1546

Bedeutung: Luther griff in seinen Schriften und Predigten den Papst und die römisch-katholische Kirche heftig an und rief die protestantische Reformation des 16. Jahrhunderts ins Leben. Nachdem der päpstliche Bann und die Reichsacht gegen ihn ausgesprochen worden waren, legte er die Mönchskutte ab und heiratete zum Entsetzen der Theologen eine Nonne. Er hat die Bibel ins Deutsche übersetzt und – unter Gefährdung seines Lebens – den Dogmen der etablierten, mächtigen Kirche eine neue Religionsauffassung entgegengesetzt, in der zum Beispiel der einzelne in einer unmittelbaren Glaubensbeziehung zu Gott steht und deshalb die Mittlerschaft eines Priesters nicht benötigt. Auf Luthers Glaubenslehre und Bibelauslegung berufen sich heute viele Millionen Christen in aller Welt.

Lebensgeschichte: Von strengen Eltern autoritär erzogen, vom Vater, einem Arbeiter in einer Kupfergrube, oft geschlagen, durchlebte Luther eine Kindheit voller Kränkungen und Krankheiten. Obgleich er die Schule langweilig fand, akzeptierte Luther bereitwillig den Vorschlag seines Vaters, an der Erfurter Universität zu studieren. Er promovierte zunächst zum Magister artium und begann 1505 das Studium der Rechte. Doch dann hatte er ein Erlebnis, das sein Leben tiefgreifend verändern sollte: Unmittelbar neben ihm schlug ein Blitz ein. Luther sah in diesem Ereignis ein Zeichen Gottes, gab sein Studium auf, trat in ein Erfurter Augustinerkloster ein, wurde 1507 zum Priester geweiht und daraufhin von seinem Orden an die Wittenberger Universität gesandt, wo er 1512 zum Doktor der Theologie promovierte.

Luther begann allmählich, eine kritische Haltung gegenüber der Kirche einzunehmen. Einer Schrift Melanchthons aus dem Jahre 1546 zufolge schlug Luther am 31. Oktober 1517 seine berühmten 95 Thesen an das Portal der Wittenberger Schloßkirche. In diesen Thesen, die die gesamte europäische Glaubenswelt in Aufruhr versetzten, brandmarkte Luther die Praxis der Kirche, einen einträglichen Handel mit Ablässen zu treiben und den Käufern eine Milderung der göttlichen Bestrafung ihrer Sünden zu «garantieren».

Von Papst Leo X. als Ketzer beschimpft und mit dem Bannspruch belegt, erschien Luther im April 1521 unter kaiserlichem Schutzgeleit vor dem Reichstag in Worms, wo er seine Schriften verteidigte. Er schockierte die versammelten Kleriker aufs äußerste mit einer Rede, in der er rief: «... ich glaube weder dem Papst noch den Konzilien allein, da ... sie des öfteren geirrt und sich selbst widersprochen haben ...» Luther hatte sich durch seine Weigerung, seine Lehren zu widerrufen, in äußerste Lebensgefahr begeben, doch wurde er von dem ihm freundlich gesinnten sächsischen Kurfürsten Friedrich dem Weisen auf die Wartburg bei Eisenach gebracht, wo er, getarnt als «Junker Jörg», dem Zugriff seiner Feinde entzogen, begann, die Bibel zu übersetzen. Ein Jahr später traute er sich schon wieder an die Öffentlichkeit und wurde zum anerkannten Führer der Reformation.

Sexualität: Als Initiator einer neuen Kirche, die nur zwei Sakramente feierte – die Taufe und das Abendmahl –, befürwortete Luther die Aufhebung des kirchlichen Zölibats. Er glaubte, daß die körperliche Liebe nicht sündig sei, und hielt den Geschlechtsverkehr für ebenso notwendig wie Essen und Trinken.

Luther setzte sich dafür ein, daß Geistliche die Erlaubnis erhielten, zu heiraten, und er verwirklichte im eigenen Leben, was er predigte. Kurz nachdem Luther seine Bindungen an die katholische Kirche gelöst hatte, gab Luther Nonnen, die des abgeschiedenen Lebens überdrüssig waren, die Erlaubnis, ihre Klöster zu verlassen. Eine von ihnen, Katharina von Bora, wurde seine Frau, nachdem eine der anderen Nonnen, denen er geholfen hatte, sein Eheangebot ausgeschlagen hatte. Luther heiratete die Ausreißerin mit dem rötlichen Haar, um den Papst zu provozieren und um seinen Vater zu beruhigen, der besorgt war, daß der Familienname aussterben könnte. Luther, der inzwischen seine Mönchskutte abgelegt hatte, behauptete, daß sein Hunger auf sexuelle Befriedigung durch nichts zu stillen sei, nicht einmal durch die Ehe. Luther lernte, mit dieser ständig unbefriedigten Lust zu leben, und anscheinend war er Katharina nie untreu. Über seine Ehe nachdenkend, schrieb er einmal: «Der Mensch hat im ersten Jahr seiner Ehe merkwürdige Gedanken. Wenn er am Tisch sitzt, denkt er: ‹Früher war ich allein; nun sind hier zwei.› Oder im Bett, wenn er aufwacht, sieht er ein Paar Zöpfe neben sich liegen, die er dort zuvor nicht gesehen hatte.»

Bevor Luther Katharina heiratete, sprach er offen über die «Versuchungen des Fleisches», denen er ausgesetzt sei, und sagte, daß er und viele seiner Mitmönche im Augustinerkloster zu Erfurt «nächtliche Befleckungen» erlebt hätten. Nach seiner Hochzeit berührte er oft «besondere Teile» des Körpers seiner Frau, wenn er vom Teufel versucht wurde. Der Teufel verlor seine größten Schlachten «direkt im Bett, neben Käthchen».

Sein ganzes Leben lang führte Luther einen quälenden Kampf mit Satan, der ihn – so berichtet er – in vielfältigen Verkleidungen heimsuchte. Luther pflegte den Teufel mit zotigen Redewendungen zu beschimpfen, und er prahlte damit, daß er den bösen Geist «mit einem einzigen Furz» wegjagen könne. Er hatte eine intime Beziehung zu seinem Darm, der ihn häufig peinigte, und schilderte in Briefen an die Eltern detailliert die Kämpfe, die er mit seinem problematischen Stuhlgang auszufechten hatte.

Obgleich er glaubte, daß Frauen emotional schwächer als Männer seien und Sex intensiver als diese brauchten, bekannte er 1519 in einer Predigt, daß seine eigenen sexuellen Begierden überwältigend seien. Er betrachtete die Sexualität als natürliche, gottgefällige Funktion und vertrat deshalb die Ansicht, daß ein impotenter Ehemann seiner Frau einen akzeptablen Ersatz zu beschaffen habe.

Luther und seine Frau hatten sechs eigene Kinder und zogen außerdem elf Waisen auf. Ihre Ehe dauerte 21 Jahre, von 1525 bis zum Tode Luthers im Jahre 1546. Trotz seines religiösen Radikalismus war Luther nicht bereit zu einer häuslichen Reformation. Er glaubte, daß der Ehemann das «Haupt» seiner Frau sei und von ihr nicht nur Liebe, sondern auch Verehrung und Gehorsam fordern könne. In Luthers Augen waren die Frauen dazu bestimmt, zu Hause zu bleiben: «Die Art, wie sie geschaffen worden sind, zeigt dies an, denn sie haben breite Hüften und ein beachtliches Fundament zum Draufsitzen.» Er zog der Scheidung die Bigamie vor und vertrat die Auffassung, daß sich ein verheirateter Mann, der eine weitere Gefährtin braucht, um seine sexuellen Bedürfnisse zu befriedigen, frei fühlen soll, eine zweite Frau als Geliebte zu nehmen. Es ist nicht überliefert, welche Haltung Katharina dieser patriarchalischen Philosophie gegenüber einnahm, aber wahrscheinlich hat sie sich ihr unterworfen, um die häusliche Harmonie zu erhalten.

ak

Der lüsterne Mönch

Grigori Jefimowitsch Rasputin
1871–30. Dezember 1916

Bedeutung: Auf Grund der eigentümlichen Mischung aus charismatischer Ausstrahlung, ausgeprägtem Opportunismus und sexueller Virtuosität, die seine Persönlichkeit prägte, gelang Rasputin der unglaubliche Aufstieg vom Bauernsohn und ungehobelten Hinterlandheiler und -mystiker in eine mächtige und einflußreiche Position unter den herrschenden Familien des vorrevolutionären Rußlands.

Lebensgeschichte: Rasputin wurde in dem sibirischen Dorf Prokrowskoje geboren, als drittes und letztes Kind von Efim Akowlewitsch, einem wohlhabenden Bauern, und Anna Egorowna, einer Mongolin aus Tobolsk. In seiner Jugend deutete alles darauf hin, daß er in die Fußstapfen seines Vaters treten würde. Das Landleben gefiel ihm. Er hatte Lust an der Arbeit auf den Feldern und auf dem Hof und hegte bereits als junger Mann eine große Vorliebe für ausgiebige Trinkgelage und leichte Mädchen. Mit zwanzig heiratete er Praskowia Feodorowna Dubrowina, ein Mädchen aus seinem Dorf, und zeugte mit ihr vier Kinder, von denen eines als Kind starb. Um 1900 hatte er sich einer häretischen religiösen Sekte angeschlossen, die unter dem Namen Khlisti bekannt war. Diese Flagellanten glaubten, daß der Mensch zuerst sündigen müsse, um später erlöst werden zu können, und daher praktizierten sie eine unglaubliche Vielzahl bizarrer sexueller Gebräuche und Riten. Wegen dieser Praktiken wurde Rasputin aus seinem Heimatdorf verstoßen. Nun begann für ihn eine Zeit der Wanderschaft; er machte sich einen Namen als Heiler und führte viele Frauen in die Rituale der Flagellanten ein. Um 1905 ließ er sich in der russischen Hauptstadt St. Petersburg nieder. Schon bald gingen in der Stadt die unglaublichsten Gerüchte über die «Wunderkräfte» des Heilers um, und Scharen von Hilfesuchenden kamen zu ihm. Eines Tages wurde er zum Zaren Nikolaus II. gerufen. Er hatte einen Sohn, Alexis, der Bluter war. Rasputin gelang es, das Leiden des Jungen zu lindern, was ihm die Gunst des Zaren, vor allem aber der Zarin Alexandra einbrachte. Er nutzte die Protektion der Zarin, um sich eine einflußreiche Stellung zu schaffen. Gleichzeitig schockierte er die Bewohner von St. Petersburg mit seinen wilden sexuellen Possen. 1916 wurde er bei einer Verschwörung von konservativen Adligen ermordet. Nachdem er vergifteten Wein getrunken hatte und von mehreren Pistolenkugeln verwundet worden war, banden die Attentäter ihm Hände und Füße zusammen und warfen ihn in die eisige Newa.

Sexualität: Rasputin war zweifellos einer der ausschweifendsten sexuellen Abenteurer der Geschichte. Er wurde von einer geradezu überschäumenden Begierde von einer Frau zur anderen getrieben. Schon als kleiner Junge erschreckte und verzückte er die Dorfmädchen mit seinem Riesenphallus, wenn er mit ihnen nackt im Dorfteich badete. Aber seine wirkliche Einführung in die Welt des Sex gab ihm Irina Danilowa Kubasowa, die junge, schöne Frau eines russischen Generals. Mit verheißungsvollen Bewegungen lockte sie den Sechzehnjährigen in ein Schlafzimmer. Nachdem er sich ausgezogen hatte und gerade zu ihr ins Bett kommen wollte, fielen sechs Zofen, die Irina vorher in dem Zimmer versteckt hatte, über ihn her, begossen ihn mit kaltem Wasser und spielten mit seinem Penis. Nach dieser Episode – sogar noch nach seiner Heirat mit Praskowia Feodorowna – vergnügte er sich mit Prostituierten in seinem Heimatdorf. Dem Bericht seiner Tochter zufolge führte eine sexuelle Lustbarkeit mit drei sibirischen Bauernmädchen, auf die er zufällig traf, als er in einem See badete, zu einer Art religiöser Offenbarung, die ihn dazu veranlaßte, Mitglied der Khlisti zu werden – einer Sekte, die zur unbeschränkten Befriedigung der sexuellen Begierden aufrief. Als Rasputin nach der Vertreibung aus seinem Heimatdorf durch russische Landgebiete wanderte, versammelte er viele Frauen um sich, die dem «Magnetismus seiner tierhaften Anziehungskraft» erlagen, und feierte mit ihnen seine obskuren Riten. Hierzu gehörten opulente bacchantische Orgien, die mit Partnertausch «an jedem nur denkbaren Ort, in Wäldern, in einer Scheune oder der Hütte einer seiner Konvertiten» endeten. Seine Doktrin der Erlösung durch sexuelle Befreiung ermöglichte es vielen verklemmten Frauen, sich das erste Mal sexuell zu vergnügen, trotz des verwahrlosten, schäbigen Aussehens des «heiligen Satyrs». Für diese Frauen «war der Beischlaf in den Armen des ungewaschenen Bauern mit dem schmutzigen Bart und den dreckigen Händen», schreibt der Biograph Robert Massie, «ein neues und aufregendes Gefühl». Selbst die mondänen Frauen in St. Petersburg gerieten in den Bann seiner Sinnlichkeit. Er eröffnete eine Art Praxis in seiner Wohnung, und die Damen versammelten sich in seinem Eßzimmer um einen Tisch, um auf eine Einladung in sein Schlafzimmer zu warten, das er das «Allerheiligste» nannte. Es gehörte beinahe schon zum guten Ruf einer Frau, die Aufmerksamkeit des «Wunderheilers» erregt zu haben, und manche Ehemänner seiner Eroberungen prahlten damit, daß ihre Frau eine der Auserwählten sei, die dem unglaublichen Rasputin «gehört» hatte. Meistens fand man ihn in seinem Eßzimmer, umgeben von hübschen «Schülerinnen»; manchmal saß eine von ihnen auf seinem Schoß, und er streichelte ihr Haar und erzählte ihr zärtlich flüsternd von der «geheimnisvollen Auferstehung». Meistens fing er an zu singen, und schließlich stimmten die Damen ein. Bald schlug das Singen um in wildes Tanzen, welches dann oft zu leidenschaftlichen Ohnmachtsanfällen und zu den begehrten Ausflügen ins «Allerheiligste» führte. Während einer seiner Sitzungen in St. Petersburg begann Rasputin plötzlich, die Damen mit einer drastischen Beschreibung des Geschlechtslebens von Pferden zu unterhalten. Dann griff er brutal nach einer seiner vornehmen Zuhörerinnen und sagte: «Komm, meine hübsche Stute.»

Selbst Rasputins Tod hatte sexuelle Untertöne. Der Biographie Patte Barhams zufolge, der sich auf die Aussagen von Rasputins Tochter Maria beruft, war Rasputins Mord von Männern ersonnen, denen der Heiler bei der Verwirklichung ihrer politischen Ziele im Wege stand. Seine Meuchelmörder luden ihn zu einem mitternächtlichen Mahl ein und «bewirteten» ihn mit vergiftetem Kuchen und Wein. Einer seiner Mörder, Felix Jussopow, war ein Prinz, der angeblich homosexuell veranlagt war. Er hatte mehrere Annäherungsversuche an den Mystiker unternommen und jedesmal eine Abfuhr erhalten. Als Rasputin vom Gift betäubt war, benutzte ihn Jussopow sexuell und schoß dann viermal auf ihn. Rasputin fiel zu Boden, immer noch am Leben. Da zog ein anderer Attentäter ein Messer und «kastrierte Grigori Rasputin». Angeblich hat sich das abgetrennte Riesenorgan noch 1968 im Besitz einer in Paris lebenden ehemaligen Zofe Rasputins befunden.

Sexpartner: Rasputins willige Sexpartnerinnen – sie blieben oft anonym – bildeten eine große Familie. Er hatte sich wahrscheinlich schon lange bevor Irina Danilowa auf der Bildfläche erschien mit den Dorfmädchen amüsiert. Dunia Bekjeschowa, die mit vierzehn eines der Mädchen gewesen war, die Irina halfen, Rasputin zu verführen, wurde später eine Dienerin der Familie des Priesters und seine lebenslange Geliebte. Eine weitere der vielen Eroberungen, die von Rasputins Tochter erwähnt werden, war Olga Wladimirowna Lokhtina, eine Frau aus dem Niederadel. Die Aufzählung ließe sich ins Unendliche fortsetzen. Schauspielerinnen und Gattinnen hoher Militärs haben genauso für die Befriedigung seiner gewaltigen Lust gesorgt wie Zimmermädchen und Prostituierte. Doch mit der bekanntesten seiner Damen – der Zarin Alexandra – hat er wahrscheinlich, entgegen anderslautenden Gerüchten, nicht geschlafen. Es scheint bei blumigen Briefen der Zarin an ihn, in denen sie gelobte, «Ihre Hände zu küssen und meinen Kopf auf Ihre gesegneten Schultern zu legen», geblieben zu sein. Die geduldigste von all seinen Frauen war zweifellos Praskowia, die seine ständigen Ehebrüche ohne Klage ertrug und sie achselzuckend mit den Worten «Er hat genug für alle» tolerierte.

Gedanken: «Solange ihr eure Sünden geheimhaltet und sie ängstlich hinter Fasten, Gebeten und Bibellesen versteckt, werdet ihr Heuchler und Taugenichtse bleiben.»

wl

Der leidenschaftliche Philosoph

Paul Tillich
20. August 1886–22. Oktober 1965

Bedeutung: Paul Tillich, ein bedeutender protestantischer Theologe und Existenzphilosoph, war eine zentrale Figur des intellektuellen Lebens in Europa und Amerika. *«Der Mut zum Sein»* und *«Offenbarung und Glaube»* gehören zu seinen am weitesten verbreiteten Werken.

Lebensgeschichte: Tillichs Verbindung zum Protestantismus geht auf seine Kindheit in dem Badeort Schönfließ in der Neumark zurück, wo sein Vater das Amt des evangelisch-lutherischen Pfarrers innehatte. Als Feldprediger und Garnisonspfarrer während des Ersten Weltkrieges und als religiös-sozialistischer Privatdozent für Theologie in Berlin während der Novemberrevolution (1918) und der ersten Jahre der Weimarer Republik verlor Tillich nie den Glauben an die «religiöse Dimension» im Menschen. Der Orientierungslosigkeit und inneren Zerrüttung der Menschen in jenen Jahren hielt er sein grundlegendes «protestantisches Prinzip» entgegen, die Hoffnung, daß Freiheit und Glaube den Konflikt zwischen individuellen Bedürfnissen und universellen Gegebenheiten lösen werden.

Nach dem Krieg ließ sich Tillich von seiner ersten Frau, Margarethe Wever, scheiden, weil sie in eine Affäre mit Richard Wegener, Tillichs bestem Freund, verwickelt war. 1921 verliebte sich Tillich auf einem Maskenball in die Kunstlehrerin Hannah Werner. Hannah, die zehn Jahre jünger war als er und sehr unkonventionelle Auffassungen vertrat, war mit dem Zeichenlehrer Albert Gottschow verlobt. Sie verliebte sich zwar in Tillich, doch heiratete sie Gottschow, weil er ein sehr zärtlicher Liebhaber war. Hannah ließ sich durch die Heirat nicht davon abhalten, sich weiterhin mit Tillich zu treffen. Als sie von Albert schwanger wurde, fand ein Gesinnungswandel in ihr statt: Sex allein, sagte sie, genüge ihr jetzt nicht mehr; sie brauche jemanden, der ihr intellektuelle Anregungen geben könne. 1924 wurde sie Tillichs Frau.

Während der nächsten acht Jahre, in denen die beiden eine glückliche, stürmische Ehe führten, wurde Tillich als Professor an mehrere bedeutende deutsche Universitäten berufen. Er veröffentlichte in dieser Zeit mehr als hundert Aufsätze und Artikel. Wegen seiner kritischen Haltung gegenüber der nationalsozialistischen Bewegung wurde Tillich, der seit 1929 als Professor der Philosophie und Soziologie an der Frankfurter Universität arbeitete, 1933 die Lehrerlaubnis entzogen. Noch im selben Jahr mußte er vor der Nazi-Regierung fliehen – eine Verbannung, die er als Ehre betrachtete. Er emigrierte mit seiner Frau nach New York, wo Reinhold Niebuhr ihm eine Stelle am Union Theological Seminary beschafft hatte.

Später lehrte er an den Universitäten von Chicago und Harvard und veröffentlichte nebenher viele weitverbreitete und einflußreiche Bücher. 1940 nahmen Hannah und er die amerikanische Staatsbürgerschaft an. Der dritte Band seines Hauptwerkes *«Systematische Theologie»* wurde 1963 veröffentlicht und brachte ihm die Anerkennung als weltberühmter Philosoph. Er starb im Alter von 79 Jahren in Chicago an einem Herzanfall.

Sexualität: Als Theologiestudent war Tillich sehr prüde gewesen. Zusammen mit Freunden legte er ein Keuschheitsgelübde ab, das er – wenn auch mit Mühe – bis zu seiner Hochzeit mit 28 Jahren einhielt. Seine erste Frau verletzte ihn durch ihr Gespött über seinen Glauben an die Monogamie und seinen Wunsch, ihr treu zu sein. Dieser Zwiespalt führte zu ihrer Affäre mit Wegener und schließlich zur Scheidung. Von seiner Frau verlassen, begann Tillich, sich in das Berliner Bohemien-Leben zu stürzen. Er war anscheinend entschlossen, verlorene Zeit wieder aufzuholen. Nun vertrat auch er die Auffassung, daß Monogamie unrealistisch und unnatürlich sei. In seiner zweiten Ehe bestand er auf der Freiheit, jeder neuen Erfahrung gegenüber offen sein zu dürfen. Hannah, die dazu neigte, Menschen an sich zu binden, und die leicht eifersüchtig wurde, akzeptierte dieses Bedürfnis ihres Mannes nach anderen Frauen nur widerwillig, aber sie versuchte, es ihm durch eine Reihe eigener außerehelicher Affären gleichzutun.

Hannah war die große Liebe in Tillichs Leben; er brauchte sie für seine eigene Stabilität und Ordnung. Aber er konnte ohne seine leidenschaftlichen Beziehungen zu anderen Frauen nicht leben, da er glaubte, daß seine Arbeit darunter leiden würde, wenn er nicht die Erregung und den Antrieb neuer sexueller Begegnungen hätte.

Tillich hatte eine natürliche Begabung, Freundschaften mit Frauen zu schließen, und einen gesunden Sinn für Spielereien. Er verbreitete eine erotische Verzauberung – Hannah behauptete gern, daß sie ihn in einen «jungen Eros» verwandelt hätte. Wo immer er in Deutschland und in den USA lehrte, wurde er von Frauen umschwärmt. Einige schrieben ihm Gedichte, und viele wurden seine Geliebten. Tillich liebte auch gute Pornographie, durch die, wie er meinte, der weibliche Körper und der Phallus verehrt würden. Begierig und ehrfürchtig zugleich in bezug auf den Liebesakt, glaubte er, mit Frauen eine Art spiritueller Umwandlung, eine Einheit mit dem Göttlichen, erreichen zu können. «Die Frauen sind Gott näher», sagte er einmal.

In den zwanziger Jahren wurde Tillichs «erotische Lösung» zu einem moralischen Imperativ. Da er bereits eine tragische Dreiecksbeziehung in der Liebe erlebt hatte, war er entschlossen, in seiner zweiten Ehe Eifersucht und Schuldgefühle zu vermeiden. Er akzeptierte Hannahs Liebhaber und erwartete von ihr, daß sie ihm gegenüber die gleiche Toleranz aufbrachte. Seit ihrer Schulzeit war Hannah erotische Beziehungen sowohl zu Männern als auch zu Frauen eingegangen. Mit fünfzehn wurde sie von einer jungen Frau, die Annie hieß, in die lesbische Liebe eingeführt. Annie war so verführerisch, daß Hannah noch Jahre später nach weiblichen Bettgenossinnen suchte. Einmal schlief Tillich mit einer lesbischen Freundin Hannahs, während diese im Nebenzimmer mit ihrem Geliebten Heinrich im Bett lag. Die Situation überstieg jedoch Hannahs emotionale Belastungsfähigkeit, und sie brach ihr Liebesspiel mit Heinrich ab. Als Tillich älter wurde, konzentrierte er sich mehr auf Hannah, bis ihre gegenseitige Abhängigkeit schließlich jeden Konflikt überdeckte und sie eng aneinanderband.

Selbstzweifel und innere Konflikte hielten jedoch bis zu Tillichs letztem Tag an. Einmal gestand er einem Freund, daß er ein großer Sünder sei. Als er nach dem Grund dieser Selbstanklage gefragt wurde, antwortete er: «Weil ich Frauen, das Trinken und das Tanzen liebe.» Für alle, die ihn kannten, war Paul Tillich auf paradoxe Weise Christ und Heide zugleich.

Eigenarten: Tillich wurde durch Frauenfüße erregt. Er selbst führte diesen Fetischismus auf eines seiner erotischen Kindheitserlebnisse zurück: den Anblick einer Freundin seiner Mutter, die barfuß über den Strand lief. Hannah erinnerte sich an einen Waldspaziergang, den sie einmal mit ihrem zukünftigen Mann unternommen hatte: «Als ich meine Schuhe auszog, geriet Paulus beim Anblick meiner Füße in Ekstase. In späteren Jahren sagte ich oft, daß wir niemals geheiratet hätten, wenn ich an jenem Tag nicht barfuß mit ihm spazierengegangen wäre.»

asm

Kopf und Bauch

Philosophen, Psychologen, Wissenschaftler

Von ganzem Herzen monogam

Alfred Adler
7. Februar 1870–28. Mai 1937

Bedeutung: Der umgängliche Wiener Alfred Adler war neun Jahre lang Mitarbeiter und Freund Sigmund Freuds. Am Ende ihrer Beziehung waren ihre unterschiedlichen Ansichten zu einigen Grundfragen psychoanalytischen Denkens so unüberbrückbar geworden, daß es zum Bruch zwischen den beiden Partnern kam. Nach der Trennung begründete Adler mit dem «Verein für Individualpsychologie» eine eigene psychologische Schule, die die moderne Humanistische Psychologie beträchtlich beeinflussen sollte. Von Adler stammen unter anderem die Begriffe «Minderwertigkeitskomplex» – das aus der Kindheit herrührende Gefühl, eine winzige Person in einer Welt von Riesen zu sein –, «Lebensstil» – der Hang des Menschen, im voraus seine eigene Lebensgeschichte zu «schreiben» –, «Überkompensation» – ein Mechanismus, der aus Schwächen Stärken werden läßt – und «Aggressionstrieb», ein Terminus, den Adler selbst in «Geltungsstreben» abmilderte. Das allem Übergeordnete ist sein Begriff «Gemeinschaftsgefühl», die Vorstellung, daß menschliche Wesen eine von Natur aus kooperative Art sind und daß jedes Individuum fest in die Gesellschaft eingebettet ist.

Lebensgeschichte: Abgesehen von der tief verwurzelten Eifersucht auf seinen älteren Bruder und einer früh ausgeprägten Angst vor dem Tod, war Alfred Adler als Kind unbekümmert, entdeckungsfreudig und abenteuerlustig. Er spielte mit seinen Freunden auf den Wiesen in der Nähe seines Elternhauses in Penzing, einem Wiener Vorort. Er litt an einer Rachitis und einem häufig auftretenden Stimmritzenkrampf und erlebte bewußt die Todesnähe. Er faßte daraufhin den Entschluß, Arzt zu werden – die beste Möglichkeit, so meinte er, dem Tod entgegenzuwirken. Er hielt an diesem Vorsatz fest und arbeitete nach seiner Promotion an der Wiener Universität zunächst als Augenarzt in einem Krankenhaus und eröffnete dann, 1900, eine Privatpraxis für Allgemeinmedizin in der Nähe des Praters.

Sehr bald schon stellte der junge Arzt fest, daß viele der körperlichen Leiden, über die seine Patienten klagten, mit den herkömmlichen medizinischen Mitteln nicht zu beheben waren. Um ihnen besser helfen zu können, entschloß sich Adler, Psychiatrie zu studieren.

Wodurch Freud im Jahre 1902 auf Adler aufmerksam wurde, ist nicht bekannt. Möglicherweise war die Verteidigungsschrift Adlers für Freuds Buch *«Die Traumdeutung»* (1900), das sehr schlechte Kritiken in der Wiener Presse erhalten hatte, Grund ihres ersten Zusammentreffens gewesen. Der dankbare Freud schickte seinem Mitstreiter eine Postkarte, auf der er ihn zu seiner wöchentlichen Diskussionsrunde, der Psychologischen Mittwochsgesellschaft, einlud.

Bis 1911 hielten die beiden an ihrer etwas zwiespältigen Verbindung fest. Adler weigerte sich, Freuds Schützling zu werden: «Glauben Sie, daß es mir viel Vergnügen macht, mein ganzes Leben in Ihrem Schatten zu verbringen?» Adler glaubte nicht wie Freud daran, daß Störungen der kindlichen Sexualität Ursache seelischer Probleme im Erwachsenenalter seien; Freud widersprach Adlers Idee vom Aggressionstrieb, bis er sie später doch übernahm und in seine Theorie vom «Todestrieb» einbaute, woraufhin Adler sarkastisch vermerkte, er schätze sich glücklich, daß er ihm dieses Geschenk habe machen dürfen. Der Bruch wurde unvermeidlich, als Adler – auf Freuds Einladung hin – dem Diskussionskreis seine Kritik an Freuds Sexualtheorie unterbreitete und ihr seine eigene Theorie des «männlichen Protestes» entgegensetzte. Diese Theorie besagt, daß in einer patriarchalischen Welt sowohl Männer als auch Frauen dazu neigen, weibliche Werte abzulehnen. In Adlers Augen waren Frauen den Männern von Natur aus gleichwertig und ihre Unterdrückung zum Schaden beider Geschlechter. Freuds loyale Anhänger verurteilten Adler, und so gründete dieser seinen eigenen Kreis, der sich im Wiener Café Central traf.

Freud und Adler blieben erbitterte Feinde. Freud sagte später über Adler: «Ich habe einen Pygmäen groß gemacht», worauf Adler antwortete, daß ein Pygmäe, der auf den Schultern eines «großen Riesen» stünde, weiter sehen könne als der Riese. Freud erwiderte, daß dies jedoch nicht auf eine Laus im Haar des Riesen zuträfe.

Adler glaubte an die Gleichwertigkeit aller Menschen. Besondere Aufmerksamkeit widmete er Verhaltensweisen, die er «Organdialekt» (Körpersprache) nannte. So mußten sich zum Beispiel seine Patienten nicht – wie bei Freud – auf eine Couch legen, sondern saßen, wie er selbst auch, auf einem Stuhl. Es kam auch vor, daß er sich zu Füßen eines Kindes hinsetzte, damit es sich nicht so klein vorkam und die Angst vor ihm verlor.

Seine Stimme war so schön, daß man ihm vorgeschlagen hatte, zur Oper zu gehen, und er konnte wortgewandt und geistreich reden – «ein unübertrefflicher Meister der Kunstpause».

Nach 1926 lebte er die meiste Zeit mit seiner Familie in den USA und lehrte an der Columbia University und dem Long Island College of Medicine, wenn er nicht gerade auf einer Vortragsreise war. Auf einer dieser Reisen brach er auf einer Straße in Aberdeen (Schottland) zusammen und starb an einem Herzanfall. Vor dieser Reise hatte er in Anspielung auf seine Herzbeschwerden gesagt: «Uns sind Herzen nicht gegeben worden, um sie zu hegen und zu pflegen, sondern um sie in sinnvoller Arbeit abzunutzen.»

Liebe: «Und hätte ich sie in meinem eigenen Laboratorium hergestellt», sagte er über seine Frau Raissa, «sie hätte nicht besser mit meiner Vorstellung übereinstimmen können.» Sie waren sich im sozialistischen Studentenverein, dem beide angehörten, begegnet. Raissa Timofejewna stammte aus einer reichen russischen Adelsfamilie, war klein und kräftig, mit unschuldig, aber direkt blickenden blauen Augen. Sie war eine leidenschaftliche Gegnerin der Zaren-Regierung in Rußland, war selbständig, freimütig und emanzipiert und machte sich durch ihr Verhalten und ihre Ansichten in der konservativen Bürgerwelt Wiens immer wieder unbeliebt.

Adler verliebte sich leidenschaftlich in Raissa und folgte ihr zweimal nach Rußland. Während der zweiten Reise im Jahre 1897 heirateten sie. Ihre Eltern waren von ihm begeistert. Seiner Mutter und seinem Vater schickte er ein Telegramm: «Bin verheiratet – komme mit Braut – findet Bleibe für mich.» Sie überließen ihm ihre Wohnung in Wien. Raissas Wünschen gemäß, lebten die Jungvermählten nur von dem, was sie selbst verdienten. Während ihrer Ehe und nach Alfreds Tod arbeitete Raissa, die drei Sprachen beherrschte, als Übersetzerin und Kritikerin.

Adler hatte eine anziehende Art, doch war er keine Schönheit. Er hatte eine gedrungene Gestalt, einen schwarzen Schnurrbart und durchdringende Augen. Seine Herzlichkeit jedoch sicherte ihm die Sympathie der Frauen. Nach Aussage seiner Schwester Hermine hatten selbst die strengsten Mütter nichts dagegen, dem Studenten Alfred ihre Töchter anzuvertrauen, und verabschiedeten sich oft von ihnen mit den Worten: «Ich weiß, Alfred wird gut auf dich aufpassen.» Und das tat er zweifellos. Nach seiner Heirat war Adler von ganzem Herzen monogam. Es existiert nicht der Schimmer eines sexuellen Skandals in seinem Leben, nicht die leiseste Andeutung einer außerehelichen Beziehung. Über einen Mangel an Gelegenheit hätte er sich nicht zu beklagen gehabt – seine weiblichen Patienten waren geneigt, seine Sympathie als Zeichen sexuellen Interesses aufzufassen, und machten ihm dementsprechende Angebote, die er aber stets ablehnte.

Doch trotz Adlers Treue war die Ehe nicht nur eitel Sonnenschein. Raissa und Alfred harmonierten in ihren geistigen Interessen, ihrem Großmut, ihrer Liebe zu den Menschen. Sie waren jedoch Kinder ihres jeweiligen Kulturkreises: wienerisch herzlich, taktvoll und empfindsam der eine, russisch derb, ehrlich und heißblütig die andere. Raissa legte zwar nicht viel Wert auf Häuslichkeit, doch machte es sie unglücklich, daß ihnen durch Adlers Arbeit so viel Zeit geraubt wurde. So blieb die tägliche Sorge für ihre vier Kinder hauptsächlich an ihr hängen. Darüber hinaus trieb sein wachsendes Desinteresse am Sozialismus, dessen unbeirrbare Anhängerin sie blieb, einen Keil zwischen die beiden. Mehr als einmal entfremdeten sie sich voneinander.

1934 erkrankte Adler in New York ernsthaft an den Auswirkungen eines unbehandelten Karbunkels am Hals. Raissa, die sich in Wien aufhielt, eilte so schnell sie konnte mit ihrer Tochter Alexandra an sein Krankenbett. «Da sind meine beiden Liebsten», rief Adler aus, «um mich zu umsorgen. Ihr werdet sehen, wie schnell ich wieder auf den Beinen bin!» Ihr gegenseitiges Aufeinandereingehen – sie pflegte ihn, und er sprach mit ihr über ihre Sorgen – führte dazu, daß die beiden sich in dieser Zeit für immer versöhnten.

Adler war ein beispielhafter Liebender – er liebte die ganze Menschheit. Er vergötterte seine Kinder. Als seine Töchter heirateten, nahm er seinen Schwiegersöhnen gegenüber eine skeptische Haltung ein: «Diese Burschen sind mir zu kalt – es fällt mir schwer, ihnen meine Töchter zu überlassen. Ich weiß, daß ich bloß eifersüchtig bin, aber ich kann nichts dagegen tun, daß ich meine Mädchen wieder unter meinen Fittichen wissen möchte!» Alle seine Kinder waren erfolgreich: Alexandra und Kurt wurden Psychiater, Nelly Schauspielerin und Valentine, die im Zweiten Weltkrieg unter tragischen Umständen in einem sowjetischen Gefangenenlager starb, Wirtschaftswissenschaftlerin.

Jemandem, der etwas über Perversionen oder ständigen Bettpartnerwechsel erfahren möchte, muß Adlers Leben ziemlich langweilig erscheinen; ist man jedoch an der Fähigkeit zu lieben und geliebt zu werden interessiert, so bietet sein Leben reichhaltige Anregungen.

Sein Rat: «Trennungen geschehen meistens deswegen, weil die Partner nicht all ihre Kraft zusammennehmen. Sie gestalten ihre Ehe nicht; sie warten nur darauf, etwas zu erhalten. Wenn sie die

Probleme auf diese Art meistern wollen, müssen sie natürlich scheitern. Es ist ein Fehler, von Liebe und Ehe das Paradies zu erwarten, und es ist auch ein Fehler, so zu tun, als sei die Ehe das Ende einer Geschichte. Wenn zwei Leute heiraten, stehen sie erst am Anfang der Möglichkeiten ihrer Beziehung; während der Ehe stellen sich ihnen die wirklichen Aufgaben ihres Lebens, und sie haben die Gelegenheit, zum Wohle der Gemeinschaft etwas zu erschaffen.»

ae

Der leidenschaftliche Physiker

Albert Einstein
14. März 1879–18. April 1955

Bedeutung: In einer Reihe wissenschaftlicher Schriften, die er in den ersten beiden Jahrzehnten des 20. Jahrhunderts verfaßte, revolutionierte Einstein die Physik. Seine Theorien von der Speziellen und der Allgemeinen Relativität gehören zu den hervorragendsten Leistungen der Wissenschaft, und Einstein gilt entsprechend als einer der größten Denker der Menschheitsgeschichte.

Lebensgeschichte: Trotz der weltweiten Anerkennung, die dem Genie später zuteil werden sollte, waren Einsteins erste Schuljahre in Deutschland nicht sehr vielversprechend, und seine Eltern fürchteten anfangs, daß er unterdurchschnittlich begabt sei. Als er 1895 an der hochangesehenen Eidgenössischen Polytechnischen Hochschule in Zürich ein Studium aufnehmen wollte, wurde er nicht zugelassen. Erst nach einem Jahr Nachhilfeunterricht bestand Einstein schließlich doch noch die Aufnahmeprüfung. 1900 erwarb er sein Diplom, aber seine Bewerbung um eine Assistentenstelle wurde abgelehnt, und der Not gehorchend nahm er eine Stellung als Prüfer beim Schweizer Patentamt in Bern an. 1905 schrieb Einstein die Monographie *«Eine neue Bestimmung der Moleküldimensionen»*, die in den *Annalen der Physik* veröffentlicht wurde. Für diese Dissertation verlieh ihm die Universität Zürich den Dr. phil. Im gleichen Jahr veröffentlichte er einen Artikel über die Spezielle Relativitätstheorie, und bald darauf begann er an der Universität Zürich seine Hochschullaufbahn.

Seit der 1916 erfolgten Veröffentlichung seines Werkes über die Allgemeine Relativitätstheorie galt Einstein weltweit als der «führende Kopf» unter den Physikern. Er wurde an berühmte Universitäten berufen, Kollegen suchten seinen Rat, und politische wie wohltätige Gruppen baten ihn um seine Unterstützung. Aber

Einstein beschränkte seine Mitarbeit außerhalb der Wissenschaft auf zwei Gebiete, die ihm wichtig waren: Pazifismus und Zionismus.

Liebe: Einsteins Liebesleben begann, soweit bekannt, 1903, als er seine Kommilitonin, die Mathematikstudentin Mileva Maric, heiratete. Ihre Ehe stand unter keinem guten Stern. Für Einstein kam zuerst die Physik; die Wünsche der Ehefrau mußten hinter der Wissenschaft zurückstehen. Und doch wurde Einstein bald Vater von zwei Söhnen – Hans-Albert und Edward. In vieler Hinsicht schien Mileva die richtige Lebensgefährtin zu sein. Auf die Dauer jedoch paßte Milevas schwermütige, introvertierte Persönlichkeit mit Einsteins Vitalität und Humor nicht zusammen. Im April 1914 folgte Einstein einem Ruf an die Königlich Preußische Akademie der Wissenschaften nach Berlin. Mileva und die Jungen übersiedelten zwar mit ihm in die deutsche Hauptstadt, beschlossen aber, die Sommerferien in der Schweiz zu verbringen. Der Ausbruch des Ersten Weltkriegs verhinderte ihre Rückkehr nach Berlin, und sie blieben in Zürich. Von Berlin aus unternahm Einstein im Verlauf des Krieges nur einige wenige Reisen, um seine Familie in der Schweiz zu besuchen. Nach einem letzten Besuch im Jahre 1916 vertraute Einstein einem Freund an, daß sein Entschluß, Mileva nie wiederzusehen, «unwiderruflich» sei. Es scheint, daß sie seine Fähigkeit beeinträchtigte, sich auf seine größte Liebe, die Physik, zu konzentrieren. 1919 wurden sie geschieden, und Einstein verpflichtete sich, im festen Vertrauen darauf, den Nobelpreis zu gewinnen, die damit verbundene Geldsumme Mileva zu überschreiben. Seine Zuversicht trog ihn nicht; 1921 erhielt er den Nobelpreis und erfüllte sofort sein Versprechen. Es ist nicht bekannt, ob er ein zweites, rätselhafteres Versprechen ebenfalls hielt: «Du wirst sehen», schrieb er an Mileva, «daß ich Dir immer treu bleiben werde – auf meine Art.»

Inzwischen verbrachte Einstein in Berlin immer mehr Zeit in der Gesellschaft einer Cousine zweiten Grades, Elsa Löwenthal, der verwitweten Mutter von zwei Mädchen. Elsa und Einstein kannten sich schon aus ihrer Kinderzeit und hatten im Verlauf der Jahre gelegentlich korrespondiert. Als Einstein 1917 ernstlich magenkrank wurde, lebte er schon bei Elsa, die ihn gesund pflegte. Nach seiner Genesung blieb Einstein dort und heiratete, einige Monate nach der Scheidung von Mileva, seine ehemalige «Krankenpflegerin». Obwohl Einstein ihre Kinder als seine eigenen annahm, weisen alle Anzeichen darauf hin, daß die Grundlage seiner Beziehung zu Elsa nicht Leidenschaft, sondern Bequemlichkeit war. Sie sorgte für eine geregelte Lebensführung, indem sie sich um das Essen, seine Kleidung und die Wohnung kümmerte. Auf die Frage, was er seinerseits zu geben hätte, gab Einstein die vieldeutige Antwort: «Mein Verständnis.»

Nach Elsas Tod 1936 blieb Einstein – damals schon in Princeton (New Jersey), ansässig – Witwer bis an sein Lebensende. Er hatte in jenen Jahren engen Kontakt mit seinem älteren Sohn Hans-Albert, gleichzeitig sorgte er dafür, daß sein jüngerer Sohn Edward, der schwer gemütsleidend war, in den Institutionen, in denen er als Erwachsener einen großen Teil seines Lebens verbrachte, die richtige Pflege erhielt.

Gedanken: «Bekommt keine Kinder! Es macht die Scheidung so sehr viel komplizierter.»

«Wenn Frauen in ihrem Heim sind, hängen sie an ihrer Einrichtung. Sie fuhrwerken den ganzen Tag darin herum. Bin ich aber mit einer Frau auf Reisen, so bin ich das einzige Möbelstück, das ihr zur Verfügung steht, und sie kann es nicht lassen, den ganzen Tag um mich herumzusausen und irgend etwas an mir in Ordnung zu bringen.»

«Sich zu verlieben ist durchaus nicht das Dümmste, was die Menschen tun – aber hierfür kann man die Gravitation nicht verantwortlich machen.»

«Es ist eine traurige Tatsache, daß der Mensch nicht allein zum Vergnügen lebt.»

rm

Es spielt sich alles im Kopf ab

Sigmund Freud
6. Mai 1856–23. September 1939

Bedeutung: Als Vater der Psychoanalyse gab Freud neue Anstöße zum Verständnis und zur Behandlung seelischer Störungen. Seine Theorien über die Entwicklung der Persönlichkeit – und den sexuellen Ursprung der Neurosen – spiegeln sich in unserer heutigen Umgangssprache in Begriffen wie Ödipuskomplex, Libido, Verdrängung, Penisneid und Todestrieb wider.

Lebensgeschichte: Sigmund Freud war als der Erstgeborene von acht Kindern der Liebling seiner Mutter; sein Vater hatte vier Söhne aus einer früheren Ehe. Freud besuchte die Universität Wien und war immer ein hervorragender Student. Bis zum Abschlußexamen brauchte er acht Jahre, da er sich nicht auf ein Gebiet festlegen konnte. Der ehrgeizige und von tiefem Wissensdrang erfüllte Student entschied sich schließlich für die Medizin, da sein eigentlicher Wunsch, Politiker zu werden, für einen Juden in Wien beinahe unerfüllbar war. Er war nicht religiös, aber er blieb seinen Traditionen als ein lebenslanges Mitglied des jüdischen Ordens B'nai B'rith eng verbunden.

Seine Forschungen zur Funktionsweise des Nervensystems führten ihn zum Studium nervöser Erkrankungen und ihrer Heilung. Er experimentierte mit Hypnose und wurde ein begeisterter Verfechter der Anwendung von Kokain als Heilmittel. 1886 eröffnete er eine Privatpraxis und spezialisierte sich auf Störungen des Nervensystems. In diesem Jahr heiratete er auch Martha Bernays. Inzwischen war er dreißig Jahre alt.

In den späten neunziger Jahren des 19. Jahrhunderts litt Freud an einer schweren Psychoneurose, die ausgelöst wurde durch den qualvollen Tod seines Vaters und durch sein eigenes nachlassendes sexuelles Interesse nach der Geburt seines letzten Kindes. Zu dieser Zeit begann er bei der Analyse seiner beunruhigenden Träume die «Sprech-Therapie» anzuwenden – eine Vorform der Psychoanalyse, die Dr. Josef Breuer, sein Lehrer und Freund, entwickelt hatte. In den nächsten vierzig Jahren verbrachte Freud ein friedliches, gesichertes und ungemein erfolgreiches Leben. Er sammelte einen Kreis von Schülern um sich, darunter so angesehene Wissenschaftler wie Carl Gustav Jung, Alfred Adler, Sándor Ferenczi, Helene Deutsch und Ernest Jones.

Als die Nazis 1933 an die Macht kamen, verbrannten sie Freuds Werke als «jüdische Pornographie». 1938, nach dem Einmarsch der Nazis in Österreich, flüchtete er nach London. Prinzessin Marie Bonaparte von Griechenland, eine Freundin und frühere Patientin, erkaufte seine sichere Ausreise für £ 20000 vom Dritten Reich. Während Freud sein letztes Lebensjahr in London verbrachte, verschlimmerte sich sein Gaumen- und Kieferkrebs, an dem er 1939 starb.

Liebe: Freud machte dadurch Karriere, daß er die sexuellen Geheimnisse anderer erforschte. Zugleich gab er sich große Mühe, sein eigenes Privatleben geheimzuhalten. Er vernichtete viele Briefe. Einige der erhaltenen liegen in der Library of Congress, wo sie bis zum Jahr 2000 unter Verschluß gehalten werden.

Als er sechzehn war, wies ihn Gisela Fluß, seine erste Liebe, zurück; daraufhin «verknallte» er sich in ihre Mutter. Bis zum Alter von 26 Jahren zeigte er kein weiteres Interesse an Frauen. 1882 lernte Freud Martha Bernays kennen, ein hübsches, schlankes Mädchen von 21 Jahren aus einer traditionsbewußten jüdischen Familie. Sie waren vier Jahre lang verlobt. In dieser Zeit schrieben sie sich zwar Hunderte von Briefen, doch trafen sie sich selten, obwohl er in einem Krankenhaus in der Nähe wohnte. In seinen

Briefen war Freud ein leidenschaftlicher und eifersüchtiger Liebhaber. 1882 schrieb er: «Wehe Dir, meine Prinzessin, wenn ich komme! Ich werde Dich küssen, bis Du rot wirst, und ich werde Dich füttern, bis Du dick bist. Und wenn Du aufmuckst, dann wirst Du sehen, wer hier der Stärkere ist: ein sanftes, kleines Mädchen, das nicht genug ißt, oder ein großer, wilder Mann mit Kokain im Leib.»

1886 hatten sie endlich genug Geld, um zu heiraten. Sie ließen sich in Wien in einer Wohnung nieder, in der sie bis 1938 lebten. Innerhalb von neun Jahren bekam Martha sechs Kinder. Seit 1895 wohnte Minna Bernays, ihre Schwester, bei ihnen. Offensichtlich war Freud seiner Frau treu, aber er entfernte sich innerlich von ihr. Er ging in seiner Arbeit auf, und Martha wurde von ihren häuslichen Pflichten in Anspruch genommen, die für eine Frau und Mutter als angemessen galten. Sie erledigte den ganzen Haushalt, um es ihrem Mann bequem zu machen. Auch hielt sie ihm die Kinder und Dienstboten vom Leib, sorgte für seine Mahlzeiten und für seine Kleidung, ja sie strich ihm sogar die Zahnpasta auf die Zahnbürste. Rückblickend gab Freud zu, daß Martha in seiner Gegenwart nie entspannt wirkte.

Während seiner Selbstanalyse entwickelte Freud starke emotionale Bindungen an Dr. Wilhelm Fließ, einen Berliner Hals-Nasen-Ohren-Arzt. Beide Männer fühlten sich sehr zueinander hingezogen; sie schrieben sich ständig und trafen sich gelegentlich, um «Kongresse» zu besuchen, wie sie ihre Treffen außerhalb der Stadt nannten. Freud schrieb: «Ich freue mich auf unseren Kongreß wie auf das Stillen von Hunger und Durst ... mein Leben ist trübe ... bis Du kommst, und dann schütte ich all meinen Kummer vor Dir aus, entzünde meine verlöschende Kerze an Deinem ruhigen Licht und fühle mich wieder wohl.» Fließ war empfänglich und fürsorglich. Er versuchte, seinen Freund zu überreden, keine zwanzig Zigarren am Tag mehr zu rauchen. (Freud hatte diese seine Angewohnheit nie analysiert, obwohl er herausgefunden hatte, daß Rauchen, Drogen und Spielen Ersatzhandlungen für die Masturbation sind.) Bei einem ihrer Kongresse wurde Freud ohnmächtig. Später bemerkte er zu diesem Vorfall: «Dieser Sache liegt ein Stück ungebärdigen homosexuellen Gefühls zugrunde.» Die Freundschaft endete 1903. Schuld daran war vor allem Freuds komplizierte Reaktion auf Fließ' Theorie von einem universalen, bisexuellen Trieb. Zuerst wies Freud diese Idee zurück, dann gab er sie als seine eigene aus und plante, ein dickes Buch darüber zu schreiben, wobei Fließ nur am Rande erwähnt werden sollte. Freud begann an einen starken bisexuellen Aspekt bei jeder Persönlichkeit zu glauben und sagte: «Jeder Geschlechtsakt spielt sich zwischen vier Individuen ab.»

Es gibt Spekulationen, denen zufolge zwischen Freud und seiner Schwägerin Minna ein Liebesverhältnis bestand. Tatsächlich war

Minnas Schlafzimmer während der 42 Jahre, die sie bei den Freuds lebte, nur durch das von Sigmund und Martha zu erreichen. Sie war größer und schwerer als ihre Schwester und nach Aussage eines Nachbarn auch hübscher als Martha. Verglichen mit dieser war sie erheblich aufgeschlossener für Geistiges, und Freud hielt sie für eine gute Gesprächspartnerin, die seine Gedanken über Psychoanalyse nachvollziehen konnte. Minna war für ihren scharfen Verstand und für ihre äußerste Disziplin bei der Erziehung der Kinder bekannt. Nach Freuds Beschreibung war Minna ihm sehr ähnlich: «Wilde, leidenschaftliche Menschen, nicht ganz gut», wohingegen Martha «ganz und gar gut» war. Freud liebte Reisen. Auf seinen ausgedehnten Ferienreisen in den Sommermonaten begleitete ihn Minna oft, während Martha zu Hause blieb.

Als Hauptquelle für die Information, daß Freud tatsächlich eine Liebesaffäre mit Minna hatte, gilt Freuds Schüler Carl Gustav Jung. Berichten zufolge erzählte Jung einmal, daß Minna und Martha ihn, jede für sich, wegen desselben Problems, nämlich Freuds heftiger Zuneigung zu Minna, angesprochen hätten. So erzählte Jung einem amerikanischen Professor, daß Minna ihn 1907, als Jung als Gast in Freuds Haus in Wien weilte, bei einer Gelegenheit ansprach und ihm ihr Geheimnis verriet. Jung sagte: «Ich erfuhr von ihr, daß Freud sie liebte und daß ihre Beziehungen tatsächlich sehr intim waren.» Aufgebracht stellte Jung Freud wegen dieser Angelegenheit zur Rede und riet ihm, sich von einem anderen Therapeuten analysieren zu lassen. Jung bot sich selbst als Analytiker an, doch Freud lehnte diesen Vorschlag kalt ab.

Freud hatte einen gewaltigen Appetit auf Sex, aber in erster Linie in Verfolgung intellektueller Interessen. Er war erst 41 Jahre alt, als er Fließ folgendes schrieb: «Mit sexueller Erregung kann ein Mensch wie ich nichts mehr anfangen.» Er lebte nach streng viktorianischen Moralvorstellungen. Und obwohl seine Theorien die Macht unbewußter Sexualtriebe betonten, löschte Freud solche Wünsche aus seinem eigenen Verhalten aus. Schließlich war er ein verheirateter Mann und hatte gesagt, daß eine Ehe erst sicher sei, wenn es der Frau gelungen ist, sich selbst für ihren Mann zu einer Mutter zu machen. Nach sechs Kindern in rascher Folge waren seine diesbezüglichen Wünsche vielleicht seiner Angst vor Empfängnisverhütungsmitteln zum Opfer gefallen. 1908 schrieb er: «Die Ehe hört auf, die Befriedigung der sexuellen Bedürfnisse zu bieten, die sie versprach, weil alle bisher zur Verfügung stehenden Empfängnisverhütungsmittel den sexuellen Genuß beeinträchtigen, die feinen Empfindungen beider Partner verletzen und sogar Krankheiten hervorrufen.»

Einmal gab Freud allerdings zu, auch von anderen Frauen geträumt zu haben. 1909 kam er mit Jung und anderen Kollegen in die Vereinigten Staaten, um eine Reihe von Vorträgen zu halten.

Eines Morgens beim Erwachen vertraute Freud Jung an, daß er erotische Träume von amerikanischen Frauen hatte. «Seit ich nach Amerika gekommen bin, kann ich nicht mehr schlafen», gestand Freud, «ich träume immer von Prostituierten.» – «Nun, warum tun Sie nichts dagegen?» fragte Jung. Freud fuhr entsetzt zurück und rief: «Ich bin doch ein verheirateter Mann!»

Freuds Theorien beschrieben die Kräfte, die das menschliche Verhalten formen, als sexuell bedingt. Aber die Kultur leite die instinktive Energie des Sex ab und sublimiere sie in soziale Funktionen. Freuds eigenes Leben gibt einen Abriß von der Ansicht, die er für traurig, aber wahr hielt: «Das Sexualleben eines zivilisierten Mannes ist schwer verkrüppelt.»

Gedanken: Man kann sich schwerlich jemanden vorstellen, der mehr an Sex dachte als Sigmund Freud. Während einige Psychiater den Penis zur Kenntnis nahmen, der an dem Jungen hängt, fand Dr. Freud, daß der Junge am Penis hängt. Tatsächlich war der Penis die Achse des Freudschen Universums. Das Fehlen des Penis aber bedeutete seiner Meinung nach das Fehlen der männlichen Tugenden Kraft und Rationalität, und seine Ansicht, daß die Frauen den Männern unterlegen sind, bekräftigt diese Meinung. «Penisneid» war der Grundfaktor in Freuds Psychologie der Frau; sie könnten nur dadurch, daß sie Kinder haben, einen Ausgleich ihres Mangels empfinden. Die höchste Rolle der Frau war die des «geliebten Weibes» in einer Ehe, die auf sexueller Ungleichheit gegründet ist.

Freud warnte vor der Gefahr, die in der Sexualität liege. Sie sei eine der gefährlichsten Aktivitäten des Menschen. Da «unsere Zivilisation sich ganz auf Kosten der Sexualität entwickelt hat», folgerte Freud, daß der zivilisierte einzelne notwendigerweise unter Verdrängungen leiden muß. Durch seine Kraft, Urtriebe wieder zur Geltung zu bringen, hat der Sex das Potential, die Gesellschaft zu unterminieren. Trotz so unheilverkündender Ansichten behauptete Freud, «für ein unvergleichlich freieres Sexualleben einzustehen» – aber er selbst zog es vor, von dieser Freiheit keinen Gebrauch zu machen. Er sah keine Folgerungen für sich selbst, wenn er sagte: «Sexuelle Liebe ist zweifellos eines der wichtigsten Dinge im Leben ... abgesehen von ein paar wilden Fanatikern weiß das alle Welt ...»

kp

Der Geliebte der Jung-Frauen

Carl Gustav Jung
26. Juli 1875–6. Juni 1961

Bedeutung: Jung war ein deutsch-schweizerischer Zeitgenosse Sigmund Freuds und gilt als der Begründer und Vater der Analytischen Psychologie, die noch heute viele seiner Theorien enthält, einschließlich der vom kollektiven Unbewußten, der von den Typen der Bewußtseinseinstellung (extrovertiert und introvertiert) und der der vier Grundfunktionen (Denken, Intuition, Fühlen und Empfinden).

Lebensgeschichte: Carl war ein bemerkenswertes Kind voll Einbildungskraft (Sohn eines Geistlichen und, nach einer etwas zweifelhaften Familienlegende, Urenkel Johann Wolfgang von Goethes durch ein illegitimes Verhältnis), das ungewöhnliche Träume hatte; unter anderem einen, in dem Gott sich auf eine Kathedrale entleerte. Schon als Kind liebte er es, den Geschichten der Bauern zu lauschen, und daraus entwickelte sich ein lebenslanges Interesse für die Volkskunde. Außerdem behauptete er, zwei Persönlichkeiten zu besitzen.

Obwohl er gern Archäologe geworden wäre, wählte er aus praktischen Gründen die Medizin zum Beruf. 1903, er war inzwischen verheiratet und arbeitete als Psychiater an einer Zürcher Klinik, begann er mit den Studien über Wortassoziationen, die zu einem schriftlichen Gedankenaustausch mit Sigmund Freud führten. 1907 trafen sich die beiden zu einem persönlichen Gespräch. Jung hielt Freud für «den ersten wirklich bedeutenden Mann, dem ich begegnete»; auch Freud war sehr beeindruckt von Jung. Es gab Unterschiede zwischen ihnen: Zum Beispiel reizte Freud Jungs Interesse an Parapsychologie wenig, und Jung hatte gewisse Zweifel an Freuds Sexualtheorien. Von Freuds «Kleiner Hans»-Theorie (der zufolge Kinder glauben, daß Mädchen kastrierte Jungen seien) sagte Jung: «Agatha [seine kleine Tochter] hat nie etwas vom ‹Kleinen Hans› gehört.» Als ihre enge Zusammenarbeit 1913 zum bitteren Ende kam, spottete Sándor Ferenczi, ein Mitarbeiter Freuds: «Der Jung glaubt nicht mehr an Freud.»

Jung begann, seine eigene «Schule» weiterzuentwickeln. Er leitete ein Institut, schrieb einige Bücher und reiste nach New Mexico und Afrika, um primitive Kulturen zu studieren. Aus diesen Studien entwickelte er seine Theorie von den mythologischen Archetypen, die allen Kulturen gemeinsam sind. Er zog sich nach Bollingen am oberen Zürichsee zurück, wo er sich ein turmartiges

Haus baute, in dem er ungestört arbeiten konnte. Wenn er in Bollingen war, führte er ein einfaches Leben – hackte sein Holz selbst, bildhauerte und meditierte.

Jung war ein Bulle von einem Mann, 1,85 Meter groß, mit grobgeschnittenen Zügen, wissenden Augen und von imponierendem Körperbau. Sein Humor war derb (Freud hat einmal seine Grobheit verteidigt) und geistreich zugleich («Zeigen Sie mir einen geistig gesunden Menschen, und ich werde ihn für Sie heilen»). Er hatte ein wildes Temperament und einen Hang zur Grobheit – einmal nannte er einen Patienten mit einer krankhaften Angst vor Syphilis ein «dreckiges Schwein». Seine Neigung zum Grandiosen war vielleicht der Grund für seine anfängliche Bewunderung Hitlers (ein spirituelles Werkzeug) und der Nazis (die Götterdämmerung), was ihm berechtigterweise einen Tadel von seiten der Juden eintrug; er bezeichnete sie in seiner Antwort als paranoid. Um 1939 hatte er jedoch seine Meinung über Hitler geändert und hielt ihn für «mehr als halb verrückt».

Sein Sohn Franz nannte ihn «wundervoll und zum Verrücktwerden»: Er mogelte beim Spiel und war ein schlechter Verlierer, er lief im Garten nur mit zerlumpten Shorts bekleidet herum, aber er war ein Feinschmeckerkoch. Er liebte Kriminalromane und Hunde. «Der Weise von Zürich» starb im Alter von 85 Jahren.

Liebe: Eines der bedeutenden Ereignisse in seinem Liebesleben gestand Jung erst 22 Jahre später in einem Brief an Freud: «... meine Verehrung für Sie hat etwas von der Natur einer ‹religiösen Schwärmerei›, wegen ihres unbestreitbar erotischen Untertones. Dieses furchtbare Gefühl entstammt der Tatsache, daß ich als Junge von einem Mann sexuell mißbraucht wurde, den ich einmal verehrt hatte.» Der Mann wurde nie identifiziert. Jung meinte, daß dieser Vorfall schuld daran war, daß ihn die Übertragung seiner männlichen Patienten abstieß. Er und Freud hatten eine stürmische Beziehung, gekennzeichnet durch heftige Streite und gefühlvolle Versöhnungen. Während einer dieser Versöhnungen fiel Freud in Ohnmacht und wurde von Jung auf eine Couch getragen. Beide bekannten sich zu den homosexuellen Untertönen in ihrer Natur, denen sie jedoch niemals physisch Ausdruck gaben; beide waren im Grunde heterosexuell.

Zu Jungs frühen Lieben gehörten ein Dorfmädchen, das er nur kurz kennengelernt hatte, von dem er aber hingerissen war, außerdem die gutaussehende Mutter eines Freundes, die aber einen leichten Silberblick hatte, und ein französisch-schweizerisches Mädchen, mit dem er sich während seiner Studentenzeit beinahe verlobt hätte. (Sein Freund Albert Oeri bemerkte dazu: «Das Faß [Jungs Spitzname] blieb unverlobt.»)

Emma Rauschenbach, die er am 14. Februar 1903 heiratete, war die große Liebe seines Lebens. Als junger Medizinstudent sah er sie während eines Besuches bei Freunden der Familie zum erstenmal – eine Fünfzehnjährige mit geflochtenen Haaren, die auf einer Treppe stand –, und er sagte zu einem Freund, der ihn allerdings nicht ernst nahm, daß sie einmal seine Frau werden würde. Das war sechs Jahre bevor seine Prophezeiung in Erfüllung ging. Emma war ein intelligentes und hübsches Mädchen. Als sie zwölf Jahre alt war, wurde ihr eine schwere Last aufgebürdet – ihr Vater erblindete plötzlich und war völlig auf sie angewiesen. Der redegewandte und intelligente Jung bedeutete für sie eine anregende Abwechslung. Die Zeit, in der er um sie warb, war romantisch (Bootspartien und Liebesbriefe), doch haben sie allem Anschein nach vor der Hochzeit nicht miteinander geschlafen. Jung schrieb nämlich später über ihre Flitterwochen am Comer See: «Meine Frau war ängstlich – aber alles ging gut. Wir hatten einen Streit über die Regelung hinsichtlich der Aufteilung des Geldes zwischen Mann und Frau. Man sollte nicht glauben, daß ein Schweizer Bankkonto in den Flitterwochen in Italien Unfrieden stiftet.» Sie hatten fünf Kinder – vier Mädchen und einen Jungen. Es ist nicht bekannt, ob sie empfängnisverhütende Mittel benutzten, obwohl Jung an Freud schrieb, daß er «jeden denkbaren Trick versuchte, um die Flut dieser kleinen Segnungen einzudämmen».

Zu Anfang war ihre Ehe idyllisch. Um 1906 jedoch begann Jung sonderbare Träume zu haben. Einen, der von zwei Pferden handelte, deutete Freud als «das Scheitern einer Geldheirat». Jung antwortete: «... ich bin in jeder Beziehung mit meiner Frau glücklich ... es gab keinen sexuellen Fehlschlag, eher einen gesellschaftlichen.» Der Traum enthielt, glaubte er, «einen illegitimen sexuellen Wunsch, der besser nicht das Licht des Tages erblickt». 1907 wurde er für kurze Zeit von einer Frau betört, die er auf einer Reise mit Emma in Abbazia (heute Opatija, Jugoslawien) kennenlernte. 1909 wollte eine Patientin ein Kind von ihm, und er gestand, daß seine berufliche Beziehung zu ihr «polygame Komponenten» enthielt. Aber diese beiden Erlebnisse waren nur Vorspiele für die andere wichtige Frau in seinem Leben – die dreizehn Jahre jüngere Toni Wolff, die 1910 als Patientin zu ihm kam. Später, während seiner «Konfrontation mit dem Unbewußten», einem Beinahe-Zusammenbruch, der 1913 begann und mehrere Jahre dauerte, half sie ihm, seine «Anima» zu erforschen, das weibliche Element seiner Natur. Nach Jungs Typisierung der Frauen in seinem Leben war sie die «Inspiratorin», während Emma Frau und Mutter war. Toni war elegant, mit einem feinmodellierten Gesicht. Auf Jungs beharrlichen Wunsch hin wurde sie ein Freund der Familie und kam sonntags zum Abendessen in das große Haus in Küsnacht am Zürichsee. Emma war eifersüchtig, aber Jung hatte sein Herz an diese Dreiecksbeziehung gehängt. Später rechtfertigte er dies in Theorien über die Ehe, in der «der vielflächig geschliffene Edelstein» (Carl), der mehr braucht als der «einfache Würfel» (Emma), außerhalb der ehelichen Beziehung nach Befriedigung Ausschau hält. (Der Biographin Barbara Hannah zufolge meinte Jung, daß Väter «ihr erotisches Leben ganz leben müßten», da das «ungelebte Leben sonst unbewußt auf die Töchter übertragen» werde.) Seine Persönlichkeit war so stark, daß es ihm beinahe gelang, beide Frauen davon zu überzeugen, daß die Dreiecksbeziehung eine ideale Situation sei. Sie bestand fast vierzig Jahre lang. Emma und Toni wurden beide praktizierende Analytiker. Emma hielt Vorträge über den Heiligen Gral und tauschte mit Freud Gedanken aus; Toni entwickelte neue Theorien über weibliche Funktionstypen. Toni fühlte sich jedoch in ihrer Rolle als Mätresse im sittenstrengen Zürich unwohl und fing an, Jungs Scheidung von Emma zu verlangen. Jung lehnte ab. Seine eigene Ernüchterung drückte sich in Kritik an ihr aus – zum Beispiel sagte er, als er ihre neue Wohnung sah: «Nur Toni würde mit Marmorsäulen leben und in einem Arbeitszimmer wie Mussolini.» Toni, die Jungs Reaktion schwer getroffen hatte und die zuviel rauchte und trank, starb mit 64 Jahren an einem Herzanfall. Emma starb zwei Jahre später, 1955 – nach 52 Ehejahren. «Sie war eine Königin! Sie war eine Königin!» rief Jung weinend nach ihrem Tod.

Viele seiner Schüler waren junge weibliche Intellektuelle, die scherzhaft als die «Jung-Frauen» bezeichnet wurden. Obwohl nur einige mit ihm geschlafen haben dürften, himmelten sie ihn an, wegen seiner bärenhaften Erscheinung, seiner Sensibilität und seines Einfühlungsvermögens gegenüber Frauen. Er sah unter die Oberfläche, und das zog viele Frauen an. Eine alte Patientin Jungs, die Freud ein «phänomenal häßliches Weib» nannte, war für Jung eine freundliche Frau, die «so wunderbare Wahnvorstellungen hatte und so interessante Sachen sagte».

Unter seinen Freundinnen war Olga Fröbe-Kapteyn, ein farbenprächtiges Geschöpf, von der man annahm, daß sie früher Zirkusreiterin gewesen war. Sie gründete «Eranos», eine Diskussionsgruppe für Intellektuelle, die sich bei ihr zu Hause traf. Die Treffen arteten wenigstens einmal in Ausschweifungen aus. Ein anonymer Teilnehmer sagte: «So dicht bin ich noch nie in meinem Leben an sündhafte Selbstvergessenheit herangekommen.» Jung war dabei, «sprühend vor Witz, Spott und trunkenem Geist». Einige dieser Frauen behaupten, seine Geliebten gewesen zu sein. Eine gab ihm schlechte Noten im Lieben, während eine andere, Jolande Jacobi berichtete, er hätte ein schwach entwickeltes sexuelles Verlangen. Ein zynischer Jungianer konterte: «Vermutlich war *sie* sowieso nicht seine Bettgenossin.»

Ruth Bailey, eine Engländerin, die er in Afrika getroffen hatte und mit der er mehr als 35 Jahre lang befreundet war, wurde nach

Emmas Tod seine Haushälterin und Gefährtin. Er war damals über achtzig und zänkisch. Nach einem Streit über zwei Tomaten riet er ihr: «Das einzige, woran du denken mußt, ist, nichts zu tun, was mich wütend macht.»

Gedanken: «Die Voraussetzung für eine gute Ehe ... ist die Erlaubnis zur Untreue.»

ae

Das Leben eines Hirns

Immanuel Kant
22. April 1724–12. Februar 1804

Bedeutung: Immanuel Kant, der bedeutendste Denker unter den geistigen Größen der Aufklärung, entwickelte ein philosophisches System, das häufig als kopernikanische Revolution der Philosophie bezeichnet wird. In seinen strikt analytisch-methodischen Untersuchungen über das menschliche Erkenntnisvermögen zeigte er, daß Wissen und Denken keine ausschließlich rationalen Fähigkeiten sind, sondern Tätigkeiten der Vernunft *und* der Sinne darstellen. In seinen Hauptwerken *«Kritik der reinen Vernunft»*, *«Kritik der praktischen Vernunft»* und *«Kritik der Urteilskraft»* zeigte er die Grenzen der Logik auf und untersuchte die Bedeutung der Erfahrung für Erkenntnis und Urteilskraft. Kants kritische Philosophie beschäftigte sich nicht nur mit erkenntnistheoretischen Problemen, sondern auch mit der Bedeutung von Ethik, Ästhetik und Politik. Als junger Mann hatte er sich in Mathematik, Physik und Astronomie hervorgetan. In einer seiner frühesten Schriften vertrat er die Theorie, daß die Milchstraße eine von vielen linsenförmigen Sternenansammlungen sei und daß die durch die Gezeiten verursachte Reibung die Verlangsamung der Erdrotation zur Folge habe.

Lebensgeschichte: Immanuel war das vierte der elf Kinder von Johann Georg und Anna Regina Kant. Sieben seiner Geschwister starben noch in ihrer Kindheit, der kleine, kränkliche Immanuel überlebte erstaunlicherweise. Sein Geburtsort war die ostpreußische Stadt Königsberg an der Ostsee (heute Kaliningrad). Die Vorfahren seines Vaters, eines armen, ehrbaren Riemermeisters, stammten aus Schottland. Er wurde pietistisch erzogen und bewunderte die fromme Güte und fröhliche Einfachheit seiner Eltern. Besonders hoch achtete Kant die seelische und geistige Kraft seiner Mutter. Unter dem Einfluß seiner Eltern festigte sich sein

Glauben an die Würde jedes einzelnen und an das Gute im Menschen – ein Glaube, der seine großen philosophischen Werke durchdringen sollte.

Kants Mutter bat den befreundeten Prediger und Theologieprofessor Franz Albert Schultz, sich um die schulische Ausbildung ihres Sohnes zu kümmern, und so wurde Immanuel bereits als Achtjähriger in das von Schultz geleitete Collegium Fridericianum aufgenommen, was damals ein außergewöhnliches Privileg für ein Kind aus der Unterschicht bedeutete. Der junge Kant war für die Chance, die man ihm bot, sehr dankbar und lernte eifrig. Mit sechzehn Jahren begann er seine Studien an der Universität Königsberg. Um sein Studium finanzieren zu können, arbeitete Kant von 1746 an als Hauslehrer bei reichen preußischen Adelsfamilien. Neun Jahre lang unterrichtete er die Kinder der Aristokraten, wobei er seine Studien fortsetzte und nebenbei die Umgangsformen der Oberschicht erlernte.

1755 konnte Kant endlich promovieren und erhielt eine Stellung als Privatdozent für Philosophie und Naturwissenschaften an der Universität Königsberg. Während der nächsten fünfzehn Jahre unterrichtete er Mathematik, Naturwissenschaften, Logik, Metaphysik, Moralphilosophie, physische Geographie, aber auch spezielle, praktische Fächer wie Festungsbau und Feuerwerkskunst. Der geistreiche und humorvolle Kant war bei seinen Studenten sehr beliebt. Trotzdem schaffte er es nicht, eine Professur zu erhalten, obwohl er sich zweimal um freie Stellen beworben hatte. Während die Provinzuniversität Königsberg ihm den Aufstieg verweigerte, wurden ihm von den renommierten Universitäten Erlangen und Jena Professuren angeboten. Doch Kant, der sich in seinen achtzig Lebensjahren nie weiter als hundert Kilometer von seinem Geburtsort entfernt hat, schlug die verlockenden Berufungen aus. Erst 1770 wurde Kant, dessen Ruhm sich mittlerweile in ganz Westeuropa verbreitet hatte, verspätet zum ordentlichen Professor für Metaphysik und Logik an die Königsberger Universität berufen.

In den achtziger Jahren des 18. Jahrhunderts veröffentlichte Kant, beschützt und gefördert durch den aufgeklärten preußischen Monarchen Friedrich II., seine revolutionären philosophischen Schriften. Er galt als Genie und wurde in Königsberg von zahllosen Anhängern besucht, für die er ein Orakel der Weisheit war. Kant wirkte zwar schwächlich, blieb aber relativ gesund und wurde nur in seinen letzten Jahren von einer zunehmenden Arteriosklerose geplagt, an der er schließlich 1804 starb. Mit einem Gefühl der Erleichterung sprach er seine letzten Worte: «Es ist gut.»

Liebe: Immanuel Kant hat sein ganzes langes Leben hindurch – er ist achtzig Jahre alt geworden – keinerlei sexuelle Erfahrung gemacht. Es bleibt eine unbeantwortete Frage, wieso Kant nie heiratete oder ein Liebesverhältnis hatte. Dem äußeren Anschein nach interessierte er sich nicht für Frauen, und er hat nie zu erkennen gegeben, daß er von sexuellen Bedürfnissen – welcher Art auch immer – «heimgesucht» werde. Einmal witzelte er mit einem Freund, daß er sich in die Metaphysik verliebt habe, daß diese ihm aber nur selten ihre Gunst gewähre. Wahrscheinlich war er in sexueller Hinsicht einfach unterentwickelt und ließ seine gesamte Schöpferkraft in geistige Aufgaben fließen. Leben war für ihn Denken, Arbeiten, Lehren und Schreiben.

Immerhin hat er zweimal in seinem Leben Gedanken an eine mögliche Heirat verschwendet. Aber er brütete zu lange über diesem Problem, so daß die Frauen beide Male schon mit anderen Männern verlobt waren, bevor er sich zu einem Entschluß hatte durchringen können. Es scheint, als habe Kant sich vor der Verantwortung gefürchtet, die eine Ehe mit sich bringt. Bis in seine Fünfzigerjahre wohnte er in Hotelzimmern und nahm seine Mahlzeiten in Gasthäusern ein. Kant, der jeden Tag Punkt 5 Uhr aufstand, Punkt 8 Uhr zur Arbeit ging, Punkt 13 Uhr seine einzige Mahlzeit verzehrte und Punkt 15.30 Uhr seinen Spaziergang absolvierte, mag zu dem Schluß gekommen sein, daß die Gegenwart einer Frau ein überaus störendes Element in seinem so wohlgeordneten Leben wäre. Seine religiöse Erziehung und seine eigenen moralischen Grundsätze wiederum machten ihm außereheliche Beziehungen unmöglich.

Auch sein Gesundheitszustand könnte seine Enthaltsamkeit beeinflußt haben. Da er eine schwache Konstitution hatte und für Infektionen sehr anfällig war, wachte er genauestens über seinen Körper. Vielleicht hat er sich aus diesem Grund jegliche sexuelle Aktivität verboten, so wie er sich auch bestimmte Speisen versagte.

Kant war ein Mann, dem Sentimentalität nicht behagte und der – abgesehen von seiner Mutter – für keine Frau irgendwelche Liebesgefühle empfand. In seinen Schriften über die Ehe und die Beziehungen zwischen Mann und Frau behandelte er nur die vertraglichen und ethischen Bereiche und Verantwortlichkeiten, ohne auf die gefühlsmäßige Beteiligung einzugehen. Trotz seiner geringen Berührungspunkte mit dem weiblichen Geschlecht fand er Frauen durchaus sympathisch, machte ihnen Komplimente wegen ihrer Schönheit und vertrat die in seiner Zeit recht fortschrittliche Ansicht, daß sie tüchtige, achtbare menschliche Wesen seien. Auch homosexuelle Tendenzen sind bei Kant nicht zu entdecken. Die Tatsache, daß er bei Tisch die Gesellschaft junger Männer bevorzugte, wird wohl eher in seiner Asexualität begründet gewesen sein.

Gedanken: «Er [der Deutsche] ist, so wie in aller Art des Geschmacks, also auch in der Liebe ziemlich methodisch . . .»

«In der Liebe haben der Deutsche und der Engländer einen ziemlich guten Magen, etwas fein von Empfindung, mehr aber von gesundem und derbem Geschmacke. Der Italiener ist in diesem Punkt grüblerisch, der Spanier phantastisch, der Franzose vernascht.»

«Ich möchte wohl, um wer weiß wie viel, dasjenige nicht gesagt haben, was Rousseau so verwegen behauptet: daß ein Frauenzimmer niemals etwas mehr als ein großes Kind werde. Allein der scharfsichtige Schweizer schrieb dieses in Frankreich und vermutlich empfand er es, als ein so großer Verteidiger des schönen Geschlechts, mit Entrüstung, daß man demselben nicht mit mehr wirklicher Achtung daselbst begegnet.»

rjf

Der bürgerliche Kommunist

Karl Marx
5. Mai 1818–14. März 1883

Bedeutung: Mit seiner Analyse der kapitalistischen Wirtschaft und Gesellschaft und seiner Zukunftsvision des Kommunismus hat Karl Marx ein politisch-philosophisches System geschaffen, das sich wie kein anderes auf den Verlauf der Weltgeschichte ausgewirkt hat und auf das sich Parteien und Regierungen in der ganzen Welt berufen.

Lebensgeschichte: Obwohl die Vorfahren seiner Eltern seit Generationen Rabbiner gewesen waren, wurde Karl Marx im Alter von sechs Jahren auf Wunsch seines Vaters, der den Familienglauben abgelegt hatte, in der evangelischen Kirche seiner Heimatstadt Trier getauft. Als Erwachsener lehnte Marx selbst jede Religion ab («Religion ist Opium für das Volk»), und er wurde sogar des Antisemitismus beschuldigt.

Mit sechzehn verliebte er sich in die Aristokratentochter Jenny von Westphalen, die er acht Jahre später, nach Abschluß seines Studiums, heiratete. (Er machte seinen Doktor an der Universität Jena, die in dem Ruf stand, sehr großzügig akademische Titel zu verleihen.) Die flammenden Artikel, die er für Literatur- und Kulturmagazine in mehreren Städten Europas schrieb, waren teilweise der Grund für seine Ausweisung aus dreien dieser Städte – Paris, Köln und Brüssel. Er war auch in der sozialistischen Untergrundbewegung aktiv. In Paris lernte er Friedrich Engels, den

Sohn eines wohlhabenden Textilfabrikanten, kennen, mit dem er dann sein Leben lang zusammenarbeitete. Eine ihrer gemeinsamen Arbeiten ist das *«Manifest der Kommunistischen Partei»*, 1848 geschrieben.

1849 zog er nach London, wo seiner Meinung nach die besten Voraussetzungen für eine Revolution vorhanden waren. Engels kam auch, um in der Textilfabrik seines Vaters in Manchester zu arbeiten. Ihre Hoffnungen auf eine Revolution endeten mit einer Enttäuschung, da die sturen Briten nicht mitmachen wollten.

Geld war Marx' wunder Punkt. Er lehnte es ab, einer geregelten Arbeit nachzugehen, und so lebten er und seine Familie von dem, was ihm seine schriftstellerische Tätigkeit einbrachte, und den Zuwendungen von Engels und von Verwandten. Die Marx-Kinder waren darauf trainiert, Leute, die Rechnungen eintreiben wollten, mit Worten wie: «Mr. Marx ist nicht zu Hause» abzuweisen. (Später besserten sich die Einkommensverhältnisse der Familie.) Nur drei ihrer sieben Kinder erreichten das Erwachsenenalter, und von diesen dreien begingen zwei Selbstmord.

Marx verbrachte seine Tage im Leseraum des Britischen Museums, wo er Forschungen für sein Hauptwerk *«Das Kapital»* und für die Artikel und Veröffentlichungen betrieb, die er und Engels für die *New York Daily Tribune* schrieben.

Seine körperliche Verfassung war schlecht, er war abgearbeitet und nervös. Er badete selten. In den letzten zwanzig Jahren seines Lebens litt Marx an Furunkeln am ganzen Körper, die in engem Zusammenhang mit seinem Leberleiden standen, das ihn seit 1849 quälte. Auch seine Augen machten ihm Schwierigkeiten.

Als ein viktorianischer Autokrat war Marx nicht darüber erhaben, bei Debatten einen Wutanfall zu simulieren und zu brüllen: «Ich vernichte Sie!» Er neigte zum Sarkasmus und zur Intoleranz. Wegen seiner dunklen Gesichtsfarbe hatte er den Spitznamen «der Mohr», und er trug einen wallenden Bart, um seine Ähnlichkeit mit einer Zeus-Statue in seinem Arbeitszimmer deutlich zu machen. Seine braunen Augen waren leidenschaftlich und trotzig, sein Lachen ansteckend.

Liebe: Die einzige wirkliche Liebe in Marx' Leben war die grünäugige Jenny mit dem kastanienbraunen Haar. Die vier Jahre ältere Tochter eines Barons war sanft und gebildet, hatte einen guten Geschmack und neigte bisweilen zur Eitelkeit. Einmal war sie in Trier zur «Ballkönigin» der Saison ernannt worden. Sie wurde von Freiern umschwärmt, doch erwählte sie Karl, den sie zärtlich «Schwarzwildchen» nannte. Beide Familien waren gegen die Heirat. In ihren ausgefallenen und gut geschriebenen Liebesbriefen an ihn sprach sie von «all der Seligkeit, die war und die sein wird», obwohl ihre Leidenschaft füreinander erst nach der Hochzeit ihre höchste Erfüllung fand. Einmal sprach sie davon, daß sie ihren «Kopf für meinen bösen Buben opfern» würde, und sie nannte ihn einen «üblen Burschen», weil er bei einer Schiffsreise mit einer gewissen Madame Hermann geflirtet hatte.

Am 19. Juni 1843 heirateten Karl und Jenny in einer protestantischen Kirche. Das Paar verbrachte die Flitterwochen in der Schweiz; die Reise wurde von Jennys Mutter finanziert. Sie hatten ihr Geld in einer Kassette mit zwei Handgriffen, die sie absichtlich offen in ihren Hotelzimmern stehenließen, so daß jeder sich daraus bedienen konnte.

Ihr erstes Kind wurde in Paris geboren. Jenny nahm das Baby, ein Mädchen, mit nach Hause, um es der Familie zu zeigen. An Karl schrieb sie, daß sie sich nicht zurück nach Paris getraue, aus Angst vor einem weiteren Baby, was sie dann natürlich auch prompt bekam. Die Angst vor einer Schwangerschaft – und davor, noch ein Mäulchen füttern zu müssen – verfolgte sie in ihrer Ehe.

Marx war ein ausgesprochener Familienmensch. Wenn er auch Jenny «quecksilbrig» nannte und sich in Briefen über ihre «Tränenfluten» beklagte, so sagte er doch auch zu Engels: «Wenn ich das Leiden meiner Frau sehe und meine eigene Machtlosigkeit, dann könnte ich es mit dem Teufel aufnehmen.» Sie erhielten Räumungsklagen, weil sie die Miete nicht bezahlen konnten, und sie mußten sich sogar das Geld für einen Sarg borgen, als die ein Jahr alte Franziska gestorben war. In glücklicheren Zeiten ging die ganze Familie an Sonntagen zum Picknick in die Parks von London, und während sie dahinspazierten, erzählte Marx Geschichten. In einem bildhaften Bericht über die Marxsche Haushaltung berichtete ein preußischer Polizeispitzel einst von einem mit Wachstuch bedeckten Tisch, der übersät war mit Nähzeug, Manuskripten, Spielsachen und angeschlagenen Tassen – und wie ihm ein Stuhl angeboten wurde, von dem man die «Kinderspielküche» herunterzunehmen vergaß.

Der einzige Skandal, von dem wir wissen, war Karls Affäre mit der Hausangestellten Helene Demuth («Lenchen»), einem Bauernmädchen von zarter Schönheit, das im Alter von elf oder zwölf Jahren zur Familie von Westphalen gekommen war und das Jennys Mutter 1845 an ihre Tochter «weitergegeben» hatte. Lenchen regierte die Familie mit eiserner Hand und konnte Marx sogar im Schachspiel schlagen. 1851 bekam sie ein Kind, Frederick, dessen Vater Marx war. Das Kind wurde von einer Pflegefamilie aufgezogen und von Marx nie anerkannt – vielleicht aus Furcht, daß eine solche Anerkennung seine Ehe zerstören könnte. Marx sah den Jungen nur einmal, im Jahre 1882. Lenchen arbeitete weiterhin für die Familie, bis Marx 1883, zwei Jahre nach Jenny, starb. Dann ging sie zur Familie Engels, um dort zu arbeiten.

Marx hatte wenigstens zwei kleinere Liebeleien – eine mit der dreiunddreißigjährigen Frau Tenge, einer gebildeten Italienerin, die mit einem reichen Großgrundbesitzer verheiratet war, und eine andere mit seiner Cousine Antoinette Philips, die neunzehn Jahre jünger war als er und ihn 1863 während einer schmerzhaften Furunkulose pflegte. Während seiner Genesung schrieb Marx über Antoinettes «dunkle Augen, die gefährlich glitzerten, während sie mich verhätschelte».

Marx war ein väterlicher Mann, und die Gewohnheit vieler Männer, ihre Frauen zu schlagen, brachte ihn so in Wut, daß er, nach seiner Aussage, fähig wäre, einen solchen Frauenschläger «halbtot» zu peitschen. Seinen politischen Ansichten nach war er gegen die bürgerliche Ehe (obwohl er selbst eine solche Ehe führte), da sie die Frauen, so Marx, in einem Zustand der Sklaverei halte. Ironischerweise mißbilligte er Engels' Geliebte, weil sie von niedrigerem Stand war.

Andererseits konnte Marx ausgesprochen vulgär sein. Er war scharf auf erotische Poesie aus der französischen Literatur des 16. Jahrhunderts, gebrauchte derbe obszöne Ausdrücke und erzählte gern schmutzige Witze, wenn auch nie in Damengesellschaft.

Gedanken: 1856 schrieb Marx an Jenny: «... ich habe Dein lebendes Bild vor mir, ich halte Dich in meinen Armen, küsse Dich von Kopf bis Fuß, falle vor Dir auf die Knie und seufze: ‹Madame, ich liebe Dich› ... Aber nicht Liebe – ... für das Proletariat, sondern die Liebe für die eigene Geliebte, nämlich Dich, macht einen Mann wieder zum Mann. Es gibt zwar viele Frauen auf der Welt, und manche von ihnen sind schön, aber wo kann ich ein anderes Gesicht finden, in dem jeder Zug, sogar jedes Fältchen, die größten und süßesten Erinnerungen meines Lebens zu mir zurückbringt ...»

ae

Der Mann, der alles gestand

Jean-Jacques Rousseau
28. Juni 1712–2. Juli 1778

Bedeutung: Der in der Schweiz geborene französische Philosoph, Schriftsteller und politische Theoretiker verfaßte Werke wie *«Julie oder Die neue Héloïse», «Emil oder Über die Erziehung», «Der Gesellschaftsvertrag»* und seine autobiographischen *«Bekenntnisse»*. Seine Schriften über Kunst, Erziehung, Regierung und Moral haben die Führer der Französischen Revolution und die romantische Bewegung stark beeinflußt. Der Grundgedanke seiner Philosophie ist die Vorstellung, daß der Mensch von Natur aus gut ist, aber von der Gesellschaft verdorben wird. Rousseau hat – trotz oder gerade wegen seiner Widersprüche – viele Dichter und Philosophen in seinen Bann gezogen. George Sand nannte ihn «St. Rousseau», für Voltaire und David Hume war er ein «Ungeheuer», und Tolstoi bekannte, daß Rousseau und das Evangelium ihn in seinem Leben am meisten beeinflußt hätten.

Lebensgeschichte: Nachdem ein Streit Rousseaus verwitweten Vater, einen Uhrmacher, gezwungen hatte, aus Genf zu fliehen, blieben Jean-Jacques und sein Bruder François bei einem Onkel zurück. François wurde bald in eine Lehre gegeben, und Jean-Jacques kam zu einem Priester, der ihn in die klassische Philosophie und Dichtung einführte. Im Alter von sechzehn Jahren verließ er Genf – und damit begann er, ein wahres Reiseleben zu führen. Er liebte die Natur, wanderte über das Land und nahm Gelegenheitsarbeiten an. Er arbeitete für einen Notar, für einen Graveur, als Lakai und wurde schließlich Musiklehrer. Mit 37 Jahren gewann er einen Essay-Wettbewerb, und durch diesen Erfolg ermutigt, fing er zu schreiben an. Mit 46 Jahren war er dann berühmt. Er wurde in der besseren Gesellschaft ungeheuer populär, trotz der Tatsache, daß er gegen die Unterdrückung der Massen durch die herrschende Klasse wetterte. 1762, als sein Buch *«Emil»* von Kirche und Staat verurteilt worden war, floh er aus Paris, wurde aus Bern verbannt und fand schließlich Zuflucht in London, wo er ein Jahr blieb. Gegen Ende seines Lebens verschlimmerte sich Rousseaus Neigung zur Paranoia und zur Abkapselung. Er war sicher, daß sich seine Freunde verschworen hatten, ihn zu diskreditieren. Teilweise waren seine Befürchtungen nur zu berechtigt, da er seine besten Freunde wiederholt durch Beleidigungen und durch seine äußerst extravaganten Ideen verärgert hatte. Als ein einsamer und melancholischer Mann, der den größten Teil seines Lebens von physischen und seelischen Leiden geplagt worden war, versank er mit Unterbrechungen in Perioden geistiger Umnachtung, bis er in der Nähe von Paris starb.

Liebe: Rousseau war ein gutaussehender, charismatischer und von romantischen Gefühlen überströmender junger Mann, der die Frauen anzog. Aber sein Liebesleben war eine Katastrophe. Seine erste tiefgehende sexuelle Erfahrung machte er als Kind. Wegen irgendeines kleinen Vergehens versohlte ihm seine Lehrerin, Mademoiselle Lambercier, den Hosenboden. Später schrieb er: «Wer würde glauben, daß diese Bestrafung in der Kindheit, erlitten im Alter von acht Jahren von Hand einer alten Jungfer von dreißig Jahren [tatsächlich war er elf und sie vierzig], meinen Geschmack, meine Wünsche, meine Leidenschaften, mein ganzes Selbst bis ans Ende meines Lebens bestimmen würde?» Es verlangte ihn verzweifelt nach mehr davon. Die kluge Lehrerin hatte jedoch erkannt, was sie angerichtet hatte, und schlug ihn nie wieder. Für den armen Jean-Jacques jedoch war es zu spät! Er litt unter «erotischen Ekstasen», in denen er intensiv davon träumte, daß er geprügelt würde. Aber schlimmer als diese beunruhigenden Phantasien war die Langzeitwirkung der Prügel: «Ich habe mein Leben unter denen, die ich am meisten liebte, in schweigendem Sehnen verbracht. Ich wagte nie, meinen eigenartigen Geschmack zu erwähnen, aber ich erzielte wenigstens ein wenig Befriedigung bei Beziehungen, die eine Andeutung davon enthielten, nämlich: ... zu Füßen einer gebieterischen Herrin zu liegen, ihren Befehlen zu gehorchen, gezwungen zu sein, ihre Vergebung zu erbitten ... das war für mich ein süßes Vergnügen.»

Es gab nur einen Menschen, mit dem Rousseau seine masochistischen Träume wirklich auslebte. In seiner Jugend wurde er während einer kurzen Freundschaft mit der elfjährigen Mademoiselle Goton befriedigt, denn sie «spielte Lehrerin» mit ihm und versohlte ihn, obwohl «dies ein Gefallen war, um den ich auf Knien bitten mußte». Zu seinem Entzücken «erlaubte sie sich mit mir die größten Freiheiten, ohne mir bei ihr auch nur eine einzige zu gestatten. Sie behandelte mich genau wie ein Kind.» Nach kurzer Zeit jedoch wurden die beiden frühreifen Kinder getrennt.

In seiner Jugend neigte er zu ausgefallenen Schwärmereien für ältere Frauen, die aber Phantasie blieben. Zur rechten Zeit lernte er dann von der vollbusigen Madame de Warens, was es mit dem Klapperstorch wirklich auf sich hatte. Er erhielt eine Einladung in ihr Haus in Chambéry (Savoyen) und lebte dort mit ihr und ihrem Liebhaber Claude Anet zusammen. Rousseau war ihr sehr ergeben und redete sie mit «Mama» an, während sie ihn «kleine Katze» nannte. Fünf Jahre später bot ihm «Mama» ihre Gunst an, die er allerdings mit Anet teilen mußte. Die «kleine Katze» war 21 Jahre alt, und sie war 34 – es war Zeit für ihn, ein Mann zu werden. Sie gab ihm eine Woche Bedenkzeit. Er stimmte zu, aber die Vorstellung, mit ihr zu schlafen, erregte ihn nicht, sondern stieß ihn eher ab; nach fünf Jahren des Zusammenlebens fühlte sich Rousseau mehr als ihr Sohn denn als ihr Liebhaber; er schrieb: «Ich liebte sie zu sehr, um sie besitzen zu wollen.» Es stellte sich heraus, daß Madame de Warens im Bett eiskalt war, und Rousseau hatte keinen Spaß. «Zwei- oder dreimal, als ich sie leidenschaftlich an mich drückte, flossen meine Tränen über ihre Brüste. Mir war, als hätte ich Blutschande begangen.» Dann begann er an andere Frauen zu denken, während er mit ihr schlief. Das Dreiecksverhältnis blieb bis zu Anets Tod, 1734, bestehen. Rousseau blieb drei weitere Jahre bei Madame de Warens und verließ sie schließlich, um sein Glück anderswo zu suchen, als sie einen anderen jungen Liebhaber in ihr Haus brachte, der mit ihnen zusammen leben sollte.

Das nächste romantische Abenteuer sollte erst 1745 für Rousseau beginnen. In einem Hotel in Paris vernarrte er sich in ein Zimmermädchen, die vierundzwanzigjährige Thérèse Levasseur. Diese Verbindung hielt für den Rest seines Lebens. Zwar hatte er ihr gleich zu Anfang ihrer Beziehung verkündet: «Ich werde dich nie verlassen, aber ich werde dich nie heiraten», aber 23 Jahre später hat er sie dann doch geheiratet, in einer vom Augenblick eingegebenen Zeremonie, die er selbst durchführte. In einem Brief an einen Freund empfahl er ein Vierteljahrhundert als einen vernünftigen Zeitraum für eine Probeehe.

Thérèse war hübsch, liebenswürdig und eine gute Köchin, aber von ihrem geistigen Niveau her keine Partnerin für Rousseau. Sie konnte kaum die Uhrzeit angeben, sie lernte nie, richtig zu schreiben, sie konnte nicht einmal die Namen der Monate behalten oder Geld zählen. Sie war Rousseau bemerkenswert ergeben, wenn man seine schwierige Natur und sein herzloses Verhalten gegenüber den fünf gemeinsamen außerehelich geborenen Kindern betrachtet. Trotz der Proteste seiner Frau bestand Rousseau darauf, daß die Kinder jeweils nach der Geburt einem Findelhaus übergeben wurden. Seine Begründungen waren absurd – zum Beispiel betrachtete er dies als einzigen Weg, «ihre Ehre zu retten», da sie nicht verheiratet waren. In späteren Jahren bereute er seine Handlungsweise. Er nannte Thérèse zwar «Tante» und «Herrin», doch ging seine Unterwürfigkeit nie so weit, daß er sie um Prügel bat, und er berichtete, daß sie im Bett kalt war. Interessanterweise war dies nicht die Meinung von James Boswell (einem glühenden Bewunderer Rousseaus), der, soweit bekannt, Thérèses einziger Seitensprung war. Boswell schrieb, daß er und Thérèse dreizehnmal «Verkehr» hatten. Thérèse gab Boswell dann zu verstehen, daß er im Bett zwar «stark» sei, aber die Kunst des Liebens nicht beherrsche.

Im Alter von 44 Jahren wurde Rousseau von einer wilden Leidenschaft zu der Gräfin Sophie d'Houdetot, einer nicht besonders hübschen, verheirateten Frau gepackt. Allerdings war nicht Sophies Ehemann ein Problem, sondern die Tatsache, daß sie ihrem Liebhaber, einem Offizier, ergeben war und dieser auch noch ein Freund Rousseaus war. Wie gewöhnlich liebte Rousseau sie «zu sehr, um sie zu besitzen». Aber das hielt ihn nicht vom Versuch ab, ihre Gunst zu erwerben. «Die dreimonatige Fortsetzung unaufhörlicher Erregung und Nichterfüllung erschöpfte mich derart, daß ich mich jahrelang nicht erholte, und sie trug mir einen Leistenbruch ein, den ich bis zu meinem Grabe mit mir tragen werde ... solches war die einzige amouröse Befriedigung ...» Alles in allem meinte er, sei er zum ersten und einzigen Mal wirklich verliebt gewesen. Sophie diente ihm als Vorbild für die schrecklich moralische Julie in seinem Roman *«Die neue Héloïse»*.

Eigenarten: Rousseau war von zahlreichen sexuellen Eigentümlichkeiten besessen. Er hatte die ausgefallene Gewohnheit, über unbelebte Gegenstände in Entzücken zu fallen. Als er mit Madame de Warens zusammen lebte, wanderte er durch ihre Wohnung, küßte ihren Lehnstuhl, die Bettvorhänge, sogar den Fußboden. Eine andere Freundin schickte ihm «einen Unterrock, den sie getragen hatte und aus dem ich mir eine Weste machen sollte ... Es war, als hätte sie sich nackt ausgezogen, um mich zu kleiden ... in meinem Gefühlsüberschwang küßte ich den Brief und den Unterrock zwanzigmal in Tränen.» (Thérèse hielt ihn für verrückt.)

Als junger Mann durchlief Rousseau eine Periode des Exhibitionismus. Er versteckte sich in dunklen Nebenstraßen, und wenn eine Frau vorbeikam, entblößte er sein Gesäß, in der Hoffnung, daß irgendeine dreiste Frau ihm im Vorbeigehen eins draufgeben würde. Einmal schlug er vor ein paar Mädchen, die Wasser vom Brunnen holten, sein Wasser ab. In seinen *«Bekenntnissen»* gibt er zu, daß der Anblick «mehr lächerlich als verführerisch» war. Als eines der Mädchen einen Hilfeschrei ausstieß, sah sich Rousseau einer ihn bedrohenden Schar gegenüber, die aus einem wütenden Mann und mehreren alten Frauen mit Besenstielen bestand, doch gelang es ihm, den empörten Verfolgern zu entkommen.

Eines der unglaublichsten sexuellen Erlebnisse hatte Rousseau als junger Mann in Venedig. Obwohl er behauptete, Prostituierte zu verachten, besuchte er sie gelegentlich. Eine solche stadtbekannte Schönheit war Julietta, eine Frau, die er in seiner Vorstellung zu einer Göttin erhob. Doch bei seinem ersten Besuch bei ihr, als er kurz davorstand, «die Frucht zu pflücken», versagte er vollkommen und begann zu weinen. Wie, so fragte er sich, konnte dieses göttliche Geschöpf eine einfache Prostituierte sein? Er folgerte, daß mit ihr etwas nicht stimmen könnte, «ein verborgener Fehler, der sie abstoßend machte».

Es gelang ihr, ihn zu einem erneuten Versuch zu ermuntern, und als er gerade in sie eindringen wollte, entdeckte er plötzlich den verborgenen Fehler: «Ich sah, daß ihre Brustwarze mißgestaltet war; ich blinzelte, sah genauer hin und vergewisserte mich, daß diese Brustwarze nicht der anderen glich.» Casanova hatte sich drei Jahre zuvor mit Julietta vergnügt und keinen solchen Fehler erwähnt. Aber Rousseau begann, sich «über den Grund für diese Mißbildung Gedanken zu machen ... Der Gedanke überfiel mich, daß es von einer bemerkenswerten Unvollkommenheit der Natur herrühre ... ich sah so klar wie der Tag, daß ich eine Art Monstrum in den Armen hielt, verstoßen von der Natur, vom Mann und von der Liebe.» Als er ihr das erklärte, erwiderte sie voller Verachtung: «Laß die Frauen und studiere die Mathematik!»

Medizinisches Gutachten: Ein Teil von Rousseaus Unzufriedenheit kann direkt auf ein schmerzhaftes Blasenleiden zurückgeführt werden, welches ihn sein ganzes Leben lang quälte. Er litt an einer Vergrößerung der Vorsteherdrüse oder einer Verengung des vorderen Teils der Harnröhre und an einer chronischen Blasenentzündung, die Fieber hervorrief und ihn zwang, häufig und unter Schmerzen Harn zu lassen. Während seiner Blasenentzündungen brauchte er ständig einen Nachttopf, und Thérèse mußte einen Katheter in seinen Penis einführen, was aber nicht immer gelang. Der Beischlaf bereitete ihm schließlich so große Schmerzen, daß er ihn in den letzten dreizehn Jahren seines Lebens ganz aufgab und nur noch masturbierte.

aw

Eine offene «Ehe»

Jean-Paul Sartre
21. Juni 1905–15. April 1980

Bedeutung: Der französische Schriftsteller und Philosoph Jean-Paul Sartre schrieb neun Stücke, vier Romane, fünf große philosophische Werke und zahllose Artikel über politische, philosophische und künstlerische Fragen. Als einer der Hauptvertreter des Existentialismus, einer Philosophie, die besagt, daß Menschen selbst in einer von Zufällen bestimmten, absurden Welt für ihre Handlungen verantwortlich sind, hatte Sartre einen großen internationalen Einfluß auf die Nachkriegsgeneration.

Lebensgeschichte: Als Sohn eines französischen Marineoffiziers, der ein Jahr nach Sartres Geburt starb, wurde der Philosoph von seiner Mutter Anne-Marie Schweitzer (ihr Cousin war Albert Schweitzer) im Haus seiner Großeltern in Paris erzogen. Sartre war ein schüchternes und häßliches Kind, das kaum Freunde hatte. Er zog sich daher in eine Phantasiewelt zurück, besonders seit er im Alter von vier Jahren die Welt der Bücher entdeckt hatte. Lesen, Schreiben und Lernen füllten seine Jugend aus. Obwohl er von seiner Mutter ängstlich beschützt und von seinem autoritären Großvater beherrscht wurde, entwickelte Sartre eine sehr selbstbewußte Persönlichkeit.

Nach seiner Aufnahme in die französische Elite-Hochschule, die École Normale Supérieure, ließ sich Sartre von seiner Mutter, deren Eltern und von der Lebensweise des Mittelstandes nicht mehr beeinflussen. Nach dem Schulabschluß wurde er ein linksstehender Schullehrer und Schriftsteller. Zu Beginn des Zweiten Weltkrieges diente er als Krankenträger in der französischen Armee. 1940 wurde er von den Deutschen gefangengenommen und in ein Kriegsgefangenenlager gebracht. Sechs Monate später gelang es ihm, von dort zu entkommen, und er trat der Résistance als Propagandist bei. Nach dem Zweiten Weltkrieg wurde er mit Stücken wie *«Bei geschlossenen Türen»* und seiner Romantrilogie *«Wege der Freiheit»* (*«Zeit der Reife», «Der Aufschub», «Der Pfahl im Fleisch»*) weltberühmt.

Politisch stand Sartre dem Kommunismus nahe und befürwortete die Revolution des Proletariats. Er schrieb politische Pamphlete und beteiligte sich an Demonstrationen. Nach dem Ungarn-Aufstand von 1956 brach er mit den Stalinisten und wendete sich später den Maoisten zu. 1964 wurde ihm der Nobelpreis für Literatur zugesprochen, den er aber nicht annahm, weil er meinte, daß der Preis von konservativen Kräften verliehen wurde.

Er war ein Mann, der auf materielle Werte zugunsten der Welt der Ideen verzichtet hatte. Sartre, der Kettenraucher war und ständig Amphetamine nahm, starb 1980 nach einem Herzanfall im Alter von 74 Jahren an einer Lungenembolie.

Liebe: Mit neunzehn Jahren lernte Sartre bei einer Beerdigung ein Mädchen names Camille kennen. Die zweiundzwanzigjährige Camille war als Kind von einem Freund der Familie verführt worden und arbeitete seit ihrem achtzehnten Lebensjahr in Bordellen. Die jungen Liebenden blieben vier Tage und Nächte im Bett, bis Verwandte sie schließlich gewaltsam trennten. Ihre Beziehung bestand – mit kurzen Unterbrechungen – über fünf Jahre, bis Camille der Armut Sartres überdrüssig war und sich einen wohlhabenden älteren Liebhaber nahm.

1929, während seiner Hochschulzeit, lernte Sartre Simone de

Beauvoir kennen, eine intelligente und attraktive Kommilitonin, die einmal eine bekannte Feministin und Schriftstellerin werden sollte. Sartre war in sie verliebt, und Simone war von dem 1,65 Meter großen, nach außen schielenden Mann mit dem ungeheuren Intellekt überwältigt. Sie wurden bald ein Liebespaar und begannen eine Beziehung, die über fünfzig Jahre andauern sollte. Sartre haßte jedoch, was er «bürgerliche Ehe» nannte, weigerte sich, zu heiraten, und verzichtete auf Kinder. Während der frühen Jahre ihrer Romanze diskutierten Sartre und Simone ausführlich ihre Vorstellungen von Liebe, Bindung, Ehe und Sex. Sie kamen überein, daß ihre Beziehung offen sein, daß aber auch jeder dem anderen «eventuelle Liebschaften» zugestehen sollte.

1934, während seines Studiums in Berlin, machte Sartre zum erstenmal von seinem Recht Gebrauch und schlief mit Marie, der Frau eines anderen Studenten. Als Sartre zum Weihnachtsfest nach Paris zurückkehrte, informierte er Simone über die Affäre. Im Februar teilte Simone dem Direktor der Schule, an der sie unterrichtete, mit, daß sie einen Nervenzusammenbruch erlitten habe und freinehmen müßte. Sie reiste nach Berlin. Nach einer Aussprache mit Marie waren ihre Ängste zerstreut, denn sowohl das Mädchen als auch Sartre erklärten, daß es nur eine Beziehung auf Zeit sei, die Sartres Verhältnis zu Simone nicht bedrohe.

Nach ihrer Heimkehr nahm Simone Olga Kosakiewicz, eine ihrer Studentinnen, unter ihre Fittiche, förderte sie und ließ sie in ihrer Wohnung leben. Als Sartre nach Paris zurückkehrte, fand auch er Gefallen an der jungen russischen Emigrantin. Zu dieser Zeit experimentierte Sartre mit Mescalin, und er hatte noch Monate später zeitweise Halluzinationen. Olga begleitete Sartre auf Spaziergängen, bei denen er äußerst lebendig riesige Hummer beschrieb, die sie verfolgten. Dieses Pflegerin-Patienten-Verhältnis entwickelte sich zu einer sexuellen Beziehung und zwangsläufig zu einem Dreiecksverhältnis zwischen Olga, Sartre und Simone. In ihrem autobiographischen Roman *«Sie kam und blieb»* erzählt Simone, wie die jüngere Frau ihren Geliebten an sich riß, und sie stellt fest: «Es ist etwas absolut Gültiges und Wahres um die Eifersucht.» Doch nach vier Jahren fand Olga einen anderen Liebhaber und verließ Sartre. Allerdings unterstützten Simone und Sartre Olga während der nächsten dreißig Jahre – sowohl seelisch als auch finanziell.

Mitte der vierziger Jahre hatte Simone eine Affäre mit dem amerikanischen Schriftsteller Nelson Algren. Diese Affäre hat sie anscheinend von der Eifersucht befreit und sexuell verjüngt. Sie schrieb: «Seine Lust hat mich umgeformt; ich, die ich so lange keinen Geschmack, keine Form mehr hatte, ich besaß wieder Brüste, einen Bauch, Sex, Fleisch.» Zur gleichen Zeit hatte Sartre, der anscheinend nie von Eifersucht gequält wurde, eine Liebesbeziehung zu einer Frau aus New York, von der wir nur den Vornamen Dolores wissen.

Obwohl sie ihre «gelegentlichen Lieben» hatten, pflegten Sartre und Simone immer ihre eigene Beziehung. In den fünfziger Jahren entfernte sich das Paar jedoch weiter voneinander als je zuvor. Simone entwickelte eine Beziehung zu Claude Lanzmann, einem Journalisten, der siebzehn Jahre jünger war als sie. Obwohl sie und Sartre noch immer gemeinsam verreisten, lebte sie mit Lanzmann zusammen.

Sartre, der ständig Gefährtinnen suchte, erklärte sein Verhalten folgendermaßen: «Aber der Hauptgrund, weshalb ich mich mit Frauen umgebe, ist schlicht, daß ich ihre Gesellschaft der von Männern vorziehe. Gewöhnlich finde ich Männer langweilig.» Daher wählte er, während Simone mit Lanzmann zusammen lebte, eine siebzehnjährige jüdische Algerierin namens Arlette Elkaim als Gefährtin. Als jedoch Sartre Arlette beinahe heiratete, weil er ihre Deportation verhindern wollte und weil er glaubte, daß sie schwanger sei, war die Beziehung zwischen Sartre und Simone so gut wie zerstört. Sartre heiratete das Mädchen dann doch nicht, sondern adoptierte es statt dessen, was die Verständigung mit Simone verbesserte.

Nachdem Lanzmann Simone 1958 verlassen hatte, fanden Sartre und sie wieder zueinander, und sie waren verliebter als je zuvor. Während der beiden letzten Jahrzehnte seines Lebens reisten sie gemeinsam und sorgten füreinander, bis ihre einzigartige Liebesaffäre nach 51 Jahren durch Sartres Tod beendet wurde. Simone saß an seinem Sterbebett.

Gedanken: «Eine Verbindung zwischen Mann und Frau hat immer sexuelle Implikationen.»

«Beziehungen zu einer Frau – selbst wenn man nicht mit ihr schläft, sondern mit ihr geschlafen hat oder geschlafen haben könnte – sind reicher.»

rjf

Pessimist mit Leidenschaft

Arthur Schopenhauer
22. Februar 1788–21. September 1860

Bedeutung: Arthur Schopenhauer, auch «der Philosoph des Pessimismus» genannt, wurde am bekanntesten durch sein Buch *«Die Welt als Wille und Vorstellung»*, in welchem er den vorherrschenden Idealismus seiner Zeit mit dem Begriff des Lebenswillens als Haupttriebfeder des menschlichen Lebens und als Grundursache des menschlichen Leidens herausforderte.

Lebensgeschichte: Physisch paßt Arthur Schopenhauer in das stereotype Bild vom ernsten Philosophen. Er war klein und schmächtig gebaut, hatte einen großen Kopf, durchdringende blaue Augen und war immer makellos angezogen. Er neigte zu intensiven Stimmungen, war ein äußerst stolzer Mann, hatte wenig Geduld mit jemandem, der es wagte, anderer Meinung zu sein als er.

Seine beiden Eltern waren dickköpfig, intelligent und leicht reizbar. Seine Mutter Johanna war auf die Begabung ihres Sohnes eifersüchtig, und die beiden stritten ständig miteinander. Einmal warf sie ihn in einem Wutanfall die Treppe hinunter. Sein Vater Heinrich war ein harter, erfolgreicher Danziger Geschäftsmann, der 1805 vermutlich Selbstmord beging. Schopenhauer hatte seinen Vater bewundert, und er versuchte, das Geschäft nach Familientradition fortzuführen, obwohl er es haßte. Als ihn seine Mutter ermunterte, Philosophie zu studieren, ergriff er begierig die Gelegenheit und wurde Student. Als Witwe zog Johanna nach Weimar, der «Stadt der Dichter», wo sie als Romanschriftstellerin bekannt wurde und einen literarischen Salon hielt. Obwohl er ihren «frivolen» Lebensstil mißbilligte, folgte ihr der junge Schopenhauer 1813 nach Weimar. Er war schockiert, in ihrem Haus einen jungen Mann, den Schriftsteller Friedrich von Gerstenbergk, vorzufinden, der bei ihr lebte. Trotz Johannas beharrlicher Versicherung, daß es sich um eine platonische Freundschaft handle, hatte sie in den Augen ihres Sohnes eine schwere Sünde begangen: Indiskretion. Er stellte sie vor die Wahl: «Von Gerstenbergk oder ich!» Sie wählte von Gerstenbergk, und Schopenhauer sah seine Mutter nie wieder.

Liebe: Zur gleichen Zeit, als er mit seiner Mutter in Weimar im Streit lag, hatte Schopenhauer eine stille Affäre mit Karoline Jagemann, der Primadonna vom Hoftheater und anerkannten Geliebten des Herzogs Karl August. Über ihre Beziehung sind nur wenige Einzelheiten bekannt, unter anderem, daß Schopenhauers Empfindungen ihr gegenüber romantischer waren als gegenüber jeder anderen Frau in seinem Leben. Er schrieb: «Dieses Weib würde ich heimführen und wenn ich sie Steine klopfend an der Landstraße fände.»

Als das Buch *«Die Welt als Wille und Vorstellung»* herauskam, zog Schopenhauer nach Italien. Hier gab er sich seiner starken sinnlichen Natur hin. In der Überzeugung, daß sexuelle Leidenschaft «der deutlichste Ausdruck des Willens» sei, gab er ihr die Zügel frei, und er gab zu: «Ich bin kein Heiliger.» In Italien – wo die einzige Sünde darin besteht, nicht zu sündigen – lernte er eine reiche, vornehme und schöne Frau kennen, von der wir nur den Vornamen Theresa kennen. Er erwog eine Heirat, wobei er peinlich genau ihre Fehler und ihre Vorzüge gegeneinander abwog. Er entschied sich gegen eine Heirat, als sie ihn in peinliche Verlegenheit brachte, indem sie in der Öffentlichkeit in den höchsten Tönen von einem anderen Mann schwärmte – von Lord Byron. Schopenhauer schrieb: «Ich fürchtete mich vor Hörnern.»

Schopenhauer kehrte nach Deutschland zurück, um an der Universität Berlin zu lehren, aber seine Vorlesungen wurden kaum besucht. In Berlin wurde er von einer Näherin mittleren Alters, Caroline Marquet, wegen Körperverletzung verklagt, weil er sie eigenhändig aus dem Vorraum zu seiner Wohnung hinausgeworfen hatte; sie hatte ihn wiederholt geärgert, indem sie dort nähte. Sie gewann den Prozeß, und er mußte ihr für den Rest ihres Lebens eine Entschädigung zahlen. Nach diesem Vorfall brach er wieder nach Italien auf. Sein Frauenhaß wurde immer offensichtlicher; er hatte zwar Verkehr mit vielen Frauen, betrachtete sie aber alle mit Verachtung. Der Geschlechtstrieb war für ihn «ein Dämon, der danach strebt, zu pervertieren, einzuengen und alles über den Haufen zu werfen», und er machte die Frauen für die sich daraus ergebenden Verheerungen verantwortlich. Seine Philosophie erklärt die Liebe als einen Betrug, den die Natur an uns begeht, um ihren einzigen Zweck zu verfolgen: die Fortpflanzung. «Das niedrig gewachsene, schmalschultrige, breithüftige und kurzbeinige Geschlecht das schöne zu nennen – dies konnte nur der vom Geschlechtstrieb umnebelte männliche Intellekt fertigbringen.» Er verachtete und bemitleidete die Frauen. Seiner Ansicht nach hatten sie nur eine nützliche Eigenschaft: den Reiz der Jugend, der bald schwindet, wenn das hübsche Gesicht und die vollen Brüste einen Mann in die Ehe gelockt haben. Dennoch konnte er jüngere, hübsche Damen mit seinen meisterhaften Kenntnissen in Sprachen und Literatur und mit seinen gelegentlichen Zauberkunststückchen fesseln.

Nach einem glücklichen Jahr in Italien zog er sich nach München zurück, todkrank an Syphilis. Während der vielen Monate, die er bettlägerig war, fürchtete Schopenhauer, daß die Krankheit zerstören würde, was ihm das Wertvollste war: seinen Geist. Als er sich erholt hatte, schrieb er einen Artikel, in dem er eine neue Form menschlichen Zusammenlebens, die Tetragamie, anpries: Zwei Männer sollen, so Schopenhauer, eine gemeinsame Ehefrau haben, bis sie über das Alter, in dem sie Kinder bekommen kann, hinaus ist. Dann sollen sie eine zweite, junge Frau heiraten, aber weiterhin für ihre erste Frau sorgen. Später festigte seine Abhandlung *«Über die Weiber»*, die 1851 in dem Sammelband «Parerga und Paralipomena» erschien, seinen Ruf als Frauenhasser für alle Zeiten.

Dennoch hat er die Frauen nie aus seinem Leben verbannt. In einer Zeitschrift schrieb er von einem «Fräulein Medon», einer Schauspielerin von großem Charme, die mit bürgerlichem Namen Caroline Richter hieß. Er umwarb und gewann sie, und wieder dachte er an Heirat. Nach seiner sorgfältigen Analyse war sie «recht zufriedenstellend», als Geliebte oder als Ehefrau. Aber wieder erhoben sich seine Vorsicht und sein Zynismus. Er war verliebt, aber er war auch Philosoph. Sein Pessimismus gewann die Oberhand, und die Idee einer Heirat wurde fallengelassen. Schopenhauer bedeutete sein absolutes Vertrauen auf die Unsterblichkeit seiner Werke mehr als Kinder, die er der Nachwelt hätte hinterlassen können. Er starb allein, im Alter von 72 Jahren, an einem Lungen-Blutsturz.

Gedanken: «Das Verhältnis der Geschlechter ist der unsichtbare Mittelpunkt aller Handlungen. Es ist die Ursache des Krieges und das Ende des Friedens.» Obwohl Schopenhauer sich seine Wünsche verübelte, bestritt er sie doch nie: «Je mehr ich von Männern sehe, desto weniger gefallen sie mir. Wenn ich bloß das gleiche von Frauen sagen könnte, wäre alles gut.»

clw & ls

Kenner, Könner, Liebeskünstler

Der klumpfüßige Libertin

Lord Byron
22. Januar 1788–19. April 1824

Bedeutung: Der große George Gordon Lord Byron war unter den Dichtern des 19. Jahrhunderts die Inkarnation der Romantik. Er schuf den «Byronschen Helden», den geheimnisvollen, einsamen jungen Mann, der trotzig eine in früheren Tagen begangene, entsetzliche Sünde verbirgt. Byrons autobiographisches Meisterwerk *«Don Juan»* – sein Tod verhinderte die Vollendung – erlangte in seiner einmaligen Kombination von lyrischer Erzählkunst und satirischem Realismus weltweite Achtung.

Lebensgeschichte: Der junge Byron, der im Alter von zehn Jahren schon englischer Lord war, wuchs unter dem ungünstigen Einfluß seiner unausgeglichenen Mutter auf und litt überdies so entsetzlich unter seinem verkrüppelten Fuß, daß er einmal einen Arzt bat, ihn doch zu amputieren. Trotz dieser Behinderung wurde er ein ausgezeichneter Langstreckenschwimmer, der mühelos fünf Meilen und mehr zurücklegen konnte. Dennoch half ihm diese sportliche Betätigung kaum in seinem ständigen Kampf gegen seine Fettsucht. Als er mit siebzehn Jahren an die Universität Cambridge ging, wog er 96 Kilo bei einer Größe von 1,73 Meter. Um sein Gewicht in einigermaßen erträglichen Grenzen zu halten, fastete Byron häufig und nahm Abmagerungsmittel. Seine Diät bestand im allgemeinen aus Zwieback und ein wenig Reis; und das spülte er mit Mineralwasser oder verdünntem Wein hinunter. Wenn er ab und zu der Verlockung von Fleisch und Kartoffeln nicht widerstehen konnte, hatte diese Sünde sofort eine Verdauungskrise zur Folge, die zusätzliche Fettpolster um seinen Bauch entstehen ließ. Byron hoffte ein Leben lang, daß sein spartanischer Lebensstil auch seine «Leidenschaft abkühlen» würde, doch blieb der erwünschte Effekt aus. 1809 begab er sich mit John Cam Hobhouse auf eine zweijährige Europa-Reise. Nach seiner Rückkehr veröffentlichte er *«Junker Harolds Pilgerfahrt»*, ein in Spenser-Strophen verfaßter poetischer Bericht über die Reise, der im Nu ein Erfolg wurde. Diesem Werk ließ er alsbald noch eine Reihe von Verserzählungen (*«Die Braut von Abydos», «Der Korsar», «Die Belagerung von Korinth»* und andere) folgen, die seinen Ruf weiter untermauerten. Da die Reaktion der Öffentlichkeit auf Gerüchte über sein Sexualleben ihn zwang, England zu verlassen, reiste er nach Italien. Was er schrieb, war weiterhin hervorragend: *«Manfred»* (1817), *«Beppo»* (1818) und auch *«Don Juan»* (1818–1824). Die politischen Vorgänge auf dem Balkan fesselten sein Interesse, und er reiste nach Griechenland, um gegen die türkischen Besetzer zu kämpfen, doch er starb in Mesolunghi an Malaria, bevor er sich auf dem Schlachtfeld auszeichnen konnte. Mit seinem Tod erfüllte sich die Prophezeiung eines Hellsehers, der seiner Mutter erzählt hatte, daß Byron im Alter von 37 Jahren sterben würde.

Liebe: Byron wurde mit neun Jahren von seinem Kindermädchen in die Geheimnisse der Liebe eingeweiht. Das fromme schottische Mädchen, das immer einen Bibelspruch auf den Lippen hatte, nutzte drei Jahre lang jede Gelegenheit, zu dem Kind ins Bett zu kriechen und «mit ihm ihre Spiele zu treiben». May erregte den Jungen nicht nur auf jede erdenkliche Weise, sie ließ ihn auch zuschauen, wenn sie sich mit ihren Liebhabern ungehemmt vergnügte. Nach dieser Vorbereitung hatte Byron, der begierig nach weiteren Anregungen Ausschau hielt, keine Mühe, sich während seiner vier Jahre in Harrow, einem der angesehensten Internate Englands, ausgiebig sexuell zu betätigen. Dort bevorzugte er die Gesellschaft junger Männer: den Earl of Clare, den Duke of Dorset und viele andere. Obwohl er wahrscheinlich bisexuell war, stieß ihn der Gedanke an sexuellen Umgang mit erwachsenen Männern ab. Als er während seiner Ferien den dreiundzwanzigjährigen Lord Grey de Ruthyn von Harrow aus besuchte und dieser ihm einen unzweideutigen Antrag machte, floh der künftige Poet, von Entsetzen gepackt. 1805 schrieb er sich ins Trinity College (Cambridge) ein und verliebte sich in den Chorknaben John Edleston, der ihm einen herzförmigen Karneol als Zeichen ihrer Freundschaft schenkte. In den folgenden drei Jahren verband Byron erfolgreich gelegentliche Studien mit einem ausschweifenden Leben in London, wo er Orgien feierte, die ihn fast das Leben kosteten. Er lebte von Laudanum (einer Opiumtinktur), während er sich Nacht für Nacht mit Prostituierten vergnügte und nebenbei noch mindestens zwei Mätressen unterhielt, von denen er eine in Knabenkleidung steckte und als seinen Cousin ausgab. Die Täuschung wurde entdeckt, als «der junge Herr zum unbeschreiblichen Entsetzen der Zimmermädchen in einem Hotel in der Bond Street eine Fehlgeburt hatte».

1809 verließ Byron England, um den Kontinent zu besuchen. Zwei Jahre lang reiste er durch Griechenland, Albanien und Kleinasien. In der Türkei faszinierte ihn die Tatsache, daß der größte körperliche Unterschied der zu sein schien, daß «wir eine Vorhaut haben und sie keine» und daß «in England Huren und Saufen in

Mode sind und in der Türkei Knabenliebe und Rauchen. Wir bevorzugen ein Mädchen und die Flasche, sie eine Pfeife und einen Lustknaben.»

Durch die Veröffentlichung von *«Junker Harold»* im März 1812 machte Byron die Bekanntschaft von Lady Caroline Lamb, der siebenundzwanzigjährigen hemmungslosen Frau von William Lamb, dem späteren Lord Melbourne, Premierminister von England. Nach ihrem Treffen mit Byron schrieb die Lady in ihr Tagebuch, Byron sei «wahnsinnig, schlecht und ein gefährlicher Umgang». Ihre schlanke, knabenhafte Figur war genau nach Byrons Geschmack, und nicht viel später teilten sie die Freuden der Liebe miteinander. «Caro», wie Byron sie liebevoll nannte, war ausgesprochen exzentrisch und bekannt für ihren Exhibitionismus, und damit erwies sie sich als einzigartige Liebespartnerin. Im August öffnete Byron einen Brief, in dem er zu seiner Überraschung ein Büschel der schwarzen, krausen Schamhaare Caros und einen langen Begleitbrief fand: «Ich habe beim Abschneiden nicht aufgepaßt», stand darin, «und es hat geblutet. Mach Du es nicht so.» Sie bat um ein entsprechendes Geschenk und ermahnte ihn, ja vorsichtig mit der Schere umzugehen. Byron war amüsiert und erfüllte ihren Wunsch, doch ihre ständige Gegenwart und ihr unberechenbares Verhalten fielen ihm bald auf die Nerven. Mit Hilfe seiner guten Freundin Lady Melbourne, Caros Schwiegermutter, löste er im Dezember das Verhältnis. Caro verbrannte Byron symbolisch, schwor Rache und wartete auf ihre Gelegenheit. Byron flüchtete vor Caros Zorn zu Jane Elizabeth Scott, der vierzigjährigen Gattin Edward Harleys, des Earl of Oxford. Als der bislang letzte in einer langen Reihe von Liebhabern, deren sich die Lady während ihrer Ehe erfreut hatte (die Kinder der Oxfords nannte man wegen ihrer nicht bekannten Väter das «Harleysche Sammelsurium»), versah Byron bis zum Juni freudig seinen «Dienst».

Im Juli 1813 brach Byron das elementarste sexuelle Tabu – Inzest –, indem er seine verheiratete Halbschwester Augusta Leigh verführte. Sie hatten beide den Hauptmann «Mad Jack» Byron zum Vater, doch wuchsen die Kinder getrennt auf. Als sie sich dann wiedersahen, erwachte in beiden heiße Leidenschaft. Neun Monate und zwei Wochen später gebar Augusta eine Tochter, Medora, und der stolze Byron ließ keine Zweifel über die Vaterschaft aufkommen. In einem Brief an Lady Melbourne spielte er auf den mittelalterlichen Glauben an, inzestuöser Geschlechtsverkehr erzeuge Monster: «... es ist kein Affe, und falls doch, muß es an mir liegen.» Um den bösartigen Klatsch zu beenden, den seine offen zur Schau getragene Liebe zu Augusta hervorrief, heiratete Byron eine sittsame und schulmeisterhafte Erbin, Anabella Milbanke, die glaubte, ihn bessern zu können. Ihre einjährige Ehe war eine totale Katastrophe. Byron wurde fast irre und ärgerte sie monatelang mit drastischen Geschichten aus seiner Orgienzeit. Er litt ständig unter Alpträumen: So fuhr er schon bei dem geringsten Körperkontakt mit Anabella hoch und schrie: «Faß mich nicht an!» oder halbwach ängstigte er sich: «Oh, mein Gott, ich muß in der Hölle sein!» denn die roten Damastvorhänge am riesigen Himmelbett und die flackernden Kerzen, die er immer brennen ließ, bildeten den rechten Hintergrund für dieses Angstgefühl. Da Byron glaubte, man «dürfe eine Frau nicht essen und trinken sehen», aß Anabella allein. Im Dezember, nach der Geburt ihrer Tochter Augusta Ada, verließ die verängstigte Lady Byron ihren Mann und reichte die Scheidung ein. In dem nun folgenden Skandal wurden bösartige Gerüchte über Byrons sexuelle Perversionen verbreitet: So soll er die alternde Lady Melbourne auf *ihren* Wunsch hin geliebt haben, seine völlig verschreckte Frau im letzten Monat ihrer Schwangerschaft zum Analverkehr gezwungen haben, und er soll sogar versucht haben, die dreizehnjährige Tochter Lady Melbournes zu vergewaltigen. Diese sensationellen Anklagen, von der rachsüchtigen, nur auf Byrons Vernichtung bedachten Lady Caroline lanciert, schadeten seinem Ruf so sehr, daß er sich gezwungen sah, England am 25. April 1816 für immer zu verlassen. Aber in seinem letzten Monat «trieb» er es – Byrons Ausdruck für Geschlechtsverkehr – noch einmal mit Claire Clairmont, der siebzehnjährigen Stieftochter William Godwins, eines Befürworters der freien Liebe. Claire reizte der schlechte Ruf Byrons, und sie offerierte sich ihm ohne Hemmungen in provozierenden Briefen. Die ständigen Angebote, bei nächstbester Gelegenheit über ihren Körper verfügen zu dürfen, verfehlten nicht ihre Wirkung, und Byron gab schließlich eine Woche vor seiner Abfahrt nach. Ihrer kurzen Verbindung entsprang Allegra, die im darauffolgenden Januar geboren wurde.

Nachdem er sich in Venedig eingerichtet hatte, wendete Byron sich wieder ernsthaft seinen sexuellen Ausschweifungen zu. Er fand eine Wohnung in der Nähe des Markusplatzes und eroberte sofort die Gattin seines Wirtes, die dunkeläugige Marianna Segati, als nächste Geliebte. Fast zur gleichen Zeit fand er eine zweite Partnerin, die 1,78 Meter große, kräftige Frau eines Bäckers, Margherita Cogni, genannt «La Fornarina». Die gefährliche Eifersucht der feurigen Amazone zwang Byron, seine weiteren Verabredungen sehr sorgfältig zu planen. Zwar war Margherita sehr gläubig und bekreuzigte sich sogar jedesmal, wenn die Glocken zum Gebet läuteten, selbst dann, wenn sie gerade mit Byron im Bett lag, doch hätte nicht einmal ihr Glaube sie daran gehindert, jedwede Rivalin im Schlafzimmer ihres Geliebten zu erstechen. 1818 verließ Byron Marianna und mietete den Palazzo Mocenigo. Der Palast diente Byron als Privatbordell und wurde von einem ganzen Harem von Mätressen und Prostituierten bevölkert. Eine Zeitlang arbeitete seine sanfte «Tigerin», Margherita, die sich ihrer Favoritenstellung sicher war, als Haushälterin im Palast. Ihre ständigen Zornausbrüche überstiegen jedoch bald Byrons Geduld. Als er sie daher aufforderte, das Haus zu verlassen, griff sie ihn mit einem Messer an und stach ihn in die Hand. Danach sprang sie in den Kanal. Als sie endlich erkannte, daß Byron sie nicht mehr wollte, kehrte sie zu ihrem Ehemann zurück.

Später schätzte Byron, daß er wohl die Hälfte seiner jährlichen Unkosten für käufliche Liebe ausgegeben hatte, verteilt auf mindestens zweihundert Frauen. «Vielleicht mehr», schrieb er, «denn in letzter Zeit habe ich die Übersicht verloren.» Die vielen Orgien brachten noch zusätzliche Ausgaben. Byron litt unter Gonorrhoe, dem «Fluch der Venus», die er sich bei seinen Damen zugezogen hatte.

Im April 1819, zu einer Zeit, in der die endlose Promiskuität für ihn allmählich ihren Reiz zu verlieren begann und Byron außerdem langsam fett wurde, traf er Teresa Guiccioli, eine neunzehnjährige Gräfin, die in einer Vernunftehe «gefangensaß». Er wurde ihr *cavalier servante*, ein ständiger Begleiter, den die italienische Sitte für solche Ehen gestattete. Zwischen den beiden entwickelte sich eine echte Liebe. Byron schränkte sein Umherstreunen auf der Suche nach Geliebten erheblich ein. Freunden schrieb er: «Im letzten halben Jahr hatte ich keine Hure und habe mich allein auf den Ehebruch beschränkt.» Graf Guiccioli lud Byron ein, unter seinem Dach zu wohnen, was die Situation sehr vereinfachte. Doch schließlich gefiel Guiccioli das Arrangement nicht mehr, und nach einer heftigen Auseinandersetzung willigte er in eine Trennung ein. Ironischerweise verwandelte sich Byron während dieser vierjährigen Affäre fast in einen treuen Geliebten, und wehmütig sah er sich selbst als ein lebendes Beispiel ehelichen Glücks. Teresa und Byron lebten bis zu seiner Abreise in die Türkei zusammen.

wk

Der beste aller Liebhaber

Giacomo Casanova
2. April 1725–4. Juni 1798

Bedeutung: In aller Welt wird sein Name zur Charakterisierung eines großartigen Liebhabers benutzt. Aber er war außerdem ein Spieler, Schriftsteller, praktizierender Okkultist, Entfesselungskünstler und Abenteurer, ein Mann, der mit Verstand liebte und lebte.

Lebensgeschichte: «Ich bin kein Edelmann von Geburt, ich habe mir den Adel verdient», erklärte Casanova, der auf Anspielungen auf seine niedrige Herkunft sehr empfindlich reagierte. Seine Mutter, Zanetta Farussi, war eine liebestolle junge Schauspielerin aus Venedig, die einen Tänzer namens Casanova heiratete; sein leiblicher Vater jedoch war, wie Casanova vermutete, Michel Grimani, ein theaterbegeisterter venezianischer Edelmann. (Der Prinz von Wales, zukünftiger Georg II., soll Casanovas Bruder Francesco gezeugt haben, als Zanetta Casanova auf einer Tournee durch England reiste.) Casanova wuchs unter der Obhut seiner Großmutter auf, lebte dann in einem Pensionat, um sein Studium an der Universität von Padua fortzusetzen, bis er mit siebzehn Jahren den Doktorgrad in den Rechtswissenschaften erwarb. Nachdem man ihn von einem Seminar wegen angeblicher Homosexualität ausgeschlossen hatte, trat Casanova schließlich in die venezianische Armee ein.

Im Alter von 21 Jahren – er hatte sich mittlerweile Wissen über Medizin und Okkultismus angeeignet – heilte er einen alternden venezianischen Aristokraten, Matteo Bragadino, der ihn aus Dankbarkeit adoptierte. Casanova floh aus dem Gefängnis Venedigs, in das man ihn wegen verschiedener kleinerer Sünden – viele von ihnen waren sexueller Natur – eingekerkert hatte, und reiste in den nächsten achtzehn Jahren durch Europa. Er war ein notorischer Spieler und arbeitete für kurze Zeit als Organisator der staatlichen französischen Lotterie. Gleichzeitig war er ein fleißiger Literat, der die *«Ilias»* übersetzte und neben anderen Werken einen fünfbändigen prophetischen Roman schrieb. Er besuchte Voltaire in der Schweiz, duellierte sich mit einem polnischen Grafen, «interviewte» Katharina die Große (über die Kalenderreform) und ernannte sich selbst zum Chevalier de Seingalt.

Nachdem er 1774 nach Venedig zurückgekehrt war, diente er sieben Jahre lang der Inquisition als Geheimagent, bis er wegen einer Satire über die herrschende Klasse Venedigs des Landes verwiesen wurde. Den Rest seines Lebens verbrachte er auf Schloß Dux in Böhmen als Bibliothekar des Grafen von Waldstein.

Zur Person: Der große, dunkle und kräftig gebaute Casanova hatte den Witz eines Harlekins oder Figaros und besaß die Fähigkeit, sich jeder Situation – und war sie noch so abenteuerlich – anzupassen. Die Zahl seiner sexuellen Eroberungen wird niemals ganz zu ermessen sein. «Es gibt keine Frau auf der Welt, die ständiger Werbung widerstehen könnte», behauptete er. Als Machiavelli der erotischen Intrige warb, spielte, beschwor, beleidigte und drohte er so lange, bis er bekam, was er wollte; eine Zurückweisung stachelte ihn nur umso mehr an. Enthaltsamkeit macht krank – nach diesem Motto tat er sich keinen Zwang an und wurde mindestens elfmal von Geschlechtskrankheiten befallen. (Vielleicht aus diesem Grund, bestimmt aber auch, weil er Sympathie für die Frauen empfand, die ja jedesmal eine Schwangerschaft riskierten, war er mit dem Gebrauch von «schützenden Hüllen» und Scheidenpessaren aus einer halben Zitrone vertraut, wobei die Zitronensäure als Spermizid wirkte.) Der energiegeladene Sexualathlet erwähnt ganz beiläufig sein «sechstes Rennen». Zu seinen besten Zeiten war er in der Lage, an jedem Ort, mit wem auch immer und in jeder Position zu kopulieren, mit besonderer Vorliebe für die Stellungen, die Aretino, ein Satiriker des 16. Jahrhunderts, beschrieben hatte.

Im Unterschied zu Don Juan, der ständig seine Männlichkeit beweisen mußte, war Casanova der Meinung Dr. Robert B. Greenblatts zufolge ein Kenner, der «sich an einer sexuellen Begegnung einmal wegen des direkten Vergnügens erfreuen konnte, zum anderen aber den Vorgang der Werbung und den Zauber des Abenteuers genoß».

Doch war er nicht nur Kenner, sondern auch Gourmand – er genoß die Frauen mit all seinen Sinnen. «Der Geruch derer, die ich liebte, dünkte meiner Nase stets köstlich», schrieb er. Und selbstverständlich war auch sein Geschmackssinn hoch entwickelt. Casanova erfand die Austernorgie, bei der man das schmackhafte Aphrodisiakum von Mund zu Mund weiterreichte, und fiel es dabei zwischen die «Alabastersphären», fischte er es mit seinen Lippen wieder heraus.

Doch vor allem war Casanova ein unverbesserlicher, ständig verliebter Romantiker. «Ohne Liebe ist dieses große Geschäft eine üble Sache», so glaubte er. Sein Leben lang war er damit beschäftigt, in Bedrängnis geratene Damen zu retten, um sich dann selbst unter Schwierigkeiten aus der Affäre zu ziehen. Für ihn war Ehe «das Grab der Liebe», und so bevorzugte er statt dessen den «unbeschreiblichen Zauber geraubter Freuden». Er beschrieb diese Freuden in exquisiten und manchmal erdichteten Details in seiner zwölfbändigen *«Histoire de ma vie»* (*«Geschichte meines Lebens»*).

Liebe mit zwei Frauen: Casanova war ungefähr elf Jahre alt, als die Hände der Bettina Gozzi, einer Schwester seines Wirtes, seine Schenkel während des Waschens verführerisch berührten und er zum erstenmal in seinem Leben sexuell erregt wurde. An seinem ersten vollständigen erotischen Erlebnis waren gleich zwei Nymphchen beteiligt. Damit Nanette und Marton Savorgnan sich in Sicherheit wähnten, stellte er sich zunächst schlafend, um so in ihrem Bett bleiben zu können. Behutsam enthüllte er erst das eine und dann das andere Mädchen und näherte sich langsam seinem Ziel. Nachdem sie sich gemeinsam gewaschen hatten, versetzten sich die drei in solche sexuelle Erregung, daß sie den Rest der Nacht «unter abwechslungsreichem Geplänkel» verbrachten.

«Bei zwei Freundinnen», stellte Casanova fest, «führt die Schwachheit der einen zum Fall der anderen.» Dieser Vorgang wiederholte sich später mit den Cousinen Helena und Hedwig in Genf. Nachdem er ihre Jungfernhäutchen durchstoßen hatte, badete er sie (eine Tätigkeit, die ihn immer wieder erfreute) und «erwachte durch ihre flinken und neugierigen Hände zu neuem Leben» und «erfüllte sie, als wir uns wieder der Liebe widmeten, mehrere Stunden lang mit höchstem Glück und wechselte fünf- oder sechsmal von der einen zur anderen, bevor ich meine Kraft verausgabte und zum Gipfelpunkt der Wonnen gelangte». Eines der Mädchen, die seine «Pistole» – wie Casanova sein Glied manchmal nannte – hinterher küßte, rief zu ihrer Freude noch eine weitere «Eruption» hervor.

Homosexualität: In seiner Jugend war Casanova ganz verrückt nach einem vermeintlichen Kastraten, einem der jungen Knaben, die die Frauenrollen im italienischen Theater spielten. «Bellino» entpuppte sich jedoch als Teresa, ein sechzehnjähriges Mädchen, das er dann allerdings auch nicht verschmähte. Da er nicht willens war, irgendeine erotische Erfahrung auszulassen, arrangierte er in späteren Jahren mehr als nur eine homosexuelle Begegnung. Möglicherweise war Bragadino, Casanovas Adoptivvater, Päderast. Und in Rußland tauschte Casanova «Zeichen der zärtlichsten Freundschaft und schwor sich ewige Liebe», als er bei dem schönen androgynen Leutnant Lunin weilte.

Lesbierinnen und Voyeure: «C. C.» (Casanova hielt die Identität seiner Geliebten meist geheim) war eine Fünfzehnjährige, die, nachdem Casanova sie von ihrer Jungfräulichkeit befreit hatte, von ihrem Vater in ein Kloster bei Murano gesteckt wurde. Als Casanova sie dort besuchte, fand auch die Mutter, «M. M.», Gefallen an ihm. Sie war eine schöne junge Nonne mit einem enormen Liebesbedürfnis, die ein Stelldichein im Landhaus ihres Liebhabers vorschlug. Ihre erste Vereinigung arrangierte sie zum voyeuristischen Vergnügen des Kardinals François de Bernis, des französischen Gesandten in Venedig und Liebhabers der M. M., der ihnen von einer verborgenen Kammer aus zuschauen konnte. Bei einer anderen Gelegenheit überredete man C. C., sich dazuzugesellen. M. M. und C. C. begannen, die «Mysterien der Sappho» zu erforschen. «Wir waren alle drei vor Verlangen und Sinnenrausch trunken ... und durch die ständige Erregung so aufgeputscht, daß wir uns auf alles stürzten, was uns die Natur an Sichtbarem und Tastbarem gegeben hatte und begierig in alles bissen, was wir sahen; wir waren in allen Trios, die wir ausführten, zu Angehörigen des gleichen Geschlechts geworden.»

Eine andere Nonne – auch M. M. genannt – verführte später zu

Casanovas Vergnügen eine zwölfjährige Internatsschülerin in einem französischen Kloster. Indem er dem Kind zeigte, wie man mit dem Finger das Jungfernhäutchen ertastet, erregte er es so sehr, daß es ihn fellatierte. Das Mädchen «sog die Essenz aus meiner Seele und meinem Herzen», berichtete Casanova in seinen Memoiren. Dies alles geschah durch ein Gitter, das die Nonnen von den Besuchern trennte.

Inzest: «Ich konnte nie verstehen, wie ein Vater seine bezaubernde Tochter zärtlich lieben kann, ohne wenigstens einmal mit ihr geschlafen zu haben», schrieb Casanova, nachdem er die Freuden des Inzests genossen hatte. Er hatte sich in Leonilda verliebt, die Mätresse eines Herzogs, der zur Homosexualität neigte, und entdeckte, daß sie seine Tochter war. Er hatte sie vor siebzehn Jahren mit Lucretia gezeugt, als er sich mit ihr bei einem Sexmarathon vergnügte. Leonilda war persönlich zugegen, als ihre Eltern die Empfängnis noch einmal darstellten. Sie entkleidete sich («Ich hatte gesagt, daß ich, als ihr Vater, ein Anrecht darauf hätte, mein ganzes Werk zu sehen») und beteiligte sich sogar ein wenig an ihrem Liebesspiel. Neun Jahre später – Leonilda war inzwischen mit einem potenten alten Marquis verheiratet – schlief Casanova tatsächlich mit ihr und zeugte ihren Sohn.

Sex aus Spaß und Profit: Casanova hatte, den Sex betreffend, auch Sinn für Humor, wie seine Affäre mit «Mlle X. C. V.» (Giustiniana Wynne) zeigte. Da die Dame schon schwanger war, veranlaßten ihn nur völlig ehrbare Motive zum Handeln – er wollte ihr zu einer Abtreibung verhelfen. Nachdem alles nichts geholfen hatte, versuchte er ein Mittel aus der kabbalistischen Literatur: den «Aroph von Paracelsus», eine Salbe, die mit Hilfe eines «Instrumentes» von 15 bis 20 Zentimeter Länge auf den Muttermund aufgetragen werden mußte, während der «Patient» sich in sexueller Erregung befand. Casanova mußte sich vor Lachen schütteln, als es soweit war, faßte sich aber schnell genug, um die notwendige Penetration mehrfach zu vollziehen – die Abtreibung mißlang allerdings.

Casanovas ausgedehnteste Episode sexueller Scharlatanerie betraf die verwitwete Marquise d'Urfé, eine reiche, exzentrische Person, die von dem Wunsch verzehrt wurde, als Knabe wieder auf die Welt zu kommen. Zuerst schlug Casanova vor, persönlich eine «engelsgleiche Jungfrau» mit einem Sohn zu schwängern, in den die Marquise ihre Seele hauchen sollte. Aber es stellte sich heraus, daß die «Jungfrau» mehr einer Hure glich, und Casanova mußte nun ernsthaft die Notwendigkeit in Erwägung ziehen, selbst mit der ältlichen Marquise ein Kind zu zeugen. Dies erforderte natürlich die Hilfe und Inspiration eines «göttlichen Wesens», personifiziert in Marcolina, im bürgerlichen Leben eine lesbische Nymphomanin.

Marcolina erschien, ganz in Grün gekleidet, mit einer mit unsichtbarer Tinte geschriebenen Botschaft, die sie als eine Wasserfee auswies, befähigt, bestimmte zeremonielle Waschungen auszuführen. Die Marquise bekam das gewünschte Kind nicht, aber sie hatte Casanova zwei Jahre lang ein gutes Taschengeld gezahlt.

Geliebte (Fortsetzung): Weitere Eroberungen Casanovas waren die Gattin des Bürgermeisters von Köln; eine Nonne, von der er eine Locke ihres Schamhaares zur Erinnerung aufbewahrte; eine dunkelhäutige Frau, aus Neugier; eine Schauspielerin mit zwei Buckeln und einer erotisierend unregelmäßigen Vulva. Begierig, alle Kombinationen sexueller Freude zu erforschen, stellte er sich mehr als einmal einen Harem junger mannbarer Näherinnen zusammen. Mit einigen wenigen Ausnahmen kamen die meisten seiner Frauen aus der Halbwelt oder den unteren Klassen. Seine schönste Affäre hatte Casanova mit der vornehmen, gebildeten Französin Henriette, die ihm an Abenteuern und Sinnesfreude ebenbürtig war. Sie verbrachten drei Monate miteinander, bevor sie in ihre Heimat zurückkehrte. Jahre später fand Casanova sich im selben Hotelzimmer in Genf wieder und entdeckte die mit einem Diamanten ins Fensterglas eingeritzten schicksalsträchtigen Abschiedsworte: *«Tu oublieras aussi Henriette»* («Du wirst auch Henriette vergessen»).

Ausgelaugt von seinen erstaunlichen Leistungen, ließ Casanovas Potenz nach, noch bevor er vierzig Jahre alt wurde. 1763 konnte er nur noch für einen Gefährten Reklame machen, wurde von einer hartherzigen Schönheit fast zum Wahnsinn getrieben und von fünf geldgierigen Schwestern aus Hannover um sein Bargeld gebracht. Er begann, wieder die Städte aufzusuchen, in denen er einst so erfolgreich war, und die alten Eroberungen erneut zu erobern. In Venedig gab es noch eine einfache Näherin, Francesca Buschini, die ihm jahrelang treu blieb. Ansonsten mußte er sich mit Frauen begnügen, die jeder für einen bestimmten Preis haben konnte.

In seinen dreizehn Jahren als Bibliothekar in Böhmen hatte er wahrscheinlich überhaupt keine Frauen mehr. Ihm blieben nur noch die Freuden des Essens («Da er nicht mehr länger der Gott der Gärten sein konnte», schrieb ein Zeitgenosse, «wurde er zum Wolf bei Tisch»), des Schreibens und Lesens – was ihn zu einem Aphorismus über sein Lieblingsthema inspirierte: «Die Frau ist wie ein Buch, von dem – gut oder schlecht – schon die Titelseite fesseln muß.» Es ist eigentlich überflüssig zu betonen, daß Casanova, obwohl er in seinen letzten Jahren impotent war, «immer neugierig war, ein neues zu lesen».

Gedanken: «Meine Laster haben niemandem außer mir selbst geschadet, die Fälle ausgenommen, in denen ich verführt habe; aber es war nicht charakteristisch für mich zu verführen, denn ich habe nie verführt, ohne nicht unbewußt selbst verführt zu werden.»

cd

Statistik: Wie mit wem wie oft wie lange?

Giacomo Casanova, der berühmteste Liebhaber der Weltgeschichte, sorgte selbst für seinen Ruhm, indem er seine Memoiren schrieb. 1798, als Casanova 64 Jahre alt war und sich als Bibliothekar in einem Schloß in Böhmen langweilte, entschloß er sich, die Erinnerungen an seine amourösen Erlebnisse zu Papier zu bringen. In diesem 4545seitigen Manuskript beschreibt er sein Liebesleben bis zum Sommer 1774, als er 49 Jahre alt war. Danach erfreute er sich wahrscheinlich nur noch selten am Sex, obwohl er noch 24 Jahre lebte. Die unzensierte deutsche Fassung seiner Memoiren wurde in zwölf Bänden von 1964 bis 1967 veröffentlicht.

Wir wollten herausfinden, wie oft Casanova es nun wirklich getrieben hatte, auf wie viele verschiedene Arten und mit welchen Partnern er sich zusammengefunden hatte. Unseres Wissens hatte noch niemand eine Statistik über Casanovas sexuelle Aktivitäten angelegt. Wir beschlossen, das nachzuholen. Wir beauftragten sieben Experten, die zwölf Bände der *«Geschichte meines Lebens»* zu durchforsten. Nachdem wir die Ergebnisse addiert hatten, waren wir äußerst überrascht. Sarah Bernhardt, Guy de Maupassant, Elvis Presley, Alisteir Crowley, Ninon de Lenclos und andere hatten ungefähr zehnmal so viele Sexpartner angegeben wie Casanova. Es wurde uns deutlich, daß Casanova nichts daran lag, der beschäftigtste Liebhaber der Welt zu werden. Ihn interessierte die Qualität jeder Begegnung, er wollte jede Einzelheit genießen. Die Zahlen über Casanova repräsentieren nur das Minimum. Manchmal spricht er davon, mit «mehreren» Partnern geschlafen zu haben, und, da wir die exakte Anzahl nicht herausfinden konnten, so gab es keine Möglichkeit, alle in unserer Zählung zu berücksichtigen. Sicher ist, daß er über die aufgeführten hinaus noch weit mehr Partner gehabt hat. Doch hier nun der «Countdown» für den verliebten Casanova:

Anzahl der Frauen, mit denen er intim wurde: 132 erwähnt
(Da Casanova nicht alle Frauen beschrieb, addieren sich die folgenden Zahlen nicht zur Gesamtsumme.)

Geburtsland seiner Geliebten:

Italien	47	Spanien	2
Frankreich	19	Polen	2

Schweiz	10	Holland	1
Deutschland	8	Rußland	1
England	5	Afrika	1
Griechenland	2	Portugal	1

Alter seiner Geliebten:

11–15 Jahre alt	22	21–29 Jahre alt	15
16–20 Jahre alt	29	30–39 Jahre alt	5

Die jüngste Frau, mit der er schlief, war 11 Jahre alt; die älteste über 50.

Berufe und Stand der Frauen, mit denen er schlief:

Dienstmädchen	24
wohlhabende Frauen und Damen	18
Adlige	15
Prostituierte	11 und viele weitere
Schauspielerinnen	7
Tänzerinnen	6
Bäuerinnen	6
Kurtisanen	4
Sängerinnen	3
Nonnen	2
Geistliche	1
Sklavinnen	1

Familienstand seiner Frauen:

ledig	85
verheiratet	11
verwitwet	5

Haarfarbe der Frauen:

brünett	12
blond	8
braun	2

Arten der Verführung:

Einvernehmen beider	36	sie verführte ihn	12
er verführte sie	33	sie wies ihn ab	16

Sein Stil:

Geschlechtsverkehr	52	Fellatio	5
Cunnilingus	2		

Geschlechtsverkehr, Fellatio und Cunnilingus	4	Impotenz	7
Analverkehr	1	vorzeitiger Samenerguß	3

Masturbation:

er befriedigt sie	10	er befriedigt sich selbst	2
sie befriedigt ihn	5	sie befriedigen sich gegenseit.	1

Allgemeine Exotika:

Entjungferungen	31	und mehr
2 Frauen zugleich	12	Paare
Orgien	1	
höchste Zahl von Orgasmen mit ein und derselben Frau innerhalb 24 Stunden	12	
der kürzeste Geschlechtsverkehr	15	Min.
der längste Geschlechtsverkehr	7	Std.
die höchste Zahl an Orgasmen, die eine Frau während einer Erektion erlebte	14	

Blondes Dynamit

Jean Harlow
3. März 1911–7. Juni 1937

Bedeutung: Jean Harlow, regierende Sexkönigin der dreißiger Jahre, spielte in Filmkomödien die platinblonde, kesse Biene mit dem goldenen Herzen, eine «Mischung aus Kumpel und Luder». Ihre bekanntesten Filme sind *«Der öffentliche Feind»* und *«Die gelbe Hölle»*.

Lebensgeschichte: Jean wurde als Harlean Carpenter in Kansas City (Missouri) geboren. Ihre Mutter ließ sich von ihrem Ehemann, einem Zahnarzt, scheiden und heiratete zwei Jahre später Marino Bello, einen Italoamerikaner mit undurchsichtigem Beruf und dunklen Gangsterverbindungen. Marino und «Mama Jean», wie sie genannt wurde, nahmen Jeans Karriere in die Hand und schröpften ihre Tochter nicht schlecht. Die Familie zog nach Hollywood, als Jean noch ein Teenager war. Ihre erste bedeutende Rolle spielte sie in *«Hell's Angels»*, einer sündhaft teuren Howard Hughes-Produktion. Hughes prägte den Ausdruck «platinblond» für die Harlow (ihr fast weißes Haar sollte ihr wichtigstes Markenzeichen werden) und wies seine Kostümschneider an, ein

Ballkleid mit dem tiefsten Ausschnitt, der jemals in einem Film gezeigt worden war, für sie zu entwerfen. Jean, sowieso schon spärlich bekleidet, rief eine Sensation hervor, als sie den folgenden Satz aussprach: «Stört es dich, wenn ich in etwas Bequemeres schlüpfe?» Obwohl sie nun ein Superstar war, riefen Mama Jean, Marino und ihre Freunde sie weiterhin mit dem Spitznamen ihrer Kindheit, «das Baby».

Liebe: Die Geschichten über ihr Liebesleben reichen von einem Extrem zum anderen – die einen sagen, sie sei sexbesessen und flatterhaft gewesen; die anderen, sie habe Sex gehaßt; die dritten, sie sei ein normales, gesundes Mädchen gewesen, das nur kein Glück mit Männern hatte. Wahrscheinlich ist von jedem etwas wahr.

Über eine Sache sind die Biographen sich jedoch einig: Bei ihrem ersten sexuellen Erlebnis war sie sechzehn Jahre alt. Weil sie unter anderem nicht länger in einem Mädcheninternat in Illinois verbleiben wollte, floh sie mit dem einundzwanzigjährigen Charles McGrew, dem Sohn eines wohlhabenden Investmentmaklers. Sie gab ein falsches Alter an, und die beiden wurden getraut. Doch wurden die Jungvermählten von ihren Familien sofort wieder getrennt. Wahrscheinlich sahen die beiden einander nie wieder, und 1929 wurde die Scheidung ausgesprochen. Ihre erste Liebesnacht, sagte Jean später, sei «gräßlich» und unbefriedigend gewesen.

Sie hatte keine weiteren Liebhaber, bis sie 1932 ihren zweiten Mann, Paul Bern, heiratete. Es war schon eine höchst ungewöhnliche, aufsehenerregende Verbindung. Bern hatte einen Schnurrbart, sah einem Wiesel sehr ähnlich, war klein und doppelt so alt wie Jean. Es war eine seltsame Entscheidung für eine Frau, die die Wahl unter den großen Hauptdarstellern Hollywoods hatte. Wahrscheinlich suchte sie eine Vaterfigur – und freute sich über die Tatsache, daß Bern mehr an ihrem Geist als an ihrem Körper interessiert schien. Es stimmt schon, daß er zuvorkommend, intellektuell und ritterlich war – man nannte Bern, der als Irving Thalbergs Assistent bei MGM in Hollywood arbeitete, den «kleinen Beichtvater», weil er gern den Sorgen anderer Leute zuhörte. Vor seiner Heirat mit Jean hatte er mit einer anderen Frau ein ungewöhnliches Abkommen getroffen: Er richtete ihr eine Wohnung in Hollywood ein und besuchte sie jeden Nachmittag. Die Frau entkleidete sich und legte sich nackt aufs Bett, während Bern ihr Gedichte vorlas. Dann tranken sie zusammen Tee, bis er sich wieder verabschiedete.

Das Geheimnis der Harlow-Bern-Verbindung jedoch ist immer noch nicht gelüftet. Die berühmteste Version der schicksalshaften Hochzeitsnacht und der darauffolgenden Wochen ist diese: Nach einer fröhlichen Hochzeitsfeier zogen sich die beiden in ihr Haus zurück, um ihre Hochzeitsnacht auszukosten. Einige Stunden später erhielt Jeans Agent, Arthur Landau, einen Telefonanruf seines verzweifelten Schützlings. Er holte sie vor ihrem Haus ab, und sie erzählte ihm, daß der betrunkene Bern sie mit einem Stock geschlagen habe – lange, häßliche Striemen bedeckten ihren gesamten schneeweißen Körper. Außerdem hatte er sie so heftig in die Schenkel gebissen, daß sie blutete. Den Rest ihrer Hochzeitsnacht verbrachte Jean bei den Landaus. Als Landau am nächsten Morgen das Haus betrat, fand er den nackten, weinenden Bern, der klagte: «Jeder Mann, den ich kenne, bekommt eine Erektion, wenn er nur über sie spricht. Arthur, hatte ich nicht das Recht zu hoffen, Jean würde mir wenigstens so weit helfen?» Berns Penis und Hoden waren nicht größer als bei einem kleinen Jungen, und er war offensichtlich impotent. (Eine Variation dieser Geschichte wurde von Jeans Dienstmädchen erzählt, derzufolge Bern gesagt haben soll: «Das Baby ist immer noch Jungfrau.»)

Was immer auch passierte, es war nichts Gutes – aber sie wahrten den Schein, um Jeans Karriere nicht zu gefährden. Schließlich, in einer Nacht zwei Monate nach der Hochzeit, verschaffte Bern sich Zugang zu Jeans üblicherweise verschlossenem Schlafzimmer. Er trug einen enormen künstlichen Phallus – mit riesigen Hoden und einer Spritzvorrichtung. Jean brach in hysterisches Gelächter aus, während Bern mit dem gigantischen Apparat im Zimmer auf und ab stolzierte, bis sie von dem Spaß genug hatten und das Ding die Toilette hinunterspülten.

Am nächsten Abend, Jean war wohl ausgegangen (der Ablauf der Dinge ist etwas verschwommen), entdeckte der Butler Berns nackten Körper, zusammengesunken vor einem mannshohen Spiegel und mit «Mitsouko», dem Lieblingsparfum seiner Frau, übergossen. Bern hatte sich mit einer achtunddreißiger Pistole in den Kopf geschossen. Sein Abschiedsbrief war für die Presse ein gefundenes Fressen. Er lautete: «Liebster Liebling, leider gibt es keinen anderen Weg, das schreckliche Unrecht, das ich Dir zugefügt habe, zu sühnen und meine tiefe Erniedrigung auszulöschen. Ich liebe Dich. Paul. Du weißt sicherlich, daß ich letzte Nacht nur Spaß gemacht habe.»

Drei Tage später fand man in Sacramento die Leiche einer Blondine. Dorothy Milette, die angeblich Berns Lebensgefährtin gewesen war, bevor er Jean heiratete, hatte Selbstmord begangen.

Die verzweifelte Jean stürzte sich nun, als eine Art von Selbstbestrafung, wahllos in Sexabenteuer; sie wollte herausfinden, was es mit dem Sex auf sich habe, außerdem wünschte sie sich plötzlich ein Baby. Sie ließ sich ihr Haar sehr kurz schneiden (zum Entsetzen der Aufnahmeleiter), machte sich mit einer schwarzen Perücke und Sonnenbrille unkenntlich und fing an, Männer aufzulesen. Der erste, mit dem sie zwei Nächte in einem heruntergekommenen Hotel in San Bernardino verbrachte, war Vertreter. Vor einem

Kino in San Francisco, in dem gerade *«Die gelbe Hölle»*, ihr neuester Film mit Clark Gable, gezeigt wurde, traf sie einmal einen ihrer Kavaliere. Der Mann versuchte ihr einzureden, daß sie Ähnlichkeit mit Jean Harlow hätte und doch versuchen solle, in Hollywood eine Stellung als Double zu bekommen. Aber die Harlow konnte auch äußerst wählerisch sein – als der MGM-Boß Louis B. Mayer Interesse an ihr zeigte und mit einem Pelzmantel als Köder winkte, ließ sie ihn abblitzen. Ihre Versuche, schwanger zu werden, blieben jedoch ohne Erfolg, und irgendwann gelangte sie zu der bitteren Erkenntnis, daß sie unfruchtbar war.

Die letzte der «drei Unvernunftehen», wie sie sie nannte, ging sie mit dem begabten und erfolgreichen Kameramann Hal Rosson ein. Rosson ähnelte Paul Bern und war sechzehn Jahre älter als Jean. Das glückliche Paar heiratete im Jahr 1933 in aller Stille, doch die Ehe sollte nur acht Monate dauern. Niemand weiß so recht, warum; gemunkelt wird, daß Mama Jean und Marino ihre Hände im Spiel hatten. Die Anschuldigungen, mit denen Jean ihre Scheidungsklage begründete, waren einfach lächerlich; zum Beispiel beschuldigte sie ihren Mann, er gefährde ihre Karriere, weil er noch bis spät in die Nacht im Bett lesen würde und sie daher bei den Aufnahmen schläfrig sei.

Jean hatte ihre letzte Affäre mit dem Schauspieler William Powell. Er ist vielleicht ihre große Liebe gewesen. Wie Bern war er intelligent und zuvorkommend und glich ihm auch im Aussehen. Powell war 43 und Jean 24 Jahre alt. Am dritten Jahrestag ihrer ersten Verabredung schenkte er Jean eine Torte und eine Karte mit den Worten: «Für meine Dreijährige von ihrem Daddy.» Als Jean im Alter von 26 Jahren plötzlich schwer erkrankte, waren sie wahrscheinlich schon verlobt. Sie starb nach kurzer Zeit an Harnvergiftung, weil Mama Jean als Mitglied der Kirche der Christlichen Wissenschaft (Christian Science) keine ärztliche Hilfe zuließ, bis es zu spät war.

Man glaubt, daß es Powell war, der Jean auf der Totenbahre eine einzelne Gardenie, ihre Lieblingsblume, und eine Karte in die Hand legte, auf der stand: «Gute Nacht, mein Allerliebstes», und daß das leere Grab neben dem Jeans und ihrer Mutter für ihn reserviert ist.

Eigenarten: Die Harlow war die erste Schauspielerin, die ohne BH in Hollywood auftauchte und überhaupt nur wenig Unterwäsche trug. Als ein Lehrer sie einmal deswegen ermahnte, antwortete die Fünfzehnjährige: «Ich kann nicht atmen, wenn ich einen Büstenhalter trage.» Ihre Brustwarzen rieb sie mit Eis ab, damit sie vor der Kamera gut hervorstachen, und ihre Schamhaare färbte sie blond, damit sie zu ihrem Kopfhaar paßten.

Gedanken: «Mein Gott, muß ich immer ein tief ausgeschnittenes Kleid tragen, um bedeutend zu sein?»

aw

Der lüsterne Journalist

Frank Harris
14. Februar 1856–26. August 1931

Bedeutung: Frank Harris war ein irischer Journalist und Schriftsteller, der sich in allem versuchte, angefangen von Kurzgeschichten über Romane und biographische Porträts bis hin zur Herausgabe britischer Magazine wie *Saturday Review* und *Fortnightly*. Aber wirklich dauerhaften Ruhm sicherte er sich mit der detaillierten Niederschrift der sexuellen Abenteuer seines Lebens in seiner skandalösen Autobiographie *«Mein Leben und Lieben»*. Viele dieser Bekenntnisse muß man mit Vorsicht genießen, da Harris als notorischer Lügner bekannt war.

Lebensgeschichte: Da Harris ohne die fürsorgliche Liebe einer Mutter aufwuchs und sein Vater sich nur selten um ihn kümmern konnte, lernte er früh, sich zu behaupten, und entwickelte ein beeindruckendes Selbstbewußtsein. Mit fünfzehn Jahren kehrte er Irland den Rücken und setzte sich nach Amerika ab. Dort schlug er sich als Hoteldiener, Cowboy und in vielen anderen Jobs von Ort zu Ort durch, bis er schließlich in Kansas sein Juraexamen bestand. Seine vielversprechende Karriere brach er schon bald ab und kehrte nach Europa zurück, um Schriftsteller zu werden. Nach kurzer Zeit hatte er sich Zutritt zur literarischen und gesellschaftlichen Elite Londons verschafft, doch sah man ihn dort lieber gehen als kommen. Oscar Wilde, einer seiner wenigen festen Freunde, schrieb: «Frank Harris war Gast in den wichtigsten Häusern Englands – aber immer nur einmal.» Seine Vorliebe, Leute zu schockieren, war sicherlich ein Grund dafür, daß man ihn mied. Während eines Mittagessens in einem gutbesuchten, exklusiven Restaurant dröhnte er einmal: «Homosexualität. Ich kenne die Freuden der Homosexualität überhaupt nicht. Aber ich muß gestehen: Wenn Shakespeare mich gebeten hätte, hätte ich nachgeben müssen.» Er war knapp 1,68 Meter groß, wirkte aber mit seinem gutentwickelten Bizeps und Brustkorb wie ein vor Kraft strotzender Boxer. Schön war er mit seinen unregelmäßigen Gesichtszügen und den großen Ohren beileibe nicht, doch war er eine beeindruckende Persönlichkeit und verfügte über eine erstaunlich tiefe, angenehme Stimme. Sein loses Mundwerk als Journalist kostete ihn verschiedene Stellungen, einmal landete er wegen Beleidigung des Gerichts im Gefängnis. Mit seiner Autobiographie, die er in seinen späten Sechzigerjahren zu schreiben begann, setzte er dem Ganzen die Krone auf. Da kein britischer Verleger sich mit diesem Werk die Finger verbrennen wollte, wurde das Buch in Deutschland gedruckt und dann in andere Länder geschmuggelt. Harris lebte auf großem Fuß, obwohl er für seine Werke nie viel Geld bekam. Er starb in Nizza fast ohne einen Pfennig im Alter von 75 Jahren.

Liebe: Harris entdeckte schon in jungen Jahren die Freuden weiblichen Fleisches. Während der Chorproben schob der Dreizehnjährige seine forschende Hand unter das Kleid eines jungen Mädchens. Seit diesem Zeitpunkt, so Harris, war es eine seiner wirkungsvollsten Verführungsmethoden, seine Hand unter den Rock einer Frau zu manövrieren, ihre «Liebesknospe» zu massieren und sie in eine solche Erregung zu versetzen, daß sie sich leicht überreden ließ ins Bett mit ihm zu gehen. Er war allerdings weit davon entfernt, ein egoistischer Liebhaber zu sein, denn nach seiner Aussage war es sein Lebensziel, die Frau genauso zufriedenzustellen wie sich selbst. Einmal sagte er zu einem Freund: «Gott sei Dank habe ich keine Maulsperre bekommen!»

Harris hegte anscheinend eine ausgesprochene Leidenschaft für Jungfrauen. «[Meine] Verehrung der Jungfräulichkeit», sagte er, «hat mich hundertmal in meinem Leben vom rechten Weg abgebracht.» Einer seiner Lieblingssprüche war: «Frische Möse, frischer Mut.» Neben seiner Vorliebe für Jungfrauen hatte er auch einen Hang zu jungen Mädchen. «Mir wurde eindeutig klar, daß mir die Figuren der Mädchen zwischen zwölf und sechzehn mehr gefielen, als erlaubt war», gab er offen zu. Als er in Italien einmal eine Villa gemietet habe, behauptete Harris, sei er voll auf seine Kosten gekommen. Sein einfallsreicher Gärtner hatte die Idee, einen Schönheitswettbewerb für die jungen Mädchen der benachbarten Orte zu veranstalten und Preise auszusetzen. Es wurde kein üblicher Schönheitswettbewerb, denn die Mädchen mußten sich der Jury nackt zeigen. Harris und die anderen Veranstalter der wöchentlichen Wettbewerbe steigerten allmählich ihre Anforderungen an die Mädchen. Nach einiger Zeit wurden sie aufgefordert, ihre Beine zu spreizen, so daß entschieden werden konnte, welche das «kleinste und hübscheste Geschlecht» besaß. Weitere Verfeinerungen – wie Auspeitschungen und künstliche Phalli – verwandelten die Wettbewerbe in Orgien. Harris gefielen besonders die Auspeitschungen; er sagte, man könne sich «nichts Hübscheres vorstellen als drei oder vier auf diese Weise erregte Mädchen».

In seiner Jugend will Harris, nach eigenen Angaben, im Verlauf weniger Stunden viele Orgasmen hintereinander erlebt haben. Nach einem «Fechtgang» mit einer rothaarigen Schönheit, in dessen Verlauf er vier- oder fünfmal und sie «zwei dutzendmal» zum Höhepunkt kam, behauptete Harris, daß er «ewig so hätte weitermachen können, ohne mich noch einmal zu verausgaben». Ihm fiel nicht auf, sagte er später, daß es «nur das erste Anzeichen für das Nachlassen meiner sexuellen Kraft war». Beunruhigt, daß er nun nicht mehr so viele Orgasmen hintereinander erleben konnte, entschied Harris sich für eine schmerzhafte Beschneidung, im Glauben, er könne dadurch seine Potenz erhalten.

Harris fand seine Partnerinnen sowohl in der gehobenen Gesellschaft als auch unter Tänzerinnen und Dienstmädchen. Trotzdem bezeichnete er sich selbst als wählerisch, denn er war ein Gegner der Prostitution, die für ihn wie eine «Begattung von Tieren» war. Die Frauen, die er verführte, behandelte er stets zärtlich und zeigte ihnen oft hinterher, wie man eine Scheidenspülung mit Wasser vornahm, da dies seiner Meinung nach ein gutes Verhütungsmittel war. Es gibt Beweise dafür, daß er mehrere Kinder zeugte, doch hat er nie eins von ihnen offiziell anerkannt. Harris' Ansicht nach war sein Erfolg bei Frauen darauf zurückzuführen, daß er ein Nein nie akzeptierte und daß er die Fähigkeit hatte, mit ihnen über intime Dinge zu plaudern.

Im Alter wurde Harris impotent – für ihn ein Tod bei lebendigem Leib. Als ihn der Anblick einer wohlgeformten jungen Frau nicht mehr «bewegte», schrieb er: «Das war also das Ende; das Verlangen gab es noch, aber nicht mehr die antreibende Kraft ... Gott, was für eine Katastrophe!»

Sexpartner: Harris war zwar ständig mit Dutzenden von Affären beschäftigt, fand aber trotzdem Zeit, dreimal zu heiraten. Seine erste Frau, Florence Adams, war Engländerin und starb kurz nach der Hochzeit an einer Lungenkrankheit. Sein nächster Versuch war eher praktischer Natur – er heiratete eine achtundvierzigjährige wohlhabende Witwe. Die Ehe mit Mrs. Emily Clayton dauerte nur einige Jahre. Erstens paßten sie sexuell nicht zueinander, und zweitens war Frau Clayton sehr eifersüchtig auf ihren jungen Ehemann, dessen Augen immer noch in die Runde schweiften. Nach der Trennung von Emily lebte Harris mit der zwanzig Jahre jüngeren Nellie O'Hara, einer samthäutigen Irin, zusammen. Irgendwann heiratete er sie auch, und sie blieb – mit Unterbrechungen – bis zu seinem Tod an seiner Seite. Wenn Harris beteuerte: «Ich würde alles und jeden für sie verlassen», so schloß das die Frauen natürlich nicht mit ein.

ae

Auge des Tages

Mata Hari
7. August 1876–15. Oktober 1917

Bedeutung: Zu Beginn des 20. Jahrhunderts waren die exotischen Nackttänze Mata Haris *die* Sensation Europas. 1917 wurde sie wegen Spionage für Deutschland von einem französischen Exekutionskommando erschossen. Zwar wird ihr Name auch heute noch mit ihrer Spionagetätigkeit in Verbindung gebracht, doch konnte nie nachgewiesen werden, daß sie tatsächlich eine Doppelagentin war.

Lebensgeschichte: Die achtzehnjährige Margarete Zelle antwortete, nachdem sie ihre Ausbildung an einer Klosterschule abgeschlossen hatte, auf eine Anzeige in einer Amsterdamer Zeitung, die, so schien es, von einem heiratswilligen Offizier aufgegeben worden war. Allerdings stellte sich heraus, daß ein Freund des Offiziers sich einen Scherz mit ihm erlaubt hatte. Nichtsdestotrotz endete die Geschichte mit der Hochzeit des neununddreißigjährigen, zu einer Glatze neigenden Rudolph MacLeod und Margaretes. Die folgenden zwei Jahre lebten sie in Holland, wo ihr Sohn Norman zur Welt kam. Als MacLeod in die holländischen Kolonien in Ostindien versetzt wurde, nahm er seine Familie mit. Dort bekam Margarete ihr zweites Kind, Jeanne. Sie liebte es, mit jungen Offizieren und Pflanzern zu flirten (was MacLeods Eifersucht erregte). Ein weiteres Interesse galt den javanischen Tempeltänzern. Diese Tanzart sollte einmal ihre künftige Karriere beeinflussen. MacLeod trank, war untreu und schlug seine Frau. Mindestens einmal bedrohte er sie mit einem geladenen Gewehr. Einem Gerücht zufolge soll ihr Sohn Norman von einem rachsüchtigen eingeborenen Soldaten vergiftet worden sein. MacLeod hatte die Freundin des Soldaten, das Kindermädchen Normans, verführt. Später behauptete Margarete, sie habe den Giftmischer erwürgt – mit ihren bloßen Händen natürlich.

Die MacLeods kehrten nach Holland zurück und trennten sich. 1904 tauchte Margarete allein in Paris auf. «Ich dachte, alle Frauen gehen nach Paris, wenn sie ihren Männern weglaufen», sagte sie.

Bei ihrem Debüt als orientalische Tänzerin lernte Margarete Émile-Étienne Guimet kennen, den Eigentümer eines Museums für orientalische Kunst. Bei einer Vorstellung in diesem Museum riß sie das Publikum durch eine elektrisierende Darbietung orientalischer Tänze zu Beifallsstürmen hin. Sie trug einen juwelenbesetzten Büstenhalter und durchsichtige Gewänder und tanzte vor einer Kulisse aus Palmen, Bronzestatuen und girlandenumwundenen Säulen. Der Theaterkritiker Édouard Lepage beschrieb ihren Auftritt in der blumenreichen Sprache seiner Zeit: «... geschmeidig wie ein aufgerichtetes, von der Flöte des Schlangenbändigers hypnotisiertes Reptil. Ihr biegsamer Körper verschmilzt zeitweilig mit den wogenden Flammen, um plötzlich, mitten in einer Verrenkung, zu erstarren ... mit heftiger Bewegung reißt Mata Hari sich die Juwelen vom Leib ... wirft den Schmuck, der ihre Brüste bedeckte, von sich. Und nackt scheint ihr Körper bis in die Schatten zu reichen! ... sie geißelt die Luft mit ihren verrenkten Armen, peitscht die unerschütterliche Nacht mit ihrem langen, schweren Haar ...» (Einige Quellen besagen, daß sie nie vollständig nackt tanzte und ihre Brüste immer bedeckt hielt, da MacLeod sie gebissen und dadurch eine bleibende Enstellung verusacht hatte.)

Zu dieser Zeit nannte sie sich schon Mata Hari (aus dem Malayischen für «Auge des Tages» = Sonne) und wartete mit einem vollständigen Lebenslauf auf: Sie war das Kind einer vierzehnjährigen Tempeltänzerin, die bei ihrer Geburt starb; sie wurde von den Priestern des Tempels aufgezogen, die sie die Tänze zu Ehren des Hindugottes Schiwa lehrten; mit dreizehn Jahren tanzte sie zum erstenmal nackt vor dem Altar eines Hindutempels. – Da sie groß und dunkel war, mit markanten Gesichtszügen und samtenen Augen, stand ihr diese Rolle vorzüglich. Ihre Tanzdarbietungen wurden ein Riesenerfolg – sie sorgte für Sensationen in fast allen großen Städten Europas. Und sie war ein Skandal – die Regisseurin einer ihrer Aufführungen zwang sie, ihre Scham mit einem windelähnlichen, roten Flanelltuch zu bedecken.

Die Agentengeschichte, ob wahr oder nicht, nahm ihren Anfang an dem Tag, als der Erste Weltkrieg ausbrach und sie in Berlin mit einem Polizeifunktionär durch die Straßen fuhr. Die folgende Zeit war voller geheimnisvoller und dramatischer Geschehnisse: die Flaschen mit unsichtbarer Tinte, die sie von den Deutschen erhalten hatte (nach ihrer Aussage warf sie sie in einen Kanal); ihre deutsche Codenummer, H 21; die Verführung hoher deutscher Beamter (für Geld, Liebe oder Geheimnisse?); ihr Einverständnis, für Frankreich zu spionieren, weil sie die Million Franc brauchte, um den Vater ihrer großen Liebe, den russischen Hauptmann Vadime de Massloff, zu beeindrucken; ihr grandioser Plan, Adlige durch Eifersucht, Gier und Wollust in die Hand zu bekommen; die französischen Spione, die sie in Madrid verfolgten, einer als alter Mann auf einem Fahrrad verkleidet ...

Im Februar 1917 wurde sie von den Franzosen verhaftet. Es wird erzählt, daß sie die Häscher nackt auf dem Sofa ihres Hotelzimmers liegend empfing. Dies ist jedoch nicht wahrer als das

Gerücht, sie hätte in Milch gebadet, während die Kinder in Paris verhungerten, oder die Behauptung, daß sie nackt in ihrer Zelle im Saint-Lazare-Gefängnis getanzt haben soll.

Ihre Akte war 15 Zentimeter dick, aber die Beweise waren nicht schlüssig. Ein Röhrchen mit «Geheimtinte» in ihrem Besitz entpuppte sich als Quecksilbertinktur, die sie als Verhütungsmittel nach dem Geschlechtsverkehr verwendete. Einer ihrer Liebhaber, der betagte Maître Clunet, übernahm ihre Verteidigung, und ein weiterer Liebhaber, Jules Cambon vom Außenministerium, sagte zu ihren Gunsten aus. Ein dritter Liebhaber, der alte und liebenswürdige General Messimy, schickte einen von seiner Frau geschriebenen Brief, mit der Bitte, ihn nicht in den Zeugenstand zu rufen, da er die Angeklagte nicht kenne. Darüber lachte Mata Hari höhnisch: «Was? Er will mich nicht kennen? Na gut. Der hat Nerven!» Die Geschworenen lachten zwar mit, aber auch Humor rettete sie nicht vor dem schrecklichen Urteil – Tod durch Erschießen.

Die Nonne, die sie am Hinrichtungstag abholte, tadelte Mata Hari, weil sie im Beisein des Gefängnisarztes beim Strümpfeanziehen zuviel Bein zeigte. Sie trug ihre eigene Kleidung. Als sie aus dem Gefängnis geführt wurde, fragte man sie, ob sie schwanger sei – nach französischem Gesetz kann eine schwangere Frau nicht hingerichtet werden. Diese Frage war, wie es heißt, ein letzter Ausweg, den sich Clunet ausgedacht hatte, um sie zu retten – er wollte behaupten, der Vater des ungeborenen Kindes zu sein.

Sie wurde im Polygon von Vincennes erschossen, auf ihren Wunsch hin ohne Augenbinde. Es stimmt nicht, daß sie ihren Mantel aufschlug, um ihren nackten Körper zu enthüllen, und daß das Exekutionskommando so verblüfft war, daß keiner den Finger krümmen konnte, um sie zu erschießen. Auch gab es keinen Amateurflieger unter ihren Liebhabern, der den Platz unter Beschuß nahm. Und es hatte auch keiner – inspiriert durch die Verschwörung in der Oper *«Tosca»* – das Exekutionskommando bestochen, Platzpatronen zu benutzen, sie in einen belüfteten Sarg zu legen und in einem flachen Grab zu beerdigen, aus der er sie hätte retten können. Die Wahrheit? Niemand erhob Anspruch auf ihre Leiche, so gelangte sie ins medizinische Institut zur Sektion. War sie schuldig? Diese Frage wird wohl nie beantwortet werden.

Liebe: Im allgemeinen nahm Mata Hari Geld für ihre Liebesdienste, doch war sie von Uniformen so angetan, daß sie mit Soldaten auch oft umsonst schlief. Sicherlich verabscheute sie die meisten Männer und nutzte ihre sexuellen Bedürfnisse nur aus, um dadurch ihren Lebensunterhalt zu bestreiten.

Aus ihren Briefen an MacLeod, die sie mit «Dein Dich liebendes Frauchen» unterzeichnete, kann man schließen, daß sie schon vor ihrer Heirat mit ihm geschlafen hatte. In der endlosen Reihe ihrer späteren Liebhaber fanden sich unzählige Militärs verschiedener Nationalitäten; der Kronprinz von Deutschland; ein Zeppelinkommandant; ein einflußreicher holländischer Regierungsbeamter; zwei junge Männer, siebzehn und achtzehn Jahre alt, als sie selbst fast vierzig war, und viele andere. Der Preis für ihre Liebesdienste lag bei 7500 Dollar pro Nacht. Gelegentlich lehnte sie einen Freier sogar ab; so hatte zum Beispiel ein amerikanischer Waffenhändler zu schlechte Tischmanieren.

Ihr erster bedeutender Liebhaber war Leutnant Alfred Kiepert, ein reicher, verheirateter Gutsbesitzer, der bei den deutschen Husaren diente und ihr 1906 eine Wohnung einrichtete. Ungefähr ein Jahr später trennten sie sich, und Mata Hari kehrte nach Paris zurück und erklärte jedem, sie sei in Ägypten und Indien auf Safaris gewesen. 1914 fanden die beiden wieder zueinander. Eine Zeitung bemerkte abfällig: «Als Mata Hari, die schöne Tänzerin, dem reichen, vor den Toren Berlins lebenden Gutsbesitzer auf Wiedersehen sagte, hatte sie als Abschiedsgeschenk einige Hunderttausende bei sich. Ob nun der Glanz des Geldes verblaßt ist oder die Liebe sie wieder zusammengeführt hat, auf jeden Fall konnte man sie, offensichtlich glücklich und einander sehr zugetan, im privaten Speiseraum eines noblen Restaurants der Stadt beobachten.»

1910 lebte sie zurückgezogen in der französischen Provinz Touraine als Mätresse des Aktienmaklers Javier Rousseau. An den Wochenenden besuchte er sie in ihrem Versteck, dem Château de la Dorée, dessen Freitreppe sie einmal als Reitpfad benutzte. Nach ihrer Trennung mußte er sich seinen Lebensunterhalt als Vertreter für Champagner verdienen. Den Behauptungen seiner Frau zufolge hatte Mata Hari ihn ruiniert.

Auf Rousseau folgte Édouard Willem van der Capellen, reicher, verheirateter Oberst der holländischen Husaren. Aber erst für den russischen Hauptmann Vadime de Massloff erwachte in ihr eine echte Leidenschaft. Sie besuchte ihn 1916 in Vittel, einem französischen Kurort im militärischen Sperrgebiet. Er erholte sich von einer Verwundung, sie spionierte möglicherweise. Als sie verhaftet wurde, fand man mehrere Fotos von de Massloff in ihrem Hotelzimmer. Auf der Rückseite eines dieser Fotos stand: «Vittel 1916. Zur Erinnerung an einige der schönsten Tage meines Lebens mit meinem Vadime, den ich über alles liebe.» Aus dem Gefängnis schrieb sie einem Vernehmungsbeamten einen ergreifenden Brief, in dem sie ihn um Nachricht von de Massloff bat. De Massloff behauptete jedoch, ihre Beziehung sei nur eine unbedeutende Affäre gewesen.

In welchem Ausmaß diese Berühmtheit des Sex echter Leidenschaft fähig war, ist nicht einzuschätzen. Ihr Liebesleben war so mit ihrem Beruf und ihrer Agententätigkeit verquickt, daß es keine Rückschlüsse auf ihre tatsächlichen Gefühle zuläßt.

Eigenarten: Sie konnte grausam sein. Sie tötete ihr Pferd mit einem goldenen Stilett durch einen Stich ins Herz. Ihr Beweggrund? Sie wollte nicht, daß ein Fremder es ritt.

Sie war sehr unbeherrscht. Einmal stieß sie in einem Wutanfall einen Schrank die Treppe hinunter. Als sie von einem Vernehmungsbeamten in die Enge getrieben wurde, schüttete sie ein Glas Wasser über seine Hose.

Gedanken: «Ich konnte nie gut tanzen. Die Leute wollten mich sehen, weil ich die erste war, die es wagte, sich nackt in der Öffentlichkeit zu zeigen.»

«Ich liebe Offiziere. Mein ganzes Leben lang habe ich sie geliebt. Lieber bin ich die Mätresse eines armen Offiziers als eines reichen Bankiers. Meine größte Freude ist es, mit ihnen zu schlafen, ohne an Geld denken zu müssen. Und darüber hinaus gefällt es mir, die verschiedenen Nationen zu vergleichen ... Ich habe von ganzem Herzen ja zu ihnen gesagt. Sie verließen mich vollauf befriedigt, ohne je vom Krieg gesprochen zu haben, und ich stellte auch keine indiskreten Fragen. De Massloff habe ich immer wieder aufgesucht, weil ich ihn anbete.» (Das sagte sie im Gefängnis während einer Befragung.)

ae

Marilyn

Marilyn Monroe
1. Juni 1926–5. August 1962

Bedeutung: Sie war das Sexsymbol der prüden fünfziger Jahre, die typisch amerikanische, leicht beschränkte Blondine mit der frech überzogenen Anmache. Im privaten Leben war sie verletzlich und unsicher und benutzte den Sex, um Sicherheit zu finden.

Lebensgeschichte: Norma Jean Mortenson – so lautete ihr bürgerlicher Name – wurde als Tochter von Gladys Monroe Baker Mortenson geboren, einer seelisch labilen Cutterin in Hollywood, die schwer arbeiten mußte, um sich und ihre Tochter zu versorgen. Normas Vater, Edvard Mortenson, war der zweite Ehemann ihrer Mutter. Er stammte aus Norwegen, hatte keinen richtigen Beruf und verschwand kurz vor der Geburt seiner Tochter.

Als Kind mußte Norma Jean viele Entbehrungen ertragen. Es war die Zeit der Weltwirtschaftskrise. Bis zu ihrem siebten Lebensjahr lebte sie bei einer Pflegefamilie, zog dann zu ihrer Mutter, bis diese in ein Heim für Paranoiker eingewiesen wurde, und verbrachte die folgenden drei Jahre in einem Waisenhaus und bei weiteren Pflegeeltern. Von ihrem elften Lebensjahr an bis zu ihrer Hochzeit mit sechzehn Jahren sorgte Grace Goddard, die beste Freundin ihrer Mutter, für sie.

Norma Jean flüchtete in eine Phantasiewelt voll kitschiger Filmszenerien. Sie träumte von einem Vater, der aussah wie Clark Gable, von zauberhaften Verführungen auf tropischen Inseln, von Jachten und Palästen. In einem immer wiederkehrenden Traum zog sie sich in der Kirche aus, und die schockierte Gemeinde bewunderte insgeheim ihren schönen nackten Körper.

Die Ehe mit Jim Dougherty, dem hemdsärmligen, besitzergreifenden Retter und Beschützer, erwies sich als Enttäuschung. Seine Aussage, Norma Jean sei noch Jungfrau gewesen, als er sie heiratete, steht im Widerspruch zu ihren späteren finsteren Berichten über Vergewaltigungen, sexuellen Mißbrauch – sogar Schwangerschaften –, die sie angeblich bei ihren Pflegeeltern hatte über sich ergehen lassen müssen. Jedenfalls machte ihr das Ehespiel bald keinen Spaß mehr, und sie war erleichtert, als ihr Ehemann 1944 nach Übersee ging. Sie begann, in einer Munitionsfabrik zu arbeiten, doch wurde sie bald von einem Fotografen entdeckt. Norma Jean stand gern Modell. Auf den Fotos, die in dieser Zeit von ihr entstanden, ist eine schöne junge Frau zu sehen, die gefallen und auffallen möchte, sinnlich und doch verletzlich, eine Kombination aus Verlockung und Unschuld.

Sie wollte unbedingt ein Star werden, ließ sich darum von ihrem Mann scheiden und war schon bald ein gefragtes Modell. Der Fotograf André de Dienes verliebte sich in sie und machte ihr einen Heiratsantrag. 1946 stellte sie sich bei der Twentieth Century-Fox vor. In den Stummfilmprobeaufnahmen demonstrierte sie ihre bemerkenswerte «Körperwirkung». Sie erhielt einen Vertrag. Ihr schmutzigblondes Haar wurde aufgehellt, und unter dem Namen Marilyn Monroe startete sie zu einer der größten Schauspielerinnenkarrieren der Filmgeschichte.

Sex auf der Produzentencouch: Marilyn hatte eine enorme erotische Ausstrahlung. Sie dachte andauernd an Sex und betrachtete jeden Mann, der ihr begegnete, als möglichen Bettpartner. Sie bezeichnete sich selbst als freizügig, aber wählerisch, denn sie schlief nur mit Männern, die sie «nett» fand. Den Vorzug gab sie älteren Männern – freundlichen, liebevollen Vaterfiguren.

In den späten vierziger Jahren war Hollywood – so Marilyn – ein «überfülltes Bordell», und sie brauchte sehr viel Hilfe, um sich von der drittklassigen Blondine bei Fox hochzuarbeiten. Ihr erster Förderer war der Altproduzent Joe Schenck, der damals bereits fast siebzig Jahre alt war. Schenck führte das Starlet aus, bat sie regelmäßig in sein Haus und Büro, wo er ihre Brüste tätschelte und über die guten alten Zeiten redete, während sie ihn mit dem Mund verwöhnte.

Schenck brachte Marilyn mit Harry Cohn, dem despotischen Präsidenten der Columbia Pictures, zusammen. Doch schon nach dem ersten Film wurde sie gefeuert – angeblich hatte sie Cohns sexuelle Forderungen zurückgewiesen. Dem Komiker Milton Berle gab sie, was sie Cohn verweigert hatte. «Sie war nicht darauf aus, mir zu gefallen, weil ich ihr vielleicht weiterhelfen konnte», erinnerte sich Berle später, «sondern sie mochte mich wirklich.» Gleichzeitig war Marilyn auch in Fred Karger, der ihr Sprechunterricht gab, verliebt. Er nahm ihre sexuellen Fertigkeiten gern in Anspruch, doch ihre Gefühle erwiderte er nicht.

Eine interessante Aussage über Marilyns Sexualität zu jener Zeit stammt von Anton LaVey, einem damals achtzehnjährigen Musiker in einem Striplokal, in dem die zweiundzwanzigjährige Schauspielerin nach ihrem Rausschmiß bei Columbia kurzfristig arbeitete. LaVey, der auf eine Zwei-Wochen-Affäre mit Marilyn in Motels (oder, wenn sie pleite waren, in ihrem Wagen) zurückblicken kann, beschreibt sie als eine sexuell passive Frau, die die Männer gern reizte und es liebte, wenn sie ihr schöne Augen machten, die aber zugleich Angst davor hatte, von ihnen bedrängt zu werden.

Marilyns Biographen stimmen der Behauptung LaVeys mehr oder minder zu. Fred Guiles schrieb, sie sei «die meiste Zeit zu sehr mit sich selbst beschäftigt gewesen, um auf Männer zu reagieren», während Norman Mailer zu dem Schluß kommt, daß sie «angenehm im Bett, aber eher aufnahmebereit als einfallsreich» gewesen sei.

Und immer noch war Marilyn mitleiderregend unsicher. «Ich weiß nicht, ob ich es richtig mache», flüsterte sie Marlon Brando zu, nachdem sie mit ihm geschlafen hatte. Oder sie schlüpfte nackt ins Bett und bat ihren Liebhaber: «Bitte, nimm mich nur in den Arm.» (Ein liebevoller Freund, der sie häufig in den Arm genommen hat, war Bob Slatzer, ein Schriftsteller, der behauptet, daß er in Mexiko kurze Zeit mit Marilyn verheiratet gewesen sei, doch habe sie sich dann sehr schnell wieder von ihm getrennt.) Doch meistens fiel es ihr sehr leicht, mit Männern zu schlafen. Es machte ihr sogar Spaß und beruhigte sie: «Sie waren alle – im Gegensatz zu mir – so selbstsicher, und ich fühlte mich besser, wenn ich mit ihnen zusammen war.»

Nach Schenck wurde Johnny Hyde Marilyns Mäzen. Der dreiundfünfzigjährige Top-Filmagent war klein, gut frisiert und litt an einer schweren Herzkrankheit. Er war von Marilyn völlig bezaubert und wollte sie heiraten, doch wies sie ihn ab. In seiner Gegenwart spürte sie jenes Gefühl der Sicherheit, nach dem sie sich so sehnte. Er kleidete sie neu ein und bezahlte eine Schönheitsoperation, die an ihrer Nase und ihrem Kinn vorgenommen wurde. Am wichtigsten war jedoch, daß er seinen Einfluß geltend machte und ihr die ersten guten Rollen verschaffte. In ihren ersten großen Filmen, *«Asphalt-Dschungel»* und *«Alles über Eva»* (beide 1950), spielte sie eine unselbständige, in Abhängigkeit von einem Mann lebende Frau. Marilyn machte der Sex mit Hyde keinen Spaß, doch sie heuchelte Ekstase, um ihn nicht zu verletzen.

Als Marilyn ihren ersten wichtigen Vertrag unterzeichnete, soll sie gesagt haben: «Das ist der letzte Schwanz, den ich lutschen muß.» Und in der Tat stiegen ihre Ansprüche. Als sie einmal mit ihrer einstigen Zimmergenossin Shelley Winters herumalberte, machte sie eine Liste aller Männer, mit denen sie schlafen wollte. Viele berühmte Namen waren auf dieser Liste verzeichnet, unter anderem auch Albert Einstein. Shelley Winters fand später ein Foto dieses Genies, auf dem eine Widmung für Marilyn stand: «Mit Achtung und Liebe und Dank.»

Ehemänner: Joe DiMaggio, ein Goliath unter den Größen des Baseballs, war ihr erster Sex-Superstar. Er war keine Ausgeburt ihrer Träume – wie die Liebesheroen, die sie zuvor angebetet hatte –, sondern existierte wirklich, ein Mann aus Fleisch und Blut, den sie anfassen konnte, ohne befürchten zu müssen, daß er sich, wie ihre Phantasiegebilde, in Luft auflöste. Er hatte sich gerade mit 37 Jahren vom aktiven Sport zurückgezogen und war immer noch in Topform – ein passendes Pendant zu der blonden Sexbombe, die mit den Filmen *«Blondinen bevorzugt»* und *«Wie angelt man sich einen Millionär?»* 1953 zur berühmtesten Filmschauspielerin jener Zeit wurde. (Selbst die Veröffentlichung einiger Nacktaufnahmen von ihr in einem Kalender schien ihrer Karriere eher zu nützen.) Unglücklicherweise wollte DiMaggio jedoch nach der Heirat im Jahre 1954 keinen Filmstar als Ehefrau. Er war eine jener schweigsamen, stolzen, besitzergreifenden und altmodischen Bärennaturen. Er verabscheute Hollywood und war entsetzt über die öffentliche Zurschaustellung der sexuellen Reize seiner Frau. Er haßte Marilyns Schauspiellehrerin und Mentorin Natasha Lytess, die mit der Andeutung konterte, Marilyn komme mit Frauen wohl besser zurecht. In einem verzweifelten Versuch, die Ehe zu retten, schmiedete DiMaggio mit seinem alten Freund Frank Sinatra einen Plan, um Marilyn mit «der anderen Frau» in flagranti zu ertappen – wahrscheinlich wollte er sie zwingen, die Scheidungsklage, die sie gerade eingereicht hatte, zurückzuziehen. Aber Lytess' Behauptung wurde nie bestätigt, denn DiMaggio und Sinatra stürmten in die falsche Wohnung.

Marilyn verließ Hollywood, um von dem ihr aufgezwungenen Image der sexy Blondine loszukommen, und fuhr an die Ostküste – zu einem Mann, von dem sie sich erhoffte, daß er sich nicht nur für ihren Körper interessierte. 1950 hatte sie den Dramatiker Arthur Miller das erste Mal getroffen. («Er saß mir gegenüber und umfaßte mit einer Hand meinen Fuß, und wir sahen einander nur in die Augen.») Miller genoß unter den radikalen Literaten ein genauso hohes Ansehen wie DiMaggio in Baseballkreisen. Sie heirateten 1956.

Den Berichten Lena Pepitones zufolge, die als Marilyns Dienstmädchen im Millerschen Haushalt arbeitete, verfiel die Schauspielerin schon bald nach der Hochzeit in einen stumpfsinnigen Alltagstrott, dessen Hauptinhalt Schauspielstunden und Sitzungen beim Psychiater waren. Während Miller in seinem Arbeitszimmer schrieb, lag Marilyn allein in ihrem Schlafzimmer, nippte am Champagnerglas und telefonierte stundenlang; oder sie legte «Frankie»-Platten auf und bewunderte ihren nackten Körper im Spiegel. (Im Ankleidezimmer hing ein lebensgroßes Bild DiMaggios, vor dem sie sich gern zurechtmachte.) Ganz ohne Hemmungen stieß sie laute Rülpser und Fürze aus. Eines Tages färbte sie sich ihre Schamhaare («Ich will mich total blond fühlen»), was zu einer schmerzhaften Infektion führte. Meist trug sie keine Unterwäsche. Sie aß im Bett und säuberte sich die Hände mit dem Laken, das oft gewechselt werden mußte – vor allem, wenn sie ihre Blutung hatte.

Die anfängliche Körperbesessenheit der Millers schockierte ihre Freunde. Lena Pepitone durfte nach einer Liebesnacht die Laken nicht wechseln, weil Marilyn «den ganzen Tag drauf liegen bleiben» wollte. Dann hatte Marilyn trotz operativer Eingriffe zwei Fehlgeburten, und ihre Depressionen nahmen zu. Ihre späteren Filme wurden unter großen Schwierigkeiten fertiggestellt (und die Kosten für die Produzenten stiegen, da Marilyn häufig aus Trotz zu spät kam oder gar nicht erst auftauchte). Da sie nicht schlafen konnte, verbrauchte sie Unmengen von Barbituraten, mit denen sie sich in betäubungsartige Rauschzustände versetzte, an die sie sich hinterher nicht mehr zu erinnern vermochte. Miller mußte mehr als einmal den Arzt rufen, weil sie versehentlich eine Überdosis Tabletten geschluckt hatte. Nachdem sie noch bei dem Film *«Misfits – Nicht gesellschaftsfähig»* (1960) zusammengearbeitet hatten, wurden sie an dem Tag geschieden, an dem John F. Kennedy sein Amt als Präsident der USA antrat.

Liebhaber und andere Freunde: Kurz vor ihrem fünfunddreißigsten Geburtstag war Marilyn wieder allein. Eine lähmende Angst vor dem Älterwerden befiel sie – und mehr denn je die Sucht, ihr labiles Selbstgefühl zu stärken. Die Öffentlichkeit nahm großen Anteil an ihrer Liaison mit Yves Montand, ihrem Partner in *«Machen wir's in Liebe»* (1960), der sie jedoch schwer enttäuschte, weil er seine Frau Simone Signoret nicht verlassen wollte und die Affäre abrupt beendete. Marilyn hatte große Hoffnungen in diese Beziehung gesetzt. Wenig später traf sie sich in schäbigen Hotels mit dem dänischen Journalisten Hans Jørgen Lembourn, der sie mit seinen Händen in den Schlaf wiegen konnte, wie sie sagte. Der Aussage ihres Dienstmädchens zufolge zog Marilyn durch die Bars, amüsierte sich mit ihrem hübschen Chauffeur und schäkerte mit Ralph Roberts, ihrem Masseur. Manchmal blieb auch DiMaggio über Nacht, doch kam es wegen Marilyns Beruf nach wie vor zu heftigen Meinungsverschiedenheiten zwischen den beiden. Ein anderer alter Freund und gelegentlicher Liebhaber war Frank Sinatra, dessen sexuelle Bedürfnisse und beschützende Dominanz sie so erregten und erfreuten, daß sie sich wieder Eheträumen hingab. Dann kam der Tag, an dem Sinatra sie den Kennedys vorstellte.

«Kannst du dir mich als First Lady vorstellen?» fragte sie 1962 ihren Freund Bob Slatzer. Sie traf sich heimlich mit John F. Kennedy im Strandhaus seines Schwagers in Santa Monica, im Beverly Hills Hotel in Kalifornien und im Jet des Präsidenten. Sie kaufte ein Haus in Los Angeles und zog wieder an die Westküste. Gegenüber Freunden äußerte sie, daß «das auf jeden Fall besser [ist], als [in Hotelzimmern] herumzuhängen und auf Seine Gnaden Jack Kennedy zu warten». Kennedys Liebeskünste seien «sehr demokratisch» und «sehr eindringlich», kicherte sie.

John F. Kennedy liebte es, sie zu streicheln und zu umarmen, berichtete Marilyn, doch sei er peinlich berührt gewesen, als er seine Hand während einer Dinnerparty unter ihren Rock geschoben und festgestellt habe, daß sie keine Unterwäsche trug. Allmählich fielen ihm ihre Unzuverlässigkeit – zu Verabredungen kam sie häufig zu spät – und ihre ständigen Telefonanrufe auf die Nerven, und er fürchtete, daß sein Ruf unter dem Verhältnis leiden würde. Als im Madison Square Garden eine Wohltätigkeitsveranstaltung anläßlich des fünfundvierzigsten Geburtstags Kennedys stattfand, auf der Marilyn mit dem Lied «Happy Birthday» alle anderen aufgetretenen Künstler in den Schatten stellte, wurde dem Präsidenten die Sache zu brenzlig.

Daraufhin überließ der Präsident sie seinem Bruder Robert – er wollte ihre Enttäuschung durch diese «großzügige Geste» etwas mildern. Gerüchten zufolge liebten sich Bobby und Marilyn das erste Mal in einem Auto vor dem Haus eines bekannten Politikers, und wieder träumte Marilyn von einer Hochzeit. Als Robert F. Kennedy jedoch seine Telefonnummer änderte, um ihren Anrufen zu entgehen, und sie merkte, daß ihre Träume jeder realen Grundlage entbehrten, spielte sie mit dem Gedanken, eine Pressekonferenz einzuberufen, auf der sie ihn öffentlich bloßstellen wollte.

Freitod – oder Mord? Marilyns seelische Verfassung schwankte im letzten Sommer ihres Lebens zwischen Fröhlichkeit und Verzweiflung. Sie versuchte ihre Depressionen mit Pillen und täglichen Sitzungen beim Psychiater zu bekämpfen. Sie war aus ihrem letzten Filmprojekt gefeuert worden, weil sie nicht zu den Aufnahmen erschien, und verzweifelte an ihrer Unfähigkeit, einen Mann an sich zu binden, «jemandes Bedürfnisse ganz zu befriedigen», wie sie in einem nicht abgesandten Brief an DiMaggio schrieb. Ihr Leben war ein einziges Durcheinander gewesen – mit so vielen Generalproben für das Sterben, daß es wohl ein Schock war, aber nicht völlig unerwartet kam, als man sie eines Sonntagmorgens tot auffand. Sie war an einer Überdosis Schlaftabletten gestorben.

Es gab danach noch einige Spekulationen, daß sie Opfer eines Mordes geworden sein könnte. Doch der Arzt, der Marilyns Totenschein ausstellte, Dr. Hyman Engelberg, bestätigte den Autoren dieses Buches, daß die Schauspielerin ohne Zweifel ihrem Leben selbst ein Ende gesetzt habe. Es war Selbstmord. Die Liebesgöttin war am Hunger nach Liebe gestorben.

cd

Was auch immer Lola möchte ...

Lola Montez
1818–17. Januar 1861

Bedeutung: Die in Irland geborene Marie Dolores Eliza Rosanna Gilbert wurde in aller Welt als Lola Montez berühmt. Manchmal arbeitete sie als Tänzerin und Schauspielerin, doch ihre größten Qualitäten entwickelte sie als Kurtisane. In der langen Liste ihrer Eroberungen findet man Franz Liszt, Alexandre Dumas den Älteren und König Ludwig I. von Bayern. Lolas schockierendes Verhalten ließ ihren Namen als Synonym für befreite weibliche Sexualität im 19. Jahrhundert überleben.

Lebensgeschichte: Die achtzehnjährige Eliza Gilbert – dickköpfige Tochter einer Kreolin und eines schottischen Offiziers – widersetzte sich mit dem Aufschrei, sie «würde sich niemals bei lebendigem Leib in die Fänge des Todes werfen lassen», der Heirat mit einem sechzigjährigen Richter in Indien. Ihre Mutter hatte alles arrangiert, während Eliza in einem englischen Internat weilte. Ironischerweise rettete einer der Liebhaber ihrer Mutter, der dreißigjährige Leutnant Thomas James, die schöne Eliza, indem er sie verführte und sie danach am 23. Juli 1837 heiratete. Vier Jahre später verließ der Schürzenjäger seine Frau schon wieder und entführte die Frau eines Offizierskollegen. Mit der Behauptung, Eliza hätte nach seinem Verschwinden mit einem Leutnant Lennox von der Madras-Kavallerie Ehebruch begangen, erlangte Leutnant James 1842 eine vieldiskutierte gesetzliche Trennung (für die das Parlament erst ein neues Gesetz verabschieden mußte).

Da sie zu Lebzeiten ihres Mannes nicht wieder heiraten konnte, mußte sie einen Weg finden, ihren Lebensunterhalt zu verdienen. In Sevilla und Madrid studierte Eliza vier Monate lang spanische Tänze ein. Als Donna Lola Montez gab sie 1843 im Theater Ihrer Majestät in London ihr Debüt mit dem sinnlichen Tanz *«El Olano»*. Ihr erster Auftritt war für sie deprimierend – eine Gruppe von Männern, angeführt von Lord Renelagh, dessen Bett sie verschmäht hatte, pfiff sie aus. Die Nachrichten von diesem Debakel veranlaßten Lolas frömmelnde Mutter, Trauerkleidung anzulegen und Anzeigen vom Tod ihrer Tochter zu verschicken. Durch eiserne Selbstbeherrschung gelang es Lola, die Angst vor ihren Auftritten zu überwinden und ihre Zuschauer für sich zu gewinnen, selbst dann, wenn eingeschleuste Lästerer ihre Vorführung störten. Ihre Schönheit und Persönlichkeit, nicht ihre nur mittelmäßige Begabung, sicherten ihr ihre Bühnenerfolge während der nächsten vierzehn Jahre. Ihr «Spinnentanz» war so beliebt, daß ihr männliches Publikum lautstark Wiederholungen verlangte. Lola trat bei diesem Tanz in leuchtendbunten Röcken auf, die sie über einem fleischfarbenen Trikot trug. Im Laufe des Tanzes wurde jeder dieser Röcke gelupft und auf das Vorhandensein imaginärer Spinnen untersucht, die dann abgeschüttelt und totgetreten wurden. Ihr spritziger Fandango endete mit einer gewagten Enthüllung ihrer Beine. Als ihre Aufführungen das Publikum nicht mehr fesselten, gab Lola Empfänge; für ein Zehn-Minuten-Gespräch berechnete sie einen Dollar, und 50 Cent extra für einen Händedruck. Zuletzt trat sie der Episkopalkirche bei und bemühte sich, «gefallenen Frauen» zu helfen. 1861, im Alter von 42 Jahren, erlag Lola Montez der Syphilis, die sie sich fast zwei Jahrzehnte zuvor zugezogen hatte. Sie starb auf einer alten Matratze auf dem Fußboden eines billigen Zimmers in Hell's Kitchen, einem New Yorker Slum.

Liebe: Aldous Huxley schrieb: «Ihr Ruf hatte zur Folge, daß man sofort ans Schlafzimmer dachte, wenn man ihr begegnete.» Sie benutzte Sex, um zu Reichtum und Ansehen zu kommen, nicht als Zeichen der Liebe, und sie hatte keine Mühe, Liebhaber zu finden, die bereit waren, für ihren Liebesdienst zu zahlen, und zwar nach ihren Bedingungen. Das war – wie die folgende Beschreibung eines Reporters zeigt – nicht verwunderlich: «Um ihren verlockenden Mund spielte etwas herausfordernd Sinnliches. Ihre Haut war weiß, ihr welliges Haar wie die Ranken des Geißblatts, ihre Augen ungezähmt und wild, ihr Mund wie eine Granatapfelknospe. Dazu hatte sie eine umwerfende Figur und bezaubernde Füße, und sie bewegte sich in vollkommener Anmut.»

Im Jahr 1843 hatte der berühmte Komponist und Pianist Franz Liszt das Vergnügen einer kurzen Affäre mit Lola. Sie war jedoch so anspruchsvoll, daß er keine Zeit mehr für seine Musik fand. Eines Tages verließ er die schlummernde Lola in ihrem Pariser Hotel – nicht ohne zuvor dem Direktor Geld gegeben zu haben für «die Möbel, die sie zertrümmern wird, wenn sie meine Abwesenheit entdeckt» – und floh an die Riviera.

Der gefeierte Schriftsteller Alexandre Dumas der Ältere hatte auf der Höhe seines Ruhms ein kurzes Verhältnis mit Lola. Sie überantwortete sich seinem «mit Rosenblättern übersäten und von Eiskübeln voll Wein umgebenen» Bett, das Dumas sein «Theater, entworfen für die Kunst der Liebe» nannte. Dumas führte sie in einen kulturell-politischen Kreis ein, zu dem auch die Sängerin und Schauspielerin Madame Stolz, der Komponist Frédéric Chopin und die Autorin George Sand gehörten. Wie die Stolz und George Sand hatte auch Lola eine Vorliebe für Männerkleidung und Zigarren, bis sie merkte, daß sie dadurch ihrem Geschäftskapital, nämlich ihrer Weiblichkeit, schadete.

Im Salon der Sand begegnete sie auch *der* großen Liebe ihres Lebens, dem gutaussehenden Literaturkritiker und Zeitungsherausgeber Alexandre Henri Dujarier. In Dujariers Armen erlebte Lola die zarteren Gefühle, die sie so lange unterdrückt hatte. Aber im Laufe ihrer Beziehung verfiel der ruhige, nüchterne Dujarier aus unbekannten Gründen der Trunksucht; wiederholt beleidigte er Lola in trunkenem Zustand in der Öffentlichkeit. 1845 provozierte er ein Duell mit einem seiner Redakteure und wurde getötet.

Bevor sie Dujarier begegnete, hatte Lola geäußert: «Sobald ich einen schönen Batzen Geld zusammenhabe, werde ich versuchen, mir einen Prinzen zu angeln.» 1846 wurde sie die Mätresse von Heinrich Prinz von Reuß. Als Heinrich ihrer überdrüssig wurde und sie verstieß, reiste sie nach Bayern, wo sie den sechzigjährigen Ludwig I. von Bayern betörte. Ludwig schenkte ihr Land und Reichtum, schrieb ihr Gedichte und adelte sie – trotz der Empörung seines Hofes und der Kirche – zur Baronin Rosenthal und Gräfin von Landsfeld. Lola hatte ein aufbrausendes Temperament und «ging keinem Streit aus dem Weg». So pflegte sie Ohrfeigen und Schläge mit ihrer Reitgerte an alle auszuteilen, die es wagten, ihr in den Weg zu treten. Ihre Unbeliebtheit beim bayerischen Volk und die heftigen Angriffe der Kirche führten dazu, daß sowohl Lola als auch Ludwig in Ungnade fielen. 1848 mußte Ludwig sie des Landes verweisen und zugunsten seines Sohnes, Maximilians II., abdanken. Ludwig und Lola blieben noch jahrelang in brieflichem Kontakt. Manche Biographen behaupten sogar, daß sie heimlich verheiratet gewesen wären. Ludwig starb 1868 an Syphilis.

1849 heiratete Lola in London den wohlhabenden, zehn Jahre jüngeren Offizier George Trafford Heald. Es war noch kein Monat vergangen, da wurde Lola schon wegen Bigamie verhaftet, nachdem Healds unverheiratete Tante erfahren hatte, daß Lola von ihrem ersten Ehemann, Leutnant James, nie geschieden worden war. Nach dem ersten Verhandlungstag konnte sie Heald überreden, mit ihr außer Landes zu fliehen. Ihr gemeinsames Leben verlief sehr stürmisch – einmal stach sie ihn sogar in die Brust. Bei einer anderen Gelegenheit demütigte sie ihn in der Öffentlichkeit, als ihm das Geld ausging, während sie Roulette spielte. «Merk dir, daß derjenige, der die Ehre hat, Lola zu begleiten, immer Geld dabeihaben muß», schrie sie, während sie ihn ohrfeigte. Heald wurde Alkoholiker und verließ sie schließlich. 1850 starb er bei einem Bootsunfall in Lissabon; er war zu betrunken, um sich retten zu können.

Während Heald langsam verfiel, begann auch Lolas Syphilis ihren Tribut zu fordern. Eine dreimonatige Krankheit schwächte sie und führte zu totalem Haarausfall. Um ihre Muskeln zu stärken, nahm Lola, die inzwischen mittellos war und eine Perücke trug, Tanzstunden und begab sich alsbald auf eine Tournee durch Belgien und Deutschland. Im Dezember 1851 trat sie zum erstenmal in Amerika, und zwar in New York, auf. 1853 traf sie in New Orleans Patrick Purdy Hull, den Herausgeber der *San Francisco Whig*. Er überredete sie, mit ihm nach Kalifornien zu kommen, wo sie mit ihrem «Spinnentanz» ein Vermögen verdiente, das sie jedoch ebenso schnell wieder verlor. Da die britische Gerichtsbarkeit sie in Kalifornien nicht erreichen konnte, heiratete sie Hull am 1. Juli 1853. Doch schon einige Wochen später reichte Hull die Scheidung ein. Ihn widerten ihre Flirts und Zügellosigkeiten an, und er verließ sie, als er von ihrer Affäre mit Dr. Adler, einem deutschen Arzt, der in Amerika Urlaub machte, erfuhr. Adler starb später angeblich durch einen Jagdunfall.

Noël Follin, ein verheirateter Schauspieler, der während des Goldrausches nach Kalifornien gekommen war, wurde Lolas letzter Liebhaber. Als Lola ihn auflas, arbeitete er gerade als Kartenverkäufer in einem Theater. Als ihr Agent arrangierte er für sie eine Tournee durch Australien, da Lolas Beliebtheit in Kalifornien nach zwei Jahren am Schwinden war. Und wieder faszinierte der

«Spinnentanz» das Publikum ein ganzes Jahr lang. Am Abend von Follins neunundzwanzigstem Geburtstag stritten sich die beiden an Bord eines Schiffes, das sie nach San Francisco zurückbringen sollte, über die Aufteilung der Einnahmen. In seiner Erregtheit ergriff Follin Lolas Geldbeutel und sprang über Bord. Seine Leiche wurde nie gefunden.

Schon 1845 machte Lolas einstiger Gönner Dumas eine düstere Prophezeiung: «Sie hat den bösen Blick und wird sicherlich jedem Unglück bringen, der sein Schicksal zu eng mit dem ihren verbindet. Sollte man je wieder etwas über sie hören, wird es sicher im Zusammenhang mit einem fürchterlichen Unheil sein, das über einen ihrer Geliebten gekommen ist.» Dumas' Prophezeiung erfüllte sich mit erschreckender Genauigkeit.

hb & ls

Die wilde West

Mae West
17. August 1893–22. November 1980

Bedeutung: Mae West, typischstes Beispiel für anrüchige Weiblichkeit auf der Leinwand, eroberte sich in den USA den Ruf, die spritzigste und originellste Propagandistin der sexuellen Revolution zu sein. In dem damals von der Zensur beherrschten Filmgeschäft schlug sie den Tugendwächtern ein Schnippchen und zog mit ihren komischen Anzüglichkeiten die Lacher auf ihre Seite.

Lebensgeschichte: Schon mit sieben Jahren wurde «Baby Mae» in ihrer Heimatstadt Brooklyn vom Publikum gefeiert. Sie trat dort regelmäßig in Amateurshows und Festveranstaltungen auf. Auf der Bühne fühlte sich diese unbefangen schamlose geborene Darstellerin wie zu Hause, und schon mit vierzehn Jahren ging sie als Sängerin und Tänzerin mit einer Vaudeville-Show auf Reisen. In dieser Zeit kreierte sie den Shimmy, einen Tanz, der ihren Honky-Tonk-Gesang hervorragend ergänzte. Mit neunzehn Jahren war sie bereits eine erfahrene Künstlerin mit Sex-Appeal und einem sicheren Gespür für Improvisationen. Außerdem hatte sie in der Broadway-Revue *«À la Broadway and Hallo, Paris»* eine Hauptrolle ergattert.

1926 schrieb sie das Theaterstück *«Sex»* (in dem sie die Hauptrolle spielte), dessen Titel allein ausreichte, sie wegen «Gefährdung der Moral der Jugend» anzuklagen und in Haft zu nehmen.

Die Autorin mußte acht Tage im Gefängnis verbringen und kehrte als nationale Berühmtheit ins bürgerliche Leben zurück. Sie hatte ihren Stil gefunden, und es lag auf der Hand, daß sie darauf bestand, ihre Texte, die natürlich mit Zweideutigkeiten und ihrem unübertrefflichen Witz gespickt waren, in Zukunft selbst zu schreiben. Für ihre Leistung, George Raft in ihrem ersten Film, *«Night After Night»*, rücksichtslos an die Wand zu spielen, erhielt die gefürchtete Mae 50000 Dollar. 1933 und 1934 war sie eine der Großverdienerinnen Hollywoods, sehr zum Entsetzen des berüchtigten Filmzensors Will Hays und der «Katholischen Vereinigung für Sitte und Anstand». Mae berichtete, wie die Zensoren ihren Stil beschnitten: «Es gab so viele Dinge aus meinem Bühnenrepertoire, die die Zensoren im Film nicht zuließen. Ich durfte mich nicht einmal auf den Schoß eines Mannes setzen.» Zwar verdammte man sie regelmäßig von den Kanzeln herab, doch hinderte sie das nicht daran, 1935 mit 300000 Dollar Jahreseinkommen die bestbezahlte amerikanische Frau zu werden. Ende der dreißiger Jahre trat sie vorwiegend in Radiosendungen und Nachtklubs auf. In den späten vierziger Jahren tourte sie mit den Revuen *«Diamond Lil»* und *«Catherine Was Great»*, und danach, Anfang der fünfziger Jahre, stellte sie eine Revue mit einer Tanzgruppe aus Muskelmännern auf die Beine. Sie nahm einen langen Urlaub und zeigte sich der Öffentlichkeit erst 1970 wieder in dem Film-Desaster *«Myra Breckinridge»*, den der Kritiker Leonard Maltin als «schlechtesten Film aller Zeiten» bezeichnete. 1979 trat sie noch einmal in einer Filmversion ihrer Revue *«Sextette»* vor die Kamera.

Ein Yogi heilte sie einmal von einer rätselhaften Unterleibserkrankung, und seitdem hielt sie an der Maxime fest, daß «Yoga in den unteren Gedärmen beginnt», und verpaßte sich täglich ein Klistier. Ihren Busen pflegte die jugendliche Mae – angespornt durch ihre Großmutter väterlicherseits, von der man sagte, daß sie *drei* schöne Brüste gehabt habe – mit Kokosbutter und kaltem Wasser. Sie trank, rauchte und fluchte nie und fand «all die üblen und trostlosen Gewohnheiten, die zur sogenannten Ausgelassenheit gehören», abscheulich. Sie meditierte jeden Tag und interessierte sich sehr für übersinnliche Erscheinungen und Spiritismus, worüber sie sagte: «Zur Zeit reicht unser geistiges Wissen nicht aus, alle Fragen über das Leben nach dem Tod zu beantworten, doch liefert es so deutlich wie nie zuvor Hinweise auf die Unsterblichkeit, und darauf stütze ich mich, während ich auf Weiteres warte.»

Sexualität: Mae verschaffte sich ihr Wissen über Sex schon früh im Leben, wobei Leidenschaft und Pragmatismus zu gleichen Teilen ihr Vorgehen bestimmten: «Ich wußte, daß man sicher ist, wenn man es tut, bevor man seine Regel bekommt ... und ich dachte mir, dann am besten gleich.» Und so tat sie es dann mit dreizehn

Jahren das erste Mal. Ihr einundzwanzigjähriger Musiklehrer wies sie auf der Treppe ihres Hauses in die Kunst der Liebe ein, während ihre Eltern daheim waren. Von diesem Zeitpunkt an gab es in Maes Sexleben kein Halten mehr. «Ich bin seit meinem dreizehnten Lebensjahr nie länger als eine Woche ohne Mann gewesen», bekannte sie in ihrer Autobiographie. Ein Jahr später, als sie schließlich ihre Regel bekam und eine Schwangerschaft fürchten mußte, benutzte sie als Verhütungsmittel einen Seidenschwamm mit einem Bändchen daran: «Man befeuchtet den Schwamm mit warmem Wasser und führt ihn ein, das funktioniert prima – man muß ihn nur wieder herausziehen und waschen.» Als sie eines Tages eine ganze Band in ihrem Souterrain bewirtete, mußte ihr Schwämmchen gleich dreimal in Aktion treten. Den Anfang machte Pianist Joe Schenck, der später Filmproduzent wurde. «Zuerst war er dran», berichtete Mae, «dann der Trompeter und zuletzt der Schlagzeuger.»

1911 heiratete sie als Siebzehnjährige heimlich ihren Vaudeville-Partner Frank Wallace. Für Mae war es eine Vernunftehe, «nur eine physische Sache», die endete, als Wallace auf eine Vierzig-Wochen-Tournee ging. Danach wollte sie von monogamen Partnerschaften nichts mehr wissen: «Abwechslung sollte der Leitfaden meines Berufslebens und der Rahmen und die Inspiration meines Liebeslebens werden. Ich kann die beiden unmöglich voneinander trennen. Früher unterschied ich zwischen Beruf und Leidenschaft, doch waren beide wesentliche Bestandteile meines Ichs.» Trotzdem suchte sie sich ihre Liebhaber sorgfältig aus, achtete immer auf anständige Manieren und ließ sich nie wissentlich mit verheirateten Männern ein.

Während sie in *«Diamond Lil»* auftrat, begegnete sie einem gutaussehenden Franzosen, den sie Dinjo nannte und in eine «Ruckzuck-Affäre» verwickelte. Weil Jim Timony, ihr fester Freund, sie als seinen Besitz ansah und sehr eifersüchtig war, vergnügten sich Mae und Dinjo «in Umkleideräumen, Korridoren, Autos, im staubigen Dunkel hinter der Bühne, in einem leeren Theater und sogar in einem Selbstbedienungslift». Wie sich herausstellte, war nicht nur Mae unaufrichtig. Eines Nachts – sie befanden sich gerade auf dem Weg zu Maes Hotel – stellte sich ihnen die bisher geheimgehaltene Ehefrau Dinjos in den Weg. Mae erklärte ihm, daß sie ihre Affäre nun beenden müsse, da es ihr Grundsatz sei, nie eine Ehe zu gefährden. Doch kehrte sie ihm nicht sofort den Rücken: «Die Affäre war so heftig gewesen, daß man sie nicht wie einen Zug plötzlich zum Halten bringen konnte. Man mußte sie, wie eine harte Droge, langsam abklingen lassen.»

Mit der Premiere von *«Sex»* wurde Mae in New York zur Berühmtheit. Sie hatte ihr Vergnügen daran, an eleganten Orten mit ihren Diamanten und Männern anzugeben, und überwachte persönlich die Werbekampagne für ihr gewagtes Stück. In Hollywood jedoch hielt sie sich von der Öffentlichkeit fern und hütete ihr Privatleben. In den Augen ihrer Bewunderer wurde sie dadurch noch geheimnisvoller und anziehender. Einige ihrer glühendsten Verehrer befanden sich unter den jungen homosexuellen Tänzern ihrer Show. Eine kurze Romanze mit einem bisexuellen Schauspieler inspirierte sie zu dem Stück *«Drag»*, das sich offen mit versteckter Homosexualität auseinandersetzte. Obwohl sich unter ihren Freunden viele Schwule befanden, empfand sie deren Lebensstil als abgrundtief verdorben: «Als private Interessengruppe können [Homosexuelle] ganze Nationen beeinflussen – und sie haben es auch schon getan ... ‹*Drag*› befaßt sich eingehend mit den Problemen eines Homosexuellen und zeigt, wie seine anomale Veranlagung seiner Familie, seinen Freunden und ihm selbst Unheil bringt. Das Stück bringt zum Ausdruck, daß ein fundiertes Verständnis der Gesellschaft für die Homosexuellen solche soziale Tragödien verhindern hilft!»

Ihr persönlicher Geschmack, Männer betreffend, tendierte eher zu dem athletischen Typ, zu kräftigen Männern, die dazu neigten, ihretwegen blutige Auseinandersetzungen zu führen. Ein Kampf Mann gegen Mann faszinierte sie immer, und einmal verband eine Romanze sie mit Vince Lopez, dem Schwergewichtsweltmeister im Ringen. Mae erklärte diesen Reiz folgendermaßen: «Wenn ein gutaussehender Barbar im Ring einen anderen Barbaren zermalmte, hatte das etwas an sich, dem ich nicht widerstehen konnte.» In ihrer Autobiographie erwähnt Mae einen besonders virilen Gesellen namens Ted, der fünfzehn Stunden lang erotisch aktiv war und in dieser Zeit sechsundzwanzigmal zum Höhepunkt kam. Sie betonte häufig, daß sie Männer liebe, die sich Zeit zum Lieben nehmen.

Obwohl sie unzählige Liebhaber hatte, zog sie es immer vor, allein zu schlafen, und erklärte dazu: «Es war mir nie möglich, mit jemandem zusammen zu schlafen. Ich brauche das ganze Bett, so daß ich in der Mitte mit ausgebreiteten Armen liegen kann, ohne irgendwo anzustoßen.» Ehepaaren gibt sie folgenden Rat: «Ich war immer der Meinung, daß getrennte Betten, ja sogar getrennte Schlafzimmer, das Geheimnis einer glücklichen Ehe sein können.»

mjt

Cosi fan tutte: So machen's alle

Star der Folies

Josephine Baker
3. Juni 1906–12. April 1975

Bedeutung: In den zwanziger und dreißiger Jahren war die Tänzerin und Sängerin Josephine Baker die erste schwarze Unterhaltungskünstlerin, die als Star in dem Pariser Revuetheater Folies-Bergère auftrat. Sie war auch die erste schwarze Amerikanerin, die zu internationalem Ruhm kam. Mit ihrer eigenwilligen Art, nur mit einem Ring aus blauen und roten Federn um die Hüften bekleidet Charleston zu tanzen, eroberte sie Paris im Sturm.

Lebensgeschichte: Ihre Mutter, Carry Smith, hatte Josephine erzählt, daß ihr Vater ein Spanier war, dessen Familie sich einer Heirat mit einer Schwarzen widersetzt hatte. Als Kind lebte Josephine bei ihrer Großmutter. Sie fühlte sich zur Musik hingezogen, und sonnabends gesellte sie sich zu einer Band aus der Nachbarschaft, die mit selbstgebastelten Instrumenten Jam Sessions veranstaltete. Als Josephine zu ihrer Mutter zurückkehrte, war diese verheiratet und hatte inzwischen drei weitere Kinder bekommen. Sie lebten im ärmsten Viertel von St. Louis (Missouri) in einer Hütte, die nur aus einem Raum bestand.

Als ältestes Kind wurde Josephine Baker zu weißen Familien geschickt, um dort im Haushalt zu arbeiten. Sie vergaß nie die Grausamkeiten, unter denen sie manchmal zu leiden hatte, aber auch nicht die Freundlichkeit einer Familie, der Masons, die sie zum erstenmal ins Theater mitnahm und sie dazu anregte, sich im Keller ein eigenes kleines Theater zu bauen. Als Josephine Mrs. Mason anvertraute, daß Mr. Mason manchmal nachts in ihr Schlafzimmer kam und sie schwer atmend anstarrte, wurde sie zu ihrer Familie zurückgeschickt.

Auf der Suche nach einem Job marschierte die dreizehnjährige Josephine in das Booker T. Washington Theater und fragte nach Arbeit. Am Abend dieses Tages verließ sie St. Louis mit einer Anstellung als Dienstmädchen der Sängerin Bessie Smith. Auf Bessie Smiths Empfehlung hin wurde sie wenig später Chormädchen im New Yorker Cotton Club.

1925 ging Josephine als Mitglied der Tanzgruppe «La Revue

Nègre» nach Paris. Als sie aufgefordert wurde, an den berühmten Folies-Bergère zu tanzen, bereitete sie sich auf den Eröffnungsabend vor, indem sie Schalen mit Eiswürfeln an ihre Brüste hielt, um sie fest und spitz zu machen. Bei ihrem ersten Bühnenauftritt war sie mit einem Gürtel aus Bananen bekleidet. Vor einem Hintergrund von Spiegeln wurde ihr wilder Tanz tausendfach reflektiert. Josephine improvisierte; sie sang und beendete ihre Vorstellung mit einem Sprung in einen Bananenbaum, von dem aus sie den Zuschauern, die aufgesprungen waren, laut Beifall klatschten und johlten, vielsagend zublinzelte und winkte. Für die Franzosen war das der Höhepunkt des Hot Jazz. Über Nacht wurde Josephine zu einer Sensation und zur Königin der Folies.

Nach Ausbruch des Zweiten Weltkriegs schloß sich Josephine der französischen Widerstandsbewegung an. Sie überbrachte den Alliierten das Original eines italienisch-deutschen Geheimcodes. Ihre frühere Ehe mit dem jüdischen Geschäftsmann Jean Leon machte die Gestapo auf sie aufmerksam. Die Deutschen beschlossen, Josephine zu liquidieren. Gemäß dem Plan der Gestapo lud Hermann Göring sie zum Abendessen ein. Sie sollte vergiftet werden. Josephine war jedoch gewarnt worden. Als der Fisch, der das Gift enthielt, aufgetragen wurde, stand sie auf und versuchte, Entschuldigungen murmelnd, den Raum zu verlassen. Sie hatte sich auf diese gefährliche Situation vorbereitet und wollte sich in den Wäscheschlucker fallen lassen; unten standen Mitglieder der Résistance bereit, um ihr bei der Flucht zu helfen. Aber Göring zwang sie mit vorgehaltener Pistole, den Fisch zu essen. Sie aß, klagte über Schwindelgefühle und taumelte ins Bad. Dort stieg sie in den Wäscheschlucker und ließ sich hinabgleiten. Ihre Freunde von der Résistance fingen sie auf und brachten sie sofort in eine Untergrund-Klinik, wo ihr der Magen ausgepumpt wurde. Einen Monat lang schwebte sie in Lebensgefahr, dann erholte sie sich langsam. Es wurde das Gerücht verbreitet, sie sei in Marokko gestorben. Als Folge der Vergiftung gingen ihr die Haare aus (seitdem trug sie Perücken). Für ihren Mut wurde sie mit dem Croix de Guerre, der Rosette der Résistance und dem Kreuz der Ehrenlegion ausgezeichnet. Nach dem Krieg kehrte Josephine zur Bühne zurück. Um zu beweisen, daß Brüderlichkeit zwischen den Völkern möglich ist, adoptierte sie elf Kinder verschiedenster Rassen und Religionen.

Liebe: Als Josephine das Erwachsenenalter erreichte, hatte sie bereits beträchtliche Erfahrungen in der Liebe gesammelt, doch waren es überwiegend kurze Abenteuer gewesen. Ihre ernsthafteren Affären begannen, als sie mit neunzehn Jahren nach Paris kam. Sie verliebte sich in einen gutaussehenden blonden Franzosen namens Marcel, der ihr ein luxuriöses Appartement an den Champs-Élysées einrichtete. Marcel kam jeden Abend und brachte ihr lebende Geschenke mit – weiße Mäuse mit rosa Nasen, einen Papagei, einen Zwergaffen. Schließlich fragte ihn Josephine, wann er sie zu heiraten gedenke. Da antwortete Marcel, daß eine Ehe für ihn nicht in Frage käme, weil sie eine Schwarze sei und dazu noch als Tänzerin öffentlich auftrete. Am nächsten Tag verließ sie das Appartement für immer.

Josephines erster vornehmer Verehrer war ein marokkanischer Wüstenfürst, den sie «Scheich von Arabien» nannte. Er traf sie am Bühneneingang der Folies, schenkte ihr einen zahmen Panther, der ein Diamantenhalsband trug, und führte sie und den Panther zum Abendessen aus. Doch gelangte sie bald zu der Überzeugung, daß Sex mit ihm nicht möglich war. Er war klein und rundlich, und sie war schlank und hochgewachsen. «Das Problem», so Josephine, «war, daß ich es gern im Stehen machte, als ich jung war. Ich habe das gar nicht erst mit ihm versucht, weil er mich höchstens hätte in die Knie pieken können.»

1929 besuchte sie Kronprinz Adolf, der zukünftige König Gustav VI. von Schweden, in ihrer Garderobe. Er war von ihr hingerissen und lud sie in sein Land ein. Obwohl sie wußte, daß der Prinz verheiratet war, sandte sie ihm noch in derselben Nacht ein Telegramm. Es bestand nur aus einem Wort: «Wann?» Am Morgen darauf hatte sie seine Antwort: «Heute abend.» An diesem Abend stieg Josephine in das private Zugabteil des Prinzen. Es war mit Gold, Seide und erlesenen Teppichen ausgestattet. In ihrem Schlafraum stand ein Bett, das wie ein Schwan geformt war. Sie hatte sich gerade hineingelegt, als der Prinz erschien. Ihr sei kalt, klagte sie. Der Prinz kam zu ihr unter die Decke und wärmte sie. Zunächst band er zwei Diamantenarmbänder um ihre Handgelenke. Dann küßte er sie sanft. Als sich ihre nackten Körper berührten, setzte sich der Zug in Bewegung. Sie ließen das Schaukeln des Zuges ihre eigenen Bewegungen bestimmen. «Er war ein absoluter Könner», schrieb Josephine später. «Er war die Sahne, und ich war sein Kaffee, und zusammen war es der vollkommene Genuß.»

Sie verbrachten gemeinsam einen heißen Wintermonat in seinem abgelegenen Sommerpalast. Waren sie im Haus, liebten sie sich, und im Freien tollten sie wie Kinder im Schnee herum. Am letzten Abend ihrer Idylle tanzten sie, traurig aneinandergeschmiegt, einen langsamen Walzer. Sie trug einen langen Zobelrock, den er ihr geschenkt hatte. Sie sahen sich nie wieder.

In einem Cabaret wurde Josephine mit dem Grafen «Pepito» Abatino, einem italienischen Verwaltungsbeamten, bekannt gemacht. Sie tanzten einen Tango zusammen. Josephine war beeindruckt. Abatino wurde ihr Liebhaber und Manager. Sie haben nie geheiratet, aber Josephine stellte ihn stets als ihren Ehemann vor. Er war ein eifersüchtiger Liebhaber und auch ein harter Manager.

Manchmal schloß er sie in ihrem Zimmer ein, um sie dazu zu zwingen, ihre Tänze einzustudieren. Die Affäre dauerte zehn Jahre. Sie endete in New York, wo Josephine beschloß, sich von seiner Bevormundung zu befreien.

Als nächstes verliebte sie sich in den französischen Geschäftsmann Jean Leon. Sie heirateten am 30. November 1937. Er träumte von einem zurückgezogenen Leben auf dem Land, und sie mieteten Les Milandes, ein Schloß, das ihr Traumhaus wurde. Er wünschte sich auch Kinder. Josephine wurde schwanger, erlitt jedoch eine Fehlgeburt. Sie verlor nicht nur das Baby, sondern auch Leon. Der Richter, der ihre Ehe 1939 schied, sagte: «Sie waren zwei Fremde, die sich nie wirklich kennengelernt haben.»

Erst fünf Jahre nach der Scheidung verliebte sich Josephine erneut. Bereits 1933, lange vor der Ehe mit Leon, hatte sie Jo Bouillon, den Leiter eines französischen Orchesters, kennengelernt. Er war damals an den Bühnenausgang der Folies gekommen, um sie um ein signiertes Foto zu bitten. Im Oktober 1944 trafen sie sich wieder. Sie suchte Bouillon auf, um ihn zur Mitarbeit beim Wiederaufbau des befreiten Frankreichs zu bewegen. Von nun an verabredeten sie sich häufig. Am 3. Juni 1947 heirateten sie. Josephine kaufte Les Milandes – das Schloß, das sie einst gemietet hatte – und ließ es gründlich renovieren. Sie machte riesige Schulden und belastete dadurch die Beziehung zu ihrem Mann stark. Ihre Ehe mit Bouillon hielt dreizehn Jahre.

In ihren letzten Lebensjahren widmete Josephine ihren Adoptivkindern immer mehr Zeit. Sie engagierte sich auch zunehmend im Kampf gegen den Rassismus, besonders in den USA, wo viele ihrer Vorstellungen abgesagt wurden. Sie starb in Paris im Alter von 68 Jahren an einem Herzanfall, unmittelbar nach einer triumphalen Tournee durch die USA.

fc

«Das hübsche kleine Ding»

Virginia Oldoini, Gräfin di Castiglione
22. März 1837–28. November 1899

Bedeutung: Die Gräfin galt unter den Adligen von Turin und Paris sowie in der Londoner Gesellschaft als die schönste Frau ihrer Zeit. Sie arbeitete in Frankreich als Geheimagentin für die revolutionäre nationale Bewegung zur Einigung Italiens.

Lebensgeschichte: «Nicchia» Oldoini wurde in Florenz geboren. Sie hatte einen adligen Vater, der sich nicht für sie interessierte. Ihre Mutter war eine kränkelnde Frau. Nicchia wuchs, umgeben von Reichtum und Luxus, im Palast ihres Großvaters, eines bekannten Juristen und Gelehrten namens Lamporecchi, auf. Als sie älter wurde, konnte niemand mehr übersehen, daß sie das Aussehen einer Göttin hatte. Ihr Cousin, der Premierminister Camillo Benso di Cavour, und König Viktor Emanuel II. von Sardinien betrauten die Achtzehnjährige mit der Aufgabe, ihre politischen Interessen in Frankreich zu vertreten. Sie wollten die kleinen Staaten Italiens zu einer Nation zusammenschließen, was ohne Hilfe aus dem Ausland nicht möglich war, da Norditalien von Österreich kontrolliert wurde. König Viktor Emanuel II. und Cavour brauchten die Unterstützung Frankreichs. Und um diese Hilfe zu erhalten, sollte die Gräfin di Castiglione den französischen Kaiser Napoleon III. verführen.

Die Gräfin erfüllte ihre Mission. Ihre blendende Schönheit erregte in Paris großes Aufsehen. Es ist zum Teil auf sie zurückzuführen, daß Napoleons Armee gegen die Österreicher in Italien ins Feld zog. Mit der Hilfe des Freiheitskämpfers Giuseppe Garibaldi wurde Italien 1861 eine Nation und Viktor Emanuel ihr König.

Liebe: Die junge Gräfin di Castiglione war klug und gewitzt, doch im Innern war sie kalt, hochnäsig, egozentrisch, selbstsüchtig und verwöhnt. Sie war zwar ständig sexuell aktiv, empfand jedoch keine Freude dabei. Sie benutzte Sex, um die Männer zu demütigen und auszunutzen.

Nur wenige Männer konnten ihrer atemberaubenden Schönheit widerstehen. Sie hatte dichtes braunes Haar, schrägstehende blaue Augen, leicht geöffnete Lippen («wie eine sich entfaltende blutrote Blume»), ein Grübchen am Kinn und einen vollkommenen Körper. Wenn sie am züchtigen Krinolinen-Hof der Kaiserin Eugénie an Bällen teilnahm, benutzte die Gräfin ihren spärlich bekleideten Körper als Lockmittel. Auf einem Ball, den Frankreichs neuer Außenminister Graf Walewski gab, erschien Nicchia als Herzdame; ein Streifen Gaze, mit aufgenähten Herzchen über den Brustwarzen, bedeckte ihre Brüste, dazu trug sie einen durchsichtigen Rock mit einem weiteren Herzen über ihrem Venushügel. Ihre Schamhaare waren jedoch deutlich zu sehen, was Kaiserin Eugénie zu der schneidenden Bemerkung veranlaßte: «Gräfin, Euer Herz sitzt wohl etwas tief.»

Sexpartner: Nach ihrem sechzehnten Lebensjahr gab es für Nicchia kein Halten mehr. Ihr erster Liebhaber war ein italienischer Marineoffizier, Marquis Ambrogia Doria. Kurz danach nahm sie seine Brüder Andrea und Marcello zu sich ins Bett. In diesem Zeitraum begann sie ein Tagebuch zu führen, in dem sie ihre sexuellen Abenteuer sorgfältig verschlüsselte: «B – ein Kuß; BX – mehr als ein Kuß; F – alles!» Ihre Familie machte sich Sorgen über das «F» und beschloß, sie zu verheiraten. Wie aufs Stichwort tauchte ein junger, geeigneter Adliger auf, der eine Braut suchte und dem empfohlen worden war, es einmal mit Nicchia zu versuchen. Es war der Graf Francesco Verasis di Castiglione, ein Adjutant König Viktor Emanuels II. Nicchias Familie zwang sie, den Grafen im Jahre 1854 zu heiraten. Sie entdeckte, daß er ein Schwächling war, und erzählte aller Welt: «Ich bin mit einem Schwachsinnigen verheiratet.» Sie schlief mit ihm, bis sie ein Kind, einen Sohn namens George, bekam; danach weigerte sie sich hartnäckig, mit ihm das Bett zu teilen. Sie hatte ihrer Pflicht Genüge getan. Aus Langeweile verplemperte sie des Grafen Vermögen – sie machte sogar zwei Millionen Franc Schulden. In dieser Zeit heckte der Premierminister Cavour einen ausgefallenen Plan aus: Nicchia sollte Napoleon III. verführen und dann militärische Hilfe von ihm erbitten. Er weihte König Viktor Emanuel in das Vorhaben ein. Der König wollte sich jedoch erst einmal selbst von den Fähigkeiten Nicchias überzeugen. Er unterzog sie einer Prüfung im Bett und wurde zufriedengestellt. Im November 1855 machte sich die Gräfin auf den Weg nach Paris; ihren bankrotten Ehemann und ihr Kind ließ sie zurück. (Sie sah ihren Gatten erst zwölf Jahre später wieder, als sie zur Hochzeit des Königssohnes nach Italien kam. Bei der Hochzeit ritt ihr Gatte neben der Hochzeitskutsche, fiel von seinem Roß und wurde von den Rädern der Kutsche totgequetscht.)

Die Gräfin zählte gerade achtzehn Jahre, als sie das erste Mal nach Paris reiste. Ihr Erscheinen auf einem Kostümball in den Tuilerien geriet zu einem denkwürdigen Ereignis. Angetan mit einem tief ausgeschnittenen, enganliegenden Kleid, stand sie sofort im Mittelpunkt der Aufmerksamkeit. Die Wachposten, Türhüter und Diener wichen zurück, um ihr Platz zu machen. Einige männliche Gäste stiegen auf die Tische, um einen Blick auf sie zu werfen. Johann Strauß, der mit einem kleinen Orchester für die musikalische Unterhaltung sorgte, ließ mitten in einem Walzer den Dirigentenstab sinken. Der Kaiser Napoleon III., der in eine Unterhaltung mit dem britischen Botschafter vertieft war, entschuldigte sich plötzlich und bat die atemberaubend schöne Gräfin um den nächsten Tanz.

Danach begann Louis Napoleon, die Gräfin zu umwerben. Er beschenkte sie mit einem Haus in der Rue de la Pompe. Er gab ihr einen Smaragd im Wert von 100000 Franc und ein Perlenhalsband im Wert von 442000 Franc. Er besuchte sie fast jeden Abend in ihrem Haus. Zwar flirtete die Gräfin mit ihm, tat aber ansonsten sehr unnahbar. Nachdem er ihr monatelang den Hof gemacht hatte, lud er sie zu sich in das außerhalb von Paris gelegene riesige

Schloß von Compiègne ein. Eines Abends entschuldigte sie sich während einer Theateraufführung bei dem Herrscherpaar; sie habe Kopfschmerzen und müsse sich zurückziehen. Kurz darauf besuchte sie der besorgte Kaiser in ihrem Zimmer und fand sie in ihr schönstes Nachtgewand aus grauem Batist und feinster Spitze gehüllt im Bett. Er zog sich aus und legte sich neben sie. Kurz vorher hatte der Kaiser seinen Ärzten geklagt, daß er an Schlaflosigkeit leide. Doch in dieser Nacht schlief er tief und fest.

Über ein Jahr lang liebten sie sich regelmäßig. Man nannte sie «die Frau mit der Möse aus kaiserlichem Gold». In Hofkreisen wurde allgemein angenommen, daß sie dem Kaiser einen Sohn geschenkt hatte – den späteren bekannten Pariser Zahnarzt Dr. Hugenschmidt. Je länger die Affäre dauerte, um so mehr schwand die Begeisterung Louis Napoleons. Einem Freund erzählte er: «Sie redet zuviel von sich selbst. Sie hat Gerüchte über unsere Beziehung verbreitet. Ich schicke ihr Unterwäsche mit meinem Monogramm, und sie läßt sich damit im Bett von aller Welt bewundern.» Eines Nachts im Jahre 1859 versuchte ein Italiener, Louis Napoleon in ihrem Schlafzimmer zu ermorden. Ein Leibwächter rettete den Kaiser. Nur wenige Tage später wurde die Gräfin di Castiglione aus Frankreich ausgewiesen.

Wieder in Italien, schrieb die Gräfin an König Viktor Emanuel II.: «Wenn Ihr mich zu sehen wünscht, ruft mich.» Der König antwortete: «Ich wünsche Euch zu sehen.» Er etablierte sie in Florenz im Palazzo Pitti als seine Mätresse und versorgte sie mit einer jährlichen Rente von 12000 Franc. Nach zwei Jahren – französische Freunde hatten Fürsprache für sie eingelegt – erlaubte Louis Napoleon der Gräfin, nach Paris zurückzukehren. Allerdings war sie nun nicht mehr seine offizielle Mätresse, sondern gehörte nur noch zu seinen zahlreichen «kleinen Ablenkungen». Doch das reichte ihr nicht. Sie begann, eine große Zahl von Männern in ihrem Schlafzimmer zu empfangen. Ihre einzigen Bedingungen waren: sie mußten von adliger Geburt oder reich sein. Vier Jahre lang schlief sie mit dem französischen Außenminister, Prinz Henri de la Tour d'Auvergne. Er war jedoch nicht der einzige. Eines der ältesten Mitglieder der reichsten Familie der Welt, der siebzigjährige Baron James de Rothschild, verliebte sich in sie. Eine Freundin riet der Gräfin: «Versuche die Leidenschaft des alten Barons am Leben zu erhalten, vielleicht bringt es dir hohen Gewinn. Stell ihm ‹das hübsche kleine Ding› zur Verfügung.» Die Gräfin schlief schließlich nicht nur mit dem alten Baron, sondern auch mit seinen drei Söhnen. Ihre unglaublichste Paarung vollzog sie mit dem vierten Marquis of Hertford, einem kauzigen britischen Millionär. Er schrieb ihr: «Gestatten Sie mir eine Liebesnacht mit allen erotischen Feinheiten. Als Gegenwert biete ich eine Million Franc.» Die Gräfin war höchst erfreut über dieses Angebot und willigte ein. Sie wußte nicht, daß Hertford die Kräfte eines Zuchthengstes besaß. Als er erst mal in ihrem Bett lag, liebte er sie die ganze Nacht hindurch ohne Unterbrechung. Danach war sie völlig fertig und konnte ihr Bett drei Tage lang nicht verlassen.

Nicchias Ehemann hatte sie einmal in einem Brief gewarnt: «Es wird der Tag kommen, an dem Deine unheilvolle Schönheit vergangen sein wird und die Schmeichler fernbleiben.» Die Gräfin fürchtete diesen Tag. Im Alter von vierzig Jahren zog sie in eine Parterrewohnung am Place Vendôme, schloß die Fensterläden und verhüllte alle Spiegel. Sie empfing keine Freunde, keine Verwandten mehr, vertrieb sich die Zeit mit Okkultismus und brachte ihren Schoßhunden, Kasino und Sandouga, das Walzertanzen bei. Sie ging niemals bei Tageslicht aus dem Haus und führte ihre Hunde nur nachts spazieren. Sie saß einsam, in Erinnerungen versunken, in ihren unordentlichen Zimmern und bildete sich ein, sie sei krank und verarmt. Beides entsprach nicht der Wahrheit. Eines Nachts fand man ihre von Ratten angefressene Leiche. Sie war an einem Gehirnschlag gestorben. Nach ihren eigenen Instruktionen wurde sie in ihrem Nachtgewand aus Batist und Spitze, das sie in jener Nacht in Compiègne trug, als sie sich dem Kaiser hingab, begraben, zu ihren Füßen die beiden ausgestopften Schoßhunde.

iw

Die tanzende Revolutionärin

Isadora Duncan

27. Mai 1878–14. September 1927

Bedeutung: Isadora Duncan lehnte die starre Disziplin des klassischen Balletts und formeller Tanztechniken ab und schuf sich ihren eigenen Stil. Ihre graziösen, fließenden Bewegungen und ihre bildhafte Pantomime, in die sie die große klassische Musik umsetzte, trugen zur Anerkennung des modernen Tanzes als einer neuen seriösen Kunstrichtung bei.

Lebensgeschichte: Isadoras einzigartiger Stil war von der griechischen und der italienischen Kunst beeinflußt worden und beruhte zum Teil auch auf der Gymnastiklehre François Delsartes, der den Einklang von Stimme und Gestik forderte. Im April 1898 verlor sie ihre gesamte Garderobe bei einem Großbrand im Hotel Windsor in New York. Sie machte das Beste daraus und führte bei ihrem nächsten Auftritt etwas ganz Neues ein: ein behelfsmäßiges Kostüm, das der Phantasie der Zuschauer kaum noch einen Spielraum ließ. Ein Kritiker beschrieb es in der Zeitung sarkastisch als «... eine Art Mullbinde aus Gaze und Satin».

Isadora reiste unverzagt nach Europa, wo sie rasch zur Lieblingstänzerin des europäischen Publikums wurde. Sie trat barfuß auf, in eine durchsichtige seidene Tunika gehüllt, die mit verschieden langen, bunten Bändern verziert war. Zuerst reiste sie mit der Truppe Loie Fullers, dann nahm sie der Impresario Alexander Gross unter seine Fittiche, der Solo-Auftritte in Budapest, Berlin, Wien und anderen Hauptstädten Europas arrangierte. Das Publikum kam in Massen, schockiert, aber vor Erwartung zitternd, um zu sehen, wie die fast unbekleidete Nymphe zu bekannten Melodien wie *«An der schönen blauen Donau»* und Chopins *«Trauermarsch»* auf der Bühne tanzte.

Isadora war eine Verfechterin der freien Liebe, und so schokkierte sie anschließend ihre amerikanischen Bewunderer: Sie trat noch auf Tourneen auf, als nicht mehr zu übersehen war, daß sie ihr zweites Kind erwartete, ohne sich die Mühe gemacht zu haben, den Vater des Kindes zu heiraten. Mehr als zwanzig Jahre lang blieb sie das «Hätschelkind der Gesellschaft», aber ihr Privatleben entwickelte sich 1913 zu einer Tragödie. Ihr Wagen – für einen Augenblick führerlos – rollte rückwärts einen Abhang hinab, und ihre beiden Kinder und das Kindermädchen ertranken in der Seine. Isadora hat sich nie wieder ganz von ihrem Kummer über dieses Unglück erholt.

1922 brachten sie ihre atheistischen Ansichten und ihre positive Einstellung gegenüber der russischen Revolution in neue Schwierigkeiten. Mit ihrem russischen Ehemann aus Moskau zurückgekehrt, verärgerte sie in Boston Theaterbesucher, indem sie ihnen mit einem roten Schal von der Bühne aus zuwinkte. Ihr Auftritt in Chicago trug ihr die Feindschaft des einflußreichen Predigers Billy Sunday ein. Er sah fortan in ihr eine Repräsentantin der «roten Gefahr» und beschimpfte sie öffentlich als «bolschewistisches Flittchen, das noch nicht einmal genug Kleider anhat, um eine Krücke zu polstern». In Indianapolis bezeichnete sie der Bürgermeister barsch als eine Nackttänzerin, die eigentlich ins Gefängnis gehöre.

Gebrochen und desillusioniert kehrte Isadora nach Europa zurück. Dort verdiente sie sich mehr schlecht als recht und auf eine etwas undurchsichtige Art und Weise ihren Lebensunterhalt, war immer zwischen Paris und der Riviera unterwegs, bis ihr 1927 ein zweiter Autounfall zustieß. Beim Einsteigen in einen Bugatti warf sie sich den langen Schal, ihr Wahrzeichen, um den Hals und verabschiedete sich fröhlich von ihren Freunden. Beim Anfahren verfing sich ihr Schal in den Speichen des Hinterrades. Sie brach sich das Genick.

Liebe: Isadora war bis zum Alter von 26 Jahren Jungfrau, aber sie holte die verlorene Zeit schnell auf. Zuerst schenkte sie Oscar Beregi ihre Gunst, einem gutaussehenden ungarischen Schauspieler, der auf der Budapester Bühne als Romeo auftrat. Es war Liebe auf den ersten Blick. Sie zogen sich, so schnell sie konnten, auf das Land zurück, in die Daunen eines Himmelbetts. Nachdem sie ebendort einen ganzen Tag mit dem dunkeläugigen Magyaren zugebracht hatte, war die Tänzerin so erschöpft, daß sie bei ihrem abendlichen Auftritt am Urania-Theater leicht hinkte. Aber nach der Show kehrte die entzückte Isadora sofort zu ihrem Liebhaber zurück.

Im Dezember 1904 begann sie ein stürmisches Verhältnis mit dem Bühnenbildner Gordon Craig, dem Sohn der englischen Schauspielerin Ellen Terry. Diesmal war ihr Liebeslager nicht so weich. Zwei Wochen lang liebten sie sich immer wieder auf ein paar alten Decken, die über künstlichen Rosenblättern auf den blanken, gewachsten Fußboden in Craigs Studio in Berlin ausgebreitet waren. Der Nonstop-Beischlaf wurde nur hin und wieder durch einen kleinen Imbiß unterbrochen, den sie «auf Pump» bestellen mußten. Während das Essen angeliefert wurde, zitterte Isadora draußen auf dem kleinen Balkon. Ihr Manager suchte sie. Er war aufgebracht und verzweifelt – mußte er doch alle ihre Auftritte absagen – und befürchtete eine Entführung oder Schlimmeres. Schließlich gab er auf und ließ in die Zeitung setzen, daß «Fräulein Duncan leider an einer schweren Mandelentzündung erkrankt» sei. Die «Mandelentzündung» wurde neun Monate später auf den Namen Deirdre getauft. Deirdre war Isadoras Beitrag zu Craigs Nachkommenschaft, der es in seinem Leben immerhin zu sechs Kindern gebracht hat, ohne jemals verheiratet gewesen zu sein.

1906 wurde Isadora die Geliebte Paris Singers, des dritten Sohnes aus der dreiundzwanzigköpfigen Kinderschar des Nähmaschinen-Magnaten Isaac Singer. Dem Playboy-Millionär verdankte sie sieben Jahre luxuriösen Lebens und die Chromosomen für ihr zweites Kind, Patrick. Die Affäre endete 1913, als ihre beiden Kinder auf tragische Weise umkamen. Isadora floh zunächst nach Italien, dann nach Frankreich, wo ein williger Bildhauer Vater ihres dritten Kindes wurde. Der Knabe lebte nur eine Stunde. Gegen Ende des Ersten Weltkriegs nahm sich Isadora einen neuen Liebhaber, den Pianisten und Komponisten Walter Rummel, den sie «Erzengel» nannte. Er zeigte großes Talent, aber die alternde und eifersüchtige Isadora machte Schluß, als in ihr der Verdacht aufstieg, daß er mit seinen «strahlenden Schwingen» auch eine junge Dryade aus ihrer Tanzgruppe umarmte.

1922, als sie schon weit über vierzig war, konnte sie ihre Abneigung gegen das Heiraten für eine Weile besänftigen und wurde die Frau Sergej Jessenins, des «Hofdichters» der russischen Revolution. Sergej war siebzehn Jahre jünger als sie. Die beiden reisten durch Europa und die USA, doch erwies sich ihre Ehe schon bald als eine Katastrophe. Sergej, ein halbverrückter Alkoholiker, ließ eine breite Spur leerer Schnapsflaschen und zertrümmerter Möbel auf beiden Seiten des Atlantiks hinter sich zurück. Selbst für die sehr frei denkende Isadora war es zuviel, ihn nackt und betrunken auf dem Hotelkorridor herumspringen zu sehen und mit ansehen zu müssen, wie er ihr Geld und ihre Garderobe freigiebig unter seinen Freunden und Verwandten verteilte. Im folgenden Jahr überredete sie ihn, mit ihr nach Moskau zurückzukehren; dann ging sie ihren eigenen Weg.

Gedanken: «Jede zurechnungsfähige Frau, die den Ehevertrag liest und dann unterschreibt, hat selber schuld.»

wk

Die gefährlichste Frau der Welt

Emma Goldman
27. Juni 1869–14. Mai 1940

Bedeutung: Emma Goldman war eine amerikanische anarchistische Agitatorin, Redakteurin und Dozentin, die ihr Leben dem Kampf für soziale und politische Gerechtigkeit gewidmet hat. Sie war eine Pionierin der Frauenbewegung, trat für Geburtenkontrolle, für die Freiheit des Wortes, für die Rechte der Arbeiter und die freie Liebe ein und hielt leidenschaftliche Reden gegen den Krieg, die Dienstpflicht, wirtschaftliche Ausbeutung und gegen Staat und Regierung. Heute sind ihre Ansichten nichts Ungewöhnliches, aber zu ihrer Zeit wurde sie als «gefährlichste Frau der Welt» bezeichnet, wurde geschlagen, ins Gefängnis gesteckt, aus den USA ausgewiesen.

Lebensgeschichte: Sie wurde als Kind armer jüdischer Eltern in der litauischen Stadt Kaunas (Kowno) geboren. Schon früh rebellierte sie gegen die autoritäre Art ihres Vaters und ihrer Lehrer. Als ihr Vater versuchte, sie mit fünfzehn Jahren zu verheiraten, flehte sie ihn an, sie statt dessen ihr Studium fortsetzen zu lassen. Daraufhin warf ihr Vater eines ihrer Bücher ins Feuer und rief: «Mädchen brauchen nicht viel zu lernen! Die Tochter eines Juden muß ‹gefillte Fisch› zubereiten und Nudeln schneiden können, und sie muß ihrem Mann viele Kinder schenken, weiter nichts!» Im folgenden

Jahr überredete Emma ihren Vater, sie mit ihrer älteren Halbschwester Helena nach Amerika auswandern zu lassen. Der Vater gab aber erst seine Zustimmung, als Emma, die inzwischen die Schule verlassen hatte und in einer Korsettfabrik arbeiten mußte, ernstlich drohte, sich im Fluß zu ertränken.

Helena und Emma gingen zu ihrer Schwester Lena nach Rochester (New York). Emma, die sich die USA als das Land der Freiheit und Gleichheit vorgestellt hatte, war über die grauenhaften Lebens- und Arbeitsbedingungen, die das Los der meisten jüdischen Einwanderer waren, enttäuscht. Während sie in Ausbeuter-Betrieben arbeitete, begann sie, die Treffen deutscher Sozialisten zu besuchen, und bald las sie anarchistische Schriften, träumte von einer Gesellschaft, in der Staat und Regierung abgeschafft worden sind und die Menschen in freien Kooperativen und Vereinigungen zusammenleben.

1889 zog Emma nach New York City, um der Anarchistenbewegung beizutreten. Durch die Hilfe und Unterstützung des feurigen Agitators und Redakteurs Johann Most wurde sie zu einer brillanten Rednerin. 1893 wurde sie angeklagt, einen Aufruhr angezettelt zu haben, und mußte neun Monate im Gefängnis verbringen. Sie hatte in einer Versammlung von Arbeitslosen gerufen: «Stehlt Brot, wenn ihr kein Geld habt, welches zu kaufen!»

Sie hielt weiter Reden in Amerika und Europa, und sie ließ sich als Krankenschwester und Hebamme ausbilden. Damit hatte sie einen Beruf, der sie mit der Not und Verzweiflung der Frauen der Ärmsten in Berührung brachte, die sie um Abtreibungen und Verhütungsmittel anflehten. Sie lernte auch das moderne europäische Theater kennen, und ihre Vorträge über dieses Thema spielten bei der Einführung der Werke Ibsens, Shaws und Strindbergs in Amerika eine nicht zu unterschätzende Rolle. 1906 gründete sie die Anarchisten-Zeitschrift *Mother Earth,* die sie bis zu deren Publikationsverbot im Jahre 1917 herausgab.

1916 verbrachte Emma fünfzehn Tage in einem New Yorker Gefängnis, weil sie öffentlich für die Geburtenkontrolle eingetreten war. Als der Erste Weltkrieg ausbrach, opponierten Emma und ihr Liebhaber und Lebensgefährte Alexander Berkman gegen die Beteiligung Amerikas am Krieg und organisierten eine Kampagne gegen die Wehrdienstpflicht. Die beiden wurden wegen konspirativer Aktionen zur Behinderung des Dienstpflichtgesetzes festgenommen und zu zwei Jahren Gefängnis verurteilt. Nach Verbüßung der Strafe wurde Emma Goldman ausgebürgert und zusammen mit Berkman und 247 anderen «Umstürzlern» per Schiff nach Rußland abgeschoben. Dort kamen sie im Januar 1920 an, doch machten sie sich schon bald wegen ihrer unorthodoxen Ansichten bei der neuen bolschewistischen Regierung unbeliebt. Als Lenin begann, gegen Anarchisten vorzugehen, flohen Emma und Berkman schleunigst aus dem Land. 1923 veröffentlichte Emma das Buch *«My Disillusionment with Russia»*, in dem sie als Vorkämpferin für die Freiheit des einzelnen mit dem kommunistischen Regime schonungslos abrechnet. 1931 vollendete sie mit Berkmans Hilfe ihre zweibändige Autobiographie *«Gelebtes Leben»*. Während sie in Toronto für die Sache der spanischen Anarchisten arbeitete, die gegen Franco kämpften, erlitt sie einen Lähmungsanfall und starb 1940 im Alter von siebzig Jahren.

Sexpartner. Als Emma fünfzehn Jahre alt war, versuchte ein zwanzigjähriger Hotelangestellter, sie zu vergewaltigen, aber sie rettete sich durch lautes Schreien. Im Februar 1887 stimmte Emma, die sich in Rochester niedergedrückt und einsam fühlte, einer Heirat mit Jacob Kershner zu, der in derselben Firma arbeitete wie sie. Leider war Kershner impotent, und nach einem Jahr verlangte sie die Scheidung. Sie arbeitete dann in New Haven (Connecticut) in einer Korsettfabrik, kehrte aber nach Rochester zurück und heiratete Kershner zum zweitenmal, da er mit Selbstmord gedroht hatte. Aber seine Impotenz hielt an, und sie lebten sich auch geistig auseinander. Mit zwanzig verließ Emma ihren Ehemann wieder und zog nach New York.

Dort lernte sie Alexander Berkman kennen, einen düsteren jüdischen Anarchisten aus Rußland. Er wurde Sascha genannt und lebte nur für seine revolutionären Ideen. Sein Freund Fedja war zwar ebenfalls Anarchist, doch liebte er die schönen Seiten des Lebens mehr als die Politik. Als Fedja Emma einen Blumenstrauß schenkte, tobte Sascha. Das sei die reine Verschwendung, schrie er. Das Geld wäre besser angelegt, wenn es der gemeinsamen Sache zugute käme. Lieben tat Emma sie beide, aber für Sascha schwärmte sie; bei ihm verlor sie ihre Unschuld. Sie nannte ihn «mein Junge», obwohl er nur eineinhalb Jahre jünger war als sie. Emma lebte mit Sascha, Fedja und einer anderen Frau zusammen, verbrachte aber auch manchen Tag bei dem berüchtigten Johann Most. Most war der typische Fall eines Fanatikers, der auch zu Gewalttaten bereit war. Seit einer Kieferinfektion, die nur ungenügend behandelt worden war, war er entstellt und häßlich. Er betrachtete Emma als seinen Schützling, und sie sah in ihm ein Idol. Über die Nacht vor ihrer ersten Propaganda-Tournee schrieb sie: «Ich gab mich Mosts Umarmung hin, er küßte mich wie ein Verdurstender. Ich gab ihm zu trinken.»

In dieser Zeit erfuhr Emma, daß sie sich einer Gebärmutteroperation unterziehen müsse, wenn sie jemals Kinder bekommen wolle. Sie lehnte eine Operation ab und gelobte, «*alle* Kinder zu lieben» und darin einen Ausgleich für entgangene Mutterfreuden zu finden.

Im Mai 1892 wurde die Nachricht verbreitet, daß streikende Arbeiter der Carnegie-Stahlwerke in Homestead (Pennsylvania) von Pinkerton-Banditen niedergeschossen worden waren, die Henry Clay Frick, der Vorstandsvorsitzende der Firma, angeworben hatte. Sascha war vor Wut derart außer sich, daß er beschloß, Frick umzubringen. Er besaß jedoch weder eine Pistole noch das Geld, eine zu kaufen. Emma, die immer einen Rat wußte, entschloß sich, durch Prostitution das nötige Geld aufzubringen. An einem Sonntagabend ging sie im Hafenviertel auf Kundensuche, lief aber jedesmal verschüchtert fort, wenn sich ein Freier näherte. Schließlich folgte sie einem hochgewachsenen, gutgekleideten Mann von etwa sechzig Jahren in eine Bar. Er erkannte sofort, daß sie Amateurin war: «Du hast nicht das Zeug dazu, hab's gleich gemerkt.» Dann gab er ihr zehn Dollar. «Nimm das», sagte er, «und geh nach Hause!» Sie nahm das Geld erstaunt an und schickte es Sascha, der in Pittsburgh darauf wartete. Am 23. Juli 1892 schoß Alexander Berkman Frick nieder und stach auch noch auf ihn ein, verletzte ihn aber nicht tödlich. Frick war zwar übel zugerichtet, nahm aber schon nach einer Woche seine Arbeit wieder auf. Berkman wurde zu zwanzig Jahren Zuchthaus verurteilt.

Johann Most verurteilte Berkmans Tat in einem kritischen Artikel. Most hatte in England im Gefängnis gesessen, weil er den Tyrannenmord befürwortet hatte, und er sprach sich ständig für Gewalttätigkeiten aus. Aber für das Attentat auf Frick fand er kein Wort der Anerkennung. Emma schäumte vor Wut. Sie besuchte Mosts nächsten Vortrag und setzte sich in die erste Reihe. Als Most sich zu reden anschickte, erhob sich Emma und forderte ihn auf, seine gegen Alexander Berkman gerichteten Äußerungen zu begründen. Most nuschelte, sie sei hysterisch, und ging nicht auf die Forderung ein. Da holte Emma eine Pferdepeitsche unter ihrem Mantel hervor und zog sie ihm einmal kräftig über das Gesicht und den Hals. Dann zerbrach sie die Peitsche und warf sie ihm an den Kopf. Sofort war sie von einer wütenden Menge umringt, aber Fedja und ein paar Freunde brachten sie in Sicherheit.

Im Dezember 1892 lernte Emma Edward Brady kennen, einen hochgewachsenen blonden Mann von vierzig Jahren, der gerade in Amerika angekommen war. Brady hatte in Österreich anarchistische Schriften herausgegeben und von der österreichischen Regierung die Quittung in Form einer Gefängnisstrafe von zehn Jahren erhalten. Mit Brady erlebte sie ihren ersten Orgasmus. «In Eds Armen erfuhr ich zum erstenmal die Bedeutung der gewaltigen, lebensspendenden Macht der Liebe. Ich war wie berauscht; ich schwamm in Glückseligkeit. Es war ein ekstatischer Wirbel, eingehüllt in Musik. Meine kleine Wohnung . . . wurde zu einem Tempel der Liebe.»

Von nun an lebten Emma und Ed zusammen, aber bald wurde Ed auf ihre Vorträge, ihre Treffen, ihre politischen Aktivitäten eifersüchtig und fühlte sich vernachlässigt. Brady zuliebe schränkte sie ihr politisches Engagement ein und verbrachte mehr Zeit zu Hause. Als Ed einmal die Bücher kritisierte, die sie las, gab es einen heftigen Streit, und schließlich schrie sie: «Unter dem Vorwand der großen Liebe hast du alles getan, um mich an dich zu ketten, mir alles fortzunehmen, was mir mehr bedeutet als mein Leben. Du bist nicht damit zufrieden, meinen Körper zu besitzen, du willst auch meinen Geist beherrschen! Zuerst die Bewegung und meine Freunde, und jetzt sind es die Bücher, die ich liebe ... du wirst mir nicht die Flügel stutzen, du wirst mich nicht aufhalten! Ich werde mich befreien, und wenn ich dich aus meinem Herzen herausreißen muß!» Weitere Streitigkeiten und Versöhnungen folgten. Als Ed schließlich einen Selbstmordversuch vortäuschte, «nur um dir einen kleinen Schreck einzujagen und dich von deiner Manie für Politik zu heilen», verließ sie ihn endgültig, sieben Jahre nach ihrer ersten Begegnung.

Am 18. Mai 1906 wurde Alexander Berkman nach vierzehn Jahren Haft aus dem Gefängnis entlassen. Emma begrüßte ihn liebevoll; er blieb kühl. Er litt unter schweren Depressionen. Erst als er sich in ein fünfzehnjähriges Mädchen verliebte und außerdem Herausgeber der *Mother Earth* wurde, erwachte er langsam wieder zum Leben. 1908 ging Emma eine Bindung mit Dr. Ben L. Reitman ein, die zehn Jahre dauern sollte. Reitman, ein Mann von dreißig Jahren, war in Chicago als «König der Landstreicher» bekannt, weil er über eine Anhängerschaft von Vagabunden verfügte. Er nannte Emma «blauäugige Mutti», und sie behandelte ihn wie ein großes Kind – was er auch war. Emma beschrieb später ihre erste gemeinsame Nacht: «Ich hätte mir im Traum nicht einfallen lassen, daß ein Mann je einen solchen Sturm elementarer Leidenschaften in mir hervorrufen konnte. Ich folgte schamlos dem primitiven Ruf, der nackten Schönheit, der ekstatischen Freude.»

Ihr enges Verhältnis zu dem frivolen, ziemlich verkommenen Reitman, der auch noch ihr Manager wurde, schockierte Emmas Freunde. Reitman hatte wenig oder gar keine politischen Bindungen. Beim Auftreiben von Geldern war er sehr tüchtig, nur stellte sich später leider heraus, daß er einige der Beträge, Emmas Einkünfte aus ihren Vorträgen, einbehalten und an seine Mutter geschickt hatte. Einmal war er geschmacklos genug, vor Beginn eines Vortrags Emmas über «Das Versagen des Christentums» die versammelten Atheisten aufzufordern, in sein Gebet «um Hilfe für die armen Arbeiter» einzustimmen. Als Ben seine Mutter in die Wohnung holte, kam es zu heftigen Spannungen zwischen ihm und Emma. Schließlich warf Emma einen Stuhl nach ihm und forderte ihn und seine Mutter auf, zu verschwinden. In der Antikriegsbewegung von 1912 gelangte Reitman zu Märtyrerehren, als ihn in San Diego eine Bürgerwehr-Gruppe als Geisel nahm. Er wurde gefoltert. Sie brannten ihm mit einer Zigarre das Zeichen «IWW» auf das Gesäß, teerten ihn und überschütteten ihn mit Beifuß (Federn hatten sie nicht). Dann zwangen sie ihn, die Fahne zu küssen und die Nationalhymne zu singen. In New York sprach Emma über das Grundrecht der freien Rede, und sie brachte ihre anarchistischen Genossen dazu, Ben im Büro der *Mother Earth* eine Sonntagsschule zu organisieren. Als Ben, der gern Kinder haben wollte, sich in eine seiner Sonntagsschülerinnen verliebte und sie heiratete, kam es zur endgültigen Trennung.

Nach ihrer Flucht aus Rußland nahm sich Emma, damals 53, einen neuen Liebhaber, den neunundzwanzigjährigen Arthur Swenson. Aber schon nach wenigen Monaten gingen sie wieder auseinander. Der Altersunterschied war zu groß gewesen. 1926 heiratete Emma James Colton, einen Bergarbeiter aus Wales. Dadurch kam sie zu einem britischen Paß. Colton willigte aus Gefälligkeit in die Ehe ein. In ihrer Autobiographie, einem Buch von 993 Seiten, widmete sie dieser Ehe einen ganzen Satz.

Es bleibt ein letzter Vorfall zu berichten. 1934 bat sie Dr. Frank G. Heiner, ein blinder sechsunddreißigjähriger Genosse aus Chicago, mit ihm zu schlafen. Sie lehnte ab, aber als Mrs. Heiner in einem Brief an sie diese Bitte wiederholte, erlaubte ihm Emma, sie in Toronto zu besuchen. Zwei Wochen lebten sie in «einer Welt voller Schönheit». Jahre später erinnerte sich Heiner, daß ihn die fünfundsechzigjährige Emma «geistig ebenso angeregt [hat] wie physisch».

Gedanken: «Wie kann so eine alles bezwingende Macht [wie die Liebe] gleichbedeutend mit der Ehe, diesem kümmerlichen Produkt des Staates und der Kirche, sein?»

dw

Epikureische Lust

Ninon de Lenclos
Mai 1620–17. Oktober 1705

Bedeutung: Ninon war die angesehenste französische Kurtisane ihrer Zeit. Sie lebte getreu der epikureischen Philosophie, die der Qualität der Freuden dieses Lebens mehr Gewicht beimißt als ihrer Quantität. Trotzdem gelang es ihr in einer Zeitspanne von zwanzig Jahren, ihre Bettpartnerliste mit den Namen von 4959 Männern zu füllen.

Lebensgeschichte: Ninons Vater war Musiker und Zuhälter und unterwies seine Tochter in allen weltlichen Dingen. Im Alter von zwölf Jahren konnte sie tanzen und Cembalo spielen, und sie verstand etwas von Literatur. Über gute Umgangsformen hinaus studierte sie die Vielfältigkeit menschlicher Beziehungen – sowohl die sexuellen als auch die platonischen – und faßte relativ früh den Entschluß, nicht die traditionelle Frauenrolle zu übernehmen: «Ich bemerkte schnell, daß Frauen mit den oberflächlichsten und unbedeutendsten Privilegien abgespeist wurden, während jeder handfeste Vorteil dem stärkeren Geschlecht vorbehalten blieb. Seit dem Zeitpunkt war ich entschlossen, mein Geschlecht aufzugeben und das der Männer anzunehmen.» Ihre Eltern starben, bevor sie zwanzig wurde; glücklicherweise war sie gut darauf vorbereitet, es allein mit der kalten, grausamen Welt aufzunehmen.

Mit dem Geld ihrer Verehrer finanzierte Ninon in Paris einen Salon, in dem sie Frankreichs bekannteste literarische und politische Persönlichkeiten des 17. Jahrhunderts empfing. Außerdem eröffnete sie eine «Schule der Ritterlichkeit», in der adlige Knaben in den Lehren Epikurs und der Kunst, Frauen zu gefallen, unterwiesen wurden. «Männer verlieren mehr Herzen durch Ungeschicklichkeit, als Tugend bewahren kann», lehrte Ninon ihre jungen Schüler.

Ihr Aussehen war beeindruckend – ein ebenmäßiges, ovales Gesicht, von rotblonden Locken umrahmt, dichte, schwarze Augenbrauen über dunklen Augen und ein Körper, der Dichter und Maler begeisterte. Der Legende zufolge besuchte sie ein geheimnisvoller alter Mann an ihrem achtzehnten Geburtstag und ließ sie zwischen drei Geschenken wählen: höchstem Ansehen, unermeßlichem Reichtum und ewiger Schönheit. Angeblich entschied sich Ninon für das letztere und lebte 85 Jahre lang wie eine nie verblühende Rose. Als sie starb, setzte sie ihrem langen Werdegang als fortschrittliche Denkerin ein letztes Glanzlicht auf: Sie vermachte dem jungen Voltaire eine Geldsumme, für die er sich Bücher kaufen sollte.

Liebe: Ninon liebte Erotik, scheute aber vor regelrechten Ausschweifungen zurück. Für sie war die Liebe eine Kunst, die nicht durch niedere Manieren beleidigt werden durfte. Ihr Salon war kein Treibhaus der freien Liebe. Im Gegenteil, es förderte den guten Ruf, wenn man zu Ninons engerem Kreis gehörte, wo hauptsächlich über Kunst und Philosophie diskutiert wurde. Sie schlief nicht mit jedem Verehrer. Der Dramatiker Molière und der Philosoph Saint-Évrement unterhielten eine rein platonische Freundschaft zu Ninon. Ihre sonstigen Männerbekanntschaften gliederten sich in drei Gruppen: Geldgeber, Märtyrer und Lieblinge. Die Geldgeber zahlten für ihr Besuchsrecht, doch machten sie nicht häufig Gebrauch davon, denn Ninon gefielen diese Männer nicht, und sie ließ sie ihre Abneigung spüren. Als sie schließlich finanziell unabhängig geworden war, gab sie ihren Geldgebern den Laufpaß. Die Märtyrer belagerten ihren Salon und unterwarfen sich jeder ihrer Launen, während die Lieblinge ihr Bett so lange teilten, wie sie wünschte. Erreichte eine Beziehung ihren Höhepunkt, so brach Ninon sie regelmäßig ab, was dazu führte, daß sie und ihre Liebhaber ausschließlich angenehme Erinnerungen an die gemeinsame Zeit behielten.

Ninons Mißachtung der Religion veranlaßte die Mutter König Ludwigs XIV., Anne von Österreich, sie in ein Kloster zu sperren. Ninons Freunde sorgten für eine zügige Freilassung, doch scheint sie es gar nicht so eilig gehabt zu haben, das Kloster wieder zu verlassen. Von ihren fast fünftausend bekannten Liebhabern waren 439 Mönche.

Gerüchte besagen, daß Ninon bis zu ihrem Tod ein aktives Sexualleben geführt habe. In Wirklichkeit zog sie sich jedoch mit ungefähr fünfzig Jahren aus dem Kurtisanenleben zurück und vergnügte sich nur noch gelegentlich mit sexuellen Abenteuern.

Sexpartner: Im zarten Alter von fünfzehn Jahren ließ sie sich von der Überzeugungskraft Saint-Étiennes, eines notorischen Jungfrauenverführers, betören. Doch nachdem Ninon ihre Jungfräulichkeit verloren hatte, war Saint-Étienne nicht länger an ihr interessiert. Bald darauf verliebte sie sich in den attraktiven Chevalier de Raré, der sie mit seinen schmachtenden Augen bezauberte. Wann und wo immer es sich ergab, ließen sie ihrer Leidenschaft freien Lauf. Einmal hielten sie in einem Torweg an, um sich vor den Augen eines Bettlers zu küssen und zu streicheln. Ninon brach die Beziehung ab, als sich der Gesundheitszustand ihrer Mutter verschlechterte und sie sich ganz ihrer Pflege widmen mußte.

Nach dem Tod ihrer Mutter nahm sie von Coulon, einem Trinker, der ihr zutiefst unsympathisch war, zum erstenmal Geld. Ungefähr zur gleichen Zeit begegnete sie ihrer ersten wahren Liebe, Gaspard de Coligny. Zu ihrer großen Enttäuschung war Coligny als Liebhaber ganz und gar undiskutabel – es mangelte ihm an Vitalität und an technischer Kunstfertigkeit. Später fand sie heraus, daß Coligny mit Vertretern seines eigenen Geschlechts sehr viel enthusiastischer im Bett war. Er verließ sie schließlich, um zu seinen «hübschen Knaben» zurückzukehren.

Sie war entschlossen, die Chancen, einen virilen Liebhaber zu finden, zu ihren Gunsten zu beeinflussen, und betrieb daher gleichzeitig Verhältnisse mit dem Abbé Dessiat und dem Marschall d'Estrées. Als Ninon schwanger wurde, mußte die Frage der Vaterschaft durch den Würfel entschieden werden. So kam der Marschall d'Estrées zu der Ehre, Vater ihres ersten Kindes zu sein. Man sagt, daß sie auch dem siebzigjährigen Chevalier de Méré ein

Kind schenkte. Fortgeschrittenes Alter war keine Hürde für Ninon, die den Ruf hatte, selbst eine lange totgeglaubte Libido wieder zum Leben erwecken zu können.

In der Regel widmete sich Ninon ihrem jeweiligen «Liebling» höchstens einige Monate lang. Eine Ausnahme war der Marquis de Villarceaux; sie wohnte drei Jahre lang auf seinem Landsitz und verbrachte einmal acht Tage mit ihm im Bett, angeblich um seine Genesung nach einer langen Krankheit zu beschleunigen. Nachdem sie auch diese Beziehung abgebrochen hatte, empfahl sie Villarceaux einer Freundin, Madame Scarron (der späteren Madame de Maintenon, der Gattin und Mätresse Ludwigs XIV.), die sexuelle Befriedigung dringend nötig hatte. Ihre Ehe mit dem Schriftsteller Paul Scarron, einem weiteren Freund Ninons, wurde von Madame Scarrons übermächtigen Hemmungen und der fortschreitenden Lähmung ihres Mannes überschattet. Ninon half der Frau mit dem rechten Mann zur rechten Zeit. Und es war nicht das erste Mal, daß sie eine Freundin mit einem ehemaligen Liebhaber versorgte. Routiniert erteilte sie Madame de la Suze Auskunft über die sexuellen Vorzüge verschiedener Männer, und ihre Urteile erwiesen sich immer als höchst zutreffend.

Zwei Männer, die in Ninons Liebhaber-Liste einen sehr niedrigen Rang einnahmen, waren Offiziere: der Graf de Navailles und der Herzog d'Enghien. Navailles schlief ein, während sie sich fürs Bett zurechtmachte. Daraufhin zog sie seine Uniform über und kroch zu ihm unter die Decke. Plötzlich schreckte Navailles aus dem Schlaf hoch ... Was dann folgte, ist nicht bekannt. Doch steht fest, daß Ninon danach nie wieder einen blondhaarigen Geliebten hatte. D'Enghien schaffte es, wach zu bleiben, doch trotz seines Ansehens als großartiger Krieger enttäuschte er auf dem Schlachtfeld der Liebe. Hinterher zitierte sie einen klassischen Grundsatz: «Ein behaarter Mann ist entweder leidenschaftlich oder stark.» Dann sah sie ihren verdutzten Liebhaber taxierend an und sagte: «Du mußt *sehr* stark sein.»

Auch der Graf de Sévigné schnitt schlecht ab. Ninon verführte ihn mit der Absicht, seine Geliebte – eine Schauspielerin, auf die Ninon eifersüchtig war – zu ärgern. Doch ihr Interesse an ihm blieb allein auf dieses Motiv beschränkt, denn der Graf erschien ihr als ein Mann, «den man unmöglich beschreiben kann ... eine Seele wie gekochtes Rindfleisch, ein Körper wie feuchtes Papier, ein Herz wie gehackter, mit Schnee vermischter Kürbis». Nachdem sie ihr Ziel erreicht hatte, ließ sie ihn schnell wieder fallen.

Eine Tragödie scheint sich zugetragen zu haben, als Ninon schon über sechzig war und sich vom Kurtisanenleben zurückgezogen hatte. Sie empfing noch einige junge Männer, Söhne guter Freunde, und lehrte sie die vornehmen Tugenden. Einer von ihnen, der Sohn des Monsieur de Gersay, verliebte sich in Ninon. Sie hatte den besten aller Gründe, ihn zurückzuweisen: Er war ihr eigener Sohn. Der Junge kannte seine wahre Herkunft nicht, da Ninon darauf bestanden hatte, daß Monsieur de Gersay ihr Geheimnis bewahrte. Sie bemühte sich, den jungen Mann von seiner Leidenschaft abzubringen, und wies auf ihr fortgeschrittenes Alter hin. Sie bezeichnete seine Liebe als «lächerlich» und schickte ihn fort. Wenig später rief sie ihn wieder zu sich, da sie beschlossen hatte, ihm die Wahrheit zu sagen. Doch bevor sie ein Wort sagen konnte, wiederholte er seine Liebesschwüre. Ninon wies ihn ärgerlich zurück: «Diese schreckliche Liebe muß aufhören. Ist Euch überhaupt bewußt, in welcher Beziehung Ihr zu mir steht?» Dann sagte sie es ihm. Bestürzt wiederholte er das Wort «Mutter», ging in Ninons Garten und stürzte sich in sein Schwert.

mjt

Prominenzensammlerin

Alma Mahler-Werfel
1879–11. Dezember 1964

Bedeutung: Als Komponistin klassischer Musik fand sie wenig Anerkennung; berühmt wurde sie durch ihre Beziehungen zu Prominenten. Ihre Bewunderer beschrieben sie als die «schönste Femme fatale» im Wien der Jahrhundertwende. Sie war dreimal verheiratet: mit dem Komponisten Gustav Mahler, dem bekannten Architekten Walter Gropius und dem österreichischen Schriftsteller Franz Werfel. Ihre gesamten Liebhaber aufzuzählen hieße, eine nahezu vollständige Liste der österreichischen Intellektuellen und Künstler um 1900 zu erstellen.

Lebensgeschichte: «Was ich an einem Mann wirklich liebte, war das, was er erreicht hatte», schreibt Alma Werfel in ihrer Autobiographie *«Mein Leben»* (1960). «Je größer die Leistung, desto stärker muß ich ihn lieben.» In ihren Beziehungen zu einigen der größten Musiker, Maler und Schriftsteller ihrer Zeit lebte sie nach diesem Motto.

Sie wurde als Tochter des Landschaftsmalers Emil J. Schindler in Wien geboren. Der Umgang mit den Dutzenden von Intellektuellen und Künstlern, die im Haus ihrer Eltern verkehrten, schärfte ihre Klugheit und Intelligenz. Sie erhielt bei einigen der bekanntesten Musiker und Komponisten Wiens eine formelle Ausbildung im Klavierspielen und in der Komposition. Als sie zum jungen

Mädchen herangewachsen und zu einer klassischen Schönheit mit hohen Backenknochen, sinnlichen Augen und einer vollen Figur erblüht war, machten ihr ihre Lehrer leidenschaftlich den Hof. Als sie siebzehn war, umwarb sie der siebenunddreißigjährige Künstler Gustav Klimt geradezu aufdringlich. Doch Alma hielt ihre Bewunderer auf Distanz; sie war der Ansicht, daß sie sich ihre «Unberührtheit bewahren» sollte. Im Alter von 21 Jahren änderte sie ihre Ansichten und begann ihrerseits, berühmten Künstlern nachzusteigen. Dreimal heiratete sie, und ihre Affären sind ohne Zahl. Anfangs fühlte sie sich zu genialen Vaterfiguren hingezogen, und sie heiratete Gustav Mahler, als sie 23 und er 41 Jahre alt war. Später vertauschte sie die Rollen und heiratete den Dichter und Novellisten Franz Werfel, der zwölf Jahre jünger war als sie.

Liebe: «Ein kleiner, widerlicher, zahnloser, ungewaschener Zwerg ohne Kinn» – so beschrieb Alma ihren Lehrer Alexander von Zemlinski. Dennoch vergötterte sie den Wiener Musiker und Komponisten: «Ich sehne mich so nach seinen Umarmungen. Ich werde nie vergessen können, wie seine Berührung mich in tiefster Seele aufgewühlt hat ... ich war in Ekstase ... ich wollte mich vor ihm hinknien und seine Oberschenkel küssen ... alles, alles küssen! Amen!»

Während ihrer Affäre mit Zemlinski lernte Alma auf einer Party Gustav Mahler kennen. Er war ein gutaussehender, sehr ernster Mann, der oft unter höchster nervlicher Anspannung stand. Er hatte sich bereits als Komponist romantischer Symphonien einen Namen gemacht. Alma war voller Ehrfurcht für das musikalische Genie Mahlers, und doch war sie im Zweifel, ob sie den Heiratsantrag, den er ihr schon bald machte, annehmen sollte. Ihrem Tagebuch vertraute sie an: «Liebe ich ihn wirklich? Ich habe keine Ahnung. Da ist so viel, was mich an ihm stört: Sein Geruch – seine Art zu singen – irgend etwas an seiner Sprechweise.» Schließlich gab sie ihm ihr Jawort: «Ich bin bis zum Rand von meiner Mission erfüllt, diesem Genie den Weg zu ebnen.»

Mahler gestand Alma, daß er noch keine sexuellen Erfahrungen mit einer Frau gemacht hätte und daß er Zweifel habe, ob er überhaupt imstande sei, die Ehe zu vollziehen. Sie kamen überein, Mahlers Zweifel in einer vorehelichen Generalprobe zu klären. Nachdem sie einige Male geprobt hatten, schrieb sie «Freude, übermäßige Freude» in ihr Tagebuch. Bald darauf litt sie an den «furchtbaren Qualen» der Schwangerschaft. In ihrer Hochzeitsnacht, wenige Monate später, erwies sich Mahler jedoch als impotent. Als diese Schwierigkeiten auch in der folgenden Zeit anhielten, schlug die frustrierte Alma ihm vor, er solle doch einmal ihren gemeinsamen Freund Sigmund Freud aufsuchen. Der Psychoanalytiker empfahl Mahler, seine Frau mit dem Namen seiner Mutter, Marie, zu rufen. Er hatte ihm diesen Rat gegeben, weil er festgestellt hatte, daß Mahler seine Mutter über alles verehrte. Anscheinend hat das funktioniert, das Paar bekam noch ein Kind, eine Tochter, die später Bildhauerin wurde.

Alma war jedoch in ihrer Ehe nicht zufrieden. Mahler hatte darauf bestanden, daß sie nach der Hochzeit ihre musikalische Karriere aufgebe: «Du hast von jetzt an nur noch *einen* Beruf: *Mich glücklich zu machen!*» Die Rolle der traditionellen Frau und Mutter war ihr verhaßt: «Ich fühle mich oft, als ob mir die Flügel gestutzt wurden. Gustav, warum hast du mich an dich gebunden, mich, einen glitzernden, hochfliegenden Vogel, wo du mit einem ruhigen, unscheinbaren besser dran wärst!»

Während ihrer Ehe flirtete Alma mit Mahlers Konkurrenten, dem Komponisten Hans Pfitzner. «Ich bekämpfe die sinnliche Erregung nicht, die seine Berührung hervorruft», gestand sie, «eine Erregung, die ich so lange entbehrt habe.»

1911, nach Mahlers Tod, machte ihr Dr. Joseph Fraenkel, der Arzt ihres verstorbenen Mannes, den Hof. Fraenkels Heiratsantrag lehnte sie ab, sie schrieb ihm: «Meine Losung ist: Amo – ergo sum [Ich liebe, also bin ich]. Ihre: Cogito – ergo sum [Ich denke, also bin ich].»

Als nächstes befaßte sich Alma mit dem österreichischen Maler und Bühnenautor Oskar Kokoschka. «Er sieht gut aus, aber sein rauhes Benehmen stört», berichtet Alma. Kokoschka hatte seine Laufbahn als Porträtmaler begonnen; berühmt wurde er durch seine ausgefallene Komposition und die Formenvielfalt in seinen Landschaftsbildern. Er bat sie, sie porträtieren zu dürfen. Alma schildert die Begegnung mit Kokoschka in ihrem Tagebuch: «Wir sprachen kaum ein Wort, und dennoch war er nicht fähig zu zeichnen. Wir standen auf. Plötzlich riß er mich stürmisch in seine Arme. Für mich war es eine seltsame, beinahe schockierende Umarmung.» Drei Jahre genoß sie diese Umarmungen, und sie nannte sie den «Liebeskampf»: «Nie zuvor hatte ich solche Spannung, diesen Himmel und diese Hölle gekostet.» Kokoschka wollte sie heiraten, aber als sie 1913 eine Abtreibung vornehmen ließ, bedeutete dies das Ende ihrer Beziehung.

1915 heiratete Alma den bekannten Architekten Walter Gropius, dessen Annäherungsversuche sie zurückgewiesen hatte, als sie noch mit Mahler verheiratet war. Ihre Ehe dauerte drei Jahre, und sie bekamen ein Kind. Während sie mit Gropius verheiratet war, erlag Alma dem Zauber der Dichtung Franz Werfels. Werfel war ein untersetzter Mann mit feurigen Augen und feinen Gesichtszügen. 1917 trat Alma in eine engere Beziehung zu ihm. «Es führte kein Weg daran vorbei, daß unsere Lippen sich fanden», schreibt Alma. «Ich bin von Sinnen. Werfel auch.» Über ihre erste sexuelle Begegnung berichtet er: «Ich habe sie nicht geschont. Im Morgengrauen ging ich in mein Zimmer zurück ... ihre klimaktische Kapitulation hat etwas Selbstmörderisches.» Während sie noch mit Gropius verheiratet war, bekam sie von Werfel ein Kind. Der Junge wurde 1918 geboren und starb nach einigen Monaten. Nach der Geburt von Almas Sohn stimmte Gropius einer Scheidung zu. Alma zog zu Werfel, und 1929 heirateten sie. Alma war fünfzig Jahre alt. In ihrer sechzehnjährigen Ehe blieb sie voller Leidenschaft. Einer ihrer Bewunderer, der Dramatiker Gerhart Hauptmann, sagte einst zu Alma: «Im nächsten Leben müssen wir beide ein Paar werden. Ich möchte jetzt schon meine Reservierung anmelden.» Seine Frau hatte diese Worte mitbekommen und sagte schnell: «Ich bin sicher, Alma ist da auch schon ausgebucht.»

rsf

Ihrer Zeit voraus

Maria Montessori
31. August 1870–6. Mai 1952

Bedeutung: Maria Montessori war eine Pionierin der vorschulischen Ausbildung. Als junge Frau unterrichtete sie geistig behinderte Kinder. Später entwickelte sie Prinzipien und Methoden der Erziehung, die noch heute auf der ganzen Welt in Montessori-Schulen Anwendung finden. Die von ihr ins Leben gerufene pädagogische Revolution breitete sich so schnell aus, daß sie vor dem Ersten Weltkrieg in den Vereinigten Staaten als «erzieherische Wundertäterin» bekannt wurde.

Lebensgeschichte: Maria Montessori glaubte an Taten, nicht an Worte, und sie wollte mit ihren Leistungen beweisen, was Frauen durch Arbeit erreichen können. Sie fing früh an; mit dreizehn rang sie ihrem verblüfften Vater die Erlaubnis ab, Ingenieurwissenschaften studieren zu dürfen. Als ihr in Rom von den zuständigen Behörden der Zugang zum Medizinstudium verwehrt wurde, schrieb sie einen Appell an den Papst Leo XIII., in dem sie ihn um Hilfe bat, durfte sich schließlich an der medizinischen Fakultät einschreiben und beendete ihr Studium summa cum laude und unter begeisterten Ovationen ihrer Kommilitonen. Ein Reporter, ausgeschickt, um die erste Ärztin Italiens zu interviewen, traf in der Erwartung bei ihr ein, eine strenge, knochige Xanthippe in Männerkleidung vorzufinden. Zu seiner freudigen Überraschung empfing ihn eine attraktive, charmante Frau, und ihm entgingen auch nicht die vielen Blumen, die Handarbeiten und die Notenblätter, die zwischen Reagenzgläsern und medizinischen Büchern in ihrer Wohnung herumstanden und -lagen. «Die Zartheit einer begabten jungen Frau, kombiniert mit der Kraft eines Mannes – ein Ideal, dem man nicht jeden Tag über den Weg läuft», schrieb der Reporter in seinem enthusiastischen Bericht. Maria wurde diese Art von Publicity schnell leid, und sie gelobte: «Mein Gesicht wird nicht mehr in der Zeitung erscheinen, und niemand soll sich wieder unterstehen, meinen sogenannten Charme zu bejubeln. Ich werde ernsthaft arbeiten.»

Ihr Spezialgebiet waren nervöse Störungen bei Kindern. Im Umgang mit ihren kleinen Patienten entwickelte sie eine scharfe Beobachtungsgabe. Sie entdeckte, daß zurückgebliebene Kinder immerhin intelligent genug waren, sich Spiele auszudenken, um gegen ihre Langeweile anzugehen. Maria gehörte zu den ersten, die zurückgebliebene Kinder unterrichteten. 1907 eröffnete sie in Rom die «Casa dei Bambini» (Haus der Kinder) für Kinder aus den Slums, um die sich niemand kümmerte. Ihre Erfolge waren so spektakulär (manche ihrer zurückgebliebenen Schüler erzielten ganz normale Prüfungsergebnisse), daß sie schließlich den Medizinerberuf ganz aufgab und sich der Ausbildung von Lehrern widmete. Darüber hinaus schrieb sie Aufsätze und hielt Vorträge über ihre pädagogischen Methoden. Sie fuhr mit dieser Arbeit fort, bis sie im Alter von 81 Jahren an einer Gehirnblutung starb.

Liebe: 1896 – sie war damals 26 Jahre alt – befaßte sich Maria mit Forschungsarbeiten an der psychiatrischen Klinik der Universität von Rom. Dort lernte sie den Assistenzarzt Giuseppe Montesano kennen. Ein Jahr darauf trat Maria dem Ärztestab der Klinik als Assistenzärztin bei und arbeitete in der Folgezeit mit Dr. Montesano zusammen. In dieser Zeit vertiefte sich Marias Freundschaft mit Montesano. Sie schliefen miteinander. Bald darauf wurde Maria schwanger. Am 31. März 1898 gebar sie einen unehelichen Sohn, den sie und Montesano Mario nannten.

Marias Mutter redete ihr ins Gewissen. Ein Skandal, meinte sie, könnte ihre Karriere ruinieren. Maria übergab ihren Sohn folgsam einer Amme. Später kam Mario zu einer Familie auf dem Land und wuchs dort auf, ohne das Geheimnis seiner Geburt zu erfahren. Nach langen Gesprächen waren Maria und Montesano übereingekommen, nicht zu heiraten, und sie hatten sich gegenseitig versprochen, auch mit niemand anderem eine Ehe einzugehen. Marias Liebhaber brach jedoch sein Wort und heiratete schon wenig später eine andere Frau. Zu dieser Zeit gehörten Maria und Montesano zum Direktorium der Staatlichen Orthophrenischen Schule von Rom (einer Institution für geistig behinderte Kinder).

Über das Verhalten ihres Partners entsetzt, trat Maria von ihrem Posten zurück und brach alle Beziehungen zu Montesano ab. Ihre erste Erfahrung mit der Liebe hatte tragisch geendet, und Maria Montessori öffnete nie wieder einem Mann ihr Herz.

Inzwischen war Marias Sohn sieben Jahre alt geworden und besuchte ein Internat in der Nähe von Florenz. Von Zeit zu Zeit erhielt der Junge Besuch von einer «wunderschönen Dame». Mario ahnte, daß diese Dame seine Mutter war. Maria hat jedoch Mario erst 54 Jahre später in ihrem Testament als ihr Kind anerkannt. Ein Jahr nach dem Tod von Marias Mutter trat Mario, der inzwischen fünfzehn Jahre alt war, Maria gegenüber und sagte: «Ich weiß, daß du meine Mutter bist.» Sie erhob keine Einwände, als er sie bat, sein Internat verlassen und mit ihr zusammenziehen zu dürfen, aber sie bestand darauf, daß er sie beim Vornamen nannte. Maria hielt ihr Versprechen, ihren früheren Liebhaber nicht bloßzustellen; gleichzeitig verleugnete sie damit gewissermaßen seine Existenz. Mario trat in die Fußstapfen seiner Mutter und machte die vorschulische Ausbildung zu seinem Beruf. Er blieb noch Marias ständiger Begleiter, als er selbst schon verheiratet war und vier Kinder hatte. Bis zum Tod seiner Mutter galt er als ihr Adoptivsohn, ihr Neffe oder ihr Sekretär.

Maria war viel zu intelligent und zu unabhängig, um sich in eine neue Affäre verwickeln zu lassen. Ihre Idealvorstellung war die «neue Frau», die «heiratet und Kinder bekommt, weil sie es will – und nicht, weil sie zu Ehe und Mutterschaft gezwungen wird». Nach ihrer Ansicht würde sich der moralische Wiederaufbau in einer zukünftigen Welt auf den «Kampf gegen die sexuellen Sünden» einer Gesellschaft konzentrieren müssen, in der die Frauen die Sklaven, die Männer «im barbarischen Sinne die Herren der sexuellen Beziehungen sind».

Trotz ihrer fortschrittlichen Ansichten war auch Maria Montessori den moralischen Restriktionen ihrer Zeit unterworfen. Zeigte sie bei einem Vortrag anatomische Abbildungen, entschuldigte sie sich vorher bei ihren Zuhörern. Sie konnte außerordentlich sittsam sein – auf der Treppe ließ sie ihre Studenten vorangehen, damit niemand unter die langen Röcke lugen konnte, die sie stets trug.

Rat: «Ich wünschte, alle Frauen würden eine Vorliebe für das wissenschaftliche Denken entwickeln. Es erstickt nicht die Stimme des Herzens, sondern verstärkt und unterstützt sie.»

dml

Traumtänzer

Waclaw Nijinski

12. März 1890–8. April 1950

Bedeutung: Während seiner kurzen ruhmreichen Karriere als Solotänzer des Kaiserlichen Russischen Balletts in St. Petersburg und in den «Ballets Russes» Sergej Diaghilews tanzte Nijinski die männliche Hauptrolle in Werken wie *«Le spectre de la rose», «Petruschka»,* und *«Le sacre du printemps»,* seinem Meisterstück. Er lehnte die konventionelle Form des klassischen Balletts ab. Bei seinen Auftritten vollführte er kunstvolle Sprünge, bei denen er in der Luft hängen zu bleiben schien. Mit seiner kühnen, von ihm geschaffenen Choreographie und seiner unglaublichen Körperbeherrschung und Ausdruckskraft setzte er in der Kunst des Balletts neue Maßstäbe.

Lebensgeschichte: Nijinski wurde in Kiew, der Hauptstadt der Ukraine, geboren; seine Eltern waren Tänzer. Er war ein zartes, linkisches Kind, schwerfällig und ohne Temperament. Zu tanzen begann er sehr früh, und schon als Dreijähriger ging er mit der Truppe seiner Eltern auf Tournee. Schon als Schüler hatte er eine solche Kunstfertigkeit erreicht, daß ihm keiner mehr das Wasser reichen konnte; einmal vollführte er zehn Entrechats – die Beine werden gekreuzt und sofort wieder gegrätscht – während eines einzigen Luftsprungs.

Als Nijinski neun Jahre alt war, verließ sein Vater die Familie, um mit seiner Geliebten zusammenzuleben, die ein Kind von ihm erwartete. Seine Mutter trieb ihn um so mehr an, sich im Tanzen hervorzutun, denn eine Ballett-Karriere bedeutete Geld und Prestige. Im Frühjahr 1907 legte er an der Kaiserlichen Ballettschule in St. Petersburg die Abschlußprüfung ab und erhielt kurz darauf ein Engagement als Solotänzer im Kaiserlichen Russischen Ballett.

1909 lernte er den Impresario Sergej Diaghilew kennen, mit dem er als Tänzer, später als Choreograph zusammenarbeitete. Seine Auftritte mit den «Ballets Russes» in Paris wurden zu einer Sensation. 1911 mußte er das Kaiserliche Ballett verlassen, weil er in unvollständigem Kostüm auf der Bühne erschienen war. Ihm wurde sofort ein festes Engagement bei den «Ballets Russes» angeboten. Dort schrieb und tanzte Nijinski seine legendären Rollen. 1912 rief sein *«L'après-midi d'un faune»* einen kleinen Skandal hervor: In der Schlußszene simulierte Nijinski eine Masturbation. Die Polizei verwarnte ihn: Wenn er diese Szene nicht umschriebe, müsse er damit rechnen, daß seine Aufführung verboten werde. Er weigerte sich, die Passage abzuändern. Die Polizei ließ ihn ungehindert weitertanzen.

1913 heiratete Nijinski die Gräfin Romola de Pulszki. Durch diese Heirat fühlte sich Diaghilew derart beleidigt, daß er seinen Tanzstar entließ. Daraufhin gründete Nijinski eine eigene Truppe und ging mit ihr auf Tournee. Er trat mit ihr in London und in den USA auf. Doch war Nijinski kein guter Geschäftsmann und machte nach einigen Monaten Bankrott.

Während des Ersten Weltkriegs wurde Nijinski unter der Anklage, für Rußland Spionage zu treiben, inhaftiert. Erst nach seiner Freilassung im Jahre 1916 konnte er seine Karriere fortführen. Er ging wieder auf Tournee, bis er 1919, mit 29 Jahren, einen Nervenzusammenbruch erlitt. Er gab das Tanzen auf. Schlaflosigkeit, Kopfschmerzen, Verfolgungswahn und Depressionen quälten ihn. Den größten Teil der dreißig Jahre bis zu seinem Tod (er starb 1950 an einem Nierenleiden) verbrachte er in einer Nervenklinik in der Schweiz.

Liebe: Nijinskis turbulentes Liebesleben hat erheblich zu seiner geistigen Erkrankung beigetragen. In der Liebe spielte er eine mehr passive Rolle – vielleicht brauchte er seine ganze Kraft für seine Bühnenauftritte. Der unerfahrene, schöne junge Tänzer ging 1908 eine intime Beziehung mit dem dreißig Jahre alten Prinzen Pavel Dmitriewitsch Lwow ein. Lwow, ein hochgewachsener, gutaussehender Mann mit strahlenden blauen Augen, fühlte sich augenblicklich zu Nijinski hingezogen. Mit dem Prinzen machte Nijinski seine ersten homosexuellen Erfahrungen. Lwow äußerte sich jedoch stark enttäuscht über den außerordentlich kleinen Penis des Tänzers. In einer Biographie heißt es: «Nijinski war an einer Stelle klein, wo Größe im allgemeinen bewundert wird.» Der Prinz neigte nicht dazu, seine Liebhaber an sich zu binden. Er vermittelte sogar Nijinskis erstes sexuelles Erlebnis mit einer Frau – einer Prostituierten. Diese Begegnung war für den Tänzer eine abstoßende, traumatische Erfahrung.

Lwow beschenkte Nijinski sehr großzügig und gewann so das Herz seines Geliebten. Nach einigen Monaten zog er sich jedoch zurück; er begann sich mit dem Tänzer zu langweilen. Der Prinz hatte ihn – wie er sagte – als «eines meiner Spielzeuge» betrachtet. Bevor sie auseinandergingen, stellte ihn Lwow jedoch Sergej Diaghilew vor, einem gebildeten Choreographen und Impresario, der die «Ballets Russes» gegründet hatte. Diaghilew war zwanzig Jahre älter als Nijinski. Er war ein «emanzipierter» Homosexueller, der seine Neigung nicht zu verstecken pflegte. Diaghilews erste – und letzte – sexuelle Erfahrung mit einer Frau (seiner achtzehn Jahre alten Cousine) hatte ihm eine Geschlechtskrankheit eingebracht. Die beiden Männer wurden Liebhaber. Nijinski hatte sich daran gewöhnt, «herumgereicht» zu werden, doch sein erster intimer Kontakt zu Diaghilew verwirrte ihn. «Ich zitterte wie Espenlaub», so Nijinski, «ich haßte ihn, aber ich spielte mit ...»

«Chinchilla», wie Diaghilew wegen der weißen Strähne in seinem schwarzgefärbten Haar genannt wurde, raubte seinem Liebhaber die Unabhängigkeit. Er durchforschte Nijinskis Privat- und Berufsleben und warnte ihn davor, jemals mit einer Frau zu schlafen – das wäre, behauptete er, seinem Tanzen abträglich. Diaghilews Beharrlichkeit und Überredungskunst wirkten so nachhaltig, daß Nijinski sogar einen eindeutigen Antrag Isadora Duncans zurückwies, die er 1909 in Wien kennenlernte. Sie hatte Nijinski vorgeschlagen, Vater ihres nächsten Kindes zu werden, aber er hatte abgelehnt.

Diaghilew drängte seinen Liebhaber wiederholt, einer «Ehe zu dritt» mit einem Jungen zuzustimmen, aber Nijinski fand schon den Liebesakt mit nur einem Menschen schwierig genug. Mit 23 hatte er das Empfinden, daß er langsam zu alt wurde, um Diaghilews «Junge» zu sein. Im September 1913, als die «Ballets Russes» nach Südamerika unterwegs waren, verlobte sich Nijinski auf dem Schiff «S. S. Avon» mit der koketten Romola de Pulszki. Sie war 23 und Tochter der ungarischen Schauspielerin Emilia Markus. Romola war Nijinski monatelang nachgelaufen. Sie hatte sogar Ballettunterricht genommen, um in seiner Nähe zu sein. Nach alter ungarischer Tradition ist der Austausch der Verlobungsringe Zeichen des gegenseitigen Einverständnisses zu vorehelichem Verkehr. Doch Nijinski weigerte sich, dieses Privileg in Anspruch zu nehmen. Erst nach ihrer Hochzeit am 10. September 1913 schlief er mit ihr.

Die Heirat überraschte und beleidigte Diaghilew, und aus Rache entließ er Nijinski. Briefe seines früheren Liebhabers beantwortete er nicht. Bald nach seiner Hochzeit verliebte sich eine weitere Verehrerin in Nijinski: die Herzogin von Durcal, eine faszinierende rothaarige Schönheit. Sie bot sich ihm als Geliebte an. Romola hatte nichts dagegen, und Nijinski hat mindestens einmal mit der Herzogin geschlafen. Später tat es ihm leid: «Ich bereue, was ich getan habe. Es war unfair von mir, denn ich habe sie nicht geliebt ...»

Als Nijinskis geistige Gesundheit nachzulassen begann, bezogen er und Romola getrennte Schlafzimmer. Manchmal schlüpfte er des Nachts aus dem Haus und lief durch die Straßen, auf der Suche nach Prostituierten – nur um zu reden. Dann ging er, von diesen Frauen sexuell erregt, nach Hause und onanierte in seinem Schlafzimmer, «um mich vor Geschlechtskrankheiten zu schützen».

1914 gebar Romola die erste Tochter, die zweite folgte 1920.

Wenige Jahre danach trat Diaghilew wieder in Nijinskis Leben. Romola stellte sich gegen Diaghilews Versöhnungsversuche. Schließlich verklagte sie ihn sogar und verlangte, er solle ihrem Mann 500000 Franc als Entschädigung für seine letzten Auftritte mit den «Ballets Russes» zahlen. Sie gewann zwar den Prozeß, doch Diaghilew zahlte keinen Pfennig. Statt dessen versuchte er ganz offen, Nijinski für sich zurückzugewinnen. Dieser war dem erbitterten Tauziehen um seine Zuneigung seelisch nicht gewachsen und fiel in geistige Umnachtung.

ak & kp

Liebling der Könige

La Belle Otero
4. November 1868–10. April 1965

Bedeutung: La Belle Otero (oder Caroline Otero), die oft als letzte große Kurtisane bezeichnet wurde, war der Künstlername von Augustina Otero Iglesias aus Valga, einem kleinen Dörfchen in Galizien. Offiziell verdiente sie ihr Geld als Tänzerin, Sängerin und Schauspielerin, doch in Wirklichkeit war sie «hauptberuflich» die Geliebte zahlreicher berühmter Persönlichkeiten. Im Laufe ihres Lebens gewann und verlor sie ungefähr 25 Millionen Dollar.

Lebensgeschichte: Die Otero wuchs ohne Vater als Tochter einer sehr armen Dorfhure auf. Niemand brachte ihr Lesen und Schreiben bei. Im Alter von elf Jahren wurde sie vom Schuster des Dorfes, der sie beim Tanzen beobachtet hatte und in Erregung geraten war, brutal vergewaltigt. Er brach ihr dabei das Becken, so daß sie später keine Kinder bekommen konnte. Im darauffolgenden Jahr verließ sie Valga und erreichte irgendwann Barcelona, wo sie, wie so viele junge Mädchen vor ihr, bald feststellte, daß sie sich nur mit Prostitution über Wasser halten konnte.

Mit vierzehn Jahren lernte sie den Katalanen Paco Colli, einen Tänzer, kennen. Er lehrte die Otero die Bühnenkünste – Tanz, Gesang und Schauspiel – und war zugleich ihr Zuhälter, denn die Otero mußte immer noch mit Männern schlafen, um für sich und Paco zu sorgen. Paco nahm sie 1889 mit auf eine Reise an die französische Riviera, wo er beschloß, sie zu heiraten. Sie wies seinen Antrag jedoch zurück und wurde statt dessen Varieté-Star und Kurtisane, bis sie sich 25 Jahre später zurückzog.

Zu ihren besten Zeiten war sie so berühmt wie die späteren Hollywood-Größen. Der Bericht über ihr amerikanisches Debüt am 1. Oktober 1890 in der *New York Tribune* war mit der Schlagzeile OTERO EROBERT NEW YORK überschrieben. Ein Kritiker der *New York Times* staunte: «Sie scheint mit ihrem ganzen Körper zu tanzen. Jeder Muskel, angefangen von ihren zierlichen Füßen bis hin zum Scheitel ihres prächtigen Haares, wird ins Spiel gebracht, und die daraus entstehenden Bewegungen sind wunderschön und manchmal verblüffend.» Und Acton Davies schrieb in der *New York Sun:* «Wir sahen die Otero singen und hörten sie tanzen.»

Sie war dem Glücksspiel verfallen und verband manchmal das Nützliche mit dem Angenehmen. Ein Angestellter des Casinos von Monte Carlo behauptete, daß die Otero, als ihr das Geld ausging, innerhalb von 24 Stunden mit elf Männern in einem nahe gelegenen Hotel ins Bett gegangen sei. Er fügte hinzu, daß sie sich während dieses Marathons nie länger als eine halbe Stunde von den Spieltischen entfernt habe. Sie verlor im Laufe ihres Lebens schätzungsweise 20 Millionen Dollar beim Spiel. Als man sie fragte, was sie – wäre sie keine Spielerin gewesen – mit dem Geld angefangen hätte, antwortete sie: «Vielleicht hätte ich eine Universität für Prostituierte gegründet. Stellt euch nur vor, welche Vielzahl von Kursen wir hätten anbieten können.»

Sexualität: Man sagte der Otero nach, daß sie Nymphomanin gewesen sei und sich eigentlich immer für die Vergewaltigung in ihrer Kindheit an den Männern habe rächen wollen. Auf jeden Fall war sie eine wunderschöne Frau, 1,87 Meter groß, mit den Körpermaßen 96-53-91. Ihr Gesicht war ebenmäßig oval, ihr Haar schwarz und seidig, ihre Zähne schneeweiß. Ihre Freundin, die französische Schriftstellerin Colette, erzählte, daß Oteros Brüste «seltsam geformt [waren] ... sie erinnerten an längliche Zitronen, fest und an den Spitzen aufgerichtet». In einer anonymen Quelle heißt es, daß Oteros Brüste «ihr immer eine Viertelstunde voraus waren». Der leicht ordinäre Zug ihrer Sprache verursachte ihren Gönnern einen angenehmen Kitzel; sie war stets darauf bedacht, daß sich ein Mann in ihrem Schlafzimmer wie ein König fühlte – egal, ob er ein König war oder nicht. In ihrer Blütezeit verlangte die Otero pro Nacht 10000 Dollar oder den entsprechenden Wert in Juwelen.

Sexpartner: Ihrer Autobiographie zufolge versammelten sich am 4. November 1898 eine Reihe von Männern, mit denen sie über Jahre einträgliche Beziehungen unterhalten hatte, um ihren Geburtstag zu feiern. Die Gästeliste war beeindruckend: unter anderem erschienen König Leopold II. von Belgien, Prinz Nikola von

Montenegro, Prinz Albert von Monaco, der russische Großfürst Nikolai und Albert, Prince of Wales, der spätere König Eduard VII. von England.

Mit Baron Lepic vergnügte die Otero sich in einem Heißluftballon, der sechzig Meter über der Aude in der Nähe der französischen Kleinstadt Provins schwebte. Die *New York World* berichtete am 15. Juni 1902, daß «die Gondel über eine Stunde lang hoch über dem Erdboden blieb». Sechzig Jahre später sagte die Otero, in wohlige Erinnerungen versunken: «Es war eine Erfahrung, die sich *jede* Frau gönnen sollte.»

Die Otero beschränkte sich nicht auf Fürsten. William K. Vanderbilt, der aus einer der berühmtesten (und reichsten) amerikanischen Familien stammte, schenkte der Otero eine Jacht und kaufte ihr Juwelen im Wert von 250000 Dollar, worunter sich auch das Perlenhalsband befand, das Napoleon III. der Kaiserin Eugénie als Zeichen seiner Liebe überreicht hatte.

Während ihrer fünfjährigen Verbindung mit Muzaffar-ed-Din, dem Schah von Persien, wurde die Otero geradezu überschüttet mit Juwelen. «Er war ein dreckiger, übelriechender alter Mann mit sehr seltsamen Wünschen», erinnerte sie sich. «Er besuchte mich jeden Nachmittag um zwei Uhr und ging um fünf. Zehn Minuten später stand jedesmal einer seiner Diener vor meiner Tür und überreichte meinem Dienstmädchen ein goldenes, mit Samt ausgeschlagenes Intarsienkästchen, in dem immer ein einzelner riesiger Edelstein lag. So gelangte ich nach und nach in den Besitz von Diamanten, Rubinen, Perlen, Jade und Smaragden – kostbare Edelsteine, von denen einige 25000 Franc wert waren.»

Ihr selbst habe der Sex nicht immer Freude gemacht, schrieb die Otero später, aber sie sei immer gastfreundlich gewesen. In den neunziger Jahren des vergangenen Jahrhunderts bekam Prinz Albert von Monaco schlechte Noten von ihr, weil er Mühe hatte, eine Erektion zu bekommen. Sie mußte ihre ganze Kunst aufwenden, um ihn in den erstrebten Zustand zu versetzen. Um ihn nicht zu verletzen, sagte sie ihm hinterher, daß er «großartig» gewesen sei – worauf er «wie ein Pfau durch das Zimmer stolzierte». Der dankbare Albert richtete ihr eine erlesene Wohnung ein und überreichte ihr Edelsteine im Wert von über 300000 Dollar. «Er war kein sehr viriler Mann, und ich glaube nicht, daß er für sein Geld den entsprechenden Gegenwert bekam», berichtete die Otero. «Aber solange es ihm nichts ausmachte, kümmerte es auch mich nicht, und es schien ihm Freude zu machen, sich mit mir sehen zu lassen.»

1894 zog Prinz Nikola von Montenegro (der der erste und letzte König seines Landes werden sollte) zur Otero in die Wohnung, die ihr Prinz Albert geschenkt hatte. Der große, schlanke Nikola war eben über fünfzig Jahre alt. Ihre Beziehung währte einige Jahre. Nachdem er der Otero ein «einfach himmlisches Diamantenarmband und mindestens fünf ... wunderschöne Uhren» als Präsente überreicht hatte, konnte er sie überreden, 1897 mit ihm nach Montenegro zu fahren. Später klagte die Otero: «Ich sah fast nichts während der ganzen Reise ... der Prinz hatte nur die Liebe im Kopf, und so tat ich ihm den Gefallen.»

Der zweiundsechzigjährige König Leopold II. von Belgien «war anfänglich nicht sehr freigebig, doch lehrte ich ihn, wie man mich beschenkt. Er war ein begabter Schüler.» Sie begegneten sich 1894 und trafen sich in den folgenden drei oder vier Jahren zu sporadischen Liebesabenteuern. Leopold «schenkte mir eine eigene kleine Villa an der See» bei Ostende, einem damals exklusiven Badeort.

Einer der reichsten Männer der Welt, der russische Zar Nikolaus II., hatte eine unreine Haut und badete selten – «er stank entsetzlich», erinnerte sich die Otero. Seitdem er sechs Jahre zuvor ein Attentat überlebt hatte, war er in ständiger Angst: «An unserer Schlafzimmertür stand immer ein halbes Dutzend riesiger, schwarzbärtiger, bewaffneter Wachposten, an jedem Fenster auch ein paar, und wenn ein Hinterausgang vorhanden war, postierte er dort ein halbes Regiment. Ich kam mir fast vor, als würde ich mich in einer Armeebaracke oder einer Stierkampfarena ausziehen. Stieß ich gegen einen Stuhl oder ließ ich gar ein Parfümfläschchen fallen, sprang Nick vor Angst schreiend aus dem Bett.» Aber die Otero «gewann ihn sehr lieb», obwohl er «die seltsamsten Ansichten über Sex» hatte.

Als sie im September 1897 nach Paris zurückkehrte, wartete Prinz Eduard von England schon auf sie. «Er war erstaunlich männlich und großzügig», schreibt sie in ihrer Autobiographie. Eines Abends mußte er sie versetzen, weil Lillie Langtry, die zu jener Zeit die offizielle Mätresse des Prinzen war, plötzlich in London auftauchte, wo die Otero und Eduard sich aufhielten.

Der ägyptische Vizekönig sah sie bei einem ihrer Auftritte, lud sie zu sich ein und schenkte ihr nach drei leidenschaftlichen Tagen in seinem Palast einen zehnkarätigen Diamantring mit einer Fassung aus zwölf Perlen im Wert von einer halben Million Franc.

Während sie sich 1905 in Monte Carlo aufhielt, führte die Otero den neunzehnjährigen unerfahrenen König Alfons XIII. von Spanien in die Kunst der Liebe ein. «Er war anfangs sehr mißtrauisch», erinnerte sie sich, «aber ich zeigte ihm, wie man sich entspannt.» 1913 richtete ihr der mittlerweile 27 Jahre alte König eine Wohnung in Madrid ein. Dies sollte das letzte Mal sein, daß die vierundvierzigjährige Otero auf Kosten eines königlichen Liebhabers lebte.

Mit vierzig lernte die Otero Aristide Briand kennen, der später einer der größten Staatsmänner Frankreichs wurde und 1926 den Friedensnobelpreis erhielt. Die Otero muß die in ihm verborgene Größe geahnt haben, denn sein Aussehen ließ nicht auf eine große Zukunft schließen: «Er war ... abscheulich häßlich. Er war fett. Er zog sich schlampig an – häufig konnte man die Reste eines Omeletts auf seiner Weste finden, seine Fingernägel waren schwarz, aber er besaß eine Ausstrahlung, die ich bei keinem anderen erlebt habe.» Er konnte sich nur «hin und wieder einen billigen Edelstein oder Blumen» leisten, berichtet sie weiter. «In einer Nacht ... liebte er mich achtmal. Und er war damals fünfzig Jahre alt.» Ihre Freundschaft dauerte zehn Jahre.

Als La Belle Otero sich 1914 vom Kurtisanenleben zurückzog, hatte sie ein beträchtliches Vermögen angehäuft, und eine Zeitlang flossen ihr, manchmal von unbekannten Gönnern, auch weiterhin Gelder zu. 1935, im Alter von 66 Jahren, galt sie noch immer als attraktiv, doch allmählich zeigten sich auch an ihr die Spuren des Alters, und ihr Geld versickerte in den Casinos. Sie war allein, als sie, 97 Jahre alt, an einem Herzanfall in Nizza starb. Sie hat jedoch nichts in ihrem Leben bereut.

Gedanken: «Ich war Sklavin meiner Leidenschaften, aber nie Sklavin eines Mannes.»

alg & ls

Ein Ehebrecher führt Tagebuch

Samuel Pepys
23. Februar 1633–26. Mai 1703

Bedeutung: Als Erster Sekretär der englischen Admiralität verdoppelte Pepys die Größe der englischen Kriegsmarine und steigerte ihre Effektivität beträchtlich. Er begründete eine Tradition der Ordnung und der Disziplin, auf Grund deren es den Engländern in den folgenden Jahrhunderten gelang, die Meere zu beherrschen. Unsterblich wurde Samuel Pepys jedoch durch sein Tagebuch von 1250000 Wörtern, das er von 1660 bis 1669 geführt hat. Darin beschrieb er in lebendigen Farben die schwarze Pest und das Große Feuer von London.

Lebensgeschichte: Pepys stammte aus armen Verhältnissen – und doch gelang es dem fleißigen, intelligenten Mann, unter König Jakob II. zu einem der mächtigsten Männer Englands aufzusteigen.

Als er Elizabeth Marchant de Saint-Michel, ein schönes fünfzehnjähriges Mädchen, heiratete, war er als Faktotum bei seinem Vetter, dem Admiral Edward Montague (dem späteren Earl of Sandwich), angestellt. Nachdem er einige Jahre lang als Buchhalter und Sekretär gearbeitet hatte, begann sein Aufstieg in der Marineverwaltung. Er wurde der Vertraute der Könige Karl II. und Jakob II. 1678 machte sich Pepys durch seinen Kampf gegen die Korruption viele Feinde. Einige von ihnen nutzten ihre Machtposition und zettelten eine Intrige gegen den lästigen Reformer an. Er wurde schließlich des Verrats und einer papstfreundlichen Einstellung angeklagt und mußte eine Haftstrafe im Tower von London verbüßen. Er überstand diese Versuche, ihn unschädlich zu machen, und unter der Regierung Jakobs II. war er für ein Budget verantwortlich, dessen Höhe die finanziellen Mittel jedes anderen Ressorts übertraf.

Sein Tagebuch, das er vom sechsundzwanzigsten bis zu seinem sechsunddreißigsten Lebensjahr führte, zeichnet sich nicht nur durch packende Beschreibungen großer historischer Ereignisse aus, sondern auch durch die Selbstoffenbarung eines höchst menschlichen Menschen. Der Leser leidet mit Pepys, wenn er von Eifersuchtsanfällen und Verdauungsstörungen geplagt wird, wenn ihm vor Stolz über den Erwerb einer neuen Taschenuhr oder einer neuen Perücke die Brust schwillt oder wenn er mit seinem kaum noch zu bezähmenden Geschlechtstrieb ringt. Er hielt sein Tagebuch unter Verschluß, und als zusätzliche Vorsichtsmaßnahme führte er es in einer Kurzschrift, die er eigens zu diesem Zweck entwickelte. Bestimmte Passagen – vor allem die Notizen über seine Liebesaffären – tarnte er zusätzlich, indem er spanische, französische, holländische, griechische, italienische oder lateinische Ausdrücke benutzte. Zum Beispiel berichtet Pepys über den 6. August 1665: «Ließ mich von meiner kleinen Magd kämmen, der ich gestand, daß ich sie sehr schätze und meine *mains in su dos choses de son* Brust tun möchte. Ich muß es lassen, falls ich nicht *alguno major inconvenience* erleben will.»

Das Tagebuch erschien erstmalig 1825, aber selbst in der zehnbändigen Ausgabe von 1893 bis 1899 fehlen noch neunzig Passagen, in denen Pepys zu detailliert über Sex und Fäkalien berichtet. Erst 1970 wurden diese Abschnitte veröffentlicht, über dreihundert Jahre nach ihrer Niederschrift.

Sexualität: Samuel Pepys war vier Jahre verheiratet, als er sein Tagebuch zu schreiben begann. Die junge Frau Pepys – so kleinkariert und unangenehm sie dem Leser auch manchmal vorkommt – hatte selbst beträchtlich unter den kleinlichen Schikanen ihres Mannes zu leiden. Am 19. Dezember 1661 nannte Pepys sie eine «Hure», weil an ihrer Kleidung ein paar Bänder nicht zueinander paßten. Am 9. Januar 1663 zerriß er alle Briefe, die er ihr einst geschrieben hatte. Am 5. April 1664 wurde er so wütend auf sie, daß er sie an der Nase zog, und am 9. Dezember 1665 schlug er ihr ein blaues Auge. Am 12. Juli 1667 zog er sie wieder an der Nase. Jedoch plagten ihn nach diesen Wutausbrüchen stets heftige Schuldgefühle. Am 23. Oktober 1662 – er hat gerade mit ihr geschlafen – bezeichnet Pepys sich und Elizabeth als «ein sehr glückliches Paar».

Doch 1663 sollten sich ihre Beziehungen ändern. Elizabeth beklagte sich beharrlich darüber, daß ihr Mann sie immer zu Hause ließ und ihr die Vergnügungen Londons vorenthielt. Schließlich gab Pepys nach und erlaubte ihr, bei einem verheirateten Tanzlehrer namens Pembleton Tanzstunden zu nehmen. Schon nach kurzer Zeit glühte Pepys vor Eifersucht. Am 15. Mai prüfte er, ob seine Frau auch einen Schlüpfer unter ihrem Kleid trug. Am 24. Mai beobachtete er, wie ihr Pembleton in der Kirche schmachtende Blicke zuwarf. Zwei Tage darauf eilte er schon am Nachmittag nach Hause. Er fand seine Frau und Pembleton allein vor. Er schlich nach oben, um zu sehen, ob die Betten benutzt waren (sie waren es nicht). Zur selben Zeit wurde auch Elizabeth eifersüchtig, weil Pepys und ihr Hausmädchen Ashwell sich immer näherkamen. Mitte Juni löste Pepys das Problem, indem er seine Frau und Ashwell für zwei Monate aufs Land schickte.

Schon vorher hatte sich Pepys ein paar Seitensprünge gestattet, aber es war nie etwas Ernstes gewesen. Zum Beispiel hatte er es am 6. Februar 1660 mit Fräulein Ann «einmal so richtig probiert». «Ich habe sie aufgerüttelt», schreibt er. Und am 12. August desselben Jahres berichtet er über eine Begegnung mit der Verkäuferin Betty Lane: «Ich war so frei, mit ihr herumzuschäkern, und sie war nicht abgeneigt.»

Als sich aber seine Frau 1663 auf dem Land aufhielt, traf er Betty Lane wieder, und ihre Affäre trat in eine neue Phase ein: «Ich konnte mit ihr anstellen, was ich wollte. Ich schäme mich jetzt sehr darüber, und ich bin entschlossen, es nicht wieder zu tun.» Doch am 24. September – seine Frau war bereits wieder in London – ging er erneut zu Betty Lane: «Ich tat mit ihr, was ich wollte, jedoch nicht die Hauptsache.» Wieder fühlte er sich schuldig, und er beschloß, «nie wieder etwas dergleichen zu tun».

Am 16. Januar 1664 tat er mit Betty Lane wieder, was er wollte, und schrieb: «Ich hoffe, es war das letzte Mal in meinem Leben.» Doch weit gefehlt! Als seine Frau wieder auf dem Lande war, erfuhr er, daß Betty Lane geheiratet hatte und jetzt Mrs. Martin hieß. Wie reagierte Pepys? «Ich muß mich bald einmal mit ihr treffen, um festzustellen, wie ihr die Ehe gefällt.» Drei Tage später – «ich war in einer sorglosen und leichtsinnigen Stimmung» – traf er sie. Die Ehe gefiel ihr so wenig, daß sie ihn gleich zweimal innerhalb einer Stunde «ranließ».

Jetzt war Pepys soweit, sein Betätigungsfeld zu vergrößern. Er fühlte sich zu «Bagwells Frau» – wer immer das auch gewesen sein mag – hingezogen und umwarb sie ein Jahr lang, erst vorsichtig, dann immer stürmischer. Am 15. November 1664 war er dann soweit. Stolz verzeichnet er in seinem Tagebuch: «... nach vielerlei Protesten bin ich zu meinem großen Vergnügen dort angelangt, wohin ich wollte.» Und einen Monat später (es war derselbe Tag, an dem er seiner Frau ein blaues Auge geschlagen hatte) berichtet er: «Ich wollte es, und ich nahm sie gegen ihren Willen.» Schließlich brach Mrs. Bagwells Widerstand völlig zusammen, doch geschah das erst nach einem heftigen Kampf, bei dem er sie am linken Zeigefinger verletzte. Dieser Vorfall ereignete sich am 20. Februar 1665.

In den folgenden drei Jahren küßte Pepys viele Frauen. Die meisten stammten aus den unteren Schichten. Jedoch hat er nur mit einer Handvoll von ihnen «getan, was er wollte», darunter mit Doll Lane, Bettys Schwester, mit der er erstmalig 1666 zusammenkam, als Betty ein Kind erwartete. Am 21. Oktober tat er mit ihr, was er wollte: «Ich wäre zu allem fähig gewesen.»

Während dieser ganzen Zeit wußte Elizabeth Pepys nicht, daß ihr Mann sie betrog, aber sie war auf seine Bekanntschaft mit bestimmten Frauen eifersüchtig und ärgerte sich über die Gerüchte, die über ihn im Umlauf waren und die er selbst in ihrer Anwesenheit fröhlich zu verbreiten half. Aber im Oktober 1668 platzte die Bombe – und das zu allem Unglück noch wegen der Beziehung zu einem Mädchen, mit der er nie getan hatte, was er wollte. Deborah Willet nahm am 30. September 1667 ihre Arbeit bei dem Ehepaar Pepys auf. Sie war ein hübsches junges Mädchen, eine unschuldige Jungfrau, deren Brüste gerade erst zu sprießen begonnen hatten. Am 22. Dezember hatte Pepys sie zum erstenmal geküßt, und im darauffolgenden August berührte er sie «mit großem Vergnügen». Dann kam der 25. Oktober 1668: «... und nach dem Abendessen kämmte Deb mein Haar, was mir noch den größten Kummer meines Lebens bereiten sollte, denn plötzlich kam meine Frau herein und fand mich in enger Umarmung mit dem Mädchen, mit einer Hand unter ihrem Rock; ich hatte meine Hand in ihrer Muschi. Ich war ganz versunken, und das Mädchen auch ...» Pepys wußte nicht, wieviel seine Frau gesehen hatte, und er gab nichts zu, aber an diesem Abend regte sich Elizabeth so auf, daß sie zum erstenmal zugab, Katholikin zu sein.

Zwei Wochen lang herrschte bei den Pepys eine äußerst gespannte Atmosphäre. Elizabeth überwachte jeden Schritt ihres Mannes. Am 9. November gelang es ihm, Deborah eine Nachricht zukommen zu lassen. Er teilte ihr mit, daß er abgestritten hätte, sie jemals geküßt zu haben, und er riet ihr, es ihm gleichzutun. Doch am Tag darauf, als Pepys zum Mittagessen nach Hause kam, fand er seine Frau «wieder mächtig erregt vor, schlimmer als je zuvor, und sie erzählte mir, sie hätte das Mädchen verhört, das Mädchen hätte alles zugegeben, sogar, was meine Hände getan hätten ...» Natürlich war Elizabeth sehr erregt über die Untreue und die Lügen ihres Mannes. Sie zwang Pepys, Deborah Willet zu entlassen. Am Vorabend ihrer Abreise gestand er in seinem Tagebuch: «... die Wahrheit ist, daß ich dieses junge Mädchen liebend gern entjungfert hätte, was mir zweifellos geglückt wäre, hätte ich nur die Zeit mit ihr gehabt – aber sie wird fortgehen, und ich weiß nicht, wohin.» Am folgenden Tag notiert er aber auch, daß er mit seiner Frau geschlafen hat: «Nach diesem Umfall öfter als in den vorausgegangenen zwölf Monaten, und ich glaube, sie hatte mehr Freude daran als je zuvor in unserer Ehe.»

Nach einer Woche hatte Pepys Deborah Willet aufgespürt. Wieder hatte er sie geküßt. Elizabeth kam den beiden jedoch sofort auf die Schliche und verlangte von Pepys, er solle einen Brief an Deborah schreiben, sie darin als Hure bezeichnen und ihr mitteilen, daß er sie hasse. Pepys ging auf ihre Forderung ein – sein alter Freund Will Hewer hatte Elizabeth mit heiliger Miene geschworen, den Brief zu überbringen, und ihm heimlich zu verstehen gegeben, daß Deborah die beleidigenden Zeilen nie zu Gesicht bekommen würde.

Später geriet Samuels und Elizabeths Leben wieder in ruhige Bahnen. Doch schon am 9. April 1669 hielt es Pepys nicht mehr aus, besuchte Mrs. Martin und tat, was er wollte, und er tat es auch mit ihrer Schwester Doll, die inzwischen geheiratet hatte und Mrs. Powell hieß. Am 15. April traf er sich sogar mit Deborah in einer Bierschenke. Er küßte sie und streichelte ihre Brüste. Sechs Wochen später mußte Pepys sein Tagebuch aufgeben, da er blind zu werden drohte. Am 10. November starb Elizabeth nach einem Fieberanfall im Alter von 29 Jahren. Kurz nach ihrem Tod machte sich Pepys an eine gescheite junge Dame namens Mary Skinner heran. Zwanzig Jahre später zog sie zu ihm und pflegte und tröstete ihn in seinen alten Tagen. Pepys hat nie wieder geheiratet, was wohl keinen überraschte. Er zog es vor, die restlichen Jahre seines Lebens zu tun, was er wollte.

Gedanken: 25. Dezember 1665: «Bin am Morgen in die Kirche gegangen und sah dort eine Hochzeit ... und die jungen Leute sind miteinander so glücklich, und wie seltsam ist es, daß es uns Verheiratete entzückt, mit anzusehen, wie diese Narren in unsere Lage gelockt werden, und jedermann blickt auf sie und lächelt.»

dw

Anhang

Mitarbeiter

Redaktionsleitung:	Carol Orsag
Koordination:	Vicki Scott
Redaktionsbeirat:	Elizebethe Kempthorne
Recherchen:	Helen Ginsburg
	Loreen Leo
	Anita Taylor
	Linda Schallan
	Torene Svitil
	Claudia Peirce
Unter Mitarbeit von:	Diane Brown Shepard
	Kristine H. Johnson
	Karen Pedersen
	Sue Ann Power
Redaktionsassistenz:	Linda Laucella
	Lee Clayton
	Joanne Maloney
	Patricia Begalla
Auslandsrecherchen:	Dr. Primo Povolato (Italien)
	Dr. L. Alonso Tejada (Spanien)
Schlußredaktion:	Wayne Lawson

Die Autoren der Beiträge

ae	Ann Elwood	*co*	Carol Orsag
ak	Aaron Kass	*dml*	Deci M. Lowry
alg	Alan L. Gansberg	*dr*	Dan Riley
asm	Anthony S. Maulucci	*dw*	David Wallechinsky
aw	Amy Wallace	*ek*	Elizebethe Kempthorne
bb	Barbara Bedway	*ez*	Ernest Zebrowski
bc	Barnaby Conrad	*fc*	Flora Chavez
bj	Burr Jerger	*gam*	Greg A. Mitchell
cd	Carol Dunlap	*hb*	Harvey Brenner
chs	Charles H. Salzberg	*hg*	Die Herausgeber
clw	Craig L. Wittler	*iw*	Irving Wallace

jam	Joshua A. Martin	*ncs*	Nancy C. Sorel
je	John Eastman	*par*	Patricia A. Ryan
jh	Jannika Hurwitt	*rgp*	Roberta G. Peters
jm	Josef Marc	*rjf*	Rodger J. Fadness
jmbe	John M. B. Edwards	*rjr*	R. John Rapsys
jmm	John M. Moran	*rkr*	R. Kent Rasmussen
jv	Jürgen Voigt	*rm*	Robert McGarvey
jz	John Zebrowski	*rsf*	Robert S. Fenster
kp	Karen Pedersen	*rws*	Roy W. Sorrels
lab	Laurie A. Brannen	*sb*	Skip Baumgarten
lks	Laurie K. Strand	*slw*	Sandra L. Weiss
ll	Loreen Leo	*sw*	Sylvia Wallace
ls	Linda Schallan	*tc*	Tim Conaway
mbt	Marguerite B. Thompson	*vs*	Vicki Scott
mjt	Michael J. Toohey	*wad*	William A. DeGregorio
ms	Michael Sheeter	*wah*	William A. Henkin
mw	Mark Wheeler	*wk*	Walter Kempthorne
		wl	William Lawren

Die Übersetzer

Gustav Kilpper: Alexander II., Eduard VII., Friedrich der Große, Gustave Flaubert, Mahatma Gandhi, Paul Gauguin, Francisco de Goya, Heinrich VIII., Katharina II., John F. Kennedy, Kleopatra, Wladimir I. Lenin, Leonardo da Vinci, Ludwig XIV., Ludwig XV., Mao Tse-tung, Messalina, Napoleon Bonaparte, Nero, Pablo Picasso, Peter Paul Rubens, Henri de Toulouse-Lautrec

Fritz Lahmann: Josephine Baker, Isadora Duncan, Albert Einstein, Sigmund Freud, Emma Goldman, Carl Gustav Jung, Alma Mahler-Werfel, Karl Marx, Maria Montessori, Waclaw Nijinski, Samuel Pepys, Jean-Jacques Rousseau, Jean-Paul Sartre, Arthur Schopenhauer

Brigitte Westermeier: Alexander VI., Hans Christian Andersen, Honoré de Balzac, Sarah Bernhardt, Lewis Carroll, Charlie Chaplin, Colette, James Dean, Fjodor M. Dostojewski, Alexandre Dumas d. Ä., Eleonora Duse, Francis Scott Fitzgerald, Clark Gable, Johann Wolfgang von Goethe, Henrik Ibsen, Charles Laughton, Martin Luther, Guy de Maupassant, Grigori J. Rasputin, Marquis de Sade, George Sand, Paul Tillich, Leo N. Tolstoi, Émile Zola

Gitta Joost: Alfred Adler, Ludwig van Beethoven, Johannes

Brahms, Lord Byron, Maria Callas, Enrico Caruso, Casanova, Gräfin di Castiglione, Frédéric Chopin, Claude Debussy, André Gide, Jean Harlow, Frank Harris, Joseph Haydn, Heinrich Heine, Ernest Hemingway, Jimi Hendrix, Janis Joplin, James Joyce, Franz Kafka, Immanuel Kant, David Herbert Lawrence, Ninon de Lenclos, Franz Liszt, Jack London, Thomas Mann, Mata Hari, William Somerset Maugham, Henry Miller, Yukio Mishima, Marilyn Monroe, Lola Montez, Wolfgang Amadeus Mozart, «La Belle Otero», Niccolò Paganini, Édith Piaf, Elvis Presley, Marcel Proust, Rainer Maria Rilke, Gertrude Stein, Peter I. Tschaikowski, Mark Twain, Paul Verlaine, Richard Wagner, Mae West, Oscar Wilde, Virginia Woolf

Die Beiträge über August den Starken, Heinrich von Kleist, Franziska Gräfin zu Reventlow und Robert Schumann schrieb Jürgen Voigt für diese Ausgabe.

Namenregister

Abatino, Graf «Pepito» 397 f
Acte 289
Adams, Florence s. Harris, Florence
Adler, Alexandra 326
Adler, Alfred 323 ff, 330
Adler, Dr. 389
Adler, Kurt 326
Adler, Nelly 326
Adler, Raissa 325 f
Adler, Valentine 326
Agostinelli, Alfred 153 f
d'Agoult, Blandine 241
d'Agoult, Cosima s. Wagner, Cosima
d'Agoult, Marie 223
Agrippina 280, 288 f
Ahenobarbus, Gnäus Domitius 288
Alba, Herzogin von 39 ff
Albert-Lasard, Lou 162
Albert, Prinz von Monaco 425
d'Albrantès, Laure 62
Alden, Ginger 204
Aldington, Richard 133
Alexander II. 243 ff
Alexander VI. 309 ff
Alexander der Große 269
Alexandra 316, 318
Alexis 316
Alfons XIII. 15, 426
Algren, Nelson 351
Allégret, Marc 117
Andersen, Hans Christian 57 ff
Andersen, Hildur 82 f
Anderson, Sherwood 164
Andò, Flavio 26
Andreas-Salomé, Lou 161
Andress, Ursula 24
Anet, Claude 346 f
Angeli, Pier 23 f
Anna Constanze von Brockdorf s. Cosel, Gräfin
«Anna, die Javanerin» 37
Anna-Sophia 246
Anna von Cleve 264
Anna von Sachsen 50
Anne von Österreich 412
d'Annunzio, Gabriele 26 f
Appius Silanus 280
Applegarth, Mabel 135
Armand, Inès 303
Arnim, Bettina von 210
Artôt, Désirée 236
Arvad, Inga 298
Ashe, Bruce 33
Ashley, Sylvia s. Gable, Sylvia
Ashwell 429
Asiaticus, Decimus Valerius 281
Asquith, Cynthia 133
Athman 119
August II. s. August der Starke
August der Starke 246 ff
Aurora, Gräfin von Königsmark 249 f
Axinja 101
Aznavour, Charles 198

Bailey, Ruth 337 f
Baker, Josephine 395 ff
Balcombe, Florrie 176
Balzac, Honoré de 60 ff
Bardac, Emma s. Debussy, Emma
Bardach, Emilie 82 f
Barnacle, Nora s. Joyce, Nora
Barnardo-Wellcome, Syrie s. Maugham, Syrie
Barney, Natalie 111
Barras, Graf Paul 284
Barry, Joan 19 f
Barucci, Giulia 254
Bauer, Emma 90
Bauer, Felice 128 f
Bayen, Francisco 39
Bayen, Josefa 39
Beardsley, Aubrey 178
Beauharnais, Joséphine de 284 ff
Beaulieu, Priscilla s. Presley, Priscilla
Beauvoir, Roger de 68
Beauvoir, Simone de 350 ff
Beauvoisin, Mademoiselle 94
Beethoven, Johann van 209
Beethoven, Johanna van 210
Beethoven, Karl van 210
Beethoven, Kaspar Karl van 210

Beethoven, Ludwig van 207 ff
Beethoven, Therese van 209
Behrs, Sophia Andrejwna 99 f
Bekjeschowa, Dunia 317 f
Belbœf, Missy de 111
Belgiojoso, Christina Princesse de 79, 223
Bello, Marino 369 f, 372
Benjamin, Dorothy s. Caruso, Dorothy
Beregi, Oscar 404
Berkman, Alexander 406 ff
Berle, Milton 382
Bern, Paul 370 f
Bernays, Martha s. Freud, Martha
Bernays, Minna 331 f
Bernhardt Sarah 13 ff, 176, 254
Bernis, François Joachim de Pierres, Kardinal 364
Berny, Laure-Louise-Antoinette de 62 f
Berton, Pierre 15
Bey, Nimet Eloui 162
Biancchi, Antonia 229
Bloch, Grete 129 f
Blount, Elizabeth 262
Böttger, Johann Friedrich 248
Bogart, Humphrey 21
Boito, Arrigo 26
Boleyn, Anna 262 f
Boleyn, Maria 262
Bonaparte Baciocchi, Elise 228 f
Bonaparte, Prinzessin Marie 330
Bookstaver, May 164
Bora, Katharina von 314 f
Borelly, Marietta 94
Borgia, Alonso de s. Calixtus III.
Borgia, Cesare de 42, 310
Borgia Giovanni de 311
Borgia, Lucrezia de 310
Borgia, Rodrigo de s. Alexander VI.
Bosquet, Amélie 74
Boswell, James 347
Boudin, Philomène 175
Bouilhet, Louis 72 f
Bouillon, Jo 398
Bourbon, Herzog von 276
Bourges, Michel de 97
Bouvier, Jacqueline s. Kennedy, Jackie
Brackett, Rogers 23
Brady, Edward 408 f
Bragadino, Matteo 362, 364
Brahms, Johannes 211 ff
Brainne, Léonie 74
Brando, Marlon 382
Brant, Isabella s. Rubens, Isabella
Braque, Georges 45, 164
Brentano, Bettina s. Arnim, Bettina von
Breuer, Josef 330
Breugnol, Louise 63
Briano, Aristide 426 f
Brion, Friederike 76
Britannicus 280
Brod, Max 127 ff
Brooke, Daisy 254 f
Brooks, Ellingham 141
Bruce, Gräfin 269
Brunsvik, Josephine von 209
Brunsvik, Therese von 209 f
Bülow, Cosima von s. Wagner, Cosima
Bülow, Hans von 241
Buff, Charlotte 75 f
Burchard, Johannes 311
Burrows, Louie 131 f
Burrus 289
Buschini, Francesca 366
Byron, Allegra 360
Byron, Anabella Noel 359 f
Byron, Augusta Ada 360
Byron, George Gordon Lord 354, 357 ff

Cäsar, Julius 271
Cäsarion 271
Cafiero, Martino 25 f
Caligula 288
Calixtus III. 309
Callas, Evangelia 185 f
Callas, Georges 185
Callas, Jackie 185
Callas, Maria 185 ff
Cambon, Jules 378
Capellen, Édouard Willem van der 379
Caprotti, Gian Giacomo 44
Carpenter, Harlean s. Harlow, Jean
Carroll, Lewis 107 ff

Carus, Agnes 232
Caruso, Dorothy 189
Caruso, Enrico 188 ff
Casanova, Giacomo 361 ff
Casanova, Zanetta 362
Castiglione, Francesco Verasis di 400
Castiglione, George di 400
Castiglione, Gräfin di 398 ff
Castries, Henriette-Marie Marquise 62
Cattanei, Vannozza dei 311
Cavanna, Angelina 229
Cavour, Camillo Benso di 399
Cazals, F. A. 175
Cerdan, Marcel 199
Chambers, Jessie 131 f
Chandler, Chas 192
Chaney, W. H. 134
Chang Keng 306
Chantepie, Leroyer de 73
Chaplin, Charles 16
Chaplin, Charles Spencer (Charlie) 16 ff
Chaplin, Hannah 16
Chaplin, Lita 18 f
Chaplin, Mildred 18
Chaplin, Oona 20
Charlet, Marie 53
Chataway, Gertrude 108
Châteaubriand, Vicomte de 69
Châteauroux, Madame de 277
Checchi, Tebaldo 26
Chevalier, Ernest 72
Chevalier, Maurice 198
Chiang, Ch'ing 306 f
Chopin, Frédéric 97 f, 214 ff, 388
Chouteau, Pauline 145
Christian IX. 15
Christiane Eberhardine von Bayreuth 247
Churchill, Lady 186
Churchill, Winston 186
Clairmont, Claire 360
Clary, Eugénie Désirée 284
Claudius 279 ff, 288 f
Clayton, Emily s. Harris, Emily
Clemens, Olivia 167 f
Clemens, Samuel Langhorn s. Twain, Mark
Clifden, Nellie 253
Clunet, Maître 378
Cogni, Margherita 360 f
Cohn, Harry 382
Coit, Margaret Louise 301
Colette 109 ff, 424
Colette, Mademoiselle 94
Coligny, Gaspard de 412
Colli, Paco 423
Collier, Henriette 73
Collin, Edvard 60
Collin, Jonas 58 f
Collin, Louise 59
Colombier, Marie 16
Colton, James 410
Conrad, Barnaby 121
Constantine, Eddie 199
Converse, Thelma Morgan 18
Cordier, Émilie 69
Cordier, Micaella 69
Cornel, Don Antonio 40
Cosel, Gräfin 250 f
Costa, Marguerite 94
Coste, Rose 94
Coulon 412
Craig, Gordon 404
Crawford, Joan 29
Cromwell, Oliver 264
Culpeper, Thomas 264
Czernicka, Pauline 215

Damala, Aristides Jacques 15
Damone, Vic 24
Dannemann, Monika 194
Dandet, Lucien 153
David-Rhonfeld, Valerie von 161
Davies, Marion 20
Dawidow, Wladimir 236
Dax, Alice 131 f
Dean, James 21 ff
Debussy, Claude-Achille 216 ff
Debussy, Claude-Emma 218
Debussy, Emma 218
Debussy, Rosalie 218
Delsarte, François 402
Demuth, Frederick 343
Demuth, Helene 343 f
Denuelle, Eléonore 285 f
Deutsch, Helene 330
Diaghilew, Sergej 420 ff
Diamant, Dora 129
Dickinson, Violet 182

Dienes, André de 381
Dillon, Josephine s. Gable, Josephine
DiMaggio, Joe 383 ff
«Dinjo» 392
Dodgson, Charles Lutwidge s. Carroll, Lewis
Dönhoff, Gräfin von 251 f
Dmitriew-Mamonow, Alexander 269
Dolgoruki, Alexandra 244
Dolgoruki, Katharina 244 f
Domanovicz, Nikolaus Zmeskall 207
Domitia Lepida 279
Doré, Gustave 14
Doria, Marquis Ambrogia 399
Dorval, Marie 98
Dorville, Mademoiselle 94
Dostojewskaja, Anna G. 65 f
Dostojewski, Fjodor M. 64 ff
Dostojewskaja, Marja D. 65
Dougherty, Jim 381
Douglas, Lord Alfred 118, 177
Douglas, Norman 133
Dowson, Ernest 180
Dreyfus, Alfred 103
Dubarry, Gräfin 278
Dubrowina, Praskowia Fjodorowna 315 f, 318
Du Camp, Maxime 72
Dúchatel, Marie Antoinette 285
Duckworth, George 181 f
Duckworth, Gerald 181
Duckworth, Julia 181
Dudevant, Casimir 97
Dürbach, Fanny 235 f
Dujarier, Alexandre Henri 388
Dumas, Ida 68 f
Dumas d. Ä., Alexandre 67 ff, 98, 386, 388, 390
Dumas d. J., Alexandre 67 f
Duncan, Deirdre 404
Duncan, Isadora 114, 402 ff, 422
Duncan, Patrick 404
Dupin, Amadine Aurore Lucie s. Sand, George
Dupin, Solange 97, 215
Duplan, Jules 72
Duplessis, Marie 223
Dupont, Gabrielle 217 f
Durcal, Herzogin von 422 f
Duroc, Geraud 285
Duse, Eleonora 24 ff
Duval, Henriette 251

Edleston, John 358
Eduard VI. 263
Eduard VII. 14, 252 ff, 425 f
Ehrenberg, Paul 138
Einstein, Albert 327 ff, 383
Einstein, Elsa 328 f
Einstein, Mileva 328
Elkaim, Arlette 352
Ellenborough, Lady 63
Engelberg, Hyman 386
Engels, Friedrich 341 f
d'Enghien, Herzog 413
Erdödy, Anna Maria 210
Ertmann, Dorothea von 210
Esterházy, Graf 220, 222
Esterle, Gräfin von 250
Esterle, Graf von 250
d'Estoc, Gisèle 90
d'Estrées, Marschall 412
Etchingham, Kathy 193
Eugénie 399
Exner, Judith Campbell 300 f

Faithful, Marianne 194
Falari, Madame de 276
Farnese, Giulia 310 f
Farussi, Zanetta s. Casanova, Zanetta
Ferenczi, Sándor 330, 334
Ferrier, Ida s. Dumas, Ida
Fitzgerald, Francis Scott 112 ff, 120, 164
Fitzgerald, Scottie 113
Flaubert, Gustave 70 ff, 89, 98
Fleischmann, Marthe 126
Fleurieu, Madame de 95
Fleury, André Hercule de 276
Fließ, Wilhelm 331 f
Fluß, Gisela 330
Follin, Noël 389 f
Formera 260
Foucauld de Lenglade, Eulalie 73
Fourès, Pauline 285
Fourment, Helene s. Rubens, Helene
Fourment, Susanne 51

Fraenkel, Joseph 416
Franklin, Sidney 121
Franz I. 42
Franz Joseph I. 15
Frederick, Erzherzog 15
Fresnay, Marie-Louise du 63
Freud, Martha 330 ff
Freud, Sigmund 43, 324, 329 ff, 334 f, 415 f
Frick, Henry Clay 408
Fricken, Ernestine 233
Friedland, Friederike 80
Friedrich August I. s. August der Starke
Friedrich der Große 256 ff, 339
Friedrich der Weise 313
Friedrich Wilhelm I. 247, 256 f
Friedrich II. von Preußen s. Friedrich der Große
Friess, Alfred 157
Fröbe-Kapteyn, Olga 337

Gable, Clark 28 ff
Gable, John 30
Gable, Josephine 29
Gable, Kay 30
Gable, Ria 29
Gable, Sylvia 30
Gad, Mette Sophie s. Gauguin, Mette Sophie
Gandhi, Abha 296
Gandhi, Manu 296
Gandhi, Mohandas Karamtschand 293 ff
Gardner, Ava 31
Garfield, John 199
Garibaldi, Giuseppe 399
Garnier, Philippe 15
Gassha 99
Gassion, Édith Giovanna s. Piaf, Édith
Gassion, Momone 197 f
Gauguin, Émile 38
Gauguin, Mette Sophie 36
Gauguin, Paul 35 ff
Gauthier-Villars, Henry 110
Gellhorn, Martha s. Hemingway, Martha
Genettes, Roger des 74
George, Mademoiselle s. Weymer, Marguerite
Germi, Luigi Guglielmo 229
Gerson, Noel 62
Gerstenbergk, Friedrich von 353
Giachetti, Ada 188 f
Gide, André 116 ff, 178
Gilbert, Eliza s. Montez, Lola
Gilot, François 48
Gladkowska, Konstanze 214 f
Glenn, Barbara 23
Goddard, Grace 381
Goddard, Paulette 19
Göring, Hermann 396
Goethe, Christiane von 76 f
Goethe, Johann Wolfgang von 74 ff
Goldman, Emma 145, 405 ff
Goldman, Helena 406
Goldman, Lena 406
Goll, Claire 162
Gordosa, Fanny 69
Gothon 95
Gottschow, Albert 319
Gaudeket, Maurice 110, 112
Gourgard, Gaspard 287
Goya, Francisco de 38 ff
Goya, Javier de 41
Goya, Rosarito de 41
Gozzi, Bettina 363
Graham, Billy 201
Graham, Hannah 190
Graham, Sheilah 115 f
Grandsagne, Stéphane de 97
Grey, Lita s. Chaplin, Lita
Grimani, Michel 362
Gropius, Walter 414, 416 f
Gross, Alexander 403
Guicciardi, Giulietta 209
Guiccioli, Alessandro 361
Guiccioli, Teresa 361
Guidoboni-Visconti, Gräfin Sarah 63
Guiles, Fred 382
Guimet, Émile-Étienne 376
Gustav VI. 397

Hahn, Reynaldo 153
Hanem, Rouchouk 72
Hanska, Gräfin Evelina 63
Harley, Edward, Earl of Oxford 359
Harlow, Jean 31, 369 ff
Harris, Emily 375

Harris, Florence 375
Harris, Frank 90, 373 ff
Harris, Mildred s. Chaplin, Mildred
Harris, Nellie 375
Hattingberg, Magda von 162
Haxton, Gerald 143 f
Haydn, Anna Maria 220 f
Haydn, Joseph 207, 219 ff
Hays, Will 391
Heald, George Trafford 389
Hearst, William Randolp 20
Heine, Amalie 79
Heine, Heinrich 77 ff
Heine, Mathilde 79 f
Heine, Salomon 78
Heine, Samson 78
Heine, Therese 79
Heiner, Frank 410
Heinrich VIII. 260 ff
Hemingway, Ernest 113, 119 ff, 164 f
Hemingway, Hadley 122
Hemingway, Martha 121 f
Hemingway, Mary 122 f
Hemingway, Pauline 122
Henderson, David 194
Hendrix, Jimi 190 ff
Hennebert, Marthe 162
Henri, Prince de Ligne 14
Henriette 366
Hentschel, Albrecht 157 f
Herbenville-Armand, Elisabeth de s. Armand, Inès
Herbert, Juliet 74
Herodes von Judäa 270
Hertford, Marquis of 401 f
Herzlieb, Wilhelmine 77
Hessel, Franz 159
Hewer, Will 431
Hidalgo, Elvira de 186
Hiraoka, Kimitake s. Mishima, Yukio
Hiraoka, Shizue 150
Hobhouse, John Cam, Lord Broughton 357
Holst, Rikke 81
Holz, Karl 208
Hopper, Hedda 201
Ho Tzu-chen 306
Howard, Catherine 264 f
d'Houdetot, Élisabeth Sophie Françoise 348
Huet, Juliette 37
Hugenschmidt, Dr. 401
Hughes, Howard 369
Hugo, Victor 14
Hull, Patrick Purdy 389
Humbert I. 15
Humbert, Marcelle 46
Hunt, Violet 142
Hyde, Johnny 382 f

Ibsen, Henrik 80 ff
Ibsen, Sigurd 82
Ibsen, Suzannah 81 ff
Isabella II. 222
Isajevna, Marja D. s. Dostojewskaja, Marja
Ivancich, Adriana 123

Jacobi, Jolande 337
Jagemann, Karoline 353 f
Jagger, Mick 194
Jakob II. 427 f
Jakubowa, Apollinaria 302
James, Henry 90
James, Thomas 387
James, William 163
Janina, Olga 223
Jensdatter, Else 81
Jesenská-Polak, Milena 129
Jessenin, Sergej 404 f
Johann Georg, Chevalier de Saxe 250
Johann Georg III. von Sachsen 246
Johann Georg IV. von Sachsen 246
Joplin, Janis 194 ff
Jones, Ernest 330
Jones, Ethelwyn 142
Jordan, Charles Étienne 259
Jouvenel, Bertrand de 112
Jouvenel, Henri de 110
Joyce, James 123 ff
Joyce, John Stanislaus 123
Joyce, Lucia 124
Joyce, Nora 124 f
Joyce, Peggy Hopkins 20
Jozan, Édouard 114
Julia Livilla 280
Julietta, Kurtisane 348 f
Jung, Carl Gustav 330, 332 f, 334 ff

Jung, Emma 335 ff
Jussopow, Felix 317

Kafka, Franz 126 ff
Kafka, Herrmann 127 f
Kalinowskaja, Olga 244
Kalogeropoulos, Evangelia s. Callas, Evangelia
Kalogeropoulos, Georges s. Callas, Georges
Kann, Marie 90
Kant, Anna Regina 338
Kant, Immanuel 338 ff
Kant, Johann Georg 338
Karger, Fred 382
Karl II. 428
Karl XII. von Schweden 247
Karl Alexander, Großherzog von Sachsen-Weimar-Eisenach 60
Karl August, Herzog von Sachsen-Weimar-Eisenach 74
Katharina II. 265 ff
Katharina von Aragon 261 ff
Keller, Anna Maria s. Haydn, Anna Maria
Keller, Rose 92, 94
Kelly, Grace 31
Kennedy, Jacqueline 187, 299 f
Kennedy, John F. 297 ff, 385
Kennedy, Robert F. 385 f
Keppel, Alice 255
Kératry, Graf de 14
Kershner, Jacob 407
Kessel, Mademoiselle von 249
Kestner, Johann Christian 76
Key, Ellen 303
Kieler, Laura 83
Kiepert, Manfred 379
Kinceler, Lotte 111
Kitt, Eartha 22
Kittredge, Charmian s. London, Charmian
Klages, Ludwig 158 f
Kleist, Heinrich von 84 ff
Kleist, Joachim Friedrich von 84
Kleist, Juliane Ulrike von 84
Kleist, Marie von 86
Kleist, Ulrike von 86
Kleopatra 269 ff
Klimt, Gustav 414
Klossowska, Baladine 162
Koklowa, Olga s. Picasso, Olga
Kokoschka, Oskar 416
Kosakiewicz, Olga 351
Krantz, Eugénie 175
Krinitz, Élise de 80
Kristofferson, Kris 197
Kropotkin, Sasha 142
Krupskaja, Nadeshda Konstantinowa 302 f
Kubasowa, Irina Danilowa 316

Labay, Catherine 67
Lagier, Suzanne 74
Lalaing, Gräfin de 50
Lamb, Caroline 359 f
Lamb, William 359
Lambercier, Gabrielle 346
Lamporecchi 399
Lanchester, Elsa 32 f
Landau, Arthur 370 f
Landsfeld, Gräfin von s. Montez, Lola
Lane, Betty 429 f
Lane, Doll 430 f
Langdon, Olivia s. Clemens, Olivia
Langham, Ria s. Gable, Ria
Langtry, Lillie 176, 255, 426
Lan Pling s. Chiang Ch'ing
Lanskoj, Alexander 269
Lanzmann, Claude 352
La Prunarede, Adèle de 223
La Sourde, Berthe 53
Lasalle, Ferdinand 80
Latour 93 ff
Laughton, Charles 32 f
Laugier, Marianette 94
Launay, Anne-Propère de 92 f, 95
Lauris, Laure de 94
Laussot, Jessie 240
LaVey, Anton 382
La Vallière, Louise de 274
Laverne, Marianne 94
Lawrence, David Herbert 130 ff
Leclerc, Madeleine 95
Le Cuziat, Albert 154
Leigh, Augusta 359
Lembourn, Hans Jørgen 385
Lenclos, Ninon de 410 ff
Lender, Marcelle 55
Lenin, Wladimir Iljitsch 301 ff
Lennox, Leutnant 387

Leo X. 313
Leon, Jean 396, 398
Leon, Josephine s. Becker, Josephine
Leonardo da Vinci 41 ff
Leonilda 364
Leopold II. 424, 426
Lepage, Édouard 377
Lepic, Baron 425
Leplée, Louis 197
Le Poittevin, Alfred 72
Lepska, Janina s. Miller, Janina
Létinoir, Lucien 174 f
Levasseur, Thérèse s. Rousseau, Thérèse
Levetzow, Ulrike von 77
Liddell, Alice 107 f
Lind, Jenny 59
Liszt, Franz, 98, 221 ff, 386, 388
Lloyd, Constance s. Wilde, Constance
Loen, Michael von 251
Löwenthal, Elsa s. Einstein, Elsa
Lokhtina, Olga Wladimirowna 318
Lomazzo, Gian Paolo 44
Lombard, Carole 29 f
London, Charmian 135 f
London, Elizabeth 135
London, Jack 134 ff
London, Joan 135 f
London, John 134
Lopez, Vince 393
Lorrain, Jean 152
Lubomirski, Fürstin 250
Lucca, Eleanor 228 f
Lucretia 365
Ludwig I. 386, 388 f
Ludwig II. 239
Ludwig XIV. 272 ff
Ludwig XV. 275 ff
Lübke, Walter 155
Luhan, Mable Dodge 27, 133, 165
Luther, Martin 312 ff
Lwow, Pavel Dmitriewitsch 421
Lyon, Isabel 168, 170
Lytess, Natasha 383 f

Maar, Dora 47 f
MacLeod, Jeanne 376
MacLeod, Norman 376
MacLeod, Rudolph 376, 378
Maddern, Elizabeth s. London, Elizabeth
Mahler, Gustav 414 ff
Mahler-Werfel, Alma 414 ff
Mailly, Madame de 277
Maintenon, Madame de s. Scarron, Madame
Makanji, Kasturbai 293 f
Malfatti, Therese von 210
Maltin, Leonard 391
«Mama Jean» 369 f, 372
Manceau, Alexandre Damien 98
Mancini, Maria 273
Mann, Katia 138 f
Mann, Klaus 139 f
Mann, Thomas 137 ff
Manzera, Marquise von 248 ff
Mao Tse-tung 304 ff
Marchal, Charles 98
Marchant, Elizabeth de Saint-Michel 428 ff
Marcolina 365
Maria Leszczyńska 276 f
Maria Theresia 273
Maria von Hessen-Darmstadt 244
Marie Luise von Österreich 286
Marie, Mileva s. Einstein, Mileva
Marie, Prinzessin 161
Mark Anton 270 ff
Markus, Emilia 422
Marquet, Caroline 354
Marsh, Dave 200
Martens, Armin 138
Martine 84
Marx, Jenny 341 ff
Marx, Karl 341 ff
Massloff, Vadime de 377, 379 f
Mata Hari 122, 376 ff
Mathilde, Prinzessin 152
Matisse, Henri 164
Maugham, Elizabeth 143
Maugham, Syrie 142 f
Maugham, William Somerset 140 ff
Maupassant, Guy de 88 ff
Maurisse, Paul 200
Mauté, Mathilde 172
Maximilian II. 389
Mayer, Louis B. 372
Mayuzumi, Toshiro 150
Mazarin, Jules 273
McClure, Eve s. Miller, Eve

McDonald, Joe 197
McGrew, Charles 370
Meck, Nadeshda Filaterowna von 217, 237
Meck, Sonia von 217
Melbourne, Lady Elizabeth 359 f
Melbourne, Lord s. Lamb, William
Meley, Alexandrine s. Zola, Alexandrine
Melmoth, Sebastian s. Wilde, Oscar
Melzi, Giovanni Francesco 44
Meneghini, Giovanni Battista 186 f
Menken, Adah Isaacs 69 f
Méré, Chevalier de 412
Mériem 118
Mérimée, Prosper 97
Messala Barbatus 279
Messalina, Statilia 290
Messalina, Valeria 279 ff
Meyendorff, Olga von 223
Meyer, Mary Pinchot 300
Milbanke, Anabella Noel s. Byron, Anabella Noel
Milette, Dorothy 371
Miller, Arthur 384
Miller, Beatrice 146 f
Miller, Eve 147
Miller, Henry 144 ff
Miller, Hiroko 147
Miller, Janina 147
Miller, June 146 f
Mirat, Crescentia Eugénie s. Heine, Mathilde
Mirbeau, Octave 16
Mishima, Yukio 148 ff
Missimy, General 378
Mitchell, Mitch 192
Mnester 281
Monroe, Marilyn 31, 301, 380 ff
Montague, Edward 428
Montand, Yves 198 f, 385
Montansier, Mademoiselle de 284
Montesano, Giuseppe 418 f
Montespan, Madame de 273 f
Montesquieu, Robert de 152
Montessori, Maria 417 ff
Montessori, Mario 418 f
Montez, Lola 69 f, 223, 386 ff
Montreuil, Marie-Madeleine Cordier de 93 f
Montreuil, Renée-Pélagie s. Sade, Renée-Pélagie de
Mordaunt, Harriet 255
More, Thomas 261
Morgan, Ted 144
Morita, Masakatsu 150
Moritz, Graf von Sachsen 250
Mornand, Louisa de 152 f
Morny, Duc de 13
Morrell, Ottoline 132
Mortenson, Edvard 380
Mortenson, Gladys Monroe Baker 380 f
Mortenson, Norma Jean s. Monroe, Marilyn
Most, Johann 406 ff
Mounet-Sully, Jean 15
Mozart, Constanze 225 f
Mozart, Leopold 224 f
Mozart, Maria Anna Thekla 225, 227
Mozart, Wolfgang Amadeus 224 ff
Musset, Alfred de 73, 97
Muzzaffar-ed-Din 425

Naidu, Sarojini 295 f
Napoleon III. 283 ff, 399 ff
Napoleon, Prince 14
Narzissus 280, 282 f
Natanson, Thadée 54
Navailles, Graf de 413
Nayar, Sushila 296
Negri, Pola 20
Nero 283, 288 ff
Nichols, Beverley 141
Nicolai, Großfürst 425
Nijinski, Waclaw 420 ff
Nikola, Prinz von Montenegro 424 ff
Nikolaus I. 222, 243
Nikolaus II. 316, 426
Nin, Anaïs 147
Nissen, Georg Nikolaus 226
Nixon, Richard 298
Normand, Mabel 20

Octavia 271 f, 280, 288, 290
Olden, Balder 156
O'ttara, Nellie s. Harris, Nellie
Oldoini, Virginia s. Castiglione, Gräfin di

Olivier, Fernande 46
O'Morphi, Luise 278
Onassis, Aristoteles 186
Onassis, Tina 186 f
O'Neill, Oona s. Chaplin, Oona
Orlow, Grigori 266, 268
Otero, Iglesias, Augustina 254, 423 ff
Otho 289 f

Paalen, Alice 49
Paganini, Niccolò 227 ff
Pahura 37 f
Paris 290
Parker, Tom 201
Parr, Catherine 265
Payne, Walter 142
Pearl, Cora 254
Pembleton 429
Pepitone, Lena 384
Pepys, Samuel 427 ff
Percy, Henry 262
Permon, Madame 284
Permoser, Balthasar 248
Peter III. 265 ff
Pfeiffer, Pauline s. Hemingway, Pauline
Pfitzner, Hans 416
Philips, Antoinette 344
Phillips, Sam 201
Piaf, Édith 197 ff
Picasso, Claude 48
Picasso, Jacqueline 48
Picasso, Maïa 47
Picasso, Olga 47 f
Picasso, Pablo 45 ff, 164
Picasso, Paloma 48
Picasso, Paulo 47
Piero da Vinci, Ser 42
Pills, Jacques 199
Planche, Gustave 98
Planer, Christiane Wilhelmine s. Wagner, Christiane Wilhelmine
Pöppelmann, Matthäus Daniel 247
Poisson, Jeanne s. Pompadour, Marquise de
Polybius 280, 282
Polzelli, Luigia 220
Pompadour, Marquise de 277 f
Poppäa, Sabina 281, 290
Popper, Amalia 125 f
Posner, David 144
Potemkin, Grigori 267 ff
Potocka, Delphine 215
Pound, Ezra 120
Powell, William 372
Presley, Elvis 200 ff
Presley, Gladys 201, 203
Presley, Lisa Marie 203
Presley, Priscilla 203 ff
Pringsheim, Katia s. Mann, Katia
Proust, Adrien 151
Proust, Jeanne Weil 151
Proust, Marcel 151 ff, 217
Ptolemäus 269
Ptolemäus XII. 270
Ptolemäus XIII. 270
Pulszki, Romola de 421 f
Purviance, Edna 20
Pythagoras 290

Queenberry, 8. Marquis von 178

Raff, Helene 82
Raft, George 391
Raré, Chevalier de 412
Rasputin, Grigori Jefimowitsch 315 ff
Rauschenbach, Emma s. Jung, Emma
Redding, Noel 192
Reitmann, Ben L. 409 f
Renelagh, Lord 387
Renelle, Marie-Constance 94 f
Reuß, Heinrich Prinz von 388
Reventlow, Agnes Gräfin zu 155
Reventlow, Carl Graf zu 155
Reventlow, Emilie Anna Luise Gräfin zu 155
Reventlow, Ernst Graf zu 155
Reventlow, Franziska Gräfin zu 154 ff, 162
Reventlow, Ludwig Graf zu 155
Reventlow, Rolf («Bubi») zu 155, 157, 159
Rhinelander, Jeanne 187
Richardson, Hadley s. Hemingway, Hadley
Richter, Caroline 355
Ries, Ferdinand 209
Rilke, Rainer Maria 160 ff
Rilke, Ruth 162

Rimbaud, Arthur 171 ff
Rimski-Korsakow, Iwan 269
Rio, Fanny Giannatasio del 210
Ritter, Dorothea 260
Robert, Friederike 79
Robert, Ralph 385
Roberts, David 33
Rodin, Auguste 160
Roger, Thérèse 217
Rondeaux, Madeleine 117
Roosevelt Macchetta, Blanche 90
Roque, Jacqueline s. Picasso, Jacqueline
«Rosa la Rouge» 53
Rosenthal, Baronin s. Montez, Lola
Ross, Robert 177 ff
Rosson, Hal 372
Rostand, Edmond 14
Rothschild, James de 401
Rousse, Marie-Dorothée de 95
Rousseau, François 345
Rousseau, Javier 379
Rousseau, Jean-Jacques 345 ff
Rousseau, Thérèse 347 ff
Rozerot, Jeanne 105
Rubens, Helene 51 f
Rubens, Isabella 51
Rubens, Jan 50
Rubens, Peter Paul 49 ff
Ruiz Blasco, José 45
Rummel, Walter 404
Ruthyn, Lord Grey de 358
Rysselberghe, Catherine van 119
Rysselberghe, Élizabeth van 119

Sackville-West, Vita 183
Sade, Donatien-Alphonse-François Marquis de 91 ff
Sade, Renée-Pélagie de 92 ff
Saint-Cricq, Caroline di 223
Sainte-Beuve, Charles-Augustin 98
Saltarelli, Jacopo 43
Saltykow 265 f
Sand, George 14, 73, 96 ff, 215, 223, 388
Sandeau, Jules 97
Sarapo, Theo 199
Sartre, Jean-Paul 349 ff
Satie, Erik 217
Savonarola, Giralamo 310
Savorgnan, Marton 363
Savorgnan, Nanette 363
Sayn-Wittgenstein, Carolyne von 223 f
Sayre, Zelda 113 f, 116
Scarron, Madame 275, 413
Scarron, Paul 275, 413
Scharff, Harald 60
«Scheich von Arabien» 397
Schenck, Joe 382, 392
Schilowsky, Wladimir 236
Schindler, Emil J. 414
Schlesin, Sonja 295
Schlésinger, Élisa 72
Schlieben, Caroline von 87
Schlieben, Henriette von 87
Schneider, Hortense 254
Schönemann, Lili 76
Schönkopf, Käthchen 76
Schopenhauer, Arthur 353 ff
Schopenhauer, Heinrich 353
Schopenhauer, Johanna 353
Schroeter, Rebecca 221
Schultz, Franz Albert 339
Schumann, Clara 212 f, 232 ff
Schumann, Julie 212 f
Schumann, Robert 212, 230 ff
Schurmeier, Gus 115
Scott, Jane Elizabeth 359
Searle, Alan 144
Segati, Marianna 360
Selfridge, Gordon 143
Seneca 280, 288 f
Senett, Mack 17
Sévigné, Graf de 413
Seymour, Jane 263
Sforza, Ludovico il Moro 42
Sherard, Robert 176
Sheridan, Clare 20
Sheridan, Elizabeth «Dizzy» 23
Siegès, Abbè 284
Signoret, Simone 385
Silius, Gaius 282
Sinatra, Frank 383 ff
Singer, Isaac 404
Singer, Paris 404
Skinner, Mary 431
Slade, Madeleine 296
Slatzer, Bob 382, 385
Smathers, George 298 f

Smith, Bessie 395
Smith, Carry 395
Smith, Ethyl 183
Smith, June s. Miller, June
Snitkina, Anna G. s. Dostojewskaja, Anna G.
Snow, Edgar 305
Solari, Louise 104
Sporus 290
Spreckels, Kay s. Gable, Kay
Stalin 302
Stanislaus II. 268
Starr, Blaze 300
Stein, Charlotte von 76
Stein, Gertrude 120 f, 162 ff
Stein, Leo 164 f
Stephen, Sir Leslie 181
Sterling, George 135 f
Stephen, Vanessa 182
Stephen, Virginia s. Woolf, Virginia
Stirling, Jane 216
Stolz, Madame 388
Stone, Mike 204
Strachey, Lytton 182
Strauß, Johann 400
Strunsky, Anna 135
Studer, Claire s. Goll, Claire
Suchoki, Bogdan von 159
Sugiyama, Yoko 150
Sullivan, Virginia 203
Sunday, Billy 403
Suslowa, Apollinarija 65
Swenson, Arthur 410

Tanajew, Sergej 102
Tang Na 306
Taylor, Alfred 178
Tehura 36 f
Tellegen, Lou 15
Tenge, Frau 344
Terry, Ellen 109, 404
Testard, Jeanne 92
Texier, Rosalie s. Debussy, Rosalie
Thompson, Linda 204
Thoresen, Suzannah s. Ibsen, Suzannah
Thurn und Taxis-Hohenlohe, Marie von 160
Tillich, Hannah 319 f, 321
Tillich, Margarete 319
Tillich, Paul 318 ff
Timofejewna, Raissa s. Adler, Raissa
Timony, Jim 392
Toklas, Alice B. 163 ff
Tokuda, Hiroko s. Miller, Hiroko
Tolstoi, Alexandra 99 f
Tolstoi, Leo N. 99 ff
Toulouse-Lautrec, Henri de 52 ff
Tourbey, Jane de 74
Traulus, Montanus 283
Trillus, Catherine 95
Tschaikowski, Peter J. 235 ff
Tschertkow 102
Tschiang Kai-Schek 304
Turnupseed, Donald 22
Twain, Mark 167 ff
Twitchell, Joseph 168
Twysden, Duff 123
Tyabji, Raihana 297

Uljanow, Alexander 302
Uljanow, Wladimir Iljitsch s. Lenin, Wladimir Iljitsch
Ullmann, Regina 162
d'Urfé, Marquise 365

Valadon, Suzanne 53
Vanderbilt, William K. 425
Varnhagen von Ense, Rahel 79, 87
Vasari, Giorgio 43
Vasnier, Mme. 217
Vaughan, Madge 182
Verlaine, Paul 171 ff
Verrocchio, Andrea del 42
Vibidia 282
Victor Emanuel II. 399 ff
Viktoria 243 f, 252 f
Villafranca, Marquis de 39
Villarceaux, Marquis de 413
Viotti, Lucien 171
Vintimille, Marquise de 276
Vitzthum, Graf 248
Vogel, Henriette Adolphine 87
Voigt, Riborg 59
Vulpius, Christiane s. Goethe, Christiane von

Wagner, Christiane Wilhelmine 239 ff
Wagner, Cosima 223, 239, 241

Wagner, Richard 222, 237 ff
Waldstein, Graf Joseph Karl von 362
Walewska, Maria 286
Wallace, Frank 392
Walter, Marie-Thérèse 47 f
Warens, Françoise-Louise de 346 ff
Warhol, Andy 21
Wasiltschikow, Alexej 268
Weber, Aloysia 225 f
Weber, Constanze s. Mozart, Constanze
Weber, Louise 254
Weekly, Frieda 132
Wegeler, Franz Gerhard 208
Wegener, Richard 319
Weiß, Isodro 41
Weiß, Leocadia 41
Wellcome, Henry 143
Wellmann, Flora 134
Welsh, Mary s. Hemingway, Mary
Werfel, Franz 414 ff
Werner, Hannah s. Tillich, Hannah
Wesendonk, Mathilde 240
West, Mae 390 ff
Westhoff-Rilke, Clara 161 f
Westphalen, Jenny von s. Marx, Jenny
Wever, Margarethe s. Tillich, Margarethe
Weymer, Marguerite 286
Wickens, Beatrice s. Miller, Beatrice
Wieck, Clara s. Schumann, Clara
Wieck, Friedrich 231 ff
Wieland, Luise 86 f
Wilde, Constance 177
Wilde, Cyril 177
Wilde, Oscar 14, 118, 175 ff, 373
Wilde, Vyvyan 177
Wilhelm von Oranien 50
Willemer, Marianne von 77
Willet, Deborah 430 f
Willmann, Magdalene 208 f
Wilson, Devon 193 f
Winters, Shelley 383
Wodzinska, Maria 215
Wohryzek, Julie 129
Wojciechowski, Titus 214
Wolff, Toni 336 f
Woolf, Leonard 182 f
Woolf, Virginia 181 ff
Wu, Lily 306
Wynne, Giustiniana 365

Yang Kai-hui 305 f, 307

Zapater, Martin 40
Zelle, Margarete s. Mata Hari
Zemlinski, Alexander von 415
Zeuge, Wilhelmine von 86
Zimmermann, Johann Ritter von 259
Zola, Alexandrine 104 f
Zola, Dénise 104
Zola, Émile 14, 103 ff
Zola, Jacques 105
Zubow, Platon 268